schen Bauplan ererbt haben. Fast zwanzig Jahre ihres Lebens hat die Wissenschaftlerin der Enträtselung der Entwicklung des Eies der Fruchtfliege Drosophila gewidmet. Sie konnte aufklären, was die scheinbar von allen Seiten gleiche Eizelle dazu bringt, nach mehrmaliger Teilung keine identischen Tochterzellen sondern spezialisierte Zellen hervorzubringen, die als Muskel-, Nerven- oder Blutzellen ganz verschiedene Aufgaben im Organismus erfüllen.

In jeder Zelle arbeitet nur der Teil der Gene, die für diese spezielle Zellart benötigt werden, die restlichen sind „abgeschaltet". Die „Schalter" hat die Mutter bereits in der Eizelle plaziert. Bei der Drosophila sind es vier. Sie schalten vier Gene an, die das Ei wie ein Koordinatennetz überziehen und schließlich zur Entwicklung spezialisierter Zellen führen. Vermutlich wirkt der gleiche Mechanismus auch bei Säugetieren.

Medizin

ROBERT KOCH

ROBERT KOCH wurde am 11. Dezember 1843 in Clausthal im Oberharz geboren. Er studierte in Göttingen Medizin und wurde Arzt am Allgemeinen Krankenhaus in Hamburg. Hier lernte er die Schrecken der Cholera kennen. Bei einer Cholera-Epidemie in Ägypten fand er 1883 als Erreger ein Bakterium und erkannte verseuchtes Wasser als Krankheitsüberträger. Neben seiner Praxis betrieb er auch weiterhin Forschungen, entwickelte grundlegende Methoden der Bakteriologie, fand den Milzbranderreger und das Tuberkelbakterium. 1885 wurde er Direktor und ordentlicher Professor am Berliner Hygieneinstitut und später am Institut für Infektionskrankheiten. Für seine Verdienste in der Medizin erhielt er 1905 den Nobelpreis. 1907 wurde in Berlin die Robert-Koch-Stiftung zur Bekämpfung der Tuberkulose eingerichtet. Der amerikanische Millionär und Philantrop CARNEGIE spendete dafür 500 000, der deutsche Kaiser 100 000 Mark. 1908 erfüllt sich Koch mit einer Weltreise einen Jugendtraum. In New York wird er hochgeehrt. Ihm zu Ehren wird eine Feier ausgerichtet. In der Festansprache sagte CARNEGIE: „Der wahre Held der Zivilisation ist nicht derjenige der tötet, sondern der, der seinen Mitmenschen dient und sie rettet."

Verhalten

KARL VON FRISCH

KARL VON FRISCH wurde am 20. November 1886 in Wien geboren; er interessierte sich von früher Jugend an für Tiere, hielt Kriechtiere, Lurche und Vögel. Er studierte Medizin in Wien; später Zoologie in München. Seine Dissertation behandelt die Farbanpassung von Elritzen an den Bachuntergrund. Außerdem forschte er über Farbensehen, Hörvermögen sowie Entstehung von Schreckstoffen bei Fischen. Die Bienenversuche im Brunnenwinkel am Wolfgangsee haben VON FRISCH berühmt gemacht. Er fand heraus, wie Bienen Farben erkennen und entschlüsselte ihre „Sprache". Damit begründete er eine neue Forschungsrichtung: die Verhaltensphysiologie. Zusammen mit KONRAD LORENZ und NIKOLAAS TINBERGEN erhielt er 1973 den Nobelpreis für Medizin. Er starb hochbetagt am 12. 6. 1982 in München.

KONRAD ZACHARIAS LORENZ

KONRAD ZACHARIAS LORENZ wurde am 7. November 1903 in Wien geboren. Er verbrachte eine unbeschwerte Kindheit in den Donauauen und beschäftigte sich schon frühzeitig mit Tieren. 1928 promovierte er an der Universität in Wien zum Dr. med. Parallel zum Me-

dizinstudium begann er ein Zoologiestudium und promovierte mit einer Arbeit zum Vogelflug zum Dr. phil. Anlässlich des Symposiums „Instinctus" im Jahre 1936 an der Universität Leiden lernte er NIKOLAAS TINBERGEN kennen. Aus dieser Begegnung entwickelte sich eine lebenslange Freundschaft und eine äußerst fruchtbare Zusammenarbeit. Seine großen Verdienste sind verhaltensbiologische Beobachtungen an Graugänsen, Arbeiten zu tierischem und menschlichem Verhalten, über den Instinktbegriff und das Aggressionsverhalten. Er starb am 27. Februar 1989 in Altenberg/Österreich.

NIKOLAAS TINBERGEN

NIKOLAAS TINBERGEN wurde am 15. April 1907 in Den Haag geboren. Als niederländisch-britischer Zoologe lehrte er ab 1947 als Professor an der Universität Leiden und ab 1949 in Oxford. Bekannt geworden ist er durch seine zahlreichen Untersuchungen zum tierischen und menschlichen Verhalten. Er gilt als Mitbegründer der modernen Verhaltensforschung. 1950 veröffentlicht er das erste zusammenfassende Lehrbuch der vergleichenden Verhaltensforschung. Gemeinsam mit seiner Frau ELIZABETH führt er Untersuchungen zur verhaltensbiologischen Analyse des kindlichen Autismus (Verhaltensstörungen) durch.

umwelt: biologie 7–10

Länderausgabe B

7.–10. Schuljahr

bearbeitet von

Jürgen Beck
Manfred Bergau
Karl-Heinz Gehlhaar
Eva Klawitter
Dietmar Linhart
Manfred Litz
Horst Müller
Paul Rodach
Günter Sauter
Burkhard Schäfer
Otto Ungerer

Ernst Klett Verlag
Stuttgart München Leipzig

Gedruckt auf Papier aus chlorfrei gebleichtem Zellstoff, säurefrei.

1. Auflage
A1 12 11 10 9 8 | 2011 2010 2009 2008 2007

Alle Drucke dieser Auflage können im Unterricht nebeneinander benutzt werden, sie sind untereinander unverändert. Die letzte Zahl bezeichnet das Jahr dieses Druckes.
© Ernst Klett Verlag GmbH, Stuttgart 1997.
Alle Rechte vorbehalten.

Internetadresse:
http://www.klett-verlag.de

Redaktion: Rita Boemer

Repro: Reprographia, Lahr
Rolf Maurer, Tübingen
Satz: SCHNITZER DRUCK GmbH, Korb
Druck: Stürtz, Würzburg

ISBN 3-12-028900-0

bearbeitet von
Jürgen Beck; Realschule Leinzell
Manfred Bergau; Rektor der Haupt- und Realschule Bohmte
Prof. Dr. Karl-Heinz Gehlhaar; Universität Leipzig, Didaktik der Biologie
Dr. Eva Klawitter; 4. Gymnasium Leipzig
Dietmar Linhart; Pädagogische Hochschule Schwäbisch Gmünd
Manfred Litz; Realschule Schwaigern
Dr. Horst Müller; Priv.-Doz. Universität Dortmund, Fachbereich 12, Biologie und Didaktik der Biologie
Paul Rodach; Rektor der Realschule Kleinglattbach
Günter Sauter; Realschule Obersulm-Willsbach
Burkhard Schäfer; Rektor der Haupt- und Realschule Friedeburg
Prof. Dr. Otto Ungerer; Pädagogische Hochschule Ludwigsburg

Einbandgestaltung
Conrad Höllerer, Stuttgart
unter Verwendung eines Fotos von Image Bank (John Kelly)

Regionale Fachberatung
Brandenburg:
Astrid Genz; 1. Gymnasium Cottbus; Fachmoderatorin Sekundarstufe I, Biologie
Thilo Kuhns; Gymnasium Angermünde
Mecklenburg-Vorpommern:
Grit Hensel; Integrierte Gesamtschule, Neustrelitz
Hannelore Motczinski; Diesterwegrealschule Stralsund; Studienleiterin LISA-Seminar, Stralsund
Rheinland-Pfalz:
Eckhard Stöcker; Integrierte Gesamtschule Kandel
Saarland:
Ingeborg Fischer; Realschule Sulzbach
Roman Paul; Landesinstitut für Pädagogik und Medien, Saarbrücken
Sachsen-Anhalt:
Dr. Bernd Lagois; Kultusministerium Sachsen-Anhalt

Gestaltung des Bildteils
Klaus Joas, Remshalden
Prof. Jürgen Wirth, Fachhochschule Darmstadt (Fachbereich Gestaltung)
Hartmut Klotzbücher, Fellbach
Artbox, Bremen

Hallo!

Ganz so kunterbunt, wie die Fotos auf dieser Seite es vielleicht erwarten lassen, wird es im Biologieunterricht in den nächsten Jahren wahrscheinlich nicht zugehen. Die Fotos zeigen aber doch, wie vielfältig und farbig die Themen sind, mit denen ihr euch beschäftigen werdet. Von einigen habt ihr in den früheren Klassen schon etwas gehört, die meisten Themen sind aber ganz neu.

Da geht es zum Beispiel um Familienplanung und um Empfängnisverhütung, darum, wie das Gehirn des Menschen funktioniert oder wie räumliches Sehen zu Stande kommt, auf welche Weise Anlagen der Eltern, z. B. die für Haut- oder Haarfarbe, auf die Nachkommen vererbt werden oder warum Zwillinge sich ähnlich sind, welche wichtige Rolle Pilze im Naturhaushalt des Waldes spielen oder wie Marienkäfer helfen, Blattläuse zu bekämpfen, wieso man versteinerte Reste von Meerestieren findet wo heute Äcker und Wiesen sind oder welche Lebewesen die Vorfahren von uns Menschen waren, was es mit Treibhauseffekt und Ozonloch auf sich hat und was jeder Einzelne zum Schutz der Umwelt tun kann . . .

Viel zu viel Theorie? Kein Problem! Wenn es euch angesichts der Fülle interessanter Themen nicht mehr auf den Stühlen hält, könnt ihr auch selbst aktiv werden: In diesem Buch findet ihr viele gute Ideen und Tipps dazu.

Wir wünschen euch viel Spaß beim Schmökern in eurem Biologiebuch und bei euren eigenen Untersuchungen und Nachforschungen.

Macht's gut, eure ehemalige 7a

Inhaltsverzeichnis

Zellen, Einzeller und einfache Vielzeller

1 Zellen sind Bausteine aller Lebewesen 8
Bau von Pflanzenzelle und Tierzelle 9
Die Geschichte des Mikroskops und die Entdeckung der Zelle 10
Das Lichtmikroskop — seine Möglichkeiten und Grenzen 11
☐ *Praktikum:* Arbeiten mit dem Mikroskop 12
Lebensvorgänge in pflanzlichen und tierischen Zellen 14
Zellen, Gewebe und Organe 15
☐ *Praktikum:* Zellbestandteile der Pflanze mikroskopisch untersucht 16
☐ *Praktikum:* Tierische Zellen unter dem Mikroskop 17

2 Einzeller und einfache Vielzeller 18
Das Pantoffeltierchen — Leben im Wassertropfen 18
☐ *Praktikum:* Wir mikroskopieren einen Heuaufguss 19
Die Amöbe — ein Einzeller ohne feste Gestalt 20
Euglena — Tier oder Pflanze? 21
Vom Einzeller zur Zellkolonie 22
Volvox — ein Mehrzeller 23
Bakterien sind einzellige Lebewesen 24
☐ *Praktikum:* Bakterien 25

Bau und Lebensweise von Samenpflanzen

Pflanzen — Grundlage für das Leben auf der Erde 26
Abwandlungen von Pflanzenorganen 27

1 Bau und Funktion der Pflanzenorgane 28
Die Wurzel 28
Bau der Sprossachse 30
Der Bau des Laubblattes 31
Pflanzen brauchen Wasser 32
Osmoseversuche mit einem Zellmodell 32
☐ *Praktikum:* Wasserleitung in Pflanzen 33

2 Pflanzenorgane wirken beim Stoffwechsel zusammen 34
Pflanzen verbessern die Luft 34
Der Gasaustausch bei Pflanzen 35
Die Fotosynthese 36
Auch grüne Pflanzen atmen 37
Fotosynthese und Zellatmung 37
☐ *Praktikum:* Fotosynthese und Zellatmung 38
Bedeutung der Fotosynthese für das Leben auf der Erde 40
Die Gärung — es geht auch ohne Sauerstoff 42
☐ *Praktikum:* Versuche mit Hefe und Bakterien 43
☐ *Praktikum:* Lebenslauf von Samenpflanzen 44
Geschlechtliche Fortpflanzung bei Samenpflanzen 45
Ungeschlechtliche Pflanzenvermehrung 45
Pflanzen reagieren auf Reize 46

Insekten

Der Körperbau der Insekten 48
Die Mundwerkzeuge der Insekten — Anpassung an die Nahrung 50
Tasten, Riechen, Schmecken 51
Die vollständige Verwandlung der Schmetterlinge 52
Die unvollständige Verwandlung der Laubheuschrecke 53
Honigbienen bilden Staaten 54
Lebenslauf einer Arbeitsbiene 55
Verständigung — die Tanzsprache der Honigbiene 56
☐ *Praktikum:* Zucht und Haltung von Insekten 57

Ökosystem Wald

Auf Erkundungsgang mit dem Förster 58
Geschichte des Waldes 59
Pollenanalyse 59

1 Wald besteht nicht nur aus Bäumen 60
Wie Bäume wachsen 61
Die Stockwerke des Waldes 62
Standortfaktoren bestimmen den Wald 63
☐ *Lexikon:* Pflanzen des Waldes 64
Farne sind Schattenpflanzen 66
Moose — Wasserspeicher der Wälder 67
Bodenfaktoren bestimmen den Waldtyp 68
☐ *Praktikum:* Bodenuntersuchungen 69
Der Wald — Lebensraum für viele Tiere 70
Spechte — die Zimmerleute des Waldes 71
Warum schützt der Förster die Kleine Rote Waldameise? 72
Termiten — Insektenstaaten in der Savanne 73

2 Pflanzen und Tiere des Waldes sind voneinander abhängig 74
Nahrungsbeziehungen im Wald 74
Tote Tiere und Pflanzen werden im Boden zersetzt 76
☐ *Praktikum:* Untersuchung der Laubstreu 77
Regenwürmer verbessern den Boden 78
☐ *Praktikum:* Beobachtungen beim Regenwurm 79
Schnecken sind Feuchtlufttiere 80
☐ *Praktikum:* Beobachtungen an Gehäuseschnecken 81
Pilze sind lebensnotwendig für den Wald 82
☐ *Lexikon:* Pilze 83
☐ *Projekt:* Untersuchungen im Wald 84

3 Bedeutung und Gefährdung des Waldes 86
Waldökosysteme sind verschieden 88
Tropische Regenwälder sind gefährdete Großlebensräume 89
Luftschadstoffe gefährden den Bestand unserer Wälder 90
☐ *Lexikon:* Luftschadstoffe und neuartige Waldschäden 91
☐ *Praktikum:* Luftschadstoffe 92

Ökosystem Binnengewässer

Bedeutung der Gewässer 94
Der See im Jahreslauf 96
☐ *Praktikum:* Wasser als Lebensraum 97

1 Pflanzen und Tiere im Lebensraum See 98
Die Pflanzengesellschaften des Seeufers 98
- *Praktikum:* Kartierung und Untersuchung von Uferpflanzen 100
- *Lexikon:* Pflanzen am Seeufer 101

Algen sind an das Leben im Wasser angepasst 102
- *Lexikon:* Algen 103

Ökologische Nischen von Wasservögeln 104
Libellen — Leben in zwei Welten 107
Auf Tauchstation — der Gelbrandkäfer 107
Atmen im Wasser 108
- *Lexikon:* Tiere im und am Teich 109

Nahrungsbeziehungen und Stoffkreislauf im See 110

2 Eingriffe in das Ökosystem 112
Binnengewässer sind belastet 112
Eutrophierung 113
Die Selbstreinigung in einem Fließgewässer 114
Abwasserreinigung in einer Kläranlage 115
Bestimmung der Gewässergüte 116
- *Praktikum:* Untersuchung eines Fließgewässers 118
- *Projekt:* Bachbegradigung — Für und Wider 120

Der Mensch gestaltet seine Umwelt

1 Ökosystem Acker 122
Die Landwirtschaft wird intensiviert 123
Justus von Liebig durchschaut den Kreislauf der Stoffe 124
Der Mensch greift in den Stickstoffkreislauf ein 125
Pflanzen geben Auskunft über die Beschaffenheit des Bodens 126
Die Feldflur als Lebensraum für Tier und Pflanze 128
Nahrungskonkurrenten des Menschen... 130
... und Maßnahmen zu ihrer Bekämpfung 131
Konventionelle und alternative Landwirtschaft 132

2 Ökosystem Stadt 134
Das Ökosystem Stadt hat viele Lebensräume 135
Wildpflanzen in der Stadt 136
- *Lexikon:* Wildpflanzen in der Stadt 137
- *Praktikum:* Untersuchungen in der Stadt 138
- *Praktikum:* Pflanzen und Tiere in der Stadt 139

Streuobstwiesen werden immer seltener 140
Nahrungsbeziehungen in einer Wiese 141

3 Umweltprobleme — lokal und weltweit 142
Umweltgifte 142
- *Lexikon:* Umweltgifte 143

Müll — die Kehrseite des Wohlstands 144
- *Praktikum:* Müllvermeidung 145

Die Erde — ein Treibhaus im All 146
Verändert sich unser Klima? 147
Ein Ozonmantel schützt die Erde vor gefährlicher UV-Strahlung 148
CFKW zerstören die Ozonschicht 149
Landschaftsverbrauch — verbrauchte Landschaft 150
- *Praktikum:* Erkundung des Schulumfeldes 152
- *Projekt:* Leben in der Einen Welt 154

Stoffwechsel und Bewegung des Menschen

1 Grundlagen der Ernährung 156
Zusammensetzung der Nahrung 157
- *Praktikum:* Nährstoffnachweise 158

Die Bedeutung der Nährstoffe im Stoffwechsel 159
Vitamine und Mineralstoffe sind unentbehrlich 160
- *Lexikon:* Zusatzstoffe in der Nahrung 161

Vollwerternährung — eine gesunde Alternative 162
Modernes Ernährungsverhalten — gesundes Ernährungsverhalten? 162
- *Praktikum:* Vorschläge zur Vollwerternährung 163

Der Weg der Nahrung 164
Verdauung im Magen 165
Verdauungsvorgänge im Dünndarm 166
Die Leber 166
Die Bauchspeicheldrüse 167
Verdauungsvorgänge im Dickdarm 168
Verdauung in der Übersicht 168
- *Praktikum:* Verdauung 170
- *Lexikon:* Störungen und Krankheiten des Verdauungssystems 171

Überfluss und Mangel in der Welt 172

2 Atmungsorgane und Gasaustausch 174
Verschmutzte Luft kann krank machen 176
- *Lexikon:* Erkrankungen der Atemwege 177
- *Praktikum:* Atmung 178

Von der äußeren Atmung zur Zellatmung 179

3 Herz und Blutkreislauf 180
Das Blutgefäßsystem 180
Das Herz 181
Zusammensetzung und Aufgaben des Blutes 182
Der Wundverschluss 183
Wundversorgung 183
Stoffaustausch im Gewebe 184
Das Lymphsystem 184
Die Blutgruppen 185
- *Praktikum:* Herz und Kreislauf 186
- *Praktikum:* Versuche mit Blut 187

Die Niere — Millionen kleinster Blutfilter 188
Die Harnbildung 189
Risikofaktoren für Herz und Kreislaufsystem 190
Messen des Blutdrucks 190
Herzinfarkt muss nicht sein 191
Fortschritte der Medizin 191
So bleiben Kreislauf- und Atmungsorgane gesund 192
- *Praktikum:* Richtig trainieren 193
- *Praktikum:* Kreislauftraining einmal anders 194
- *Praktikum:* Entspannung 195

4 Muskeln und Skelett — Grundlagen der Bewegung 196
Energiewechsel im Muskel 197
Der Knochenaufbau 198
Die Gelenke 199

Infektionskrankheiten und körpereigene Abwehr

1 Bakterien und Viren — täglicher Ansturm auf den Körper 200
☐ *Praktikum:* Arbeiten mit Bakterien 201
☐ *Lexikon:* Was Bakterien alles können 202
Bakterien als Krankheitserreger 203
Die Salmonellose 204
Ein Pilz als Helfer im Kampf gegen Bakterien 205
Viren als Krankheitserreger 206
Grippe — eine Infektionskrankheit 207
☐ *Lexikon:* Bakterieninfektionen 208
☐ *Lexikon:* Virusinfektionen 209

2 Der Körper wehrt sich 210
Die allgemeine Abwehr 210
Die Immunreaktion 211
Immunisierung 212
Mittel im Kampf gegen Krankheiten 214

3 AIDS — eine weltweite Epidemie 216
Ein rätselhaftes Krankheitsbild
AIDS geht alle an 218
☐ *Lexikon:* AIDS — Was man sonst noch wissen sollte 219

Mensch und Tier reagieren vielfältig

1 Sinnesorgane dienen der Wahrnehmung der Umwelt 220
Das Auge — ein wichtiges Sinnesorgan 222
Augenschutz 223
Wie entsteht ein Bild auf der Netzhaut? 224
Bewegte Bilder 226
Räumliches Sehen 226
Das Farbensehen 227
Sehen mit Auge und Gehirn 228
☐ *Praktikum:* Sehen 229
Das Ohr 230
Leistungen des Gehörs 231
Lärm ist schädlich! 231
Lage- und Drehsinn 232

☐ *Praktikum:* Gehör-, Lage- und Drehsinn 233
Riechen und Schmecken 234
☐ *Praktikum:* Riechen und Schmecken 235
Die Haut — ein vielseitiges Organ 236
☐ *Praktikum:* Fühlen 237

2 Das Nervensystem 238
Die Nervenzellen — Bausteine des Nervensystems 239
Nervenzentrale Gehirn 240
Das Gedächtnis 241
Das Rückenmark entlastet das Gehirn 242
Teile des Nervensystems arbeiten selbstständig 243
Nervensysteme im Vergleich 244
☐ *Lexikon:* Erkrankungen und Schädigungen des Nervensystems 245

3 Hormone — Botenstoffe im Körper 246
Regulation des Wasserhaushalts 246
Die Regulation des Blutzuckerspiegels 248
Hormone bewirken die Pubertät 249
Nerven- und Hormonsystem arbeiten zusammen 250

4 Steuerung des Verhaltens bei Tier und Mensch 252
Die Balz der Zebraspinne — Beispiel für eine Instinkthandlung 252
Der bedingte Reflex 253
Die Prägung 254
Das Gänsekind Martina 254
☐ *Praktikum:* Zum Verhalten der Mongolischen Rennmaus 255
Wie Tiere lernen 256
Verhaltensweisen des Menschen 258
Reste angeborenen Verhaltens 258
Sexuelle Schlüsselreize 259
Aggression beim Menschen 260
☐ *Praktikum:* Verhaltensbeobachtungen am Menschen 261
Formen menschlichen Lernens 262
Lernarten 263

Organsysteme arbeiten zusammen 264

Sucht macht unfrei

Ursachen für süchtiges Verhalten 266
Rauchen — ein giftiger Genuss 268
☐ *Projekt:* Ohne Rauch gut drauf 270
Alkohol — eine erlaubte Droge 272
Medikamentenmissbrauch 274
Die Flucht in eine Traumwelt 274
Drogen verzerren die Wirklichkeit 274
Die Flucht vor Problemen ... und der harte Weg zurück 276

Sexualität des Menschen

1 Liebe, Sex und Partnerschaft 278
Die Pubertät — Zeit der Orientierung 280
Willst du mit mir gehen? 281
Die Geschlechtsorgane des Mannes 282
Bau und Bildung der Spermien 283
Hormone — Medikamente und Dopingmittel 283
Die Geschlechtsorgane der Frau 284
Bau und Bildung der Eizellen 285
Der weibliche Zyklus 286
In der Praxis von Frauenärztin Dr. Schröder 287

2 Schwangerschaft, Geburt und Entwicklung 288
Die Entwicklung von Embryo und Fetus 288
Schwangerschaft und Geburt 290
Elternschaft bedeutet Übernahme von Verantwortung 291
Entscheidung für ein Kind 291
Familienplanung und Schutz des ungeborenen Lebens 292
☐ *Lexikon:* Methoden der Empfängnisverhütung 293
Vom Säugling zum Kleinkind 294
Stillen ist mehr als nur Nahrungsaufnahme 294
Die Lebensabschnitte 296

☐ *Lexikon:* Sexualität 297

Vererbung

1 Grundlagen der Vererbung 298
Das Kreuzungsschema 299
Die mendelschen Regeln 300
Bau der Chromosomen 302
Aufbau der DNS 303
Die DNS — Träger der Erbinformation 304
Die Mitose — Zellkerne teilen sich 306
Die Meiose — Keimzellen entstehen 308
Mutationen — Veränderungen der Erbinformation 310
Entstehung einer Genmutation 310
Modifikationen — Unterschiede, die nicht vererbt werden 311
☐ *Praktikum:* Auf Mendels Spuren 312
☐ *Praktikum:* Versuche zur Vererbungslehre 313

2 Die Erbregeln gelten auch für den Menschen 314
Zwei Chromosomen bestimmen das Geschlecht 314
Die Ausprägung der Blutgruppen 315
Stammbäume lassen Erbgänge erkennen 316
Der Erbgang der Bluterkrankheit 317
Rotgrünschwäche 317
Trisomie 21 — eine folgenschwere Mutation 318
Philip — ein Kind mit Down-Syndrom 318
Machtlos gegen erblich bedingte Krankheiten? 319
Erbgut und Umwelt beeinflussen unser Leben 320
Die Hautfarbe 320
Zwillingsforschung 321

3 Der Mensch verändert Lebewesen 322
Ziele und Methoden der Pflanzenzüchtung 322
Züchtung leistungsfähiger Nutztiere 323
Klonierung 323
Gentechnik — Fortschritt oder Risiko? 324
Argumente PRO und CONTRA Gentechnik 325

Angewandte Genetik beim Menschen 326
Duchenne Muskeldystrophie (DMD) 326
Von der Gendiagnose zur Gentherapie? 327

Evolution — Entwicklung der Vielfalt

1 Stammesgeschichte der Lebewesen 328
Fossilien — Spuren aus der Urzeit des Lebens 329
So bestimmt man das Alter von Fossilien 330
☐ *Praktikum:* Wir stellen ein Fossilienmodell her 331
Aus dem Geschichtsbuch der Erde 332
Entstehung des Lebens auf der Erde — im Wasser 334
Vom Wasser auf Land — ein entscheidender Schritt 335
Der Fisch der Miss Latimer 336
☐ *Lexikon:* Lebende Zeugen für die Stammesentwicklung 337
Saurier — Reptilien der Kreidezeit 338
☐ *Lexikon:* Die Vielfalt der Saurier 339
Der Urvogel Archaeopteryx 340
Die Evolution des Pferdes 341
Homologie — Analogie 342
Konvergenz 343
Rudimentäre Organe 343
☐ *Lexikon:* Belege für die Stammesentwicklung 344
Das natürliche System der Lebewesen 345

2 Ursachen für die Evolution 346
Mutation — Rekombination — Selektion 346
☐ *Praktikum:* Mutations- und Selektionsspiel 347
Isolation 348
☐ *Lexikon:* Die Entwicklung des Evolutionsgedankens 349

3 Stammesentwicklung des Menschen 350
Die Verwandten des Menschen 350
Die Vorfahren des Menschen 353
Die Gattung Homo 354

Homo sapiens 355
Der Jetzt-Mensch — Homo sapiens sapiens 356
Wie der Mensch zum Menschen wurde 357
Gibt es Menschenrassen? 358
Der Mensch als Evolutionsprodukt und Evolutionsgestalter 360

Register 362
Bildnachweis 368

Zellen, Einzeller und einfache Vielzeller

1 Zellen sind Bausteine aller Lebewesen

Seit den Untersuchungen von SCHWANN und SCHLEIDEN (S. 11) vor über 150 Jahren ist bekannt, dass alle Organismen, gleich ob Tier oder Pflanze, aus Zellen bestehen. Einzelheiten vom Bau der Lebewesen zu erkennen, war erst mit Hilfe des Mikroskops möglich. Weil Zellen sehr klein sind, findet man in jedem Stückchen Gewebe unter dem Mikroskop eine große Anzahl davon. Würde man z. B. die Zellen von einem Quadratzentimeter menschlicher Haut zählen, käme man auf die beachtliche Anzahl von 3 Millionen! Allerdings sind nicht alle Zellen gleich. Wie in einem Konstruktionsbaukasten gibt es für die verschiedenen Funktionen unterschiedliche Bausteine. Ein Schnitt durch ein Seerosenblatt oder durch einen Knochen zeigt bei 400-facher Vergrößerung Zellen in verschiedenen Formen und Größen.

Neben den vielzelligen Organismen gibt es auch Lebewesen, die aus nur einer einzigen Zelle bestehen. In einem Wassertropfen aus einem Tümpel oder aus einer Pfütze beispielsweise herrscht ein reges Treiben solcher Einzeller. Da rollen Kugelalgen durchs Wasser oder Pantoffeltierchen durchstreifen — angetrieben von feinen Wimpern — den Tropfen. Zu den Einzellern gehören auch die Bakterien. Unter ihnen gibt es nicht nur Krankheitserreger, sondern viele Arten mit wichtigen Funktionen im Naturhaushalt. Einige davon macht der Mensch sich zu Nutze.

Zellen der Wasserpest (Mikrofoto)

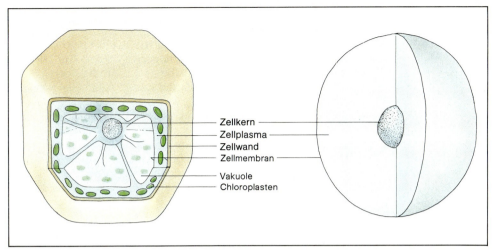

1 Pflanzenzelle und Tierzelle im Vergleich

Bau von Pflanzenzelle und Tierzelle

Pflanzliche und tierische Zellen haben gemeinsame Bestandteile, weisen aber auch Unterschiede auf.

Die Pflanzenzelle

Wenn wir ein Blättchen der Wasserpest mikroskopieren, erkennen wir wichtige Teile einer Zelle. Jede Pflanzenzelle wird von einer *Zellwand* umgeben. Sie schützt das Innere und gibt der Zelle Stabilität und Form. Junge Zellen haben noch keine Zellwände (▷ 14.1). Sie bilden sich erst im Verlaufe der Entwicklung einer Zelle. Zellwände können unterschiedlich dick werden. In manchen Zellen stirbt mit zunehmendem Alter das Innere ab, es bleiben nur die Zellwände übrig, wie z. B. der Holzteil eines Baumes (S. 16). Zellwände bestehen hauptsächlich aus Zellulose. In die Wände ist außerdem Lignin (Holzstoff) eingelagert. Es verleiht ihnen die enorme Druck- und Zugfestigkeit. Für Stoffe, die in der lebenden Zelle gebraucht oder aus ihr entfernt werden müssen, ist sie durchlässig.

Unter der Zellwand liegt eine dünne *Zellmembran*. Es ist ein dünnes Häutchen, das aus Eiweißen und Fetten besteht. Sie umschließt das *Zellplasma*. Das Zellplasma ist der durchsichtige, zähflüssige Teil der Zelle. Es besteht vorwiegend aus Wasser sowie Eiweißen und anderen organischen Stoffen. In den Zellen mancher Pflanzen bewegt es sich sogar. Im Zellplasma liegt auch der *Zellkern*. Er steuert alle Lebensvorgänge.

In den Zellen der Wasserpest sind die linsenförmigen Blattgrünkörner oder *Chloroplasten* sehr gut zu sehen. Auch sie befinden sich im Zellplasma. Alle grünen Pflanzenteile besitzen Chloroplasten. Sie enthalten den grünen Farbstoff *Chlorophyll*, mit dem die Pflanze mit Hilfe des Sonnenlichts energiereiche Stoffe herstellt (Fotosynthese). In ausgewachsenen Zellen bildet sich in der Zellmitte eine große *Vakuole*, die mit *Zellsaft* gefüllt ist. Sie ist vom Zellplasma durch eine dünne Membran getrennt. Der Zellsaft besteht vor allem aus Wasser. In Zellen mancher farbiger Blüten enthält er die entsprechenden Farbstoffe. Die Vakuolen mancher Zellen sind Speicher. In Zuckerrübe und Zuckerrohr enthalten sie Zucker, in Samen, z. B. in Bucheckern, vor allem Eiweiß oder Fett. Die Gesamtheit aller Bestandteile einer Zelle mit Ausnahme der Zellwand und der Vakuolen nennt man *Protoplasma*.

Die Tierzelle

Im Gegensatz zur Pflanzenzelle hat die Tierzelle keine Zellwand. Das Zellplasma wird nur von einer zähen Plasmaschicht, der Zellmembran umgeben. Außerdem fehlen den Tierzellen große Vakuolen, ebenso die Chloroplasten. Der Zellkern liegt, im Gegensatz zum Kern der Pflanzenzelle, meist zentral. Während die Pflanzenzelle starr ist und kugelig, würfelartig oder lang gestreckt gebaut sein kann, ist die Formenvielfalt der Tierzellen wesentlich größer; lebende Zellen können dauernd ihre Gestalt verändern.

Aufgabe

① Lege eine Tabelle an und vergleiche pflanzliche und tierische Zelle.

Mundschleimhautzellen (Mikrofoto)

Die Geschichte des Mikroskops und die Entdeckung der Zelle

Robert Hooke
(1635 – 1703)

Antonie van Leeuwenhoek
(1632 – 1723)

Obwohl schon lange vor Christi Geburt das Phänomen der Lichtbrechung durch Linsen bekannt war, dauerte es doch bis ins 16. Jahrhundert hinein, bis man auf die Idee kam, geschliffene Linsen als Vergrößerungsgläser zu benutzen. Und noch einmal hundert Jahre vergingen, bis die ersten Mikroskope gebaut wurden. Diese Instrumente gab es zunächst in zwei Ausführungen. Zum einen die aus zwei Linsen zusammengesetzten, daneben die einfacheren, nur aus einer Linse bestehenden Mikroskope.

Einer der Pioniere auf dem Gebiet der Mikroskopie war der englische Physiker ROBERT HOOKE, der für seine Untersuchungen ein zusammengesetztes Mikroskop konstruierte. Mit Hilfe einer mit Wasser gefüllten Glaskugel konzentrierte er das Licht auf das Präparat und konnte so die ersten Vergrößerungen von Läusen und Flöhen zeichnen. Mit seinem Mikroskop gelangen ihm bis zu 100-fache Vergrößerungen, was für damalige Verhältnisse sehr gut war. Allerdings reichte er damit bei weitem nicht an die Genauigkeit der Instrumente des Holländers ANTONIE VAN LEEUWENHOEK heran.

LEEUWENHOEK beherrschte die Kunst des Linsenschleifens, sodass er sich seine vielen Spezialmikroskope selbst bauen konnte. Es waren Ein-Linsen-Mikroskope, die bis zu 270-fache Vergrößerungen ermöglichten. Doch auch er konnte nicht verhindern, dass bei höheren Vergrößerungen die Bilder verzerrt und unscharf wurden, was zum einen an Unreinheiten in den verwendeten Linsengläsern lag, zum anderen an dem immer noch zu groben Linsenschliff.

Seit HOOKE und LEEUWENHOEK sind mehr als 350 Jahre vergangen, die Technik hat rasante Fortschritte gemacht und auch die optischen Geräte wurden zu Präzisionsinstrumenten weiterentwickelt. Heute sind Mikroskope nichts Außergewöhnliches und je nach Verwendungszweck werden sie in sehr unterschiedlichen Ausführungen und Leistungsstärken angeboten.

In der Schule benutzt man normalerweise das *Durchlicht-Hellfeldmikroskop*. Bei ihm werden die Präparate von einer Lichtquelle durchleuchtet. Sie müssen dementsprechend dünn und lichtdurchlässig sein. Durch spezielle Färbemethoden kann man die Strukturen des Objektes noch deutlicher hervorheben. Betrachtet wird das Präparat durch das oben am *Tubus* angebrachte *Okular* und durch verschiedene, am drehbaren *Objektivrevolver* angeschraubte Objektive. Sie sind das Wichtigste am Mikroskop, da sie das *Auflösungsvermögen*, die „Bildschärfe", bestimmen.

Mit den modernen Lichtmikroskopen erreicht man bis zu 2000-fache Vergrößerungen. Mit *Elektronenmikroskopen*, bei denen nicht Licht-, sondern Elektronenstrahlen zur Abbildung verwendet werden, sogar Vergrößerungsmaßstäbe von 1:200 000.

1 Mikroskop von HOOKE und die von ihm gezeichneten Korkscheibenzellen

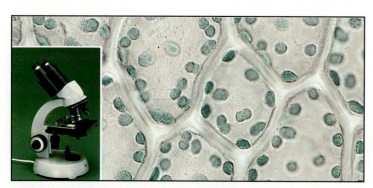

2 Lichtmikroskopisches Bild von Pflanzenzellen (ca. 600 × vergr.)

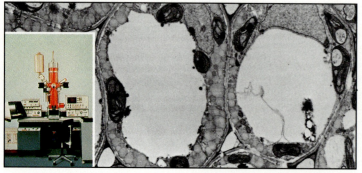

3 Elektronenmikroskopisches Bild von Pflanzenzellen (ca. 3000 × vergr.)

Begründer der Zellbiologie:

Matthias Jacob Schleiden (1804—1881) Professor in Jena, Dorpat, Dresden, Wiesbaden und Frankfurt/Main. Er erkannte, dass Pflanzen aus Zellen bestehen.

Theodor Schwann (1810—1882) Professor in Löwen und Lüttich. Er wies nach, dass pflanzliche und tierische Gewebe aus Zellen bestehen.

1 mm = 1000 Mikrometer (µm)
1 Mikrometer = 1000 Nanometer (nm)
1 Nanometer = 10 Ångström (Å)

Das Lichtmikroskop — seine Möglichkeiten und Grenzen

Wenn wir aus 25 cm Entfernung zwei kleine Punkte auf einem Blatt Papier anschauen, so scheinen sie miteinander zu verschmelzen, wenn sie weniger als $\frac{1}{10}$ mm voneinander entfernt sind.

Mit einem Mikroskop können wir den geringen Abstand zwischen diesen Punkten ganz erheblich vergrößern. Was uns mit bloßem Auge nah beieinander erschien, ist jetzt weit auseinander gezogen und wird unter einem erheblich größeren Sehwinkel betrachtet. Es lassen sich Einzelheiten wahrnehmen, die in dem engen Zwischenraum bisher verborgen geblieben sind.

Können wir zum Beispiel mit bloßem Auge bei einer Vogelfeder die einzelnen kleinen Äste gut erkennen, so zeigt der Blick durch das Mikroskop die enge Verzahnung durch Haken- und Bogenstrahlen.

Gläserne Linsensysteme sind für die maximal etwa 2000-fache Vergrößerung verantwortlich. Das dem Objekt zugewandte Objektiv entwirft ein Bild, das dann vom Okular wie mit einer Lupe noch einmal vergrößert wird. Das Okular zeigt zum Auge des Betrachters (lat. oculus = Auge) und trägt einen Aufdruck mit der Angabe der Vergrößerung. Multipliziert man diesen Wert mit der auf dem Objektiv stehenden Zahl, so erhält man die Gesamtvergrößerung.

Leistungsfähige Mikroskope verfügen stets über einen Kondensor mit Irisblende, womit einerseits das Licht gebündelt und andererseits der Lichteinfall reguliert werden kann.

Bei der Arbeit mit dem Mikroskop bewegen wir uns im Bereich ungewohnt kleiner Längenmaße. Ein Millimeter wird danach in 1000 Mikrometer (µm) aufgeteilt. 1 Mikrometer wiederum entspricht 1000 Nanometern und 1 Nanometer wird in 10 Å (Ångström) geteilt — ein Längenmaß, das sich unserer Vorstellung vollkommen entzieht. Nur zum Vergleich: Dehnt man einen Millimeter auf 10 000 km Länge, so wird ein Å lediglich auf einen einzigen Meter Länge vergrößert.

Das menschliche Auge hat ein Auflösungsvermögen von 0,1 mm oder 100 µm. Mit dem Mikroskop dagegen schaffen wir 0,2 µm und können etwa Bakterien mit einer Größe von 1 µm sichtbar machen. Jetzt wird klar, warum Forscher früherer Jahrzehnte mit dem Lichtmikroskop nach dem Erreger der Kinderlähmung, einem Virus von 0,025 µm, vergeblich suchten.

1 Mikroskop

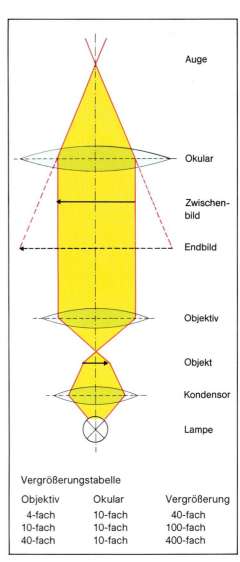

Vergrößerungstabelle

Objektiv	Okular	Vergrößerung
4-fach	10-fach	40-fach
10-fach	10-fach	100-fach
40-fach	10-fach	400-fach

2 Strahlengang im Lichtmikroskop

Arbeiten mit dem Mikroskop

Mikroskopieren — aber richtig

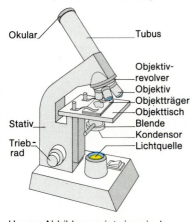

Okular, Tubus, Objektivrevolver, Objektiv, Objektträger, Objekttisch, Blende, Kondensor, Lichtquelle, Stativ, Triebrad

Unsere Abbildung zeigt einen in der Schule häufig verwendeten Typ des Lichtmikroskops. Die nachfolgende Anleitung soll dir helfen, beim Mikroskopieren Fehler zu vermeiden:

1. Das Mikroskop beim Herausnehmen aus dem Schrank und beim Transport nur am Stativ anfassen.
2. Verschmutzte Objektive nur mit einem weichen Läppchen, das mit Benzin oder destilliertem Wasser getränkt ist, reinigen.
3. Nie Objektive und Okulare auseinander schrauben.
4. Die Unterseite des Objektträgers stets trocken halten.
5. Beim Mikroskopieren den Tubus mit dem Grobtrieb nur von unten nach oben bewegen.
6. Immer mit der schwächsten Vergrößerung beginnen.
7. Kondensor in die oberste Stellung bringen.
8. Bildhelligkeit und Bildkontrast mit der Blende regeln.
9. Nach erfolgter Grobeinstellung Feineinstellung mit dem Feintrieb, der in beide Richtungen bewegt werden kann, vornehmen.
10. Beim Wechsel des Objektes aufpassen, dass ein längeres Objektiv nicht das Objekt berührt. Von der Seite kontrollieren.
11. Achtung! Beim Arbeiten mit stark vergrößernden Objektiven können Präparat und Deckglas leicht zerdrückt und das Objektiv beschädigt werden.
12. Nach Beendigung der Arbeiten schwächste Vergrößerung einstellen. Mikroskop und Arbeitsplatz sorgfältig aufräumen. Den Arbeitsplatz stets sauber halten.

① Vergleiche den Aufbau deines Schulmikroskops mit unserer Abbildung. Vergleiche und benenne die Teile.
② Wenn man die Vergrößerungen von Objektiv und Okular multipliziert, erhält man die Gesamtvergrößerung. Berechne die möglichen Werte für dein Mikroskop.
③ Lege ein Stückchen Millimeterpapier auf den Objekttisch, und messe damit dein Beobachtungsfeld aus. Notiere dir die Werte für die verschiedenen Objektive. So kannst du später leichter die wirkliche Größe eines Objektes abschätzen.
④ Lege ein Haar, eine Stecknadel und einen Wollfaden auf das Millimeterpapier und gib deren Dicke an.

Herstellung eines Nasspräparates

Durchführung: Zerschneide eine Küchenzwiebel mit einem Messer in vier Teile. Nimm eine Schuppe und schneide auf der Innenseite mit einer Rasierklinge ein kleines Rechteck hinein. Ziehe das eng anliegende Zwiebelhäutchen mit einer Pinzette vorsichtig ab. Lege anschließend das Präparat auf einen Objektträger in einen Tropfen Leitungswasser.
Führe das schräg gehaltene Deckglas an den Wassertropfen heran. Lass dann das Deckglas langsam auf das Präparat sinken, ohne dass Luftblasen entstehen. Sauge überschüssiges Wasser mit Filterpapier ab. Bei Wassermangel unter dem Deckglas (erkennbar an Lufteinzug vom Rand her) mit einem Tropfen Wasser aus der Pipette ergänzen.

⑤ Zeichne bei schwacher Vergrößerung die Anordnung der Zellen.
⑥ Zeichne eine möglichst große Umrissskizze (5 × 10 cm) einiger weniger Zellen bei ungefähr 100-facher Vergrößerung.
⑦ Betrachte das Innere der Zelle. Übertrage die erkennbaren Einzelheiten in deine Umrissskizze.

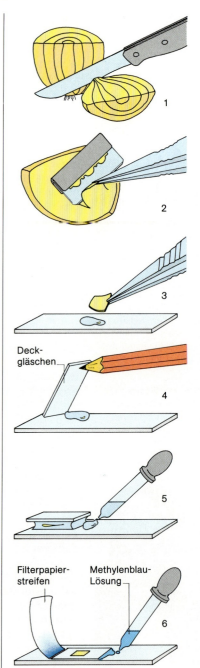

Anfärben von Präparaten

Durchführung: Fertige ein weiteres Nasspräparat des Zwiebelhäutchens an. Füge an einer Deckglaskante, wie in Abb. 6 dargestellt, einen Tropfen *Methylenblau-Lösung* hinzu. Sauge mit Hilfe eines Filterpapierstreifens das Färbemittel unter dem Deckglas durch.

⑧ Fertige auch hiervon eine genaue Zeichnung an. Welche Unterschiede zum ersten Präparat lassen sich erkennen?

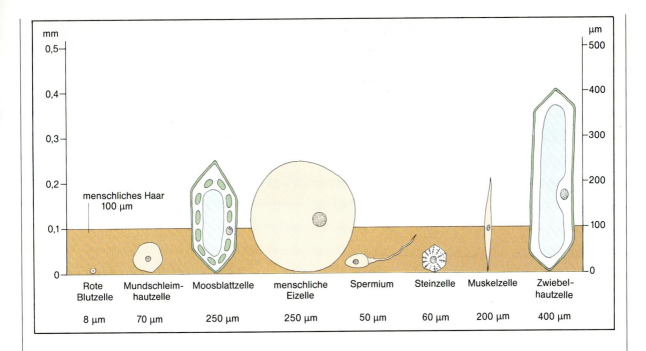

Größe von Zellen

Zellen sind so winzig, dass selbst auf einer Strecke von nur einem Millimeter mehrere Zellen nebeneinander gelegt werden können. So lassen sich beispielsweise zwei Zellen der Zwiebelhaut oder vier Zellen eines Moosblättchens und sogar 125 rote Blutzellen nebeneinander legen. Um die Größe von derart kleinen Zellen angeben zu können, ist es günstiger, mit einer noch kleineren Einheit als mit Millimetern zu rechnen. Zellgrößen werden in tausendstel Millimeter, in Mikrometer (µm), angegeben.

$$1\ \mu m = \frac{1}{1000}\ mm$$

Am Beispiel der roten Blutzellen lässt sich die Größe einer einzelnen Zelle gut veranschaulichen:

$$125\ \text{Zellen} = 1000\ \mu m = 1\ mm$$

$$1\ \text{Zelle} = \frac{1000\ \mu m}{125} = 8\ \mu m$$

Form von Zellen

Unter dem Mikroskop kannst du auch die Form der Zellen erkennen. Diese geben aber nicht ihre räumliche Gestalt wieder. Eine kugelförmige Zelle ergibt ein kreisrundes Bild. Zu rechteckigen Bildern gehören würfel- oder quaderförmige Zellen.

Aufgaben

① Nimm ein Glas und fülle es zu einem Drittel mit Wasser. Gib etwas Spülmittel hinzu und blase durch ein Trinkröhrchen Luft in die Lösung bis das Glas voller Seifenblasen ist. Sieh dir die Seifenblasen genau an. Warum können wir sie als Modell für Zellen verwenden?

② Fertige aus Papier und Klebstoff Hohlkörper als Modelle für verschiedene Zellformen an. Benenne sie.

Holundermark — kugelförmig

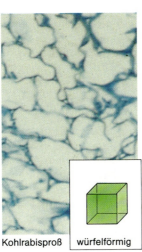

Kohlrabisproß — würfelförmig

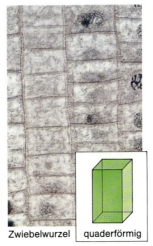

Zwiebelwurzel — quaderförmig

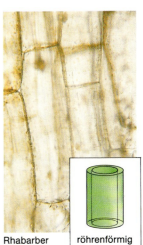

Rhabarber — röhrenförmig

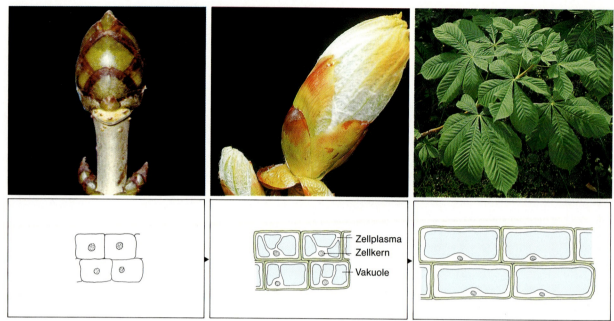

1 Wachstum pflanzlicher Zellen

Lebensvorgänge in pflanzlichen und tierischen Zellen

Lebensvorgänge, die wir bei Pflanzen und Tieren wahrnehmen können, laufen auch in ihren Zellen ab. Dazu gehören Stoffwechselvorgänge, Wachstum, Entwicklung, Vermehrung und Bewegung.

Vermehrung

Die Vermehrung der pflanzlichen und tierischen Zellen erfolgt durch *Zellteilung* (Mitose, S. 306). Die Zelle schnürt sich ein und aus dem Zellkern bilden sich zwei völlig gleiche Zellkerne. Auf diese Weise entstehen zwei neue Zellen mit je einem Zellkern. Die beiden jungen Zellen wachsen wieder bis zur Größe der alten Zelle heran. Nicht alle pflanzlichen und tierischen Zellen sind teilungsfähig. Teilungsfähige Zellen der Pflanze befinden sich vor allem in der Spross- und Wurzelspitze, beim Menschen z. B. in der Haut oder im Knochen.

Wachstum

Im Frühling beobachten wir, wie die Knospen der Bäume dicker werden, aufbrechen und wie sich die Blätter entfalten. Sie erreichen innerhalb weniger Tage einige Zentimeter Länge. Sie sind gewachsen. Wenn die Zelle Wasser aufnimmt und sich dadurch streckt, kann sich ihr Volumen auf das 1000-fache vergrößern. Das Zellplasma wird auseinander gezogen. Es entstehen Vakuolen.

Bei Tieren ist dieses schnelle Wachstum nicht möglich, weil ihre Zellen keine Vakuolen bilden und sie somit auch kein Streckungswachstum haben. Tierische Zellen wachsen durch Zunahme des Zellplasmas. Sie werden in der Regel auch nicht so groß wie pflanzliche Zellen.

Aufgabe

① In regenreichen Jahren können Getreidepflanzen 2 m hoch werden; in extrem trockenen Jahren erreichen sie kaum 50 cm. Erkläre die Unterschiede.
② Erkläre das Aufbrechen einer Kastanienknospe mit Hilfe der Zellstreckung.

Ernährung

Jedes Lebewesen muss sich ernähren, um neue Zellen aufbauen zu können und die zur Erhaltung der Lebensfunktionen notwendige Energie zu gewinnen. Bei der Ernährung werden körperfremde Stoffe aufgenommen und in körpereigene Stoffe umgebaut. Besonders groß ist der Nahrungsbedarf beim Wachstum, bei Pflanzen ebenso wie bei Tieren und beim Menschen.
So wie sich der ganze Organismus ernährt, so ernährt sich auch jede einzelne Zelle. Pflanzliche Zellen mit Chloroplasten nehmen wie die Pflanze, zu der sie gehören, körper-

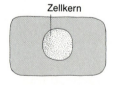

Teilung tierischer Zellen

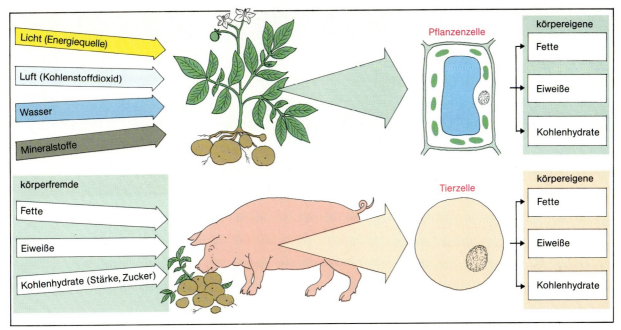

1 Ernährung von pflanzlichen und tierischen Zellen

fremde organische Stoffe in Form von Kohlenstoffdioxid, Wasser und Mineralstoffen auf und stellen daraus körpereigene organische Stoffe her (autotrophe Ernährung). Diese sind zelleigene Eiweiße, Fette und Kohlenhydrate. Tierische Zellen ernähren sich von körperfremden organischen Stoffen (Eiweißen, Fetten und Kohlenhydraten). Das Tier nimmt sie als Nahrung zu sich, es ernährt sich heterotroph.

Komplizierte Umwandlungsprozesse während der Verdauung zerlegen die Nährstoffe in ihre kleinsten Bestandteile, sodass sie über die Darmwand in die Körperzellen transportiert werden können. In den Zellen werden sie zu körpereigenen Fetten, Eiweißen und Kohlenhydraten zusammengesetzt. Aus dem Eiweiß eines verspeisten Hühnereies kann so ein zelleigenes Eiweiß entstehen, das zur Bildung von neuem Zellplasma dient.

Aufgaben

① Vergleiche die Ernährung einer Pflanze mit der einer Pflanzenzelle.
② Stelle Unterschiede und Gemeinsamkeiten in der Ernährung von Pflanzen- und Tierzellen in einer Tabelle zusammen.
③ Woraus stellen Zellen ihr Zellplasma her? Schreibe deine Vermutungen auf.

Zellen, Gewebe und Organe

Alle Lebewesen sind aus einer mehr oder weniger großen Anzahl von Zellen aufgebaut, der Mensch z. B. aus ca. 10^{14}, also 100 Billionen Zellen. Bei den meisten Lebewesen kann jedoch ein Zelltyp allein die vielfältigen Lebensprozesse nicht bewältigen. Die Zellen haben sich spezialisiert.

Jede Zelle in einem Tier oder in einer Pflanze hat eine ganz bestimmte Funktion. Spezialisierte Zellen kommen aber kaum allein vor. Sie sind in Zellverbänden zusammengeschlossen und haben eine besondere, der jeweiligen Aufgabe angepasste Form. Den Zusammenschluss solcher gleichartigen Zellen, die alle eine spezielle Funktion haben, nennt man **Gewebe**.

Mehrere Gewebe, deren Einzelfunktionen aufeinander abgestimmt sind und so eine übergeordnete Aufgabe erfüllen, bilden ein **Organ:** Bei der Pflanze sind dies die Wurzel, die Sprossachse (Stengel) und das Blatt.

Tierische Gewebe sind z. B. Muskel- oder Nervengewebe, die, zusammen mit anderen Geweben, Organe wie Herz oder Gehirn mit ihren vielfältigen Aufgaben bilden. Organe arbeiten in **Organsystemen** zusammen. Beispiele dafür sind das Verdauungssystem des Menschen oder die Blüten der Pflanzen. Alle Gewebe und Organsysteme wiederum ergänzen sich in ihrer Funktion und bilden so den **Organismus** Pflanze oder Tier mit seiner ihm eigenen Lebensweise.

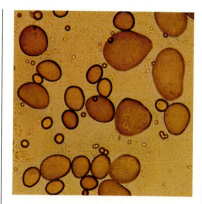

Zellbestandteile der Pflanze mikroskopisch untersucht

An geeignetem Pflanzenmaterial lassen sich Zellbestandteile wie Chloroplasten, Vakuolen und Zellwände unter dem Mikroskop gut untersuchen. In einigen Zellen ist sogar die Bewegung des Protoplasmas zu beobachten. Dazu muss man wissen, welche Pflanzen besonders geeignet sind. Ebenso wichtig ist es, die richtigen Präparationstechniken anzuwenden und sorgfältig und sauber zu arbeiten. Mit Hilfe von Nachweismitteln lassen sich verschiedene Zellbestandteile deutlich hervorheben.

Chloroplasten

Ganz einfache Frischpräparate sind mit Blättchen von *Sternmoos* (Mnium) herzustellen. Es wächst in Wäldern. Die Pflanze hat kleine, runde, durchscheinende Blätter. Sie werden mit einer Pinzette abgezupft, in einen Tropfen Wasser auf den Objektträger gebracht und mit einem Deckgläschen abgedeckt.
Zeichne eine Zelle mit den Chloroplasten.

Zellplasmaströmung

In Zellen der Staubfadenhaare von *Tradescantia* kann man die Bewegungen des Plasmas gut beobachten. Tradescantia gibt es als Topfpflanze (Ampelpflanze) und als Gartenblume (Dreimasterblume). In der Blüte erkennt man viele Staubblätter (s. o.). Dazwischen befinden sich die *Staubfadenhaare*. Sie sehen aus wie Staubblätter ohne Staubbeutel. Zupfe mit der Pinzette zwei Staubfadenhaare ab und stelle ein Frischpräparat her. Zeichne eine Zelle und beobachte die Bewegungsrichtung des Plasmas. Kennzeichne sie durch Pfeile.

Vakuole mit Zellsaft

Viele Blüten und Früchte besitzen in den Vakuolen ihrer Zellen gelöste Farbstoffe. Suche einige reife *Ligusterbeeren* und stelle daraus ein Frischpräparat her. Dazu wird die Beere angeritzt, etwas Fruchtfleisch herausgedrückt und auf den Objektträger in den Wassertropfen gebracht. Mit der Präpariernadel wird so lange das Fruchtfleisch auseinander gezogen, bis die Zellen einzeln im Wassertropfen liegen. Zeichne und beschrifte eine Zelle mit der Vakuole.

Zellen speichern Stärke

Schneide eine *Kartoffel* quer durch und schabe mit der Rasierklinge etwas Gewebe ab. Stelle daraus ein Frischpräparat her. Mikroskopiere. Sieh dir besonders die Stärkekörner an.
Nun bringst du lod-Kaliumiodidlösung auf einen Objektträger und ziehst die Lösung mit Filterpapier unter das Deckglas. Was stellst du fest? Erkläre deine Beobachtung.

Die Zellwände von Holzzellen

Schneide ein 5 cm langes Stück von einem verholzten *Fliederzweig* ab und spalte es mit einem Messer der Länge nach. Fertige mit der Rasierklinge möglichst dünne Längsschnitte an. Damit du dich nicht verletzt, wird eine Seite der Rasierklinge mit Heftpflaster beklebt. Halte das Fliederholz mit einer Hand am oberen Ende fest und setze es mit dem unteren Ende auf den Tisch auf. Schabe nun mit der scharfen Seite der Rasierklinge von der Innenseite des Holzes dünne Späne ab. Mit zwei oder drei der dünnsten Schnitte stellst du Frischpräparate her. Bringe Chlorzinkiodlösung auf den Objektträger und ziehe sie unter das Deckgläschen. Vergleiche die Zellwände, und beschreibe ihr Aussehen.

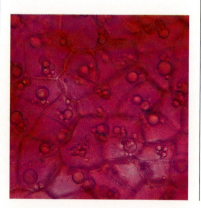

Tierische Zellen unter dem Mikroskop

Tierische Zellbestandteile wie Zellkern, Zellmembran und Zellplasma treten erst nach dem Anfärben deutlich hervor. Da sie meist sehr klein sind, eignet sich zur Beobachtung nicht jedes Gewebe gleich gut. Außerdem bedarf es technischer Hilfsmittel, um Schnittpräparate herzustellen. Wir verwenden deshalb ab und zu Dauerpräparate. Diese sind bereits so angefärbt, dass man die Strukturen optimal erkennen kann. Außerdem sind sie in einem Konservierungsmittel dauerhaft eingeschlossen.

Leberzellen

Fertige aus Rinds- oder Schweineleber ein Frischpräparat an. Dazu werden etwa 50 ml Wasser in ein kleines Becherglas gefüllt, mit einer Messerspitze Zucker versetzt und gut durchgerührt. In dieser Zuckerlösung zerschneidest du ein Stückchen Leber so fein, bis eine dicke, dunkelbraune Lösung entsteht. Mit der Pipette entnimmst du einen Tropfen und bringst ihn auf den Objektträger. Er liegt auf Filterpapier, damit überlaufende Flüssigkeit aufgesaugt wird. Lege ein Deckglas auf den Tropfen. Unter das Deckglas ziehst du einen Tropfen Karminessigsäure, um das Präparat anzufärben. Mikroskopiere bei starker Vergrößerung. Vergleiche dein Präparat mit der unteren Abb. Benenne die Zellteile.

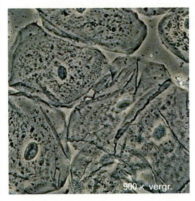

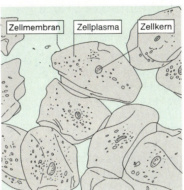

Zellen aus der Mundschleimhaut

Schabe mit einem sauberen Holzspatel an der Innenseite der Wangen etwas Mundschleimhaut ab und übertrage sie auf einen Objektträger. Das Frischpräparat wird mit Methylenblau-Lösung angefärbt. Mikroskopiere und zeichne die Zellen. Vergleiche dein Ergebnis mit den beiden oberen Abbildungen.

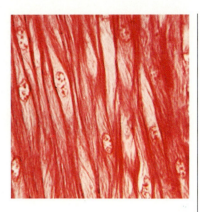

Zellen der glatten Muskulatur

Verwende zur Beobachtung ein Dauerpräparat der glatten Muskulatur. Welche Teile der Zelle erkennst du im Mikroskop?

Fettzellen

Zur Herstellung eines Frischpräparates verwendest du rohen Schweinespeck. Schabe mit einer Rasierklinge etwas Fett ab und verteile es auf dem Objektträger. Tropfe Sudan-III-Lösung (Sudan-III in 70-%igem Alkohol lösen) auf das Fett und decke mit dem Deckglas ab. Zeichne und beschrifte eine Zelle.

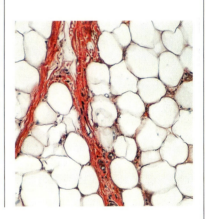

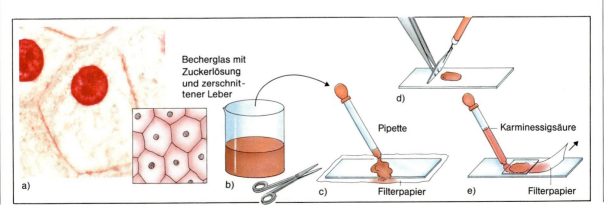

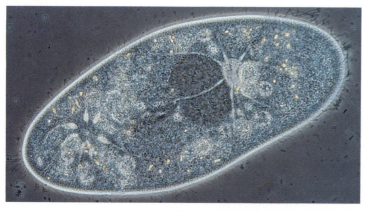
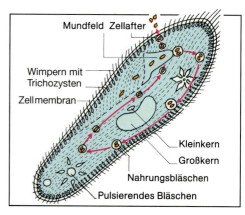

1 Pantoffeltierchen (ca. 250 × vergr.)

2 Schema eines Pantoffeltierchens

2 Einzeller und einfache Vielzeller

Das Pantoffeltierchen — Leben im Wassertropfen

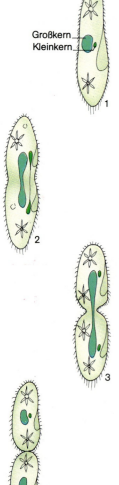

Das Pantoffeltierchen oder *Paramecium* findet in Weihern und Tümpeln geeignete Lebensbedingungen und gehört zu den Organismen, die nur aus einer Zelle bestehen. Es ist mit bis zu 0,3 mm Länge einer der größten Einzeller. Seine charakteristische Pantoffelform erhält Paramecium durch eine elastische *Zellmembran,* deren Oberfläche mit mehr als 10 000 *Wimpern* besetzt ist. Paramecium gehört deshalb zu den *Wimpertierchen*.

Die Wimpern schlagen rhythmisch und treiben den Zellkörper in einer lang gestreckten Spirale durch das Wasser. Gleichzeitig dreht sich der Körper dabei um seine eigene Längsachse. Trifft Paramecium auf ein Hindernis, schwimmt es kurz zurück und anschließend mit veränderter Richtung daran vorbei.

Durch dieses Vor- und Zurückschwimmen unter Richtungsänderung gelangt Paramecium auch in Bereiche, die genügend Sauerstoff enthalten. Paramecium kann also Reize aus der Umgebung aufnehmen und darauf reagieren. Bei sehr starken Reizen reagiert Paramecium mit dem explosionsartigen Ausstoß von spitzen Eiweißstäbchen, den *Trichozysten.* Diese befinden sich unmittelbar unter der Zellmembran in kleinen Taschen.

Mit den Wimpern wird ständig ein Wasserstrom in Richtung des Mundfeldes erzeugt, sodass die dadurch herangestrudelten Nahrungspartikel über den *Zellmund* ins Zellplasma aufgenommen werden können. Ein Hauptteil der Nahrung von Paramecium besteht aus Bakterien. Sie werden bei der Aufnahme ins Zellplasma von einer Membran umschlossen. Auf diese Weise entsteht ein *Nahrungsbläschen,* in dem die Nahrung verdaut wird. Verdaute Anteile werden in das Zellplasma aufgenommen, unverdauliche Anteile werden schließlich durch den Zellafter ausgeschieden.

Aufgrund ihrer geringen Größe können Paramecien über die ganze Körperfläche atmen. Der Sauerstoff gelangt einfach aus der Umgebung durch die Zellhaut in den Zellkörper hinein. Außerdem gelangt auf diesem Wege auch ständig Wasser ins Zellinnere. Zwei *pulsierende Bläschen* nehmen im Wechsel dieses überschüssige Wasser über sternförmige Zufuhrkanäle auf und geben es dann durch eine Pore wieder nach außen ab.

Paramecien vermehren sich durch eine *Querteilung,* die ein typisches Merkmal für alle Wimpertierchen ist. Vor der Durchschnürung des Zellkörpers teilt sich der Kleinkern, anschließend der Großkern. Während des Teilungsvorganges bilden die beiden Zellhälften jeweils ein neues, zweites pulsierendes Bläschen. Nach etwa einer Stunde ist die Zellteilung abgeschlossen, und die beiden Tochterzellen können wieder zur Maximalgröße heranwachsen, bevor sie sich erneut teilen. Diese *ungeschlechtliche Vermehrung* durch Zellteilung ist bei Paramecien der Normalfall.

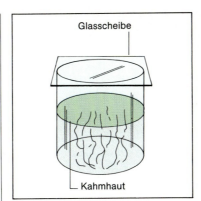

Glasscheibe

Kahmhaut

Wir mikroskopieren einen Heuaufguss

Um Einzeller mikroskopieren zu können, stellen wir einen Heuaufguss her. Beim Arbeiten mit dem Mikroskop musst du so verfahren, wie es im Praktikum „Mikroskopieren" beschrieben wird.

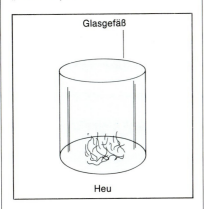

Glasgefäß

Heu

Ansetzen des Heuaufgusses

Besorge dir Heu oder Stroh vom Bauern. Es kann auch etwas Heustaub vom Boden dabei sein. Verfahre dann so, wie du es in den folgenden Abbildungen siehst. Das Wasser musst du aus einem Tümpel oder einer Regentonne holen. Lasse den Aufguss eine Zeit lang stehen; decke ihn ab.

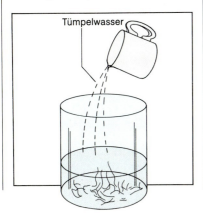

Tümpelwasser

Anleitung zur Entnahme von Proben

Benötigtes Material: Pipette (möglichst mit einem Gummiballon an einem Ende), Objektträger und Deckgläschen. Durch Druck auf den Ballon wird die Luft aus der Röhre gepresst und durch Öffnen des Ballons an entsprechender Stelle eine Wasserprobe entnommen.

① Beobachtung des Heuaufgusses mit bloßem Auge:
  a) nach dem Aufguss, wenn sich das aufgewirbelte Material gesetzt hat;
  b) nach einigen Tagen;
  c) nach etwa 14 Tagen.
  Halte das Gefäß dazu gegen das Licht.
② Beobachtung mit der Stereolupe (Binokular):
  Entnimm Proben in den gleichen Zeitabständen wie oben angegeben.
③ Beobachtung mit dem Mikroskop:
  Führe die Arbeiten zu den oben angegebenen Zeiten durch; entnimm dabei zusätzlich Proben aus folgenden Zonen:
  a) oberster Bereich (dort, wo sich die Kahmhaut gebildet hat);
  b) freier Wasserbereich;
  c) Bodensatz.

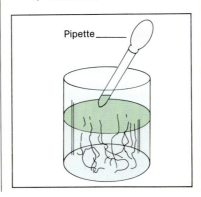

Pipette

Kleinlebewesen im Heuaufguß

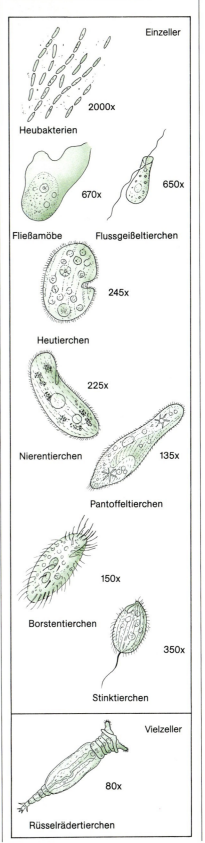

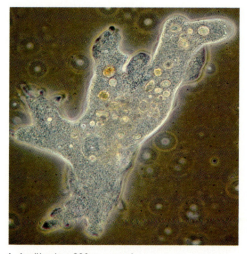

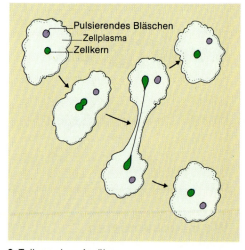

1 Amöbe (ca. 300 × vergr.)

2 Teilung einer Amöbe

Die Amöbe — ein Einzeller ohne feste Gestalt

umfließen

einschließen

Nahrungsbläschen

Nahrungsaufnahme

Organellen
Abgegrenzte Bezirke in Zellen, die bestimmte Aufgaben erfüllen (z. B. Zellkern, Chloroplasten)

Mit etwas Glück findet man an zersetzten Pflanzenteilen im Heuaufguss auch *Amöben*. Diese auch *Wechseltierchen* genannten Einzeller haben keine feste Form, von Sekunde zu Sekunde ändern sie ihre Gestalt: *Scheinfüßchen* treten hervor und der übrige Plasmakörper strömt nach. Auf diese Weise gleiten Amöben über den Untergrund.

Trifft eine Amöbe beim Dahingleiten auf ein Nahrungsteilchen, so wird es durch Umfließen eingeschlossen. Ein *Nahrungsbläschen* ist entstanden. Dieser Vorgang kann an jeder Stelle der Zelloberfläche ablaufen. Die Nahrungsbläschen kreisen so lange in der Zelle, bis die Nahrung verdaut ist. Berührt das Bläschen dann die Zellmembran, platzt es auf und gibt die unverdaulichen Reste nach außen ab.

Lösliche Stoffwechselprodukte und überschüssiges Wasser werden durch ein *pulsierendes Bläschen* ausgeschieden. Wie jede lebende Zelle hat auch die Amöbe einen *Zellkern*, der alle Lebensfunktionen des Einzellers regelt.

Hat die Amöbe eine bestimmte Größe erreicht, teilt sich der Zellkern. Darauf folgt die *Teilung* des Zellkörpers. Das Ergebnis sind zwei Tiere mit jeweils halber Größe. Das Muttertier ist restlos in die beiden Tochterzellen übergegangen. Innerhalb von wenigen Stunden wachsen die Tochterzellen zur ursprünglichen Größe heran, fehlende *Organellen* werden dabei ergänzt. Jetzt kann der Teilungsvorgang von neuem beginnen.

Plötzlich eintretende Trockenheit überlebt eine Amöbe nicht. Bleibt dem Tier aber ausreichend Zeit, eine schützende *Hülle* auszubilden, hat es allerdings gute Überlebenschancen. Die Zelle kugelt sich ein und überdauert die widrigen Bedingungen in einem *Ruhestadium*. Sobald die Kapsel wieder mit Wasser in Berührung kommt, schlüpft das Tier aus der Hülle, als sei nichts gewesen.

Aufgaben

① Vergleiche eine Amöbe mit einem Pantoffeltierchen. Notiere Gemeinsamkeiten und Unterschiede.

② Beschreibe den Vorgang der Zellteilung bei einer Amöbe.

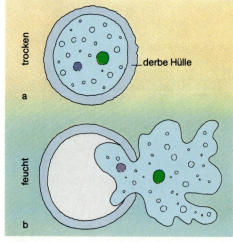

3 Überdauerung einer Amöbe

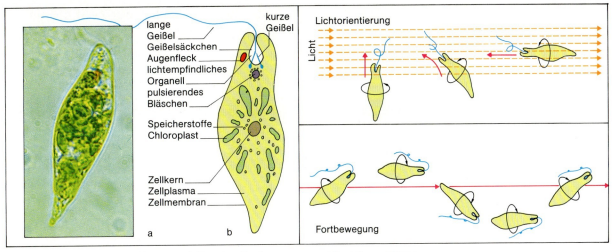

1 Euglena (Mikrofoto ca. 1000 × vergr.), Bauplan, Fortbewegung und Reaktion auf Reize

Euglena — Tier oder Pflanze?

Tümpel, Gräben, aber auch Pfützen, die durch Jauche verunreinigt sind, werden in der warmen Jahreszeit oft grün. Bringt man einige Tropfen aus diesen Gewässern unter das Mikroskop, so sieht man ein Gewimmel von grünen Einzellern. Es sind *Augentierchen* oder Euglenen.

Euglena ist etwa 0,05 mm lang. Der meist spindelförmige Körper ist von einer elastischen *Zellmembran* umgeben. Im *Geißelsäckchen* am Vorderende entspringen zwei *Geißeln*. Wie eine Peitschenschnur treibt die lange Geißel den Einzeller an. Dabei dreht er sich um seine eigene Längsachse und schraubt sich förmlich durch das Wasser. Die zweite Geißel endet noch innerhalb des Geißelsäckchens, unmittelbar vor einer Verdickung der langen Geißel. Diese Verdickung ist ein *lichtempfindliches Organell*. Zusammen mit dem roten Augenfleck dient es Euglena zur Lichtorientierung: Bei seitlich einfallenden Sonnenstrahlen beschattet der Augenfleck das lichtempfindliche Organell. Euglena ändert dann die Bewegungsrichtung und schwimmt zum Licht hin.
Um den *Zellkern* in der Körpermitte liegen — sternförmig angeordnet — zahlreiche *Chloroplasten*. In ihnen bildet Euglena mit Hilfe des Lichtes stärkeähnliche Stoffe und speichert sie. Das Augentierchen verhält sich also wie eine Pflanze; man sagt auch, es ernährt sich *autotroph*.
Einige Euglena-Arten bauen ihre Chloroplasten ab und gehen zur tierischen Lebensweise über, wenn man sie im Dunkeln hält. Ähnlich wie beim Pantoffeltierchen werden dann Nahrungspartikel aufgenommen, verdaut und im Körper verteilt. Diese Ernährungsweise nennt man *heterotroph*. Da Euglena sowohl pflanzliche als auch tierische Merkmale zeigt, ist eine eindeutige Einordnung als Pflanze oder Tier nicht möglich.
Euglena vermehrt sich durch *Längsteilung*. Zuerst teilt sich der Zellkern, die übrigen Organellen — Geißelsäckchen, Geißeln, Augenfleck, pulsierendes Bläschen — werden verdoppelt. Bei der Durchschnürung des Zellkörpers verteilen sich die doppelt angelegten Organellen genau auf die beiden Tochter-Euglenen.

Aufgabe

① Zellen zeigen alle Kennzeichen von Lebewesen. Liste diese auf!

Längsteilung

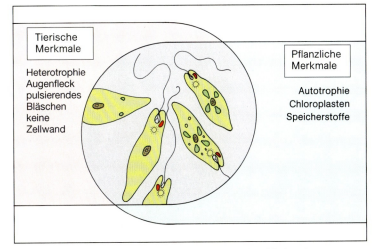

2 Euglena, ein Einzeller mit tierischen und pflanzlichen Merkmalen

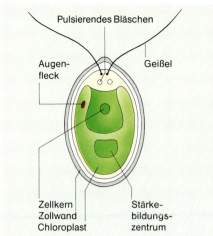

1 Chlamydomonas

Mosaik-Grünalge
(Gonium)

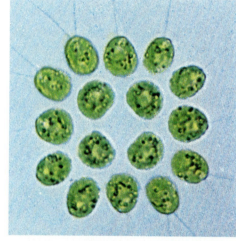

2 Zellkolonie von Gonium

Geißelkugel-Grünalge
(Eudorina)

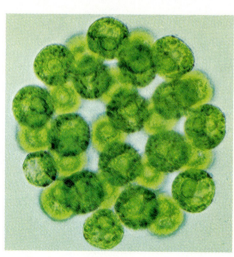

3 Zellkolonie von Eudorina

Vom Einzeller zur Zellkolonie

Heute kommen auf der Erde einzellige und vielzellige Lebewesen nebeneinander vor. In Versteinerungen, die ca. 3,5 Milliarden Jahre alt sind, finden sich jedoch nur die Abdrücke einzelliger Formen. Wissenschaftler gehen deshalb davon aus, dass am Anfang des Lebens auf der Erde *Einzeller* standen. Aus ihnen haben sich im Laufe von Jahrmillionen *mehrzellige* Pflanzen und Tiere entwickelt. An Beispielen aus der Gruppe der *Grünalgen* kann diese Entwicklung für heute lebende Pflanzen modellhaft nachvollzogen werden.

Die einzellige Alge *Chlamydomonas* bevorzugt besonnte Uferregionen sauerstoffreicher Seen. Die ovale Zelle liegt in einer *Gallerthülle* und ist, wie die höheren Pflanzen, von einer festen Zellwand begrenzt. Charakteristisch sind der becherförmige *Chloroplast*, der den Zellkern umgibt, zwei gleichlange *Geißeln* und ein roter *Augenfleck*.

Bei der ungeschlechtlichen Fortpflanzung teilt sich die Zelle zweimal innerhalb ihrer Hülle. Die vier Tochterzellen bleiben zunächst in der schützenden Hülle zusammen. Kurze Zeit später werden sie durch das Platzen der Gallerthülle freigesetzt.

Der Weg zum Vielzeller hat wahrscheinlich damit begonnen, dass sich die Tochterzellen eines Einzellers nach der Teilung nicht voneinander getrennt haben, sondern innerhalb der gemeinsamen Gallerthülle zusammengeblieben sind. Solche Zusammenschlüsse gleichwertiger Zellen nennt man *Zellkolonie*.

Die Mosaik-Grünalge *Gonium* stellt ein solches Stadium dar. In einer flachen Gallerthülle stecken bis zu 16 Zellen, deren Bau Ähnlichkeit mit Chlamydomonas hat. Die Zellen sind in einer Ebene angeordnet, ihre Geißeln ragen nach außen. Zwar sind die Zellen noch nicht spezialisiert, doch sind sie zu einer Gesamtleistung fähig, z. B. dem Schwimmen in eine Richtung. Da alle Zellen gleich sind, kann eine losgelöste Alge aber auch allein weiterleben, sich teilen und eine neue Kolonie bilden.

In der Algenkolonie *Eudorina* werden 32 Zellen in der Gallerthülle zusammengehalten. Die zu einer Hohlkugel angeordneten Einzelzellen sind ebenfalls ähnlich wie Chlamydomonas gebaut. Eudorina kann sich ungeschlechtlich fortpflanzen, aber auch Ei- und Spermienzellen — also *Geschlechtszellen* — ausbilden.

Volvox — ein Mehrzeller

Die Kugelalge *Volvox* besteht aus tausenden von Zellen, die eine mit Gallerte gefüllte, ca. 1 mm große Hohlkugel bilden. Wie schon bei Chlamydomonas, haben alle Zellen neben Kern und Plasma einen Chloroplasten, einen Augenfleck und zwei Geißeln. Untereinander sind die Zellen durch ein Netz aus dünnen Plasmafäden, den *Plasmabrücken,* verbunden. Diese ermöglichen den Stoff- und Informationsaustausch zwischen den einzelnen Zellen.

Bei Volvox kann man zwei Arten von Zellen unterscheiden. Die zahlreichen kleinen *Körperzellen* dienen der Fortbewegung und der Ernährung. Sie haben ihre Teilungsfähigkeit verloren.

Die wesentlich größeren, aber selteneren *Fortpflanzungszellen* gehören zum zweiten Zelltyp. Diese *Zellen* können sich noch teilen und bilden dabei *Tochterkugeln,* die im Innern der *Mutterkugel* liegen und dort heranwachsen. Nach Erreichen eines bestimmten Alters stirbt die Mutterkugel ab, zerfällt und die Tochterkugeln werden frei.

Daneben kann sich Volvox auch geschlechtlich fortpflanzen. Die Fortpflanzungszellen werden dabei zu *Spermien-* oder *Eizellen.*

Volvox kann bereits als vielzelliger Organismus angesehen werden. Im Gegensatz zu den einfachen Zellkolonien sind bei der Kugelalge isolierte Zellen nicht mehr lebensfähig. Bedingt durch die Arbeitsteilung und Spezialisierung können die Zellen von Volvox nur noch bestimmte Aufgaben erfüllen. Die Körperzellen altern und sterben, damit stirbt auch der Gesamtorganismus. Nur die Fortpflanzungszellen leben in den neuen Individuen weiter. Einfach gebaute Vielzeller gibt es auch im Tierreich. Ein Beispiel dafür ist der *Süßwasserpolyp* (▷ Randspalte).

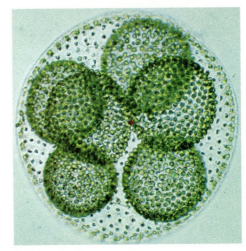

1 Volvox (ca. 70 × vergr.)

Süßwasserpolyp — ein einfach gebauter Vielzeller aus dem Tierreich

Aufgaben

① Nach wie viel Teilungsschritten entstehen aus einer einzelnen Zelle Kolonien von Gonium bzw. Eudorina?

② Welche Vorteile bringt der Zusammenschluss einzelner Zellen zu Kolonien?

③ Stelle nach den Abbildungen dieser Doppelseite in einer Tabelle die Unterschiede und Gemeinsamkeiten von Chlamydomonas, Gonium, Eudorina und Volvox zusammen.

④ Algen sind an das Leben im Wasser angepasst. Begründe (s. auch S. 103)!

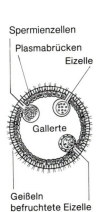

geschlechtliche Fortpflanzung

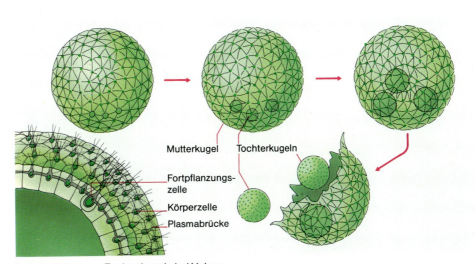

2 Entwicklung von Tochterkugeln bei Volvox

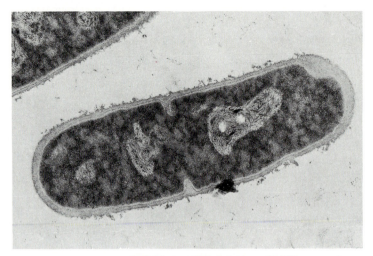
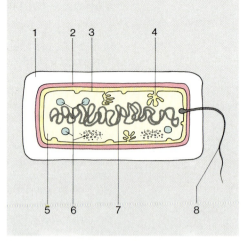

1 Bakterium (EM-Aufnahme, 30 000 × vergr.) 2 Schema der Bakterienzelle

Bakterien sind einzellige Lebewesen

unbegeißelte Stäbchenbakterien

begeißelte Stäbchenbakterien

Kugelbakterien

Kommabakterien

Schon 1683 entdeckte LEEUWENHOEK mit Hilfe seines sehr einfachen Mikroskops winzige, zu Ketten zusammengeschlossene Kügelchen im Zahnbelag. Heute weiß man, dass LEEUWENHOEK Bakterien gesehen hatte. Er muss dabei auf ziemlich große Exemplare gestoßen sein, die eine Länge von etwa 7 μm hatten. Die kleinsten Bakterien lassen sich selbst mit einem modernen Lichtmikroskop nicht mehr ausmachen. Sie sind nur etwa 0,2 μm groß.

Nur mit einem Elektronenmikroskop ist der Feinbau der Bakterienzelle zu erkennen. Eine feste, vergleichsweise dicke *Zellwand* grenzt die Zelle nach außen ab. Sie gibt ihr Halt und die charakteristische Form. Bei manchen Bakterien ist die Zellwand von einer *Schleimhülle* umgeben, die einen zusätzlichen Schutz bietet. Innerhalb der Zellwand umgibt die dünne *Zellmembran* das *Zellplasma*. An manchen Stellen ist die Oberfläche der Zellwand durch Einstülpen und Auffalten der Zellmembran stark vergrößert. Dadurch entsteht mehr Platz für Stoffwechselvorgänge, die nur an der Zellmembran ablaufen können. Im Zellplasma liegen *Reservestoffe* und die *Erbanlagen*, die sämtliche Lebensvorgänge steuern. Ein Zellkern fehlt. Auffallend an der Gestalt mancher Bakterien sind die im Zellplasma verankerten *Geißeln*. Sie dienen der Fortbewegung.

Gelangt ein Bakterium in eine geeignete Umwelt, stellt es zunächst seinen Stoffwechsel auf die neuen Lebensbedingungen ein. Ein Bakterium kann die für seinen Stoffwechsel notwendigen Stoffe über die gesamte Zelloberfläche aufnehmen und genauso Stoffe abgeben. Es wächst bis zu einer bestimmten Größe heran und teilt sich dann. Die beiden dabei entstehenden Zellen wachsen wiederum, bis sie für eine erneute Zellteilung groß genug sind. Bei gutem Nahrungsangebot, ausreichender Luftfeuchtigkeit und Temperaturen um 30 °C kann sich ein Bakterium alle 20 Minuten teilen. Doch diese *Massenvermehrung* führt mit der Zeit zu einschneidenden Veränderungen der Bakterienumwelt: Nahrung wird knapp und giftige Stoffwechselendprodukte, die von den Bakterien ausgeschieden werden, reichern sich in der Umgebung an. Das Bakterienwachstum wird gehemmt und schließlich sterben die Bakterien ab (vgl. auch S. 42 u. S. 202).

Bei sehr ungünstigen Umweltbedingungen bilden manche Bakterienzellen eine zusätzliche, kräftige Wand; sie kapseln sich ab und bilden *Sporen* aus. Diese sind sehr widerstandsfähig und können mehrere Jahre überleben. Sobald sich die Umweltbedingungen bessern, keimen die Sporen zu Bakterienzellen aus, und diese beginnen erneut mit Wachstum und Teilung.

Aufgaben

① Zeichne Abb. 2 in dein Heft und ergänze die Begriffe für die Ziffern 1—8.
② Vergleiche eine Bakterienzelle mit einer Pflanzenzelle. Stelle Unterschiede und Gemeinsamkeiten in einer Tabelle zusammen.

Bakterien

Bakterien unter dem Mikroskop

— Reinige einen Objektträger mit einigen Tropfen Alkohol (ca. 80-prozentig).
— Gib mit einem Zahnholz einen kleinen Tropfen destilliertes Wasser auf den Objektträger.
— Entferne mit einem zweiten Zahnholz etwas Zahnbelag, verrühre ihn in dem Wassertropfen und fertige mit Hilfe eines zweiten Objektträgers einen Ausstrich an (▷ a).
— Lass den Ausstrich antrocknen.
— Der Ausstrich muss jetzt noch fixiert werden. Das machst du, indem du den Objektträger dreimal mit der Schichtseite nach oben durch die nicht leuchtende Flamme des Bunsenbrenners ziehst.
— Färbe den Ausstrich 3 bis 5 Minuten in einer Petrischale mit gesättigter Methylenblau-Lösung (▷ b).
— Spüle die überschüssige Farbe vorsichtig unter fließendem Wasser ab, und lass das Präparat trocknen.
— Mikroskopiere mit aufsteigender Vergrößerungsreihe (Vorsicht bei größter Vergrößerung!!!).

Bakterienmodelle

Streptokokken sind Ketten von Kugelbakterien. Für das Modell benötigst du 10—20 Styroporkugeln (mit einem Durchmesser von ca. 4 cm) aus dem Bastelgeschäft. Außerdem brauchst du weißen Faden und eine kräftige Stopfnadel. Die Kugeln werden auf dem Faden aneinander gereiht, der an den Enden verknotet wird.

Ähnlich kannst du Diplokokken (Doppelkugeln; ein Beispiel sind die Gonokokken, Erreger der Geschlechtskrankheit Tripper) und Staphylokokken (Kugelhaufen) herstellen. Auch einzelne Kugelbakterien (Monokokken) sollten in der Ausstellung nicht fehlen.

Die begeißelte Zelle eines Stäbchenbakteriums fertigst du aus zwei Styroporkugeln an, die du jeweils in das Ende einer Papprohre einsetzt, aus der sie an beiden Enden halbkugelartig herausschauen. Die Länge der Papprohre soll dem Durchmesser von drei Kugeln (ca. 12 cm) entsprechen. In jede Kugel stößt du als Geißeln erwärmte Blumensteckdrähte, die etwa 8 cm herausschauen sollen.

Spirillen (Schraubenbakterien) und Vibrionen (Kommabakterien) formst du aus Plastilin in unterschiedlichen Farben. Die Geißeln der Spirillen kannst du ebenfalls wieder einfach aus Draht herstellen.

Alle Bakterienmodelle kannst du noch in verschiedenen Farben anmalen.

Befestige die fertigen Modelle auf sorgfältig bearbeiteten Holzunterlagen, beschrifte sie jeweils mit einem Kärtchen und stelle sie in einer Vitrine im Klassenzimmer aus.

Wie groß sind Bakterien?

Berechne den Maßstab der Bakterienmodelle. Eine natürliche Streptokokkenkugel hat einen Durchmesser von nur einem tausendstel Millimeter (0,001 mm):

— Um das Wievielfache ist die Modellkugel (Durchmesser 40 mm) größer?
— Wie groß wäre zum Vergleich bei gleichem Vergrößerungsmaßstab dein Körper?

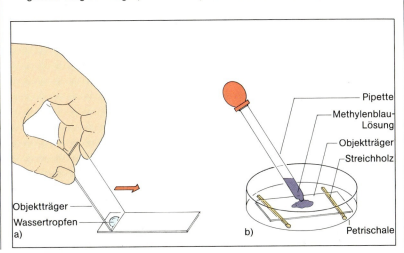
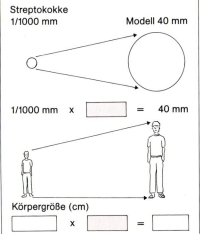

Bau und Lebensweise von Samenpflanzen

Pflanzen — Grundlage für das Leben auf der Erde

Pilze
Ihre Zellwände enthalten Chitin (s. S. 48) an Stelle von Zellulose; sie werden deshalb heute nicht mehr zum Pflanzenreich gezählt.

Chitin
Feste elastische Substanz (stickstoffhaltiges Polysaccharid) aus der z. B. auch das Außenskelett der Insekten besteht

Das Bild der Erde wird in weiten Bereichen von den Pflanzen bestimmt, und es gibt mit Ausnahme der Polarzonen und einiger Wüstengebiete kaum einen Bereich der Erde, in dem Pflanzen nicht existieren können. Am Rande der Gletscher, im Wüstensand und in heißen Quellen — überall lässt sich noch pflanzliches Leben feststellen. Zum Pflanzenreich gehören außer den Samenpflanzen auch die mehrzelligen Algen, die Moose und Farnpflanzen (vgl. S. 345).

Grüne Pflanzen sind die Grundlage für das gesamte Leben auf Erden. Sie stehen stets — lebendig oder abgestorben — am Anfang aller Nahrungsketten und die abgebauten pflanzlichen Bestandteile sind als Humus Nährstoff für andere Pflanzen. Der von den Pflanzen produzierte Sauerstoff ist für alle Lebewesen unentbehrlich. Pflanzen wirken als Filter gegen Schadstoffe, binden Staub und Gifte und schützen vor Lärm. Unschätzbar ist der Wert der Pflanzen für das Gefühlsleben des Menschen. Das Grün eines Parks oder Waldes, die Farben und der Duft von Blüten in der freien Natur oder in der Wohnung haben entscheidenden Anteil an unserer seelischen Gesundheit. Pflanzen haben daher bei allen Völkern der Erde einen festen Platz in Brauchtum und Glauben.

Aufgaben

① Suche in einer Gärtnerei oder in einem Blumenladen Beispiele für Pflanzen, die entweder Sumpfbewohner sind, in Trockengebieten leben oder auf Bäumen wachsen (Epiphyten).
② Bei welchen Anlässen im Jahres- oder Lebenslauf haben Pflanzen eine besondere Bedeutung?

Abwandlungen von Pflanzenorganen

Wenn du Samenpflanzen miteinander vergleichst, so wirst du feststellen, dass bei fast allen die gleichen Grundorgane zu finden sind, nämlich Blüte, Sprossachse, Blatt und Wurzel. Entsprechend der vielfältigen Lebensweise der Pflanzen ist auch der Bau der einzelnen Grundorgane äußerst verschieden.

Die Mannigfaltigkeit von Blüten in Bezug auf die Farben, den Aufbau, die Form und den Duft ist wohl am auffälligsten. Aber auch Sprossachse, Blätter und die Wurzeln können je nach den Lebensumständen der Pflanze und der Funktion, die von diesen Pflanzenteilen erfüllt wird, sehr unterschiedlich sein. In trockenen Gebieten haben die Pflanzen Pfahlwurzeln entwickelt, um an das Grundwasser zu gelangen, oder es finden sich dicke Speichersprosse, die Wasser sammeln können.

In dauernd nassen Gebieten — z. B. den Mangrovesümpfen der Tropen — haben sich Stelz- oder Atemwurzeln entwickelt. Kletterpflanzen und Gewächse, die auf Bäumen leben (Epiphyten), haben Luftwurzeln wie eine unserer bekanntesten Zimmerpflanzen, das Fensterblatt (Philodendron).

In den Blättern baut die grüne Pflanze mit Hilfe des Sonnenlichtes Vorratsstoffe auf. Über die Spaltöffnungen verdunstet sie Wasser und nimmt Gase wie Kohlenstoffdioxid und Sauerstoff auf oder gibt sie ab.

Im Pflanzenreich gibt es unzählige Abwandlungen im Bau der Laubblätter. In wasserarmen Gebieten der Erde haben sich dickfleischige (sukkulente) Speicherblätter entwickelt, zum Schutz gegen den Verbiss von Pflanzenfressern haben sich Blattdornen gebildet und bei manchen kletternden Pflanzen ist eines der Fiederblätter zur Ranke umgebildet worden. Besonders interessant sind die vielen Formen von Fangblättern, die sich bei manchen Pflanzen entwickelt haben. Es gibt Gleitfallen (Kannenpflanze), Klappfallen (Venusfliegenfalle, Wasserschlauch) und schließlich Klebfallen, wie sie auch der in unseren Hochmooren beheimatete Sonnentau hat. Alle Fallen zielen darauf ab, Insekten zu fangen und damit die Stickstoffversorgung der Pflanze zu verbessern.

Aufgabe

① Welche Einrichtungen ermöglichen den Samenpflanzen das Leben an Land? Fertige eine Liste an, in der du auch die Funktion der einzelnen Teile aufführst.

Luftwurzeln

Wurzelstock (Kriechspross)

1 Speicherblatt (Sukkulente, Fette Henne)

2 Blattdorn (Berberitze)

3 Blattranke des Kürbis

4 Fangblatt des Sonnentaus

1 Bau und Funktion der Pflanzenorgane

Bei Einzellern beherrscht eine einzige Zelle alle für das Leben notwendigen Reaktionen; bei Vielzellern sind spezialisierte Zellen vorhanden, die gemeinsam die Anforderungen des Lebens erfüllen.

Die spezialisierten Zellen liegen nicht ungeordnet im Organismus, sondern sind ihrer Aufgabe entsprechend zusammengesetzt. Mehrere gleichartig spezialisierte Zellen bilden ein *Gewebe*. Beispielsweise bilden bei Tier und Mensch alle Nervenzellen zusammen das Nervengewebe.

Auch in den Pflanzen gibt es spezialisierte Zellen und Gewebe, z. B. *Sauggewebe* zur Aufnahme von Wasser aus dem Boden oder *Festigungsgewebe,* das der immer höher wachsenden Pflanze genügend Stabilität verleiht.

Mehrere Gewebe arbeiten bei diesen Aufgaben zusammen und bilden ein *Organ*. Bei Samenpflanzen unterscheidet man die Grundorgane *Wurzel, Sprossachse, Laubblatt* und *Blüte*. Erst das fein aufeinander abgestimmte Zusammenspiel aller Organe macht die Pflanze lebensfähig.

Die Wurzel

Die Wurzel sorgt für die feste Verankerung der Pflanze im Boden. Alle Verzweigungen bilden zusammen das *Wurzelsystem*. Es kann eine Gesamtlänge von mehreren Kilometern erreichen und bis in eine Tiefe von 30 m vordringen.

Die Abbildung auf Seite 29 zeigt den untersten Zentimeter einer Wurzelspitze. Sie dringt beim Wachsen ins Erdreich vor. Dabei wird sie von den Zellen der *Wurzelhaube,* die einen Schleim bilden, vor Verletzungen geschützt.

Die Zellen hinter der Wurzelhaube sehen alle gleich aus. Sie teilen sich häufiger als alle anderen Zellen der Pflanze. Sie gehören zum *Bildungsgewebe*. Diese Zellen wachsen später in die Länge und spezialisieren sich auf verschiedene Aufgaben.

Die am Rande der Wurzelspitze liegenden Zellen beispielsweise wachsen an ihrer Außenseite zwischen die winzigen Bodenteilchen hinein. *Wurzelhaarzellen* entstehen. Sie haben die Aufgabe, durch ihre äußerst dünnen Zellwände Bodenwasser und Mineralstoffe aufzunehmen. Alle Wurzelhaarzellen zusammen bilden das *Sauggewebe*. Das Wasser und die gelösten Mineralstoffe gelangen durch die Zellen der Wurzelrinde zunächst nur bis zur innersten Rindenschicht. Dieses einschichtige *Kontrollgewebe* kann je nach Bedarf Wasser in den *Zentralzylinder* befördern oder verhindern, dass Wasser aufgenommen wird.

Im Zentralzylinder gelangt das Wasser in Zellen, die für den Wassertransport spezialisiert sind. Gewebe, die Stoffe transportieren, heißen *Leitgewebe*. In den Gefäßen des Leitgewebes wird Wasser mit den darin gelösten Mineralstoffen nach oben gesaugt. In umgekehrter Richtung werden in den Siebröhren Nährstoffe abwärts transportiert. Zum Teil werden diese in Speichergeweben, z. B. in der Wurzel, eingelagert.

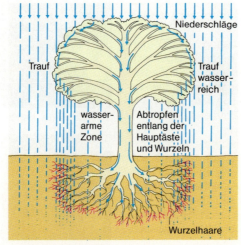

1 Baumkrone und Wurzelsystem

2 Wurzelhaare beim Gelbsenf

Aufgaben

① Nenne 5 Pflanzen, deren Wurzeln wegen ihrer besonderen Speichergewebe vom Menschen genutzt werden.

② Erstelle eine zweispaltige Tabelle. Trage die verschiedenen Gewebe der Wurzel ein und ordne ihnen ihre Aufgaben zu.

③ Leitgefäße brauchen eine Wandverdickung. Erkläre, warum diese Eigenschaft eine wichtige Voraussetzung für den Wassertransport ist. Tip: Nimm mit einem Strohhalm ein Getränk zu dir. Versuche dasselbe auch mit einem Schnittlauchhalm.

Bau der Sprossachse

Die *Sprossachse* stellt die Verbindung zwischen der Wurzel und den Blättern sowie den Blüten her. Sie festigt die Pflanzen, z. B. als verholzter Stamm bei Bäumen oder als kräftiger Stängel bei Kräutern, und ist für die Stoffleitung zuständig.

Getreidehalme müssen stabil gebaut sein. Streicht der Wind über ein Getreidefeld, kann man beobachten, wie sich die bis zu 2 m hohen Halme mit ihren Ähren im Wind wiegen, ohne zu knicken. Das ringförmig angelegte Festigungsgewebe, der hohle Stängel und die Stängelknoten verleihen den Getreidehalmen eine hohe Stabilität und Elastizität.

Am Stängelquerschnitt kann man das *Festigungsgewebe* und das *Rindengewebe* mit den darin eingebetteten *Leitbündeln* unterscheiden. Dies sind rundliche Stränge, die über den Stängelquerschnitt verteilt sind.

Die Leitbündel enthalten verschiedenartige Leitungsbahnen. Meist dem Stängelmittelpunkt zugewandt, liegen die großen *Wasserleitungsbahnen*. Sie bestehen aus lang gestreckten, zu Röhren verwachsenen Zellen, in denen sich kein Zellplasma mehr befindet. Ihre Längswände sind durch Verdickungen versteift. Man bezeichnet diesen Teil des Leitbündels, in dem Wasser und Mineralstoffe von der Wurzel zu den Blättern transportiert werden, als *Gefäßteil*.

Der nach außen gerichtete Teil des Leitbündels enthält die *Siebröhren*, die über porige Siebplatten miteinander verbunden sind. Während sich der Gefäßteil aus abgestorbenen, verholzten Zellen zusammensetzt, besteht der *Siebteil* aus lebenden Zellen. Hier werden die von der Pflanze hergestellten Stoffe z. B. zu den Früchten und Speicherorganen transportiert.

Aufgaben

① Stelle einen frisch geschnittenen Stängel einer hell blühenden Pflanze *(Alpenveilchen, Fleißiges Lieschen)* in Wasser, das du zuvor mit Tinte angefärbt hast. Welche Beobachtung kannst du schon nach wenigen Minuten machen?

② Schneide den Stängel deiner Versuchspflanze mit einer Rasierklinge quer durch (Vorsicht!). Betrachte die Schnittfläche mit der Lupe. Fertige eine Skizze an.

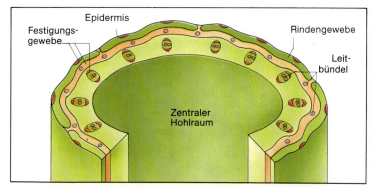

1 Aufbau einer einkeimblättrigen Pflanze (Getreidehalm)

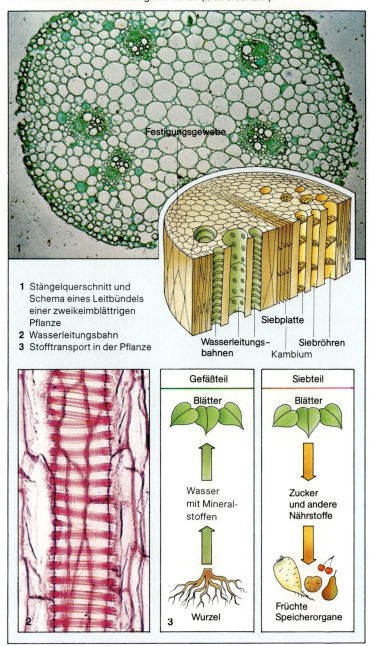

1 Stängelquerschnitt und Schema eines Leitbündels einer zweikeimblättrigen Pflanze
2 Wasserleitungsbahn
3 Stofftransport in der Pflanze

2 Aufbau einer zweikeimblättrigen Pflanze

Der Bau des Laubblattes

Bei 100- bis 200-facher Vergrößerung lässt sich an einem Blattquerschnitt der Christrose der innere Aufbau eines *Blattes* gut beobachten. Dabei fällt auf, dass dieses Laubblatt aus mehreren Gewebeschichten aufgebaut ist. Jede Schicht besteht jeweils aus untereinander gleich aussehenden Zellen mit gleicher Aufgabe.

Die Blattoberseite wird von einem lichtdurchlässigen, einschichtigen Abschlussgewebe, der oberen *Epidermis,* gebildet. Ihre Zellen liegen lückenlos aneinander, sind frei von

gen der zahlreichen Hohlräume erhalten, die es wie einen Schwamm aussehen lassen. Diese Hohlräume werden als *Interzellularräume* bezeichnet und dienen zur Durchlüftung des Blattes.

Die Blattunterseite wird wieder durch eine Epidermis begrenzt. Im Gegensatz zur Blattoberseite besitzt sie zahlreiche *Spaltöffnungen.* Jede Spaltöffnung besteht aus zwei chloroplastenreichen *Schließzellen.* Unter bestimmten Witterungsverhältnissen können sich diese öffnen und schließen. Direkt

Kutikula   obere Epidermis   Palisadengewebe   Schwammgewebe

Blattader
Interzellularraum   Spaltöffnung   untere Epidermis   Kutikula

Chloroplasten und haben verdickte Außenwände. Auf der Außenseite sind sie mit einer wachsähnlichen, wasserundurchlässigen Schicht, der *Kutikula,* überzogen. Die Epidermis und die Kutikula schützen das Blatt vor Verletzung und Austrocknung.

Die unter der oberen Epidermis liegenden Zellen sind lang gestreckt und chloroplastenreich. Ihre Anordnung erinnert an einen Palisadenzaun. Deshalb nennt man dieses Gewebe *Palisadengewebe.*

Zwischen dem Palisadengewebe und der unteren Epidermis liegt das *Schwammgewebe.* Die Zellen dieser Schicht sind unregelmäßig angeordnet und enthalten weniger Chloroplasten. Seinen Namen hat das Gewebe we-

oberhalb jeder Spaltöffnung befindet sich ein besonders großer Hohlraum, die sogenannte *Atemhöhle.*

Ein Netz von Adern durchzieht das Blatt. Sie geben ihm einerseits Halt und Festigkeit, andererseits dienen sie zum Stofftransport. Diese *Blattadern* (Leitbündel) im Christrosenblatt bestehen im Querschnitt aus zwei unterschiedlichen Gewebszellen.

Pflanzen brauchen Wasser

Pflanzen benötigen Wasser als Transport- und Lösungsmittel. Mit Hilfe von *Wurzelhaaren* holen die Pflanzen das Wasser und die darin gelösten Mineralsalze aus dem Boden. Diese werden z. B. für den Aufbau von Eiweißstoffen benötigt. In die Sprossorgane gelangt das Wasser durch *Leitungsbahnen*, die bis in die Blattspitzen führen. Über die Spaltöffnungen der Blätter geben Pflanzen Wasser durch Verdunstung ab. Da der Wasserverlust über die Leitungsbahnen ersetzt wird, wirkt die Verdunstung als Zugkraft für den Wassertransport (Transpirationssog).

Der Vorgang der **Diffusion** spielt beim Austausch von Wasser und gelösten Stoffen zwischen den Zellen der Pflanze eine wichtige Rolle. Wenn unterschiedlich konzentrierte Lösungen miteinander in Kontakt kommen, wandern Wassermoleküle und gelöste Teilchen, wie Zucker und Mineralstoffe, so lange aus einer Lösung in die andere, bis es keinen Konzentrationsunterschied mehr gibt.

Zellen sind von halbdurchlässigen Membranen umgeben. Sie lassen nur Wassermoleküle und sehr kleine, gelöste Teilchen passieren, größere Teilchen werden jedoch zurückgehalten. Kommt eine Zelle mit Wasser in Berührung, so kann der Konzentrationsunterschied in diesem Fall nur dadurch ausgeglichen werden, dass Wasser in die Zellen eindringt. Da die Membran die gelösten Teilchen ja nicht durchlässt, können diese nicht nach außen gelangen. Diesen Vorgang nennt man **Osmose**. Er ist für die Pflanzen sehr wichtig, denn er ermöglicht den Pflanzen die Aufnahme von Wasser aus dem Boden.

Wenn Pflanzen durch erhöhte Verdunstung Wasser verlieren, erschlaffen Blätter und Stengel, sie trocknen aus. Osmosevorgänge sorgen normalerweise dafür, dass Pflanzen nicht welken. Pflanzenzellen haben einen Zellsaftraum, und der höher konzentrierte Zellsaft „saugt" Wasser in die Zellen. Dadurch steigt ihr Innendruck, der *Turgor*. Dies strafft die Zellen und gibt den Pflanzen Halt. Neben diesem passiven Stofftransport können die Pflanzen auch aktiv Stoffe durch ihre Zellmembranen transportieren.

Aufgabe

① Schneide eine Salatgurke in Scheiben. Bestreue einige der Scheiben mit Salz, und vergleiche nach einiger Zeit.

Osmoseversuche mit einem Zellmodell

Mit einer künstlichen Zelle lässt sich zeigen, dass eine konzentrierte Lösung durch eine halb durchlässige Membran Wasser ansaugt. Aus einer Filmdose kann man eine solche Zelle bauen:

Schneide aus dem Dosendeckel den Mittelteil heraus, sodass der Verschlussring übrig bleibt und bohre in den Dosenboden ein 18 mm großes Loch.

Lass ein Stück Cellophanfolie 5 Minuten in Wasser weich werden, lege es dann über den Verschlussring und drücke die Filmdose von oben mit der Folie in den Ring. Sie bildet eine straff gespannte „Zellmembran". Als „Zellsaft" wird von oben durch das Loch Sirup oder eine konzentrierte Rohrzuckerlösung eingefüllt.

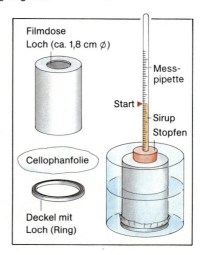

Stecke eine 1-ml-Messpipette in einen gebohrten Reagenzglasstopfen, und verschließe damit das Loch im Dosenboden. Der Sirup sollte dabei etwa 10 cm in der Pipette hochsteigen.

Stelle die künstliche Zelle so in ein Becherglas mit Leitungswasser, dass sich unter der Membran keine Luftblase befindet, und markiere den Stand des Sirupfadens. Beobachte, und markiere nach 15 Minuten seinen Endstand.

① Wie viel Wasser hat die Zelle in 15 Minuten angesaugt?
② Versuche, die beobachteten Veränderungen zu erklären.
③ Was ist zu erwarten, wenn man die Zelle mit Leitungswasser füllt und in ein Gefäß mit Sirup stellt? Überprüfe, ob deine Vermutung stimmt!

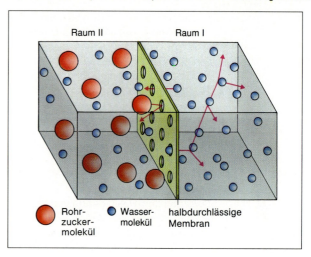

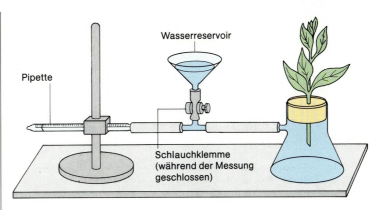

Wasserleitung in Pflanzen

Vorsicht! Wenn du den Flächenschnitt mit einer Rasierklinge durchführst, muss eine Hälfte der Klinge mit Heftpflaster überklebt sein.

Bau von Spaltöffnungen

Material: Blätter von Flieder, Schwertlilie, Kiefer, Seerose
Färbemittel: Sudan-Glyzerin-Lösung. Löse 0,1 g Sudan III in 50 ml 96-%igem Ethylalkohol. Gib 50 ml Glyzerin hinzu.

① Fertige von der Ober- und Unterseite eines Blattes des Flieders einen Flächenschnitt an und mikroskopiere bei 400-facher Vergrößerung.
 a) Wie unterscheidet sich die Blattober- von der Blattunterseite?
 b) Zeichne eine Spaltöffnung des Flieders in der Aufsicht und beschrifte.
② Fertige einen dünnen Blattquerschnitt und einen Flächenschnitt von der Schwertlilie an. Lege diese Schnitte in eine Sudan III-Lösung. Die Färbung wird stärker, wenn man das Präparat kurz und vorsichtig über einer Spiritusflamme erwärmt (nicht kochen!). Suche zunächst bei schwächster mikroskopischer Vergrößerung geeignete Spaltöffnungen und zeichne diese dann bei ca. 400-facher Vergrößerung.
③ Fertige Blattquerschnitte von dem Flieder und der Kiefer an. Betrachte die Spaltöffnungen. Wie unterscheiden sich beide in ihrem Bau?
④ Seerosen besitzen Blätter, die auf der Wasseroberfläche schwimmen. Auf welcher Blattseite befinden sich bei ihnen die Spaltöffnungen?

Wasserbewegung im Stengel

Material: Zweige bzw. Stengel von Kirschlorbeer, Eibe, Fleißigem Lieschen, Flieder, Mais
Färbemittel: 2-%ige Eosin-Lösung. Löse dazu 2 g Eosin in 100 ml Alkohol.

① Baue die Versuchsanordnung der oben stehenden Abbildung nach. Miss mit Hilfe des Potetometers jeweils die Verdunstung *(Transpiration)* eines Kirschlorbeer- und Eibenzweiges. Achte darauf, dass die Zweige die gleiche Blattfläche haben.
 a) Begründe, warum die Wasserverdunstung am Blatt einen Sog und damit einen Wasserstrom in Richtung Blatt hervorruft.
 b) Stelle mehrere Zweige des Fleißigen Lieschens oder Flieders in einen mit Wasser gefüllten Messzylinder. Gib etwas Salatöl hinzu. Setze die Versuchspflanze unterschiedlichen Bedingungen aus: Sonne, Schatten, offenes Fenster. Vergleiche die Ergebnisse.
 c) Erkläre, wozu der Ölfilm dient.
② Stelle drei Seitensprosse des Fleißigen Lieschens in Reagenzgläser mit 2-%iger Eosin-Lösung. Der erste ist vollbeblättert, der zweite teilbeblättert und der dritte unbeblättert. Bestimme die Strömungsgeschwindigkeit des Wassers in den Stengeln bei Zimmertemperatur (in cm pro Stunde), indem du jede Stunde den Eosinanstieg in den Sprossen mit einem Filzstift markierst. Lass die Versuche einige Stunden laufen. Miss die Abstände, protokolliere die Messergebnisse.
③ Fertige dünne Stengelquerschnitte vom Fleißigen Lieschen und einer jungen Maispflanze an, und mikroskopiere diese bei schwacher mikroskopischer Vergrößerung. Beschreibe die Anordnung der Leitbündel.

Bau und Aufgabe von Wurzeln

Material: Karotten, Fleißiges Lieschen
Reagenz: Iodkaliumiodid-Lösung

① Schneide eine Karotte längs durch.
 a) Wie unterscheidet sich farblich der Zentralzylinder vom Rindengewebe?
 b) Untersuche dünne Scheiben einer Karotte, die mit einer Iodkaliumiodid-Lösung behandelt worden ist. Wo befindet sich das Speichergewebe?
 c) Stelle fest, wo die Nebenwurzeln entspringen.
② Ein Fleißiges Lieschen wird etwa 3 cm über dem Boden ganz abgeschnitten. Ziehe eine mit Vaseline eingefettete Schlauchtülle über den Wurzelstumpf. Von oben wird ein Glasrohr mit einem Durchmesser von ca. 0,5 cm eingeschoben. Miss die Höhe der Wassersäule im Steigrohr jeden Tag zur gleichen Zeit. Protokolliere die Messwerte.

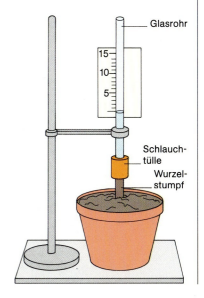

1 Die historischen Versuche von PRIESTLEY

2 Pflanzenorgane wirken beim Stoffwechsel zusammen

Pflanzen verbessern die Luft

Diese Erkenntnis stammt schon aus dem 18. Jahrhundert. Damals lebte in England der Naturforscher und Geistliche JOSEPH PRIESTLEY (1733–1804). Er entdeckte im Jahre 1771, dass Pflanzen „verbrauchte" Luft verbessern können.

Eine einfache und doch geniale Idee löste bahnbrechende Entdeckungen über die Geheimnisse im Leben der Pflanzen aus. Begonnen hatte es mit einem Waschtrog und zwei Glasglocken. In den zwei Glasglocken ließ PRIESTLEY Kerzen bis zum Erlöschen der Flamme brennen. Unter eine der Glasglocken stellte er eine Pfefferminzpflanze. Die Pflanze gedieh zu seinem Erstaunen in der „verbrauchten" Luft prächtig.

Nach vier Wochen führte er mit einer brennenden Kerze in dieser Glasglocke einen weiteren Versuch durch. Die Kerze erlosch nicht. In der zweiten Glasglocke, die seither unverändert geblieben war und in der sich keine Pfefferminzpflanze befand, erlosch die Kerzenflamme sofort.

PRIESTLEY weitete seine Versuche noch aus. Wieder verwendete er zwei Glasglocken. Nur setzte er jetzt Mäuse darunter. In den luftdicht verschlossenen Glasbehältern wurden die Mäuse bereits nach kurzer Zeit ohnmächtig. Er schloss daraus, dass die Mäuse die Luft „verschlechtert" hatten. Nachdem vier Wochen lang grüne Pflanzen in der verbrauchten Luft gewachsen waren, konnten Mäuse wieder eine begrenzte Zeit darin atmen. PRIESTLEY wollte nun wissen, aus welchem Gas die „gesunde" Luft bestand. Er beobachtete an Wasserpflanzen, dass von Zeit zu Zeit Gasblasen an die Wasseroberfläche stiegen. In diesem Gas brannte ein glimmender Span heftig auf. Dieselbe Beobachtung machte PRIESTLEY mit einem Gas, das er durch Erhitzen von Zinnober gewann. Bei dem Gas handelt es sich um *Sauerstoff*. Der niederländische Arzt JAN INGENHOUSZ (1730–1799) fand bei eigenen Versuchen heraus, dass Pflanzen nur bei Anwesenheit von Licht in ihren grünen Pflanzenteilen Sauerstoff bilden können.

Der Gasaustausch bei Pflanzen

PRIESTLEY fasste seine Entdeckungen in folgenden Sätzen zusammen: „Tiere und Menschen verschlechtern die Luft. Pflanzen können in dieser faulen Luft besonders gut gedeihen und verbessern sie dadurch."

Aber welches Gas ist nun in der „faulen" Luft enthalten? Betrachte dazu Abbildung 1. Bei Anwesenheit dieses Gases bildet sich im Kalkwasser (Kalziumhydroxidlösung) der einen Waschflasche ein trüber, milchig-weißer Niederschlag. Dies geschieht nur bei Anwesenheit von *Kohlenstoffdioxid*. Mit einer entfärbten Indigoblau-Lösung lässt sich auf einfache Weise der neu gebildete Sauerstoff nachweisen; das sonst farblose Reagenz färbt sich blau.

1 Nachweis von Kohlenstoffdioxid

In „Hungerversuchen" kann man die für Pflanzen lebensnotwendigen Bestandteile der Luft nachweisen. In unserem Fall werden Kressesamen in zwei kleinen Blumentöpfen ausgesät. Sobald die Samen keimen, wird jeder Blumentopf unter eine Glasglocke gestellt. Die verdünnte Natronlauge (Natriumhydroxidlösung) unter der einen Glocke entzieht der Luft das Kohlenstoffdioxid.

Wie der Versuch zeigt, können die Pflanzen ohne das Kohlenstoffdioxid der Luft nicht auskommen; sie verhungern regelrecht und sterben ab. Offen bleibt jetzt noch die Frage, wie die Gase in die Pflanze hinein- oder herausgelangen. Versuche beweisen, dass der Eintritt des Kohlenstoffdioxids in das Blatt und die Sauerstoffabgabe aus dem Blatt durch die Spaltöffnungen erfolgt. Diesen Vorgang bezeichnet man als *Gasaustausch*.

2 Sauerstoffnachweis mit Indigoblau

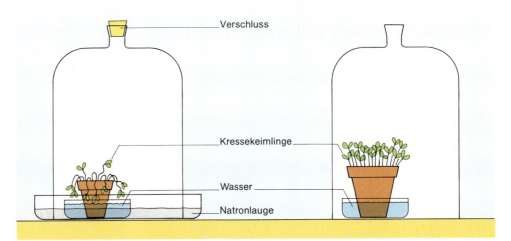

3 „Hungerkultur" und Kontrollversuch

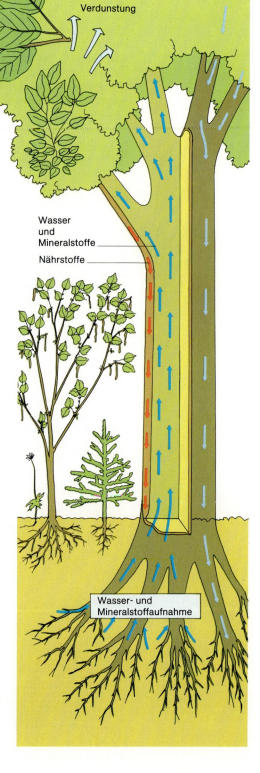

Die Fotosynthese

Die Blätter der grünen Pflanzen wandeln Sonnenenergie um

Obst, Kartoffeln und Getreide sind wichtige Nahrungsmittel des Menschen, denn sie enthalten viel Stärke und damit gespeicherte *Energie*.

Grüne Pflanzen können energiereiche Stoffe selbst herstellen, sie sind autotroph. Wie das vor sich geht und welche Voraussetzungen erfüllt sein müssen, haben Biologen in vielen Experimenten nachgewiesen:

Über die Wurzeln nimmt die Pflanze Wasser und Mineralstoffe auf. Kohlenstoffdioxid gelangt durch die Spaltöffnungen in die Blätter.

Aus Kohlenstoffdioxid und Wasser werden in den Blättern Traubenzucker (Glukose) und — als Speicherstoff — Stärke gebildet. Der Sauerstoff, der dabei entsteht, wird über die Spaltöffnungen an die Luft abgegeben.

Der Aufbau von Zucker und Stärke findet in den Chloroplasten statt. Die dazu nötige Energie liefert das Sonnenlicht.

Dieser Vorgang heißt **Fotosynthese**.

Alle übrigen Stoffe, aus denen Pflanzen aufgebaut sind — z. B. Fette und Eiweiße in Samen oder das Holz eines Weidenbäumchens —, werden unter Verwendung des Traubenzuckers und der Mineralstoffe in den Pflanzen hergestellt und in verschiedenen Pflanzenteilen gespeichert.

Auch grüne Pflanzen atmen

Zum Wachsen und zur Aufrechterhaltung aller Lebensprozesse brauchen Pflanzen Energie. Um die in Form von Stärke gespeicherte Energie nutzen zu können, muss diese wieder in Traubenzucker umgewandelt werden.

Der Traubenzucker wird dann mit Sauerstoff zu Kohlenstoffdioxid und Wasser umgesetzt. Dabei wird Energie frei, die für Stoffwechselprozesse genutzt werden kann.

Dieser Vorgang heißt **Zellatmung**.

Er findet in bestimmten Zellorganellen, den Mitochondrien statt. Die frei werdende Energie wird zum Aufbau von Adenosintriphosphat (ATP) genutzt, das dann als Energieträger für Stoffwechselprozesse zur Verfügung steht.

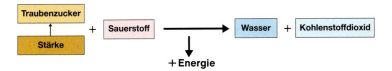

Menschen und Tiere sind auf die von der Pflanze gebildeten energiereichen Stoffe angewiesen. Sie können sie nicht selbst herstellen und müssen sie mit der Nahrung aufnehmen. Sie ernähren sich heterotroph.

Fotosynthese und Zellatmung

Während bei der Fotosynthese die Pflanze Kohlenstoffdioxid (CO_2) aufnimmt und Sauerstoff (O_2) abgibt, ist dies bei der Atmung gerade umgekehrt: Sauerstoff wird aufgenommen und Kohlenstoffdioxid abgegeben. Laufen nun diese beiden Vorgänge 24 Stunden lang in den Pflanzen nebeneinander und gleich stark ab oder überwiegt zu bestimmten Tageszeiten der eine oder der andere Vorgang?

Tagsüber laufen beide Vorgänge nebeneinander ab. Da aber die Fotosynthese überwiegt, wird mehr Sauerstoff abgegeben als verbraucht.

In der Nacht findet keine Fotosynthese statt, denn das nötige Sonnenlicht fehlt. Die Pflanze betreibt dann nur noch Zellatmung.

Im Laufe ihres Lebens binden grüne Pflanzen CO_2 in ihrer Biomasse und entziehen es damit der Atmosphäre. Wenn sie abgestorben sind und verwesen, wird das gebundene CO_2 wieder frei.

Aufgaben

① Pflanzen zehren nachts von den Vorräten, die sie tagsüber aufgebaut haben. Wie ist es dennoch möglich, dass manche Bäume sogar eine Höhe von 40 Metern und mehr erreichen?

② Nördlich des nördlichen Polarkreises geht die Sonne im Sommer nicht unter. Welche Folgen hat das für die Pflanzen?

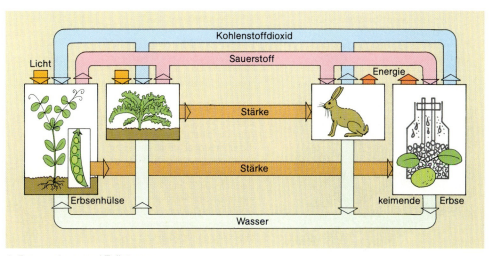

1 Fotosynthese und Zellatmung

Fotosynthese und Zellatmung

Nachweis von Sauerstoff

Geräte: 1000 ml Becherglas, Glastrichter mit Hahn, 250 ml Enghals-Erlenmeyerkolben, Gummistopfen, Bunsenbrenner, Glimmspan
Material: Wasserpest
Reagenz: Indigoblau-Lösung

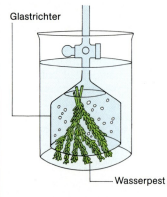

① Bereite die oben abgebildete Versuchsanordnung vor. Binde dazu einige Sprossen der Wasserpest vorsichtig zusammen. Achte darauf, dass der Trichter ganz mit Wasser gefüllt und der Hahn verschlossen ist. Belichte die Versuchsanordnung mit einem Diaprojektor. Schon nach wenigen Minuten kannst du etwas beobachten. Protokolliere.

② Stelle das Glas mit der Wasserpflanze für einige Tage ans Fenster, bis sich genügend Gas unter dem Trichter angesammelt hat. Das Gas ist Sauerstoff. Um dies zu beweisen, musst du die Glimmspanprobe durchführen. Halte einen glimmenden Span über den Trichter. Was passiert, wenn du den Hahn öffnest?

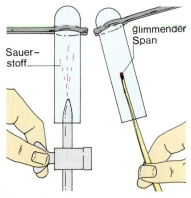

③ Lege eine Wasserpestpflanze in einen mit Wasser gefüllten Enghals-Erlenmeyerkolben. Gib einige Tropfen der farblosen Indigoblau-Lösung hinzu. Welche Beobachtung machst du nach wenigen Minuten?

Orte der Stärkebildung

Geräte: Petrischalen, Elektroheizplatte, Wasserbad, 250 ml Becherglas, Aluminiumfolie
Material: Ziernessel, Schönmalve
Reagenzien: Iodkaliumiodid-Lösung, Brennspiritus

① Bestrahle das Blatt einer Ziernessel bei Zimmertemperatur mehrere Tage mit einer Lampe. Schneide dann dieses Blatt ab und halte die Verteilung der Blattflecken auf einem Transparentpapier fest. Führe entsprechend der nachfolgenden Abbildung den Stärkenachweis mit einer Iodkaliumiodid-Lösung durch. Vergleiche Blattfärbung und Zeichnung. Erkläre.

② Bedecke die Blätter der Schönmalve, die vorher mindestens 24 Stunden im Dunkeln stand, mit einem Streifen einer lichtundurchlässigen Aluminiumfolie und beleuchte dieses Blatt mindestens einen Tag bei Zimmertemperatur.

1. Blatt in kochendes Wasser geben

2. Blatt in heißem Brennspiritus Wasserbad keine offene Flamme Vom Lehrer durchzuführen

3. Abwaschen

4. Iodkaliumiodid-Lösung hinzufügen

Entferne dann wieder die Folie und führe den Stärkenachweis durch. Wie sieht hier das Blatt aus?

Temperaturabhängigkeit der Fotosynthese

Geräte: 250 ml Becherglas, 500 ml Becherglas, Thermometer
Material: Wasserpest

① Zähle die in 2 Minuten an der Stengelquerschnittsfläche aufsteigenden Bläschen bei verschiedenen Temperaturen. Trage die Ergebnisse in eine Tabelle ein.

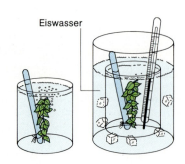

Aufnahme von Kohlenstoffdioxid

Geräte: Petrischale, Pinsel, Wasserbad, Elektroplatte, 250 ml Becherglas
Material: Schönmalve
Reagenzien: Iodkaliumiodid-Lösung, Lack oder Weißleim

① Stelle eine Schönmalve mindestens 24 Stunden ins Dunkle. Dann wird die Blattoberseite mit O, die Blattunterseite mit U gekennzeichnet. Man verwendet dazu farblosen Lack oder Weißleim. Nach dem Trocknen werden die Lackhäutchen durchsichtig. Sie bilden eine lichtdurchlässige, aber gasdichte Schicht. Lass nun die Pflanze mehrere Stunden im Licht stehen. Führe anschließend den Stärkenachweis durch. Erkläre das Ergebnis.

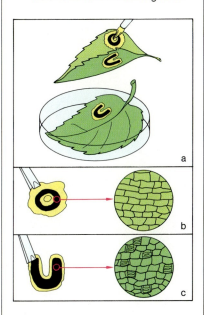

Lichtabhängigkeit der Fotosynthese

Geräte: Becherglas, Diaprojektor
Material: Wasserpest

① Stelle das Becherglas mit einer Wasserpestpflanze, deren abgeschnittenes Ende nach oben zeigt, in den Lichtkegel eines Diaprojektors. Warte ca. 5 Minuten und zähle danach die an der Schnittstelle aufsteigenden Sauerstoffbläschen pro Minute.
② Bringe nun zwischen Lichtquelle und Becherglas nacheinander Transparentpapier, Zeitungspapier und Karton. Zähle dann eine Minute lang die aufsteigenden Sauerstoffbläschen. Was bedeutet das Ergebnis?

Fotosynthese in Abhängigkeit von Kohlenstoffdioxid

Geräte: 250 ml Becherglas, 100 ml Standzylinder, Diaprojektor
Material: Wasserpest

① Führe mit frisch geschnittenen Sprossen die Versuche der oben stehenden Abbildungen durch. Zähle nach kurzer Wartezeit die in dem Messzylinder aufsteigenden Bläschen 2 Minuten lang. Trage die Ergebnisse in eine Tabelle ein. Fasse die Versuchsergebnisse in einem Ergebnissatz zusammen.

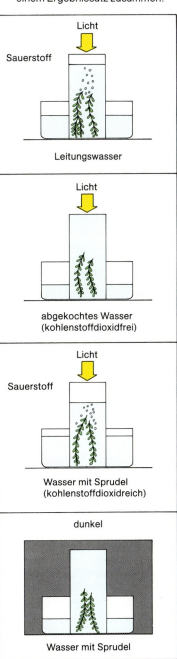

Zellatmung: Abgabe von Kohlenstoffdioxid

Auch Pflanzen leben von ihren Vorräten. Sie sind auf die Zellatmung angewiesen, wenn sie für ihren eigenen Stoffwechsel Energie freisetzen müssen. Viel Energie ist z. B. für die Samenkeimung und für das Wachstum von Keimpflanzen nötig.

Die Abgabe von Kohlenstoffdioxid bei der Zellatmung lässt sich mit folgendem Versuch nachweisen:

① Stelle eine Versuchsanordnung nach der Abbildung zusammen.

Beachte: Natronlauge bindet das Kohlenstoffdioxid der eingeblasenen Luft. Kalkwasser bildet einen weißen Niederschlag, wenn es mit Kohlenstoffdioxid in Verbindung kommt.

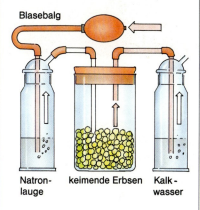

Fülle das Versuchsgefäß mit gelben Erbsen, die du zum Quellen einen Tag ins Wasser gelegt hast. Pumpe mit dem Blasebalg ab und zu Luft durch die Versuchsanordnung.
② Welche Veränderungen kannst du nach einigen Tagen feststellen?
③ Erkläre anhand von Abbildung 37.1 die Zellatmung und überlege, warum man sie auch als Umkehrung der Fotosynthese bezeichnet.
④ In der Versuchsanleitung wird ausdrücklich empfohlen, den Test zur Abgabe von Kohlenstoffdioxid bei der Zellatmung mit den gelben Erbsen durchzuführen. Welchen Grund könnte das haben?
⑤ Grüne Pflanzen geben bei der Zellatmung CO_2 ab — ohne CO_2-Zufuhr aus der Luft verhungern sie. Ist das nicht ein Widerspruch?

Bedeutung der Fotosynthese für das Leben auf der Erde

Die Sonne dient den grünen Pflanzen als Energiequelle. Die Energie des Sonnenlichtes nutzen sie zum Aufbau von Traubenzucker. Diesen Vorgang kennen wir unter dem Namen Fotosynthese, was übersetzt „Aufbau chemischer Verbindungen durch Lichteinwirkung" bedeutet. Ausgehend vom Traubenzucker bauen die Pflanzen weitere Stoffe auf, wie z. B. Stärke, Eiweiße und Fette.
Alle Tiere und der Mensch ernähren sich von diesen Stoffen und leben somit indirekt von der Energiequelle Sonne. 90 % der enthaltenen Energie wird dabei jeweils für den eigenen Stoffwechsel verbraucht, nur 10 % wird an den nächsten Konsumenten weitergegeben (Energiefluss; ▷ 41.2).

Die grünen Pflanzen liefern auch den für die Atmung lebensnotwendigen Sauerstoff. Die Uratmosphäre der Erde enthielt keinen Sauerstoff. Vor etwa drei Milliarden Jahren begannen die Blaualgen mit der Fotosynthese und produzierten somit Sauerstoff. Dieser diffundierte langsam aus dem Wasser in die Atmosphäre. Dort nahm der Sauerstoffanteil langsam, aber ständig zu, und vor etwa 400 Millionen Jahren war er hoch genug, dass Pflanzen und Tiere auf dem Festland leben konnten. Algen und übrige Pflanzen der Erde erzeugen heute so viel Sauerstoff, wie für die Atmung gebraucht wird. **Sauerstoffproduktion und -verbrauch sind somit im Gleichgewicht.**

Auch unsere heutige Energieversorgung ist das Ergebnis der Fotosynthese vergangener Epochen der Erdgeschichte.
Abgestorbene Pflanzen früherer Wälder und Plankton der Meere wurden in Millionen von Jahren unter dem Druck der sich darüber lagernden Schichten in Kohle, Erdöl und Erdgas umgewandelt. Wärme und Licht in unseren Häusern, Treibstoffe in den Tanks unserer Autos und Strom für Haushalt und Industrieanlagen stammen größtenteils aus diesen Brennstoffen.

1 Tropischer Regenwald

2 Erdölbohrturm in der Wüste

Wird nun der Sauerstoff im Winter knapp, weil die Laubbäume ihre Blätter abwerfen und keine Fotosynthese mehr betreiben? Pflanzen finden wir auf der gesamten Erde, und wenn auf der Nordhalbkugel Winter herrscht, ist auf der südlichen Hälfte Sommer. Der immergrüne tropische Regenwald und die Unmengen von Meeresalgen liefern ganzjährig Sauerstoff. Der Sauerstoffgehalt der Erdatmosphäre verändert sich deshalb (noch) nicht.

Die **Eingriffe des Menschen** in den Kohlenstoffkreislauf stellen allerdings Gefahren dar. Die Pflanzen erzeugen pro Jahr weltweit 200 Milliarden Tonnen in Kohlenhydraten gebundenen Kohlenstoff. Dabei lagert ein großer Teil in unseren Wäldern, besonders in den tropischen Regenwäldern. Auch unsere fossilen Brennstoffe beinhalten sehr viel Kohlenstoff. Durch das Verbrennen dieser Energieträger und die Vernichtung von Waldgebieten werden die Kohlenstoffreserven nach und nach aufgelöst.

Bei der Verbrennung wird Kohlenstoffdioxid in die Atmosphäre abgegeben. Die durch das Abholzen der Wälder verringerte Pflanzendecke nimmt weniger Kohlenstoffdioxid aus der Lufthülle auf. Beides führt dazu, dass der Kohlenstoffdioxidgehalt der Atmosphäre steigt. Die von der Erde zurückgeworfene Wärmestrahlung wird dadurch zurückgehalten und nicht an den Weltraum abgegeben. Die Klimatologen sind sich sicher, dass diese als *„Verstärkung des Treibhauseffektes"* (S. 147) bekannte Tatsache zu Veränderungen des Klimas auf der Erde führen wird. Eine Erwärmung der Erdoberfläche kann zur Ausdehnung von Trockenzonen führen. Die damit verbundenen verschlechterten Bedingungen für die Landwirtschaft können die Ernährung der gesamten Menschheit gefährden.

Doch noch ist es nicht zu spät. Der Mensch muss durch einen verantwortungsvollen Umgang mit den natürlichen Energiequellen und durch eine Verringerung der vielfältigen Schadstoffbelastung dafür sorgen, dass die Erde Zukunft hat.

1 Rinderherde auf Rodungsfläche im Regenwald

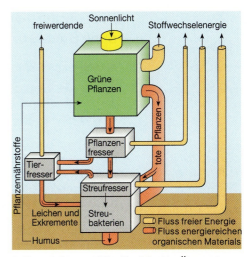

2 Energiefluss und Stoffkreislauf im Ökosystem

3 Meer und Meeresplankton (Kieselalgen)

1 Brotherstellung in Ägypten um 1175 v. Chr.

Gärung
energieliefernder Stoffwechselprozess, der ohne Sauerstoffverbrauch (anaerob) abläuft; auf Grund des unvollständigen Stoffabbaus ist die Energieausbeute relativ gering.

Hyphen
Pilzfäden

Pasteurisieren
Erhitzen auf 70 °C

Die Gärung — es geht auch ohne Sauerstoff

Alkoholische Gärung

Bereits vor Jahrtausenden verwandte man die einzelligen *Hefepilze* zur Herstellung von alkoholischen Getränken und gesäuertem Brot.

Die erste Schilderung über das Aussehen der Hefepilze stammt von ANTONIE VAN LEEUWENHOEK (1632—1723), dem Pionier der Mikroskopie. Er sah in einer Probe aus gärendem Bier kugelige Gebilde, die sich zu größeren Verbänden zusammengeschlossen hatten. Er schrieb dazu im Jahre 1680: „Einige von diesen kleinen Teilchen schienen rundlich zu sein, andere hatten unregelmäßige Formen. Es gab große und kleine, und manche kamen mir vor, als würden sie aus drei oder vier Teilchen bestehen."

Erst im Jahre 1876 konnte LOUIS PASTEUR in seinem klassischen Werk „Studien über das Bier" den charakteristischen Stoffwechselprozess beschreiben, den Hefen durchführen, die *alkoholische Gärung*. Er hatte während seiner Forschungsarbeiten erkannt, dass Hefezellen in einer Zuckerlösung ohne Sauerstoff, d. h. unter *anaeroben* Bedingungen, leben können. Hefezellen zersetzen dabei den Zucker, es entstehen Kohlenstoffdioxid (Bläschenbildung) und Alkohol (Ethanol; Geruch). Die frei werdende Energie nutzen die Hefen für ihren Stoffwechsel. Bei der Herstellung von Hefegebäck oder Brot wirkt das im Verlauf der Gärung entstehende Kohlenstoffdioxid als Treibmittel, der Teig „geht auf". Der Alkohol verdampft beim Backen.

Milchsäuregärung

Bakterien sind unerlässliche Helfer bei der Herstellung bestimmter Lebensmittel. Lässt man frische Milch einige Tage offen stehen, so wird sie dickflüssig und schmeckt sauer; es ist *Sauermilch* entstanden. Diese Veränderung ist auf die Tätigkeit der *Milchsäurebakterien* zurückzuführen, für die ungekochte und ungekühlte Milch ein idealer Nährboden ist. Um Energie zu gewinnen, bauen Milchsäurebakterien den Milchzucker zu Milchsäure ab. Diesen Vorgang nennt man *Milchsäuregärung*. Sauerstoff ist dazu nicht nötig. Dabei bewirkt die Milchsäure eine Verklumpung des Milcheiweißes; gleichzeitig verhindert sie die Vermehrung von Fäulnisbakterien. Milchsäurebakterien verwendet man deshalb auch bei der Sauerkraut- und Silofutterherstellung. *Essigsäurebakterien* werden bei der Herstellung von Weinessig eingesetzt.

Vor der zersetzenden Tätigkeit der Bakterien schützt man Lebensmittel, indem man sie haltbar macht. Neben der Milchsäuregärung gibt es noch weitere *Konservierungsmethoden*, wie z. B. Dörren, Pasteurisieren, Sterilisieren, Pökeln und Gefrieren.

Aufgaben

① Vergleiche Vollmilch und Sauermilch im Hinblick auf Geschmack, Aussehen, Beschaffenheit und Geruch (Tabelle).

② Stellt Joghurt selbst her. Ein Liter pasteurisierte Milch wird dazu mit einem Teelöffel Joghurt (mit lebenden Joghurtkulturen) versetzt. Nach 10 bis 12 Stunden bei etwa 30 bis 40 °C ist euer Joghurt fertig.

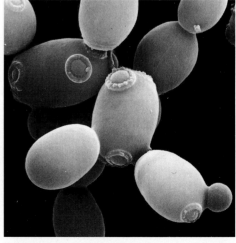

2 Sprossende Hefezellen

Versuche mit Hefe und Bakterien

Die Federzeichnung zeigt LOUIS PASTEUR in seinem Labor, wo er die Hefezellen als die „wahren Verursacher der Gärungen" entdeckte. Bis heute sind sie bei der Nahrungsmittelherstellung unersetzlich geblieben.

Die alkoholische Gärung

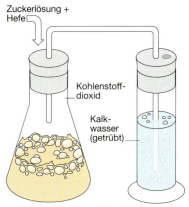

nach ca. 4 Stunden

PASTEURS Versuch zur Gärung kann mit Bäckerhefe wiederholt werden. Durch die Tätigkeit der Hefezellen läuft dabei unter Energiegewinn folgender chemischer Vorgang ab: Traubenzucker → Alkohol + Kohlenstoffdioxid.

Man stellt eine Aufschwemmung (Suspension) aus 1 l Wasser, 150 g Zucker und 1 Packung Bäckerhefe her und füllt die Mischung in einen Erlenmeyerkolben. Dieser wird mit einem durchbohrten Stopfen verschlossen. Durch ein zweifach gebogenes Glasrohr wird das entstehende Gas in einen mit Kalkwasser gefüllten Standzylinder geleitet.

a) Welche äußerlich sichtbaren Vorgänge finden in der Suspension statt?
b) Welche Veränderung ist im Kalkwasser zu beobachten?
c) Welcher Geruch strömt nach einigen Tagen aus dem Kolben mit der Hefesuspension?
d) Führe den Versuch in einer Thermosflasche durch und miss die auftretenden Temperaturveränderungen.

Seit jeher hat man versucht, das Wachstum von Schimmelpilzen auf Lebensmitteln zu verhindern, sie zu konservieren. Einige dieser Verfahren kannst du mit kleinen Lebensmittelmengen selbst durchführen. Du kannst Speisen z. B. trocken lagern (Pilze, Brot), abkochen (Obst), einlegen in Zucker (Marmelade), Salz (Weißkohl) oder Alkohol (Obst im Rumtopf). Notiere genau deine Vorgehensweise, die verwendeten Mengen und die Haltbarkeit.

Mikroskopische Untersuchungen von Hefepilzen

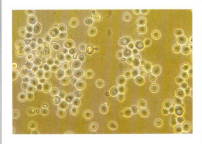

Stelle aus einem Stückchen käuflicher Bäckerhefe und Wasser eine Hefesuspension her. Betrachte einen Tropfen der Suspension unter dem Mikroskop. Um sie besser sichtbar zu machen, kannst du die Hefepilze anfärben, indem du einen Tropfen Neutralrot unter das Deckgläschen saugst. Fertige einige Skizzen der beobachteten Zellstadien an und vergleiche sie mit der Abbildung auf Seite 42 von sprossenden Hefen.

Nachweis der Tätigkeit von Milchsäurebakterien

Milch, die einige Stunden im warmen Zimmer steht, wird sauer. Dies ist auf die Tätigkeit der Milchsäurebakterien zurückzuführen. Du kannst mit einfachen Mitteln überprüfen, ob sich Milchsäure in der Milch befindet. Dazu hältst du ein Indikatorpapier in ein Becherglas mit Milch. Tritt keine Farbveränderung ein, so ist keine Milchsäure vorhanden. Milchsäure wird durch eine Rotfärbung angezeigt.

Essig aus Wein

Wein, der längere Zeit offen steht, wird von alleine sauer. Dabei verarbeiten Essigsäurebakterien den Alkohol. Sie brauchen dazu auch Sauerstoff aus der Luft. Anders ist es bei den Milchsäurebakterien, die ganz ohne Sauerstoff auskommen.
Besorge dir die sogenannte Essigmutter, das sind lappenförmige Kolonien von Essigsäurebakterien. Gib diese in die Nährlösung (ein einfacher trockener Rotwein). Ein bauchiges Gefäß wird halb gefüllt und bleibt ein bis zwei Wochen nicht zu warm stehen. Dann kannst du noch nach Geschmack mit Kräutern würzen.

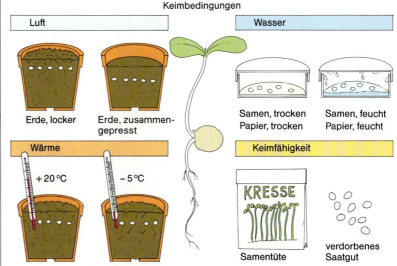

Lebenslauf von Samenpflanzen

Die Verbreitung der Samen

Pflanzen haben verschiedene Mechanismen entwickelt, ihre Samen möglichst wirkungsvoll zu verbreiten. Man unterscheidet z. B.:
— Lockfrüchte (Schneeball, Holunder, Eberesche)
— Trockenfrüchte (Eicheln, Kastanien, Haselnüsse)
— Klettfrüchte (Labkraut, Klette)
— Körnchenflieger (Klatschmohn)
— Schraubenflieger (Ahorn, Linde, Kiefer)
— Schirmflieger (Löwenzahn)
— Schleuderfrüchte (Springkraut)
— Schwimmsamen (Seerose, Erle)

① Ordne den in der Abbildung dargestellten Früchten und Samen die genannten Verbreitungsmechanismen zu. Beschreibe die Art der Verbreitung.
② Außer den genannten haben Pflanzen noch weitere Verbreitungsmechanismen entwickelt. Es gibt zum Beispiel:
— Staubflieger (Orchideenarten)
— Scheibenflieger (Ulme, Birke)
— Federschweifflieger (Waldrebe)
— Schopfflieger (Weide, Pappel)
— Schwimmfrüchte (Kokospalme).
Wie stellst du dir solche Samen und Früchte vor? Fertige Zeichnungen an.
③ Sammle Früchte und Samen und ordne sie nach der Art ihrer Verbreitung.
④ Lass aus 2 m Höhe verschiedene Früchte und Samen fallen. Miss mit der Stoppuhr die Fallzeit.

Quellung

Pflanzensamen kannst du aufbewahren, wenn du darauf achtest, dass sie trocken lagern. Durch Wasseraufnahme verändern sie sich, sie quellen.

Keimung

Radieschensamen keimen schon im März im Freiland, während mit der Aussaat der kälteempfindlichen Gurken bis Mitte Mai gewartet werden muss. Für die Aussaat darf nur gesundes, frisches Saatgut verwendet werden. Altes oder verschimmeltes Saatgut keimt schlecht oder gar nicht. Samen keimen also nicht immer. Zur Keimung müssen bestimmte Bedingungen erfüllt sein. Diese Bedingungen sind: Keimfähigkeit der Samen, eine bestimmte Temperatur (Wärme), das Vorhandensein von Wasser und Luftsauerstoff.

① In zwei Petrischalen wird Filterpapier gelegt. Auf das Filterpapier werden Gartenkressesamen gestreut. Das Filterpapier in der ersten Schale wird gut mit Wasser durchfeuchtet und drei Tage nass gehalten. Das Papier in der anderen Schale bleibt trocken. Was stellst du nach drei Tagen fest? Lege Pergamentpapier über die Petrischale und zeichne deine Beobachtungen ein.
② In zwei Blumentöpfe wird Erde gefüllt und angefeuchtet. In einen Topf werden Erbsensamen locker eingesät. Auf diese Weise ist genügend Luft in der Erde. Im zweiten Topf wird die Erde mit den Erbsensamen möglichst fest angedrückt (s. Abb. oben). Beide Töpfe werden gleichmäßig mit Wasser versorgt und drei Wochen beobachtet. Schreibe deine Beobachtungen auf.
③ Verwende wie im Versuch 1 zwei Petrischalen mit Gartenkressesamen, die du schön feucht hältst. Eine der Schalen stellst du in den Kühlschrank, die andere ans Fenster. Welche Veränderungen vermutest du? Fertige eine Tabelle

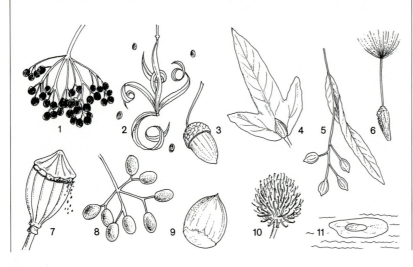

Geschlechtliche Fortpflanzung bei Samenpflanzen

Die Pollenkörper (Blütenstaub) enthalten die männlichen Keimzellen. Wenn sie — z. B. durch Insekten oder durch den Wind — auf die Narbe einer anderen Pflanze der gleichen Art übertragen werden *(Bestäubung)*, bilden sie Pollenschläuche, die bis in das Innere des Fruchtknotens wachsen. Dort befindet sich die Samenanlage mit der Eizelle. Der erste Pollenschlauch, der die Samenanlage erreicht, gibt seinen Zellkern frei und dieser verschmilzt mit der Eizelle. Damit ist die *Befruchtung* erfolgt und es entwickelt sich der Samen.

Ungeschlechtliche Pflanzenvermehrung

Manche Pflanzen können sich auch ungeschlechtlich (vegetativ) vermehren. Die so entstandenen Pflanzen haben die gleichen Eigenschaften wie die Mutterpflanze. Gärtner nutzen diese Fähigkeit, um schnell zu besseren Erträgen zu kommen. **Teilung:** Der Sonnenhut bildet Tochterpflanzen. Durch Abtrennen erhält man neue Pflanzen. **Ausläufer:** Erdbeerpflanzen bilden lange oberirdische Triebe. Wo sie mit ihren Spitzen den Boden berühren, wachsen Wurzeln und Blätter. **Stecklinge:** Ein kurzer Zweig, z. B. von einer Weide, wird abgeschnitten, in Wasser gestellt oder in feuchte Erde gesteckt. Usambaraveilchen können als Blattstecklinge vermehrt werden. **Ableger:** Das Brutblatt, eine Zimmerpflanze, bildet am Blattrand winzige Tochterpflanzen. Sie fallen ab und wachsen im Boden fest.
Die **Gewebekultur** ist eine moderne Methode, Pflanzen ungeschlechtlich zu vermehren. Neue Pflanzen werden dabei aus Stücken von Pflanzengewebe herangezogen, die in einem Glasgefäß künstlich zur Teilung angeregt wurden (vgl. S. 323/324).

an, in die du täglich die Temperaturen und deine Beobachtungen einträgst. War deine Vermutung richtig?

④ Prüfe die Keimfähigkeit von zu lange gelagertem Saatgut, das du dir von Gartenbesitzern beschafft hast. Es geschieht häufig, dass Saatgut gekauft und dann doch nicht ausgesät wird. Zähle von diesem Saatgut 50 Samen ab und säe sie in ein Gefäß mit Erde. Decke sie leicht mit Erde ab und halte sie feucht. Ziehe eine Plastiktüte darüber. Wenn die Pflänzchen etwa 2 cm groß sind, zähle sie. Wie viele Samen sind gekeimt? Wie viele hatten ihre Keimfähigkeit verloren?

Wachstum

Pflanzen wachsen nicht überall gleich gut. Gartenpflanzen entwickeln sich in fruchtbarer, lockerer Erde prächtig. Fällt aber ein Samenkorn unter einen Baum oder auf den harten, steinigen Weg, dann wächst daraus nur eine kümmerliche Pflanze, die oft sogar abstirbt. Die Bedingungen für das Pflanzenwachstum sind also nicht überall optimal. Gute Wachstumsbedingungen fördern die Entwicklung der Pflanze, schlechte hemmen sie.

Versuchs-dauer	1. Topf trocken	2. Topf nass	3. Topf feucht
1. Woche			
2. Woche			

① Wie viel Wasser braucht eine Pflanze?
Entnimm von einer Wiese drei etwa gleich große Grasbüschel und setze sie in drei Blumentöpfe. Fülle die Töpfe mit Erde. Der 1. Topf wird nicht gegossen, der 2. täglich, sodass die Erde immer nass ist. Der 3. Topf wird im Abstand von drei Tagen so mit Wasser versorgt, dass die Erde ständig feucht, aber nicht nass ist. Was stellst du fest?

② Warum muss die Erde locker sein?
Fülle einen Plastikblumentopf bis zum Rand mit Erde. Binde den Topf mit einem Stück Gaze zu. Benutze einen Gummiring, sodass das Gewebe fest auf der Erde des Blumentopfes sitzt. Drehe den Topf um und setze ihn in ein mit Wasser gefülltes Aquarium. Beobachte das kleine Loch im Boden des Topfes. Was stellst du fest?

③ Lasse Bohnensamen in einem Blumentopf keimen. Entnimm zwei ausreichend große Keimpflanzen und spüle die Wurzeln sorgfältig mit destilliertem Wasser ab. Stelle die eine in destilliertes Wasser, die andere in eine Nährlösung, die du aus Wasser und flüssigem Blumendünger hergestellt hast. Beobachte und beschreibe das weitere Wachstum der Pflanzen. Was ist im Blumendünger alles enthalten? Lies auf dem Etikett nach.

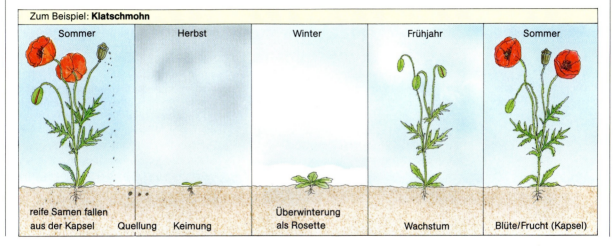

Zum Beispiel: **Klatschmohn**

Sommer — reife Samen fallen aus der Kapsel
Herbst — Quellung / Keimung
Winter — Überwinterung als Rosette
Frühjahr — Wachstum
Sommer — Blüte/Frucht (Kapsel)

Pflanzen reagieren auf Reize

Pflanzen wachsen zum Licht

Wir wissen schon, dass die Fotosynthese ohne Einwirkung des Sonnenlichtes nicht möglich ist. Es ist deshalb nicht verwunderlich, dass das Wachstum der Pflanzen und die Wachstumsrichtung vom Lichteinfall abhängig sind.

Wenn man Pflanzen ohne Licht aufwachsen lässt, zeigen sie merkwürdigerweise zunächst ein beachtliches Wachstum. Sie wachsen sogar schneller als unter Lichteinwirkung. Aber bald zeigt sich, dass die ohne Licht aufwachsenden Pflanzen weiß bleiben und dass ihre Laubblätter verkümmern. Der stark in die Länge gewachsene Spross bietet überhaupt keinen Halt und knickt bald um. Die Pflanze liegt schließlich am Boden und stirbt ab.

Pflanzen können sich nicht fortbewegen, um sich einen günstigen Standort zu sichern, aber sie können Lichtreize aufnehmen und wachsen in Richtung der Lichtquelle, um doch noch möglichst viel Licht abzubekommen. Orte der Aufnahme von Lichtreizen und der Reaktion darauf sind die Zellen an den äußersten Spitzen der Pflanze, die *Wachstumszonen*. Die Fähigkeit der Pflanzen, zum Licht hinzuwachsen, bezeichnet man als *Lichtwendigkeit* oder *Fototropismus*.

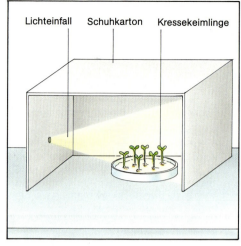

1 Versuchsaufbau zu Aufgabe 2

2 Versuchsaufbau zu Aufgabe 3

Aufgaben

① Setze je eine mittelgroße Kartoffelknolle in einen genügend großen Blumentopf nicht allzu tief in die Erde. Stelle einen der so bepflanzten Blumentöpfe in das Licht an einen warmen Fensterplatz, den anderen in einen dunklen, warmen Keller (Heizungskeller). Beobachte und protokolliere das Wachstum der Kartoffelkeimlinge einige Wochen. Welche Unterschiede werden deutlich?

② Säe Kressesamen auf feuchter Watte aus, die du zum Beispiel in eine Petrischale gelegt hast. Nachdem die Kressepflanzen gerade gekeimt sind, stelle das Pflanzschälchen unter einen Schuhkarton, in den du an einer Seite ein Loch von etwa 1 cm Durchmesser geschnitten hast. Sorge dafür, dass das Sonnenlicht durch die Öffnung in den Schuhkarton einfallen kann. Was ist nach einigen Tagen zu beobachten? Drehe dann das Schälchen, sodass von der anderen Seite her Licht auf die Kressepflanzen fällt. Was passiert nun?

③ Säe Getreidesamen auf feuchter Watte in einer Petrischale aus und warte ab, bis sich ein kleiner „Getreiderasen" gebildet hat. Nach etwa einer Woche schneidest du auf einer Seite der Pflanzenschale bei mehreren Keimlingen mit einer feinen Schere 2 bis 3 mm von der Spitze ab. Stelle die so vorbereitete Schale unter einen Schuhkarton, der mit einer Öffnung versehen ist, und führe den Versuch aus, wie unter Aufgabe 2 beschrieben. Welche Beobachtung kannst du nach einigen Tagen machen?

Der Einfluss der Schwerkraft

Pflanzen brauchen den Boden als Wasser- und Mineralstofflieferanten. Außerdem gibt der Boden den Pflanzen festen Halt. Die Pflanze muss zwischen „oben" und „unten" unterscheiden können, damit die Wurzeln bei der Keimung rasch in den Boden hineinwachsen können. Das Wachstum der Wurzeln in Richtung Erde wird *Erdwendigkeit* oder *Geotropismus* genannt. Es ist die Schwerkraft der Erde, die dieses Wachstum der Wurzeln beeinflusst.

Wuchsstoffe regeln das Wachstum

Das Pflanzenwachstum wird nicht nur von außen beeinflusst, sondern auch von inneren Mechanismen. Die Pflanze erzeugt selbst *Wuchsstoffe*, mit denen sie ihr Wachstum regeln kann. Die Wuchsstoffe werden in den Wachstumszonen an den äußersten Enden des pflanzlichen Organismus hergestellt. Künstlich hergestellte Wuchsstoffe kann man in Blumengeschäften als sogenannte *Bewurzelungspaste* kaufen.

Hormone
Botenstoffe, die der Organismus selbst erzeugt; sie steuern viele Lebensvorgänge. Wuchsstoffe sind Pflanzenhormone.

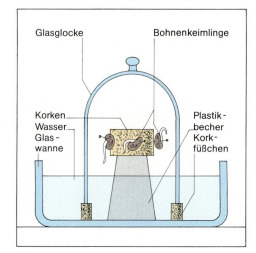

1 Versuch mit Bohnensamen (Aufg. 2)

Aufgaben

① Lege einen Blumentopf mit einer Topfpflanze auf die Seite. Beobachte und protokolliere die Veränderungen im Verlauf der nächsten Tage.

② Befestige vorgekeimte Bohnensamen mit kräftigen Stecknadeln an einem dicken Korken, sodass die Keimlingswurzel einmal nach unten, einmal zur Seite und einmal nach oben zeigt. Lege den Korken mit den Bohnenkeimlingen in eine Feuchtigkeitskammer, wie in Abbildung 1 gezeigt. Was ist nach einiger Zeit zu beobachten?

③ Frisch geschnittene Zweige von einer Ligusterhecke oder von einem Forsythienstrauch werden mit dem Messer an der Schnittstelle eingekerbt. Die Schnittstelle wird mit Bewurzelungspaste dick bestrichen. Die so behandelten Zweige werden in feuchten Sand gesteckt. In einen anderen Blumentopf steckt man Zweige, die nicht behandelt sind. Welche Unterschiede werden nach einiger Zeit deutlich?

④ Eine geeignete Pflanze, zum Beispiel eine Buntnessel oder ein Fleißiges Lieschen, wird am Spross einseitig in einer Länge von etwa 2 bis 3 cm mit Wuchsstoffpaste bestrichen. Was ist nach einigen Tagen zu beobachten? Erkläre.

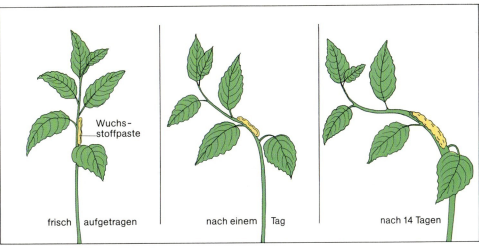

2 Langzeitversuch mit Wuchsstoffpaste (Aufg. 4)

Insekten

Der Körperbau der Insekten

Beispiel: Honigbiene

Eines der ganz wenigen Insekten, die der Mensch ähnlich wie ein Haustier hält, ist die Honigbiene. Am Körper einer Biene sind deutlich die drei *Körperabschnitte* zu erkennen, die durch Einschnürungen voneinander abgesetzt sind: Der *Kopf* trägt Sinnesorgane und Mundwerkzeuge, am *Brustabschnitt* sitzen zwei Paar durchsichtige, dünnhäutige Flügel sowie drei Beinpaare. Jedes Bein setzt sich aus fünf Gliedern zusammen. Der verhältnismäßig große *Hinterleib* bietet Platz für die inneren Organe. Wenn man eine tote Biene abtastet, ist deutlich ein fester Panzer aus Chitin zu spüren, der den Körper wie eine Rüstung schützt. Zugleich stützt er den Körper des Insekts von außen *(Außenskelett)*. Trotzdem bleibt der Körper beweglich, denn die Abschnitte *(Segmente)* sind durch biegsame Gelenkhäute verbunden.

Chitin
feste, elastische Substanz (stickstoffhaltiges Polysaccharid)

Aufgabe

① Besorge dir beim Imker tote Bienen. Untersuche sie mit Lupe oder Stereolupe und versuche, einige der auf Seite 49 abgebildeten Körperteile zu zeichnen.

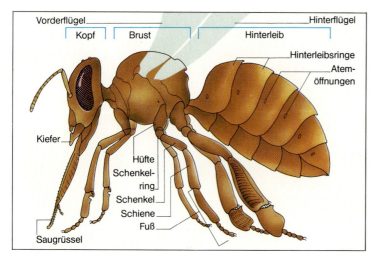

1 Gliederung des Bienenkörpers

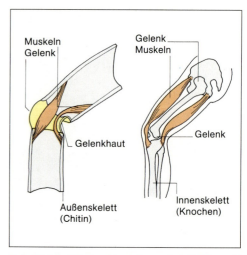

2 Außenskelett (Insekten), Innenskelett (Mensch)

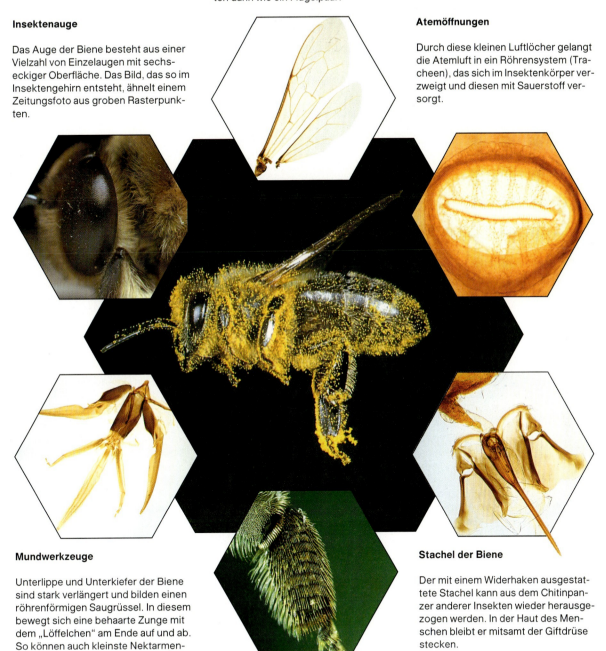

Flügel

Die Flügel der Insekten sind aus einem festen, elastischen Material (Chitin). Die Biene kann den Hinterflügel während des Fluges an eine Leiste des Vorderflügels haken. Die vier Flügel arbeiten dann wie ein Flügelpaar.

Insektenauge

Das Auge der Biene besteht aus einer Vielzahl von Einzelaugen mit sechseckiger Oberfläche. Das Bild, das so im Insektengehirn entsteht, ähnelt einem Zeitungsfoto aus groben Rasterpunkten.

Atemöffnungen

Durch diese kleinen Luftlöcher gelangt die Atemluft in ein Röhrensystem (Tracheen), das sich im Insektenkörper verzweigt und diesen mit Sauerstoff versorgt.

Mundwerkzeuge

Unterlippe und Unterkiefer der Biene sind stark verlängert und bilden einen röhrenförmigen Saugrüssel. In diesem bewegt sich eine behaarte Zunge mit dem „Löffelchen" am Ende auf und ab. So können auch kleinste Nektarmengen aufgenommen werden.

Stachel der Biene

Der mit einem Widerhaken ausgestattete Stachel kann aus dem Chitinpanzer anderer Insekten wieder herausgezogen werden. In der Haut des Menschen bleibt er mitsamt der Giftdrüse stecken.

Sammelbein

Beim Fliegen bürstet sich die Biene mit der Fersenbürste der Hinterbeine die Pollenkörner aus dem Haarkleid. Mit dem Fersensporn schiebt sie die Pollenkörner in das Körbchen.

1 Kopf eines Maikäfers

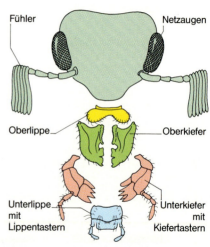

2 Mundwerkzeuge eines Maikäfers (Schema)

Die Mundwerkzeuge der Insekten — Anpassung an die Nahrung

Die Vorfahren der heutigen Insekten lebten als Bodenbewohner von Tier- und Pflanzenresten. Nach und nach erschlossen die Insekten für sich jede nur denkbare Nahrungsquelle und konnten so alle Lebensräume dieser Erde besiedeln. Das war nur möglich durch die Entwicklung von spezialisierten *Mundwerkzeugen*.

Die Mundwerkzeuge der Insekten liegen nicht wie bei den Wirbeltieren im Kopf, sondern sind nach außen gestülpt. Wie die Beine bestehen sie zum größten Teil aus hartem Chitin, sodass sie eine ausreichende Festigkeit haben, um Nahrungsstücke abschneiden und aufnehmen zu können.

Pflanzen fressende und räuberisch lebende Insekten müssen ihre Nahrung zerkleinern. Ein typischer Vertreter dieser Gruppe ist der Maikäfer, der in der Hauptsache die Blätter von Laubbäumen frisst. Mit seinen kräftigen *Oberkiefern* beißt er Stücke aus dem Blatt, zerkleinert sie mit den *Unterkiefern* und schiebt sie mit Hilfe der *Unterlippe* in den Schlund. Die *Kiefer-* und *Lippentaster* überprüfen die Nahrung ständig auf Genießbarkeit.

Viele weitere Käfer und deren Larven haben ähnlich gebaute Mundwerkzeuge, die man entsprechend ihrer Arbeitsweise als *kauend-beißende* Mundwerkzeuge bezeichnet. Man geht davon aus, dass sich aus ihnen alle anderen Formen der Mundwerkzeuge entwickelt haben.

Um Nektar aufzunehmen, sind kauend-beißende Mundwerkzeuge ungeeignet. Blütenbesucher wie Bienen und Hummeln, einige Fliegen und vor allem die Schmetterlinge haben deshalb im Laufe ihrer langen Entwicklungsgeschichte die *leckend-saugenden* Mundwerkzeuge entwickelt.

Bei den Schmetterlingen ist der Oberkiefer zurückgebildet, die Unterkiefer sind stark verlängert und halbröhrenförmig gebogen. Zusammen bilden sie das *Saugrohr*. Die Fliegen haben einen *Tupf-* und *Saugrüssel*. Ein zweigeteilter, weichhäutiger Stempel mit zahlreichen Rinnen dient dem Aufsaugen von flüssiger oder im Speichel gelöster Nahrung.

Auch die Biene hat leckend-saugende Mundwerkzeuge. Ihre Unterlippe ist stark verlängert und bildet einen röhrenförmigen Saugrüssel, in dem sich eine „Zunge" auf und ab bewegt. Sie endet in einem Löffelchen, das den Nektar aufleckt. Mit den verkleinerten und glatten Oberkiefern wird das Wachs beim Wabenbau geknetet und geformt.

Bei den *stechend-saugenden* Mundwerkzeugen der Stechmücke sind alle Mundteile stark verlängert und dünn. Ober- und Unterkiefer sind zu Stechborsten umgewandelt, die von der rinnenförmigen Unterlippe beim Stich geführt werden. Die Unterlippe dringt nicht in die Haut ein. Die Stechborsten aus Ober- und Innenlippe bilden das Saugrohr, in dem, eingebettet in der Innenlippe, der Speichelkanal verläuft.

Fliege

Schmetterling

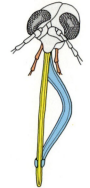

Stechmücke

Tasten, Riechen, Schmecken

Alle Insekten besitzen *Fühler* oder *Antennen*. Sie sind ein charakteristisches Merkmal, weil sie von Art zu Art die unterschiedlichsten Formen und Strukturen aufweisen und deshalb zum Teil auch zur Insektenbestimmung herangezogen werden. Aus der Bezeichnung könnte man schließen, dass sie dem Fühlen dienen, also den *Tastsinn* beherbergen. Dies stimmt nur bedingt. Zwar sieht man z. B. Ameisen sich gegenseitig mit den Fühlern betasten („betrillern"), doch werden hier vor allem Duftstoffe ausgetauscht. Bienen können mit ihren Fühlern ihre Fluggeschwindigkeit messen. Die eigentliche Hauptaufgabe der Fühler aber ist das Riechen, in ihnen liegt also der *Geruchssinn* bei den Insekten. Er spielt neben dem Sehsinn bei einigen Insektenarten die Hauptrolle.

1 Kopf und Fühler des Mondflecks

Ein extremes Beispiel sind die Männchen des *Mondflecks,* eines Nachtfalters. Tausende von Riechsinneszellen in den *Riechhaaren* ihrer großen, gefiederten Fühler führen sie zur Geschlechtspartnerin. Das Mondfleckweibchen gibt arteigene Duftstoffe *(Pheromone)* ab, die sich in der Luft ausbreiten und auch die Riechzellen eines Mondfleckmännchens erreichen. Bereits geringste Mengen genügen, um die Aufmerksamkeit des Männchens zu erregen. Trifft mehr Duftstoff ein, startet das Männchen und folgt der Duftspur zum Weibchen. Auch Amerikanische Seidenspinnermännchen setzen ihre etwa 30 000 Riechzellen für die Partnersuche ein. Versuche ergaben, daß 26 % der Männchen das Weibchen aus einer Entfernung von 11 km fanden, aus einer Entfernung von 4,1 km erreichten 46 % das Ziel.

2 „Betrillern" bei Ameisen

Der *Aaskäfer* kann sogar verschiedene Duftnoten unterscheiden. Allerdings führen sie ihn nicht zu einer Partnerin, sondern direkt zu seiner Nahrung, den Kadavern toter Tiere.

Die *Geschmackssinnesorgane* liegen, ihrer Aufgabe entsprechend, in der Mundhöhle und an den Mundwerkzeugen, vor allem an den *Tastern*. Bienen, Falter und Fliegen sind zusätzlich mit Schmeckorganen an den Fußgliedern ausgestattet. Letzteres ist ein Vorteil: Das Insekt kann sofort nach der Landung oder wenn es auf der Nahrung herumläuft, Geschmacksstoffe aufnehmen. Über die Geschmacksempfindungen ist wenig bekannt, „süß" wird jedoch von den meisten Insekten wahrgenommen.

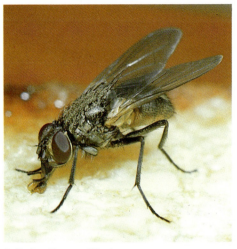

3 Stubenfliege auf Brot

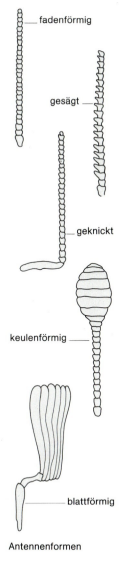

fadenförmig
gesägt
geknickt
keulenförmig
blattförmig

Antennenformen

Die vollständige Verwandlung der Schmetterlinge

Schon im Mai legt das Weibchen des *Kleinen Fuchses* seine Eier an Brennnesseln ab. Deren Blätter sind die einzige Nahrung für die nach etwa 14 Tagen schlüpfenden *Raupen*, das sind die Larven des Schmetterlings.

Die weiche, schwarz-gelb gefärbte Raupe hat auf dem Rücken dornenartige, in Büscheln stehende Haare, die sie ausgezeichnet vor Feinden schützen. Der walzenförmige Raupenkörper ist nicht deutlich in Segmente gegliedert, jedoch erkennt man die Brust an den drei Beinpaaren. Am Hinterleib befinden sich mehrere *Bauchfüße* und am Körperende ein Paar *Nachschieber,* die wie Beine aussehen, tatsächlich aber Haftorgane sind. Fühler und Augen fehlen, die beißenden Mundwerkzeuge jedoch sind kräftig entwickelt, denn Fressen ist die Hauptbeschäftigung der Raupe.

Nach vier bis fünf Häutungen *verpuppt* sich die Raupe. Dazu befestigt sie ihr Hinterende mit einem Faden an einem Blatt, sodass die Puppe später frei nach unten hängt. Diese Puppenform nennt man *Stürzpuppe*. Nach der fast 20 Tage dauernden *Puppenruhe,* in der sich die Puppe weder bewegt noch Nahrung zu sich nimmt, schlüpft der Schmetterling aus der Hülle. Der fertige Schmetterling heißt auch *Imago* oder Vollinsekt. Nach vier bis fünf Stunden sind die Flügel ausgehärtet und der Falter fliegt davon.

In der Puppe hat ein intensiver Umwandlungsprozess stattgefunden, der von außen nicht zu erkennen ist. Eine Pflanzen fressende Raupe mit beißenden Mundwerkzeugen verwandelte sich in ein Nektar saugendes, geschlechtsreifes Fluginsekt. Diese *vollständige Verwandlung* vom Ei über die Larve und die Puppe bis hin zur Imago (Vollinsekt) nennt man *Metamorphose*.

Aufgaben

① Beschreibe die Entwicklung des Kleinen Fuchses.
② Welche anderen Insekten kennst du noch, die auch eine vollständige Verwandlung durchmachen?

1 Kleiner Fuchs

2 Raupe des Kleinen Fuchses

3 Stürzpuppe des Kleinen Fuchses

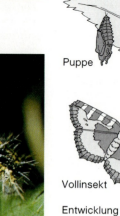

Eier

Raupe (Larve)

Puppe

Vollinsekt

Entwicklung des Kleinen Fuchses

Die unvollständige Verwandlung der Laubheuschrecke

Die *Laubheuschrecke* kennt man auch unter dem Namen Heupferd, den sie ihrem pferdeähnlich geformten Kopf verdankt. Laubheuschrecken fressen hauptsächlich Insekten, aber auch saftige Pflanzenteile. An den mehr als körperlangen, fadenförmigen *Fühlern* kann man sie von den sehr ähnlichen *Feldheuschrecken* unterscheiden.

Nach der Paarung im Herbst legen die Weibchen der Laubheuschrecke ihre Eier. Mit dem kräftigen *Legestachel* werden bis zu 100 Eier im Boden versenkt. Nach der Überwinterung schlüpfen daraus im folgenden Frühjahr *Larven,* die dem fertigen Insekt bereits sehr ähnlich sehen. Sie führen auch die gleiche Lebensweise und ernähren sich wie die erwachsenen Tiere.

Von Häutung zu Häutung werden die Larven den Vollinsekten ähnlicher. Nach der dritten von insgesamt fünf Häutungen erscheinen die Flügelanlagen, die Fühler werden länger, und bei den Weibchen wird der Legestachel sichtbar. An trockenen, warmen Sommertagen springen alle Jungstadien scharenweise in frisch gemähten Wiesen herum. Nach dem ersten Kälteeinbruch im Herbst findet man keine Heuschrecken mehr, der Frost hat alle vernichtet. Nur die Eier überwintern.

Erst nach der 5. Häutung sind die Tiere geschlechtsreif. Jetzt können auch die jungen Männchen „musizieren" und so versuchen, ein Weibchen anzulocken.

Die Männchen haben einen ganz besonderen *Zirpapparat.* Nahe der Ansatzstelle des linken oberen Deckflügels ist aus einer Flügelader eine Reihe von kleinen Zähnchen, die *Schrillleiste,* entstanden. Der rechte untere Deckflügel dagegen ist an der entsprechenden Stelle zur *Schrillkante* aufgebogen. Durch das Streichen der Schrillleiste über die Schrillkante entsteht das Zirpgeräusch.

Aufgabe

① Vergleiche die Entwicklung der Laubheuschrecke mit der Entwicklung des Maikäfers (S. 57).

1 Laubheuschrecke, Imago (Vollinsekt)

2 Larve, wenige Tage alt

3 Larve, einige Wochen alt

Eier

Larve

Larve

Larve

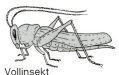
Vollinsekt

Entwicklung der Laubheuschrecke

Honigbienen bilden Staaten

Arbeiterin
bis 14 mm

Honigbienen bauen in bewegliche Holzrähmchen Waben aus Wachs. Diese Holzrähmchen kann der Imker aus dem Bienenstock herausnehmen und kontrollieren.

In einem Großteil der sechseckigen Zellen der Waben speichern die Bienen Pollen und Honig. Andere dienen aber auch als Kinderstuben für die Brut. Im Mai und Juni legt die Königin über Wochen hinweg täglich bis zu 1500 Eier. Aus einem Ei schlüpft nach drei Tagen eine winzige, wurmartige, bein- und augenlose Larve, die *Made*. Sie wird drei Tage mit Futtersaft und drei weitere Tage mit Pollen und Honig gefüttert und entwickelt sich in der Zelle über die *Puppe* zur fertigen Biene.

1 Weiselzellen

Die drei Bienenwesen

Die Bienen, die gemeinsam in einem Bienenstock leben, bezeichnet man als *Bienenvolk*. Ein Bienenvolk besteht im Frühsommer, wenn das Nahrungsangebot besonders groß ist, aus 50 000 bis 70 000 Bienen. Man unterscheidet *Arbeiterinnen, Drohnen* und die *Königin*.

Nur die Königin legt Eier. Sind die Eier befruchtet, entstehen daraus Arbeiterinnen. Unbefruchtete Eier legt die Königin in größere Wabenzellen und es entwickeln sich in 24 Tagen Drohnen. Königinnen entstehen wie die Arbeitsbienen aus befruchteten Eiern. Für sie bauen die Bienen sogenannte *Weiselzellen*. Diese sind länglich und nach unten offen. Sie liegen am Wabenrand. Die Königinnenmaden werden nur mit Futtersaft

Drohn
bis 18 mm

(Weiselfuttersaft) aus der *Futtersaftdrüse* der Arbeiterinnen (s. Randspalte S. 55) gefüttert, nicht mit Honig und Pollen. Nach 16 Tagen ist ihre Entwicklung abgeschlossen.

Aufgaben

① Honigbienen sind Staaten bildende Insekten. Belege dies mit Hilfe des Textes auf S. 54/55.
② Unterscheidungsmerkmale für Arbeiterin, Drohne und Königin kannst du auf der Randspalte finden. Schreibe die Unterschiede auf.
③ Stimmt es, dass Bienen eines Volkes alle Geschwister sind? Begründe.
④ Was geschieht, wenn eine Königin nur unbefruchtete Eier legt?

Königin
bis 20 mm

1.–3. Tag Ei
Eiablage
Eientwicklung

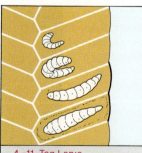

4.–11. Tag Larve
Rundmade wird mit Futtersaft gefüttert, später mit Pollen und Honig. Zelle wird gedeckelt, Made streckt sich und kleidet die Zelle mit einem Gespinst aus.

12.–20. Tag Puppe
Puppenhäutung. In der Puppe entwickelt sich die Biene.
21. Tag Biene
Puppenhaut platzt. Das Insekt schlüpft.

2 Entwicklung der Honigbiene

Aufgaben einer Biene nach dem Schlüpfen

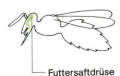
Futtersaftdrüse

Stockbiene
1. bis 10. Tag

1. und 2. Tag:
Zellen säubern

3. bis 5. Tag:
Ältere Larven mit Pollen und Honig füttern

6. bis 10. Tag:
Junglarven und Königin mit Futtersaft füttern

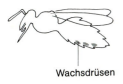
Wachsdrüsen

Stockbiene
10. bis 20. Tag (Übergang zum Außendienst)

11. bis 17. Tag:
Waben und Zellen aus Wachs bauen

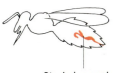
Stachelapparat

18. bis 20. Tag:
Flugloch bewachen, Ankömmlinge kontrollieren, eventuell auch abwehren

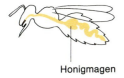
Honigmagen

Sammelbiene
ab 21. Tag

Veränderung der inneren Organe

Nektar, Pollen und Wasser herbeischaffen

Lebenslauf einer Arbeitsbiene

Die Bienen, die wir draußen herum fliegen sehen, sind in der Regel Arbeiterinnen. In ihrem etwa fünfwöchigen Leben haben sie nacheinander ganz bestimmte Aufgaben zu erfüllen, auf die ihr äußerer und innerer Körperbau genau abgestimmt ist.

Eine frisch geschlüpfte Biene bleibt etwa 20 Tage lang *Stockbiene*. Zwei Tage lang putzt und beleckt sie die leeren Zellen, in die die Königin ihre Eier legt. Ab dem 3. Tag füttert sie ältere Larven mit Pollen und Honig. Vom 6. Tag bis zum 10. Tag füttert sie junge Larven mit körpereigenem Futtersaft. Dieser entsteht in Drüsen, die inzwischen herangewachsen sind.

Wenn die *Futtersaftdrüsen* versiegen, treten die *Wachsdrüsen* in Tätigkeit. Mit den aus dem Hinterleib ausgeschiedenen Wachsplättchen baut die *Baubiene* neue Waben oder verdeckelt Brut- und Vorratszellen. Im Alter von etwa 16 Tagen bilden sich die Wachsdrüsen zurück.

Ab dem 17. Tag kommt die Stockbiene zunehmend mit der Außenwelt in Berührung. Am Flugloch nimmt sie Pollen und Nektar entgegen. Ist die Stocktemperatur zu hoch, erzeugen die Bienen durch Fächeln einen kühlen Luftstrom, so daß im Bienenstock stets eine Temperatur von 35 °C herrscht.

In den letzten Tagen des Stockdienstes prüft die Biene als *Wächterbiene* am Flugloch mit ihren Fühlern den Geruch aller ankommenden Tiere. Ihre *Giftblase* ist jetzt gefüllt. Sie ist stechbereit. Fremde Bienen und andere Eindringlinge werden mit Hilfe des *Giftstachels* abgewehrt. Aus dem Chitinpanzer der Insekten kann er wieder herausgezogen werden. In der elastischen Haut von Säugetieren oder des Menschen bleibt er jedoch stecken. Wenn die Biene weg fliegt, wird dann mit dem Stachel auch die Giftblase herausgerissen. Diese Verletzung ist für die Biene tödlich.

Vom 21. Tag an ist die Arbeiterin *Sammelbiene*.

Aufgabe

① Welche Aufgaben erfüllt die Arbeitsbiene in den einzelnen Lebensabschnitten? Lege dazu eine Tabelle an; trage auch die jeweiligen Körperveränderungen ein.

1 Bienen bei der Brutpflege

2 Bienen beim Bau der Waben

3 Wächterbienen am Flugloch

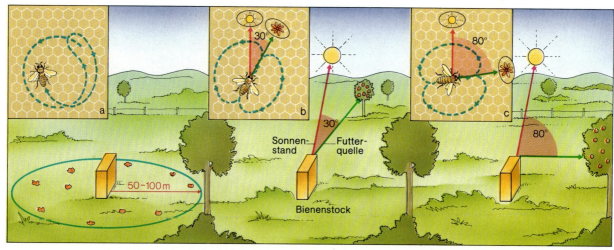

1 Bienentanz (**a** Rundtanz, **b** und **c** Schwänzeltanz)

Verständigung — die Tanzsprache der Honigbiene

Bienenkompass

Eine Honigbiene hat eine reichhaltige Futterquelle entdeckt. Der Duft des Nektars haftet ihr noch an, als sie in den Bienenstock zurückkehrt. An der Hecke, höchstens 80 m vom Stock entfernt, gibt es Nektar für hunderte von Bienen! Erregt tanzt sie auf der Wabe zwischen den anderen Bienen einen *Rundtanz* (▷ 1).

Die anderen Bienen werden darauf aufmerksam, sie laufen der Tänzerin nach und beriechen sie mit ihren Fühlern. In den Tanzpausen teilt sie vom gesammelten Nektar aus. Über seinen Duft erfahren die Bienen die Art der Futterquelle. Sie werden nun von der Erregung der Kundschafterin erfasst und machen alle Bewegungen mit. Schließlich fliegen sie los und suchen rund um den Stock die Umgebung ab. Sobald sie die blühende Hecke gefunden und am Duft erkannt haben, machen sie sich daran, gemeinsam Nektar zu sammeln.

Liegt die Futterquelle weiter als 100 m vom Stock entfernt, tanzt die Biene anders. In Abb. 1 b und c sind deutlich zwei Halbkreise und dazwischen eine Wellenlinie zu erkennen. Auf dieser Verbindungslinie läuft die Biene rasch in einer Richtung entlang. Dabei zittert sie mit ihren Flügeln und bewegt den Hinterleib heftig hin und her: sie *schwänzelt*. Auf den beiden Kreisbogen kehrt sie abwechselnd einmal links und einmal nach rechts zum Ausgangspunkt zurück und beginnt ihren *Schwänzellauf* von neuem. Die Schwänzelstrecke selbst gibt die Richtung an, in der die Futterquelle zur Sonne liegt.

Auf der senkrechten Wabe bedeutet der Tanz nach oben: Fliegt in Richtung Sonne! Der Tanz nach unten bedeutet: Die Futterquelle liegt in entgegengesetzter Richtung zur Sonne! Der Schwänzellauf in einem bestimmten Winkel zur Senkrechten nach rechts oder links gibt den Richtungswinkel zwischen Sonne und Futterquelle an.

Die genaue Entfernung zwischen Stock und Futterquelle teilt die Biene durch ihr Tanztempo mit. Bei einer nahen Futterquelle tanzt sie schneller als bei einer weiter entfernten. Je ergiebiger die Futterquelle ist, desto ausdauernder tanzt die Biene. Die Tanzsprache brauchten die Bienen nicht zu erlernen: sie ist ihnen angeboren.

Aufgaben

① Welche Informationen erhalten die Bienen im Stock von der Kundschafterin?

② Welchen Vorteil hat ein Bienenvolk davon, dass eine einzige Biene viele ihrer Stockgenossen über eine ergiebige Futterquelle informieren kann?

③ Baue einen Bienenkompass (Randspalte!) und stelle ihn auf einen Futterplatz 30° rechts vom Sonnenstand ein. Halte den Kompass nun senkrecht, mit dem Sonnenpfeil genau nach oben. Vergleiche die angezeigte Stellung mit dem Schwänzellauf der Biene in Abb. 1, die auf der senkrechten Wabe tanzt.

④ Denke dir andere Futterplätze aus und ermittle mit dem Bienenkompass die Richtung des Schwänzellaufs.

Zucht und Haltung von Insekten

„Mehlwürmer" verwandeln sich zu Käfern

„Mehlwürmer" gibt es als Futter für Terrarientiere zu kaufen. Ihr Name erinnert daran, dass sie vor allem früher in Mühlen und Bäckereien als Vorratsschädlinge im Mehl auftraten.

Zur Beobachtung kann man sich einige Tiere besorgen und eine kleine Zucht anlegen. Schon 10 „Mehlwürmer" reichen dazu aus. Als Zuchtgefäß nimmt man eine Blech- oder Kunststoffdose mit Luftlöchern im Deckel. Auf den Boden werden ca. 1 cm hoch Vollkornhaferflocken, Weizenkleie und Brotkrumen als Nahrung und Unterschlupf für die Tiere gestreut. Alle 8 Tage ein Salatblatt, ein Karottenstückchen oder etwas Bananenschale sorgen für Feuchtigkeit und ergänzen die Nahrung. Reste der Nahrung werden entfernt, um Schimmelbildung und Milbenbefall zu vermeiden. Alle Beobachtungen und Veränderungen werden in einem Protokoll (siehe 2. Spalte) festgehalten.

Beobachtungen: Entwicklung des Mehlkäfers

- 1. Tag: 10 „Mehlwürmer" eingesetzt. Einer ist kleiner als die übrigen.
- 3. Tag: Alle „Mehlwürmer" sind jetzt gleich groß, einer ist ganz hell. Ein vertrocknetes Häutchen liegt zusätzlich in der Dose.
- 5. Tag: Der helle „Wurm" ist dunkler geworden. Zwei bewegen sich kaum.
- 6. Tag: Im Gefäß liegen zwei andersartige Wesen, dafür fehlen zwei „Mehlwürmer".
- 9. Tag: Alle „Mehlwürmer" sind verpuppt, bis auf einen. Neben jeder Puppe liegt ein vertrocknetes Häutchen.
- 15. Tag: Alle „Mehlwürmer" sind verpuppt.
- 21. Tag: 2 Käfer unbekannter Herkunft krabbeln herum, 2 Puppen fehlen . . .

① Der Name „Mehlwurm" ist biologisch falsch. Welche Körpermerkmale verraten, was ein „Mehlwurm" wirklich ist?
② Versuche, für die protokollierten Beobachtungen Erklärungen zu finden.
③ Im Puppenstadium bildet sich die endgültige Körpergestalt. Welche Körperteile des fertigen Insekts kannst du bereits an der Mehlkäferpuppe erkennen?
④ Um wachsen zu können, müssen Insektenlarven die starre Chitinhülle abstreifen (sich häuten) und rasch wachsen, ehe die neue Haut erstarrt. Deshalb füllen sie Körperhohlräume mit Luft und fressen erst später. Welche Protokollstelle weist auf diesen Vorgang hin?
⑤ Kannst du begründen, weshalb man die Entwicklung des Mehlkäfers eine vollständige Verwandlung nennt.
⑥ Lege eine „Mehlwurm"-Zucht an. Halte in einem Protokoll fest, wie viele Larven sich zu Käfern entwickeln.

Beobachtungen: Entwicklung des Maikäfers

„Maikäfer flieg . . .": Dieses Kinderlied kennen die meisten Menschen. Doch diese Käferart ist in manchen Gegenden selten geworden; als Pflanzenschädling wurde sie recht erfolgreich bekämpft. Der Maikäfer zeigt, wie der Mehlkäfer und alle anderen Käfer auch, eine *vollständige Verwandlung*. Allerdings ist der Entwicklungskreislauf hier nicht so gut zu beobachten, denn meist findet man nur zwei Entwicklungsstadien: den fertigen Maikäfer oder beim Umgraben im Garten den weißen *Engerling*. Deshalb zeigt die folgende Bildreihe die verschiedenen Formen, die in der Entwicklung des Maikäfers auftreten.

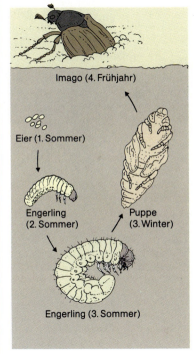

⑦ Untersuche einen Engerling. Gib eine Erklärung für sein Aussehen. Welches Entwicklungsstadium liegt hier vor?
⑧ Weshalb dauert die Entwicklung des Maikäfers manchmal 3 Jahre, manchmal 4 Jahre?
⑨ Du untersuchst eine Maikäferpuppe. Beschreibe sie genau. Worin unterscheidet sie sich von der Puppe eines Schmetterlings? Weshalb nennt man derartige Puppen „freie Puppen"?
⑩ Beobachte einen Maikäfer. Unterscheide Männchen und Weibchen (♂ mit 7, ♀ mit 6 Fühlerblättchen). Was tut ein Maikäfer vor dem Abflug? Weshalb tut er das?

Ökosystem Wald

Auf Erkundungsgang mit dem Förster

Außer Bäumen, viel frischer Luft und Antworten auf unsere vorbereiteten Aufgaben hatten wir eigentlich nichts Neues erwartet. Doch was der Förster während unseres Erkundungsganges durch den Wald erklärte, wäre uns allein nie aufgefallen.

An einer gefällten Buche stellte er uns die Frage, wie dick der Baum wohl zur Zeit unserer Geburt gewesen war. Nachdem wir dieses Problem gelöst hatten, konnten wir an der Breite der Jahresringe sogar abschätzen, ob damals ein trockener oder ein feuchter Sommer gewesen war.
An einer Brennnesselfläche mitten im Wald fragte er uns, wieso eine solche Pflanze, die nährstoffreichen Boden anzeigt, wohl in den ungedüngten Wald komme. Früher hätte man sie dort nicht angetroffen. Als er uns dann erklärte, dass in den letzten Jahren verstärkt im Regen gelöste stickstoffhaltige Abgase die Ursache dafür seien, konnten wir das kaum glauben und wurden sehr nachdenklich.
Dass dieser „Kunstdünger" dann auch noch mitverantwortlich für das Waldsterben sein sollte, musste er uns schließlich noch genauer erklären, womit wir gleich eine Anregung für die nächste Projektwoche mit nach Hause nahmen.

1 Tundra (Alaska)

2 Birken-Kiefernwald

Geschichte des Waldes

Tundra
baumlose
Kältesteppe

Gegen Ende der Eiszeit stand auf dem Gebiet der heutigen Bundesrepublik noch kein einziger Baum. In der Mitte des Landes wuchsen in der Kälte der Tundra lediglich Flechten, Moose und einige Zwergstraucharten. Erst als sich das Eis völlig zurückzog, entstand ein lockerer Wald aus Birken und Kiefern.

Um 5000 v. Chr. hatte der Eichenmischwald den Birken-Kiefern-Wald überall abgelöst und langsam setzten sich in dem nun deutlich wärmeren Klima auch empfindlichere Baumarten wie Ahorn, Linde, Esche und Ulme durch. Als die Buche schließlich vor etwa 5000 Jahren in unser Gebiet einwanderte, verdrängte sie auf günstigen Standorten die Eiche. Mehr als 90 % der Fläche Deutschlands war damals mit Wald bedeckt.

Im Mittelalter entstanden durch Rodungen zahlreiche neue Siedlungen und Ackerflächen. Das Vieh wurde in den Wald getrieben, wo es den Unterwuchs fraß und im Herbst mit den Eicheln gemästet wurde. Die Buche war nun nicht mehr so gern gesehen, da sie kein Bauholz lieferte und die Bucheckern als Viehfutter ungeeignet waren. Der Bau der Städte und Dörfer verschlang riesige Mengen Eichenholz, und die offenen Kamine in den Häusern verbrauchten viel Brennholz. Bald wurde dieser Rohstoff knapp, sodass schließlich planmäßige Waldpflege einsetzte. Vielerorts breitete sich *Niederwald* aus, weil die Bauern aus den Stöcken frisch geschlagener Bäume neue Schösslinge austreiben ließen, die später als Brennholz oder Flechtmaterial Verwendung fanden. Nur der *Hochwald* konnte noch den Bedarf an Bauholz decken.

Als im vergangenen Jahrhundert die Kohle das Holz als Brennmaterial verdrängte, verloren riesige Waldflächen diese Funktion. Der Niederwald und auch weite Heidegebiete wurden mit Nadelwald aufgeforstet, der dann das Grubenholz lieferte.

Heute werden weitgehend Mischwälder angestrebt, die einer naturnahen Waldbewirtschaftung am besten entsprechen. Dabei wird darauf geachtet, dass in ursprünglich reinen Laubwaldgebieten der hohe Anteil Nadelbäume verringert wird und auch selten gewordene Baumarten wie der Speierling oder die Feldulme wieder in ihrer Verbreitung gefördert werden.

Pollenanalyse

Hasel

Kiefer

Birke

Unsere genauen Kenntnisse über die Waldgeschichte verdanken wir umfangreichen pollenanalytischen Untersuchungen. Nach Beendigung der Eiszeit entstanden in feuchten Niederungen und Senken überall ausgedehnte Moorgebiete, deren Torfschichten durch das Wachstum der Torfmoose immer höher wurden. Aus den umliegenden Wäldern eingewehte Baumpollen wurden im wachsenden Torf über Jahrtausende konserviert und lassen sich heute mit einfachen mikroskopischen Verfahren bestimmen. Da sich so das Alter der Torfschichten ermitteln lässt, liegt auf diese Weise ein lückenloses Bild der nacheiszeitlichen Waldgeschichte vor.

1 Wald besteht nicht nur aus Bäumen

Toleranzbereich
Spanne eines Umweltfaktors (z. B. Licht, Temperatur, Boden), innerhalb der ein Lebewesen existieren kann.
Die **Buche** bevorzugt z. B. niedere und mittlere Lagen *(Optimum)*, in den Alpen kommt sie aber bis zur Baumgrenze vor. Dort bildet sie niedrige Krüppelformen.

Bäume bestimmen das Bild des Waldes

Wenn man vom Wald spricht, denken die meisten Menschen zunächst an die Bäume, obwohl Sträucher, Kräuter und andere Pflanzen natürlich ebenfalls dort wachsen und auch die dort lebenden Tiere dazugehören.
Das ist wohl deshalb so, weil Bäume auf Grund ihrer Größe das Aussehen eines Waldes bestimmen. Zu diesen Bäumen gehören in unseren heimischen Wäldern zum Beispiel die *Rotbuche* und die *Kiefer*. Sie überragen meist alle anderen Pflanzen.

Die **Rotbuche** ist der häufigste *Laubbaum* unserer Wälder. Bis 40 Meter hoch und mehr als einen Meter dick kann ihr Stamm werden. Die Krone erreicht eine Breite von bis zu 30 Metern. Um solche Ausmaße anzunehmen, brauchen Bäume natürlich eine lange Zeit. Die Rotbuche kann ein Lebensalter von 900 Jahren erreichen.

Der Stamm ist meist gerade gewachsen und mit einer glatten, silbergrauen *Borke* bedeckt. Seine Festigkeit verdankt er dem darunter liegenden, rötlichen *Holz*. Im oberen Drittel bildet sich durch Verzweigung des Stammes die Krone aus. Während der Vegetationsperiode von Anfang Mai bis Ende Oktober trägt sie die ganzrandigen *Laubblätter*. Die Buche ist eine *Schattenholzpflanze*. Junge Buchen gedeihen unter den dicht belaubten Kronen der alten.
Wegen ihrer Größe ist die Buche besonders starken Belastungen ausgesetzt. Der Wind fängt sich vor allem in der Krone, so daß der ganze Baum in Biegebewegungen versetzt wird. Diesen großen Kräften widersteht die Buche infolge der Elastizität des Holzes und der festen Verankerung im Boden durch die tief reichenden *Wurzeln*.
Neben der Verankerung im Boden hat die Wurzel weitere Aufgaben: Sie speichert Reservestoffe, die im Frühjahr beim Blattaustrieb benötigt werden. Außerdem werden über die Wurzel Wasser und darin gelöste Mineralstoffe aus dem Boden aufgenommen, die über den Stamm in die Krone gelangen. Über die Blätter verdunstet der größte Teil des Wassers wieder und wird so als Wasserdampf in die Atmosphäre abgegeben.

Im Mai bildet die Rotbuche männliche und weibliche Blüten, die zusammen auf einem Baum sitzen: die Rotbuche ist *getrenntgeschlechtig-einhäusig*. Die männlichen Blütenstände bestehen aus mehreren kugeligen Kätzchen, die sich an einem langen Stiel befinden. Jede Einzelblüte weist nur Staubblätter auf, die von einer bis zu siebenzipfligen Hülle umgeben sind.

Die weiblichen Blüten werden vom Wind bestäubt. Sie stehen immer zu zweit an einem langen Stiel und sind gemeinsam von einer vierteiligen Hülle umgeben. Diese wird zum Fruchtbecher, in dem sich während der Samenreife bis zum Herbst die *Bucheckern* entwickeln. Bucheckern sind *Nussfrüchte*. Im nächsten Frühjahr können sich daraus kleine Keimpflanzen im Boden entwickeln. Man kann sie gut an den beiden fleischigen *Keimblättern* erkennen.

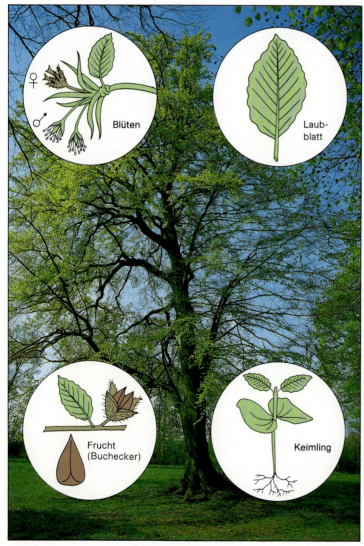

1 Rotbuche

Die **Kiefer** bevorzugt tiefgründige Böden *(Optimum)*; sie wächst aber auch auf flachgründigen und bildet dann ein flaches Wurzelwerk.

1 Waldkiefern

Maitrieb

Zapfenblüte ♂

Zapfenblüte ♀

junger Zapfen

reifer Zapfen (2 Jahre alt)

Die **Waldkiefer** gehört neben Fichte, Tanne und Lärche zu den heimischen *Nadelbäumen*. Diese werfen, mit Ausnahme der Lärche und im Gegensatz zu den einheimischen Laubbäumen, im Herbst ihre nadelförmigen Blätter nicht ab. Kiefern sind *Lichtholzpflanzen*. Schon bei geringer Beschattung gehen sie ein.

Wie die Buche, ist die Kiefer einhäusig und ein Windbestäuber. Die Kiefer bildet männliche oder weibliche *Zapfenblüten* aus. Die männlichen Blütenstände mit ihren gelben Staubblüten findet man am Grund der *Maitriebe*. An der Spitze der jungen *Langtriebe* befinden sich die weiblichen Zapfenblüten. Diese sind in regelmäßigem Wechsel aus vielen *Fruchtschuppen* und *Deckschuppen* zusammengesetzt. Die auf der Oberseite der Fruchtschuppe befindliche Samenanlage ist nicht wie bei der Buche von einem Fruchtknoten umgeben, sondern liegt frei auf der Fruchtschuppe. Deshalb zählt man die Kiefer und die übrigen Nadelbäume zu den *Nacktsamern* im Gegensatz zu den *Bedecktsamern*, zu denen die Buche gehört.

Kurz nach der Bestäubung wachsen die Fruchtschuppen weiter und verkleben mit Harz. Die Pollen sind eingeschlossen, vereinigen sich aber erst im nächsten Frühjahr mit der Eizelle der Samenanlage. Die rötliche Blüte ist zu einem grünen, hängenden Zapfen geworden, in welchem erst im nächsten Jahr die Samen ausgereift sind.

Wenn dann die Zapfenschuppen aufspringen, sind auf jeder zwei frei liegende Samen zu erkennen. Mit einem flügelähnlichen Häutchen versehen, vertraut sich der Same ebenfalls dem Wind an. Der Wind sorgt so neben der Bestäubung auch für die Verbreitung der Kiefer.

Wie Bäume wachsen

Der aus dem Samen entstehende Keimling kann bis zu einem knapp 50 Meter hohen Baum heranwachsen und bis zu mehreren hundert Jahren alt werden. Das Alter von Bäumen kann man anhand der Zahl der *Jahresringe* ermitteln. Diese sind an der Schnittfläche einer gefällten Kiefer besonders gut erkennbar. Die Jahresringe sind Bestandteil des *Holzteiles*, welcher fast den ganzen Stammquerschnitt ausfüllt. Der Stamm wird nach außen durch die *Rinde* abgeschlossen. Diese besteht aus der außen liegenden *Borke* und dem nach innen folgenden *Bastteil*. Zwischen Rinde und Holzteil liegt das *Holz-Kambium*, aus dem neuen Zellen entstehen.

Mit Beginn des Wachstums im Frühjahr werden nach innen neue Zellen für den Holzteil abgegeben. Diese bilden die *Leitungsbahnen* für den Transport von Wasser und Mineralstoffen. Nach außen gibt das Kambium neue Rindenzellen ab, die den Bastteil bilden. In ihm werden vom Baum selbst aufgebaute Nährstoffe, z. B. Traubenzucker, transportiert. Später bilden die äußeren Zellen des Bastteils (Kork-Kambium) die Borke, wenn sie im Laufe des Wachstums weiter nach außen gewandert sind. Dabei wird Wasser undurchlässiger Kork in die Borke eingelagert. Durch Neubildung von Holzzellen bis zum Herbst wächst der Baum in die Dicke. Dann werden die neu gebildeten Zellen immer kleiner, bis schließlich das Wachstum ganz eingestellt wird. Ein Jahresring entsteht nun dadurch, dass im nächsten Frühjahr wieder größere Holzzellen entstehen, die an die kleinen aus dem letzten Jahr grenzen. Nach außen werden wesentlich weniger Bastzellen abgegeben, sodass die Rinde im Vergleich zum Holzteil viel dünner ist.

Man unterscheidet *Hartholz-* und *Weichholzarten*. Bei den Hartholzarten (z. B. einige Tropenhölzer; Eiche) sind die Holzzellen kleiner. Weichholzarten sind z. B. Nadelhölzer, Pappel und Weide.

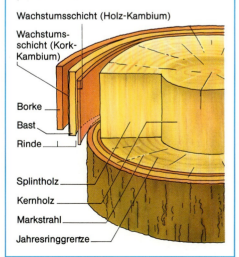

Die Stockwerke des Waldes

Die Bäume prägen das Bild des Waldes, doch viele andere Pflanzen und Tiere kommen hinzu. Um die Beziehungen der Lebewesen untereinander verstehen zu können, vergleicht man die Schichtung des Waldes mit Stockwerken eines Hauses. Am deutlichsten ausgeprägt sind solche Stockwerke in einem *Mischwald*.

Das unterste Stockwerk bilden Pflanzen, die direkt dem Boden anliegen. Dazu gehören Moose, aber auch Flechten und Pilze. Man nennt diese Schicht *Moosschicht*. Die nach oben folgende Schicht ist die *Krautschicht*, die schon vielfältiger zusammengesetzt sein kann. Neben Farnen kann man hier verschiedene Blütenpflanzen wie Leberblümchen, Lerchensporn, Springkraut und andere Kräuter sowie auch Gräser finden.

Sträucher und niedrige Bäume wie der Schwarze Holunder, die Haselnuss, die Eberesche und der Faulbaum bilden die nächsthöhere Etage, die *Strauchschicht*. Sie erreicht etwa drei Meter Höhe. Die darüber liegende *Baumschicht* schließlich kann bis zu 40 Meter Höhe emporreichen. Sie wird durch hoch wachsende Bäume wie Eiche, Buche oder Kiefer gebildet. Die Baumschicht ist in sich noch in *Stamm-* und *Kronenschicht* gegliedert.

Aber auch unter der Erde, in der *Bodenschicht*, lassen sich *Wurzelstockwerke* unterscheiden, da die Wurzeln der verschiedenen Pflanzenarten ganz unterschiedlich ausgebildet sein können. So bildet die Fichte nur ein flaches Wurzelwerk, sie ist ein *Flachwurzler*. Eichen können hingegen tief hinabreichende Pfahlwurzeln ausbilden, sie sind *Tiefwurzler*. Die wurzelähnlichen Fäden der Moose und die Wurzeln von Kräutern reichen nur von wenigen Millimetern bis zu einigen Zentimetern in den Boden.

Aufgaben

① Überprüfe, wo man im Wald den im Text beschriebenen Stockwerkaufbau besonders gut erkennen kann.
② Überlege, wie sich die Umweltbedingungen in den einzelnen Stockwerken unterscheiden. Begründe deine Ansicht.
③ Beschreibe Aussehen und Gliederung eines Waldes, der vom beschriebenen Aufbau deutlich abweicht. Suche Ursachen dafür.

Standortfaktoren bestimmen den Wald

In den einzelnen Stockwerken des Waldes sind die Lebensbedingungen für Pflanzen und Tiere recht unterschiedlich. Die Versorgung mit Licht, Wärme, Wasser und Nährstoffen *(abiotische Faktoren)* ist je nach Standort verschieden. Der Boden unserer Buchenwälder ist im Frühjahr oft mit blühenden Kräutern bedeckt, die besonders an sonnigen Hängen das volle Licht ausnutzen, das durch die noch kahlen Bäume den Waldboden erreicht. Lerchensporn, Bärlauch, Buschwindröschen und Waldmeister sind einige Beispiele für Pflanzen der Bodenschicht. Sobald die Buchen ihr dichtes Laubdach jedoch geschlossen haben, ist für diese Pflanzen die Wachstumszeit schon wieder beendet.

Auf Lichtungen ist jedoch auch im Sommer der Boden wegen des dichten Bewuchses aus zahlreichen Waldkräuterarten und Keimlingen von Buchen, Eschen und Bergahorn kaum zu sehen. An anderer Stelle hat die Strauchschicht aus Weißdorn und jungen Bäumen bereits ein Dickicht gebildet, in dem sich später die Buchen durchsetzen und die Lücke im Hochwald schließen.

In den Bäumen nehmen Lichtblätter im Vergleich zu den Schattenblättern die 2—4-fache Menge an Kohlenstoffdioxid auf, weil die Fotosynthese dort intensiver ist.

Im Nadelwald ist der Kontrast zwischen Licht und Schatten besonders deutlich. Während am Waldrand lichthungrige Sträucher wie Brombeere und Schlehe wachsen, lassen im Inneren die dicht stehenden Fichten so wenig Licht durch, dass am Boden keine Pflanzen mehr wachsen können. Hinzu kommt, dass die verrotteten Nadeln einen sauren Rohhumus ergeben, den nur wenige Arten ertragen. Der lichte Kiefernwald ist dagegen mit Gräsern, Heidelbeeren und verschiedenen Farnarten durchsetzt, zwischen denen Moose und Flechten siedeln.

Je nach Bodenbeschaffenheit hat der Wald eine ganz andere Artenzusammensetzung. Während auf dem lockeren Kalkstein des Berghanges noch ein dichter Buchenwald wächst, zeigt sich in der Ebene auf feuchtem Lehmboden ein Eichenmischwald, der in der Nähe eines Baches mit breiter sumpfiger Uferzone sogar in einen Erlenbruchwald übergeht.

Je nach Wasser- und Mineralstoffversorgung sowie Bodenbeschaffenheit setzen sich andere Pflanzenarten durch und bilden eine charakteristische Pflanzengesellschaft aus.

1 Lichtverhältnisse

Aufgaben

① Was versteht man unter Licht- bzw. Schattenholzpflanzen? Erkundigt euch beim Förster und berichtet in der Klasse darüber.

② Suche im Schulatlas Landschaften mit verschiedenen Bodenverhältnissen heraus.
Beispiele: Kalkboden — Weserbergland
Sandboden — Pfälzer Wald
Vulkangestein — Eifel

Schreibe die Verkehrsämter in jeweils einem Ort im Zentrum dieser Landschaften an und bitte um einen Ortsprospekt. Schneide Waldbilder aus, bestimme die charakteristischen Baumarten und ordne den Bodentypen zu.

Vielleicht lässt sich gemeinsam eine Wandkarte gestalten.

Pflanzen des Waldes

Die Kennzeichen der **Stieleiche** sind ihre Blätter und Früchte. Die wechselständigen Blätter sitzen am Ende der Triebe in Büscheln. Die relativ derben Blätter sind kurz gestielt und unregelmäßig gelappt. Die Früchte sitzen in Bechern und werden als *Eicheln* bezeichnet. Jeweils 1–3 Eicheln hängen an einem langen Stiel. Die Stieleiche kann zu einem Baum von 35 Metern Höhe mit einem Stammdurchmesser von 2 Metern heranwachsen.

Die **Hainbuche** oder **Weißbuche** gehört nicht, wie der Name vermuten lässt, zu den Buchengewächsen, sondern zur Familie der Haselgewächse. An den Blättern und der Wuchsform kann man die Unterschiede zur Rotbuche erkennen. Die Blätter sind nicht ganzrandig, sondern doppelt gesägt. Die Hainbuche bleibt deutlich kleiner, kann allein stehend aber eine breit ausladende Krone entwickeln. Sie kommt mit wenig Licht aus und kann Bestandteil von Mischwäldern sein. So spricht man vom *Eichen-Hainbuchenmischwald*.

Die **Schwarzerle** ist häufig an feuchten Bach- und Flussufern zu finden. Fast alle übrigen Baumarten können in solchen Bereichen nicht überleben, da sie keine Staunässe vertragen. Die Schwarzerle hat ihren Namen daher, dass ihr Stamm besonders im Alter eine schwarzbraune Borke bekommt. Weitere Kennzeichen sind die länglich ovale Krone und die Form der Blätter. Diese sind doppelt gezähnt und an der Spitze leicht eingebuchtet.

Der **Faulbaum** bildet meist Sträucher und kommt fast überall in Wäldern vor. Man erkennt den Faulbaum an den breiten, elliptischen und ganzrandigen Blättern sowie ab Juli an den auffälligen Früchten, die zunächst grün, bald rot und später dann schwarz sind.

Die **Fichte** oder **Rottanne** ist unser häufigster Nadelbaum. Sie wurde großflächig angepflanzt, denn die Fichte wächst schnell und spielt daher für die Holzwirtschaft eine große Rolle. Die Fichte bildet eine spitze Krone und einen flachen Wurzelteller aus. An den Zweigen stehen die vierkantigen, spitzen Nadeln zur Seite und nach oben gerichtet. Für ein gutes Wachstum benötigt die Fichte feuchte Luft, andererseits kommt sie mit wenig Licht aus und kann niedrige Temperaturen ertragen.

Die **Lärche** ist in unserem Raum nicht unbekannt, weil Förster für ihre Verbreitung gesorgt haben. Ursprüngliche Lärchenwälder sind allerdings nur in den Alpen zu finden. Die Lärche hat viele Vorzüge: Ihre Anspruchslosigkeit an Boden und Witterung, ihr schnelles Wachstum in der Jugend und ihr wertvolles Holz. Ihre hellgrünen Nadeln sind äußerst dünn und zart. Im Herbst verfärben sich die Nadeln leuchtend gelb und orange und werden dann abgeworfen. Im Winter deuten nur noch die Zapfen darauf hin, dass der kahle Baum ein Nadelbaum ist.

Der **Gemeine Schneeball** ist ein *Strauch,* der 5 Meter hoch werden kann. Seine Blätter ähneln denen des Ahorns. Während der Fruchtreife fällt er durch seine roten Beeren auf. Der Gemeine Schneeball kommt auf nährstoffreichen, nicht sauren Böden vor.

Die **Waldrebe** ist ein *Klimmstrauch,* der an Bäumen und Sträuchern mehrere Meter empor klettern kann. Dabei geben ihr die sich fest rankenden Blattstiele Halt. Die lichtbedürftige Waldrebe wächst bevorzugt dort, wo der Boden nährstoffreich und nicht sauer ist.

Der **Sauerklee** ist eine extreme *Schattenpflanze*, die auch bei geringen Lichtstärken noch existieren kann.

Weniger als ein Zehntel des normalen Tageslichtes reichen für diese Pflanze aus, um maximal Fotosynthese betreiben zu können. Bei stärkerem Lichteinfall stellen sich die Blättchen senkrecht, sodass sie möglichst wenig vom einfallenden Licht getroffen werden. Dadurch wird gleichzeitig die Verdunstung herabgesetzt. Auch abends nehmen die Blätter diese Stellung ein. Der Sauerklee benötigt außer schwachem Licht humusreichen Boden und genügend Luftfeuchtigkeit. Der Sauerklee gedeiht deshalb gut im lichtarmen Bodenbereich der Wälder.

Der **Hohle Lerchensporn** braucht wenig Licht und bewohnt krautreiche Laubwälder. Er benötigt einen sehr nährstoffreichen Boden, der nicht sauer sein darf. Die in Trauben stehenden Blüten sind meist rot-violett, manchmal auch weiß. Sie erscheinen von März bis Mai. Die Samen werden von Ameisen verbreitet. Pflanzen dieser Art werden etwa 25 cm hoch und haben doppeltdreizählige Blätter. Die Wurzelknolle ist hohl. Sie ist auf Grund des Gehaltes an *Alkaloiden* giftig und wird seit alters her als Heilmittel verwendet.

Der **Waldmeister** ist ein häufiger Bewohner unserer Laub- und Mischwälder. In Nadelwäldern kommt er kaum vor. Er bevorzugt lockeren und nährstoffreichen Boden. Seine Ansprüche an das Licht sind nur gering. Man kann den Waldmeister leicht an seinen quirlständigen Blättern und dem vierkantigen Stängel erkennen. Die in Trugdolden stehenden, weißen Blüten erscheinen von Mai bis Juni. Der Waldmeister wird seit Jahrhunderten auch als Heilpflanze genutzt.

Das **Dreilappige Leberblümchen** zeichnet sich entsprechend dem Namen durch seine dreilappigen Blätter aus. Es blüht schon im zeitigen Frühjahr, was sein zweiter Name *Märzblümchen* zum Ausdruck bringt. Es benötigt für sein Gedeihen kalkhaltige Böden, die leicht feucht sind.

Das **Großblütige Springkraut** hat seinen Namen daher, dass die Samen durch Aufspringen der Früchte herausgeschleudert und so verbreitet werden. Die großen, goldgelben Blüten tragen einen langen, gekrümmten Sporn und sind innen rot punktiert. Das Springkraut benötigt sehr feuchte Standorte. Man findet es deshalb an schattigen Stellen von Rotbuchenwäldern, an Waldquellen und Bächen. Der Boden sollte außerdem nicht sauer sein.

1 Wurmfarn

2 Vorkeim des Wurmfarns

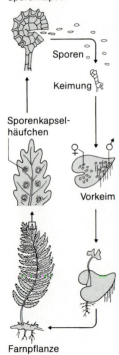

Sporenkapsel

Sporen

Keimung

Sporenkapselhäufchen

Vorkeim

Farnpflanze

Entwicklung des Wurmfarns

Farne sind Schattenpflanzen

Farne sind in der Krautschicht unserer Wälder häufig. Auch wenn sie keine Blüten besitzen, fallen sie doch durch ihre Wuchsform auf.

Beim *Wurmfarn* entstehen im Laufe des Sommers auf den Blattunterseiten viele kleine wulstige Erhebungen. Mit der Lupe erkennt man unter einem grünen Schleier kleinere *Kapseln*. Nach der Reife reißt zunächst der Schleier auf und dann die einzelnen Kapseln. Die reifen Kapseln schleudern winzig kleine *Sporen* aus.

Sporen, die vom Wind auf feuchten Waldboden getragen werden, keimen nach einiger Zeit aus. Jetzt wird der Unterschied zu den Samen der Samenpflanzen deutlich. Aus der Farnspore entsteht zunächst kein Farn, sondern ein herzförmiges dünnes Blättchen, kleiner als ein Pfennigstück. Dieses Blättchen wird *Vorkeim* genannt. Auf der Unterseite des Vorkeims vollzieht sich ganz im Verborgenen nun doch eine Befruchtung. Männliche Fortpflanzungszellen schwimmen, wenn Wassertropfen vorhanden sind, auf eine weibliche Eizelle zu und befruchten sie. Aus der befruchteten Eizelle wächst dann ein neuer Farn.

Aufgaben

① Betrachte Sporenkapselhäufchen des Wurmfarns unter dem Mikroskop und beobachte, wie die Sporenkapseln aufreißen.

② Bei Samenpflanzen findet die Befruchtung in der Blüte statt. Schildere die Vorgänge von Bestäubung und Befruchtung. Wie und wo verlaufen die Befruchtungsvorgänge beim Farn?

3 Adlerfarn

4 Hirschzunge

Sporenträger

1 Waldbürstenmoos, ♂

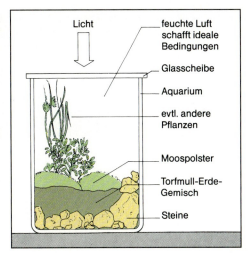
2 Moosarium

Sporenträger → Sporenkapsel → Sporen → Keimung → Fadengeflecht → Moosknospe

Eizelle — Schwärmer

Moospflanzen

Entwicklung des Waldbürstenmooses

Moose — Wasserspeicher der Wälder

Feuchte Stellen des Waldbodens sind oft von einzelnen Moospolstern oder großen Moosflächen bedeckt. Das Weißmoos und andere Moose bilden solche Flächen. Obwohl die verschiedenen Moose sehr vielgestaltig sind, besteht jedes Moospolster aus vielen einzelnen Pflanzen.

Zwischen den Einzelpflanzen wird im Moospolster bei Regen eine große Menge Wasser gespeichert und nur langsam an den Waldboden abgegeben.

Zieht man aus einem Moospolster eine Einzelpflanze heraus, so stellt man fest, dass dieser Wurzeln fehlen. Es sind nur wurzelähnliche Fäden am Ende des Stängels vorhanden. Sie dienen nur der Verankerung im Boden. Das Wasser und die Mineralstoffe werden von der gesamten Pflanzenoberfläche aufgenommen, Leitbündel fehlen.

Bei den Moosen sind im Frühsommer oft kleine braune Kapseln zu erkennen, die auf Stielen stehen. Bei der Reife öffnen sich diese Sporenkapseln, die Sporen werden frei. Aus diesen können sich neue Moospflanzen entwickeln. Somit zählen die Moose wie die Farne zu den *Sporenpflanzen*.

Aufgaben

① Stelle einige Moospflanzen nur mit dem Stängelende ins Wasser. Stelle andere so ins Wasser, dass nur das Stängelende herausragt. Beobachte die Blattstellung und die Farbveränderung der jeweiligen Pflanze. Was ist damit bewiesen?

② Legt in eurem Klassenzimmer ein Moosarium an (▷2). Gießt das Moos zuerst regelmäßig, dann zwei Wochen lang gar nicht mehr. Protokolliert eure Beobachtungen.

Sporenpflanzen
Pflanzen, die sich aus Sporen entwickeln, wie Farne und Moose

3 Weißmoos

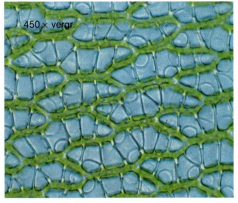
4 Wasserspeicherzellen beim Torfmoos

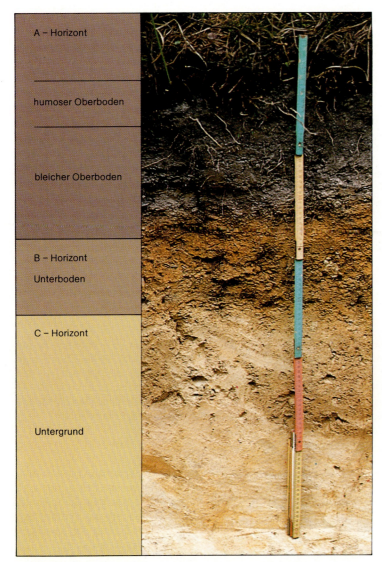

1 Braunerde — Bodenprofil unter Wald

A *Oberboden:* Er enthält Humusbestandteile („Mutterboden").
B *Unterboden:* Er enthält oft grobe Bestandteile und eingeschlämmte Ton- oder Humusstoffe („Verwitterungsschicht").
C *Untergrund:* Ausgangsmaterial der Bodenbildung, vielfach eiszeitlicher Schutt oder Grundgestein.

Die Humusschicht des Oberbodens

Der Humus ist dunkel gefärbt. Er besteht aus zersetzten und umgeformten abgestorbenen Pflanzenteilen und Körpersubstanzen der Tiere. Er ist deshalb für Pflanzen so wichtig, weil er Wasser festhalten kann und bedeutende Mengen von Mineralstoffen an sich bindet, die dann von den Pflanzen nach und nach aufgenommen werden können.

Mineralstoffversorgung

Für das Wachstum der Pflanzen sind besonders die Mineralstoffe wichtig. Sie entstammen letztlich dem Ausgangsmaterial, aus dem der Boden entstanden ist. Kalkgestein und Schiefer sind wesentlich nährstoffreicher als Sandstein.
Böden mit einem leicht sauren oder neutralen pH-Wert sind meistens gut mit Nährstoffen versorgt. Der pH-Wert gibt an, ob ein Boden sauer (pH < 7), neutral (pH = 7) oder alkalisch (pH > 7) reagiert. Man kann den Waldboden daraufhin leicht selber mit pH-Papier oder einem pH-Meter untersuchen.
Der Kalkgehalt eines Bodens ist für die Bildung artenreicher Waldökosysteme der entscheidende Faktor.

Bodenarten

Ebenso wichtig für die Entstehung unterschiedlicher Waldgesellschaften ist die Bodenart selbst, auf der ein Wald wächst. So bietet ein Boden mit sehr hohem Sandanteil ganz andere Lebensbedingungen als ein Boden aus Schluff, Lehm oder Ton.

Sand ist zum Beispiel viel wasserdurchlässiger als der speicherfähige Ton, der außerdem nährstoffreicher ist. Deshalb findet man z. B. auf den armen Sandböden in der oberrheinischen Tiefebene lichte Kiefernwälder. Die Kiefer mit ihren tiefreichenden Wurzeln gedeiht hier und wird deshalb angepflanzt.
Man unterscheidet die Bodenarten auch auf Grund ihrer Teilchengröße, wobei der Sand die größten und der Ton die kleinsten Bestandteile besitzt.

Bodenfaktoren bestimmen den Waldtyp

An Grabungsstellen oder am Rande von Steinbrüchen kann man oftmals einen guten Eindruck vom Schichtenaufbau eines Waldbodens gewinnen. Tiefgründige Böden auf Sanduntergrund oder dünne Bodenauflagen auf bröckeligen Gesteinen verschiedenster Art — so vielgestaltig wie sich der Waldboden bei näherer Betrachtung zeigt, so unterschiedlich sind auch die darauf wachsenden Pflanzengesellschaften.
Bei der Betrachtung eines Bodenaufschlusses fallen meistens sofort drei verschieden gefärbte Bodenhorizonte auf, die man bei der Braunerde und allen anderen Bodentypen mit Buchstaben kennzeichnet:

Zeigerpflanzen
Pflanzen, deren Vorkommen auf bestimmte Standortverhältnisse — z. B. Kalkgehalt des Bodens — hindeuten

Bodenaufschluss
(Bodenprofil) senkrecht aufgegrabener Boden; Bodenhorizonte sichtbar

	Rauigkeit	Schmierfähigkeit	Rollfähigkeit	Plastizität
Sand	rau und körnig, Einzelkörner sicht- und fühlbar	nicht beschmutzend	zerrieselnd	nicht formbar
Schluff	mehlig	haftet in Fingerrillen	nicht ausrollbar	kaum formbar
Lehm	Einzelkörner sichtbar, viel Feinsubstanz	beschmutzend	etwa bleistiftdick ausrollbar, dann zerbröckelnd	formbar
Ton	Gleitfläche glatt und glänzend	stark beschmutzend	zu Würsten ausrollbar	gut formbar

Bodenuntersuchungen

Herstellung einer Bodenaufschlämmung

Eine Bodenprobe wird im Wärmeschrank leicht getrocknet, abgewogen und in einen Messzylinder gegeben. Nach dem Auffüllen mit Wasser wird umgerührt, und anschließend lässt man die Aufschlämmung stehen, bis sich alle Bestandteile abgesetzt haben. Ihrer Schwere entsprechend setzen sich die Teilchen schichtweise am Boden ab und man kann die Sand-, Schluff- und Tonanteile bestimmen.

Schlämmprobe

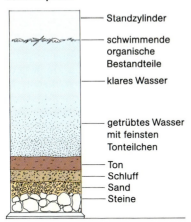

- Standzylinder
- schwimmende organische Bestandteile
- klares Wasser
- getrübtes Wasser mit feinsten Tonteilchen
- Ton
- Schluff
- Sand
- Steine

Bestimmung der Bodenart

Gieße einige Minuten nach dem Umrühren das Wasser mit den darin schwebenden kleinen Schluff- und Tonteilchen ab. Wiederhole diesen Vorgang so lange, bis das Wasser schon kurze Zeit nach dem Umrühren wieder klar ist. So lässt sich nach dem Trocknen und Wiegen des Rückstandes der Prozentsatz an abschlämmbaren Teilchen im Vergleich mit der Ausgangsprobe berechnen — und damit auch die Bodenart bestimmen.

Fingerprobe

Mit Hilfe der Fingerprobe kann die Bodenart eines Waldbodens recht genau bestimmt werden. Zerreibe etwas leicht angefeuchteten Boden zwischen Daumen und Zeigefinger. Achte entsprechend der Tabelle auf Tastempfindung, Form- und Knetbarkeit sowie auf die Verschmutzung der Hand.

Wasserhaltefähigkeit und Wasserdurchlässigkeit

In einen Glaszylinder werden 150 g einer getrockneten und zerkrümelten Bodenprobe gegeben. Der Zylinder wird zuvor unten mit einem durchbohrten Stopfen verschlossen. Überschichte mit 200 cm³ Wasser und fange das herausfließende Wasser in einem Messzylinder auf. Der Unterschied zwischen eingegossener und herausgelaufener Wassermenge erlaubt im Vergleich mehrerer verschiedener Bodenproben eine Aussage über die unterschiedliche Wasserhaltefähigkeit. Die Zeit, die zwischen Einlaufen des Wassers und dem Durchlaufen vergeht, ist ein Anhaltspunkt für die Wasserdurchlässigkeit der Böden.

Wasserhaltefähigkeit

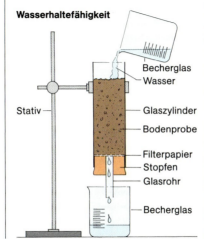

- Becherglas
- Wasser
- Stativ
- Glaszylinder
- Bodenprobe
- Filterpapier
- Stopfen
- Glasrohr
- Becherglas

Der Säuregehalt des Bodens

Verrühre 20 g einer getrockneten Bodenprobe mit 50 ml destilliertem Wasser. Prüfe anschließend das über der Probe stehende Wasser mit einem Papierindikator auf seinen pH-Wert. Schlage in einem Bestimmungsbuch nach, ob einige der auf dem untersuchten Boden vorkommenden Pflanzen als *Zeigerarten* für das von dir ermittelte Ergebnis dienen können.

Bestimmen des Säuregehalts

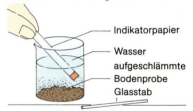

- Indikatorpapier
- Wasser
- aufgeschlämmte Bodenprobe
- Glasstab

Bestimmen des Kalkgehalts

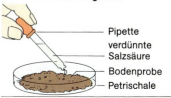

- Pipette
- verdünnte Salzsäure
- Bodenprobe
- Petrischale

Der Kalkgehalt des Bodens

Eine geringe Menge einer Bodenprobe wird in eine kleine Petrischale gegeben. Anschließend werden mit einer Pipette einige Tropfen verdünnte Salzsäure hinzugegeben. Bei Anwesenheit von Kalk erfolgt ein Aufbrausen.
Bei einem Kalkgehalt von:
< 1 % erfolgt kein Aufbrausen
1 — 2 % erfolgt schwaches Aufbrausen
3 — 4 % erfolgt starkes, nicht anhaltendes Aufbrausen
> 5 % erfolgt starkes, lang anhaltendes Aufbrausen.
Prüfe auch nach dieser Untersuchung, ob du Kalk anzeigende oder gegebenenfalls Kalk meidende Pflanzen auf diesem Boden gefunden hast.

Der Wald — Lebensraum für viele Tiere

Die Stockwerke des Waldes bieten vielen Tieren ganz unterschiedliche Lebensbedingungen. Der Wald gibt ihnen Nahrung, Nistmöglichkeiten und Schutz vor Feinden. Er ist ihr Lebensraum oder **Biotop**.

Spechte zimmern ihre Nisthöhlen in die Stämme größerer Bäume. Elstern, Krähen und Eichelhäher bauen ihre Nester in der Kronenschicht. Andere Vogelarten nutzen die Strauchschicht, um ihre Nester anzulegen. Aber nicht nur Vögel sind Bewohner der oberen Stockwerke, sondern auch verschiedene Säugetiere. Dazu gehören das Eichhörnchen und der Baummarder. Beide sind als hervorragende Kletterer an das Leben auf Bäumen gut angepasst. Die Nahrung des Eichhörnchens besteht vor allem aus pflanzlicher Kost. Baummarder sind Raubtiere, die ihre Beute sowohl in der Strauch- und Kronenschicht als auch am Boden jagen. Andere Säugetiere, wie Reh und Fuchs, finden am Boden ihre Nahrung. Rehe fressen Kräuter und die jungen Triebspitzen vor allem von Laubbäumen, sodass diese bei zu großem Rehwildbestand verkrüppeln und nicht mehr zu großen Bäumen heranwachsen können. Der Fuchs macht vorzugsweise Jagd auf Mäuse, fängt aber hin und wieder auch ein Rehkitz.

Tiere gleicher Stockwerke nutzen ihren Lebensraum unterschiedlich

Buntspechte bearbeiten mit ihrem meißelartigen Schnabel die Borke von Bäumen, um an die unter ihr verborgenen Insekten oder deren Larven zu gelangen. Der Baumläufer hingegen sammelt mit seinem leicht gebogenen, pinzettenartigen Schnabel kleine Insekten von der Oberfläche oder aus Ritzen der Borke. Die leichten Blaumeisen suchen im äußeren Bereich der Zweige nach Insektenlarven, während die etwas schwereren Kohlmeisen mehr den inneren Bereich nutzen. Der Fichtenkreuzschnabel frisst die Samen der Zapfen. Der Trauerfliegenschnäpper benutzt die Baumspitzen als Warte, um dann im Flug Insekten erbeuten zu können. Durch die unterschiedliche Nutzung desselben Lebensraumes können also mehrere Arten gemeinsam darin leben, ohne dass eine Art der anderen Konkurrenz macht. Man spricht deshalb vom Prinzip der *Konkurrenzvermeidung*. Das wird möglich durch die unterschiedlichen Ansprüche, die Lebewesen an ihre Umwelt stellen. Man bezeichnet die Gesamtheit aller Umweltbedingungen, die für das Überleben einer Art notwendig sind, als deren **ökologische Nische**.

So besetzen Buchfink und Rotkehlchen, die hauptsächlich auf dem Waldboden ihre Nahrung finden, unterschiedliche ökologische Nischen. Das Rotkehlchen mit seinem spitzen und dünnen Schnabel erbeutet als Weichtierfresser Würmer, Spinnen und andere kleine Gliedertiere aus der Laubstreu. Der Buchfink hingegen ist ein Körnerfresser, der mit seinem kurzen, spitz zulaufenden und robusten Schnabel Samen und Früchte auf dem Boden sammelt.

Außer der Konkurrenz zwischen verschiedenen Arten gibt es noch die innerartliche Konkurrenz. Weitere **biotische Umweltfaktoren** sind z. B. Räuber-Beute-Beziehungen, Symbiose und Parasitismus (s. S. 74 u. S. 82).

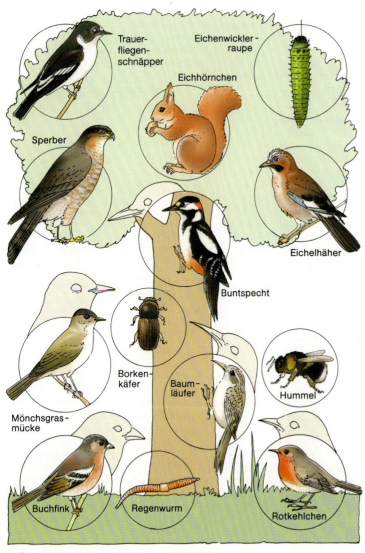

1 Ökologische Nischen im Lebensraum Wald

1 Buntspecht

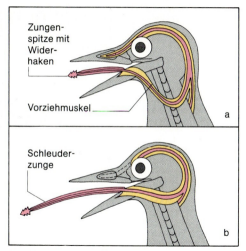

2 Arbeitsweise der Spechtzunge (Schema)

Revier
Vertreter einer Art beanspruchen ein bestimmtes Areal (Revier), das ihnen z. B. genügend Nahrung für die Jungenaufzucht bietet und verteidigen es gegen Artgenossen (innerartliche Konkurrenz).

Nesthocker
Tierjunge, die nach dem Schlüpfen bzw. nach der Geburt auf die intensive Fürsorge der Eltern angewiesen sind

Spechte — die Zimmerleute des Waldes

Im Frühjahr hört man beim Spaziergang im Wald oft kurze *Trommelwirbel.* Beim Näherkommen entdeckt man manchmal einen *Buntspecht,* der gerade einen trockenen Ast mit schnell aufeinander folgenden Schnabelhieben bearbeitet. Mit diesem Trommelwirbel kennzeichnet er sein *Revier* und versucht, ein Weibchen anzulocken.

Für die Fortbewegung auf Bäumen, auch an senkrecht stehenden Ästen oder am Stamm, sind Spechte besonders gut angepasst. Wenn der Buntspecht mit kurzen Sprüngen den Baumstamm hinaufklettert, geben die gebogenen spitzen Krallen des *Kletterfußes* dem Vogel wie Steigeisen Halt in der Rinde. Zwei Zehen des Fußes sind dabei nach vorne gerichtet und zwei nach hinten. Ein Abrutschen nach unten wird zusätzlich durch den *Stützschwanz* verhindert.

Bei der Nahrungssuche legt der Buntspecht mit dem harten, keilförmigen Schnabel Insekten unter der Borke oder im morschen Holz frei. Weil der Oberschnabel den Unterschnabel nach vorne mit einer senkrechten Schneide überragt, kann der Specht wie mit einer Axt Span um Span vom Holz abmeißeln *(Meißelschnabel).*

Dabei presst er seine harten, elastischen Schwanzfedern gegen den Baumstamm, sodass sie ein Widerlager für die federnden Körperbewegungen beim Meißeln bilden.

Findet der Buntspecht dann Insekten, schnellt er die lange, biegsame *Zunge* aus dem Schnabel heraus. Mit den Widerhaken an der Hornspitze der Zunge spießt er seine Beute wie mit einer Harpune auf und zieht sie unter der Rinde hervor.

Im Herbst und Winter, wenn die Insekten als Nahrung fehlen, ernährt sich der Buntspecht überwiegend von den ölhaltigen Samen der Zapfen von Nadelbäumen. Dazu klemmt er die Zapfen in geeignete Baumspalten und hämmert so lange auf sie ein, bis die Samen frei liegen. Unter solchen *Spechtschmieden* findet man zahlreiche Überreste seiner Mahlzeiten. Bei ihrem großen Nahrungsbedarf benötigen Buntspechte sehr große Reviere.

Spechte schlafen und brüten in *Höhlen.* Ein Buntspechtpaar zimmert in zwei bis vier Wochen die Bruthöhle mit den Meißelschnäbeln bevorzugt in kernfaule Baumstämme. Ein kurzer, waagerechter Gang führt in die senkrecht in den Stamm geschlagene Höhle. Das Weibchen des Buntspechtes legt 4—7 weiße Eier auf die Holzspäne am Grund der Höhle. Männchen und Weibchen brüten gemeinsam. Nach 8—12 Tagen schlüpfen Ende Mai oder Anfang Juni die nackten und blinden Jungen. Die Nesthocker werden dann 23—24 Tage von den Altvögeln versorgt, bevor sie flugfähig sind und sich selbst versorgen können.

1 Nesthügel der Kleinen Roten Waldameise

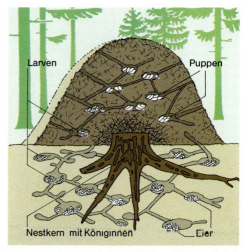
2 Ameisenhaufen (schematischer Längsschnitt)

Warum schützt der Förster die Kleine Rote Waldameise?

Die Nesthügel der *Kleinen Roten Waldameise* findet man recht leicht, da sie meist an Lichtungen und Wegrändern liegen. Der oberirdische Teil des Nestes besteht hauptsächlich aus Nadeln und Reisig und kann bis zu 1,5 m hoch sein. Der kegelförmige Bau besitzt zahlreiche Öffnungen, die mit dem weit verzweigten Gangsystem in Verbindung stehen. Dieses führt in den meist größeren unterirdischen Teil hinab.

Die Bedeutung der Ameisen für den Wald

Wer einmal das rege Treiben von Ameisen an ihrem Nesthügel längere Zeit beobachtet, wird Ameisen als Schwerstarbeiter kennenlernen. Da wird nicht nur Baumaterial, das größer als eine einzelne Ameise sein kann, unermüdlich herangeschafft, sondern auch Nahrung ganz unterschiedlicher Art. Sammlerinnen bewegen sich dabei auf „Ameisenstraßen", die mit ihrem Duft markiert sind. Auf solchen Duftstraßen kann man häufig auch Ameisen beobachten, die sich gegenseitig mit den Fühlern betasten. Sie können sich durch diese *Fühlersprache* verständigen.

Beim Beutefang und Transport arbeiten einzelne Ameisen zusammen, da Beutetiere häufig wesentlich größer sind als sie selbst. Zu den Beutetieren gehört eine Vielzahl von Insekten und deren Larven: Kiefernspinner, Forleule, Nonne, Eichenwickler, Rüsselkäfer, Borkenkäfer und Blattwespen. Man schätzt, dass an einem Sommertag bis zu 100 000 Insekten in ein großes Nest eingetragen werden können. In einem Jahr sollen es bis zu 10 Millionen Beuteinsekten sein. Ein großer Teil besteht aus Forstschädlingen. In Jahren mit starkem Schädlingsbefall können das über 90 % sein. Deswegen schützen Förster die Nester der Kleinen Roten Waldameise vor Feinden durch Drahtverschläge und legen sogar neue Nester an. Dies ist ein Beispiel für **biologische Schädlingsbekämpfung**.

Ameisen sind auch am Abbau toter Organismen beteiligt. Außerdem tragen sie durch ihre rege Transporttätigkeit zur Samenverbreitung bei. Das kommt besonders der Krautschicht zugute. Die Folge ist eine größere Artenvielfalt in diesem Bereich. Durch ihre Nestbautätigkeit leisten sie darüber hinaus einen Beitrag zur Bodenlockerung und -durchlüftung.

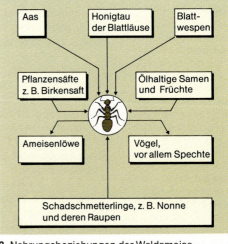
3 Nahrungsbeziehungen der Waldameise

Organisation des Ameisenstaates

Ein Staat der Kleinen Roten Waldameise kann mehrere hunderttausend Individuen umfassen, manchmal sogar über eine Million. Jedes Volk hat einen bestimmten Nestgeruch, an dem sich die Mitglieder erkennen. Den größten Teil des Jahres besteht der *Ameisenstaat* aus mehreren hundert *Königinnen* und unfruchtbaren Weibchen, den sogenannten *Arbeiterinnen*.

Zwischen den Arbeiterinnen gibt es eine Aufgabenteilung. *Sammlerinnen* schaffen die Nahrung herbei. Außerdem gibt es *Wächterinnen,* die sich durch etwas größere Kiefer auszeichnen. Wieder andere Arbeiterinnen sorgen durch Anlegen neuer Öffnungen nach außen bzw. durch Schließen anderer Ausgänge dafür, dass die Temperatur im Inneren des Nestes relativ konstant gehalten werden kann. Eier, Larven und Puppen werden von Arbeiterinnen jeweils zu den Stellen im Nest transportiert, die für die Entwicklung optimal sind.

Den Winter überdauern die Ameisen im unterirdischen Teil des Nestes. Die Königinnen legen im Frühjahr *Eier,* aus denen sich *Geschlechtstiere* entwickeln: geflügelte Weibchen und Männchen, die das Nest verlassen. Nach der Begattung sterben die Männchen. Die begatteten Weibchen kehren in der Regel zum Nest zurück und werfen ihre Flügel ab. Auf diese Weise wird das Volk der Kleinen Roten Waldameise immer wieder verjüngt, sodass ihre Nester über viele Jahre Bestand haben. Außerhalb der Fortpflanzungszeit entstehen ausschließlich Arbeiterinnen. Neue Völker können dadurch entstehen, daß *Tochterkolonien* gebildet werden. Ein Teil der Königinnen baut dann mit einem Teil des Volkes an einer anderen geeigneten Stelle ein neues Nest.

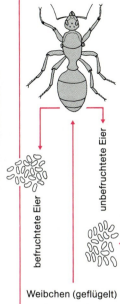

Entwicklung der Roten Waldameise

1 Brutkammer der Waldameise

Aufgaben

① Für die Neugründung von Nestern durch Koloniebildung sind bei der Kleinen Roten Waldameise keine Männchen erforderlich. Erläutere die Gründe dafür.
② Wie könnte man dem Argument begegnen, dass Ameisen gar nicht so nützlich seien, weil zu ihren Beutetieren auch Nutzinsekten gehören?
③ Fasse zusammen, welche Aufgaben Ameisen im Wald übernehmen.

Termiten — Insektenstaaten in der Savanne

Die meisten Termiten leben in den Tropen. Die burgähnlichen Bauten, die bis zu 7 m hoch sein können, reichen einige Meter tief in die Erde. Das Material dafür sind bei den meisten Arten mit Speichel vermischte Erdklümpchen. Der Speisezettel der Termiten umfasst lebende Pflanzen, aber auch Holz.
König und *Königin* sind die Geschlechtstiere, alle anderen Mitglieder gehören zu den Kasten der *Soldaten* oder *Arbeiter*. Die Arbeiter verrichten alle Arbeiten im Bau und versorgen die Larven und das Königspaar. Soldaten mit kräftigen, hakenförmigen Kiefern verteidigen das Nest. Die unbewegliche, über 10 cm lange Königin hat riesige Eierstöcke. Sie kann bis zu 50 Jahre alt werden und in dieser Zeit fast 500 Millionen Eier legen! Der viel kleinere König verbringt sein Leben mit ihr im Zentrum des Nestes, der *Königskammer.*
Termiten betreiben ein ausgeklügeltes Lüftungs- und Kühlungssystem, mit dem sie die Bautemperatur stets auf etwa 35 °C halten.

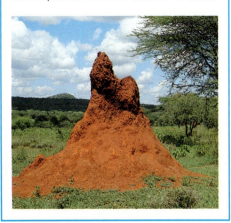

2 Pflanzen und Tiere des Waldes sind voneinander abhängig

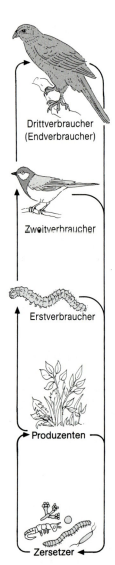

Nahrungsbeziehungen im Wald

Eine Eiche bietet die Lebensgrundlage für viele Organismen. So ernährt sich die Raupe des Eichenwicklers von den Blättern. Eichenwicklerraupen werden von Kohlmeisen erbeutet, die im Astwerk ihre Nahrung suchen. Kohlmeisen selbst können Beute des Sperbers, eines Greifvogels, werden. Eine solche Nahrungsbeziehung, in der mehrere Organismenarten miteinander in Verbindung stehen, nennt man eine **Nahrungskette**.

Allerdings ernähren sich von Eichenblättern auch andere Tiere, wie etwa die Larven von Gallwespen oder das Reh. Auch der nächste Platz in der Nahrungskette kann von verschiedenen Tieren eingenommen werden. Eichenwicklerraupen werden auch von Blaumeisen erbeutet. Und Kohlmeisen schließlich können nicht nur dem Sperber zum Opfer fallen, sondern auch dem Baummarder. Der Sperber erbeutet nicht nur Kohlmeisen, sondern auch Amseln. Diese ernähren sich u. a. von Würmern, Schnecken und Beeren.

Die Nahrungsbeziehungen zwischen den Organismen bestehen also aus vielen Nahrungsketten, die wie die Fäden eines Netzes miteinander verknüpft sind. Man spricht deshalb von einem **Nahrungsnetz**. Die Organismen des Waldes bilden eine Lebensgemeinschaft, die *Biozönose*. Biozönose und Lebensraum *(Biotop)* ihrerseits stehen wiederum in sehr enger Beziehung. Das ist das Kennzeichen eines Ökosystems, z. B. des Ökosystems Wald.

Am Anfang jeder Nahrungskette stehen Pflanzen, die durch die Fotosynthese den Pflanzenkörper aufbauen. Diese Pflanzen werden deshalb als *Erzeuger* oder *Produzenten* bezeichnet. Die nächsten Glieder einer Nahrungskette sind für ihr Wachstum auf die organischen Bestandteile des jeweils vor ihnen stehenden Kettenglieds angewiesen. Sie heißen deshalb *Verbraucher* oder *Konsumenten*. Man unterscheidet zwischen *Erstverbrauchern*, den Pflanzenfressern, und *Zweitverbrauchern*, die von den Pflanzenfressern leben. Mehr als 4 oder 5 Glieder haben Nahrungsketten in der Regel nicht. Das letzte Glied ist der *Endverbraucher*. Tote Organismen werden von den *Destruenten* (Zersetzern) zersetzt (vgl. S. 76).

Das biologische Gleichgewicht

Die verschiedenen Organismen einer Biozönose beeinflussen sich wechselseitig. Am Beispiel Borkenkäfer und Specht kann man dies verdeutlichen.

Borkenkäfer sind Baumrindenbewohner, deren Larven sich vom nährstoffreichen Bastteil (S. 61) ernähren. Der 2–3 mm große *Fichtenborkenkäfer*, der auch Buchdrucker genannt wird, ist an den charakteristischen Fraßgängen seiner Larven zu erkennen. An den Enden der Fraßgänge verpuppen sich die Larven, bevor sich die daraus entstehenden Käfer einen Weg durch die Borke hindurch nach außen bohren und davonfliegen. Borkenkäfer befallen bevorzugt geschwächte Bäume und können diese bei starkem Befall zum Absterben bringen.

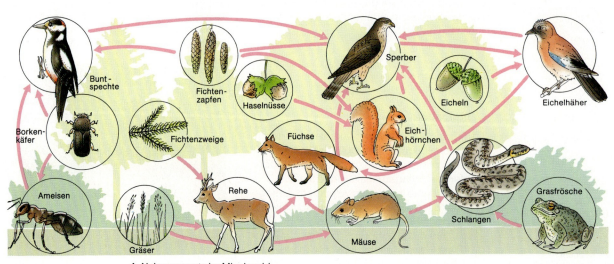

1 Nahrungsnetz im Mischwald

1 Borkenkäfer (ca. 20 × vergr.)

2 Larvengänge

Art
Lebewesen, die in allen wichtigen Merkmalen übereinstimmen und miteinander fruchtbare Nachkommen zeugen können

Population
Gesamtheit der Lebewesen einer Art, die in einem zusammenhängenden Gebiet leben und sich miteinander fortpflanzen

Der *Buntspecht* ernährt sich unter anderem von Borkenkäfern und deren Larven. So hält sich die Zahl der Borkenkäfer in Grenzen. Man kann sagen: Je mehr Borkenkäfer, desto mehr Spechte, je mehr Spechte, desto weniger Borkenkäfer. Borkenkäfer und Specht wirken also regulierend aufeinander ein. Solche Wechselbeziehungen kann man in einem einfachen *Schema* ausdrücken:

Buntspechte können jedoch nur in einem naturnahen Mischwald spürbaren Einfluss auf die Zahl der Borkenkäfer nehmen. In einer Fichtenmonokultur hat der Borkenkäfer so gute Vermehrungsmöglichkeiten, dass die natürlichen Feinde wenig ausrichten. Die beste Möglichkeit, die Vermehrung des Fichtenborkenkäfers einzudämmen, wäre also der Verzicht auf Monokulturen.

Bei solchen Betrachtungen muss man außerdem immer berücksichtigen, dass einzelne Nahrungsketten Teile von Nahrungsnetzen sind. Für unseren Fall heißt das, dass von der Fichte noch andere Tiere leben, z. B. Blattläuse. Borkenkäfer werden nicht nur vom Specht erbeutet, sondern auch vom Kleiber und von vielen räuberisch lebenden Insekten. Der Specht schließlich ernährt sich nicht nur von Borkenkäfern, sondern auch von den Samen der Fichtenzapfen. Damit wird deutlich, dass unser einfaches Regelkreisschema gar nicht alle regulierenden Einflüsse erfassen kann. Trotzdem gilt, dass infolge der vielen, nur schwer zu überschau-

Borkenkäferfalle

enden Wechselbeziehungen ein Gleichgewicht zwischen den einzelnen Arten entsteht. Man spricht vom *biologischen Gleichgewicht*.

In besonders trockenen Jahren und nach starkem Windbruch kommt es in Fichtenmonokulturen häufig zur *Massenvermehrung* von Borkenkäfern, sodass die Existenz des Waldes bedroht ist. Hier genügen die Regelmechanismen des biologischen Gleichgewichts nicht mehr. Deshalb werden heute *Borkenkäferfallen* aufgestellt, die den Sexuallockstoff von Borkenkäferweibchen enthalten. Die Fallen sind so gebaut, dass männliche Borkenkäfer ohne weiteres in diese eindringen können und dabei durch ein *Insektizid* (Insektengift) getötet werden. Solche Fallen werden regelmäßig kontrolliert, um eine entstehende Massenentwicklung frühzeitig zu erkennen. Die Reduzierung der männlichen Käfer bedeutet, dass viele Weibchen nicht befruchtet werden und keine Nachkommen haben. Tritt dennoch Massenbefall auf, werden Insektizide eingesetzt.

Aufgaben

① Weshalb können Nahrungsketten auch in Form von Pyramiden dargestellt werden?
② Schreibe anhand der Abb. 74.1 weitere, nicht im Text besprochene Nahrungsketten auf und ordne den einzelnen Gliedern die entsprechenden Begriffe zu.
③ Nenne mögliche Gründe dafür, dass Borkenkäfer sich besonders gut in trockenen Jahren und in Monokulturen vermehren können.
④ Der Einsatz von Borkenkäferfallen mit Insektizid hat Vorteile gegenüber der freien Verwendung von Insektiziden. Erkläre.

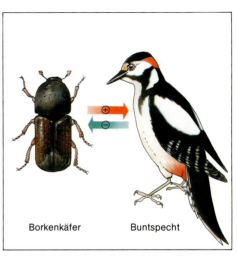
3 Nahrungsbeziehung Borkenkäfer — Buntspecht

1 Ein Buchenblatt wird abgebaut

Tote Tiere und Pflanzen werden im Boden zersetzt

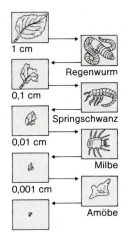

Nur ein kleiner Teil der Pflanzen im Wald wird von den Verbrauchern oder Konsumenten gefressen. Ein sehr viel größerer Teil, nämlich rund ein Drittel der produzierten organischen Substanz, fällt als totes organisches Material an. Dazu zählen Blätter und Äste, die den größten Teil der *Laubstreu* ausmachen sowie Ausscheidungen und Tierleichen. Gräbt man in einem Buchenwald den Waldboden auf, erkennt man, dass er geschichtet ist. Oben liegen unzerstörte Laubblätter, darunter sind die Blätter mit zunehmender Tiefe immer mehr zersetzt, bis schließlich zunächst dunkel gefärbte, dann heller werdende Erde folgt.

Am Abbau der Blätter sind viele Bodenorganismen beteiligt. Springschwänze und Hornmilben öffnen die Blattoberflächen, sodass Pilze und Bakterien besser eindringen können. Fliegenmaden und Asseln fressen größere Löcher in das Blatt, das schließlich in kleinere Stücke zerfällt. Regenwürmer und auch Tausendfüßer nutzen diese als Nahrung. Regenwürmer nehmen dabei auch Erde mit auf und entziehen ihr verwertbare Bestandteile. Hierbei entsteht eine lockere Bodenbedeckung.

Die Bedeutung der Regenwürmer ist dabei außerordentlich groß. Pro Hektar rechnet man mit bis zu 4 Tonnen Regenwürmern, die im Jahr bis zu 20 Tonnen Erde durch ihren Körper passieren lassen. Dadurch entsteht unter der lockeren Laubstreu der fruchtbare *Humus*. Der Wurmkot mit dem stark zerkleinerten Pflanzenmaterial wird dann von Bakterien und Pilzen zu Mineralstoffen abgebaut.

Die bei der Humusbildung und Mineralstofffreisetzung beteiligten Organismen nennt man in ihrer Gesamtheit *Zersetzer* oder **Destruenten**. Sie bilden die Abbaukette. Durch die Tätigkeit dieser Organismen werden die Durchlüftung, Wasserhaltefähigkeit und Fruchtbarkeit des Bodens verbessert.

Aufgaben

① Weshalb wird durch eine gute Durchlüftung die Bodenfruchtbarkeit erhöht?
② Welche Organismen nutzen die Mineralstoffe, die am Ende des Abbaus stehen?

2 Berlese-Apparat

Untersuchung der Laubstreu

Wie ist die Streuschicht aufgebaut?

Stecke auf dem Waldboden eine Fläche von der Größe eines DIN-A4-Blattes ab und hebe nun alle Bestandteile der Laubstreu schichtweise ab, bis du die obere, feste Bodenschicht erreicht hast. Sammle das Material in einer Plastiktüte.

① Beschreibe die Bestandteile der Streuschicht (Aussehen, Feuchtigkeitsgrad). Fasse deine Beobachtungen in einer Tabelle (obere, mittlere, untere Schicht, oberste Bodenschicht) zusammen.

② Suche unterschiedlich zersetzte Blätter. Ordne sie auf einem Blatt Papier nach Zersetzungsgrad, und klebe sie auf (▷ 76.1).

Wer lebt in der Streuschicht?

Größere Bodenorganismen

① Breite jeweils nacheinander kleine Portionen deiner Laubstreuprobe auf einem weißen Blatt oder in einer weißen Schale aus.

② Untersuche die Probe auf Kleinlebewesen und ermittle anhand der Abbildungen unten oder eines Bestimmungsbuches deren Namen. Benutze dabei auch die Lupe.

③ Beschreibe für die Lebewesen, die du nicht bestimmen kannst, Größe, Form und andere charakteristische Merkmale wie z. B. Anzahl der Beine, Zahl der Körperabschnitte.

④ Erstelle für die gefundenen Lebewesen eine Tabelle. Ermittle durch eine Strichliste deren Häufigkeit.

Kleinere Bodenorganismen

① In einem weiteren Untersuchungsschritt kannst du die Laubstreu auf Organismen untersuchen, die beim einfachen Durchmustern mit dem bloßen Auge oder mit der Lupe nicht zu erkennen waren. Benutze dazu einen Berlese-Apparat (vgl. ▷ 76.2). Die Lampe wird für etwa eine halbe Stunde eingeschaltet. Da Bodenorganismen das Licht meiden, kriechen sie nach unten und fallen in das Becherglas.

② Untersuche die gefangenen Tiere anschließend mit der Lupe oder dem Stereomikroskop. Ist kein Stereomikroskop vorhanden, kannst du auch mit der schwächsten Vergrößerung eines Durchlichtmikroskops die Untersuchung durchführen. Bestimme dann die Organismen.

③ Informiere dich über die Lebens- und Ernährungsweise der gefundenen Organismen (Schulbücher, Bestimmungsbücher, Lexika), und ordne ihnen ihre Stellung innerhalb der Lebensgemeinschaft der Laubstreu zu. Konstruiere ein Nahrungsnetz.

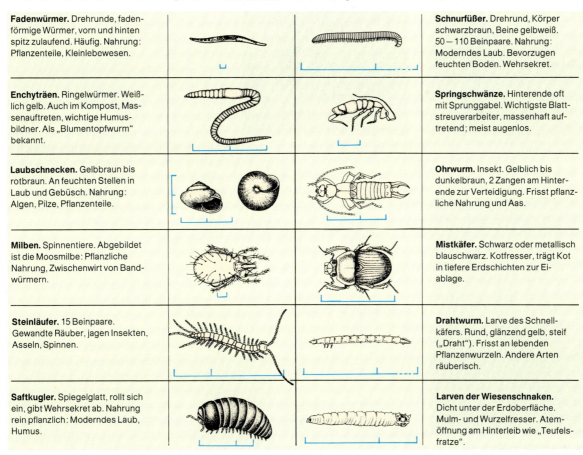

Fadenwürmer. Drehrunde, fadenförmige Würmer, vorn und hinten spitz zulaufend. Häufig. Nahrung: Pflanzenteile, Kleinlebewesen.

Enchyträen. Ringelwürmer. Weißlich gelb. Auch im Kompost, Massenauftreten, wichtige Humusbildner. Als „Blumentopfwurm" bekannt.

Laubschnecken. Gelbbraun bis rotbraun. An feuchten Stellen in Laub und Gebüsch. Nahrung: Algen, Pilze, Pflanzenteile.

Milben. Spinnentiere. Abgebildet ist die Moosmilbe: Pflanzliche Nahrung, Zwischenwirt von Bandwürmern.

Steinläufer. 15 Beinpaare. Gewandte Räuber, jagen Insekten, Asseln, Spinnen.

Saftkugler. Spiegelglatt, rollt sich ein, gibt Wehrsekret ab. Nahrung rein pflanzlich: Moderndes Laub, Humus.

Schnurfüßer. Drehrund, Körper schwarzbraun, Beine gelbweiß. 50–110 Beinpaare. Nahrung: Moderndes Laub. Bevorzugen feuchten Boden. Wehrsekret.

Springschwänze. Hinterende oft mit Sprunggabel. Wichtigste Blattstreuverarbeiter, massenhaft auftretend; meist augenlos.

Ohrwurm. Insekt. Gelblich bis dunkelbraun, 2 Zangen am Hinterende zur Verteidigung. Frisst pflanzliche Nahrung und Aas.

Mistkäfer. Schwarz oder metallisch blauschwarz. Kotfresser, trägt Kot in tiefere Erdschichten zur Eiablage.

Drahtwurm. Larve des Schnellkäfers. Rund, glänzend gelb, steif („Draht"). Frisst an lebenden Pflanzenwurzeln. Andere Arten räuberisch.

Larven der Wiesenschnaken. Dicht unter der Erdoberfläche. Mulm- und Wurzelfresser. Atemöffnung am Hinterleib wie „Teufelsfratze".

Regenwürmer verbessern den Boden

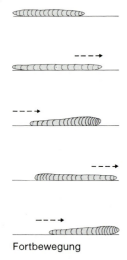
Fortbewegung

Regenwürmer sind Feuchtlufttiere. Sie leben in selbst gegrabenen Erdröhren, in denen sie sich mit Hilfe von Chitinborsten und Hautmuskelschlauch fortbewegen (s. Randspalte). Unter einem Quadratmeter Wiese können, je nach Bodenart, zwischen 100 und 400 Regenwürmer leben und ihre engen Röhren und Gänge durch die Erde fressen. Die Röhrenwände werden beim Durchkriechen mit Schleim und Kot austapeziert. Dieser Wandbelag trocknet nach einiger Zeit aus und verleiht den Röhren eine gewisse Festigkeit. Bis zu 450 senkrechte Gänge pro m² hat man in Rasenflachen schon gezählt. Diese Gangsysteme reichen bis zu einer Tiefe von 2 m und mehr. Durch sie wird der Boden lockerer, das Regenwasser verteilt sich besser und kann leichter abfließen. Nachts ziehen die Regenwürmer welke Blätter und Grashalme in ihre Röhren und beschleunigen so die Zersetzung abgestorbener Pflanzenteile. Neben Pflanzenresten steht ausschließlich Erde auf dem Speisezettel des Regenwurms. Er verdaut die darin enthaltenen organischen Stoffe. Unverdauliche Bestandteile werden als *Kothäufchen* auf der Erdoberfläche abgesetzt. Diese enthalten in hoher Konzentration Mineralstoffe, die unverzichtbar für das Gedeihen der Pflanzen sind. Ihr Wachstum und damit der *Ernteertrag* insgesamt werden so durch die Arbeit der Regenwürmer gesteigert.

Bereits im letzten Jahrhundert erkannte der Engländer CHARLES DARWIN (1809—1882) als einer der ersten Naturforscher, welche Bedeutung Regenwürmer für die Fruchtbarkeit von Böden haben. Nach seinen Berechnungen fressen diese Würmer im Jahr bis zu 4,5 t Erde pro 1000 m² Boden!

Die Anzahl der Würmer in einem Ackerboden hängt entscheidend von der Methode der Bodenbearbeitung ab. Bei nur leichter Lockerung schätzt man pro 100 m² Boden 10 000 Regenwürmer. Beim Einsatz eines Pflugs, der tiefer als 30 cm in den Boden eindringt, ist ihre Anzahl wesentlich geringer.

Beim Umgraben im Garten geschieht es manchmal, dass mit dem Spaten ein Regenwurm durchtrennt wird. Die einzelnen Teile bewegen sich weiter. Die landläufige Meinung, dass nun zwei Regenwürmer entstanden seien, ist jedoch falsch. Lediglich der vordere Teil kann überleben, und auch nur dann, wenn er aus mehr als 40 Segmenten besteht. In diesem Fall wird an ihm das fehlende Ende neu gebildet. Das abgetrennte Hinterende stirbt immer ab.

Dieses Ersetzen von verloren gegangenen oder verletzten Körperteilen nennt man *Regeneration*. Der Regenwurm ist deshalb dazu fähig, weil in jedem Körpersegment alle lebenswichtigen Organe vorhanden sind.

1 Regenwurm

2 Wurmkot

3 Wurmkot düngt (links)

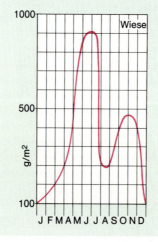
4 Kotproduktion im Jahresablauf

Aufgaben

① Nenne Gründe, warum die Anzahl der Würmer bei einer tiefen Bodenbearbeitung vermindert ist.

② Durch welche Faktoren wird die Anzahl der Würmer im Boden noch beeinflusst?

③ Erkläre die unterschiedlich starke Kotproduktion der Regenwürmer einer Wiese im Jahresablauf (▷ 4).

Praktikum

Beobachtungen beim Regenwurm

Der Umgang mit lebenden Tieren verlangt ein hohes Maß an Verantwortungsgefühl und das genaue Kennen der Bedürfnisse der betreffenden Tierart. Quäle nie ein Tier! Gönne auch jedem Versuchstier Ruhepausen, sonst gibt es durch Ermüdungserscheinungen falsche Ergebnisse.

1. Bauch-Rücken-Test

Drehe einen Regenwurm im Dämmerlicht auf den Rücken (dunklere Seite) und lege ihn auf einen Tisch. Beleuchte ihn nun von oben. Wie reagiert er? Welche biologische Bedeutung hat diese Reaktion?

2. Glasrohrtest

Schiebe einen sauberen, mit Zellstoff abgetupften Regenwurm, der im Dunkeln gehalten wurde, in eine 30 cm lange Glasröhre. Sie muss so bemessen sein, dass das Tier gut hindurchgeht, sich aber nicht herumdrehen kann. Schiebe über das Glas eine Papphülse, die in der Mitte ein ca. 1 cm² großes Fenster hat.

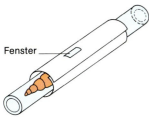

Verschiebe die Papphülse so, dass du mit einer Taschenlampe zuerst das Vorderende des Tieres beleuchten kannst, dann das Hinterende und zuletzt die Körpermitte. Stoppe die Zeit vom Einschalten der Lampe bis zur Reaktion. Vergleiche die Reaktionszeiten und überlege dir die biologische Bedeutung der unterschiedlichen Reaktionsgeschwindigkeit.

3. Lerntest

Baue die abgebildete oder eine ähnliche Bahn aus Sperrholz nach. Als Abdeckung dient eine Glasscheibe oder eine starke, klare Folie. Den Lerntest musst du 5 Tage lang jeweils fünfmal durchführen.
Bringe bei Weg 2 ein mit Essigsäure getränktes Filterpapier über der Kriechbahn an.
Kriecht der Wurm in den Weg 2, so nimm ihn heraus und setze ihn wieder an den Start. Der Weg 3 führt in einen Erdbehälter.
Führe bei jedem Versuch Protokoll. Der Versuch gelingt nur bei stark abgedunkeltem Raum. Grund?
Welche Fehlerquellen können auftreten?

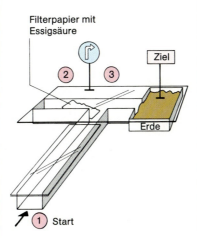

4. Durchmischungsversuch

Fülle zwei Einmachgläser abwechselnd mit Lagen aus 3 cm hellem Sand und 5 cm dunkler Gartenerde. Lege in das eine Glas zwei Regenwürmer. Binde beide Gläser mit Gaze zu und stelle beide für vier Wochen in eine dunkle und kühle Kellerecke.
Feuchte die Erde alle 2 Tage bei der Fütterung ein bisschen an. Als Nahrung haben sich Haferflocken bewährt. Vergleiche nach vier Wochen die Schichtung der Böden.

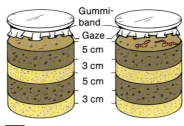

dunkle Gartenerde
heller Sand

5. Feldversuch

Untersuche verschiedene Böden, z. B. Wiese und Rasen, Acker und Garten, Laub- und Nadelwald auf Regenwurmaktivitäten, und vergleiche die Ergebnisse. Dazu musst du stets gleich große Flächen nach Wurmhäufchen absuchen und sie zählen. Um gleich große Flächen zu erhalten, baut man sich einen Schnurzirkel (r = 0,8 m).

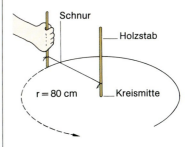

6. Bodenproben

Stich mit dem Spaten aus den Vergleichsböden ca. 20 cm × 30 cm große Blöcke aus. Beschreibe die Unterschiede der Proben. Schneide Scheiben herunter und suche nach Regenwurmgängen. Welche Folgen hat ihr Verlauf für die Luft und eindringendes Wasser? Suche nach Wurzelhaaren von Pflanzen. Wo verlaufen sie?

Laubwald   Nadelwald   Acker

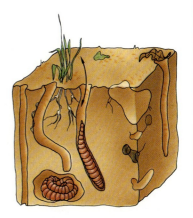

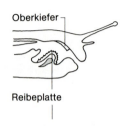

Schnitt durch Kopfregion und Ausschnitt der Raspelzunge (100× vergr.)

Schnecken sind Feuchtlufttiere

Bei Regenwetter sieht man in Garten, Park, Wiese oder Wald Schnecken verschiedenster Art herumkriechen. Nahezu alle zeichnen sich durch eine feste *Kalkschale* aus, die dem weichen Körper Schutz und Festigkeit verleiht. Schnecken ohne ein solches Gehäuse bezeichnet man als *Nacktschnecken*.

An einer Weinbergschnecke lernen wir den Schneckenbauplan kennen (▷1). Am Kopf sitzen die Sinnesorgane: *Augen* und *Fühler*. Der muskulöse Fuß scheidet am Vorderende der *Kriechsohle* Schleim aus, über den der Fuß hinweggleitet. Der Fuß ist als *Kriechsohle* ausgebildet. Fortlaufende Muskelwellen schieben das Tier vorwärts. Den *Mantel*, an der Gehäuseöffnung als heller Wulst sichtbar, bildet die schützende Kalkschale aus. In seinem Inneren liegen die Eingeweide.

Mit Hilfe des *Rückziehmuskels* können Fuß und Kopf in das Gehäuse gezogen werden. Durch Druck ihrer Körperflüssigkeit kommt die Schnecke heraus.

Weinbergschnecken ernähren sich von Pflanzenteilen, die sie mit einer Raspelzunge (*Radula*), bedeckt mit kleinen Zähnchen aus *Chitin*, zerkleinern.

Ihre ungeschützte feuchte Haut kann zwar auch Sauerstoff aufnehmen, verdunstet bei trockener Luft aber sehr viel Wasser. Deshalb sind Schnecken vor allem bei Regen oder nachts unterwegs. Sie sind *Feuchtlufttiere.* An heißen Tagen ziehen sie sich in ihr Haus zurück.

Weinbergschnecken werden etwa sechs Jahre alt. Die Winter verbringen sie in Winterstarre bis zu 30 cm tief im Boden. Die Schalenöffnung ist mit einer *Kalkplatte* verschlossen (▷ Randspalte unten).

Jede geschlechtsreife Weinbergschnecke bildet sowohl Eizellen als auch männliche Spermienzellen. Solche Tiere nennt man *Zwitter.* Trotzdem paaren sich die Weinbergschnecken. Dabei werden Spermien ausgetauscht. Sie werden in einer *Spermientasche* aufbewahrt, bis die Eizellen reif sind. Dann befruchten die fremden Spermien die Eizellen. Rund 40 bis 60 erbsengroße Eier werden in ein selbst gegrabenes Erdloch abgelegt (▷ 2). Nach vier Wochen schlüpfen junge Schnecken.

Größere Schnecken schützen sich vor ihren zahlreichen Feinden durch schnellen Rückzug in ihr Haus, manche wehren sie zusätzlich durch Schleimabgabe ab.

1 Weinbergschnecke

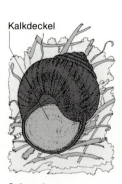

Schnecke in Winterstarre

2 Weinbergschnecke bei der Eiablage

Aufgabe

① Welche Rolle spielen Schnecken im Ökosystem Wald?

Beobachtungen an Gehäuseschnecken

Landschnecken und auch Wasserschnecken ermöglichen eine Vielzahl von Beobachtungen und einfachen Experimenten. Sie sind auch längere Zeit problemlos zu halten und zu pflegen. Gehäuse tragende Landschnecken findet man nach einem Regen auf Wiesen, an Wegrändern, aber auch im Garten und in der Krautschicht des Waldes. Bei starker Trockenheit im Sommer sucht man die Tiere unter Steinen oder im Bodenbereich von Kräutern und Gräsern.
Einige Gehäuseschnecken (z. B. Schnirkelschnecken) werden in einem belüfteten Gefäß mit etwas Laub oder Gras transportiert. Dabei sollten die Tiere nicht der direkten Sonne ausgesetzt sein.

Einrichtungen eines Schneckenglases

Zur Haltung von Schnecken eignet sich ein Aquarienglas, welches als Terrarium eingerichtet wird oder für zwei bis drei Tiere auch ein großes Einweckglas. Der Bodengrund besteht aus einer dünnen Schicht groben Kies (etwa 2 cm hoch) und darauf einer Schicht sandiger Gartenerde (etwa 5 cm hoch). Im Kies sammelt sich eventuell überschüssiges Wasser, während in der Gartenerde möglicherweise die Eiablage erfolgt. Auf den Bodengrund werden einige Laubblätter sowie Moospolster gelegt. Wenn das Terrarium etwas größer ist, dienen Grasbüschel, getopfter Efeu bzw. Grünlilie sowie Rindenstücke als Dekoration und als Versteckmöglichkeit für die Tiere. Einige Zweige sowie eine Wasserschale vervollständigen die Einrichtung des Terrariums.
Empfehlenswert ist das Einsetzen einiger kleinerer gehäusetragender Landschnecken. Gefüttert wird mit Salatblättern, Haferflocken oder Apfelscheiben. Abschließend wird das Terrarium mit Fenstergaze abgedeckt. Durch tägliches Einsprühen erhalten Erde, Pflanzen und Tiere die notwendige Feuchtigkeit. Staunässe muss vermieden werden. Schon am folgenden Tag sind alle Futterreste zu entfernen.

Beobachtungen an Landschnecken

An einer kriechenden Gehäuseschnecke können Merkmale festgestellt werden, die es bei vielen anderen Tieren nicht gibt: Gehäuse, Augenfühler, Atemloch, Fuß, Tastfühler.

① Beobachte eine kriechende Schnecke und beschreibe die Körpergliederung des Tieres.

② Fertige eine Skizze von einer kriechenden Landschnecke an und beschrifte diese.
③ Setze das Tier auf eine Glasplatte und beobachte den Fuß von der Seite und von unten. Erkläre, wie das Kriechen zu Stande kommt.
④ Biete den Gehäuseschnecken verschiedene Pflanzenteile zur Auswahl an. Wie reagieren die Tiere?
⑤ Stelle aus Mehl, etwas Zucker und Wasser einen dicken Brei her. Streiche davon eine dünne Schicht auf eine Glasplatte. Setze eine Gehäuseschnecke hinzu und beobachte den Fressvorgang u. a. durch das Glas von unten.
⑥ Lass eine Gehäuseschnecke über ein Messer oder über eine Rasierklinge kriechen. Erläutere das Beobachtungsergebnis.

Verschiedene Beobachtungen und Experimente ermöglichen einen Einblick in die Sinnesleistungen von Gehäuseschnecken.

⑦ Berühre mit einem Holz- oder Wattestäbchen vorsichtig nacheinander Gehäuse, Fuß, Kopf, Augenfühler, Atemloch und Tastfühler einer kriechenden Schnecke. Beschreibe die Reaktion der verschiedenen Körperteile.
Welche Bedeutung hat dieses Verhalten?
⑧ Tauche eine Schnecke, die sich eingerollt im Gehäuse befindet, kurz in ein Gefäß mit Wasser. Was kannst du beobachten?
⑨ Ziehe mit dem Essigstäbchen auf einer Glasplatte einen Kreis von etwa 10 cm Durchmesser. Setze eine Schnecke in die Kreismitte und beobachte deren Verhalten. Wie ist das Verhalten zu erklären?

1 Fliegenpilz

Myzel

Wurzel

Nährstoffe

Wasser und Mineralstoffe

Wurzelquerschnitt mit Pilzfäden

Pilze sind lebensnotwendig für den Wald

Vor allem im Spätsommer kann man sie finden — Pilze, die innerhalb von Stunden den Waldboden durchbrechen. Zu den bekanntesten Pilzen gehört der giftige *Fliegenpilz*. Der größere Teil von ihm ist für uns unsichtbar und bildet ein unterirdisch wachsendes Geflecht aus feinen Pilzfäden, den *Hyphen*. Das durch die Hyphen gebildete Geflecht wird als *Myzel* bezeichnet. Der sichtbare Teil des Pilzes ist der *Fruchtkörper*. Er ist in Hut und Stiel gegliedert. An der Unterseite seines Hutes besitzt er *Lamellen (Fruchtschicht)*, weshalb man ihn zu den *Lamellen-* oder *Blätterpilzen* zählt. Zu ihnen gehören auch der essbare *Pfifferling* und der *Champignon* sowie der ihm zum Verwechseln ähnliche, tödlich giftige *Knollenblätterpilz*. Neben den Lamellenpilzen gibt es die *Röhrlinge*, deren Hutunterseite aus röhrenartigen Strukturen besteht. Der *Steinpilz* ist ein Beispiel dafür. In der Fruchtschicht werden die Sporen gebildet, mit denen der Pilz sich vermehrt.

Außer diesen in Stiel und Hut gegliederten Pilzen gibt es eine Vielzahl weiterer Arten, die äußerlich ganz anders aussehen. Sie alle erfüllen auf Grund ihrer besonderen Ernährungsweise wichtige Aufgaben innerhalb der Lebensgemeinschaft des Waldes.
Der Name mancher Pilze, z. B. *Birkenpilz* oder *Lärchenröhrling*, verrät, dass sie nur in der Nähe ganz bestimmter Bäume vorkommen. Untersucht man bei solchen Bäumen die Wurzelenden genauer, erkennt man ein dichtes Pilzgeflecht, das diese umspinnt. Der Pilz dringt mit seinen Hyphen in die Wurzel ein und kann so dem Baum Nährstoffe entziehen. Der Pilz versorgt seinerseits die Wurzel mit Wasser und Mineralstoffen aus dem Boden. Diese Gemeinschaft aus Wurzel und Pilz wird *Mykorrhiza* genannt. Bäume, deren Wurzeln mit Pilzen eine Mykorrhiza bilden, wachsen schlechter, wenn der Pilz fehlt (s. S. 91). Bei einer Mykorrhiza handelt es sich um eine *Symbiose*, eine Gemeinschaft zu beiderseitigem Nutzen. Neben Birke und Lärche bilden viele andere Waldbäume mit Pilzen eine Symbiose, z. B. Eiche und Fichte mit dem uns als Speisepilz bekannten *Steinpilz* und dem *Maronenröhrling*.

Nicht alle Pilze leben in Symbiose mit Baumwurzeln. Manche sind Fäulnisbewohner oder *Saprophyten*. Sie entziehen toten Tier- und Pflanzenteilen Nährstoffe, indem sie Substanzen nach außen absondern, die zersetzend wirken. Pilze sind also auch am Abbau toter Organismen beteiligt; sie sind *Destruenten*. Wieder andere Pilze leben auf Kosten ihres Wirtes. Solche *Parasiten* wachsen z. B. auf lebenden Bäumen. Ihre Hyphen dringen in den Baum ein, entziehen ihm Nährstoffe und Wasser, sodass der Baum geschwächt wird. Zu ihnen gehört auch der *Hallimasch*, ein beliebter Speisepilz (s. S. 91).

Pilze sammeln — heute noch aktuell?

Das Sammeln von Pilzen ist seit einiger Zeit ins Gerede gekommen, da manche Arten, wie z. B. der Pfifferling, immer seltener zu finden sind. Als Ursachen dafür werden zu starkes und falsches Sammeln von Pilzen, aber auch die Versauerung des Bodens infolge säurehaltiger Niederschläge genannt.
Pilzsammler sollten sich deshalb fragen, ob sie nicht auf das Sammeln von Pilzen verzichten oder wenigstens das Sammeln auf die Arten beschränken können, die noch häufig vorkommen. Außerdem sollten sie wissen, dass Pilze besonders gut die für den Menschen schädlichen Schwermetalle in ihrem Fruchtkörper ansammeln, sodass häufige und reichliche Waldpilzgerichte gesundheitlich bedenklich sind. Wer aber dennoch Pilze sammeln möchte, sollte sich vorher gut über sie informieren und nur solche sammeln, die er sicher kennt! Nur so sind Vergiftungen — unter Umständen mit tödlichem Ausgang — zu vermeiden. Unbekannte Pilze sollte der Sammler stehen lassen und nicht beschädigen.

Aufgabe

① Fasse zusammen, welche wichtigen Aufgaben Pilze im Wald erfüllen.

Pilze

Der **Waldchampignon** ist ein Bewohner von Nadelwäldern, in denen er in Gruppen wächst. Dieser *Lamellenpilz* ist essbar und an einigen Merkmalen, die ihn vom Knollenblätterpilz unterscheiden, eindeutig zu erkennen: Lamellen niemals reinweiß, in jungem Zustand rötlich, später schokoladenbraun bis schwarz; Schnittfläche des weißen Fleisches rot anlaufend; Hut mit bräunlichen Schuppen bedeckt.

Der **Grüne Knollenblätterpilz** ist ein *Lamellenpilz*, der in Laubwäldern vorkommt, vor allem unter Eichen und Buchen. Er ist einer der gefährlichsten *Giftpilze*. Sein Gift zerstört die Leber und wirkt schon in geringen Mengen tödlich. Seine Lamellen sind immer weiß. Sie sind niemals rosa oder grau wie bei Champignons. In jungem Zustand ist der Grüne Knollenblätterpilz von einer weißen Hülle umgeben, deren Reste später am Grund die Stielknolle umgeben.

Der **Pfifferling** oder **Eierschwamm** gehört zu den *Leistenpilzen*. Seine Leisten laufen weit am Stiel herab, der wie der ganze Pilz dottergelb ist. Er ist ein sehr beliebter Speisepilz, der angenehm riecht und einen pfefferartigen Geschmack hat (Name). Der Pfifferling ist in vielen Gegenden selten geworden, da er oft gesammelt wird.

Der **Steinpilz** ist wegen seines angenehmen Geschmacks einer der bekanntesten Speisepilze und wächst in Laub- und Nadelwäldern. In Gebirgsgegenden ist er häufiger. Der meist kastanienbraune und bis zu 20 Zentimeter große Hut des Steinpilzes besitzt auf der Unterseite die für einen *Röhrenpilz* typischen Röhren.

Man findet den **Flaschenstäubling** in Laub- und Nadelwäldern. Da die Sporen im Inneren des Fruchtkörpers reifen, zählt man ihn zu den *Bauchpilzen*.

Der **Habichtspilz** ist ein *Stachelpilz*, kommt vor allem in Nadelwäldern vor und ist essbar. Sein Hut ist mit graubraunen, schollenartigen Schuppen bedeckt, die gewisse Ähnlichkeit mit dem Gefieder eines Habichts haben.

Die zu den *Korallenpilzen* gehörende **Goldgelbe Koralle** bewohnt vorzugsweise Nadelwälder höher gelegener Gebiete. Charakteristisch sind die gabelartigen Verzweigungen des gelborangefarbenen Pilzkörpers.

PROJEKT

Untersuchungen im Wald

Nicht in jedem Fall werdet ihr das Glück haben, über einen Wald in erreichbarer Nähe eurer Schule zu verfügen, aber viele unserer Schullandheime liegen in Waldgebieten, sodass sich auch von dort aus die Standorteigenschaften eines Waldes untersuchen lassen.

Dazu muss man sich zunächst einen genauen Überblick über die vorhandenen Pflanzenarten und deren Verteilung im Untersuchungsgebiet verschaffen. Diese Arbeit lässt sich am besten in mehreren Gruppen erledigen, damit ihr keine Zufallsergebnisse bekommt.

Zunächst wählt jede Gruppe ein Untersuchungsquadrat von 5—10 m Seitenlänge aus. Es sollte möglichst ein einheitliches Pflanzenbild zeigen, also nicht Waldwege miteinbeziehen.
1. Arbeitsschritt: Bestimmung aller Pflanzen in der Untersuchungsfläche mit Hilfe eines Bestimmungsbuches und Aufstellen einer Artenliste.
2. Arbeitsschritt: Abschätzen des Flächenanteils, den die einzelnen Arten in der Draufsicht bedecken und Zuordnung des Bedeckungsgrads für jede Art nach der Tabelle.
3. Arbeitsschritt: Zusammenfassung aller Gruppenergebnisse in einer Tabelle. Anschließend für jede Art Berechnung der Frequenz, d. h. in wie viel Prozent aller Untersuchungsflächen die Pflanze vorkommt.
4. Arbeitsschritt: Zusammenfassung aller Ergebnisse in einem Protokoll und Beschreibung des Waldtyps mit Hilfe der häufigsten Pflanzenarten.
Beispiele: Perlgras-Buchenwald oder Eichen-Hainbuchenwald mit Wald-Ziest.
Wenn auf diese Weise ein genaues Bild des Waldes entstanden ist, können die einzelnen Standortfaktoren untersucht werden.

Bäume kennen keinen Müll

Stecke auf dem Waldboden eine Fläche von der Größe eines DIN-A3-Blattes ab und hebe nun alle Bestandteile der Laubstreu schichtweise ab, bis du die obere feste Bodenschicht erreicht hast (vgl. S. 76/77).

Pflanzen im Wald

Bestimmt die Pflanzenarten in einem abwechslungsreichen Mischwald und in einer Monokultur und legt jeweils Pflanzenlisten an. Welche Unterschiede lassen sich feststellen?

Tiere in der Laubstreu

In der Laubstreu hast du sicherlich auch einige Bodentiere entdeckt. Bringe sie vorsichtig in eine Petrischale und betrachte sie mit einer Lupe. Besorge dir Abbildungen und Bestimmungsbücher für die Bodentiere und versuche sie zu bestimmen.

Böden sind verschieden

Fülle zwei gleich große Schraubgläser zu je einem Viertel mit Waldboden aus der oberen, festen Bodenschicht und einer Bodenprobe vom Acker. Fülle die Gläser nahezu ganz mit Wasser und schraube sie zu. Schüttle kräftig und lass die Gläser dann stehen. Nach einigen Tagen lagern sich die Einzelbestandteile der Erde schichtweise ab. Ganz oben schwimmen die Pflanzenreste und Humusteilchen. Vergleiche die beiden Bodenproben und erkläre die Unterschiede.

Standorteigenschaften eines Waldgebietes

Jede Pflanzenart gibt Auskunft über die Standorteigenschaften. Dabei beurteilen wir ein Waldgebiet nicht nach den gepflanzten Baumarten, sondern nach den in der Strauchschicht natürlich vorkommenden Arten.
In einer Tabelle fassen wir diese Gehölzpflanzen zusammen und ordnen ihnen die entsprechenden Zeigerwerte zu.

Wasserverdunstung

Stülpe über den besonnten Zweig eines Strauches eine Plastiktüte und binde sie fest zu. Mache dasselbe mit einem Zweig, der beschattet ist. Achte darauf, dass sich etwa die gleiche Anzahl der Blätter in der Tüte befinden. Finde eine Erklärung für deine Beobachtungen, die du etwa nach einer Stunde machen kannst. Welchen Einfluss hat diese Beobachtung auf das Klima im Wald?

Auf Spurensuche

Oft ist es schwierig, die im Wald lebenden Tiere direkt zu beobachten. Trotzdem verraten Fraß- und Trittspuren ihre Anwesenheit. Sammle solche Spuren oder zeichne sie auf. Versuche herauszufinden, von wem die Spuren stammen.

Waldtagebuch

Protokolliert die Veränderungen im Wald während eines Jahres. Achtet z. B. auf Laubaustrieb, Laubfall, Entwicklung der Krautschicht, Lichtverhältnisse, Brüten der Vögel im Wald.

Lichtbedürftigkeit einzelner Pflanzenarten

Untersuche mit Hilfe eines Luxmeters die Lichtbedürftigkeit einzelner Pflanzenarten in einem Waldgebiet. Dazu wählen wir uns eine bestimmte Art aus, suchen sie im Wald an verschiedenen Standorten auf und führen dort überall Lichtmessungen durch. Voraussetzung ist ein wolkenloser Himmel. Die Messwerte außerhalb des Waldes setzen wir gleich 100 % und beziehen darauf die gemessenen Werte an den Waldstandorten. Die Häufigkeit der gefundenen Werte könnt ihr als Kurve darstellen.

Zeigerwerte:
Baum- und Straucharten

	F	R	S
Esche	x	7	7
Berg-Ahorn	6	x	7
Stiel-Eiche	5	x	x
Schwarz-Erle	9	6	x
Hainbuche	x	x	x
Vogelkirsche	5	7	5
Schwarzer Holunder	5	x	9
Traubenholunder	5	5	8
Zweigriffeliger Weißdorn	5	7	x
Eingriffeliger Weißdorn	4	8	3
Gemeiner Schneeball	7	7	6
Schwarze Johannisbeere	9	5	5
Pfaffenhütchen	5	8	5
Haselnuss	x	x	x
Schlehe	x	x	x

Findet für ein x den entsprechenden Zeigerwert heraus.

1. Zahl = **Feuchtezahl**   F
  1 = auf trockene Böden beschränkt
  5 = auf mittelfeuchten Böden
  9 = Nässezeiger

2. Zahl = **Reaktionszahl**   R
  1 = Starksäurezeiger
  3 = Säurezeiger
  7 = Schwachsäure- bis Schwachbasenzeiger
  9 = Kalkzeiger

3. Zahl = **Stickstoffzahl**   S
  1 = stickstoffärmste Böden
  3 = stickstoffarm
  5 = mäßig stickstoffreich
  7 = stickstoffreich
  9 = übermäßig stickstoffreich

3 Bedeutung und Gefährdung des Waldes

Eine 100-jährige Buche:
— liefert O₂ für 64 Menschen
— Blattflächen von 1600 m²
— bindet pro Jahr 1 t Staub
— nimmt pro Stunde 2,35 kg CO₂ auf
— verdunstet an einem sonnigen Tag bis zu 400 l Wasser

Die Leistung einer Buche

Um die Vorteile erfassen zu können, die der Wald dem Menschen bietet, soll die Leistung eines *einzelnen Baumes*, z. B. die einer rund 100-jährigen Rotbuche, betrachtet werden. Sie ist ungefähr 20 Meter hoch und hat einen Kronendurchmesser von über 10 Metern. Die Gesamtblattfläche beträgt über 1000 Quadratmeter. An einem Sommertag strömen 30 000 – 40 000 Kubikmeter Luft zwischen den Blättern hindurch.

Dieser Luft werden etwa 10 Kubikmeter Kohlenstoffdioxid für die Fotosynthese entzogen. Dabei entsteht das gleiche Volumen an Sauerstoff, der an die Umgebung abgegeben wird. Der Baum stellt für sich über 10 kg Zucker her, der in Form von Stärke gespeichert oder als Zellulose zum Aufbau der Zellen genutzt wird. Während eines warmen Sommertages werden außerdem mehrere hundert Liter Wasser in die Atmosphäre verdunstet, das zuvor dem Boden entzogen wurde.

Der Wald als Wasserspeicher

Wie wichtig der Wald für den natürlichen Wasserhaushalt ist, erkennt man oft erst, wenn der Wald durch Abholzung oder Waldsterben zerstört ist. Die Hochwasser einiger Flüsse wirken sich dann verheerend aus, oder es kommt zu gewaltigen Erdrutschen wie 1987 im Veltlintal in den Südalpen. Aber wie kann der Wald solche Ereignisse verhindern oder zumindest abschwächen?

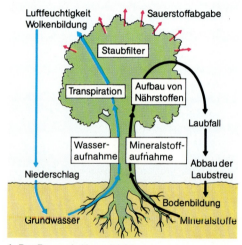

1 Der Baum als Umweltfaktor

Dort, wo Wald wächst, wird ein Teil des Regenwassers von den Kronen zurückgehalten. Der größte Teil tropft auf den Waldboden. Moose und die darunter liegende Humusschicht können sehr große Mengen Wasser aufnehmen und speichern. Ein Teil des Regenwassers sickert ins *Grundwasser*. Nur ein kleiner Teil fließt über die Bodenoberfläche direkt in Bäche und Flüsse ab. Das gespeicherte Wasser wird langsam wieder an den Boden abgegeben, sodass auch während niederschlagsfreier Zeiten genügend Wasser zur Verfügung steht. Das von den Pflanzen aufgenommene Wasser wird über die Blätter verdunstet. In die Atmosphäre abgegebener Wasserdampf kondensiert zu Wolken, sodass er schließlich als Regen wieder zur Erde zurückgelangt.

Wald verbessert die Luft

Der Wald liefert Sauerstoff:
1 ha Nadelwald → 30 t/Jahr
1 ha Laubwald → 15 t/Jahr
1 ha Garten- und Ackerland → 2 – 10 t/Jahr

Die Luft im Wald ist sauber:
1 m³ Luft über Industriestädten enthält 500 000 Rußteilchen

1 m³ Luft im Wald enthält 500 Rußteilchen

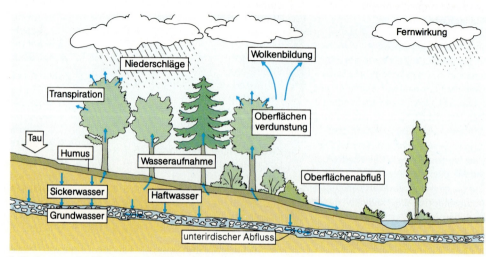

2 Bedeutung des Waldes für den Wasserhaushalt

Rundholz

Balken

Brett

Profilleiste

Pressspanplatte

Furnier

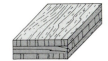
Sperrholz

Holzwolle

Papier

Holznutzung

Durch die Verdunstung wird die Umgebungstemperatur herabgesetzt. Das macht sich besonders an heißen Tagen bemerkbar. Im Inneren eines Laubwaldes ist es dann deutlich kühler als in der Umgebung. Nachts gibt der Wald die am Tage gespeicherte Wärme langsam ab. Auch an kalten Wintertagen ist es im Wald deshalb meist wärmer als in der Umgebung. Wald wirkt also ausgleichend.

Wo Wälder abgeholzt worden sind, können das Regenwasser und auch das Schmelzwasser im Frühjahr nicht mehr so gut zurückgehalten werden. Es fließt nicht langsam nach und nach, sondern auf einmal ab. Das abfließende Wasser schwemmt fruchtbaren Boden mit, bis im Extremfall das nackte Gestein offen liegt. Einen solchen Vorgang nennt man *Erosion*. Außerdem wird der Boden nicht mehr so gut zusammengehalten, da die Wurzeln fehlen. An steilen Hängen kann jetzt die Erde nach Niederschlägen ins Rutschen geraten.

Bäume filtern die Luft

In der Nähe von großen Städten ist die Bedeutung der Wälder als „grüne Lungen" besonders wichtig. Sie verbrauchen Kohlenstoffdioxid und produzieren viele Tonnen Sauerstoff. Wälder filtern aus der Luft feinste Staubpartikel heraus, da diese auf den Blättern hängen bleiben, mit ihnen zu Boden fallen oder vom Regenwasser abgespült werden. Pro Hektar Wald können das im Jahr 200 bis 400 kg Staub sein.

Der Mensch nutzt den Wald

Bei uns werden jährlich 30 Millionen Festmeter Holz geschlagen. Damit ist jedoch nur die Hälfte unseres Bedarfs gedeckt.
Nicht zuletzt dient der Wald den Menschen als Erholungsraum. Sie finden im Wald Ruhe und Entspannung. Zu viele Erholung Suchende können dem Wald jedoch auch schaden. Pflanzen werden zertrampelt, neue Pfade durch den Wald getreten, das Wild wird gestört. Zudem benutzen viele Menschen das Auto, um in den Wald zu gelangen. Dadurch entstehen Abgase, die dem Wald schaden.

Maßnahmen zur Erhaltung des Waldes

Die Schadstoffeinwirkung auf Pflanzen *(Immission)* kann z. B. durch Katalysatoren verringert werden, die für eine geringere Schadstoffabgabe der Autos sorgen. Ein geregelter Katalysator kann über 90 % der vom Motor erzeugten Schadstoffe in unschädliche Stoffe umwandeln. Auf den Kohlenstoffdioxid- und Schwefeldioxidgehalt der Abgase

1 Erdrutsch

2 Der Wald als Erholungsort

hat der Katalysator allerdings keinen Einfluss. Besser ist es daher, wenn der Schadstoffausstoß *(Emission)* von vornherein vermindert wird. Das lässt sich einerseits durch Energiesparmaßnahmen und andererseits durch neue Techniken der Energiegewinnung verwirklichen. Dazu müssen z. B. mehr als bisher Sonne und Wind als Energiequellen genutzt werden (vgl. auch S. 90).

Aufgaben

① Fasse die Rolle des Waldes für den Wasserhaushalt zusammen und nenne mögliche Folgen der Waldzerstörung.

② Nenne und erläutere weitere Maßnahmen, die die Gefährdung des Waldes wieder vermindern könnten.

③ Stelle Verhaltensregeln auf, an die sich ein Waldbesucher halten sollte.

1 Sommergrüner Laubwald (Herbstaspekt)

2 Nordischer Nadelwald

3 Kahlschlag (Kanada)

Waldökosysteme sind verschieden

Sommergrüne Laubwälder

Für die Ausbildung von Laubwald in Mitteleuropa sind eine jährliche Niederschlagsmenge von mindestens 500 mm/m² und eine Temperatur von über +10 °C im Zeitraum von 4—6 Monaten des Jahres erforderlich. Die unterschiedlichen Standortverhältnisse, insbesondere die Bodenart und der Grundwasserspiegel, beeinflussen die Artenzusammensetzung. Danach lassen sich mehrere *Waldgesellschaften,* wie Hainbuchenwälder, Auenwälder, Eichen- und Buchenwälder unterscheiden.

Für die sommergrünen Laubwälder ist der herbstliche Laubfall typisch. Er erfolgt, bevor die drei- bis viermonatige Kälteperiode beginnt. Artenreich wie die Vegetation ist auch das Vorkommen von Tieren.

Nordische Nadelwälder

Nach Norden schließen sich an die Laubwälder ausgedehnte Nadelwaldgebiete als größte zusammenhängende Waldgebiete der Erde an. Sie erstrecken sich als breiter Vegetationsgürtel von Sibirien bis nach Nordamerika. Der Jahreslauf wird vor allem von der Temperatur bestimmt. Die Winter sind schneereich und dauern über 6 Monate. Die Sommer sind recht kühl. So können nur in weniger als vier Monaten Temperaturen über +10 °C gemessen werden.

Fichten, Tannen, Lärchen und Kiefern, oft auch Erlen und Birken bilden die Baumschicht. In den sehr kalten Gebieten Ostsibiriens mit Dauerfrostboden sind die besonders frostresistenten, sommergrünen Lärchen vorherrschend. Die Angepasstheit der Tiere an die lange Schneeperiode ist sehr unterschiedlich. Schneehase und Elch bleiben im tiefen Schnee aktiv, einige Kleinsäuger, wie Wühl- und Spitzmäuse, sogar unter der Schneedecke. Bären und Eichhörnchen fallen in Winterruhe.

Intensive Holzgewinnung gefährdet auch diese einzigartigen Lebensräume. Raubbau hat z. B. in Kanada oder in Sibirien bereits zur Zerstörung großer Waldflächen geführt.

Aufgabe

① Besorgt bei Umweltschutzorganisationen Informationen zum Raubbau an nordischen Nadelwäldern. Wertet sie aus und gestaltet ein Wandplakat.

Tropische Regenwälder sind gefährdete Großlebensräume

herausragende Baumriesen

obere Kronenregion

untere Kronenregion

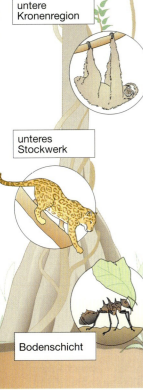

unteres Stockwerk

Bodenschicht

Ein tropischer Regenwald ist nicht nur besonders urwüchsig und undurchdringlich, wie es die Bezeichnungen *Urwald* und *Dschungel* ausdrücken, er ist vielmehr eine Lebensgemeinschaft, in der fast alles anders ist als im einheimischen Mischwald. In den großen Regenwaldgebieten der Erde, z. B. dem Amazonasbecken in Südamerika, herrschen ganzjährig hohe Temperaturen, sodass es keine ausgeprägten Jahreszeiten gibt. Niederschlagsmengen von 2000 bis 12 000 mm pro Jahr sorgen für eine sehr hohe Feuchtigkeit. Zusammen mit der starken Sonneneinstrahlung waren in den Tropen damit die Bedingungen gegeben, dass sich im Laufe der Jahrmillionen der artenreichste Lebensraum der Erde entwickeln konnte.

Reichtum an Tier- und Pflanzenarten

Ungefähr die Hälfte aller Tier- und Pflanzenarten der Erde, vielleicht sogar 75 %, sind Bewohner der Regenwälder. Während man in einem mitteleuropäischen Mischwald 10 bis 12 Baumarten findet, sind es allein auf einem Quadratkilometer Regenwald über 100. Sie bilden wesentlich komplizierter gegliederte Stockwerke, die bis 70 Meter hoch reichen. Diese sind eine Voraussetzung für die Artenvielfalt.

Die vielen Etagen innerhalb der Stockwerke bieten eine Vielzahl von Lebensmöglichkeiten. Man fand z. B. heraus, dass auf einem einzigen Baum über 1500 Insektenarten leben können. 1000 davon waren verschiedene Käferarten.

Untersucht man den Boden, auf dem der üppig wachsende Regenwald steht, findet man nur eine höchstens 10 cm dicke Humusschicht. Unter ihr ist das Erdreich unfruchtbar. So wundert es nicht, dass die Wurzeln der Urwaldriesen nur etwa 30 Zentimeter tief in das Erdreich eindringen. Trotzdem wird mehr als doppelt so viel organische Substanz aufgebaut wie in einem mitteleuropäischen Mischwald.

Dieser scheinbare Widerspruch ergibt sich aus den dort sehr viel schneller ablaufenden Lebensvorgängen. Ein umgestürzter Baum wird im Regenwald innerhalb eines Jahres abgebaut, während dieser Vorgang bei uns viele Jahre dauert. Die dabei entstehenden Mineralstoffe werden sofort und fast vollständig von den Pflanzen aufgenommen und für den Stoffaufbau wieder verwertet. So bleibt die Menge des abgelagerten toten, organischen Materials und des Humus gering.

Ursachen der Zerstörung

Ursprünglich bedeckten Regenwälder ca. 11 % der Erdoberfläche, heute sind es nur noch ca. 5 %. Die Zerstörung durch Abbrennen und Abholzung geht mit rasantem Tempo weiter. Trotz nationaler und internationaler Bemühungen, diese Zerstörung zu reduzieren oder zu stoppen, verschwinden jährlich noch immer riesige Regenwaldflächen. Haben die Bemühungen mittelfristig keinen Erfolg, wird es in 30—50 Jahren keinen Regenwald mehr geben.

Infolge des hohen Bevölkerungswachstums in den betroffenen, meist unterentwickelten Ländern nimmt der Raumbedarf für die dort lebenden Menschen stark zu. Die Umwandlung von Urwald zu Acker- oder Weideland ist jedoch meist ein Misserfolg. Nach zwei bis drei Ernten ist der Boden verbraucht oder durch den Regen weggeschwemmt *(Erosion)*. Das Land wird zur Steppe oder sogar wüstenähnlich, da auf dem unfruchtbaren Boden fast nichts mehr wachsen kann.

Andere wirtschaftliche Interessen beschleunigen die Zerstörung. Regenwald wird niedergebrannt oder abgeholzt, um Bodenschätze auszubeuten. Wertvolle *Edelhölzer* (z. B. Mahagoni) werden teilweise immer noch unkontrolliert abgeholzt, da der Verbrauch an tropischen Hölzern in den Industrieländern außerordentlich hoch ist.

Folgen der Regenwaldvernichtung

Neben der Versteppung großer Gebiete und dem Verschwinden vieler Tier- und Pflanzenarten wird die vollständige Zerstörung der Regenwälder das Weltklima verändern. In den ehemaligen Regenwaldgebieten wird weniger Wasser verdunsten, sodass die Wüsten weiter in Richtung des Äquators vordringen werden. In Afrika ist das heute schon der Fall.

Aufgaben

① Nenne Gründe für die Zerstörung der tropischen Regenwälder. Welche Möglichkeiten gibt es deiner Meinung nach, die Abholzungen einzuschränken?

② Wenige Jahre nach der Abholzung des Regenwaldes ist der Boden unfruchtbar oder weggeschwemmt. Wie ist das zu erklären?

③ Nenne Folgen der Regenwaldzerstörung. Wie beurteilst du diese Folgen?

Luftschadstoffe gefährden den Bestand unserer Wälder

Oh, Täler weit, oh, Höhen,
oh, schöner, grüner Wald,
Du meiner Lust und Wehen
andächtger Aufenthalt!
Da draußen stets betrogen,
saust die geschäft'ge Welt,
'schlag noch einmal die Bogen
um mich du grünes Zelt.

(JOSEPH VON EICHENDORFF, 1810)

Mit dem Tannensterben fing es in den 70er-Jahren an. Forstleuten im Schwarzwald fiel auf, dass bei vielen *Weißtannen* die Kronen immer lichter wurden. Die älteren Nadeln verfärbten sich und fielen schließlich ab. Um den Nadelverlust auszugleichen, hatten sich *Angsttriebe* gebildet. Beim Fällen der Bäume stellten sich auch Erkrankungen am Holzkern heraus: er war nass und roch modrig. Ein *Nasskern* ist ein sicheres Zeichen für Schädigungen im Wurzelbereich.

Seit 1980 wissen wir, dass das *Tannensterben* nur das erste Anzeichen einer umfassenden Waldschädigung war. Den Tannen folgten die Fichten, und bald stellte man auch an Laubbäumen entsprechende Schäden fest.

Das Tannensterben war zum *Waldsterben* geworden. Symptome wie die an Nadeln und Blättern, die direkt auf schädigende Einflüsse zurückgehen, nennt man *Primärschäden*. Sie haben zur Folge, dass der Holzzuwachs pro Jahr geringer ist, als bei gesunden Bäumen. Vorgeschädigte Bäume sind außerdem anfälliger gegen Schädlinge wie den Borkenkäfer, die Kernfäule und parasitierende Pilze. Hier spricht man von *Folge-* oder *Sekundärschäden*.

Verursacher ist der Mensch: Vor allem bei der Verbrennung von Kohle, Heizöl und Kraftstoffen entstehen neben Kohlenstoffdioxid (CO_2) auch Schwefeldioxid (SO_2) und Stickstoffoxide (NO_x). SO_2 und NO_x verbinden sich mit der Luftfeuchtigkeit zu schwefliger Säure bzw. Salpetersäure und kehren als *Saurer Regen* zur Erde zurück. Ein Teil der Stickstoffoxide reagiert bei starker Sonneneinstrahlung mit dem Sauerstoff der Luft und führt zur Bildung von Ozon (O_3). Da die wirksame UV-Strahlung in höheren Lagen größer ist als im Flachland, werden besonders in mittleren Gebirgslagen erhöhte Ozonkonzentrationen gemessen.

Vor allem Schwefeldioxid und Ozon schädigen den Wald direkt. Die Gase dringen über die Spaltöffnungen ins Blatt ein und bringen dort die Zellen zum Absterben. Auch der Saure Regen greift Blätter und Rinde direkt an. Darüber hinaus führt er jedoch zur *Bodenversauerung*. Dies schädigt die Bodenorganismen und das Wurzelwerk der Bäume. Wichtige Mineralstoffe werden ausgewaschen, die dem Baum dann nicht mehr zur Verfügung stehen, und giftige Metallsalze, die vorher fest an Bodenteilchen gebunden waren, werden gelöst und über die Wurzeln aufgenommen. Die Pilze, die mit den Baumwurzeln eine Symbiose (Mykorrhiza) bilden, sterben ab. Dies beeinträchtigt die Aufnahme von Wasser und Mineralstoffen.

Durch Kalken der Böden ist es möglich, die Auswirkungen der Versauerung zu mildern. Besser ist es aber, die Emission der Schadgase SO_2 und NO_x von vornherein zu reduzieren. Bei Kraftwerken kommen hierzu Rauchgasentschwefelungs- und Rauchgasentstickungsanlagen zum Einsatz. Autos müssen mit einem Abgaskatalysator ausgerüstet werden.

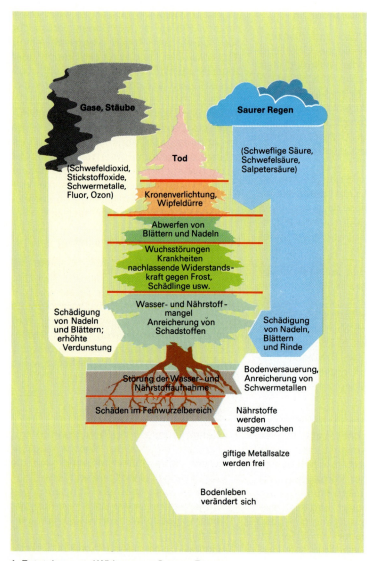

1 Entstehung und Wirkung von Saurem Regen

Aufgabe

① Woran erkennt man geschädigte Bäume? Fragt beim Förster nach!

Luftschadstoffe und neuartige Waldschäden

Saurer Regen entsteht, wenn die beim Verbrennen von Kohle und Erdölprodukten entstehenden Gase Schwefeldioxid (SO_2) und Stickstoffoxide (NO_x) vom Regen aus der Luft ausgewaschen werden.

Die Schadgase machen jedoch nicht an Ländergrenzen Halt. Abgase aus den Industriegebieten in Lothringen (Frankreich) werden mit den vorherrschenden Westwinden in Richtung Schwarzwald verfrachtet und führen dort zu sauren Niederschlägen. Die Abgase aus den britischen Industriegebieten gelangen sogar bis nach Skandinavien. Dort, wie auch im Schwarzwald, steigt wegen der kalkarmen Urgesteinsböden der Säuregrad im Boden, aber auch in Flüssen und Seen stark an.
Fische sind jedoch empfindlich gegen Säure. Bei einem pH-Wert unter 4,7 können sich z. B. Forellen nicht mehr vermehren.
Dies hat dazu geführt, dass es in vielen Seen in Skandinavien keine Fische mehr gibt.

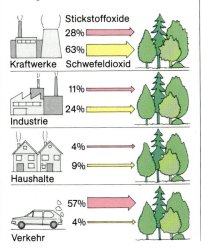

Schadstufen an Waldbäumen wurden nach dem Ausmaß des Nadel- oder Blattverlustes bundeseinheitlich festgesetzt:

— **Schadstufe 0:** ohne Schadensmerkmale; Nadel- oder Blattverlust bis 10 %
— **Schadstufe 1:** leicht geschädigt; Nadel- oder Blattverlust 11 — 25 %
— **Schadstufe 2:** deutlich geschädigt; Nadel- oder Blattverlust 26 — 60 %
— **Schadstufe 3:** schwer geschädigt; Nadel- oder Blattverlust über 60 %
— **Schadstufe 4:** abgestorben; oft mit Stufe 3 zusammengefasst.

Waldschadensbilanz 1993 (% der Waldfläche)

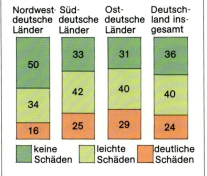

Angsttriebe werden bei starkem Nadelverlust zusätzlich zu den normalen Seitentrieben an der Oberseite der Zweige ausgebildet. Ein Zeichen, dass die Fotosynthese nicht mehr ausreicht.

Der **Holzzuwachs** ist an den Jahresringen zu erkennen. Bei geschädigten Bäumen ist die Fotosynthese beeinträchtigt. Deshalb nimmt der Holzzuwachs stark ab und die Jahresringe liegen viel dichter beieinander als bei gesunden Bäumen.

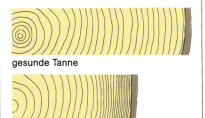

gesunde Tanne

kranke Tanne

Eine **Mykorrhiza** ist die Lebensgemeinschaft bestimmter Pilze (z. B. Birkenröhrling, Pfifferling, Steinpilz) mit Baumwurzeln (vgl. S. 82). Der Pilz versorgt den Baum mit Wasser und Mineralstoffen aus dem Boden, der Baum liefert ihm Kohlenhydrate und Wuchsstoffe. Werden die Pilze durch den Sauren Regen geschädigt, so nimmt das Wachstum der Bäume und des Pilzes stark ab oder hört ganz auf.

Der **Hallimasch** ist ein typischer Sekundärschädling. Die Myzelstränge des parasitischen Pilzes dringen zwischen Holz und Borke geschädigter Bäume ein; die Bäume sterben ab.

Ein **Nasskern** wird von Bakterien verursacht, die über Verletzungen im Wurzelbereich ins Innere eindringen und das Holz zersetzen. Gesunde Bäume können solche Infektionsherde eindämmen.

Bei der **Rauchgasentschwefelung** wird den Abgasen, die durch die Verbrennung von Kohle und Heizöl entstehen, das Schwefeldioxid (SO_2) als Calciumsulfat (Gips) entzogen. Der SO_2-Ausstoß der Kraftwerke in der Bundesrepublik Deutschland konnte so von 1,5 Mill. t im Jahr 1982 auf 0,34 Mill. t im Jahr 1993 gesenkt werden.

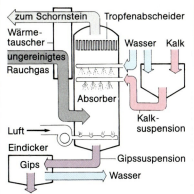

Luftschadstoffe

Flechten als Anzeiger der Luftqualität

Schon in der Zeit der Industrialisierung wurden Flechten als lebende Anzeiger für die Qualität der Luft herangezogen. Solche Organismen nennt man *Bioindikatoren*. Sie reagieren immer in einer ganz bestimmten Weise auf Umweltveränderungen und zeigen so diese Veränderungen verlässlich an. Bei Flechten kann man den Grad der Schädigung an der Färbung des Flechtenkörpers ablesen. Die Schädigungen reichen von einzelnen hellen Flecken bis zur völligen Entfärbung und anschließendem Zerfall des Flechtenkörpers. Flechten reagieren besonders empfindlich gegenüber Luftverschmutzung durch Schwefeldioxid (SO_2). Diese Verbindung entsteht in großer Menge bei der Verbrennung von Kohle oder Heizöl. Die verschiedenen Flechtenarten haben eine unterschiedliche SO_2-Empfindlichkeit, deshalb ist ihre Zuordnung zu Belastungszonen der Luftverschmutzung möglich.

Die **Pflaumenflechte** ist eine schadstoffempfindliche *Strauchflechte*. Sie wächst noch in gering belasteter Atmosphäre, was der Zone 3 entspricht. Die **Schüsselchenflechte** ist dagegen eine Schadstoff ertragende *Krustenflechte*, die auch noch in der Zone 1, der sogenannten Kampfzone, wächst. Erhöht sich in industriellen Ballungsgebieten der Schwefeldioxidgehalt der Atmosphäre weiter, findet man so gut wie keine Flechten mehr. Man spricht dann von einer *Flechtenwüste*.

Zur Messung der Luftbelastung mit Flechten gibt es verschiedene Methoden.
Das **Kartierungsverfahren** eignet sich auch für die Schule. Jeweils zwei Schüler bilden eine Gruppe. Der zu untersuchende Raum wird anhand einer Karte so aufgeteilt, dass jede Gruppe ca. 1 km² des Untersuchungsraumes zugeteilt bekommt.

Jede Gruppe nimmt eine Kopie der Karte ihres Untersuchungsraumes, eine Bestimmungstafel und einen Bestimmungsschlüssel der häufigen einheimischen Flechtenarten mit auf den Weg. Beim Durchwandern des Untersuchungsraumes werden die Flechtenfundorte zwischen 0,5 m und 2 m Höhe (Atemluft der Menschen) in die Kartenkopie eingetragen und die dort wachsenden Flechtenarten protokolliert. Da ein Zusammenhang zwischen dem Grad der Schadstoffbelastung der Atmosphäre und den gefundenen Flechtenarten besteht, lässt die Untersuchung Aussagen über das Maß der Luftbelastung und die Verteilung der Belastungszonen im Untersuchungsraum zu.

Andere Methoden, wie z. B. das **Aussetzungsverfahren,** sind sehr zeitaufwendig und erfordern viel Erfahrung. Sie bleiben deshalb in der Regel wissenschaftlichen Untersuchungen vorbehalten.

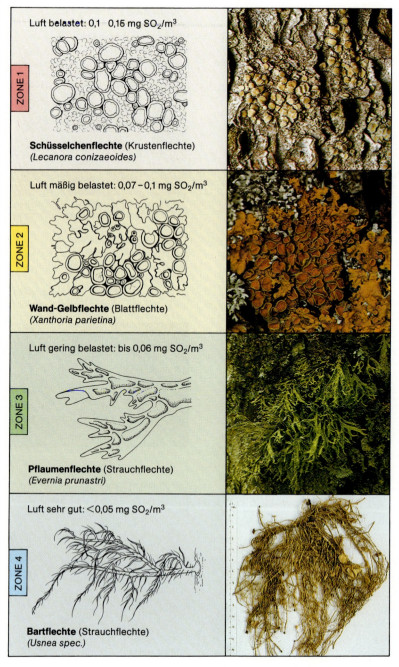

ZONE 1 — Luft belastet: 0,1 – 0,15 mg SO_2/m^3
Schüsselchenflechte (Krustenflechte) *(Lecanora conizaeoides)*

ZONE 2 — Luft mäßig belastet: 0,07 – 0,1 mg SO_2/m^3
Wand-Gelbflechte (Blattflechte) *(Xanthoria parietina)*

ZONE 3 — Luft gering belastet: bis 0,06 mg SO_2/m^3
Pflaumenflechte (Strauchflechte) *(Evernia prunastri)*

ZONE 4 — Luft sehr gut: < 0,05 mg SO_2/m^3
Bartflechte (Strauchflechte) *(Usnea spec.)*

Versuche zur Entstehung und Wirkung von Luftschadstoffen

1. Entstehung von Saurem Regen

Lass in einem Einmachglas etwas Schwefel verbrennen und sprühe dann mit einer Pflanzendusche Wasser in das Glas. Überprüfe nun das Wasser, das sich am Boden sammelt, mit einem pH-Indikator.

2. Begasungsversuche

Um die Ursachen des Waldsterbens zu untersuchen, setzen Wissenschaftler junge Bäume in großen Kammern verschiedenen Luftschadstoffen aus, sie führen „Begasungsversuche" unter kontrollierten Bedingungen durch. Solche Versuche kannst du in vereinfachter Form nachahmen.

Dazu benötigst du:
— klare Kühldosen als Begasungskammern
— Zweige von Tanne, Fichte oder Kiefer
— kleine Gefäße, z. B. Petrischalen
— Natriumdisulfit ($Na_2S_2O_5$) zur Erzeugung von Schwefeldioxid
— 20-%ige Salpetersäure (HNO_3) zur Erzeugung von Stickstoffoxid.

In die Kühldosen gibt man eine Schale, füllt sie mit Leitungswasser und stellt einen Zweig der zu untersuchenden Baumart hinein. In eine zweite Schale wird die Flüssigkeit gegeben, die das Schadgas erzeugt. Man macht 3 Ansätze (s. Tabelle):

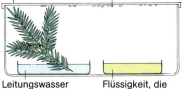

SO₂: 1-%ige Lösung von Natriumdisulfit
NOₓ: 20-%ige Salpetersäure und ein Stückchen Kupfer, z. B. ein Pfennigstück.
Der dritte Ansatz erfolgt zur Kontrolle ohne Schadgas mit **reiner Luft**.

Vorsicht: SO_2 und vor allem Stickstoffoxide sind giftig, deshalb unbedingt im Abzug oder im Freien arbeiten und die Dosen sofort verschließen!

Lass die Ansätze ein bis zwei Wochen stehen und beobachte die Veränderungen. Zum Abschluss wird auch noch der pH-Wert des Kondenswassers in der Dose und des Leitungswassers in der Schale mit dem Zweig bestimmt. Lege eine Tabelle an (Muster s. unten) und trage deine Beobachtungen ein. Versuche, die Ergebnisse zu deuten.

3. Versuch zur Rauchgaswäsche

Bei der „Rauchgaswäsche" wird das Schwefeldioxid aus Abgasen in einer Kalkaufschlämmung chemisch gebunden (s. S. 91). Als Indikator für Schwefeldioxid benutzen wir *Iod-Stärke-Lösung*:
In 100 ml Wasser werden 5 g Stärke gelöst und kurz aufgekocht. Nach dem Abkühlen setzt man einige Tropfen *Iodkaliumiodidlösung* zu → Blaufärbung. Durch SO_2 verschwindet die blaue Farbe.

Baue zunächst mit 2 Gaswaschflaschen folgende Versuchsanordnung: In die linke Flasche kommt eine 1-%ige *Natriumdisulfitlösung* zur Erzeugung von SO_2, in die rechte *Iodstärkelösung* zum Nachweis des SO_2. Mit einer Ballonpumpe wird einige Zeit Luft durch die Gaswaschflaschen gepumpt. Beobachtung? Erklärung?

Schalte nun eine dritte Gaswaschflasche mit *Kalkmilch* (Calciumhydroxid-Aufschlämmung) dazwischen, fülle

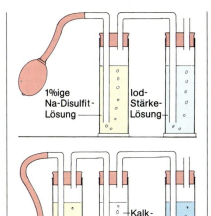

neue Iodstärkelösung ein und wiederhole den Versuch. Beobachtung? Worauf ist das veränderte Ergebnis zurückzuführen? Vergleiche deine Versuchsanordnung mit Abb. 91.6.

4. Nadelverlust an Zweigen

Untersuche an einem Fichten- oder Tannenzweig, welche Nadeljahrgänge noch vorhanden sind. Nimm die Abbildung zu Hilfe. Bei Tannen sind die Abbruchstellen der Nadeln besonders gut zu erkennen!

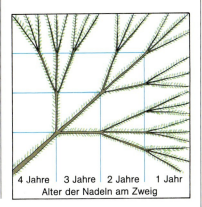

Luftgemisch		Luft mit SO_2	Luft mit NO_x	reine Luft
Farbe u. Festigkeit der Nadeln	Tanne			
	Fichte			
	Kiefer			
Kondenswasser		pH-Wert:	pH-Wert:	pH-Wert: 6
Leitungswasser		pH-Wert:	pH-Wert:	pH-Wert: 7

Ökosystem Binnengewässer

Bedeutung der Gewässer

Der größte Teil der Erde, etwa 71 %, ist mit *Wasser* bedeckt. Auch der pflanzliche, tierische und menschliche Körper besteht zum größten Teil aus Wasser. Beim Menschen sind es 60—70 % des Gesamtgewichtes, bei einer Qualle sogar bis zu 99 %.
Wasser ist lebenswichtig für alle Organismen, denn starke Wasserverluste führen zum Tode. Ein erwachsener Mensch muss täglich 2,5 bis 3 Liter Wasser durch Speise und Trank aufnehmen. Die Bedeutung des Wassers für die Pflanzen und die Menge ihres Wasserbedarfs wird deutlich, wenn man bedenkt, dass allein eine Buche im Laufe einer Vegetationsperiode über 10 000 Liter Wasser „verbraucht". Woher kommen die Wassermengen, die Mensch und Tier, vor allem aber die Pflanzen benötigen?

Jährlich fallen etwa 200 Milliarden m^3 *Niederschlag* auf das Gebiet der Bundesrepublik Deutschland. Der zehnte Teil davon versickert und geht ins *Grundwasser* über; etwas mehr als ein Drittel wird von Pflanzen durch die Wurzeln aufgenommen. Der größte Teil fließt jedoch oberirdisch in unsere Flüsse, Seen und sonstigen Wasserflächen. Diese Gewässer haben innerhalb unseres Naturhaushalts eine ganz besondere Bedeutung; an sie werden vielfältige Ansprüche gestellt.

Gewässer werden zur Ableitung von Abwasser und als Erzeuger elektrischer Energie benötigt. Sie sorgen für einen ausreichenden Trink- und Brauchwasservorrat, sie sind die Grundlage für Schifffahrt, Fischerei, Land- und Forstwirtschaft. Besonders in den letzten Jahren steigt dazu noch die Bedeutung der Gewässer für die Erholung und die Freizeitgestaltung der Menschen.

Die Ansprüche des Menschen an Wasser und Gewässerflächen werden immer größer, dadurch sinkt gleichzeitig das Angebot an verfügbarer Menge und Qualität dieser Lebensgrundlage. Die *Gewässerverschmutzung* hat Jahrzehnte lang ebenso zugenommen, wie die zur Verfügung stehenden Wassermengen abgenommen haben. Belastet werden die Gewässer vor allem durch häusliche und industrielle Abwässer, durch Umweltchemikalien wie z. B. Spritz-, Wasch- oder Düngemittel, durch Kühlwasser aus Industriebetrieben und Kraftwerken und nicht zuletzt durch direkte Verschmutzungen mit Müll, Öl oder anderen Fremdstoffen.

Mit der Wasserqualität ändert sich aber auch die Pflanzen- und Tierwelt der Gewässer. Dabei ist ihre Zusammensetzung abhängig von der Wassertiefe, der Temperatur, der Fließgeschwindigkeit, dem Sauerstoffgehalt und vielen anderen Faktoren. Manche Lebewesen, wie Fische, Wasserschnecken, Muscheln oder Krebse, verbringen ihr gesamtes Leben im Wasser; andere, wie Libellen und Amphibien, lediglich ihre Jugendzeit. Eine dritte Gruppe von Tieren vermag sich sowohl im Wasser als auch an Land aufzuhalten. Hierzu gehören nicht nur die meisten Amphibien, sondern auch Fischotter, Bisam, Ringelnatter und eine Reihe von Wasservögeln. Das Gewässer gewährt diesen Tieren hauptsächlich Nahrung und Schutz.

Gewässertypen

Bei Binnengewässern unterscheidet man zwischen Fließgewässern und stehenden Gewässern, wobei es noch Übergangsformen gibt.

Fließgewässer

1. *Bäche* sind Wasserläufe, die nur eine geringe Breite besitzen. Ihre Tier- und Pflanzenwelt kann je nach landschaftlicher Lage unterschiedlich sein.

2. *Flüsse* und *Ströme* sind breite Fließgewässer, die in ihren Unterläufen häufig in Meere münden und dort unter den Einfluss von Meereswasser und Gezeiten geraten.

Stehende Gewässer

1. *Tümpel* sind Gewässer, die nur zeitweise Wasser führen. Meistens entstehen sie kurz nach der Schneeschmelze und existieren längstens bis zum Frühsommer. Die geringe Wassermenge hat nicht nur häufige Austrocknung zur Folge. Auch ein starkes Schwanken der Wassertemperaturen und ein Ausfrieren bis zum Grunde sind Kennzeichen des Tümpels. Entsprechend können sich dort nur Lebewesen halten, die Trockenheit und Frost im Schlamm überdauern können oder zum Ortswechsel fähig sind.

2. *Teiche* sind künstlich angelegte Gewässer. Sie werden sehr häufig fischereiwirtschaftlich genutzt und dann zeitweise abgelassen. Wenn Teiche nicht intensiv genutzt werden, gleicht ihre Pflanzen- und Tierwelt der von Weihern.

3. *Weiher* sind natürliche Gewässer, die ständig Wasser führen. Entscheidendes Merkmal ist die geringe Tiefe, die auf dem gesamten Boden des Gewässers noch den Wuchs grüner Pflanzen zulässt.

4. *Seen* unterscheiden sich von Weihern durch größere Tiefe. Je nach Lage und Wasserqualität spricht man bei einer Wassertiefe ab 2 bis 5 Metern von Seen. Die unterschiedlichen Wassertiefen innerhalb eines Sees lassen — wie beim Weiher — verschiedene Pflanzenzonen entstehen.

1 Weiher

2 Bach

1 See im Winter (Winterstagnation)

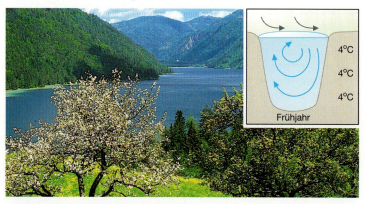

2 See im Frühjahr (Frühjahrszirkulation)

3 See im Sommer (Sommerstagnation)

4 See im Herbst (Herbstzirkulation)

Der See im Jahreslauf

Zirkulation oder Stagnation

Der See friert auch bei strengem Frost nicht bis zum Grund zu. Das Eis schwimmt an der Wasseroberfläche, weil es eine geringere Dichte als Wasser besitzt. Dagegen verfügt Wasser bei +4 °C über seine größte Dichte (Dichteanomalie), somit bleibt diese Temperatur in den tiefen Wasserbereichen erhalten und verhindert ein vollständiges Gefrieren des Sees. Diese Schichtung bleibt im Winter stabil *(Winterstagnation)*. Für den Wärmehaushalt und den Sauerstoffgehalt eines Sees und damit für die Organismen in ihm ist das von größter Bedeutung.

Im Frühjahr hat das Oberflächenwasser unter der Eisdecke eine Temperatur von +1 °C bis +3 °C. Nach der Eisschmelze erwärmt es sich auf Grund der erhöhten Sonneneinstrahlung. Wenn nun die Wassertemperatur +4 °C erreicht, sinkt dieses erwärmte Wasser ab und drückt dadurch spezifisch „leichteres" Wasser nach oben. Eine Zirkulation entsteht *(Frühjahrszirkulation)*, die durch den Wind beschleunigt wird. Untere und obere Wasserschichten werden durchmischt, wobei die Temperaturen einheitlich zunächst bei +4 °C liegen.

Eine zunehmende Erwärmung in den Sommermonaten hat eine erneute Schichtung zur Folge *(Sommerstagnation)*. Es wird warmes Oberflächenwasser von kaltem Tiefenwasser durch eine *Sprungschicht* getrennt.

Im Herbst sinken erneut die Temperaturen, wiederum beginnt eine Zirkulation *(Herbstzirkulation)*. Es stellt sich erneut eine einheitliche Wassertemperatur im See ein.

Sauerstoffgehalt und Wassertemperatur

Die Existenz der Lebewesen eines Sees ist im Wesentlichen vom Sauerstoffgehalt und der Temperatur des Wassers, vom Gehalt an Mineralstoffen und vom Säuregrad abhängig **(abiotische Umweltfaktoren).** Die Menge des im Wasser gelösten Sauerstoffs hängt von der Wassertemperatur ab. Je kälter das Wasser ist, umso höher ist dessen Sauerstoffgehalt. Im Sommer ist somit der Sauerstoffgehalt des warmen Wassers am geringsten, in der kalten Jahreszeit am höchsten.
An der Wasseroberfläche kann sich Luftsauerstoff im Wasser des Sees lösen. Wellen unterstützen dies. Außerdem entsteht Sauerstoff auf Grund der fotosynthetischen Leistung der Wasserpflanzen.

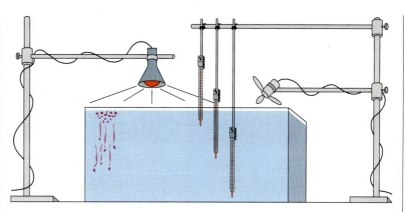

Wasser als Lebensraum

In einem Modellexperiment können die Besonderheiten des Wassers als Lebensraum für viele Organismen untersucht werden.

Benötigte Materialien:
— 1 Aquarium (ca. 40 l Rauminhalt)
— 1 Leuchte (Infrarotstrahler oder 100-W-Lampe)
— 3—4 Aquarienthermometer
— Kaliumpermanganat (Lösung und Kristalle)
— Stative

Stagnation und Zirkulation

① Fülle ein etwa 40 l großes Aquarium randvoll mit Wasser. Befestige in verschiedenen Wassertiefen mehrere Aquarienthermometer an der Scheibe. Miss die Wassertemperatur:
  a) nach dem Einfüllen des Wassers
  b) eine halbe Stunde später.
Notiere die Werte und erkläre das Ergebnis.

② Befestige mit Hilfe eines Stativs eine Leuchte mit einem Infrarotstrahler oder einer 100-W-Lampe so, dass der Strahler auf die Wasseroberfläche gerichtet ist. Schalte die Leuchte mindestens 20 Minuten ein und miss laufend die Wassertemperaturen. Tropfe mit einer Pipette ein wenig Kaliumpermanganatlösung auf die Wasseroberfläche.
Notiere die Beobachtungen.

③ Während die Leuchte eingeschaltet bleibt, befestige an einem zweiten Stativ einen Ventilator. Der Luftstrom soll an einer Seite des Aquariums auf die Wasseroberfläche gerichtet sein. Schalte den Ventilator ein und streue vorsichtig einige kleine Kristalle Kaliumpermanganat auf die Wasseroberfläche.
Miss die Wassertemperatur und notiere die Beobachtungen.

④ Der Ventilator bleibt weiterhin eingeschaltet, der Strahler wird jedoch abgeschaltet. Beobachte die Veränderungen, indem wieder die Wassertemperaturen abgelesen und wenige kleine Kaliumpermanganatkristalle aufgestreut werden.
Ergänze das Protokoll.

⑤ Fülle ein kleines Aquarium mit kaltem Leitungswasser. Versuche, eine Wassertemperatur von +4°C zu erreichen, indem das Aquarium für einige Zeit in den Kühlschrank gestellt oder das Wasser mit ausreichend Eiswürfeln abgekühlt wird. Wenn eine Temperatur von +4°C erreicht ist, lege eine Schicht Eiswürfel auf die Wasseroberfläche und miss nach einigen Minuten die Wassertemperatur in den verschiedenen Schichten.
Erkläre die Beobachtungen.

⑥ Fasse die Ergebnisse in einem Protokoll zusammen und vergleiche mit einem See in den verschiedenen Jahreszeiten.
Ordne die Begriffe Stagnation, Sprungschicht und Zirkulation den Jahreszeiten zu.

Planktonwanderung

Als *Plankton* (das Umhergetriebene) werden im freien Wasser schwebende Organismen mit einer fehlenden oder sehr geringen Eigenbewegung bezeichnet. Algen, Rädertierchen und Kleinkrebse gehören zum Plankton eines Sees. Die Verteilung des Planktons in unterschiedlicher Tiefe im See ist von der Wassertemperatur, dem Sauerstoffgehalt und vor allem von der Lichtintensität abhängig. Zum Beobachten der Planktonwanderung eignen sich Wasserflöhe besonders gut.

⑦ Ein kleines Aquarium (ca. 30 × 20 × 20 cm) wird an den Seitenwänden mit schwarzem Papier abgedunkelt und in einen gering beleuchteten Raum gestellt. Nun wird gut durchlüftetes und damit sauerstoffreiches Wasser eingefüllt. Etwa 60—80 große Wasserflöhe werden eingesetzt und durch vorsichtiges Rühren gleichmäßig verteilt. Mit einer Taschenlampe wird nach einiger Zeit das Becken an einer Stelle beleuchtet.
Beobachte das Verhalten der Wasserflöhe nach dem Einsetzen und bei Beleuchtung.

⑧ Die Wasserflöhe werden herausgefangen und danach das Aquarienwasser gewechselt. Fülle abgekochtes und auf Zimmertemperatur abgekühltes Leitungswasser ein. Außerdem wird Selterwasser (5 ml auf 500 ml Leitungswasser) zugefügt. Etwa 60—80 große Wasserflöhe werden eingesetzt und gleichmäßig verteilt. Nach einigen Minuten wird an einer Stelle das Aquarium mit der Taschenlampe beleuchtet.
Beschreibe das Verhalten der Wasserflöhe nach dem Einbringen in das Becken und nach dem Beleuchten mit der Taschenlampe.

⑨ Werte die beiden Versuche aus: Vergleiche bei beiden Versuchen die unterschiedlichen Versuchsbedingungen und die beobachteten Ergebnisse. Stelle die Beobachtungen in einer Tabelle zusammen. Erkläre das unterschiedliche Verhalten der Wasserflöhe in beiden Versuchen und dessen Bedeutung unter natürlichen Bedingungen.

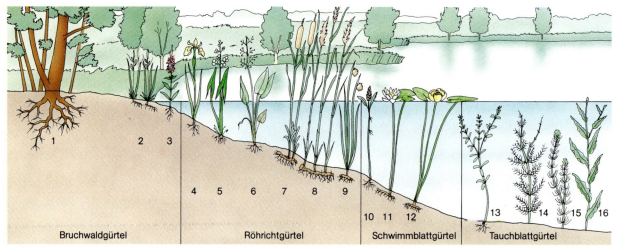

1 Schema der Pflanzengürtel am Seeufer

1 Pflanzen und Tiere im Lebensraum See

Die Pflanzengesellschaften des Seeufers

1	Erlen und Weiden
2	Seggen
3	Blutweiderich
4	Wasserschwertlilie
5	Pfeilkraut
6	Froschlöffel
7	Rohrkolben
8	Schilfrohr
9	Binsen
10	Wasserknöterich
11	Seerose
12	Teichrose
13	Wasserpest
14	Tausendblatt
15	Hornblatt
16	Krauses Laichkraut

Nähert man sich einem naturbelassenen, nährstoffreichen See oder Weiher, so zeigt sich oft, dass der direkte Zugang zum Wasser durch starken, breit ausgedehnten Pflanzenwuchs verwehrt ist. Ringförmig ziehen sich verschiedene *Pflanzengesellschaften* vom Ufer bis zur freien Wasserfläche hin. Dabei kann die Zusammensetzung dieser einzelnen Gesellschaften je nach den unterschiedlichen *Standortbedingungen* sehr verschieden sein. Auch fehlen stellenweise ganze Zonen, während andere besonders stark ausgeprägt sind. Eine typische Abfolge der Pflanzen zeigt die Abbildung 1.

Der *Bruchwaldgürtel* wird von Pflanzen geprägt, die stauende Nässe und gelegentliche Überschwemmungen ertragen können. Weiden und Erlen sind neben Faulbaum die Gehölze dieses Gürtels. Bittersüßer Nachtschatten, Sumpfveilchen, Sumpfdisteln, Seggen und sogar die seltene Sumpfcalla prägen die Krautschicht.

Der *Röhrichtgürtel* schließt sich direkt an den Bruchwaldgürtel an. Manchmal liegen noch größere Seggenbestände zwischen den beiden Zonen. Oft finden sich jedoch schon die ersten typischen Röhrichtpflanzen zwischen den letzten Erlen — die Übergänge sind fließend. Der Röhrichtgürtel wird vor allem von Schilfrohr geprägt. Es steht in dichten Beständen und ist mit seinen langen Wurzelstöcken tief im Schlamm verankert. Aus den Ausläufern des Wurzelstocks sprießen jedes Jahr neue Halme, sodass das Röhricht immer dichter wird und sich allmählich ausbreitet. Rohrkolben, Wasserschwertlilie, Froschlöffel, Wasserminze und Pfeilkraut stehen in diesen flachen Zonen und bieten im Frühsommer ein farbenfrohes Bild. An den tiefsten Stellen des Röhrichts kann noch die bis zu 3 Meter lange Teichbinse existieren.

Der Röhrichtgürtel enthält ein reiches Tierleben: Die Rohrammer, verschiedene Rohrsänger und das Teichhuhn haben hier ebenso ihre Nester wie die seltene Rohrdommel oder die Rohrweihe. Libellen legen hier ihre Eier ab und auf den Blüten der verschiedenen Pflanzen sitzen zahlreiche andere Insekten. Der Röhrichtgürtel wird in einigen Gegenden Deutschlands auch wirtschaftlich genutzt: Die Halme des Schilfs werden im Winter abgeerntet und zum Dachdecken *(Reetdach)* benutzt.

Wo das Wasser für die Röhrichtpflanzen zu tief wird und selbst die Teichbinse nur noch in einigen Exemplaren stehen kann, wird der Röhrichtgürtel vom *Schwimmblattgürtel* abgelöst. Solche Zonen entwickeln sich nur in manchen Teilen des Sees. Bei Pflanzen dieses Gürtels sind die Blätter oft von ledriger Beschaffenheit, ganzrandig und die Oberfläche scheint wie von Wachs überzogen. Wassertropfen können sogleich abperlen und der Wellenschlag vermag den Blättern nur wenig anzuhaben. Die meisten Arten — wie Gelbe Teichrose, Weiße Seerose und Wasserknöterich — wurzeln im schlammigen Boden und holen dorther auch die

Plankton
pflanzliche und tierische Kleinlebewesen, die im Wasser schweben (z. B. Algen, Wasserfloh)

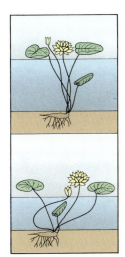

Seerose bei verschiedenem Wasserstand

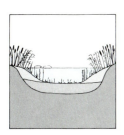

Vom See zum Flachmoor (Schema)

nötigen Mineralstoffe. Kräftige, biegsame Sprossachsen sichern die Stabilität auch bei stürmischem Wetter. Einige Pflanzen des Schwimmblattgürtels schwimmen frei an der Wasseroberfläche und nehmen mit kurzen Haarwurzeln die Mineralstoffe direkt aus dem Wasser auf. Wasserlinsen, Froschbiss u. a. gehören zu dieser Pflanzengruppe.

Auch dieser Pflanzengürtel hat eine ganz spezielle Tierwelt aufzuweisen. Haubentaucher und Blässhuhn haben hier ihre Gelege, und an Hochsommertagen finden sich Libellen zur Eiablage ein.

Im *Tauchblattgürtel*, der normalerweise vom Ufer nicht eingesehen werden kann, leben Laichkräuter, Wasserpest, Hornblatt und Tausendblatt völlig untergetaucht und lassen nur manchmal Blüten oberhalb der Wasserfläche erkennen. Die Wurzeln dienen nur der Verankerung; Mineralstoffe und Kohlenstoffdioxid werden durch die gesamte, sehr dünne Pflanzenoberfläche aufgenommen. Der erzeugte Sauerstoff geht in das Wasser; dadurch bekommt dieser Gürtel seine besondere Bedeutung. Ebenfalls wichtig ist diese Zone für die Fische, da die dichten Unterwasserpflanzenbestände Laich und Jungfischen hervorragend Schutz und Nahrung bieten. Tauchblattpflanzen findet man in einem See bis zu einer Tiefe, in die noch genügend Licht für die Fotosynthese gelangt.

Ein See verlandet

Auch der See ist wie ein Organismus *Alterungsvorgängen* unterworfen. Sie verlaufen normalerweise so langsam, dass der Mensch sie kaum wahrnimmt. Bei stark verschmutzten und überdüngten Seen allerdings laufen diese Prozesse beängstigend schnell ab.

Ein üppiger Pflanzenwuchs ist meistens Voraussetzung und Kennzeichen eines solchen Alterungsprozesses. Die Reste der abgestorbenen Wasserpflanzen, das eingewehte Falllaub, Wassertiere und Plankton sinken auf den Boden des Gewässers. Ein großer Teil wird von Bakterien zersetzt, der Rest sammelt sich als *Faulschlamm* am Grunde des Sees. Diese Faulschlammschicht gewinnt allmählich an Höhe und ermöglicht den einzelnen Pflanzengesellschaften vom Rande her immer mehr zur Seemitte vorzurücken. Man sagt, „Der See verlandet." Die Faulschlammschichten werden zu Torf und der See oder Weiher endet in seinem letzten Stadium als *Flachmoor*, auf dem sich zunächst artenreiche Wiesen und Röhrichte einfinden, die — sofern der Mensch nicht eingreift — zu Erlen- oder Birkenbruchwäldern werden.

1 Schilf

2 Gelbe Teichrose

3 Ähriges Tausendblatt

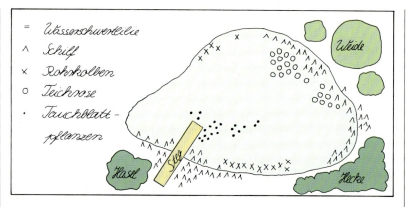

Kartierung und Untersuchung von Uferpflanzen

1. Bestimmung von Pflanzen

Bestimme an einem See, Weiher oder Schulteich mit Hilfe eines Bestimmungsbuches die vorkommenden Pflanzenarten. Nähere dich vorsichtig dem Ufer, tritt möglichst nicht auf Pflanzen und Tiere. Reiße auch keine Pflanze oder Pflanzenteile aus, da viele wild lebenden Pflanzen unter Naturschutz stehen. Pflanzen aus Gartenteichen sind nicht geschützt, da sie meist aus den Zuchten spezialisierter Gärtnereien stammen.

Aus dem Bundesnaturschutzgesetz:

Allgemeiner Schutz wild lebender Pflanzen und Tiere
(1) Es ist verboten
1. wild lebende Tiere mutwillig zu beunruhigen oder ohne vernünftigen Grund zu fangen, zu verletzen oder zu töten,
2. ohne vernünftigen Grund wild lebende Pflanzen von ihrem Standort zu entnehmen oder zu nutzen oder ihre Bestände niederzuschlagen oder auf sonstige Weise zu verwüsten,
3. ohne vernünftigen Grund Lebensstätten wild lebender Tier- und Pflanzenarten zu beeinträchtigen oder zu zerstören.

2. Kartierung der Uferpflanzen

Fertige von erhöhtem Standort aus eine *Übersichtsskizze* deines Untersuchungsgewässers an. Ordne die von dir bestimmten Pflanzenarten den einzelnen Pflanzengürteln des Ufers zu. Wähle für jeden Gürtel eine Farbe. Wähle für die Pflanzenarten Symbole, erkläre diese in einer Legende. Zeichne nun, ähnlich wie in unserem Beispiel, die Standorte der Pflanzen mit den gewählten Farben und Symbolen in die Skizze ein.

3. Untersuchung von Uferpflanzen

a) Binse und Schilf
— Schneide am Schul- oder Gartenteich einen Binsen- (s. Foto) und einen Schilfhalm ab. Schneide beide quer durch. Betrachte den Querschnitt mit einer Lupe und beschreibe den Aufbau des Stängels.
— Versuche mit dem Halm der Binse und einem Schilfrohr in ein Glas mit Wasser zu blasen. Beschreibe und erkläre das Ergebnis.

b) Wasserpest und Seerose
Entnimm dem Schulteich einen Wasserpestspross sowie Stängel und Blatt einer Seerose.
— Befühle und beschreibe die beiden Pflanzen.
— Schneide den Wasserpestspross mit einer Rasierklinge quer durch. Gib den Spross mit dem angeschnittenen Ende nach oben in ein Glasgefäß mit Wasser und belichte es mit einer Lampe. Berichte über deine Beobachtungen und erkläre.
— Reinige die Anschnittstelle des Seerosenstängels. Puste durch den Stängel. Halte dabei das Blatt mit einem abgeschnittenen Rand in ein wassergefülltes Aquarienbecken. Berichte und erkläre die Beobachtung.

Beziehe dazu die nachfolgende Zeichnung des mikroskopischen Querschnittes durch einen Seerosenstängel in deine Überlegung mit ein.

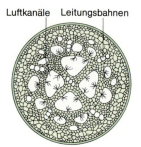

Querschnitt eines Seerosenstängels

— Taucht man den Stängel einer Seerose in einen wassergefüllten Becher und belässt das Blatt in der Luft, so welkt dieses bald. Lässt man es dagegen auf der Wasseroberfläche schwimmen, so bleibt es frisch. Wie muss die Blattunterseite beschaffen sein? Erkläre das Ergebnis der beschriebenen Versuche. Verwende dazu die Zeichnung eines unter dem Mikroskop betrachteten Blattquerschnittes.

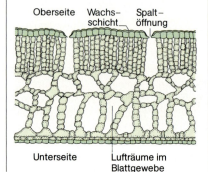

Pflanzen am Seeufer

Blutweiderich
50–200 cm hohe Staude, Blütenstand in einer Scheinähre mit quirlförmig angeordneten, purpurroten Blütenblättern, 6 radförmig ausgebreitete Kronblätter, 12 Staubblätter. *Blütezeit:* Juni bis September. Die Laubblätter sind schmal und lanzettlich. Ein kräftiges Luftgewebe versorgt die untergetauchten Pflanzenteile mit Sauerstoff.

Sumpf- oder **Wasserschwertlilie (G)**
50–100 cm große Pflanze mit fleischigem Wurzelstock. Grundständig angeordnete, schwertförmige Blätter. Große Lufträume in den Blättern dienen der Sauerstoffversorgung. Hellgoldgelbe, langgestielte Blüten in Kreisen, außen drei große, herabhängende, mit braunen Saftmalen versehene Kronblätter, die drei inneren kürzer und aufrecht stehend, drei Staubblätter. *Blütezeit:* Mai/Juni. Der Samen ist durch große luftgefüllte Hohlräume schwimmfähig. (**G = Geschützte Art**)

Breitblättriger Rohrkolben
100–250 cm hohe Pflanze mit Ausläufern. Auffällig durch den schwarz-braunen, walzenförmigen Fruchtkolben. Männliche Blüten mit drei Staubgefäßen und einem Kranz abstehender Haare sitzen oben. Weibliche Blüten darunter mit Haarkränzen und langgriffeligen, gestielten Fruchtknoten. *Blütezeit:* Juni–August. Blätter 1–2 cm breit, linealisch. Zahlreiche Luftkanäle in Blatt und Stängel führen bis in den Wurzelstock.

Weiße Seerose (G)
Ausdauernde Pflanze mit einem starken Wurzelstock, aus dem die Wurzeln, Blatt- und Blütentriebe treiben. Schwimmblätter groß, herzförmig (bis zu 30 cm lang), Blüten im Durchmesser bis zu 12 cm, mit 4 grünen Kelchblättern, 15–25 spiralig angeordneten weißen Kronblättern, die in zahlreiche Staubblätter übergehen. *Blütezeit:* Juni bis September.

Gelbe Teichrose (G)
Die Blüten tragen 5 gelbe Kelchblätter und zahlreiche, kürzere, spatelförmige Kronblätter, Staubblätter zahlreich. *Blütezeit:* April bis September.

Gemeines Hornblatt oder **Hornkraut**
50–100 cm lange, untergetauchte Wasserpflanze. Fadenförmige, dunkelgrüne Blätter in 4–12 Quirlen. Kleine, unscheinbare Blüten in den Blattachseln, getrenntgeschlechtlich, erheben sich nicht über die Wasseroberfläche. Der Blütenstaub wird vom Wasser zu den Narben getragen. Die schwarzen, stacheligen, 5 mm langen Früchte werden im Gefieder von Wasservögeln verbreitet. Abgebrochene Sprossteile wachsen wieder zu selbstständigen Pflanzen heran.

Wasserpest
Untergetauchte Wasserpflanze mit 30 bis 60 cm langen, flutenden Stängeln. Die länglich-lanzettlichen Blättchen stehen meist in Dreierquirlen. Die Verankerung im Schlamm erfolgt mit wurzelähnlichen Stängeln. Weibliche Blüten mit drei weißen Kronblättern ragen einzeln aus dem Wasser. *Blütezeit:* Mai bis August.

Algen sind an das Leben im Wasser angepasst

Fotosynthese unter Wasser

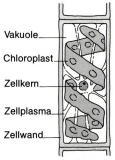

Vakuole
Chloroplast
Zellkern
Zellplasma
Zellwand

Einzelzelle der Schraubenalge

Dort, wo ausreichend *Feuchtigkeit* und *Licht* vorhanden sind, gedeihen *Algen*. Auf feuchtem Boden kommen sie ebenso vor wie in Mauerwinkeln, auf dem Boden des trocken gefallenen Wattenmeers ebenso wie auf dem Firn alpiner Gletscher.

Wenn wir ein Glas Wasser aus einem Tümpel gegen das Licht halten, erscheint es meistens grün. Der Grund hierfür sind *Grünalgen*, die im Wasser schweben. Es sind oft mikroskopisch kleine Pflanzen, die häufig nur aus einer einzigen Zelle bestehen (s. S. 22).

Wie andere grüne Pflanzen betreiben auch die Algen Fotosynthese. Mit Hilfe des Chlorophylls in ihren sehr unterschiedlich geformten *Chloroplasten* können sie aus Wasser und Kohlenstoffdioxid Traubenzucker bilden. Die nötigen Mineralstoffe entnehmen sie dem Wasser. Unter dem Mikroskop zeigt sich erst die ganze Vielfalt von Formen und Strukturen. Algen können kugelig, oval, stern- oder mondsichelförmig sein. Manche Grünalgen können sich mit Hilfe von *Geißeln* fortbewegen.

Treibt grüne „Watte" im Wasser, so handelt es sich um *Fadenalgen*. Hierzu gehört auch die *Schraubenalge*, bei der viele Zellen zu langen Fäden aneinander gereiht sind. Andere Algen sind auf der Unterlage mit *Haftorganen* festgewachsen und bilden Büschel, die wie Sprosspflanzen aussehen (z. B. *Kraushaaralge* und *Zweigalge*). Es fehlt ihnen jedoch die für Sprosspflanzen kennzeichnende Gliederung in Wurzel, Spross und Blätter.

Algen sind blütenlose Pflanzen und können sich auf zweierlei Weise vermehren: Einmal bilden sie ungeschlechtlich Sporen aus oder vollziehen *Zellteilungen*. Andererseits ist auch geschlechtliche Fortpflanzung durch Bildung von *Geschlechtszellen* möglich. Aus der Verschmelzung solcher Geschlechtszellen entsteht eine *Zygote*, aus der heraus sich ein Sporenträger entwickelt. Dieser bildet *Schwärmsporen*, aus denen sich dann neue Algen entwickeln.

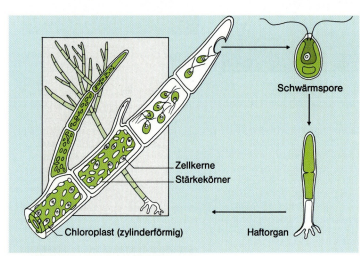

1 Zweigalge, ungeschlechtliche Vermehrung

Eine Besonderheit unter den Algen stellen die *Kieselalgen* dar. Man findet diese Algen als gelben oder braunen Überzug auf Steinen und Wasserpflanzen. Bei den Kieselalgen besteht die Zellwand aus zwei, oft fein ziselierten Schalen, die wie Dose und Deckel ineinander gefügt sind. Die Schalen enthalten *Kieselsäure*; das Blattgrün ist durch andere Farbstoffe überdeckt. Aus einem Längsspalt im Deckel tritt das Zellplasma aus und ermöglicht der Kieselalge, sich durch *Plasmaströmungen* wie ein Kettenfahrzeug fortzubewegen.

Interessant ist die Vermehrung von Kieselalgen durch Zellteilung. Dabei bildet jede Tochterzelle einen neuen Schalenboden, sodass ein Teil der Nachkommen immer kleiner wird. Ist eine gewisse Minimalgröße erreicht, schlüpft der Zellleib aus der Schale und bildet ein neues Gehäuse (▷ 2).

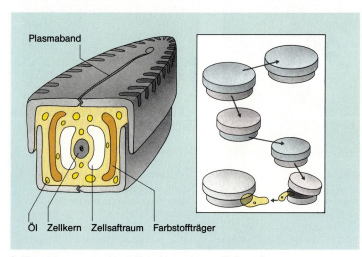

2 Kieselalge, ungeschlechtliche Vermehrung (Schema)

102

Algen

Die **Netzblaualge** besteht aus tausenden kugeliger Einzelzellen ohne echten Zellkern, die durch eine Gallerthülle zusammengehalten werden. Im Jugendstadium sind die Zellen blaugrün. Bei Mineralstoffmangel im Gewässer werden sie gelblich. Eingeschlossene Gasblasen erhöhen den Auftrieb. Eine massenhafte Vermehrung dieser Art kann zeitweilig zu einer grünen Färbung des Gewässers führen. Man spricht dann von einer **Algenblüte**.

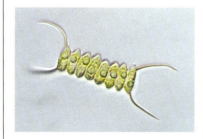

Die **Geschwänzte Gürtelalge** gehört zu den Grünalgen. Sie bestehen aus Kolonien von 4—12 Zellen. Die Mittelzellen sind ohne Fortsätze, die beiden Endzellen bilden nach außen aufwärts gebogene Stacheln.

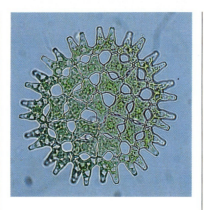

Das **Zackenrädchen**, eine andere *Grünalge*, bildet runde oder sternförmige Kolonien. Diese bestehen aus einer Zellschicht von 8—32 Zellen bei einem Scheibendurchmesser von maximal 0,3 mm. Die Randzellen sind zu einem Dreieck umgeformt.

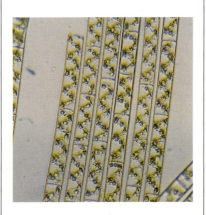

Die **Schraubenalge** gehört zu den *Jochalgen*. Die langen Fäden bestehen aus vielen Zellen, in denen bandförmig gedrehte Chloroplasten liegen. Bemerkenswert ist bei dieser Alge die komplizierte geschlechtliche Fortpflanzung, bei der sich zwei Fäden aneinander legen und benachbarte Zellinhalte verschmelzen. „Grüne Watte" auf Gartenteichen deutet auf eine starke Vermehrung von Schraubenalgen hin.

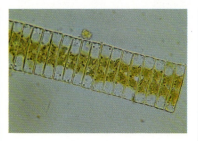

Die **Bruch-Kieselalge** ist eine *Kieselalge*, die bandartige unechte Zellkolonien bildet. Jede Einzelzelle besteht aus zwei Schalen aus Kieselsäure, die wie Deckel und Unterteil einer Petrischale zueinander passen. Ihr Chloroplast ist bräunlich. Sie kommt im Plankton sauberer Gewässer vor.

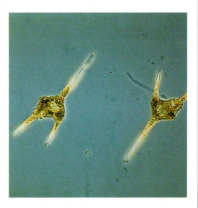

Die **Hornalge,** eine Feueralge im Plankton von Seen und Teichen, färbt bei Massenvermehrung das Wasser oft bräunlich. Mit Chloroplasten kann die Hornalge Fotosynthese betreiben. Sie kann aber auch mit Plasmafäden kleine Lebewesen fangen.

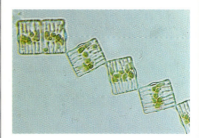

Die **Moor-Kieselalge** lebt nur in Moorgewässern. Sie hat den typischen Aufbau einer *Kieselalge*. Diese einzelligen Algen bauen einen zweischaligen Panzer aus Kieselsäure auf, der hart und widerstandsfähig ist. Sie bildet Kolonien, die zu Zickzackbändern verbunden sind. Im Sommer und Herbst kann es zur massenhaften Vermehrung kommen.

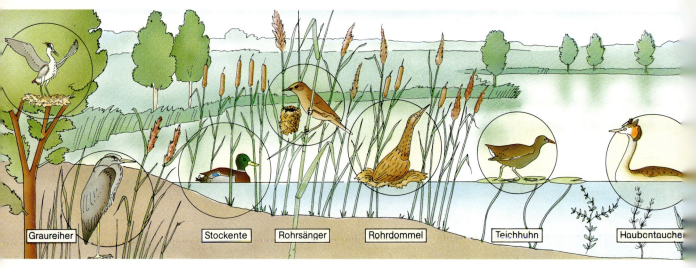

| Graureiher | Stockente | Rohrsänger | Rohrdommel | Teichhuhn | Haubentaucher |

1 Verteilung von Wasservögeln am See

Ökologische Nischen von Wasservögeln

Breite und dichte Röhrichtgürtel und sich weit in den See hineinziehende Pflanzengürtel sind ein Paradies für *Wasservögel*. An solchen Seen ist zu beobachten, dass viele verschiedene Vogelarten nebeneinander leben können. Bei genauerem Hinsehen erkennt man, dass jede Vogelart unterschiedliche *Ansprüche* an ihren Lebensraum stellt und jeweils einen eigenen Platz im Ökosystem See einnimmt.

Der *Graureiher* z. B. kann gut fliegen und sich auch sicher auf dem Land bewegen, schwimmen aber kann er nicht. Mit seinen langen *Stelzbeinen* wagt er sich nur in seichtes Wasser hinein. Der *Haubentaucher* dagegen ist ein sehr guter Schwimmer und ein vortrefflicher Taucher. An Land geht er selten, nie betritt er es freiwillig. Nur am schwimmenden Nest hat er „Boden" unter den Füßen. Das ist zu verstehen, wenn man sieht, wie weit hinten am Körper die Beine angesetzt sind. Seine Zehen sind außerdem mit breiten „Schwimmlappen" versehen. So kann der Vogel beim Gehen an Land nur mit Mühe das Gleichgewicht halten.

Auf Grund ihrer körperlichen Eigenschaften sind diese zwei Arten räumlich voneinander getrennt. Auch hinsichtlich der Nahrung machen sich beide keine Konkurrenz. Der Graureiher erbeutet Kleinsäuger, Reptilien und Lurche auf feuchten Wiesen und im Uferbereich. Wasserinsekten und kleinere Fische fängt er nur in seichtem Wasser. Der Haubentaucher beherrscht dagegen die freie Wasserfläche des Sees und taucht bis zu 40 m Tiefe. Hier ist er auf der Jagd nach größeren Fischen und auch nach Wasserinsekten. Entsprechend ihrer Lebensweise wählen beide Vögel auch die Nistplätze: Der Graureiher baut sein Nest auf Bäumen in der Nähe des Sees, der Haubentaucher baut ein schwimmendes Nest am Übergang vom Röhricht zum Schwimmblattgürtel.

Graureiher und Haubentaucher stellen also unterschiedliche Ansprüche an die Nahrung und an den Ort des Nahrungserwerbs sowie an die Nistplätze. Sie nehmen ihrer Art entsprechend einen ganz bestimmten Platz im Ökosystem ein.

Die Gesamtheit aller Umweltfaktoren (vgl. S. 96 u. S. 70), die für das Überleben einer Art notwendig sind, bezeichnet man als deren **ökologische Nische**. Die Vielfalt der ökologischen Nischen verringert die Konkurrenz untereinander und macht ein Nebeneinander vieler verschiedener Arten möglich.

Aufgaben

① Beschreibe die ökologischen Nischen der auf diesen beiden Seiten vorgestellten Wasservögel.
② Beobachte Wasservögel. Finde heraus, welche Arten es sind und welchen Teil des Gewässers sie beanspruchen.
③ Erkläre, warum *Stockente* und *Reiherente* keine Nahrungskonkurrenten sind.
④ Finde anhand eines Tierlexikons heraus, durch welche äußeren Merkmale das *Teichhuhn* vom *Blässhuhn* zu unterscheiden ist.

Haubentaucher

Der **Graureiher** nistet meist in größeren Kolonien auf Bäumen. Er ist ein standorttreuer Vogel, der diese Brutkolonien in der Nähe eines Gewässers jahrzehntelang nutzt. Auf feuchten Wiesen und im flachen Wasser des Uferbereichs findet er reichlich Nahrung.

Die **Stockente** ist die bei uns häufigste Wildente. Sie baut ihr Nest gut versteckt in der Bodenvegetation des beginnenden Röhrichtgürtels. Die Stockente nimmt, im flachen Wasser gründelnd, überwiegend pflanzliche Nahrung auf, frisst aber auch tierisches Plankton.

Die **Reiherente** ist eine Tauchente. Sie ist wesentlich kleiner als die Stockente. An Kopf, Brust und Rücken ist sie schwarz, der Bauch ist weiß. Ihr Nest baut sie an Land zwischen Seggen und Binsen. Ihre Hauptnahrung sind Muscheln sowie Schnecken und Würmer.

Das **Teichhuhn** baut sein Nest gut versteckt im dichten Pflanzenwuchs am Ufer. Auf der Suche nach Nahrung läuft es geschickt über die großen Blätter der Schwimmblattpflanzen und pickt nach Schnecken und Wasserinsekten sowie Frosch- und Fischlaich.

Die **Große Rohrdommel** findet man an größeren Seen mit ausgedehnten Schilfgürteln. Ihr flaches Nest baut sie dicht am Wasser, erhöht auf Schilf- und Rohrkolbenstängeln. Auf der Suche nach Fröschen, Schnecken und Insekten klettert sie durchs Röhricht.

Der **Teichrohrsänger** verbringt sein Leben im dichten Röhrichtgürtel. Er baut sein Nest ein beträchtliches Stück über dem Wasserspiegel, wo es kunstvoll an Schilfstängeln befestigt wird. Auf der Suche nach Insekten klettert er geschickt im Dickicht der Schilfhalme.

Der **Haubentaucher** baut sein schwimmendes Nest aus zusammengetragenem Pflanzenmaterial vor dem Röhrichtgürtel. Sein Lebensraum ist die freie Wasserfläche größerer Seen. Geschickt taucht er auch in größeren Tiefen nach Fischen, seiner Hauptbeute.

Libellen — Leben in zwei Welten

vollständige Verwandlung
Jugendformen sehen völlig anders aus als das erwachsene Insekt. Die Entwicklung verläuft vom Ei über mehrere Larvenstadien zur Puppe. Aus dem Puppenstadium schlüpft das Vollinsekt (Beispiele: Käfer, Schmetterling)

unvollständige Verwandlung
Die Larven gleichen in vielen Fällen den Eltern weitgehend, ein Puppenstadium gibt es nicht
(Beispiele: Libellen, Heuschrecken)

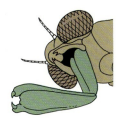

Kopf einer Libellenlarve mit Fangmaske

1 Blaugrüne Mosaikjungfer
2 Paarungsrad
3 Eiablage
4 Larve
5 Larve frisst Kaulquappe
6—8 Schlüpfvorgang der Libelle
9 Trocknen und Härten der Flügel
10 Der erste Flug

Teufelsnadeln, Wasserjungfern, Augenstecher, Drachenfliegen: das sind einige der Volksnamen, die unsere etwa 80 Libellenarten erhalten haben. Insgesamt sind es über 2000 Namen, und damit haben die Libellen einen Rekord erreicht, denn keine Tiergruppe kann mehr Namen vorweisen.

Ohne Zweifel gehören die Libellen zu den elegantesten und besten Fliegern unter den Insekten. Diese Fähigkeit, ihr nadelförmiger Körper, die großen Augen und ihre bunte Färbung haben sie sicherlich so interessant gemacht. Den Namen „Augenstecher" tragen diese Insekten jedoch zu Unrecht: die Tiere leben zwar räuberisch und fangen im Flug mit Hilfe ihrer Beine Insekten, stechen können sie jedoch nicht, da sie keinen Stachel besitzen, sondern nur harmlose Hinterleibsanhänge, die wie Stacheln aussehen.

Die Männchen besetzen Jagdreviere, die nicht unbedingt an Gewässern liegen müssen. Diese Tiere fliegen auch über Waldwegen, sonnigen Wiesen und durch Gärten.

In der Paarungszeit bilden Männchen und Weibchen ein „Paarungsrad" und fliegen eine Zeit gemeinsam. Die Begattung findet im Flug statt. Das Weibchen legt die befruchteten Eier im Wasser oder an Wasserpflanzen ab. Aus den Eiern schlüpfen die Libellenlarven, die — je nach Art — bis zu vier Jahre als Räuber unter Wasser leben und sich in dieser Zeit mehrmals häuten. Die Larven fassen ihre Beute mit Hilfe einer Fangmaske, die unter dem Mund sitzt. Zum Atmen saugen die Larven der Großlibellen Wasser in den Enddarm. Dort sitzen kiemenförmige Ausstülpungen des Tracheensystems, mit denen das Insekt den Gasaustausch vornimmt. Wenn die Larve das Wasser kräftig ausstößt, wird sie wie eine Rakete durch den Rückstoß vorangetrieben.

Die Libellen schlüpfen fast immer am frühen Morgen eines sonnigen, warmen Tages. Sie verlassen in der Nacht das Wasser und klammern sich an einem Schilfhalm oder anderen Pflanzenstengeln fest. Nach einiger Zeit platzt die Larvenhülle auf der Oberseite des Brustteils auf, die ausgewachsene Libelle ist zu sehen. Es dauert aber noch einige Stunden, bis das Tier zunächst den Vorderleib und dann den langen Hinterleib aus der Larvenhaut gezogen hat.

Oft benötigt das Tier eine weitere Stunde, um die Flügel, die zunächst eng gefaltet sind, „aufzupumpen". Das bereitet dem Tier sichtlich Mühe. Man sieht, dass der Hinterleib dabei stark anschwillt. Die vorher weichen und milchigen Flügel werden glasklar und fest. Nach frühestens zwei Stunden faltet die Libelle die noch zusammengelegten Flügel auseinander und wenig später startet sie zu ihrem ersten Flug. Die prächtige Färbung stellt sich aber erst nach einigen Tagen ein.

Anders als Schmetterlinge oder Käfer haben Libellen kein Puppenstadium. Man spricht bei dieser Form der Entwicklung von einer *unvollständigen Verwandlung* (s. S. 53).

Unsere Libellen lassen sich in zwei große Gruppen unterteilen: die *Großlibellen* und die wesentlich zierlicheren *Kleinlibellen*. Die Blaugrüne Mosaikjungfer zählt zu den Großlibellen. Anders als die Großlibellen klappen die Kleinlibellen ihre Flügel im Ruhezustand stets zusammen. Ihre Larven tragen am Hinterleibsende drei kleine Kiemenblättchen, die auch zur Fortbewegung genutzt werden.

Auf Tauchstation — der Gelbrandkäfer

Der Gelbrandkäfer kann sowohl an Land als auch im Wasser leben. Im Wasser kommt er von Zeit zu Zeit an die Oberfläche. Dabei stößt er mit seinem Hinterleib durch den Wasserspiegel, sodass in eine Öffnung zwischen Körper und Flügeldecken Luft einströmen kann. Eine feine Haarreuse verhindert das Eindringen von Wasser. Die eingeströmte Luft wird im Haarpelz hinter dem Brustteil gespeichert. In diese Luftkammer münden Atemöffnungen *(Stigmen)*. Über diese gelangt die Luft in die Tracheen. Die Larven des Gelbrandkäfers atmen durch ein Atemrohr, mit dem sie sich an die Wasseroberfläche hängen. Käfer und Larven leben räuberisch von kleineren Wassertieren.

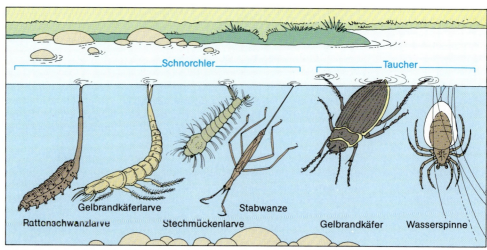

1 Kleintiere aus stehenden Gewässern mit besonderen Atemmechanismen

Atmen im Wasser

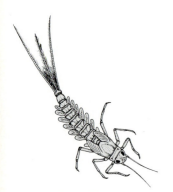

Eintagsfliegenlarve mit Tracheenkiemen

Die Atmung ist für jedes Tier ein lebenswichtiger Vorgang. Auf dem Land steht immer genügend Sauerstoff zur Verfügung, da er etwa 21 % der Luft ausmacht. Der Sauerstoffgehalt des Wassers ist viel geringer. Da Wasser mit steigenden Temperaturen immer weniger Sauerstoff aufnimmt, wird der Sauerstoff im Wasser leicht zum begrenzenden Umweltfaktor für Tiere.

Bei Wassertieren haben sich ganz verschiedene Formen der Atmung entwickelt. Die einfachste Form ist die *Hautatmung.* Man beobachtet sie z. B. bei Schlammröhrenwürmern und Fröschen. Der Sauerstoff gelangt durch die dünne Haut in den Körper und wird dort verteilt. Auf dem umgekehrten Wege wird das Kohlenstoffdioxid abgegeben.

Kiemen sind die bekanntesten Organe, die dem Gasaustausch im Wasser dienen. Molchlarven verfügen über *Außenkiemen.* Fische besitzen *Innenkiemen.* Alle Kiemen haben eine große Oberfläche. Diese besteht aus weit verzweigten Kiemenbüscheln oder zahllosen Kiemenblättchen. Teichmuschel, Sumpfdeckelschnecke und Krebse sind ebenfalls Kiemenatmer.

Bei Eintagsfliegen- und Kleinlibellenlarven liegen die Tracheenkiemenblättchen außerhalb des Körpers. Die Atmungsorgane der Eintagsfliegenlarven ragen wie blattartige Anhänge seitlich aus dem Hinterleib. Bei den Kleinlibellenlarven findet man blattartige Strukturen am Körperende. Bei beiden Formen erzeugen die Tiere mit den Blättchen bei sinkendem Sauerstoffgehalt einen Wasserstrom und kommen dadurch stets mit sauerstoffreichem Wasser in Berührung.

Die *Luftatmung mit Tracheen* findet man bei Gelbrandkäfern und Wasserspinnen. Sie stoßen mit ihrem Hinterleibsende durch das Oberflächenhäutchen des Wassers. Die Käfer tauschen dann den Luftvorrat unter den Flügeldecken aus. Über die Stigmen des Hinterleibes gelangt der Sauerstoff in die Tracheen und von dort zu den Orten des Verbrauchs (vgl. S. 107). Die Wasserspinnen strecken ebenfalls ihren Hinterleib aus dem Wasser. Sie nehmen aber einen Luftvorrat zwischen den feinen Haaren am Hinterleib zu einer Luft gefüllten „Taucherglocke" mit, die sie an einer Wasserpflanze befestigt haben.

Das Prinzip der *Schnorchelatmung* verwirklichen Stabwanzen und die Larven der Stechmücken. Diese Lebewesen hängen mit ihren Atemrohren am Oberflächenhäutchen des Wassers. Über die Öffnung des Atemrohres nehmen sie Sauerstoff direkt aus der Luft auf und geben Kohlenstoffdioxid ab.

Zur *Lungenatmung* müssen Säuger wie Fischotter und Bisamratte, aber auch Molche und Lungenschnecken immer wieder an die Wasseroberfläche kommen.

Auch wenn unser Zeichner übertrieben hat, gibt dir die kleine Karikatur Hinweise, welche Anpassungen dem Gelbrandkäfer das Leben unter Wasser ermöglichen.

Aufgabe

① Fasse in einer Tabelle die Formen der Atmung im Wasser zusammen. Ordne ihnen Tierarten zu, die sie verwenden.

Tiere im und am Teich

Stechmücken sind dämmerungsaktiv. Die Männchen stechen nicht. Sie ernähren sich von Blütennektar. Nur die Mückenweibchen saugen Blut. Beim Saugen geben sie Speichelflüssigkeit in die Stichwunde ab. Diese verhindert die Blutgerinnung und verursacht das Jucken. Das Weibchen kann nur Eier legen, wenn es einmal Blut gesaugt hat. Es legt sie als Eipakete auf die Oberfläche von Gewässern ab. Larven und Puppen entwickeln sich im Wasser.

Taumelkäfer (Länge 5 bis 7 mm) können mit Hilfe der zweigeteilten Augen sowohl den Luftraum als auch den Unterwasserbereich zur gleichen Zeit beobachten. Sie überwintern meist an Land. Die Larven erbeuten kleine Bodentiere, die ausgewachsenen Tiere leben vor allem von kleinen Insekten, die auf das Wasser fallen.

Wasserläufer (Länge 8 bis 17 mm), eine Wasserwanzenart, gleiten wie Schlittschuhläufer über das Wasser. Sie nutzen dabei die Oberflächenspannung des Wassers. Die Mittelbeine treiben das Tier voran, die Hinterbeine dienen als Steuer. Sie erbeuten kleinere Tiere, die ins Wasser gefallen sind.

Posthornschnecken (Gehäusedurchmesser bis 3 cm) finden sich in stehenden oder langsam fließenden Gewässern, die wenig Sauerstoff enthalten. Zu finden sind sie meist am Gewässerboden. Sie ernähren sich von Algen, lebenden und abgestorbenen Pflanzenteilen und von faulenden Sinkstoffen. Im Winter vergraben sie sich im Schlamm.

Spitzschlammschnecken (Länge bis 6 cm) sind in pflanzenreichen stehenden und langsam fließenden Gewässern

nicht selten. Es gibt große Unterschiede in der Form und der Färbung. Die Tiere ernähren sich ähnlich wie die Posthornschnecken. An der Wasseroberfläche treibende, die Kahmhaut abweidende, Schlammschnecken können bei Gefahr durch Ausstoßen der Luft aus der Atemhöhle schnell abtauchen. Die Spitzschlammschnecke klebt ihre Eier (10 – 200) in Laichschnüren an Steine oder Pflanzen.

Zeichnung und Farbe des **Wasserfrosches** (Größe bis zu 12 cm) wechselt sehr stark. Die Schallblasen, die rechts und links an den Mundwinkeln austreten, sind weißlich gefärbt. Bei schönem Wetter stimmen die Männchen ab Anfang Mai lang anhaltende Konzerte an. Der Laich wird in großen Klumpen von mehreren hundert Eiern ins Wasser abgegeben. Der Wasserfrosch verbringt den größten Teil seines Lebens im Wasser.

Das Kaspische Meer ist die Heimat der **Wandermuschel**. Ihre Verbreitung erfolgte am Ende des 18. Jahrhunderts über Schifffahrt und Vögel. So erreichte sie 1830 den Hamburger Hafen und 1965 den Bodensee. Die Wandermuschel ist leicht an der dreieckigen, bis 40 mm langen Schale (Dreikantmuschel!) zu erkennen, auf der sich dunkelbraune Linien befinden.

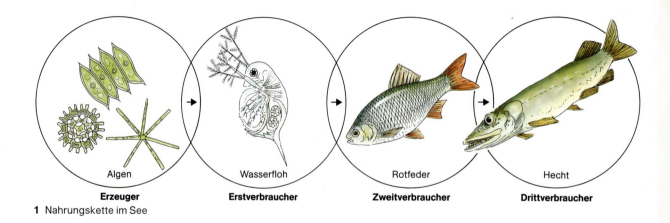

1 Nahrungskette im See

Nahrungsbeziehungen und Stoffkreislauf im See

Art
Lebewesen, die in allen wichtigen Merkmalen übereinstimmen und miteinander fruchtbare Nachkommen zeugen können

Population
Gesamtheit der Lebewesen einer Art, die in einem zusammenhängenden Gebiet leben und sich miteinander fortpflanzen

Winzige Grünalgen, die zu den Erzeugern (Produzenten) gehören, werden von einem Wasserfloh gefressen. Als Pflanzenfresser ist er ein Erstverbraucher (Konsument). Der Wasserfloh dient wiederum der Rotfeder als Beute. In dieser Räuber-Beute-Beziehung stellt die Rotfeder als Fleischfresser den Zweitverbraucher dar. Am Ende der Nahrungsbeziehung wird die Rotfeder von einem Hecht, einem Drittverbraucher oder Endkonsumenten, verzehrt. Lebewesen sind über die Nahrungsbeziehungen wie die Glieder einer Kette miteinander verbunden. Sie gehören zu einer **Nahrungskette**.

In Wirklichkeit sind die Ernährungsmöglichkeiten der Verbraucher fast nie so einseitig, dass sich eine Tierart nur von einer einzigen anderen ernährt. Meist fängt eine räuberisch lebende Tierart verschiedene Beutetiere. Der Rückenschwimmer z. B. frißt sowohl Köcherfliegen und Zuckmücken als auch Kaulquappen und Insektenlarven. Die einzelnen Pflanzen und Tiere gehören also häufig mehreren Nahrungsketten an. Dadurch werden diese Nahrungsketten untereinander so verflochten wie die Maschen eines Netzes. Diese vielfältigen Nahrungsbeziehungen werden als **Nahrungsnetz** bezeichnet.

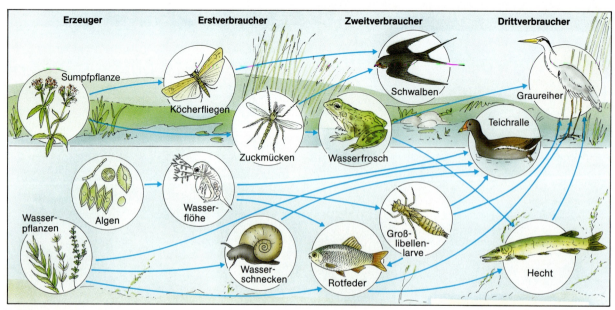

2 Nahrungsnetz im See

Zwischen den Lebewesen und dem Lebensraum werden nicht nur Nährstoffe und Wasser, sondern auch Mineralstoffe, Kohlenstoffdioxid und Sauerstoff ausgetauscht:

Die Erzeuger (Produzenten) nehmen Kohlenstoffdioxid, Wasser und Mineralstoffe auf und nutzen sie, um körpereigene, energiereiche Nährstoffe aufzubauen (z. B. Traubenzucker und Stärke). Sie geben dabei u. a. Sauerstoff ab.

Die Verbraucher (Konsumenten) fressen Pflanzen und Tiere. Sie gewinnen aus der Nahrung Energie und bauen körpereigene Stoffe auf (z. B. Eiweiß und Fett). Sie verbrauchen Sauerstoff und geben Kohlenstoffdioxid ab.

Zersetzer (Destruenten) zersetzen organische Stoffe zu Mineralstoffen und Kohlenstoffdioxid. Hier schließt sich der natürliche Stoffkreislauf wieder.

Alle Lebewesen des Sees bilden zusammen eine Lebensgemeinschaft, die *Biozönose*. Die Einheit von Lebensgemeinschaft und Lebensraum, *Biotop*, wird als *Ökosystem* bezeichnet.

Durch die Vielfalt der Nahrungsbeziehungen und Stoffkreisläufe bleibt die Zahl der Einzellebewesen einer Art (Population) im Ökosystem innerhalb bestimmter Grenzen. Man spricht von einem *biologischen Gleichgewicht*. Es wird durch jeden Eingriff des Menschen gefährdet.

Energie wird in den Nahrungsketten in Form von Nährstoffen weitergegeben. Die Lebewesen setzen den größten Teil der aufgenommenen Energie für Bewegung, Wärme usw. um, nur ein kleinerer Teil wird für den Aufbau des eigenen Körpers verbraucht. Wenn beispielsweise das Körpergewicht eines Hechtes um 1 kg zunimmt, hat er ungefähr 10 kg Beutetiere gefressen. Aber auch diese haben vorher ein Mehrfaches ihres Körpergewichtes aufgenommen.

Endkonsumenten verzehren also indirekt sehr viele Pflanzen und Tiere. In ihrem Körper sammeln sich dadurch aber auch jene nicht abbaubaren Schadstoffe an, welche die gefressenen Lebewesen aufgenommen haben. Die Konzentration dieser Stoffe wird von Konsument zu Konsument immer höher.

Aufgaben

① Beschreibe Nahrungsketten ▷ 110.2.
② Wie sollten wir Menschen uns ernähren, um bei der Erzeugung unserer Nahrungsmittel mit der Energie sparsam umzugehen?

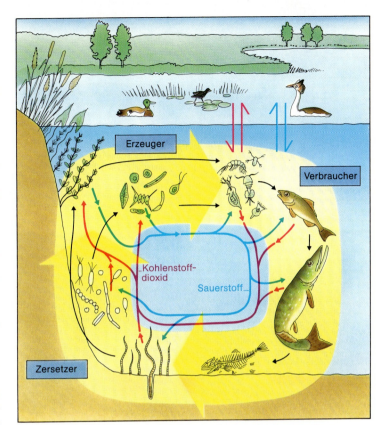

1 Stoffkreislauf im See

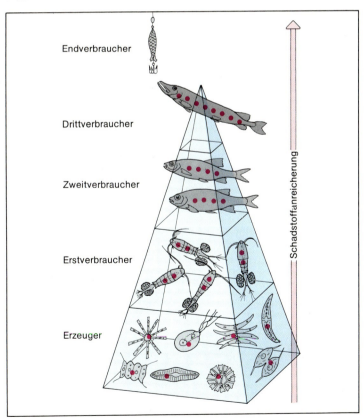

2 Nahrungspyramide im See

111

1 Badesee mit Surfern

2 Angeln am stark bewachsenen Ufer

3 Güllewagen

4 Müll am Ufer – Hinterlassenschaft Erholung Suchender

2 Eingriffe in das Ökosystem

Binnengewässer sind belastet

Alle Wasserflächen — ob Tümpel, Dorfteiche, Seen, Bäche, Flüsse oder Kanäle — sind samt ihren Lebensgemeinschaften vielfältigen Belastungen ausgesetzt.

Viele Binnengewässer haben eine große Anziehungskraft auf Erholung Suchende. An schönen Sommertagen versammeln sich dort oft mehr Badegäste, Angler, Surfer und Motorbootfahrer, als die empfindlichen Lebensgemeinschaften vertragen können. Die Ufervegetation wird zertreten, brütende Vögel im Schilfröhricht werden gestört, Motorfahrzeuge hinterlassen Öl, Hunde laufen unbeaufsichtigt herum und Abfälle aller Art bleiben in der Landschaft zurück.

Auch Kläranlagen, die die gewerblichen und häuslichen Abwässer weitgehend reinigen, belasten die Gewässer noch in erheblichem Maße. In Bereichen mit intensiver landwirtschaftlicher Nutzung werden vor allem Bäche und kleine Stillgewässer durch Eintrag von Mineraldüngern, Gülle und Pflanzenschutzmitteln geschädigt.

Kleine Gewässer wurden häufig zugeschüttet oder trockengelegt, Ufer wurden bebaut, Fließgewässer begradigt und in ein betoniertes Bett gezwungen.

In mancher Hinsicht hat heute allerdings bereits ein Umdenken eingesetzt. Man weiß inzwischen, wie wichtig die Gewässer für den Wasserhaushalt ganzer Landschaften sind und versucht vielfach, beispielsweise durch *Renaturierung* einst begradigter Bäche, frühere Fehler wieder gutzumachen.

Aufgaben

① Sollte man auf einem Gewässer, das unter Naturschutz steht und für das ein Verbot für das Baden, Bootfahren, Surfen usw. ausgesprochen wurde, im Winter das Schlittschuhlaufen erlauben?

② Erkundige dich bei einem Wassersportverein, wie die „10 Goldenen Regeln für Wassersportler" lauten.

③ Welches sind die Bereiche eines Binnengewässers, die besonders wenig Störungen durch Badegäste ertragen können? Begründe deine Meinung.

④ Erkläre, warum an Gewässern mit vielen Anglern weniger Vögel brüten als an Gewässern mit Angelverbot.

Eutrophierung

Die Anreicherung eines Gewässers mit Nährstoffen nennt man *Eutrophierung*. Vor allem während der warmen Jahreszeit kommt es unter dem Einfluss des Sonnenlichts in nährstoffreichen Gewässern zu einer Massenentwicklung von Pflanzen, vor allem der Algen (Algenblüte).
Wenn diese absterben, verbrauchen die Kleinlebewesen — in erster Linie aerobe Bakterien — beim Abbau sehr viel Sauerstoff. Der Zustand des Gewässers beginnt sich dann kritisch zu verändern. Tiere, die besonders viel Sauerstoff zum Leben benötigen, sterben ebenfalls ab. Auch diese Lebewesen werden nun unter Sauerstoffverbrauch abgebaut.

Am Boden lagert sich Faulschlamm ab, in dem kein Sauerstoff mehr vorhanden ist. Als Produkte des weiteren Abbaus durch anaerobe Bakterien, die keinen Sauerstoff benötigen, steigen Gase wie z. B. Methan und der übel riechende Schwefelwasserstoff auf. Ist dieser Zustand erreicht, können nur noch wenige Tierarten überleben. Die Faulschlammschicht wird höher und ermöglicht es den Uferpflanzen, immer weiter zur Wasserfläche vorzurücken (vgl. S. 99).

Unsere Gewässer sind heute alle mehr oder weniger nährstoffreich *(eutroph)*. Pflanzen und Tiere, die nährstoffarme *(oligotrophe)* Gewässer bevorzugen, sind daher sehr selten geworden.

Aufgaben

① Auch ohne Einfluss des Menschen hat es schon immer oligotrophe und eutrophe Seen gegeben. Was sind die Ursachen für diese Unterschiede?
② Was spricht dagegen, einen Baggersee mit Kalk und Futtergaben zu einem dicht besetzten Fischteich zu machen?
③ Überlege, welche Folgen der Einbau eines Stauwehrs in einen Bachlauf hat. Bedenke, dass warmes Wasser weniger Sauerstoff enthält als kaltes!
④ Auch ein Aquarium kann im ökologischen Sinne „umkippen". Wodurch kann eine solche Katastrophe ausgelöst werden?
⑤ Wie gelangen Gülle, Mineraldünger und Spritzmittel auch dann zum Teil in die Binnengewässer, wenn der Landwirt diese Stoffe mit Sorgfalt ausbringt?

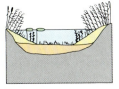

Verlandender See

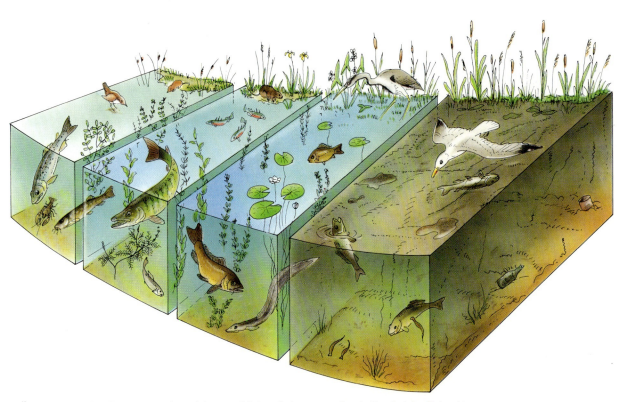

1 Änderung des Gewässerzustands und der zugehörigen Lebensgemeinschaften bei der Eutrophierung

Die Selbstreinigung in einem Fließgewässer

Gelangen *Abwässer* in einen Bach, so verändern sich nicht nur das Aussehen des Wassers, sondern auch die Lebensbedingungen für alle Organismen.

Das klare Bachwasser kann durch eine Abwassereinleitung zunächst stark getrübt werden. Am Boden lagert sich bald schwarzer Faulschlamm ab und Algen verschwinden. Der Sauerstoffgehalt nimmt stark ab. Man findet auf längerer Strecke fast nur noch Bakterien und Pilze. Nach einigen Bachkilometern wird das Wasser wieder klarer, der Sauerstoffgehalt und die Anzahl der Algen nehmen zu. In den folgenden Gewässerabschnitten wird das Pflanzen- und Tierleben wieder vielfältiger.

Im Bach laufen nacheinander folgende Vorgänge ab: Abwässer aus Haushalten enthalten viel *organische Substanzen* (Kot, Harn, Küchenabfälle), die von Lebewesen abgebaut werden können. Sauerstoffbedürftige *(aerobe)* Bakterien und Abwasserpilze setzen die stickstoffhaltigen Anteile der Eiweiße zu Nitraten, die schwefelhaltigen Anteile zu Sulfaten und die phosphorhaltigen Anteile zu Phosphaten um. Kohlenhydrate werden zu Kohlenstoffdioxid und Wasser abgebaut. Diese Vorgänge laufen nur so lange ab, wie Sauerstoff im Bachwasser gelöst ist.

Das Überangebot an organischer Substanz nach dem Abwassereinlauf führt zu einer massenhaften Vermehrung der Zersetzer. Die Abbauprozesse zehren bald allen Sauerstoff im Gewässer auf. Bei Fäulnis zersetzen Bakterienarten, die ohne Sauerstoff leben können *(anaerobe Bakterien),* die Eiweiße unvollständig zu Ammoniumionen, Methan und Schwefelwasserstoff. Schwefelwasserstoff riecht nach faulen Eiern. Die große organische Belastung des Gewässers kann auch von der unvorstellbar großen Zahl an Bakterien und Pilzen nicht abgebaut werden, sondern lagert sich am Boden ab. Es entsteht Faulschlamm.

Die Schwefelbakterien wachsen auf dem Faulschlamm in dichten Rasen. Sie wandeln Schwefelwasserstoff, der aus dem Faulschlamm aufsteigt, in Sulfate um. Abwasserfahnen bauen Kohlenhydrate zu Methan ab. Im Fließgewässer nimmt bald nach der Einleitung die Anzahl der Wimpertierchen, die sich von Bakterien ernähren, erheblich zu. In übermäßig und stark verschmutzten Gewässerabschnitten leben im Faulschlamm auch Schlammröhrenwürmer und Zuckmückenlarven.

In nachfolgenden Bachabschnitten vermehren sich die Algen wieder stärker. Sie nutzen die anfallenden Mineralstoffe Nitrat und Phosphat zum eigenen Wachstum. Wird die Belastung an organischer Substanz und an Mineralstoffen durch die Tätigkeit der Lebewesen im Gewässer noch weiter vermindert, so zeigen Köcherfliegenlarven die vorliegende mäßige Belastung an. Damit ist der Vorgang der Selbstreinigung eines Gewässers meist abgeschlossen. Fast nie wird bei uns der Zustand eines gering belasteten Gewässers erreicht, da in dicht besiedelten Gebieten vorher schon der nächste Abwasserzulauf erfolgt. Die beschriebene Selbstreinigung funktioniert allerdings nur, solange die Belastung nicht zu stark ist.

1 Abwassereinleitung

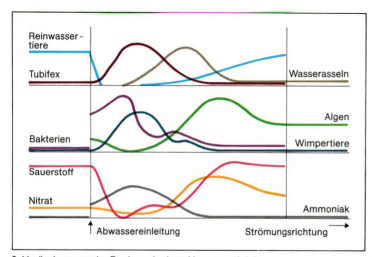

2 Veränderungen im Bach nach einer Abwassereinleitung

114

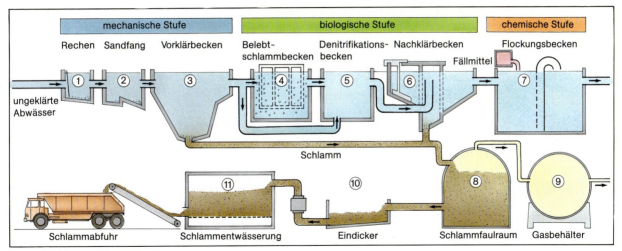

1 Schema der Abwasserklärung in einer dreistufigen Kläranlage

Abwasserreinigung in einer Kläranlage

Auf den ersten Blick hat eine moderne Kläranlage wenig Ähnlichkeit mit einem Bach. Dennoch laufen in der Kläranlage Vorgänge ab, die der Selbstreinigung im Bach stark ähneln. Das Abwasser fließt über die Kanalisation mit groben, feinen und feinsten Verunreinigungen in das Klärwerk. *Grob- und Feinrechen* halten größere Verunreinigungen zurück. In einem Bach werden diese Teile von den Ästen der Büsche und Bäume am Ufer zurückgehalten. Im *Sandfang* des Klärwerkes wird Luft eingeblasen, wodurch Öl und Fett an der Wasseroberfläche abgeschieden werden und Sand sich am Boden ablagert. Im nachfolgenden *Vorklärbecken* fließt das Abwasser so extrem langsam, dass die Teilchen, die eine größere Dichte als Wasser haben, als Schlamm zum Boden absinken. Schieber drücken den Schlamm zu einer Seite des Beckens. Von dort wird er zum Faulturm gepumpt. Die Verhältnisse in dieser *mechanischen Reinigungsstufe* des Klärwerkes entsprechen Stillwasserbereichen eines Baches. Auch hier lagert sich Faulschlamm ab.

In einer weiteren Stufe der Kläranlage wird auf einer stark verkürzten Strecke eine biologische Selbstreinigung durchgeführt, die in einem Fließgewässer mehrere Kilometer erfordert. Nach der Vorklärung enthält das Abwasser noch Schwebteilchen und gelöste Verunreinigungen. Im *Belebtschlammbecken* des biologischen Teiles der Kläranlage bläst man ständig Luft in das Wasser, um den Sauerstoffgehalt für die Bakterien und Einzeller optimal zu halten.

Bakterien und Einzeller sind mit organischen Schwebstoffen in Flocken zusammengeballt *(Belebtschlammflocken)* und bauen die enthaltenen Stoffe ab. Durch das Überangebot an Nahrung und Sauerstoff können sich die Lebewesen des Belebtschlammes ständig massenhaft vermehren. Aus dem *Nachklärbecken* der *biologischen Reinigungsstufe* werden die abgesetzten Massen des Belebtschlammes zum Schlammfaulraum (Faulturm) gepumpt. Dort setzen Gärungsbakterien Kohlenstoffdioxid und Methan frei. Das Methan kann zur Energiegewinnung verwendet werden (Biogas). Die Bakterien im Belebtschlamm erzeugen als Abfallprodukt ihres Stoffwechsels Nitrat (NO_3^-). Moderne Kläranlagen haben deshalb vor dem Nachklärbecken noch eine weitere biologische Reinigungsstation, das *Denitrifikationsbecken*. In diesem Becken herrscht Sauerstoffmangel, und spezialisierte Nitratbakterien holen sich den nötigen Sauerstoff direkt aus dem Nitrat. Von diesem bleibt dann nur noch Stickstoff übrig, der als Gas entweicht. Im Wasser enthaltene Phosphate werden in einer dritten, der *chemischen Stufe,* ausgefällt. So geklärtes Wasser belastet das Gewässer, in das es schließlich abgeleitet wird *(Vorfluter)* weniger.

Aufgabe

① Erkläre die Vorgänge bei der biologischen Selbstreinigung und die daraus resultierende Abfolge der Lebewesen in einem Bach. Vergleiche diese mit den Stationen einer Kläranlage.

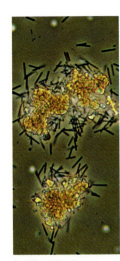

Schlammflocken mit Bakterien (ca. 600 × vergr.)

Bestimmung der Gewässergüte

Toleranzbereich
Spanne eines Umweltfaktors, innerhalb der ein Lebewesen vorkommen kann (vgl. S. 60); Zeigerlebewesen haben einen engen Toleranzbereich in Bezug auf mindestens einen Umweltfaktor. Das Vorkommen von Eintagsfliegenlarven zeigt z. B. an, dass der Sauerstoffgehalt des Wassers über 6 mg/l liegt.

Biologischer Sauerstoffbedarf
($= BSB_5$) ist die Sauerstoffmenge, die Kleinstlebewesen zum Abbau der im Probenwasser enthaltenen organischen Stoffe in 5 Tagen verbrauchen.

Die Einleitung von Abwässern bringt biologisch abbaubare Substanzen und andere Schadstoffe in die Fließgewässer. Dadurch werden Nahrungsangebot und Sauerstoffgehalt des Gewässers verändert. Die *Gewässergüte* wird mit einer biologisch-ökologischen Methode ermittelt. Bestimmte Lebewesen zeigen durch ihr gehäuftes Auftreten an, dass ihre Ansprüche bezüglich Nahrung und Sauerstoffgehalt erfüllt sind *(Zeigerlebewesen)*.

Seit 1975 wird alle fünf Jahre eine *Gewässergütekarte* der Bundesrepublik Deutschland erstellt. Die Gewässergüte gibt den Grad der Verschmutzung an. Wichtige chemische Kenndaten für eine Gewässergütebestimmung sind der Sauerstoffgehalt, der Ammoniumgehalt (NH_4) und der BSB_5-Wert. Die BSB_5-Werte zeigen dabei die Menge an biologisch abbaubaren Stoffen an. Die Gewässer werden in folgende vier *Güteklassen* mit drei Zwischenstufen eingeteilt:

Güteklasse I:
Unbelastetes bis sehr gering belastetes Gewässer
Das Wasser ist klar und nährstoffarm. Laichgewässer für Bachforellen mit mäßiger Besiedlung durch Kieselalgen, Moose, Strudelwürmer, Steinfliegenlarven und Hakenkäfer.

Güteklasse I—II:
Gering belastetes Gewässer
Das Wasser ist klar, der Mineralstoffgehalt gering. Dichte Besiedlung mit Algen, Moosen und Samenpflanzen. Man findet außerdem Eintagsfliegenlarven, Köcherfliegenlarven und Hakenkäfer.

Güteklasse II:
Mäßig belastetes Gewässer
Mäßige Verunreinigung mit organischen Stoffen und deren Abbauprodukten. An Stellen mit geringer Strömung eng begrenzte Bildung von Schwefeleisen unter den Steinen. Dichte Besiedlung mit Algen und Blütenpflanzen. Bachflohkrebse, Asseln, Schnecken und Insektenlarven treten häufig auf. Fische sind mit zahlreichen Arten vertreten. Der Sauerstoffgehalt schwankt je nach Abwasserlast und Algenentwicklung.

Güteklasse II—III:
Kritisch belastetes Gewässer
Durch die Belastung mit organischen Stoffen ist das Wasser trüb, örtlich tritt Faulschlamm auf. Meist sind es noch ertragreiche Fischgewässer. Dichte Besiedlung mit Algen und Blütenpflanzen. Egel, Wasserasseln und Astalgen treten reichlich auf. An strömungsarmen Stellen findet man Laichkräuter und Teichrosen.

Güteklasse III:
Stark verschmutztes Gewässer
Das Wasser ist durch Abwasser getrübt. An strömungsarmen Stellen lagert sich Faulschlamm ab. Unter fast allen Steinen findet man Schwefeleisen-Bereiche. Der Fischbestand ist gering, es gibt zeitweiliges Fischsterben wegen Sauerstoffmangel. Auffällig sind Kolonien festsitzender Wimpertierchen und Abwasserbakterien. Massenentwicklungen von Rollegeln und Wasserasseln. Außerdem leben im Schlamm Rote Zuckmückenlarven und Schlammröhrenwürmer.

Güteklasse III—IV:
Sehr stark verschmutztes Gewässer
Das Gewässer ist durch Faulschlamm getrübt. Die Steine sind auf der Unterseite schwarz. Besiedlung fast nur durch Mikroorganismen (z. B. Schwefelbakterien, Wimpertierchen). Überall werden *Abwasserfahnen*, zottenartige Bakterienkolonien, von der Wasserströmung bewegt. Auf dem Faulschlamm sieht man oft einen Massenbesatz von Schlammröhrenwürmern. Im Faulschlamm sind Rote Zuckmückenlarven häufig zu finden.

Güteklasse IV:
Übermäßig verschmutztes Gewässer
Der Boden ist wegen des abgelagerten Faulschlammes schwarz. Das Wasser weist einen starken Geruch auf, häufig riecht es nach faulen Eiern (Schwefelwasserstoff!). Auf dem Faulschlamm wachsen Schwefelbakterien. Zusätzliche Gifte im Abwasser töten alle Lebewesen ab *(Verödung)*.

Aufgaben

① Suche auf der Gewässergütekarte von 1975 (S. 117) eine Stelle heraus, die damals stark belastet war. Sieh in deinem Schulatlas nach, was für Industrien an diesem Flussabschnitt liegen. Vergleiche nun die Gewässergütekarten von 1975 und 1990. Womit sind die Veränderungen zu erklären?

② In Abb. 3 sind in Spalte 3 mehr Zeigerorganismen aufgeführt als abgebildet. Sucht in Bestimmungsbüchern Abbildungen der genannten Formen, kopiert sie und fertigt ein Bestimmungsblatt an.

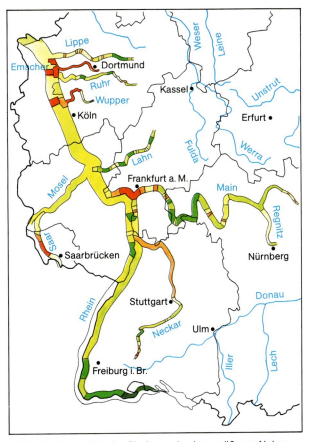
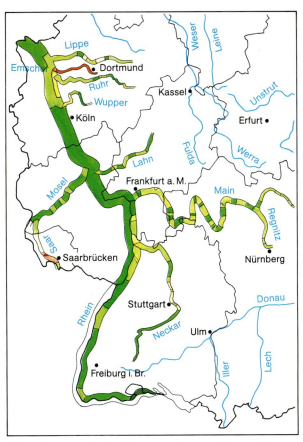

1 Die Gewässergüte des Rheins und seiner größeren Nebenflüsse 1975

2 Die Gewässergüte des Rheins und seiner größeren Nebenflüsse 1990

Güteklasse	organische Belastung	wichtige Zeigerorganismen		Fische	
I	unbelastet bis sehr gering belastet	Steinfliegenlarven Hakenkäfer		Bachforelle	
I bis II	gering belastet	Steinfliegenlarven Strudelwürmer Hakenkäfer Köcherfliegenlarve		Bachforelle Äsche	
II	mäßig belastet	Eintagsfliegenlarven Köcherfliegenlarven Kleinkrebse Schnecken Samenpflanzen		Barbe Äsche Nase Flussbarsch Hecht	
II bis III	kritisch belastet	Grünalgenkolonien Schnecken Kleinkrebse Muscheln Egel		Karpfen Aal Schleie Brachsen	
III	stark verschmutzt	Wasserasseln Wimpertierchenkolonien Schwämme		Plötze Schleie	
III bis IV	sehr stark verschmutzt	Zuckmückenlarven Schlammröhrenwürmer			
IV	übermäßig verschmutzt	Schwefelbakterien Geißeltierchen Wimpertierchen			

3 Kennzeichen der Gewässergüteklassen

Untersuchung eines Fließgewässers

Sicher gibt es auch in eurer Nähe ein Fließgewässer, das ihr untersuchen könnt. Am besten lasst ihr euren Biologielehrer eine geeignete Stelle aussuchen. Um eine Gewässeruntersuchung ohne Gefahr für euch und ohne größere Nachteile für die Natur durchzuführen, müsst ihr einige Regeln beachten:

a) Schone die Natur:
— Bach nur an flachen Uferstellen betreten, Steilufer unbedingt schonen.
— Rücksicht auf den Uferbewuchs nehmen und keine Pflanzen beschädigen.
— Möglichst wenig Spuren und keinerlei Abfälle zurücklassen.

b) Gehe mit Tieren sehr behutsam um:
— Tiere beim Absammeln von Steinen nicht verletzen. Deshalb nur Pinsel oder Federstahlpinzetten benutzen.
— Tiere immer in frischem Wasser aufbewahren und so bald wie möglich an Ort und Stelle wieder freilassen.
— Steine aus dem Bachbett wieder an dieselbe Stelle zurücklegen.
— Nicht mehr weitersammeln, wenn genügend Zeigerorganismen gefunden wurden.

c) Achte grundsätzlich auf Hygiene:
— Gewässer keinesfalls dort untersuchen, wo Abwässer eingeleitet werden.
— Im Zweifelsfall immer mit Gummihandschuhen arbeiten.
— Zum Abschluss erst Geräte und dann Hände sorgfältig reinigen und die Hände zum Schluss noch desinfizieren.

1. Biologische Gewässeruntersuchung

Die meisten Tiere leben am Gewässerboden zwischen und unter Steinen oder eingegraben im Untergrund. Dort sind sie vor der starken Strömung sicher. Einige Arten sitzen auf der Oberseite von Steinen, wo sie sich mit speziellen Hafteinrichtungen festhalten können. Sucht also an den Steinen und im Schlamm oder im Sand. Dazu benötigt ihr folgende **Ausrüstung**:
— Gummistiefel zum Betreten des Baches
— 1 große weiße Schale oder Wanne
— einige Quark- oder Joghurtbecher
— Haarpinsel, weiche Pinzette, Pipette
— 1 größeres engmaschiges Sieb

Zum **Sammeln** der Tiere genügt es, etwa 10 mittelgroße *Steine* aus dem Bach zu holen. Haltet dabei das Sieb stromabwärts hinter dem Stein direkt am Grund ins Wasser, um auch Tiere zu erwischen, die von der Strömung mitgerissen werden. Gebt den Inhalt des Siebes in die mit Wasser gefüllte Wanne und legt den Stein dazu. Hier könnt ihr ihn in Ruhe absuchen und die Tiere mit Pinsel, Pinzette oder Pipette in einen mit Wasser gefüllten Quarkbecher setzen. Legt den Stein anschließend wieder in den Bach zurück.

Zwischen hereingefallenem *Laub* leben Bachflohkrebse und an altem *Holz* die winzigen Hakenkäfer. In pflanzenreichen Gewässern sollte man auch noch *Wasserpflanzen* nach Tieren absuchen.

Tiere, die im *Untergrund* leben, findet ihr, indem ihr ein Sieb voll Schlamm oder Sand füllt und alle feinen Teilchen durch „Auswaschen" entfernt. Der Rest wird nach Tieren abgesucht.

Die Tiere, die ihr gefunden habt, könnt ihr mit Hilfe von Bestimmungsbüchern bestimmen.

Legt eine Fundliste an und notiert dabei auch Arten, die ihr nicht bestimmen konntet. Gebt ihnen notfalls eigene Namen! Ihr braucht diese Liste für die Bestimmung der Gewässergüteklasse!

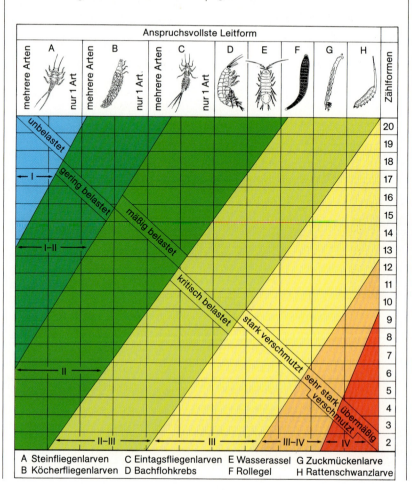

A Steinfliegenlarven   C Eintagsfliegenlarven   E Wasserassel   G Zuckmückenlarve
B Köcherfliegenlarven D Bachflohkrebs   F Rollegel   H Rattenschwanzlarve

Bestimmung der Gewässergüte

Wissenschaftler haben für die wichtigsten Gewässerorganismen Gütefaktoren ermittelt. Große Steinfliegenlarven haben z. B. den Gütefaktor 1,0, der Rollegel den Faktor 3,0. Anhand der Gütefaktoren und der Häufigkeit einzelner Arten kann man die Güteklasse eines Gewässers errechnen. Dies erfordert jedoch eine sehr genaue Artenkenntnis!

Eine andere Möglichkeit kommt ohne Rechnung aus und man braucht dazu nur wenige Arten genauer zu kennen: Zuerst ermittelt man anhand der Suchtafel (A – H; S. 118) unter den gefundenen Zeigerorganismen die *Leitform* mit den höchsten Ansprüchen an die Wasserqualität. Die höchsten Ansprüche hat die Leitform A, die geringsten die Leitform H. Bei A, B und C ist noch wichtig, ob ihr nur eine Art oder mehrere Arten der Leitform gefunden habt! Die betreffende *Spalte* in der Tafel wird markiert. Seht nun nach, wie viel Arten auf eurer Liste stehen und markiert bei *Zählformen* die entsprechende *Zeile*. Beide Markierungslinien schneiden sich in einem der Farbfelder. Anhand der Farbe könnt ihr die Gewässergüte direkt ablesen.

Beispiel in der Suchtafel:
— **Anspruchsvollste Leitform:** mehrere Arten von Eintagsfliegenlarven
— **Zählformen:** insgesamt 15 unterscheidbare Tierarten
— **Schnittpunkt der Markierungslinie**: im dunkelgrünen Feld. Das Gewässer hat also Güteklasse II = mäßig belastet.

2. Chemisch/physikalische Gewässeruntersuchung

Messung der Wassertemperatur

Kaltes Wasser kann mehr Sauerstoff gelöst enthalten als wärmeres. Deshalb findet man Organismen mit sehr hohem Sauerstoffbedarf meistens nur in Bächen, die das ganze Jahr über kühl bleiben. Man bezeichnet solche Gewässer als *sommerkalt*. Flüsse erwärmen sich im Sommer oft auf 20 °C und mehr. Hier spricht man dann von *sommerwarm*.

Messt an eurer Untersuchungsstelle die Wassertemperatur. Falls es möglich ist, messt ein ganzes Jahr lang jeden Monat einmal zur gleichen Tageszeit die Temperatur in einem Bach und in einem größeren Fluss und vergleicht.

Bestimmung des Sauerstoffgehaltes

Chemische Bestimmungen sind mit *Testkits* leicht durchführbar. Bei Zugabe der Reagenzien zum Untersu-

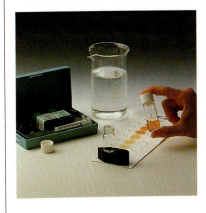

chungswasser entsteht ein farbiges Reaktionsprodukt. Je höher die Konzentration des gesuchten Stoffes ist, desto stärker ist die Färbung. Aus einer Farbtabelle wird die Konzentration abgelesen. Bestimmt den Sauerstoffgehalt in eurem Gewässer mit einem *Sauerstoff-Testkit*. Füllt dabei die Messflasche unbedingt luftblasenfrei unter Wasser, und haltet euch genau an die Gebrauchsanweisung!

Die Tabelle zeigt die höchstmögliche **Sauerstoffsättigung** des Wassers bei verschiedenen Temperaturen:

Temp : Sauerstoff	Temp : Sauerstoff
7 °C : 11,8 mg/l	17 °C : 9,4 mg/l
9 °C : 11,2 mg/l	19 °C : 9,0 mg/l
11 °C : 10,7 mg/l	21 °C : 8,7 mg/l
13 °C : 10,2 mg/l	23 °C : 8,4 mg/l
15 °C : 9,8 mg/l	24 °C : 8,3 mg/l

Welche Sauerstoffsättigung wäre bei der gemessenen Temperatur zu erwarten? Vergleicht den möglichen Sättigungswert mit dem gemessenen Sauerstoffgehalt. Ist der Messwert geringer, besteht ein **Sauerstoffdefizit**. Verschmutzte Gewässer haben oft ein Sauerstoffdefizit, denn die Bakterien verbrauchen beim Abbau organischer Stoffe viel Sauerstoff. Will man genau wissen wie viel, bestimmt man die **Sauerstoffzehrung**. Das ist die Sauerstoffmenge, die die Bakterien zum Stoffabbau in 48 Stunden verbrauchen.

Beispiel: Sauerstoffgehalt der frischen Wasserprobe: 9 mg O_2/l. Sauerstoffgehalt einer luftfrei verschlossenen Wasserprobe nach 2 Tagen: 3 mg O_2/l. Sauerstoffzehrung: 6 mg O_2/l. Meßt die Sauerstoffzehrung für euer Gewässer wie oben beschrieben.

Gewässerbelastung durch Ammonium

Ammonium gelangt vor allem durch Fäkalien mit dem Abwasser in die Gewässer. Ist im Wasser Ammonium vorhanden, muss deshalb mit Gefahr für die Gesundheit gerechnet werden. In einem solchen Gewässer sollten keine Untersuchungen vorgenommen werden (s. S. 118 c)!

Zur Sicherheit kann man an der Untersuchungsstelle das Wasser mit *Ammonium-Teststäbchen* überprüfen. Teststäbchen bestehen aus einem Kunststoffstreifen mit einer Reaktionszone, die alle wichtigen Reagenzien enthält. Sie wird 1 – 2 Sekunden lang in die zu prüfende Wasserprobe getaucht und dann mit einer Farbskala verglichen (s. Abb. unten).

Bestimmt in eurem Gewässer den Ammoniumgehalt. Warum dürfte bei den Gewässergüteklassen I, I – II und II kaum Ammonium nachweisbar sein?

Wasserbelastung durch Nitrat

Nitrat in den Gewässern stammt großenteils aus übermäßiger Düngung. Gelangt es ins Grundwasser, kann dadurch die Trinkwasserversorgung in Gefahr kommen. Auch Nitrat lässt sich mit Teststäbchen nachweisen. Der Nitrat-Grenzwert beträgt für Trinkwasser 50 mg/l. Bestimmt den Nitratgehalt in eurem Gewässer und im Trinkwasser.

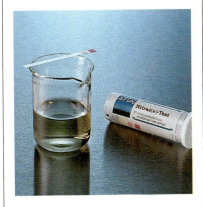

Nachweis von Phosphat im Gewässer

Phosphat gelangt vor allem durch Putz- und Waschmittel in die Gewässer. Mit einem Phosphat-Testkit könnt ihr den Phosphatgehalt bestimmen. In Gewässern bis Güteklasse II sollte er unter 0,5 mg/l liegen.

PROJEKT

Bachbegradigung — Für und Wider

In der Tagespresse war es zu lesen, dass Landwirte und viele Mitglieder des Gemeinderates mit Nachdruck verlangen, dass ein kleines Fließgewässer in der Gemeinde endlich ausgebaut wird. Die Naturschutzverbände sind dagegen. Überall wurden durch Ausbau- und Entwässerungsmaßnahmen wertvolle Lebensräume vernichtet. Mit ihnen wurden auch Pflanzen und Tiere beseitigt, die auf der „Roten Liste" stehen.

Das betreffende Gewässer fließt noch relativ naturnah und in den angrenzenden Feuchtwiesen gibt es seltene Vogelarten und sogar Orchideen. Ein Ausbau wäre eine Katastrophe für den Naturschutz und auch wirtschaftlich kaum ein Erfolg. Das Dorf wird nämlich wegen seiner reizvollen Landschaft und der reichen Tier- und Pflanzenwelt immer häufiger von Urlaubern besucht.

Die Klasse von Herrn Horn interessiert sich für dieses Thema. Es kommt schon bald zu heftigen Diskussionen zwischen den Befürwortern und den Gegnern der geplanten Bachbegradigung. Denn viele Schüler haben von ihren Eltern gute Gründe für oder gegen den Ausbau gehört und vertreten diese auch in der Klasse.

„Mit dieser Angelegenheit wollen wir uns genauer beschäftigen," meinen die meisten. Man beschließt, ein Projekt *Bachbegradigung — Für und Wider* durchzuführen. Andere Fachlehrer, die auf eine Mitarbeit an diesem Projekt angesprochen wurden, wollen helfen, und auch Vertreter der betroffenen Interessengruppen sollen zu Worte kommen.

Herr Horn schlägt vor, die Diskussion als Rollenspiel zu proben, damit man schneller in das Thema einsteigt.

Der **Wasserbauer**: „Nur ein Ausbau garantiert einen ordentlichen Wasserstand im Sommer und vermeidet im Winterhalbjahr Überschwemmungen. Staustufen sind dabei nützlich".

Der **Landwirt**: „Für höhere Erträge brauchen wir trockene Flächen, denn feuchte Flächen vertragen keine modernen Maschinen. Überflutungen versauern den Boden und waschen den Boden aus".

Der **Feriengast**: „Ein Ausbau macht dieses schöne Wiesental reizlos. Ich suche mir dann einen anderen Urlaubsort".

Der **Naturschutzbeauftragte**: „Der Ausbau vernichtet Feuchtwiesen, Steilufer, Abbruchkanten usw. und damit Lebensräume seltener Pflanzen und Tiere. Überflutungen verbessern die Sauerstoffversorgung des Wassers und den Wasserhaushalt der Feuchtwiesen".

Die **Ratsfrau**: „Wir brauchen neue Bebauungsgebiete und Sicherheit der Häuser vor Hochwasser.
Schließlich ist der Mensch wichtiger als Schmetterlinge und Orchideen".

Der **Baggerführer**: „Der Ausbau sichert Arbeitsplätze".

Die Vertreterin eines **Naturschutzverbandes**: „Staustufen verwandeln Fließgewässer in sauerstoffarme stehende Gewässer. Der Ausbau verhindert das Versickern des Niederschlagwassers in das Grundwasser. In der Landwirtschaft gibt es bereits eine Überproduktion".

Der **Eisvogel** kann nicht für sich sprechen, er braucht dich als Fürsprecher.

Der Mensch gestaltet seine Umwelt

1 Ökosystem Acker

Biotop
Lebensraum

Biozönose
Lebensgemeinschaft aller Organismen eines Biotops

Ökosystem
Biotop mit Biozönose

Vor etwa 7000 Jahren begannen die Menschen in Mitteleuropa, ihr Leben als *Sammler* und *Jäger* aufzugeben und wurden sesshaft. Diese Veränderung in der Wirtschafts- und Lebensform sollte für das Landschaftsbild weit reichende Folgen haben. Vor der Sesshaftwerdung passte sich der Mensch seiner natürlichen Umgebung an und beeinflusste sie nur unwesentlich. Jetzt begann er diese zu verändern. Er rodete den Wald, der damals ziemlich lückenlos ganz Mitteleuropa bedeckte, und begann den Boden zu bearbeiten. Dies geschah wahrscheinlich zunächst mit dem Grabstock, dann aber auch mit der Hacke *(Hackbau)*.

Die Gründe der Sesshaftwerdung kennt niemand genau; vielleicht war es die Erkenntnis, dass dadurch die Nahrungsgrundlage breiter wurde und so mehr Menschen ernährt werden konnten.

Als dann der Pflug erfunden war, konnte der Boden intensiver bearbeitet werden, und die Ernteerträge wurden weiter gesteigert. Man konnte mehr Land bearbeiten und erstmals wurde auch die Muskelkraft von Haustieren bei der Produktion eingesetzt.

Die Bauern der Jungsteinzeit mussten ihre Felder nach einigen Ernten aufgeben und neue Rodungen vornehmen, weil der Boden erschöpft war. Diese Form der Bewirtschaftung wird *Wanderfeldbau* genannt. Er wurde zur *Feld-Graswirtschaft*, als man dazu überging, die brachliegenden Felder beweiden zu lassen.

Ein weiterer entscheidender Fortschritt war dann die Dreifelderwirtschaft, die um 800 n. Chr. die Feld-Graswirtschaft ablöste. Dabei teilte man die gesamte zu einem Dorf gehörende Anbaufläche in drei Bereiche auf. Ein Teil wurde mit Sommer-, ein zweiter mit Wintergetreide bebaut. Der dritte Teil blieb als Brache liegen. Diese diente als Viehweide, wurde dabei gedüngt und konnte sich erholen. Im folgenden Jahr wurde die Brache wieder bebaut und ein anderes Drittel blieb unbewirtschaftet. Die Dreifelderwirtschaft wurde bis zur Industrialisierung im 19. Jahrhundert betrieben.

Die Landwirtschaft wird intensiviert

Die tief greifendsten Veränderungen in der Landwirtschaft und damit auch in der Landschaft Mitteleuropas haben sich in den letzten hundert Jahren vollzogen. Die Züchtung leistungsfähiger Pflanzen- und Tiersorten, die Entwicklung chemischer Pflanzenschutzmittel sowie der verstärkte Einsatz von Maschinen und von Mineraldüngern auf fast allen Flächen steigerten nicht nur die Ernteerträge, sondern veränderten auch die Art der Bewirtschaftung grundlegend.

Die stärksten Auswirkungen auf das Landschaftsbild hatten Maßnahmen wie das Trockenlegen und Urbarmachen von Niederungen oder Heide- und Moorgebieten, der Ausbau von Gewässern und das Zusammenlegen von Wirtschaftsflächen. All dies erfolgt oft im Rahmen von Flurbereinigungsverfahren (heute: Verfahren zur Flurneuordnung).

Aus wirtschaftlicher Sicht stellten die genannten Maßnahmen eine absolute Notwendigkeit dar. In Süddeutschland war es z. B. Sitte, die Ackerfläche nach dem Tod des Besitzers unter den Erben aufzuteilen. So wurden die Grundstücke immer kleiner und lagen weit verstreut (▷ 1).
Auch Nutzflächen, Wirtschaftswege und Hofanlagen entsprachen nicht mehr den Erfordernissen einer weitgehend mechanisierten Landwirtschaft. Die moderne Viehhaltung erforderte Ställe mit vielen technischen Einrichtungen. An die Stelle der Vielfalt von Nutztieren trat die Spezialisierung. Moderne Aussiedlerhöfe sind so angelegt, dass sie den Bedürfnissen einer wettbewerbsfähigen Landwirtschaft entsprechen (▷ 2).

Die Umwälzungen in der Landwirtschaft haben die Landschaft erheblich verändert. Die gegliederte, vielfältige Feldflur mit ihrer reichhaltigen Tier- und Pflanzenwelt ist in vielen Fällen sehr großen, eintönigen Flächen gewichen, auf denen nur noch wenige Sorten von Feldfrüchten angebaut werden (▷ 3).

Moderne Flurneuordnungsverfahren bemühen sich mit wachsendem Erfolg, frühere Fehler zu vermeiden und schonend mit der Tier- und Pflanzenwelt umzugehen. Hecken, Feldgehölze und Kleingewässer werden neu angelegt und vorhandene wertvolle Landschaftsteile werden zu Schutzgebieten erklärt.

1 Felder eines Bauern vor der Flurbereinigung

2 Moderner Aussiedlerhof

3 Ausgeräumte Landschaft nach der Flurbereinigung

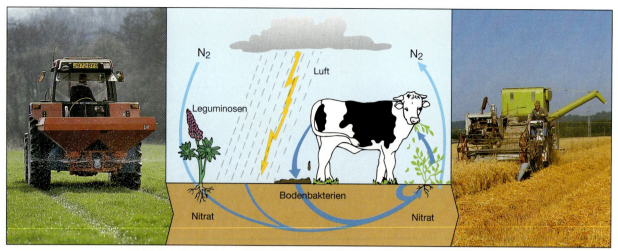

1 Stickstoffkreislauf und Eingriffe des Menschen

Justus von Liebig durchschaut den Kreislauf der Stoffe

Im Jahre 1804 wies der Naturgelehrte SAUSSURE nach, dass Pflanzen ihr Gefüge im Sonnenlicht aus dem Kohlenstoffdioxid der Luft aufbauen. Ob sie auch aus dem Boden *Nährstoffe* entnehmen, konnte er nicht beantworten. Man wusste nur, dass in Pflanzenasche dieselben Mineralstoffe wieder auftauchten, die auch der Boden enthielt und dass *Humus* und *Mist* den Ackerboden düngten. Anhänger der Humus-Theorie glaubten noch, dass „die Wirkung des Stallmistes auf einer an sich unbegreiflichen Beschaffenheit beruhe, welche die Nahrung der Tiere bei ihrem Durchgang durch den Organismus empfange".

JUSTUS VON LIEBIG hielt nichts von geheimnisvollen Bodenkräften. Seine Untersuchungen hatten ergeben, dass „der Mist nicht direkt auf das Pflanzenleben einwirkt, sondern indirekt durch die Produkte seines Verwesungsprozesses" und „daß ein ewiger Kreislauf stattfindet, der nur begrenzt ist durch die in dem begrenzten Raum in endlicher Masse enthaltene Nahrung der Pflanze".

Ein wesentlicher Pflanzennährstoff ist das Element Stickstoff (N). Es ist zwar in der Luft reichlich vorhanden, aber nur wenige Pflanzen können den Luftstickstoff nutzen (Leguminosen). Die meisten sind auf Stickstoffverbindungen im Boden angewiesen. Ausscheidungen von Tieren und Menschen sowie Überreste von abgestorbenen Lebewesen werden im Boden zu *Ammoniumsalzen* und *Nitrat* abgebaut. Ein Teil dieser Stickstoffverbindungen wird von Bakterien in gasförmigen Stickstoff umgewandelt und gelangt in die Atmosphäre. Bei Gewittern können sich durch Energie von Blitzen aus Stickstoff und Sauerstoff Stickstoffoxide bilden, die mit Regenwasser reagieren und als Nitrat in den Boden gelangen.

Leguminosen
Arten dieser Pflanzenordnung (z. B. die Schmetterlingsblütler Lupine, Ackerbohne, Weißklee) können mit Hilfe von Bakterien in ihren Wurzelknöllchen Luftstickstoff binden.

„Als Prinzip des Ackerbaus muß angesehen werden, daß der Boden in vollem Maße wieder erhält, was ihm genommen wurde; in welcher Form das auch geschieht, ob in Form von Exkrementen, von Asche oder Knochen ist gleichgültig."

2 Der Chemiker Justus von Liebig (1803 — 1873)

Aufgaben

① Begründe, weshalb LIEBIG mit der Bezeichnung „Kunstdünger" für Mineraldünger nicht einverstanden wäre.
② Nitrophoska ist ein viel benutzter Mineraldünger. Welche Mineralstoffe verbergen sich hinter diesem Namen? Schau in einem Gartenhandbuch nach, welche Mineralstoffe sonst noch für die Pflanzen wichtig sind.

„Kohlensäure, Ammoniak und Wasser enthalten in ihren Elementen die Bedingungen zur Erzeugung aller Tier- und Pflanzenstoffe.
Kohlensäure, Ammoniak und Wasser sind aber auch die letzten Produkte ihrer Fäulnis und Verwesung. Alle die zahllosen Produkte der Lebenskraft nehmen nach dem Tode die ursprünglichen Formen wieder an, aus denen sie gebildet worden sind.
Der Tod, die völlige Auflösung einer zugrunde gegangenen Generation, ist die Quelle des Lebens für eine neue."

1 Liebigs Beschreibung der Stoffkreisläufe

2 Wurzel der Ackerbohne mit Wurzelknöllchen

Der Mensch greift in den Stickstoffkreislauf ein

Stickstoffgewinnung durch Gründüngung in kg/ha

Rotklee:	80 – 120
Weißklee:	60 – 100
Ackerbohne:	80 – 140
Lupine:	50 – 100
Erbse:	50 – 80
Wicke:	50 – 80

Nährstoffentzug aus dem Boden in kg/ha

	N	P	K
Getreide:	145	55	140
Kartoffeln:	200	70	330

(Die Zahlenangaben gelten für N_2, P_2O_5 und K_2O.)

Obwohl immer mehr Menschen im Laufe der Zeit ernährt werden mussten, konnte die landwirtschaftlich genutzte Fläche kaum vergrößert werden. So blieb als Ausweg nur eine intensivere Bewirtschaftung. Hatte man im Mittelalter Teile des Bodens noch regelmäßig ruhen lassen *(Grünbrache)*, so praktizierte man später bis zum 18. Jahrhundert die *Dreifelderwirtschaft*.

Durch die *Fruchtfolge* Wintergetreide, Sommergetreide, Kleegras wurde erreicht, dass dem Boden jedes dritte Jahr zusätzlich Stickstoff zugeführt wurde, denn einige Pflanzen wie Klee oder Lupine wandeln mit Hilfe von *Knöllchenbakterien,* ihren Wurzelsymbionten (▷ 2), gasförmigen Luftstickstoff in Ammonium-Stickstoff um. Werden diese Pflanzen ganz oder teilweise untergepflügt, so erhält der Boden mehr Stickstoff zurück, als ihm von den Pflanzen entnommen wurde. Der Stickstoffgewinn durch diese *Gründüngung* ist beträchtlich (s. Randspalte)!

Erst durch die „künstliche" Düngung mit Stickstoffverbindungen und anderen Mineralstoffen wurde ein immer intensiverer Anbau möglich, unter anderem auch von Kartoffeln und Zuckerrüben. Im Bergbau gewonnene *Kalisalze,* phosphathaltiges *Thomasmehl* aus der Stahlproduktion und *Ammoniak-Stickstoff,* nach dem *Haber-Bosch-Verfahren* aus der Luft gewonnen, sorgen heute bei uns sogar für eine Überproduktion an Nahrungsmitteln. Der übermäßige Einsatz von Stickstoffdüngern führt allmählich zu schwerwiegenden ökologischen Schäden. Die weltweite Anwendung von Mineraldüngern hat die Welt zu einem Verschiebebahnhof von Stickstoff gemacht. Früher war die Viehhaltung durch die Produktivität der Weideflächen und Heuwiesen begrenzt. Der anfallende Stalldung reichte knapp aus, die dem Boden entzogenen Mineralstoffe wieder in den Kreislauf zurückzuführen und wurde in mühevoller Arbeit auf den Flächen gleichmäßig verteilt.

Heute werden oft hunderte von Tieren auf engem Raum gehalten und mit Futtermitteln ernährt, die z. B. aus Amerika oder Afrika stammen. Auch diese Tiere „machen Mist", der jedoch nicht in die Ursprungsländer zurückgeführt, sondern bei uns auf viel zu kleinen Grünland- und Ackerflächen als *Gülle* entsorgt wird. Dies führt zu einer *Überdüngung* des Bodens mit Stickstoff und einer *Belastung des Grundwassers* mit Nitrat. Dort aber, wo die Futtermittel produziert werden, gehen andauernd Pflanzennährstoffe verloren. Um dort die Bodenfruchtbarkeit zu erhalten, muss ständig Mineraldünger eingesetzt werden.

Aufgaben

① Im „ökologischen Landbau" verzichtet man weitgehend auf Mineraldünger. Unter welchen Voraussetzungen ist dies möglich?

② Besonders in Kraftfahrzeugmotoren entstehen bei Verbrennungsprozessen aus Luftstickstoff Stickstoffoxide (NO_x). Wie wirkt dies auf den Stickstoffkreislauf?

Pflanzen geben Auskunft über die Beschaffenheit des Bodens

abiotische Umweltfaktoren
Faktoren wie Klima, Luft, Bodenbeschaffenheit, die Populationsgrößen beeinflussen

Toleranzbereich
Spanne eines Umweltfaktors innerhalb der ein Lebewesen vorkommen kann (vgl. S. 60); Zeigerpflanzen haben einen engen Toleranzbereich in Bezug auf mindestens einen Umweltfaktor. Das Vorkommen der Brennnessel deutet z. B. auf einen hohen Stickstoffgehalt des Bodens hin.

Zur Pflanzenwelt Mitteleuropas gehören etwa 3500 Blütenpflanzen. Sehr selten wächst an einem Standort nur eine einzelne Pflanzenart; gewöhnlich treffen wir die Pflanzen in einer bunten Mischung an. Der aufmerksame Naturfreund wird aber schon beobachtet haben, dass bestimmte Arten gemeinsam vorkommen:
Das Buschwindröschen mit den Waldveilchen im Buchenwald oder der Breitblättrige Wegerich mit dem Einjährigen Rispengras im Trittrasen am Wegrand.

Verschiedene Pflanzen, die weitgehend gleiche Ansprüche an ihre Umwelt haben, leben in *Pflanzengesellschaften* zusammen.
Aus der an einem Standort vorkommenden Pflanzengesellschaft kann der Fachmann Schlüsse auf Klima, Boden und sonstige Einflüsse ziehen. So tragen auch Ackerböden je nach den Standortfaktoren und der angebauten Frucht bestimmte Gesellschaften von Wildkräutern. Diese Wildkräuter bilden die *Begleitflora* zu bestimmten Ackerpflanzen.
Mit Hilfe einzelner, typischer Pflanzen lassen sich Merkmale des Bodens feststellen. Pflanzen, die uns Auskunft darüber geben, ob im Boden Kalk enthalten ist, ob er sauer ist, ob viel Feuchtigkeit oder Trockenheit den Standort kennzeichnet, nennen wir *Zeigerpflanzen*. Dem Landwirt waren diese Zeigerpflanzen schon lange bekannt. Sie gaben ihm Hinweise auf Reichtum oder Armut seines Ackerbodens.

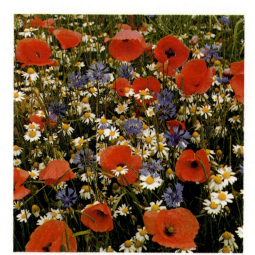
1 Pflanzen auf Kalkboden

Aufgaben zur Untersuchung von Pflanzengesellschaften an Ackerrändern

① Stecke mit Hilfe einer Schnur und vier Pflöcken eine Fläche von 1m × 1m ab. Achte darauf, daß innerhalb der Fläche die Standortbedingungen ziemlich einheitlich sind.
② Bestimme die Pflanzen und schreibe die Namen aller Arten auf, die in dem Probequadrat vorkommen.
③ Ermittle nun den *Deckungsgrad*. Man meint damit die Fläche, die eine Pflanzenart auf der Probefläche einnähme, wenn alle Exemplare dieser Art innerhalb des Quadrates zusammengeschoben würden. Benutze dafür folgende Schlüsselzeichen bzw. -zahlen:
   + = vereinzelt vorkommend
   1 = weniger als 5 % abdeckend
   2 = 5 – 25 % abdeckend
   3 = 25 – 50 % abdeckend
   4 = 50 – 75 % abdeckend
   5 = 75 – 100 % abdeckend
④ Untersuche nun weitere Probequadrate. Achte darauf, dass die Flächen relativ gleichartig sind.
⑤ Ordne anschließend die Ergebnisse nach folgendem Schema:

Aufnahme-Nr.	1	2	3	4	5	6
Pflanzenart 1	+	2	+	1	2	1
Pflanzenart 2	1	1	–	+	2	2
Pflanzenart 3	–	1	+	–	2	–

An die erste Stelle wird die Art gesetzt, die wir in allen oder fast allen Aufnahmen vorgefunden haben (Sortieren nach Stetigkeit).

2 Pflanzen auf Sandboden

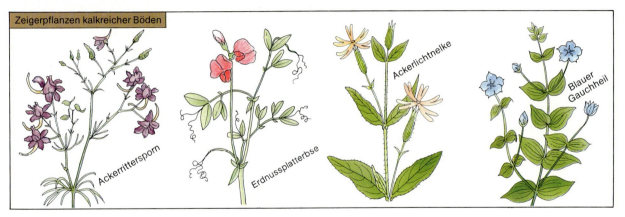
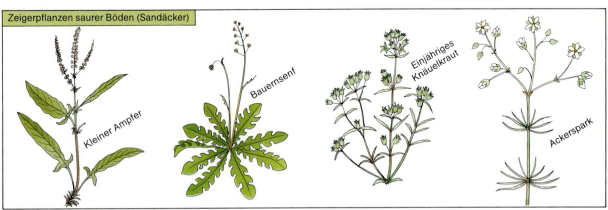
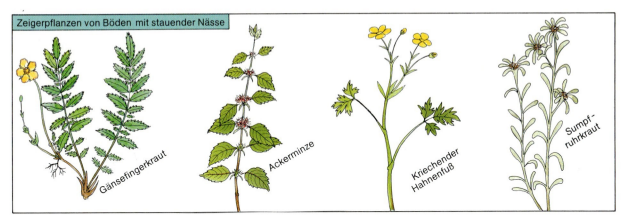
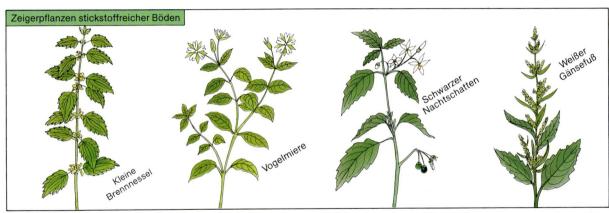

1 Acker im Winter

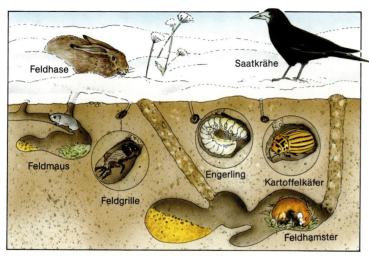

2 So überstehen Tiere den Winter auf dem Acker

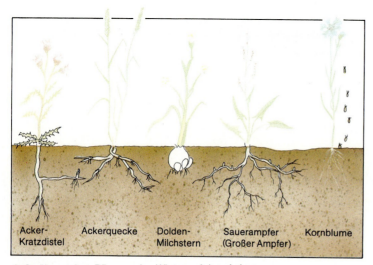

3 So überstehen Pflanzen den Winter auf dem Acker

Die Feldflur als Lebensraum für Tier und Pflanze

Steppe und Kultursteppe

Die Äcker Mitteleuropas sind vom Menschen geschaffene Kulturlandschaften. An die Stelle des hier früher heimischen Waldes sind große Flächen getreten, die an die Landschaftsform der Steppe erinnern. Tatsächlich gibt es eine ganze Reihe von Gemeinsamkeiten: Die „Kultursteppe" ist — wie die Natursteppe — eine weite, offene Landschaft, in der Gräser, in diesem Fall die Getreidearten, vorherrschen. Die täglichen Temperaturschwankungen sind extremer als in anderen Ökosystemen und im Winter sind die Witterungsverhältnisse besonders lebensfeindlich, weil die Flächen schutzlos dem Wind und der Kälte ausgesetzt sind. Genauso schutzlos sind die Feldtiere nach der Ernte auch ihren Fressfeinden ausgeliefert, denn es fehlt die schützende Pflanzendecke.

Die Pflanzen und Tiere unserer Äcker sind diesen extremen Lebensbedingungen angepasst, denn sie stammen ursprünglich aus den Steppen Asiens und sind erst mit dem Ackerbau nach Mitteleuropa eingewandert.

Tiere — angepasst an den Lebensraum Acker

Da Ackerflächen die meiste Zeit im Jahr nur wenig Deckung bieten, müssen sich Tiere vor Fressfeinden schnell in Sicherheit bringen können oder dürfen sich erst gar nicht entdecken lassen.

Viele Feldtiere, z. B. Feldlerche, Wachtel, Hase und Rebhuhn, weisen eine Tarnfärbung auf, manche Feldvögel (Wachtel, Rebhuhn, Fasan) haben kräftige Laufbeine und können sich — wie auch der Feldhase — durch schnelle Flucht retten.

Einen besonderen Schutz zu allen Jahreszeiten bietet die unterirdische Lebensweise. Hamster, Feldmaus, Maulwurf und Grille haben ihre Wohnhöhlen im „Kellergeschoss" ihres Biotops und viele Insektenarten nutzen diese unteren Stockwerke als „Kinderstube". Vor allem der Winter kann dort gut überstanden werden, zumal viele dieser Tiere tiefere Winterbaue haben, die gut ausgepolstert sind und manchmal sogar — wie beim Feldhamster — mit reichem Vorrat gefüllt werden.

Wenn die unterirdisch lebenden Tiere auf Nahrungssuche gehen, bevorzugen sie die Dunkelheit, sie sind nachtaktiv.

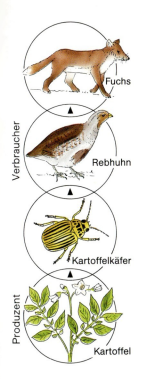

Nahrungskette

Anpassung der Wildkräuter

Die Pflanzenwelt des Ackers wird durch Pflügen, Hacken und Ernten immer wieder stark beeinflusst. Nur besonders angepasste Pflanzen können trotz dieser starken Eingriffe auf dem Acker überleben (▷ 128.3). Die meisten von ihnen erzeugen enorme Mengen von Samen, die noch vor der Ernte verbreitet werden. So entwickelt z. B. der Klatschmohn massenhaft winzige Streufrüchte und die Kornblume zahlreiche Flugfrüchte, die durch den Wind verbreitet werden. Samen der Ackerwildkräuter sind so widerstandsfähig, dass die meisten von ihnen unter günstigen Umständen Jahrzehnte keimfähig bleiben.

Ein großer Teil der Ackerwildkräuter hat unterirdische Speicherorgane, mit deren Hilfe sie jedes Jahr neu austreiben können. Einige von ihnen, z. B. die Quecke, werden sogar durch die Bodenbearbeitung vermehrt und weiter verbreitet, weil Pflugschar und Hacke die unterirdischen Triebe teilen und an neue Standorte transportieren. Dort bilden sich dann neue Pflanzen.

Randbiotope sind wichtig

Stellt man die vielen Nahrungsketten des Ökosystems Acker zu einem Nahrungsnetz zusammen (▷ 1), so wird deutlich, dass gerade die Verbraucher (Konsumenten) höherer Ordnungen — die reinen Fleischfresser und wichtigen Regulatoren für das biologische Gleichgewicht — die Ackerflächen lediglich zum Beuteerwerb aufsuchen. Ihren Unterschlupf und ihre Kinderstube haben sie jedoch in den Randbiotopen.

Solche Flächen, wie z. B. Hecken, Wegränder, Steinhaufen und Ackerraine, bieten Wiesel, Spitzmaus, Fuchs, Igel, Erdkröte, Neuntöter, Laufkäfer, Eidechse und vielen anderen Tieren Zuflucht, Nahrung und Unterschlupf für ihre Nachkommen.

Sie sind außerdem Rückzugsgebiete all jener Pflanzen und Tiere, die wegen der intensiven Düngung und des Einsatzes von Spritzmitteln auf dem Acker selbst überhaupt keine Existenzmöglichkeit mehr haben. Schutz, Erhaltung und Vernetzung solcher Randbiotope sind daher wichtige Aufgaben des Naturschutzes (s. auch S. 151).

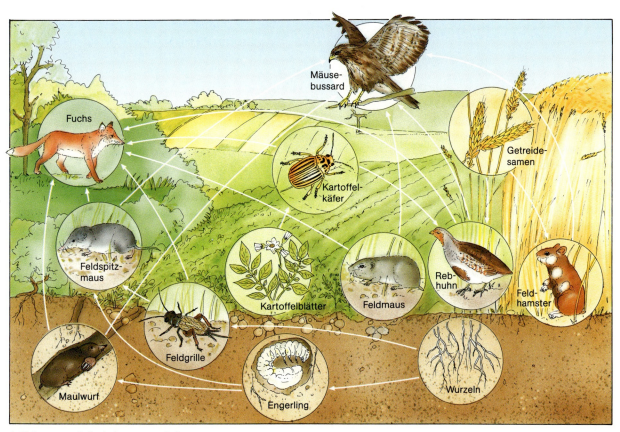

1 Nahrungsnetz im Lebensraum Acker

Nahrungskonkurrenten des Menschen...

So alt wie der Ackerbau ist auch der Kampf des Menschen gegen jene Pflanzen und Tiere, die ihn um den Erfolg seiner Arbeit bringen, also seine Nahrungskonkurrenten sind. Häufig verlor er jedoch den Kampf gegen diese Lebewesen, die er als „Schädlinge" bezeichnet.

So konnten z. B. im Westerwald 1788 keine Ernten eingebracht werden, weil Ackerwildkräuter alles Getreide überwuchert hatten. In den Jahren 1846 und 1847 verursachte eine Pilzerkrankung der Kartoffel, die Kartoffelfäule, in Irland eine Hungersnot, durch die fast eine viertel Million Menschen starb, und direkt nach dem Zweiten Weltkrieg waren die Kartoffelfelder Deutschlands so stark von Kartoffelkäfern befallen (▷1), dass überall Schulklassen zum Einsammeln der Käfer und ihrer Larven herangezogen werden mussten.

Diese Beispiele erklären, aus welchen Gründen Menschen schon immer versucht haben, im Rahmen ihrer Möglichkeiten „Schädlinge" zu bekämpfen.

Einen Konkurrenzkampf um Licht, Wasser, Nahrung und Lebensraum gibt es auch in der vom Menschen unbeeinflussten Natur. Alle Lebewesen haben jedoch eine wichtige Funktion im gesamten Kreislauf der Natur: Als Ergebnis ihres Zusammenwirkens stellt sich ein *biologisches Gleichgewicht* ein.

In dieses Gleichgewicht greift der Mensch massiv ein: Vielfach hat er die Ausbreitung der „Schädlinge" durch die Form seines Wirtschaftens stark begünstigt. Sie können z. B. besonders dort verheerende Schäden anrichten, wo ihre Futterpflanzen in größerer Menge und dicht beieinander wachsen. In solchen ausgedehnten *Monokulturen*, wie Äcker sie meist darstellen, können sie sich explosionsartig vermehren, weil sie ein überreiches Futterangebot und meistens auch keine natürlichen Feinde vorfinden.

Aufgaben

① Die Abbildung in der Randspalte zeigt einen Mutterkornpilz. Informiere dich in einem Lexikon und berichte über seinen Schaden und Nutzen.

② Warum werden die Nahrungskonkurrenten besonders begünstigt, wenn eine Feldfrucht mehrere Jahre hindurch an der gleichen Stelle angebaut wird?

Mutterkorn

1 Kartoffelkäfer mit Larve

2 Chemischer Pflanzenschutz...

Art
Lebewesen, die in allen wichtigen Merkmalen übereinstimmen und miteinander fruchtbare Nachkommen zeugen können

Population
Gesamtheit der Lebewesen einer Art, die in einem zusammenhängenden Gebiet leben und sich miteinander fortpflanzen

biotische Umweltfaktoren
alle Wechselwirkungen zwischen Lebewesen, z. B. Räuber-Beute-Beziehungen oder Konkurrenz
(vgl. auch S. 70)

Norfolk (England) 1960
Nach Saatbeizungen gibt es in einigen Bereichen kein einziges **Rebhuhn** mehr.

Deutschland 1976
Die **Kornrade**, eine Pflanze, die noch vor 25 Jahren als häufiges und gefährliches „Unkraut" bezeichnet wurde, ist in ihrem Bestand stark gefährdet.

Süddeutschland 1982
Nach der Spritzung eines Bohnenfeldes gegen Blattläuse, findet ein Forscher auf acht Hektar fast 200 000 tote **Marienkäfer, Bienen** und andere **Nutzinsekten**.

3 ... hat auch unerwünschte Folgen

... und Maßnahmen zu ihrer Bekämpfung

Angesichts der Hungersnöte und der wirtschaftlichen Schäden, die von Nahrungskonkurrenten verursacht werden, ist es nur verständlich, das sich der Mensch mit allen Mitteln gegen sie zur Wehr gesetzt hat.

Entscheidende Erfolge verbuchte er, als die chemische Bekämpfung entwickelt wurde. Die Industrie stellte *Fungizide* zur Vernichtung verschiedener Pilze und *Insektzide* zur Bekämpfung von Insekten her. Zur Unterdrückung nicht erwünschter Wildkräuter wurden *Herbizide* entwickelt.

Der Chemieeinsatz zeigte neben enormen Erfolgen aber auch bald seine Schattenseiten. Mit den „Schädlingen" wurde auch die Population mancher Art dezimiert, die bei der Regulation der Nahrungskonkurrenten nützlich war (▷ 130.3). Außerdem wurden manche Schadorganismen gegen die eingesetzten Mittel resistent.

Bald stellte sich auch heraus, dass einige Gifte Böden und Grundwasser belasten und sich im Körper der Lebewesen nicht oder nur langsam abbauen und sich so in der Nahrungskette anreichern. Dieses kann zu Erkrankungen, zu Unfruchtbarkeit und manchmal auch zum Tode führen.

Eine Möglichkeit, den Einsatz chemischer Pflanzenschutzmittel zu verringern, ist der *Integrierte Pflanzenschutz*. Unter dem Motto „So viel Biologie wie möglich, so wenig Chemie wie möglich", werden alle geeigneten und vertretbaren Verfahren des Ackerbaus, der Pflanzenernährung und des Pflanzenschutzes möglichst ausgewogen eingesetzt. Nahrungskonkurrenten werden erst dann bekämpft, wenn ein wirtschaftlicher Schaden bevorsteht. Um den zu erwartenden Schaden abschätzen zu können, ist viel Erfahrung und genaues Beobachten der Pflanzenbestände notwendig. Der Vorteil dieser Bewirtschaftung ist, dass dabei sowohl ökonomische als auch ökologische Belange berücksichtigt werden.

Ein immer stärkeres Gewicht bekommt die *biologische Schädlingsbekämpfung*. Hierbei werden entweder Fressfeinde oder Parasiten der zu bekämpfenden Art eingesetzt oder in ihrer Verbreitung bzw. ihrem Bestand unterstützt. Marienkäfer und Larven z. B. können über 50 Blatt- und Schildläuse pro Tag fressen. Die Käfer werden systematisch gezüchtet, zumal einige Arten von ihnen sich nicht nur über Blattläuse hermachen, sondern auch Mehltaupilze abweiden.

1 Florfliegenlarve ernährt sich von Blattläusen

2 Marienkäfer frisst eine Blattlaus

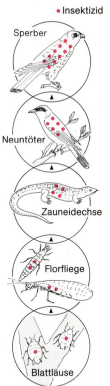

Anreicherung von Giften in der Nahrungskette

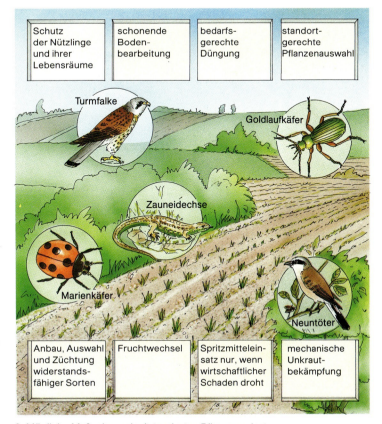

3 Mögliche Maßnahmen im Integrierten Pflanzenschutz

Konventionelle und alternative Landwirtschaft

Probleme der Landwirtschaft — Probleme mit der Landwirtschaft

Mehr als die Hälfte der Fläche der Bundesrepublik sind bäuerliches Kulturland. An dieser Zahl wird deutlich, welche Bedeutung und Verantwortung die Landwirte für die Pflege und den Erhalt unserer Landschaft sowie der Tier- und Pflanzenwelt haben.

Die bäuerliche Idylle, wie sie noch in alten Bilderbüchern und Kinderliedern dargestellt wird, gibt es schon lange nicht mehr. Der Landwirt ist — genau wie jeder andere Unternehmer — gezwungen, wirtschaftlich zu denken und zu handeln. Maschinen werden angeschafft; moderne Höfe mit zeitgemäßen Stalleinrichtungen ersetzen den Bauernhof alter Prägung. Die Feldflur und das ländliche Wegenetz werden für den Einsatz großer, schwerer Maschinen umgestaltet. Güllebehälter und Hochsilos ersetzen Misthaufen und Scheune. Mineraldünger und Pflanzenschutzmittel werden auf die Flächen ausgebracht.

Auch die Viehhaltung wird intensiviert und führt zur Massentierhaltung mit ihren Problemen: Tiere werden nicht unter artgemäßen Bedingungen gehalten, die Gülle kann kaum noch entsorgt werden, Seuchen brechen aus oder sind nur durch den Einsatz von Medikamenten zu verhindern.

Die zunehmende Verwendung von chemischen Produkten auf landwirtschaftlichen Nutzflächen und im Viehstall kann zu einer Anreicherung dieser Stoffe in der Nahrungskette führen. Dieses stellt vor allem ein besonderes Risiko für die Gesundheit der Endkonsumenten dar, und das ist in der Regel der Mensch.

Nach Meinung der meisten Landwirte ist der Weg zu immer größerer Produktivität und zur Intensivierung unumgänglich. Dennoch ist die Situation der Landwirtschaft ständig schlechter geworden. Die Steigerung der Produktion hat wenig gebracht. Die Preise für Agrarprodukte sind nicht in dem Maße gestiegen wie Löhne und Kosten für Maschinen, Düngemittel, Treibstoff usw. Immer mehr Landwirte, vor allem die Besitzer kleinerer Betriebe, mussten aufgeben. Dagegen hat die Anzahl von „Agrarfabriken" zugenommen.

In der Öffentlichkeit werden landwirtschaftliche Produkte oft kritisiert und die Medien berichten regelmäßig über neue Umweltskandale. Es ist inzwischen außerdem erwiesen, dass die moderne Landwirtschaft die Hauptverantwortung für den drastischen Rückgang von Tier- und Pflanzenarten trägt. Die Entwicklung scheint immer mehr in eine Sackgasse zu führen.

Alternativen in der Landwirtschaft

Eine Alternative zu dieser Entwicklung zeigen jene Betriebe auf, die sich einer ökologischen Landwirtschaft verschrieben haben. Es gibt innerhalb dieser Bewegung mehrere Richtungen, in ihren wesentlichen Grundsätzen sind sie aber gleich:

Rote Listen
Zusammenstellungen ausgestorbener und als gefährdet angesehener Tier- und Pflanzenarten in Deutschland

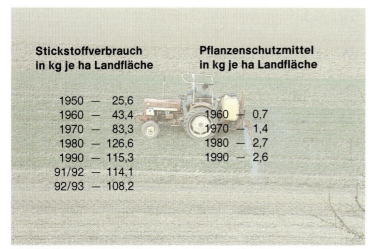

Stickstoffverbrauch in kg je ha Landfläche	Pflanzenschutzmittel in kg je ha Landfläche
1950 — 25,6	
1960 — 43,4	1960 — 0,7
1970 — 83,3	1970 — 1,4
1980 — 126,6	1980 — 2,7
1990 — 115,3	1990 — 2,6
91/92 — 114,1	
92/93 — 108,2	

1 Düngung und Pestizideinsatz

Verursacher des Artenrückgangs
(Landnutzer und Wirtschaftszweige)
Auswertung der Roten Listen. Infolge Mehrfachnennungen der Arten liegt die Summe höher als die Gesamtanzahl der Arten (= 581)

Landwirtschaft	397
Tourismus	112
Rohstoffgewinnung	106
Städtisch-Industrielle Nutzung	99
Wasserwirtschaft	92
Forstwirtschaft	84
Abfall- und Abwasserbeseitigung	67
Teichwirtschaft	37
Militär	32
Verkehr und Transport	19

2 Verursacher des Artenrückgangs (Pflanzen- und Tierarten)

1 Produkte aus ökologischem Anbau

2 Eine Mischkultur

Lohnt sich ein Ökobetrieb?

Beispiel: **Weizen**

	Konventioneller Anbau	Alternativer Anbau
Ertrag in dz je ha	65	37
Preis in DM je dz	35	103
Aufwand für Dünger u. Pflanzenschutz in DM je ha	381	53
Gewinn je Familienarbeitskraft in DM/Jahr	31 831	32 871

Sie alle wollen auch auf den Agrarflächen ein ökologisches Gleichgewicht erhalten und sparsam mit den Vorräten an Energie und Rohstoffen umgehen. Auf anorganische Düngemittel wird weitgehend verzichtet, die Widerstandskraft der angebauten Pflanzen gegen Krankheiten und Schädlinge wird durch spezielle Methoden des Anbaus und der Bodenbearbeitung gestärkt. Eine Bekämpfung der tierischen und pflanzlichen Nahrungskonkurrenten erfolgt nur auf biologische Weise. Die natürliche Artenvielfalt wird durch den Verzicht auf Monokulturen erhalten. Auf diese Weise können sogar die Agrarflächen als Lebensräume für wild lebende Pflanzen und Tiere erhalten bleiben.

Massentierhaltung wird strikt abgelehnt; Nutztiere haben nach Meinung der ökologischen Landwirte einen Anspruch auf artgerechte Haltung. Die bei der Tierhaltung anfallenden Düngemittel werden wie die Gründüngung dazu eingesetzt, den natürlichen Stoffkreislauf auf den bewirtschafteten Flächen zu erhalten.

Die Landschaft mit ihrer Tier- und Pflanzenwelt profitiert von der ökologischen Landbewirtschaftung:
Feldraine, Wegränder, Hecken und Kleingewässer bleiben erhalten. Das Mikroklima wird dadurch verbessert und Grundwasser bzw. Oberflächengewässer werden nicht mit Gülle, Nitraten oder Pflanzenschutzmitteln belastet.

Ökologisch wirtschaftende Betriebe erzeugen geringere Erträge als herkömmliche. Da sich aber für die Produkte höhere Preise erzielen lassen und die Kosten für Düngemittel, Pflanzenschutzmittel, Vieh- und Futtermittelzukäufe geringer ausfallen, ist das Pro-Kopf-Einkommen der ökologisch wirtschaftenden Landwirte höher. So kann sowohl ein Abbau der Überschussproduktion als auch eine wirtschaftliche Besserstellung der Landwirte erreicht werden.

Ob sich der positive Trend zum „Bio-Bauern" weiterhin fortsetzt, hängt in erster Linie davon ab, ob der Verbraucher bereit ist, den Landwirt für den Erhalt einer gesunden Umwelt durch höhere Preise für seine Erzeugnisse zu bezahlen.
Genauso wichtig sind die Rahmenbedingungen, die durch die EU vorgegeben werden und die Entscheidung, die konventionelle Landwirtschaft zu subventionieren.

Aufgaben

① Nenne Gründe, die für eine Umstellung auf ökologischen Landbau sprechen. Sortiere dabei nach
— ökologischen Gründen
— gesundheitsbezogenen Gründen
— ökonomischen Gründen

② Erkundige dich in einem Bioladen nach Produkten des ökologischen Landbaus.
a) Vergleiche die Preise der Waren mit den Preisen für Waren aus dem konventionellen Anbau.
b) Unter welchen Warenzeichen werden die Produkte des ökologischen Landbaus angeboten? Welche Wirtschaftsweise steht hinter den Namen?

2 Ökosystem Stadt

Wer der Ansicht ist, dass man nur außerhalb von Städten „Natur" finden kann, der täuscht sich sehr. Selbst die Zentren von Großstädten bieten zahlreichen Pflanzen und Tieren Lebensraum.

Die Bedingungen, unter denen diese Lebensgemeinschaften allerdings existieren müssen, sind besonders schwierig: Fast überall sind Eingriffe des Menschen zu ertragen, die Klimabedingungen sind anders als im Umland, der Boden ist fast nirgends offen, sondern durch Beton und Asphalt versiegelt, Autoabgase, Schadstoffe und Staub beeinträchtigen die Luft und Streusalz verschlechtert die Wachstumsbedingungen vieler Pflanzen.

Für manche Tiere und Pflanzen bietet aber die Nähe zum Menschen überwiegend Vorteile. Einige dieser Lebewesen — wir nennen sie *Kulturfolger* — können sich in der Stadt auf Grund günstiger Lebensbedingungen so stark vermehren, dass sie zum Problem werden. Wanderratte und Haustaube sind dafür typische Beispiele.

Das Ökosystem Stadt hat viele Lebensräume

Biotop
Lebensraum einer Lebensgemeinschaft

Die Stadt ist kein einheitlicher Lebensraum, sondern ein Mosaik verschiedener Biotoptypen, die alle auch in der freien Landschaft vorkommen, aber in der Stadt sehr stark vom Menschen beeinflusst sind.

Parks, Friedhöfe, Gärten und Alleen zeigen Merkmale der verschiedenen Waldtypen; entsprechend artenreich können sie sein.

Brach- und Ruderalflächen, Kanalböschungen, Hafen- und Industrieanlagen haben in vielen Bereichen den Charakter von Trockenrasen, Binnendünen, Gesteins- und Schuttfluren. Da diese Lebensräume außerhalb der Städte sehr selten werden, können hier Zufluchtsstätten für im Bestand gefährdete Arten entstehen.

Grünflächen in Gärten und Parks übertreffen manche Wiesen und Weiden in Bezug auf Artenreichtum, wenn sie möglichst selten gemäht, betreten oder gedüngt werden.

Offene Gewässer wie Flüsse, Hafenbecken und Kanäle sind gerade im Winter ein Sammelplatz verschiedener Wasservögel. Die Gewässer frieren nicht so leicht zu, weil die Wassertemperatur in den Städten meistens etwas höher als im Umland liegt und die Schifffahrt die Gewässer offen hält.

Eine Besonderheit bilden schließlich die Gebäude der Stadt. Sie sind Lebensraum von Vögeln, die früher ausschließlich auf Felswände angewiesen waren. Wir finden dort die Haustaube, die von der am Mittelmeer lebenden Felsentaube abstammt, Turmfalke, Hausrotschwanz, Mehlschwalbe, Dohle und Mauersegler. In einer deutschen Großstadt lebte sogar ein Uhu lange Zeit in den Turmnischen einer Kirche und ging nachts auf Katzenjagd in den Straßenschluchten. Alle diese Vögel haben die Stadt mit ihren „Kunstfelsen" als Ersatzbiotop angenommen.

1 Felsentaube

Turmfalke

2 Turmfalke mit Jungen

Brache
Acker-, Garten- oder Grünlandfläche, die zeitweilig oder ganz aus der Nutzung genommen und sich selbst überlassen wird

Ruderalflächen
Flächen, die zwar vom Menschen beeinflusst sind, aber nicht mehr von ihm genutzt werden (z. B. Bahnanlagen, Schuttplätze, Wegränder).

Aufgaben

① Welche typischen Stadtvögel kennst du? Schlage in einem Vogelbuch nach, welche Lebensräume diese Tiere sonst noch besiedeln.
② Eine „Taubenplage" gibt es nur in Städten; warum nicht in Dörfern?

3 Kaninchen im Grüngürtel einer Stadt

1 Ruderalfläche in der Stadt

2 Birke im Bahngelände

Wildpflanzen in der Stadt

Überall in der Stadt, wo der Mensch die Natur sich selbst überlässt, entwickelt sich eine artenreiche Vegetation. Pflanzen besiedeln alle erdenklichen Lebensräume: In den Pflasterritzen und Mauerspalten, auf Schornsteinen und Dächern, an Straßenbäumen und Hausmauern finden wir bestimmte Pflanzenarten oft in großer Anzahl. Unbebaute Gelände, Hafen- und Bahnanlagen, verlassene Fabrikanlagen werden in kürzester Zeit von Kräutern und Sträuchern erobert und bringen eine Blütenpracht in die oft trostlosen Stadtbereiche.

Hier haben auch jene Pflanzen Überlebenschancen, die außerhalb der Stadt wegen der intensiven Landbewirtschaftung, der Beseitigung von Ackerrändern und Trockenstandorten bzw. wegen des Mähens von Wegrändern selten geworden sind.

Durch diese Pflanzen — wir nennen sie auch *Ruderalpflanzen* — finden zahlreiche Insekten, Spinnen und Landschnecken eine Lebensgrundlage. Die Kleinlebewesen und die Sämereien der Pflanzen ermöglichen vielen Vogelarten und zahlreichen kleinen Säugetieren ein Leben in der Stadt. Sie sind wiederum die Beute z. B. von Steinmarder und Turmfalke.

Viele Ruderalpflanzen sind erst in den letzten 500 Jahren aus Übersee bei uns eingewandert. Der Anteil dieser Neubürger — *„Neophyten"* genannt — ist in der Stadt besonders groß, weil u. a. Häfen, Kanäle und Bahnhöfe die Verbreitung fremder Pflanzen fördern. Das Saatgut kommt mit den Erzeugnissen ins Land und findet auf freien Böden und wegen der höheren Temperaturen in der Stadt ideale Wachstumsbedingungen.

Aufgaben

① Manche Namen von „Neophyten" geben Auskunft über das Heimatland der Pflanze. Schlage in Bestimmungsbüchern nach, und erstelle eine Liste mit den Pflanzen- und Ländernamen.
② Kannst du Gründe nennen, warum die Ausbreitung von Neubürgern in der Pflanzenwelt von manchen Biologen nicht gerne gesehen wird?

Toleranzbereich
Spanne eines Umweltfaktors, innerhalb der ein Lebewesen vorkommen kann (vgl. S. 60);
Zeigerpflanzen haben einen engen Toleranzbereich in Bezug auf mindestens einen Umweltfaktor. Das Vorkommen der Brennnessel deutet z. B. auf einen hohen Stickstoffgehalt des Bodens hin.

Neophyten
Pflanzen, die seit der Entdeckung Amerikas (1492) meist aus wärmeren Zonen der Erde in unser Gebiet eingewandert sind.

3 Japanischer Staudenknöterich

Wildpflanzen in der Stadt

Das **Schwarze Bilsenkraut** hat einen klebrigen Stängel, strömt einen widerlichen Duft aus und ist sehr giftig. Der Bau der Blüte zeigt die nahe Verwandtschaft mit der Tomate und der Kartoffel (Nachtschattengewächse). Das Bilsenkraut ist so selten geworden, dass es in den meisten Bundesländern auf der „Roten Liste" steht. Die Ruderalflächen in den Städten sind oft die letzten Rückzugsgebiete dieser Pflanze.

Das **Mauerzimbelkraut** kam schon vor Jahrhunderten aus dem Mittelmeergebiet in unsere Gärten. Von dort aus verwilderte es und man findet es heute in ganz Europa in den Fugen und Spalten alter Mauern. Zur Zeit der Samenreife krümmen sich die Fruchtstiele vom Licht fort und wachsen in die Mauerritzen hinein. Auf diese Weise ist dafür gesorgt, dass die Samen einen geeigneten Platz zum Keimen finden.

Das **Afrikanische Kreuzkraut** stammt aus dem Süden Afrikas. Es hat sich in wenigen Jahren über große Gebiete unseres Landes ausgebreitet und ist heute an Autobahnen, auf Güterbahnhöfen und sonstigen ruderalen Standorten so häufig, dass es zur Blütezeit im Spätsommer große goldgelbe Flächen bildet. Dabei ist es so neu bei uns, dass viele Bestimmungsbücher diese Pflanze noch gar nicht erwähnen.

Das **Indische Springkraut** — beheimatet im indischen Himalayagebiet — kann bis zu 2,50 Meter hoch werden. Es siedelt sich seit einigen Jahrzehnten am Rand von Fließgewässern und auf feuchten Ruderalflächen an. Da das Springkraut sehr viele Samen erzeugt und diese bis zu sieben Meter weit schleudern kann, bildet es bald ausgedehnte, dichte Bestände. Manche anderen Pflanzen können an diesen Standorten wegen des Lichtmangels nicht mehr existieren.

Die **Schwarze Königskerze** kann bis zu 150 cm hoch werden. Sie bevorzugt sonnige und trockene Standorte und ist daher oft an Bahndämmen, auf trockenen Brachflächen und verlassenen Industriegeländen zu finden. Die Blüten sind über 2 cm groß; auffällig sind die wolligen violetten Staubfäden.

Das **Schmalblättrige Weidenröschen** ist eine typische Pflanze der Waldlichtungen und Kahlschläge und bildet dort dichte Bestände. Die bis zu 180 cm hohe Staude benötigt viel Licht, liebt warme, trockene Plätze und zeigt Stickstoffreichtum im Boden an. Viele Standorte in der Stadt sagen dieser Pflanze daher ebenfalls zu.
Da die zahlreichen Samen durch den Wind verbreitet werden und sehr große Strecken zurücklegen können, findet man das Weidenröschen nicht nur auf Brachflächen, Bahnanlagen und in Gärten, sondern auch in den Mauern und auf den Dächern alter Häuser.

Untersuchungen in der Stadt

Luftverschmutzung

Um den Grad der Luftverschmutzung durch Staub an mehreren Stellen der Stadt festzustellen, gibt es ein einfaches Verfahren:
Über kleine Schachteln werden durchsichtige Klebefilmstreifen (möglichst breit) gespannt. Die Klebeschicht muss nach oben weisen. Die Schachteln lässt man einen Tag an ausgewählten Stellen stehen. Unter der Stereolupe oder dem Mikroskop kannst du auszählen, wie stark der Staubanfall an den einzelnen Stellen der Stadt ist.

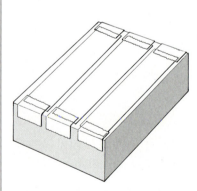

Lärm

Lärm ist jede Art von Schall, der von Menschen als Störung oder Belästigung empfunden wird. Dass Lärm krank machen kann, ist allgemein bekannt. Zahlreiche Bestimmungen sollen den Lärmpegel möglichst niedrig halten. Gemessen wird Lärm, indem man den Schalldruck, der auf das Trommelfell ausgeübt wird, feststellt. Die Maßeinheit wird Dezibel – abgekürzt dB – genannt.
Die abgebildete Tabelle nennt einige Lärmquellen und stellt die Auswirkungen dar:
① An welchen Stellen deines Heimatortes ist die Lärmbelästigung am höchsten?
② Welche Lärmschutzeinrichtungen findest du an deinem Wohnort?

Streusalz

In manchen Städten wird immer noch im Winter gegen Straßenglätte Salz gestreut.
Durch den Einsatz von Streusalz erleiden aber viele Pflanzen, vor allem Straßenbäume, Schäden. Einige Gemeinden fordern deshalb zum Einsatz anderer Streumittel, z. B. Granulat, auf.

Die Auswirkungen von Salz auf die Pflanzen kannst du mit folgenden Versuchen nachweisen:
③ Lege auf den Boden dreier Petrischalen einige Stücke Filtrierpapier. Zähle 50 Kressesamen ab und gib sie in die Schälchen. Gieße nun jeweils 30 cm³ Wasser dazu. Löse vorher in einer Wassermenge einen halben, in der nächsten einen ganzen Teelöffel Salz auf. In die dritte Schale kommt Leitungswasser. Zähle nach einigen Tagen die gekeimten Samen.
④ Stelle zwei Pflanzen auf das Fensterbrett deines Klassenzimmers. Gieße eine davon mit Salzwasser. Welche Schäden beobachtest du nach einiger Zeit?
Was ist normalerweise Ursache für solche Schäden?

Lärmquelle	dB	Auswirkung
Explosion, Schuss	130	Schmerzgrenze
Düsenflugzeug	120	
Pfeifen auf den Fingern	110	Schwerhörigkeit durch Schädigung des Innenohres
Motorrad ohne Schalldämpfer	100	
LKW-Geräusche	90	Störung des vegetativen Nervensystems, Veränderung von Puls und Blutdruck, Schlafstörung
laute Stereoanlage	80	
Straßenverkehr	70	
laute Unterhaltung	60	
Radio auf Zimmerlautstärke	50	Beeinträchtigung von Schlaf und geistiger Arbeit, Konzentrationsschwäche
gedämpfte Unterhaltung	40	
Flüstern	30	
Blätterrauschen	20	
Hörgrenze	10	

Pflanzen und Tiere in der Stadt

① Besorge dir aus der Bücherei einen Bildband mit alten Ansichten deines Wohnortes. Vielleicht kannst du auch alte Ansichtskarten beschaffen, die dir einen Eindruck von früher vermitteln. Was hat sich geändert? Achte vor allem auf den Baumbestand, die Grünanlagen und den Zustand von Ufern.

② Dachböden sind Lebensräume großer und kleiner Tiere. Vielleicht erhält eine Gruppe von euch die Erlaubnis, eine „Forschungsreise" auf einem solchen Boden — möglichst in einem alten Haus — durchzuführen (Vorsicht! Sicherheitsregeln absprechen und beachten!). Welche Tiere könnt ihr feststellen? Welche Tiere leben immer hier, wer überwintert nur und wer hat sich nur hierher verirrt?

Fledermaus

③ Suche auf einer Ruderalfläche eine große blühende Distel. Setze dich bei sonnigem Wetter eine halbe Stunde neben die Pflanze und führe ein „Besucherprotokoll". Die Abb. rechts stellt dir einige Arten von möglichen Besuchern vor.

139

1 Streuobstwiese

2 Steinkauz **3** Siebenschläfer

4 Wendehals **5** Schwalbenschwanz

Streuobstwiesen werden immer seltener

Streuobstwiesen befinden sich in der Regel am Rand von Dörfern und Kleinstädten. Es sind meist großflächige Wiesen mit „eingestreuten" Obstbäumen. Manchmal werden diese Wiesen noch gemäht oder als Viehweide genutzt. Pflanzenschutzmittel werden nicht ausgebracht.

Kräuter und Gräser kommen somit zur vollen Entwicklung, samen immer wieder aus und bilden bald eine vielartige Vegetation. Auch die Tierwelt kommt zur Entfaltung, da einschneidende Eingriffe durch den Menschen unterbleiben. Der Obstbaumbestand weist einige Besonderheiten auf. Die Bäume werden kaum geschnitten und ausgeholzt. Knorrige Äste, Astlöcher und Stammhöhlen sind demzufolge typisch für den alten Baumbestand einer Streuobstwiese.

Lebensraum für seltene Tierarten

Die Streuobstwiese ist ein Lebensraum für einige seltene und geschützte Tierarten. Der kleine, nur 23 cm große *Steinkauz* bewohnt Baumhöhlen. Er ist tag- und dämmerungsaktiv und jagt verschiedene Kleinsäuger wie die Feldmaus sowie auch wirbellose Tiere. Stark bestandsgefährdet ist auch der *Wendehals,* ein Spechtvogel und Höhlenbrüter. Insekten, besonders Ameisen und Blattläuse, bilden seine Nahrung. Einerseits wurden Insekten großflächig chemisch bekämpft, andererseits fehlen alte Bäume als Brutort für diesen Vogel. Dadurch ist er selten geworden.

Baumhöhlen bewohnt auch der *Siebenschläfer*. Dieses kleine Säugetier sucht nachts seine Nahrung, die aus Nüssen, Beeren und anderen Früchten besteht.

Streuobstwiesen sind auch ein idealer Lebensraum für Buntspecht, Fledermäuse, Wiesel, Igel und viele Insekten, wie z.B. Admiral, Schwalbenschwanz und Grünes Heupferd.

Aufgaben

① Ohne den Schutz des Lebensraumes ist ein erfolgreicher Artenschutz nicht möglich. Erläutere diese Tatsache am Beispiel einer Streuobstwiese.

② Fledermäuse, Steinkauz, Buntspecht und Siebenschläfer finden in Streuobstwiesen ideale Lebensbedingungen. Informiere dich in einem Lexikon über die Lebensweise dieser Tiere. Nenne mehrere Gründe für ihr Vorkommen in Streuobstwiesen.

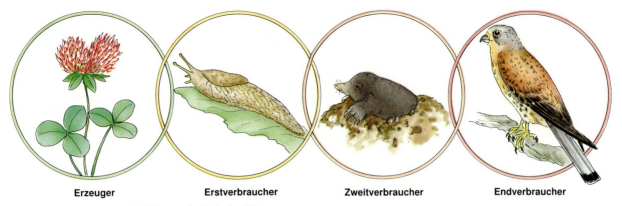

Erzeuger   Erstverbraucher   Zweitverbraucher   Endverbraucher

1 Nahrungskette in der Wiese

Nahrungsbeziehungen in einer Wiese

Art
Lebewesen, die in allen wichtigen Merkmalen übereinstimmen und miteinander fruchtbare Nachkommen zeugen können

Population
Gesamtheit der Lebewesen einer Art, die in einem zusammenhängenden Gebiet leben und sich miteinander fortpflanzen

abiotische Umweltfaktoren
Faktoren wie Klima, Luft, Bodenbeschaffenheit, die Populationsgrößen beeinflussen

biotische Umweltfaktoren
alle Wechselwirkungen zwischen Lebewesen, z. B. Räuber-Beute-Beziehungen oder Konkurrenz (vgl. auch S. 70)

Gräser und Kräuter sind *Erzeuger* (Produzenten) organischer Stoffe. Schwebfliegen ernähren sich von den Pollen verschiedener Blüten. Sie sind Pflanzenfresser und gehören zu den *Erstverbrauchern* (Konsumenten). Die Schwebfliegen werden wiederum von der Krabbenspinne erbeutet. Zwischen Schwebfliege und Krabbenspinne besteht somit eine Räuber-Beute-Beziehung. Dabei ist die Spinne als Fleischfresser ein *Zweitverbraucher*. Der Grasfrosch frisst auch Spinnen und ist deshalb ein *Drittverbraucher*. Die Lebewesen einer Wiese sind über Nahrungsbeziehungen wie die Glieder einer Kette eng verbunden. Sie gehören zu einer **Nahrungskette**.

Einzelne Tierarten ernähren sich nicht nur von einer einzigen anderen Art. So jagt die Krabbenspinne auf Blüten Insekten, die sie überwältigen kann, wie Schwebfliegen, Weichkäfer, Schmetterlinge, Bienen und Wanzen. Zur Nahrung des Grasfrosches gehören neben Spinnen auch Regenwürmer, Heuschrecken und Käfer. Die Nahrungsbeziehungen zwischen den Lebewesen sind also nicht so einfach wie in den Nahrungsketten dargestellt. Jedes Tier gehört mehreren Nahrungsketten an. Verbindet man diese miteinander, so werden sie so verflochten wie die Maschen eines Netzes. Diese vielfältigen Nahrungsbeziehungen werden als **Nahrungsnetz** bezeichnet.

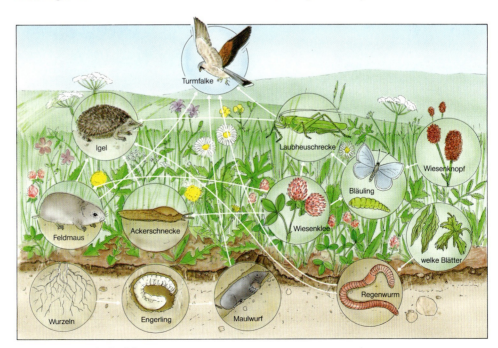

2 Nahrungsnetz in der Wiese

1 Spritzen von Obstbäumen

2 Streichen mit Holzschutzmittel

3 Umweltprobleme — lokal und weltweit

Umweltgifte

In früheren Generationen verlief das Leben wesentlich einfacher und bescheidener. Die Produktivität in der Landwirtschaft war vergleichsweise gering, da es Maschinen kaum gab und Pflanzenschutzmittel und Mineraldünger noch nicht existierten.

Halbwertszeit
Abbau um die Hälfte in einer bestimmten Zeit

Die moderne Industrie hat uns jedoch eine Fülle chemischer Substanzen zur Sicherung der Nahrungsgrundlage zur Verfügung gestellt, außerdem aber auch Stoffe, die im Haushalt, in Industrie und Gewerbe Verwendung finden. Diesen Stoffen haben wir sicherlich einen Teil dessen zu verdanken, was viele unter Lebensqualität verstehen.

Die meisten dieser Chemikalien kommen allerdings in den natürlichen Kreisläufen unserer Umwelt nicht vor und manche entfalten leider nicht nur die gewünschten Wirkungen, sondern belasten unsere Gesundheit. Einige wenige richten unter Umständen verheerende Schäden an. Eines der bekanntesten Beispiele hierfür ist das DDT, das als lange wirksames Insektenbekämpfungsmittel (Insektizid) jahrelang auf der ganzen Welt eingesetzt wurde. Es hat eine Halbwertszeit von wahrscheinlich mehr als 20 Jahren und reichert sich deshalb in den Lebewesen der Nahrungsketten an. Wissenschaftler haben diese das Nervensystem schädigende Substanz inzwischen sogar im Fettgewebe von Pinguinen nachgewiesen. Seit 1971 ist DDT in der Bundesrepublik verboten.

Blauer Umweltengel

Jahrelang wurden in Wohnräumen z. B. beim Vertäfeln der Wände Holzschutzmaßnahmen mit Giften gegen Pilzbefall und Insektenfraß durchgeführt, obwohl in trockenen Räumen Holzschäden eigentlich kaum zu befürchten sind. Inzwischen hat ein Umdenken stattgefunden, denn es häuften sich eine Fülle von Vergiftungserscheinungen, die auf den Pentachlorphenol-Gehalt der Raumluft zurückzuführen waren. PCP-haltige Mittel sind seit 1989 in Deutschland verboten.

Zahlreiche gesundheitsschädliche Belastungen von Luft, Wasser und Boden ließen sich verringern, wenn wir alle unser Verhalten ein wenig ändern würden. Wer hat nicht schon einmal verbrauchte Batterien sorglos in die Mülltonne geworfen, ohne dabei an mögliche Schäden für die Umwelt zu denken. Die in manchen Batterien enthaltenen Metalle Cadmium und Quecksilber reichern sich über die Nahrungskette nicht nur in Pflanzen und Tieren an, sondern auch im menschlichen Körper. Sie werden kaum wieder ausgeschieden und bewirken bei dauernder Belastung Nierenschäden und möglicherweise auch Veränderungen des Erbguts (Mutationen).

Immer mehr Menschen versuchen, gegen die langsame Vergiftung unserer Umwelt vorzugehen, indem sie beim Einkauf auf natürliche (unbehandelte) Materialien und Produkte mit dem blauen Umweltengel achten.

Aufgaben

① Notiere in der Farbenabteilung eines Warenhauses die in den Farb- und Holzschutzmitteltöpfen enthaltenen Lösungsmittel und stelle fest, ob Angaben über Umweltverträglichkeit oder gesundheitliche Risiken aufgedruckt sind. Manche Hersteller versenden entsprechendes Informationsmaterial!

② Welche Möglichkeiten gibt es in deiner Gemeinde, alte Arzneimittel, Farbreste, Batterien und andere Giftstoffe abzugeben?

③ Zahlreiche Pflanzen wie der Fliegenpilz enthalten starke Gifte. Begründe, warum von diesen Giftstoffen keine Umweltbelastungen ausgehen!

④ Ermittle mit Hilfe der Lexikonseite, welche Schadstoffe du im täglichen Umgang vermeiden oder verringern könntest.

⑤ Suche im Kaufhaus nach Produkten mit dem blauen Engel und versuche zu begründen, warum diese Kennzeichnung verliehen wurde.

Umweltgifte

Formaldehyd ist in zahlreichen Produkten unseres täglichen Lebens enthalten. Es handelt sich dabei um eine Flüssigkeit, deren Dämpfe die Atemwege reizen und zu Kopfschmerzen und Schlafstörungen führen können. Besonders in Spanplatten, Leimen und Lacken, aber auch in zahlreichen Reinigungs- und Pflegemitteln sowie in manchen Filzstiften und Isolierschäumen ist die Chemikalie enthalten. Selbst im Zigarettenrauch und in den Autoabgasen kann man sie nachweisen. In der Raumluft ist Formaldehyd erst ab einer höheren Konzentration durch seinen stechenden Geruch wahrnehmbar.

Asbest ist ein Mineral, das bis zu seinem Verbot 1991 jahrelang vor allem als unbrennbares Material Verwendung fand. In Bremsbelägen, Hausverkleidungen, Asbestzement und Dachabdeckungen — überall wurde dieser Werkstoff eingesetzt. Gefährlich wird Asbest durch seine feinen Fasern, die als Abrieb entstehen. Diese können sich beim Einatmen in der Lunge festsetzen und eine chronische Entzündung der Lunge (Asbestose) oder sogar Lungenkrebs verursachen. Auch die feinen Fasern von Stein- und Glaswolle werden neuerdings als problematisch angesehen.

Lösungsmittel sind erforderlich, damit Lackfarben aufgetragen werden können. Viele dieser Mittel, wie Benzol, Toluol oder chlorierte Kohlenwasserstoffe, sind in hohem Maße gesundheitsschädlich und können die Ursache von Krebs-, Nerven- und Lebererkrankungen sein. Selbst in manchen Filzschreibern sind diese Lösungsmittel enthalten. Man sollte deshalb beim Kauf von Farben auf die Kennzeichnung mit dem „Blauen Engel" achten oder möglichst wasserlösliche Lacke kaufen. Vermeidet bei Filzstiften Produkte, die gesundheitsschädliche Lösungsmittel enthalten.

Waschmittel belasten in großem Umfang durch ihre Inhaltsstoffe unsere Gewässer. Zwar geht selten eine unmittelbare Gefahr für den Menschen von ihnen aus, da wir sie nur in geringem Umfang in unseren Körper aufnehmen, doch enthalten besonders die Spezialreiniger viele umweltschädliche Stoffe wie Chlor oder Natronlauge, die bei unsachgemäßer Anwendung zu schweren Verätzungen führen können. Besser sind Allzweckreiniger, Neutralseife, Schlämmkreide für Waschbecken und Essigessenz für die WC-Reinigung. Als Fleckenmittel ist Reinigungsbenzin die umweltfreundlichste Lösung.

Klebstoffe enthalten oft bis zu 70 % Lösungsmittel, die an ihrem Geruch und dem Hinweis auf Brennbarkeit zu erkennen sind. Besonders aus Sekundenklebern entweichen Stoffe, die als Krebs erregend eingestuft werden. Beim Kontakt mit der Haut werden besonders durch Zwei-Komponenten-Kleber Reizungen verursacht. Da für die meisten Zwecke in der Schule Papierkleber ausreichen, sollte man Klebestifte mit wasserlöslichem Inhalt bevorzugen.

Dioxine, wie das berüchtigte „Seveso-Dioxin" (TCDD), gehören zu den stärksten Giften, die der Mensch je hergestellt hat. Dioxine können Mutationen verursachen und Krebserkrankungen auslösen. Sie entstehen unter anderem bei der Verbrennung von Kunststoffen oder als Nebenprodukte bei der Herstellung von chlorhaltigen Kohlenwasserstoffen, wie etwa manchen Pflanzenschutzmitteln. Jeder Mensch in der Bundesrepublik hat 30 bis 40 milliardstel Gramm Dioxin pro Kilogramm Körperfett gespeichert, denn Dioxine sind wie die chlorierten Kohlenwasserstoffe nicht wasser-, sondern fettlöslich und finden sich deshalb sogar in der Muttermilch. Auf keinen Fall darf man mit Lösungsmitteln behandeltes Holz verbrennen, z. B. Bahnschwellen, da dann die Gefahr der Dioxin-Freisetzung sehr groß ist.

1 Müllhalde — Endstation für viele Konsumartikel

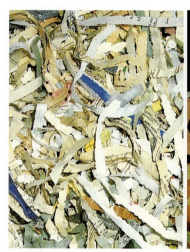

2 Altpapier- und Recycling-Produkte

Müll — die Kehrseite des Wohlstands

In Deutschlands Haushalten fallen jährlich etwa 40 Millionen Tonnen Müll an; Gewerbebetriebe verursachen etwa die gleiche Menge. Hinzu kommen noch 200 Millionen Tonnen Bauschutt und etwa 50 Millionen Tonnen Schlamm aus Klärwerken.

Deponieren, verbrennen oder wiederverwerten?

Der größte Teil des Mülls wird auf Deponien gelagert. Die Müllmengen wachsen ständig an, gefährden das Grundwasser und belasten die Luft. Es wird in unserem dicht besiedelten Land immer schwerer, neue und geeignete Standorte für Deponien zu finden. Eine Lösung dieses Problems scheint die *Müllverbrennung* zu sein. Dieses Verfahren verringert zwar das Müllvolumen und nutzt einen Teil der Energie, die im Müll steckt, für Heizzwecke und Stromgewinnung, aber es hat auch Nachteile: Gesundheitsschädigende Stoffe können nicht vollständig aus den Abgasen, die in die Luft gelangen, herausgefiltert werden. Die entstehende Asche ist mit giftigen Stoffen hoch belastet und muss als Sondermüll entsorgt werden.

Die Wiederverwertung *(Recycling)* von Glas, Papier, Altmetall, Kunststoffen und organischen Abfällen (Kompost) ist sicherlich die umweltfreundlichste Methode der Müllbeseitigung. Fast in allen Städten und Gemeinden wird daher vom Bürger erwartet, dass er seinen Müll getrennt sammelt. Es können jedoch noch lange nicht alle Stoffe recycelt werden, und das Verfahren lässt sich auch nicht beliebig oft wiederholen.

Das Duale System

Wirtschaftsunternehmen gründeten 1991 das Duale System Deutschland (DSD). 1993 übernahm diese Entsorgungsgemeinschaft die Aufgabe, Verpackungen zu sammeln, zu sortieren und dem Recycling zuzuführen. Die Kosten dafür werden zum Teil über die Aktion „Grüner Punkt" abgedeckt: Die Erzeuger kennzeichnen das Verpackungsmaterial als recycelbar und führen einen Betrag an das DSD ab. In Form höherer Preise für die mit dem „Grünen Punkt" gekennzeichneten Produkte werden die Kosten an den Verbraucher weitergegeben. Man hoffte, damit den Verkauf weniger verpackter und damit billigerer Produkte zu fördern und so die Müllmenge zu verringern. Dieses Ziel wurde nicht erreicht und der „Grüne Punkt" prangt inzwischen auf nahezu allen Verpackungen. Ein Problem ist auch, dass die Verwertung des Mülls, vor allem der Kunststoffe, nicht ausgereift ist. Diese Situation führte in vielen Fällen zum „Mülltourismus", also zu einem Transport der Abfälle in wirtschaftlich ärmere Länder.

Konsequente Müllvermeidung

Die Natur ist kein Selbstbedienungsladen, der immer wieder aufgefüllt wird. Alle Stoffe auf der Erde sind nur in begrenzter Menge vorhanden, und es können keine neuen hinzukommen. Eine Vergeudung von Energie und Rohstoffen ist nicht zu verantworten. Das Müllkonzept der Zukunft kann also nur in konsequenter Müllvermeidung bestehen.

Müllvermeidung

① Untersucht in eurer Schule die Mülleimer auf ihren Inhalt und sortiert die Abfälle in die Gruppen Papier, Verbundpackungen, Plastik, organische Abfälle und sonstige Abfälle. (Hygiene beachten! Handschuhe und Müllzange benutzen!)

② Miss das Volumen der einzelnen Abfallsorten mit einem 10-Liter-Eimer und stelle die Ergebnisse grafisch dar.

③ Erörtert miteinander, welcher Müll davon vermeidbar gewesen wäre. Zeigt Alternativen auf.

④ Plant gemeinsam eine Aktion „Müllfreie Schule".
   a) Entwerft ein Flugblatt, in dem ihr Möglichkeiten zur Müllvermeidung aufzeigt und Alternativen vorstellt.
   b) Baut eine Ausstellung für eure Mitschüler auf, in der ihr über die Müllprobleme informiert und Verbesserungsvorschläge unterbreitet.
   c) Verhandelt mit der Schulleitung, dem Hausmeister und den Kaufleuten in eurem Einzugsbereich und bemüht euch, dass nur Waren gekauft und benutzt werden, die umweltfreundlich sind und die Müllmenge nicht vergrößern (Reinigungsmittel, Büroartikel, Nahrungsmittel).
   d) Wo bleiben die organischen Abfälle aus eurer Schulküche? Ihr solltet die Anschaffung einer Komposttonne anregen (falls sie noch nicht vorhanden ist!).

Müllsortierung

Viele Abfälle sind viel zu wertvoll, um verbrannt zu werden oder auf einer Deponie zu lagern. Eine erfolgreiche Müllverwertung setzt voraus, dass der Bürger den Müll vorher sorgfältig vorsortiert. Bei den folgenden Aufgaben hilft dir sicherlich die Umweltbehörde deiner Gemeinde.

⑤ Nach welchen Gruppen soll der Müll an deinem Wohnort sortiert werden? Wie ist die Entsorgung organisiert?

⑥ Was gehört in die Gelbe Tonne oder den Gelben Sack?

⑦ Erstelle einen Katalog, welche Stoffe in die Biotonne kommen dürfen oder auf einen Komposthaufen gehören.

⑧ Erkunde, welche Container oder Sammelstellen in der Umgebung deiner Schule oder deiner Wohnung zu finden sind.

⑨ Wo kannst du die folgenden besonders giftigen Hausmüllabfälle entsorgen: Batterien, alte Tabletten, Nitroverdünner, Leuchtstoffröhren?

⑩ Wird in deiner Schule und deiner Klasse der Müll bereits verantwortungsbewusst sortiert?

Der Grüne Punkt

Der Grüne Punkt ist das Lizenzzeichen des Dualen Systems Deutschland (DSD). Den Grünen Punkt tragen alle Verpackungen,
— deren Rücknahme und Verwertung die Hersteller garantieren,
— für deren Entsorgung die Hersteller einen bestimmten Betrag an die Gesellschaft bezahlt haben.

⑪ Ladet eine Fachkraft zum Thema Müll zu einem Gespräch über den Grünen Punkt ein. Erörtert mit ihr die Vorteile und Schwierigkeiten des DSD. Hier einige Gedankenanstöße und Fragen:
   a) Sagt der Grüne Punkt etwas über die Eigenschaften oder die Umweltfreundlichkeit der Ware oder Verpackung aus?
   b) Wer trägt die Kosten für die Entsorgung der Verpackung mit dem Grünen Punkt?
   c) Wie viel Prozent aller Verkaufspackungen sind mit dem Grünen Punkt versehen, und wie viel Prozent werden vom DSD eingesammelt?
   d) Wie viel Prozent der eingesammelten Verpackungen konnten der Wiederverwertung zugeführt werden?

Umweltschutzorganisationen geben die finanziellen Belastungen eines Haushalts für den Grünen Punkt mit über 200,— DM pro Jahr an.
   e) Was würde es für das DSD bedeuten, wenn sich die Verpackungsmenge um die Hälfte vermindern würde?
   f) Was geschieht mit dem Plastikmüll? Wo und in welcher Menge wird er wieder verwertet?
   g) Gibt es Städte, die auf die Zusammenarbeit mit dem DSD verzichtet haben?

Umwelttips

— Müll vermeiden
— Einkaufstaschen aus Leinen oder Jute benutzen
— Für das Schulbrot Butterbrotdosen statt Plastikbeutel benutzen
— Getränke für die Pause zu Hause in eine Trinkflasche füllen
— Nur Flaschen kaufen, keine Dosen!
— Wieder aufladbare Batterien verwenden
— Nur müllarm einkaufen (kleine Gebrauchsgegenstände nicht in Plastikverpackungen)
— Pumpflaschen statt Spraydosen kaufen
— Plastikgeschirr boykottieren
— Nachfüllpackungen statt Neukauf

1 Treibhauseffekt im Gewächshaus

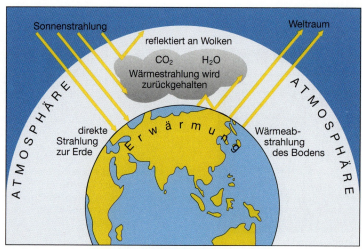

2 Treibhauseffekt in der Atmosphäre

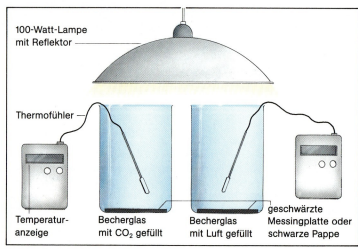

3 Modellversuch zum Treibhauseffekt

Die Erde — ein Treibhaus im All

In einem Treibhaus (Gewächshaus) kann der Gärtner schon früh im Jahr auch empfindlichere Pflanzen anbauen, da im Inneren eine wesentlich höhere Temperatur als in der Umgebung herrscht. Der Grund: Glas ist für das sichtbare *Sonnenlicht* durchlässig, durch die Fensterflächen kann es ungehindert eindringen. Hier wird es vom Boden und den Pflanzen größtenteils absorbiert. Sie erwärmen sich und geben *Wärmestrahlung* ab. Für diese ist das Glas jedoch undurchlässig, und so heizt sich das Innere des Treibhauses auf, es wirkt als *Strahlungsfalle*.

Das Klima der Erde hängt ebenfalls von der Energie der Sonneneinstrahlung ab, die vom Erdboden und der Atmosphäre absorbiert und teilweise als Wärmestrahlung wieder abgegeben wird. Ein Teil dieser Wärmestrahlung geht ins Weltall verloren, der Rest wird von Wolken und Kohlenstoffdioxid absorbiert und „heizt" die Atmosphäre auf. Ohne diese „eingefangene" Energie läge die mittlere Temperatur der Erdoberfläche statt bei +15 °C bei −18 °C. Dieser Unterschied von 33 °C macht unsere Erde erst bewohnbar.

Dies alles erinnert an die Vorgänge in einem Treibhaus, deshalb spricht man von einem *Treibhauseffekt*. Beim Treibhaus Erde übernehmen Wasserdampf und Kohlenstoffdioxid in der Atmosphäre die Rolle des Glases. Für das einfallende normale Sonnenlicht stellen sie kein wesentliches Hindernis dar; die von der Erdoberfläche ausgesandte Wärmestrahlung lassen sie jedoch nur zum Teil in den Weltraum entweichen. Der Rest bleibt im Bereich der Erde „gefangen". Ändert sich die Konzentration dieser *Treibhausgase*, so wirkt sich das auf die Temperaturen in Bodennähe aus.

Aufgaben

① Beschreibe den Unterschied zwischen der von der Sonne kommenden und der von der Erdoberfläche abgegebenen Strahlung.

② Erkläre den Modellversuch zum Treibhauseffekt (▷3). Was wäre zu erwarten, wenn man statt schwarzer Pappe Aluminiumfolie verwenden würde?

③ Unter welchen Bedingungen kann es in einem Gewächshaus zu unerwünscht hohen Temperaturen kommen? Wie kann man dies verhindern? Weshalb sind solche Notmaßnahmen beim Treibhaus Erde nicht möglich?

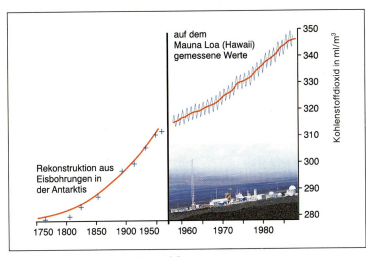

1 Kohlenstoffdioxid in der Atmosphäre

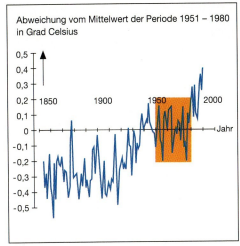

2 Durchschnittstemperaturen in Bodennähe

Verändert sich unser Klima?

„Für Generationen von Skifahrern — ob Langläufer oder alpine Abfahrer — war das Allgäu eine verlässliche Adresse. Nun, da schneereiche Winter die Ausnahme sind, veröden manche früher viel besuchte Skigebiete. Erstmals wird im Allgäu am 1450 m hohen Gschwender Horn bei Immenstadt eine größere Liftanlage total demontiert. Nach drei extrem schneearmen Wintern ist der Betreiber pleite." Soweit der Bericht einer Tageszeitung im August 1994.

Zunehmende Industrialisierung und Bevölkerungszuwachs führen zu einem immer höheren Energiebedarf, der größtenteils durch Verbrennen fossiler Energieträger gedeckt wird. Dadurch werden große Mengen Kohlenstoffdioxid freigesetzt, die der Atmosphäre seit der Frühzeit der Erdgeschichte entzogen wurden.

Bis zum Jahr 2050 könnte der CO_2-Anteil der Atmosphäre von derzeit 0,035 % auf etwa 0,06 % ansteigen und zu einer globalen Temperaturerhöhung um bis zu 4 °C führen. Die Folge könnten eine Verschiebung der Klimazonen und die Zunahme extremer Wetterereignisse sein.

Die Wissenschaft ist sich zwar noch nicht sicher, aber Anzeichen für eine allgemeine Erwärmung gibt es. Die 80er Jahre waren die wärmsten seit Beginn der Klimaaufzeichnungen im vorigen Jahrhundert. Ein sogenannter „Jahrhundertsommer" folgt auf den anderen, im Winter gibt es bei uns nur noch selten Schnee und in den Trockenzonen der Erde bleiben die Niederschläge aus. Der Meeresspiegel steigt, da das Polareis und die Gletscher in den Hochgebirgen abschmelzen. 1991 wurde in den Ötztaler Alpen die gut erhaltene Leiche eines Mannes aus der Bronzezeit gefunden. Sie hatte dort 5200 Jahre lang im Eis gelegen, ehe sie nun durch das Abtauen des Gletschers freigelegt und als „Ötzi" bekannt wurde.

Möglicherweise hat die weltweite Klimaveränderung als Folge eines verstärkten Treibhauseffektes also bereits begonnen. Beschleunigt wird die Zunahme des Treibhauseffektes auch durch die Brandrodung der tropischen Regenwälder. Die Verbrennung erzeugt CO_2 und auf Grund der verringerten Fotosyntheseleistungen wird der Atmosphäre weniger Kohlenstoffdioxid entnommen. Auch Methan und Ammoniak tragen zur Erhöhung des Treibhauseffektes bei. Sie stammen größtenteils aus der Massentierhaltung.

Aufgaben

① Abb. 2 zeigt die globale Temperaturerhöhung seit 1850. Um wie viel °C ist die mittlere Temperatur bis heute gestiegen?

② Abb. 1 zeigt Messungen des Kohlenstoffdioxidgehaltes der Atmosphäre. Um wie viel Prozent hat der CO_2-Gehalt seit 1850 zugenommen?

③ Für die Erhöhung des globalen Treibhauseffektes sind noch weitere Spurengase mit verantwortlich. Lies auf S. 149 nach!

④ Überlege, wofür du tagtäglich Energie „verbrauchst" und wie du diesen Energiebedarf senken könntest. Notiere deine Ideen!

CO_2-Ausstoß weltweit

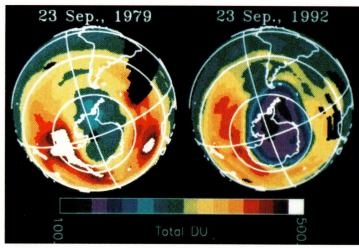

1 Ozonloch über der Antarktis (geringe Ozonkonzentration violett, hohe rot)

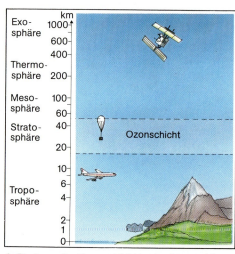

2 Die Lage der Ozonschicht in der Atmosphäre

Ein Ozonmantel schützt die Erde vor gefährlicher UV-Strahlung

„Between eleven and three — slip under a tree". Mit solchen Ratschlägen wird in Australien versucht, den Einwohnern ein neues Verhalten bei starker Sonneneinstrahlung beizubringen. Ein wachsendes Loch in der Ozonschicht über der Antarktis hat dazu geführt, dass bis Neuseeland und Australien das Risiko sehr hoch ist, wegen einer immer intensiveren Ultraviolett-Strahlung an Hautkrebs oder schweren Augenschädigungen zu erkranken. Auch auf der Nordhalbkugel werden immer geringere Ozonwerte in der Stratosphäre (▷2) gemessen.

Sonnenstrahlung besteht aus Wärmestrahlung, sichtbarem Licht und der unsichtbaren Ultraviolett-Strahlung (UV-Strahlung). Diese macht zwar nur einige Prozent aus, ist aber so energiereich, dass sie lebende Zellen schwer schädigen kann. Bei Pflanzen kann sie z. B. das Chlorophyll zerstören. Könnte die UV-Strahlung ungehindert auf die Erdoberfläche gelangen, wäre Leben auf der Erde unmöglich.

In einer Höhe von ca. 15 bis 50 km, also im Bereich der Stratosphäre (▷2), umgibt eine Schicht aus Ozon, die *Ozonosphäre,* die Erde wie ein Schutzmantel. Dieses Gas absorbiert weitgehend die gefährliche UV-Strahlung und schützt so Menschen, Tiere und Pflanzen. Ozon (O_3) zerfällt ständig wieder zu normalem Sauerstoff (O_2), wird aber durch lichtchemische Reaktionen laufend neu gebildet. Solange sich Abbau und Neubildung etwa die Waage halten, bleibt die Ozonschicht stabil.

Schon Mitte der 70er Jahre fiel bei Messungen über der Antarktis auf, dass sich der Ozongehalt in der Ozonosphäre von Jahr zu Jahr verringerte. Satellitenaufnahmen bestätigten die starke Abnahme des Ozons besonders im antarktischen Frühling zwischen August und November. Das *Ozonloch* über dem Südpol erreichte 1986 die Größe der USA und hatte sich Ende 1989 bis nach Australien und Neuseeland ausgedehnt.

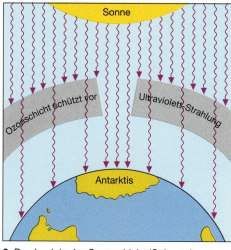

3 Das Loch in der Ozonschicht (Schema)

Aufgaben

① Weshalb sollte man im Hochgebirge unbedingt eine gute Sonnenbrille tragen?
② Wer sich starker Sonnenstrahlung aussetzt, muss sich eincremen. Was besagt der Schutzfaktor bei Sonnencremes?

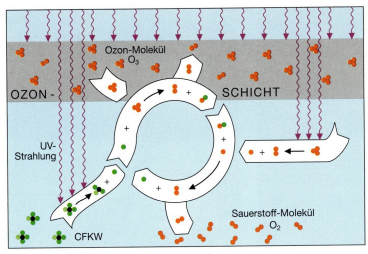

1 Ozonabbau in der Stratosphäre (Schema)

2 Kühlgeräte warten auf Entsorgung

CFKW zerstören die Ozonschicht

Die Ursache für den beobachteten Ozonschwund in der Stratosphäre sind Chlorfluorkohlenwasserstoffe, abgekürzt CFKW oder FCKW genannt. Es sind synthetische Verbindungen aus **C**hlor, **F**luor, **K**ohlenstoff und **W**asserstoff, die in der Natur nicht vorkommen. Wegen ihrer hohen chemischen Beständigkeit werden sie in vielen Bereichen eingesetzt. Sie werden z. B. als Kältemittel in Kühlaggregaten, als Gas zum Aufschäumen von Kunststoffen und als Entfettungsmittel in der Industrie benutzt. Als Treibgase in Spraydosen kommen sie seit einigen Jahren nicht mehr zum Einsatz.

Gelangen CFKW-Moleküle in die Atmosphäre, bleiben sie wegen ihrer Reaktionsträgheit noch Jahrzehnte lang stabil, reichern sich an und steigen allmählich in die Ozonschicht auf. Dort werden sie durch energiereiche UV-Strahlung gespalten. Dabei entstehen freie Chloratome, die in einem verhängnisvollen Kreislauf tausende von Ozonmolekülen zerstören (▷1). Das Gleichgewicht zwischen Abbau und Neubildung des Ozons bricht zusammen.

Neue Erkenntnisse lassen vermuten, dass Ozonloch und Treibhauseffekt (S. 147) zusammenhängen und sich sogar gegenseitig „aufschaukeln". Mit jedem Prozent Ozonverlust erhöht sich die schädliche UV-Strahlung auf der Erde um 2 %. Dadurch wird das Meeresplankton geschädigt, das bei der Fotosynthese etwa so viel Kohlenstoffdioxid verarbeitet, wie alle Landpflanzen zusammen. Würden etwa 10 % dieser einzelligen Algen absterben, so würden jährlich etwa 5 Milliarden Tonnen CO_2 weniger gebunden und den Treibhauseffekt in der Atmosphäre verstärken. Doch damit nicht genug! Da die Treibhausgase die Wärmestrahlung in den unteren Schichten der Atmosphäre zurückhalten, kühlt sich die Stratosphäre ab. Kälte jedoch begünstigt die Zerstörung der Ozonmoleküle und fördert damit die weitere Ausdehnung des Ozonlochs — der Teufelskreis schließt sich. Höchste Zeit, dass der Mensch hier die Notbremse zieht!

Aufgaben

① CFKW werden nicht mehr als Treibgas benutzt. Welche Alternativen gibt es? Sieh bei verschiedenen Spraydosen nach.

② Alte und defekte Kühlgeräte wurden früher mit dem Sperrmüll entsorgt und die CFKW des Kältemittels gelangten in die Atmosphäre. Erkundige dich, wie bei der Entsorgung heute verfahren wird.

③ Auch eine sofortige weltweite Einstellung der Produktion und des Gebrauchs von CFKW würde sich frühestens in etwa 20 Jahren positiv auswirken. Warum?

④ Womit ist zu erklären, dass das Ozonloch über der Antarktis jeweils nach dem arktischen Winter mit Beginn des Frühlings am größten wird? Zu schwer? Denk an die Sonne und an die Temperaturen!

⑤ CFKW verstärken den Treibhauseffekt auch direkt. Ein Molekül Trichlorfluormethan hat gegenüber einem Molekül CO_2 ein relatives Treibhauspotential von 3970 : 1. Was ist darunter zu verstehen?

Zum Beispiel:

Trichlorfluormethan
Kältemittel für Kühlgeräte und Klimaanlagen, Reinigungsmittel (Industrie), Blähmittel für Schaum- und Dämmstoffe, Treibmittel in Spraydosen. Chemische Beständigkeit in der Atmosphäre etwa 65 Jahre!

1 Braunkohletagebau

2 Eisenerzabbau in Brasilien

Landschaftsverbrauch — verbrauchte Landschaft

Beispiel: Energiegewinnung

Braunkohle ist die wichtigste heimische Energiequelle. Ihr Anteil an unserem Energieverbrauch beträgt etwa 40 %. Sie wird in den großen Revieren am Oberrhein, in der Lausitz und in Mitteldeutschland im Tagebau gefördert. Zum Abbau der Kohle führenden Schichten *(Flöze)* muss die darüber liegende Natur „abgeräumt" werden. Mit ihr werden Menschen umgesiedelt, Flüsse, Ortschaften und Straßen verlegt. Zurück lassen die 100 m hohen Schaufelradbagger bis zu 250 m tiefe Gruben und ebenso hohe Abraumberge. Das betrifft Jahr für Jahr 40 km^2 Land, eine Fläche von 8000 Fußballfeldern.

Noch bevor das Abräumen der oberen Erdschichten beginnt, haben Landschaftsplaner einen Zeitplan für die nachfolgende *Renaturierung* ausgearbeitet, die Jahrzehnte dauern wird. Viele Ökologen fordern, die Natur sich selbst zu überlassen. Sie soll sich unter den veränderten Bedingungen neu gestalten können. Um z. B. auch weniger mobilen Tieren, wie flugunfähigen Insekten, die Wiedereinwanderung zu ermöglichen, sollen von vornherein Teile der ursprünglichen Biotope unberührt bleiben und später eine *Vernetzung* mit den Abraumflächen herstellen.
Diese Absichten der Ökologen stehen im Konflikt mit den Naturplanern, denen neben der Ausweisung von Naturschutzgebieten auch an der Schaffung von Erholungs- und Freizeitlandschaft gelegen ist. Und auch Landwirtschaft sowie Ortschafts- und Straßenplaner vertreten ihre Interessen.

Beispiel: Rohstoffförderung

Was hat eine Blechdose mit Landschaftsverbrauch zu tun? Etwa 40 % der Eisenerzimporte bezieht Deutschland von Brasilien. Man schätzt, dass dort — im Osten von Amazonien — neben anderen begehrten Erzen, 18 Mrd. t Eisenerz lagern. Es kann im Tagebau bis in einer Tiefe von 300 m gewonnen werden und ist damit leichter zugänglich als andere Erzvorkommen.

Ein groß angelegtes Entwicklungsprojekt der brasilianischen Regierung soll eine Fläche von zwei- bis fünffacher Größe der Bundesrepublik Deutschland für diesen Zweck erschließen. Folge davon ist ein ungeheurer Verbrauch an tropischem Regenwald. Nicht nur Straßen und Eisenbahnen werden gebaut, riesige Talsperren zur Stromerzeugung sind im Bau oder schon in Betrieb. Wird die Planung vollständig in die Tat umgesetzt, dürften die Stauseen ein Gebiet von der Größe der alten Bundesländer überfluten.

Regelrechte Holzvernichter sind die Hochöfen selbst. Da auf Steinkohle nicht zurückgegriffen werden kann, weil der Import zu teuer ist, verhüttet man das Eisenerz mit Holzkohle, die in unzähligen Köhlereien aus Tropenwaldholz gewonnen wird.
Die Masse an eingeschlagenem Holz lässt sich durch die spärlich in Gang gesetzte Aufforstung nicht ersetzen. Kahle Flächen sind die Folge. Die Erosion durch Wind und Wasser lässt die dünne, humusreiche Schicht des tropischen Waldes schnell verschwinden.

Naturschutzgebiet (NSG)
Eingriffe und Nutzung nur zur Erhaltung des natürlichen Zustands; meist größere Fläche (z. B. Dünenlandschaft, Bachsystem)

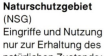

1 Rekultiviertes Abbaugebiet (1982 u. 1989)

Die Versteppung setzt ein. Die der Industrie nachfolgende Landwirtschaft beschleunigt diesen Vorgang. Brandrodung schafft zusätzlichen Platz für den Ackerbau. Trotzdem lässt das rasche Anwachsen der Bevölkerung, die ernährt werden muss, den ausgelaugten Feldern nicht genügend Zeit, sich zu regenerieren. Wo sich der Anbau nicht mehr lohnt, werden aus Flugzeugen Grassamen ausgestreut. Auf diese Weise erhält man für kurze Zeit Weiden für die Viehwirtschaft, bevor der ausgebeutete Boden endgültig nichts mehr hergibt. Übrig bleiben ausgedehnte Steppenlandschaften, die sich nicht mehr regenerieren.

„Global denken — lokal handeln"

Mit diesem Schlagwort rufen Naturschützer jeden Einzelnen auf, im Denken über die Grenzen zu schauen, im Handeln aber bei sich zu beginnen. Dies hat auch für das Problem „Landschaftsverbrauch" Gültigkeit, denn jeder Einzelne ist daran beteiligt.

Der Wunsch nach dem eigenen Haus auf großem Grundstück führt genauso zu einer weiteren Versiegelung der Landschaft wie die ständig wachsende Verkehrsflut, die den Bau von immer breiteren Straßen nach sich zieht. Diese zerschneiden zudem Lebensräume und bringen vor allem an den Wochenenden Erholung Suchende in Scharen in die Naherholungsgebiete, wo sie zu Landschaftskonsumenten werden (vgl. S. 112).

Flächenintensive Freizeitbeschäftigungen, wie Ski fahren, Tennis, Mountainbiking, Surfen, sind ebenso auf dem Vormarsch wie der Wunsch, „unberührte" Natur zu genießen.
Nicht selten verlieren Naturschutzgebiete dadurch ihre Funktion als Rückzugsgebiet und Ruheraum für Tiere und Pflanzen.

Um betriebswirtschaftlich arbeiten zu können, wurde in der Landwirtschaft alles beseitigt, was den rationellen Einsatz von Maschinen beeinträchtigte. Fluren wurden bereinigt, Bäche in begradigte Rinnen verbannt, Hecken beseitigt, Feuchtflächen entwässert und Wiesen in Ackerland umgewandelt.

Die Erkenntnis, dass es sich auf Dauer lohnt, *mit* der Natur zu arbeiten, hat inzwischen ein Umdenken in Gang gesetzt, das Mut macht. Schutz und Neuanlage von Biotopen ist immer auch Artenschutz. Dies gilt für große Flächen genauso wie für den Schulteich oder die Blumenwiese anstelle des monotonen Zierrasens.

Mit der Schaffung einzelner Biotope ist es aber noch nicht getan, denn viele Tiere brauchen, um überleben zu können, zusätzlich die *Vernetzung* von Lebensräumen: Fehlt den Fröschen der Tümpel, können sie nicht mehr ablaichen, verwehren wir ihnen den Zugang zum Wald, verlieren sie ihr Winterquartier, macht man Feuchtwiesen zu Äckern, finden sie keine Nahrung mehr.

Aufgaben

① Auch Kiesgruben, Stein- und Gipsbrüche bedeuten ein Aufreißen der Landschaft. Gibt es in eurer Nähe Beispiele für zerstörte oder renaturierte Landschaft? Sucht den Grund der Zerstörung und benennt die Renaturierungsmaßnahmen.
② Eine landwirtschaftlich genutzte Fläche soll durch Heckenpflanzung neu gegliedert werden. Überlegt, welche Personen ein Mitspracherecht haben möchten und wie sie argumentieren. Führt ein Streitgespräch!
③ Informiert euch über Natur- und Landschaftsschutzgebiete oder Naturdenkmale in eurer Umgebung. Welches sind die Gründe für ihren Schutz? Welche Schutzmaßnahmen wurden getroffen?
④ Versucht herauszufinden, wo auf dem Gelände eurer Schule oder in eurem Wohngebiet versiegelte Landschaft aufgebrochen werden könnte. Macht Vorschläge und diskutiert sie in der Klasse!
⑤ Mache dir Gedanken darüber, inwieweit du selbst in deiner Freizeit Landschaft gebrauchst. Notiere!

Naturdenkmal
z. B. einzelne alte Bäume, Quellen, Felsen u. ä. von besonderer Seltenheit und Bedeutung

Nationalpark
Mindestgröße 1000 ha; dient der Erhaltung eines artenreichen Tier- und Pflanzenbestandes, daneben der Bildung und Erholung

Landschaftsschutzgebiet/Naturpark
vorwiegend Erholungslandschaft; darf nicht überbaut werden

Praktikum

Erkundung des Schulumfeldes

Es ist sicherlich reizvoll, einmal eine Bestandsaufnahme durchzuführen, die euch Auskunft darüber gibt, wie der Zustand der Umwelt direkt in eurem Schulumfeld ist. Die Arbeitsvorschläge sind so abgefasst, dass ihr auch in einer Kleinstadt oder in einem Dorf damit arbeiten könnt.

Die folgenden Tips zur Erkundung sollen nur Anregungen sein. Sicherlich seid ihr in der Lage, andere Methoden und Fragestellungen zu finden.
Und hier noch eine Anregung: Wie wäre es, wenn ihr die Untersuchungen einmal im Bereich eurer Wohnung durchführt und ggf. mit den Ergebnissen aus der Schule vergleicht?

① Besorgt euch von der Schulleitung, der Stadt- oder Gemeindeverwaltung eine möglichst genaue Karte eures Untersuchungsgebietes (z. B. eine Kopie der Deutschen Grundkarte im Maßstab von 1 : 5000).

② Erarbeitet ein Punktsystem (1 bis 3 Punkte) für alle möglichen Objekte, die ihr untersuchen wollt. Geeignet sind dafür: Bürgersteige, Pflasterflächen, Zäune, Vorgärten, Hecken, Mauern, Rasenflächen, Dächer, Fenster, Straßenbepflanzungen, Kleingewässer usw.
Die höchste Punktzahl erteilt ihr immer dann, wenn das betreffende Objekt so naturnah wie möglich beschaffen ist und damit Pflanzen- und Tierarten einen Lebensraum bietet.

Beispiel Grünflächen

1 Punkt	intensiv gepflegt: gemäht, gedüngt, nur Gras, keine Wildkräuter
2 Punkte	Rasenflächen mit Wildkräutern, selten gemäht
3 Punkte	naturnahe Wildblumenwiese, 1—2mal gemäht

 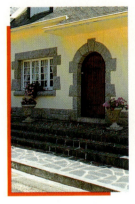  

Beispiel: Mauern

1 Punkt	Mauer verputzt oder aus Beton
2 Punkte	Mauern mit Ritzen, Fugen oder Rissen, wenige Pflanzen
3 Punkte	Mauer aus Natursteinen oder alte Ziegelmauer, reicher Bewuchs in den Spalten

Beispiel: Pflasterflächen

1 Punkt	Boden total versiegelt oder Pflanzen durch Spritzmittel beseitigt
2 Punkte	Pflaster mit Bewuchs in den Ritzen
3 Punkte	Rasensteine oder höherer Bewuchs in Pflasterritzen

③ Wählt jetzt die Objekte aus, die ihr in der Schulumgebung untersuchen wollt (z. B. Mauern, Grünanlagen usw.). Sucht sie auf, bewertet sie nach der von euch erstellten Tabelle mit 1 bis 3 Punkten und zeichnet sie als Linie oder Fläche möglichst exakt in eure Karte ein. Benutzt dafür Farben, und zwar:

rot   für 1 Punkt
gelb   für 2 Punkte
grün   für 3 Punkte

Notiert möglichst zu den einzelnen Objekten einige Stichwörter.

④ Findet ihr in dem Untersuchungsgebiet Objekte, von denen ihr meint, dass sie ökologisch besonders wertvoll sind, beschreibt sie und tragt sie in eine zweite Kopie der Karte mit blauer Farbe ein. Kennzeichnet das Objekt mit einem Buchstaben. Benutzt dabei folgende Bezeichnungen:

B   Alte Bäume (siehe Abb.)
St   Steinhaufen, Bauschutthaufen
R   Ruderalflächen, Wildkrautbestände, verwilderte Flächen, Brachen
Sa   Sandflächen fast ohne Bewuchs
T   Tümpel, Teiche (naturnah)
Wi   extensiv genutzte Rasen (Wiesen)
S   Sonstige Objekte

⑤ Fertigt mehrere Folien von eurer Karte an. Übertragt nun mit Folienschreibern die im Freiland erarbeiteten Farben auf Folien. Dabei wird für jede Objektgruppe eine Folie angelegt.

Übertragt auch die blauen Einzeichnungen für die ökologisch wertvollen Einzelobjekte auf eine weitere Folie.

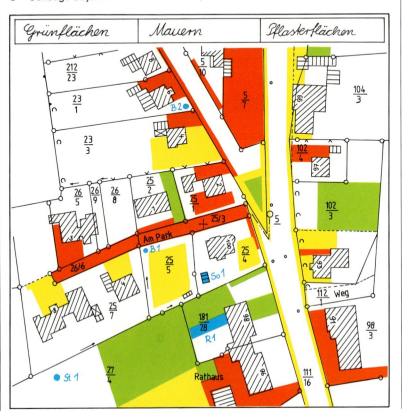

PROJEKT

Leben in der Einen Welt

Markus trifft sich nach den Ferien mit seinen Freunden auf dem Schulhof. „Ich war mit meinen Eltern in Florida. Das war toll, der weite Flug, das Wetter und vor allem Disney World. Nächstes Jahr fliegen wir wieder hin", erzählt er stolz. Während die anderen ihn bewundernd umringen, meint Ulrike trocken: „Du hast Glück, dass nicht alle Menschen dieser Erde so weit reisen können. Denn dann könntet ihr erst wieder in 20 Jahren dorthin fliegen." „In 20 Jahren?" „Das ist doch verrückt! Wieso denn?"

Ein Sturm von Fragen brach los, doch Ulrike blieb ganz cool. „Wenn alle Menschen so oft und so weit reisen würden, wie es bei uns inzwischen üblich ist, hätten wir bald kein Erdöl mehr. Und denkt doch nur mal an die Umwelt: Schon jetzt produzieren wir, die Einwohner der Industriestaaten, so viele Abgase, dass gefährliche Folgen daraus entstanden sind, z. B. der Treibhauseffekt. Eigentlich müsste man das Reisen begrenzen! Es gibt Hochrechnungen, die zu dem Ergebnis kommen, dass wir im Jahr 2010 pro Tag höchstens noch entweder 25 km mit dem Auto, 50 km mit dem Bus, 65 km mit der Eisenbahn fahren oder 10 km fliegen dürfen und keinen km mehr! Fragt doch unseren Klassenlehrer, ob ich nicht recht habe."

Der Klassenlehrer sprach von der „Einen Welt", von Bevölkerungswachstum und Armut, von Rohstoff- und Energieverbrauch und von den ständig wachsenden Umweltproblemen. Den Schülerinnen und Schülern rauchte der Kopf. Sie beschlossen, sich gründlicher mit diesen Themen zu beschäftigen. Die Suche nach Informationen dazu war spannend, denn es wurden so manche Zusammenhänge sichtbar, die sie gar nicht vermutet hatten.

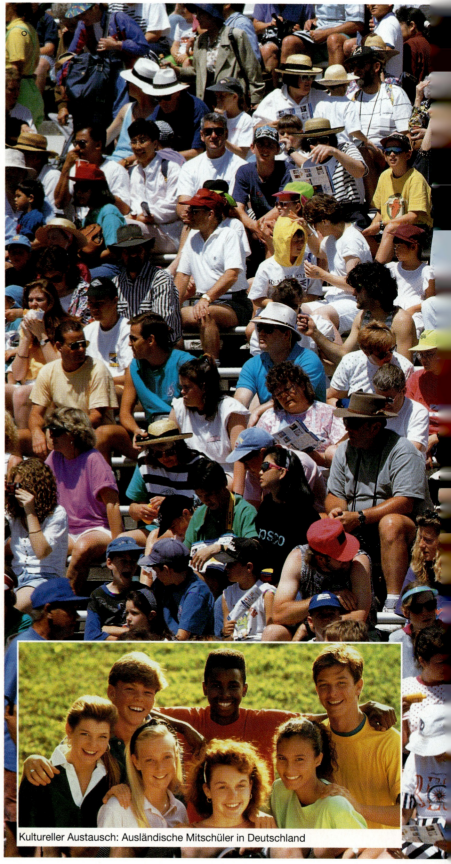

Kultureller Austausch: Ausländische Mitschüler in Deutschland

Erdbevölkerung in Millionen Menschen

Weltweite Ausbreitung der modernen Medizin um 1950

Industrielle Revolution um 1800

Jahre n. Chr.

Bevölkerungswachstum: Wie viele Menschen verträgt die Erde?

Zusammenarbeit: Kann Entwicklungshilfe helfen?

Verantwortung: Umweltprobleme kennen keine Ländergrenzen.

Stoffwechsel und Bewegung des Menschen

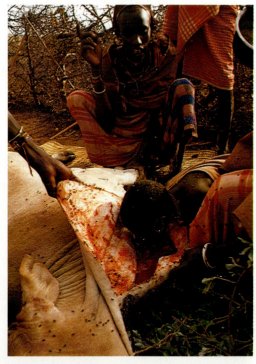

1 Grundlagen der Ernährung

Bei den Völkern der Erde sind unterschiedliche *Ernährungsgewohnheiten* zu beobachten. Die *Eskimos* ernähren sich überwiegend von tierischen Produkten, die sehr eiweiß- und fetthaltig sind. Zucker ist ihnen praktisch unbekannt. Die Nahrung der *Chinesen* besteht dagegen hauptsächlich aus kohlenhydrathaltigem Reis und Gemüse. In Afrika lebten die *Massai* bisher überwiegend von Milch und Tierblut. In den Industriestaaten können die meisten Menschen durch ein reichhaltiges Angebot aus aller Welt ihren Nahrungsbedarf sowohl mit Fett und Eiweiß als auch mit Kohlenhydraten decken. Die Essgewohnheiten und die Zusammensetzung der Nahrung sind bis heute von der geographischen Lage, aber auch von kulturellen und religiösen Traditionen abhängig.

Zusammensetzung der Nahrung

Ein Motor kann nur dann Leistung erbringen, wenn ihm ständig *Energie* in Form von Treibstoff zur Verfügung steht. Auf den Menschen übertragen bedeutet das: Der Körper kann nur dann Arbeit leisten, wenn ihm immer wieder Energie zugeführt wird. Das geschieht über die *Nahrung*.

Ein Blick auf die Tabelle gibt uns erste aufschlussreiche Hinweise über die Zusammensetzung unserer Nahrungsmittel:

1. Sie enthält viele Stoffe, die unter dem Begriff *Nährstoffe* zusammengefasst werden. Darunter versteht man alle energiereichen, organischen Verbindungen in der Nahrung, die vom Körper verwertet werden können.
2. Die Nährstoffe werden unterteilt in *Kohlenhydrate*, *Fette* und *Eiweiße* (Proteine). Der Körper braucht sie zur Deckung des Energiebedarfs und zur Gewinnung von körpereigenen Baustoffen.
3. In jedem Nahrungsmittel sind die Nährstoffe in unterschiedlichen Anteilen enthalten.

Zusätzlich benötigt unser Körper noch *Mineralstoffe, Vitamine, Ballaststoffe* – wie z. B. Zellulose – und *Wasser*. Neben den reinen Nähr- und Ergänzungsstoffen sollten noch appetitanregende Stoffe angeboten werden, die mit ihren *Duft-* und *Geschmacksstoffen* die Verdauung anregen.

Kohlenhydrate stammen bevorzugt aus pflanzlicher Kost und stehen uns deshalb fast immer in ausreichendem Maße zur Verfügung. Je nach Aufbau unterscheidet man Einfachzucker (*Monosaccharide,* z. B. Traubenzucker und Fruchtzucker), Zweifachzucker (*Disaccharide,* z. B. Malzzucker, Milchzucker und Rohrzucker) und Vielfachzucker (*Polysaccharide,* z. B. Stärke und Glykogen).

So unterschiedlich aufgebaut **Proteine** auch sein mögen, sie haben alle die gleichen Grundbausteine, die *Aminosäuren*. Davon gibt es im Körper 20 verschiedene. Von diesen sind acht *essenziell,* d. h. sie werden vom Körper benötigt, können aber von ihm nicht selbst hergestellt werden. Sie müssen deshalb mit der Nahrung aufgenommen werden.

Fette sind Verbindungen aus *Glyzerin* und verschiedenen *Fettsäuren*. Einige sind wiederum essenziell und müssen unbedingt mit der Nahrung aufgenommen werden.

Die Aufnahme der Nährstoffe ermöglicht den Aufbau von Zellen in Geweben und Organen und die Aufrechterhaltung der Lebensvorgänge. Als Energielieferanten können sich die drei Nährstoffe Kohlenhydrate, Eiweiße und Fette gegenseitig vertreten, obwohl sie nicht gleichwertig sind. Der Körper kann zwar Kohlenhydrate in Fette umbauen und umgekehrt, Eiweiß lässt sich jedoch weder aus Kohlenhydraten noch aus Fett herstellen.

− = nicht vorhanden + = in Spuren vorhanden	Kohlenhydrate g	Fett g	Protein g	Energiegehalt kJ	Mineralstoffe mg	Vitamin A mg	Vitamin B_1 mg	Vitamin B_2 mg	Vitamin C mg
Roggenvollkornbrot	46	1	7	1000	560	50	0,20	0,15	−
Reis	75	2	7	1500	500	−	0,40	0,10	−
Sojamehl	26	21	37	1900	2600	15	0,75	0,30	−
Kartoffeln	19	+	2	350	525	5	0,10	0,05	15
Schweinefleisch	−	20	18	1200	500	−	0,70	0,15	−
Heilbutt	−	15	15	550	700	30	0,05	0,15	0,3
Vollmilch	5	3,5	3,5	275	370	12	0,04	0,20	2
Spinat	2	+	2	75	665	600	0,05	0,20	37
Haselnüsse	13	62	14	2890	1225	2	0,40	0,20	3
Sonnenblumenöl	−	100	−	3900	−	4	−	−	−

1 Stoffliche Zusammensetzung einiger Nahrungsmittel (Nährstoffe je 100 g)

Nährstoffnachweise

Fehling'sche Probe auf Traubenzucker

Die Fehling'sche Probe ist ein Nachweis für Traubenzucker.

Vorsicht! Das Fehling-Reagenz ist stark alkalisch. Schutzbrille tragen!

Geräte: 2 Reagenzgläser, Pipetten, Spatel, Wasserbad
Reagenzien: Fehling'sche Lösung I und II
Material: Traubenzucker

Führe die Fehling'sche Probe folgendermaßen durch:
a) Gib je 20 Tropfen der Lösungen Fehling I und II in ein Reagenzglas und schüttle, bis eine tiefblaue Farbe entsteht,
b) gib zu dieser Lösung 1–2 ml einer Zuckerlösung,
c) stelle das Reagenzglas in ein Wasserbad von 50 °C,
d) protokolliere deine Beobachtung.

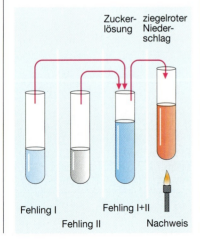

Fehling'sche Probe auf Traubenzucker mit Lebensmitteln

Geräte: 7 Reagenzgläser, Pipetten, Wasserbad
Reagenzien: Fehling'sche Lösung I und II
Material: Limonade, Coca-Cola, ungesüßte Obst- und Gemüsesäfte, mit destilliertem Wasser verdünnte Milch

a) Führe die Fehling'sche Probe mit den genannten Lebensmitteln nacheinander durch.
b) Protokolliere, in welchen Lebensmitteln nach deinen Untersuchungsergebnissen Traubenzucker (Glukose) enthalten ist.

Stärkenachweis mit Iodkaliumiodid-Lösung (Lugol'sche Lösung)

Geräte: 6 Reagenzgläser, Pipette, Wasserbad
Reagenz: Iodkaliumiodid-Lösung (Lugol'sche Lösung)
Material: Stärke, Kartoffelmehl, Brot, Fleisch, Fisch, Speck

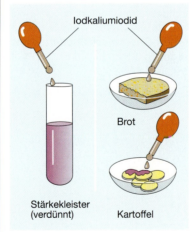

a) Erwärme eine Stärke-Lösung einige Minuten im Wasserbad bei ca. 50 °C.
b) Gib dann einige Tropfen Iodkaliumiodid-Lösung hinzu und beobachte.
c) Prüfe folgende Nahrungsmittel darauf, ob sie Stärke enthalten: Kartoffeln, Brot, Fleisch, Fisch, Speck. Protokolliere die Versuchsergebnisse.

Nachweis von Proteinen in Eiklar

Achtung! Schutzbrille tragen!

Wenn man flüssige Proteine erhitzt, gerinnen viele davon. Feste Proteine erkennt man beim Verbrennen am Geruch. Die *Biuret-Probe* zeigt Proteine schon in geringer Konzentration an. Die Lösung verfärbt sich violett.

Geräte: Reagenzgläser, 3 × 250 ml-Bechergläser, Pipetten, Saftpresse, Filtertrichter, Wasserbad, Glaswolle
Reagenzien: 10 %ige Natronlauge (Vorsicht! Ätzend!), 1 %ige Kupfer(II)-sulfat-Lösung, 0,9 %ige Natriumchlorid-Lösung
Material: Frische Eier

a) Herstellung einer Eiklar-Lösung
— Fange etwas Eiklar in einem 250 ml-Becher auf,
— gib 150 ml 0,9 %ige Natriumchlorid-Lösung hinzu,
— verquirle die Lösung,
— filtriere die Lösung über Glaswolle.
b) Biuret-Probe auf Protein
— Gib eine Eiklar-Lösung 2 cm hoch in ein Reagenzglas,
— versetze die Lösung mit 20 Tropfen 10 %iger Natronlauge,
— gib 3 Tropfen 1 %iger Kupfer(II)-sulfat-Lösung hinzu,
— verschließe das Reagenzglas mit einem Stopfen (Stopfen festhalten) und schüttle vorsichtig,
— stelle das Reagenzglas in ein Wasserbad und erwärme bei ca. 50 °C,
— beobachte die Verfärbung.

Fettnachweis mit Sudan-III-Lösung

Sudan-III färbt Fett rot an.

Geräte: 3 Reagenzgläser, Pipetten
Reagenzien: Alkoholische Sudan-III-Lösung, Ochsengallensaft (Fellitin)
Material: Speiseöl, Vollmich

a) Führe mit Sudan-III-Lösung den Fettnachweis an Speiseöl und Vollmilch durch. Protokolliere.
b) Gieße 5 ml Speiseöl in ein halb mit Wasser gefülltes Reagenzglas. Gib einige Tropfen Gallensaft hinzu, verschließe das Glas mit einem Stopfen und schüttle. Welche Beobachtung machst du?

Die Bedeutung der Nährstoffe im Stoffwechsel

Wir atmen, unser Herz schlägt, die Körpertemperatur bleibt konstant und wir bewegen uns. Dies sind nur einige Beispiele für all die Leistungen, die unser Körper zur Aufrechterhaltung der Lebensvorgänge leisten muss und für die er Energie braucht. Selbst wenn wir schlafen, benötigt der Körper ständig Energie.

Der Umbau und Abbau der Energielieferanten unter den Nährstoffen ist der *Betriebsstoffwechsel*. Nur so bekommt der Körper die notwendige Energie zur Verfügung gestellt. Dabei bezeichnet man den Energiebedarf, den der Körper bei völliger Ruhe zur Aufrechterhaltung der Körperfunktionen und der Körpertemperatur benötigt, als *Grundumsatz*. Er ist von Alter, Gewicht und Geschlecht abhängig.

Kohlenhydrate und Fette sind Energielieferanten. Die Kohlenhydrate, u. a. die Stärke, sind die wichtigsten *Energielieferanten*. Sie enthalten viel und schnell verfügbare Energie, die der Körper sehr gut nutzen kann. So werden dem Körper aus 100 g Glukose 1500 kJ Energie zur Verfügung gestellt. Den Energiegehalt eines Nährstoffes nennt man auch *Nährwert*.

Überschüssige Kohlenhydrate werden vom Körper umgebaut und in der Leber und im Muskelgewebe als Glykogen gespeichert. Bei einem Überangebot an energiehaltigen Stoffen bildet der Körper aus Kohlenhydraten Fette, die als *Depotfette* im Unterhautgewebe gespeichert werden. Die wichtigsten *Reservestoffe* sind die Fette.

Dass der Körper neben Glykogen vor allem Fette speichert, hat seinen Grund im hohen Energiegehalt von Fett: 100 g Fett enthalten ca. 3900 kJ. Bei gesteigertem Energiebedarf greift der Körper zunächst auf die Glykogen-, danach auf seine Fettreserven zurück.

Eiweiße sind wichtige Baustoffe. Die Eiweiße nehmen in unserer Ernährung eine besondere Stellung ein. Für die Deckung des Energiebedarfs spielen sie zwar nur eine untergeordnete Rolle, als *Baustoffe* z. B. für die Zellen sind sie jedoch unentbehrlich. Dabei ist tierisches Protein meistens besser vom Körper zu verwerten als pflanzliches. Ursache für die unterschiedliche Verwertbarkeit der Nahrungsproteine im Baustoffwechsel

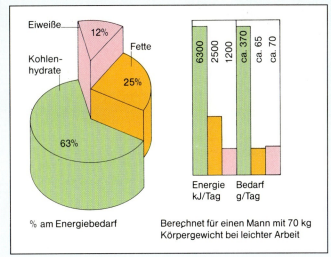

1 Energiegehalt der Nährstoffe

	Eiweißbedarf pro Tag in g (je kg Körpergewicht)		Energiebedarf pro Tag in kJ	
Kinder				
unter 6 Monaten	2,5		2 500	
1–4 Jahre	2,2		5 000	
7–10 Jahre	1,8		8 400	
Jugendliche	männl.	weibl.	männl.	weibl.
13 Jahre	1,5	1,4	10 000	8 800
18 Jahre	1,2	1,0	13 000	10 500
Erwachsene				
25 Jahre	0,9	0,9	10 900	9 200
45 Jahre	0,9	0,9	10 000	8 400
65 Jahre	1,0	1,0	9 200	7 500

2 Eiweiß- und Energiebedarf in Abhängigkeit vom Lebensalter

ist der Gehalt an bestimmten und für den Körper unentbehrlichen *essenziellen Aminosäuren*.

Aufgaben

① Stelle mit Hilfe von Abbildung 2 verschiedene Mahlzeiten zusammen, die den Energiebedarf von Kleinkindern und Erwachsenen für einen Tag decken.

② Die meisten Menschen bei uns essen mehr Eiweiß als der Körper benötigt. Überlege, was mit dem Überschuss an Eiweiß geschieht.

Vitamine und Mineralstoffe sind unentbehrlich

Der menschliche Körper benötigt dringend **Vitamine**, kann sie aber selber nicht herstellen. Vitamine oder wenigstens Ausgangsstoffe für die Vitamine werden von Pflanzen hergestellt. Mensch und Tier müssen sie mit der Nahrung aufnehmen.

1931 wurde zum ersten Male ein Vitamin entdeckt, heute sind etwa 20 unterschiedliche Vitamine bekannt. Sie werden mit Buchstaben bezeichnet. Man spricht zum Beispiel von den Vitaminen A, C, D, E und von der Gruppe der B-Vitamine.

Vitamine wirken schon in kleinsten Mengen. Fehlt allerdings infolge einseitiger Ernährung auch nur ein einziges Vitamin, kann es zu lebensbedrohlichen Erkrankungen kommen. Vor der Entdeckung der Vitamine waren viele Menschen *Vitaminmangelerkrankungen* hilflos ausgesetzt, weil sie deren Ursachen nicht kannten.

Der *Skorbut* war eine dieser gefürchteten Krankheiten, von der vor allem Seefahrer betroffen waren. Als COLUMBUS 1493 von seiner Entdeckungsfahrt aus Amerika zurückkehrte, war die Hälfte seiner Mannschaft auf hoher See an Skorbut gestorben. Die Krankheit beginnt mit *Zahnfleischbluten* und *Zahnausfall*. Blutungen unter der Haut und in den inneren Organen stellen sich anschließend ein. Der geschwächte Körper kann dann den *Infektionskrankheiten* nicht mehr widerstehen. Die Ursache der Krankheit ist heute bekannt: die Seeleute litten unter Mangel an *Vitamin C*, weil sie auf ihrer monatelangen Reise weder Obst noch Gemüse zur Verfügung hatten.

In den Entwicklungsländern kommt es noch häufig vor, dass Menschen an Vitaminmangel leiden. In den Industriestaaten ist die Nahrung meist so abwechslungsreich zusammengestellt, dass Vitaminmangelerkrankungen nur selten auftreten. Es macht daher wenig Sinn, zusätzlich Vitamin-Tabletten einzunehmen.

Mineralstoffe, die vor allem in pflanzlicher Kost und Fleisch enthalten sind, sind wichtige Bausteine von Knochen und Zähnen (z. B. *Kalzium-, Phosphat-* und *Fluor-Verbindungen*). Sie dienen ferner zur Blutbildung (*Eisenverbindungen*) und schaffen bestimmte physikalisch-chemische Bedingungen in den Körperflüssigkeiten (*Natrium- und Kaliumionen*). *Magnesium, Eisen* und *Jod* braucht der Mensch nur in kleinsten Mengen; man bezeichnet sie deshalb als **Spurenelemente**. Bei zu geringer Zufuhr treten Mangelerscheinungen auf. Bekannt ist der durch Jodmangel hervorgerufene *Kropf*, eine Wucherung der Schilddrüse.

Aufgaben

① Schlage in einem Gesundheitslexikon nach, wofür der Mensch Eisen in kleinen Mengen benötigt.

② Vergleiche den Mineralstoffgehalt verschiedener Wassersorten und überlege, ob es sinnvoll ist, bei Mineralwasser darauf zu achten, ob es viel oder wenig Kochsalz enthält.

Vitamin	Hauptvorkommen	Wirkungen	Mangelerscheinungen	Bedarf pro Tag
Vitamin A (licht- und sauerstoffempfindlich)	Lebertran, Leber, Niere, Milch, Butter, Eigelb. — Als Provitamin A in Möhren, Spinat, Petersilie	Erforderlich für normales Wachstum und Funktion von Haut und Augen	Wachstumsstillstand, Verhornung von Haut und Schleimhäuten, Nachtblindheit	1,6 mg
Vitamin D (lichtempfindlich, hitzebeständig)	Lebertran, Hering, Leber, Milch, Butter, Eigelb. — Bildet sich aus einem Provitamin in der Haut	Regelt den Kalzium- und Phosphorhaushalt, steuert Kalziumphosphatbildung für den Knochenaufbau	Knochenerweichungen und -verkrümmungen (Rachitis), Zahnbildung, -anordnung geschädigt	0,01 mg
Vitamin B$_1$ (hitzebeständig)	Leber, Milch, Eigelb, Niere, Fleisch	Aufbau der Zellkernsubstanz, Bildung von Roten Blutzellen	Anämie, Veränderung am Rückenmark und an der Lunge, nervöse Störungen	0,005 mg
Vitamin C (sauerstoff- und hitzeempfindlich)	Hagebutten, Sanddorn, Schwarze Johannisbeeren, Zitrusfrüchte, Kartoffeln, Kohl, Spinat, Tomaten u. a. frisches Gemüse	Entzündungs- und blutungshemmend, fördert die Abwehrkräfte des Organismus, aktiviert Enzyme	Zahnfleisch- und Unterhautblutungen, Müdigkeit, Gelenk- und Knochenschmerzen (Skorbut), Anfälligkeit für Infektionen	75,0 mg

1 Tabellarische Übersicht zu einigen wichtigen Vitaminen

Zusatzstoffe in der Nahrung

Zusatzstoffe sind Stoffe, die Lebensmitteln im Produktionsprozess zugesetzt werden. Sie müssen in der Europäischen Union in der Regel einheitlich mit einem „E" und dreistelligen Zahlen gekennzeichnet werden. Die Zusatzstoffe sind in den verwendeten Mengen im allgemeinen gesundheitlich unbedenklich, einige können jedoch Allergien auslösen. Neben den genannten Zusatzstoffen können Lebensmittel Schadstoffe enthalten, die unbeabsichtigt über Luft, Boden oder Wasser in die Nahrung gelangt sind.

Farbstoffe (E 100 – 180) dienen dazu, die natürlichen Farben nachzuahmen, die im Produktionsprozess verloren gegangen sind. Über 40 Farbstoffe sind derzeit bei uns zugelassen, die meisten werden synthetisch hergestellt. Natürliche Farbstoffe sind das orangefarbene Provitamin A (β-Carotin) und das gelbe Vitamin B_2. Farbstoffe werden z. B. folgenden Lebensmitteln zugesetzt: Seelachs („Lachsersatz"), Fischrogen, Pudding, Geleespeisen, kandierten Früchten und Margarine.

Konservierungsstoffe sollen das Wachstum von Mikroorganismen verhindern und damit das Verderben der Lebensmittel. Auch die Gefahr von Lebensmittelinfektionen wird hierdurch ausgeschlossen. Die wichtigsten Konservierungsmittel sind Propionsäure (E 280), Sorbinsäure (E 281), Benzoesäure (E 210) und Ameisensäure (E 236).

Als Zusatzstoffe werden auch Mittel häufig zur Konservierung eingesetzt, die nach der Lebensmittelverordnung nicht zu den Konservierungsstoffen zählen. Hierzu gehören die seit altersher verwendeten Stoffe wie Salz, Zucker und Essig.

Alle Wurstprodukte, einschließlich gekochtem und rohem Schinken, sind — außer beim „Öko-Metzger" — mit **Pökelsalz** behandelt. Die Pökelsalze dienen dazu, das Wachstum vor allem der Bakterien zu verhindern, die beim Menschen eine tödliche Fleischvergiftung (Botulismus) erzeugen können. Als „Nebeneffekt" färben sie Fleisch und Wurst „schön" rot, der Lebensmittelfachmann nennt das „Umrötung". Aus den Nitriten können sich im Darm Krebs erregende Verbindungen bilden, die Nitrosamine. Mit Nitrit oder Nitrat behandelte Lebensmittel soll man aus

diesem Grund auch nicht stark erhitzen, z. B. kein Kassler Kotelett oder Mettwürstchen grillen.

Gesundheitlich bedenklich sind auch **Chemikalien** wie Diphenyl (E 230) und Orthophenylphenol (E 231), mit denen die Schalen von Citrusfrüchten (Zitronen, Orangen) behandelt werden. Diese Stoffe sollen einen Pilzbefall der Schale verhindern. In diesem Fall ist der Zusatzstoff gleichzeitig auch ein Schadstoff. Daher findet sich an der Obsttheke auch der Hinweis „Schalen nicht zum Verzehr geeignet".

Gesundheitlich völlig unbedenklich sind hingegen die meisten **Antioxidantien**. Diese binden den Sauerstoff und schützen Lebensmittel dadurch vor dem Verderben, z. B. Fette vor dem Ranzigwerden. Die bekanntesten Mittel sind Vitamin C (Ascorbinsäure) und Vitamin E.

Treibmittel wie Kaliumkarbonat („Pottasche", E 501) verwendet man als „Backpulver" zum Backen.

Emulgatoren wie das Lecithin sind Stoffe, die nicht miteinander vermischbare Stoffe wie z. B. Wasser und Fett bei der Margarine in eine einheitliche Form bringen. Sie werden aus Pflanzenprodukten gewonnen.

Geschmacksverstärker, z. B. Glutaminsäure, sind Stoffe, die einen vorhandenen Geschmack verstärken. Sie werden aus Pflanzen gewonnen.

Als **Säuerungsmittel** werden z. B. Salze von Milchsäure (E 325 – E 327), Citronensäure (E 331 – E 333) und Phosphorsäure (E 338 – E 341) eingesetzt.

Verdickungsmittel werden zum Teil aus Algen gewonnen, z. B. Agar-Agar (E 406) und Alginsäure (E 400). Sie sollen den Lebensmitteln eine cremige Beschaffenheit vermitteln. Unter anderem werden sie Soßen, Suppen und Desserts beigemischt. Neben Verdickungsmitteln werden auch **Geliermittel** zugesetzt. Am wichtigsten sind Gelatine und Pektine (E 440). Gelatine wird vor allem aus Bindegewebe von Rindern gewonnen, Pektine aus Apfel- und Orangenschalen.

1 Grundbestandteile eines Vollwertgerichts

Vollwerternährung — eine gesunde Alternative

Viele Kinder und Erwachsene leiden an Übergewicht. Das senkt, wie auch ernährungsbedingtes Untergewicht, die Lebenserwartung und das Wohlbefinden. Gesund und leistungsfähig möchte jedoch jeder sein. Einen Beitrag dazu kann u. a. eine vollwertige Ernährungsweise liefern. *Vollwerternährung* fordert die Verwendung naturbelassener und unverarbeiteter Lebensmittel. Nicht oder nur kurz und schonend erhitzte pflanzliche Lebensmittel werden beim Verzehr bevorzugt. Etwa die Hälfte der täglichen Nahrungsmenge besteht aus frischem Gemüse, Obst und Säften. Die andere Hälfte setzt sich aus Vollkorn-Getreideprodukten, Nüssen und Vorzugsmilch zusammen. Butter und kalt gepresste Öle können in Maßen verwendet werden. Fleisch, Fisch und Eier werden nur gelegentlich verzehrt.

Zusammensetzung von Ketschup
Tomatenmark, Branntweinessig mit künstlichem Süßstoff, Zucker, Salz, Stabilisator, Geschmacksverstärker, Gewürze

Verteilung des täglichen Energiebedarfs auf die Mahlzeiten

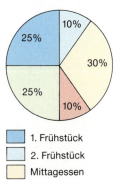

- 1. Frühstück
- 2. Frühstück
- Mittagessen
- Nachmittagskaffee
- Abendessen

Aufgaben

① Warum wird bei der Zubereitung von Vollwertnahrung Vollkorngetreide verwendet? Bedenke, dass darin Keimling, Samenschale und Mehlkörper enthalten sind.
② Untersuche anhand der Packungsaufdrucke die Zusammensetzung von Fertiggerichten.
③ Was wird bei der Nahrungszubereitung häufig falsch gemacht? Berichte.
④ Erkläre den Zusammenhang zwischen Fastfood-Ernährung und Übergewicht.

Modernes Ernährungsverhalten — gesundes Ernährungsverhalten?

Heute spielen Nahrungszubereitung und Form der Nahrungsaufnahme in weiten Teilen des täglichen Lebens nur eine untergeordnete Rolle. Nahrung wird häufig möglichst schnell und ohne große Vorbereitung verzehrt. Kantinen, Kioske, Imbissbuden und Schnellrestaurants erfahren großen Zuspruch. Eben mal schnell 'ne Bratwurst an der Bushaltestelle essen, sich einen Schokoriegel gönnen, einen Hamburger zum Mitnehmen oder eine Portion Pommes mit Ketschup, „weil man grad' mal Lust drauf hat", die Frikadelle zwischen den 2 Terminen für den Geschäftsmann — all das ist normal geworden.

Inhaltsstoffe von Fastfood

Niemand denkt ernsthaft an den hohen Vitaminverlust durch langes Warmhalten in Großküchen; Fastfood hat häufig einen hohen Fett- und Salzgehalt. Dadurch wird unnötig viel Wasser im Körper gespeichert. Zusatzstoffe zur Haltbarmachung der Produkte, Geschmacksverstärker und künstliche Zusatzstoffe werden verwendet. Viele der angebotenen Getränke haben einen sehr hohen Zuckeranteil. Durch diese Ernährungsweise ist die Energiezufuhr sehr hoch, die Nährstoffzufuhr jedoch unausgewogen.

Fastfood

Vorschläge zur Vollwerternährung

Bestandteil vieler Vollwertgerichte sind Keimlinge. Für Rezepte dieser Seite braucht man **Weizenkeimlinge**, die man leicht selbst herstellen kann: Weizenkörner in einem Einweckglas einige Stunden einweichen, das Glas mit Gaze verschließen, Gaze mit einem Gummiring befestigen. Die Vorrichtung umdrehen und schräg aufstellen, damit das Wasser ablaufen kann. Weizenkörner 2 bis 5 Tage keimen lassen, jeden Tag 10 Minuten wässern.

Frühstück „Guten Morgen"
Zutaten: 100 g Magerquark, 6 Esslöffel Milch, 1/2 Banane, 1 Orange, 2 Esslöffel Weizenkeimlinge.
Zubereitung: Magerquark mit der Milch verrühren, Banane und Orange würfeln und mit den Weizenkörnern unter den Quark rühren.
Trinken: Frisch gepresster Orangensaft oder Dickmilch.

Pausenbrot „Jogging"
Zutaten: 1 Vollkornbrötchen, 1 Salatblatt, 2 Scheiben hart gekochtes Ei, 1 Tomatenscheibe, 1 Scheibe Kochschinken, 1 Esslöffel Joghurt, Pfeffer, Iodsalz.
Zubereitung: Das Brötchen mit dem Salatblatt, der Kochschinkenscheibe, den Eier- und Tomatenscheiben belegen, salzen und pfeffern. Joghurt darauf verteilen, obere Brötchenhälfte auflegen.

Warmes Mittagessen „Schulschluss"
Zutaten: 75–100 g Vollkornnudeln oder bunte Nudeln, 75–100 g frische Erbsen, eine dickere Scheibe mageren Kochschinken, 100 ml Fleischbrühe, 1/2 Becher Joghurt, Pfeffer, Iodsalz.
Zubereitung: Nudeln in kochendes Salzwasser geben, 8–10 Minuten kochen lassen. Währenddessen die Erbsen in Fleischbrühe langsam gar kochen, den in Rauten geschnittenen Schinken zugeben, salzen und pfeffern und gleich vom Herd nehmen. Die Schinkenerbsen abschöpfen und auf die fertig gekochten Nudeln geben, anschließend das Ganze mit Joghurt übergießen.
Trinken: Mineralwasser, naturtrüber Apfelsaft.

Dazu passt der **Salatteller „Freizeit"**
Zutaten: Einige Blätter verschiedener Blattsalate (Eichenblattsalat, Lollo rosso, Eisbergsalat etc.), 1 großer Esslöffel Weizenkeimlinge, Saft einer Zitrone, 1 Becher saure Sahne, 1 Teelöffel Senf, 1 Esslöffel frische gehackte Kräuter, etwas Honig, Pfeffer, Iodsalz.
Zubereitung: Salatblätter auf einem Teller anrichten, Weizenkeimlinge darüber streuen. Dressing aus Zitronensaft, saurer Sahne, Senf, Kräutern und Honig zusammenrühren, salzen und pfeffern, über dem Salat verteilen.
Trinken: Frischer Früchtetee.

Kuchen „Süße Möhren"
Zutaten: 500 g Möhren, 200 g Kokosraspeln, 100 g gemahlene Haselnüsse, 75 g Mehl (Typ 1050), 2 Teelöffel Backpulver, 125 g Honig, 6 Eier, geriebene Schale einer unbehandelten Zitrone, etwas Zimt.
Zubereitung: Eigelb mit Honig in einer großen Schüssel gut verrühren. Das Mehl in eine Schüssel sieben, Backpulver untermischen. Geraffelte Möhren, Kokosraspeln, Haselnüsse, Zimt und Zitronenschale mit dem Mehl-Backpulver-Gemisch vermengen und unter die Eigelb-Honig-Masse rühren. Eiweiß steifschlagen und unter die Teigmasse heben. In eine ausgefettete Form geben und 50–60 Min. bei 175 Grad backen.
Trinken: Frisch aufgebrühte Früchtetees.

Rohkostknabbereien
Täglich einen Teller Rohkost aus frischen Zutaten und Keimen. Sie sind Vitamin-, Mineral- und Ballaststofflieferanten. Wichtig ist es, die Knabbereien erst kurz vor dem Verzehr zuzubereiten.

Abendmahlzeit „Falsche Pommes auf grünem Boden"
Zutaten: 1 kleine Sellerieknolle, 1 kleine Zucchini, etwas Speiseöl, 1 Teelöffel frisch gehackter Thymian, 75 g Putengeschnetzeltes, 1 Teelöffel geriebener Käse, Iodsalz, Pfeffer.
Zubereitung: Die Sellerie in Pommes-Frites-Form schneiden, ein wenig Speiseöl leicht erhitzen und die „Pommes" bei geringer Hitze goldgelb braten. In der Zwischenzeit das Putengeschnetzelte in der Pfanne mit wenig Öl anbraten, herausnehmen und warm halten. Dünn geschnittene Zucchini fächerförmig in die Pfanne legen, das Geschnetzelte daraufgeben, salzen und pfeffern, mit Thymian und Käse bestreuen, kurz dünsten. Zusammen mit den „Pommes" auf einem Teller anrichten.
Trinken: Mineralwasser.

Der Weg der Nahrung

Die Fahrradtour ist ganz schön anstrengend. Peter hat Hunger. Jetzt ist er froh, dass er das Vesperbrot doch mitgenommen hat. Er packt es aus und beißt gierig hinein. Aber halt — Peter soll nicht die Hauptperson dieser Geschichte werden, sondern das belegte Brot; eine Scheibe Brot mit Butter und gekochtem Schinken. Das Brot enthält viel Stärke, die Butter ist reich an Fett und der Schinken liefert Proteine.
Der Weg von Brot, Butter und Schinken durch Peters Körper ist das Thema der folgenden Seiten.

Erste Station — im Mund

Noch bevor mit den Schneidezähnen ein Stück vom Brot abgebissen wird, werden Geruch und Temperatur durch Nase bzw. Lippen geprüft. Die Zunge testet dann den Geschmack. Sie kann dabei süß, salzig, sauer und bitter unterscheiden. Die höckrigen Backenzähne zerkleinern die Speisen. Die Mundhöhle ist mit einer Schleimhaut ausgekleidet, deren Absonderungen ihre Oberfläche feucht machen. Drei große paarige *Speicheldrüsen* geben pro Tag etwa 1 bis 1,5 l Speichelflüssigkeit ab. Trockene Speisen werden dadurch weicher und lassen sich leichter kauen. Neben Schleim enthält der Mundspeichel einen Stoff, der von Stärke Doppelzucker abspalten kann: das *Ptyalin*. Dieses ist ein Enzym und gehört zu den Amylasen. Verdauungsenzyme können Nährstoffe in ihre Bestandteile zerlegen.

Zweite Station — durch die Speiseröhre

Der gut gekaute und mit Speichel vermischte „Schinkenbrotbissen" wird von der Zunge gegen den weichen Gaumen gedrückt. Dies löst den *Schluckreflex* aus. Der Transport durch die muskulöse *Speiseröhre* in den Magen dauert vier bis sechs Sekunden. Dies kann nicht mehr vom Willen beeinflusst werden.

Dritte Station — im Magen

Der Speisebrei wird schluckweise in den *Magen* gefördert und schichtweise eingelagert. Die Muskelwand des Magens gibt dabei immer mehr nach; normalerweise finden 1,5 l Nahrung Platz.

Die *Magenwand* setzt sich aus mehreren Muskelschichten zusammen. Der Magen ist mit einer Schleimhaut ausgekleidet, in der Haupt-, Beleg- und Nebenzellen liegen.

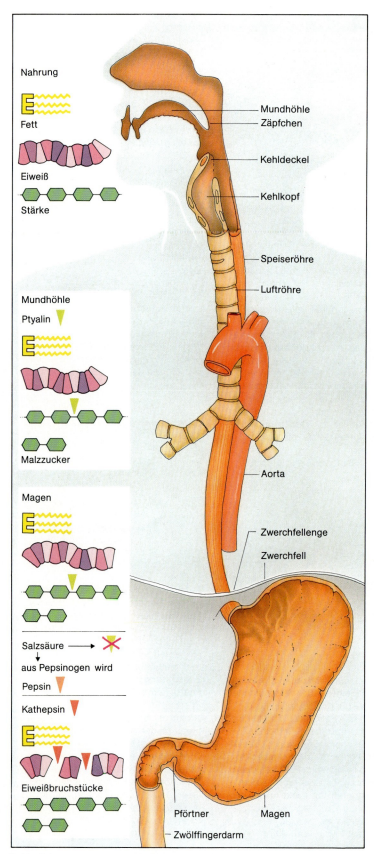

1 Verdauungsvorgänge in Mund und Magen

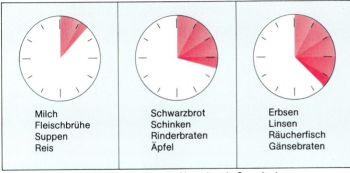

1 Verweildauer der Speisen im Magen (Angaben in Stunden)

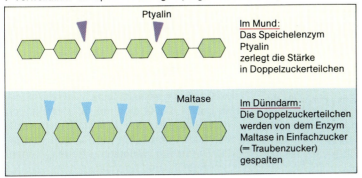

2 Stärkeverdauung

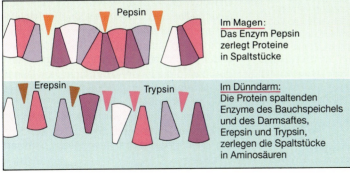

3 Eiweißverdauung

mitgeschluckte Ptyalin noch Stärke in Doppelzucker zerlegen. Erst die Salzsäure beendet diese Tätigkeit. Die Haupt- und Belegzellen sondern den *Magensaft* ab. Dieser enthält vor allem stark verdünnte Salzsäure (0,5 %) und das Enzym *Pepsin*.

Durch die von den Belegzellen produzierte Salzsäure wird der Nahrungsbrei stark angesäuert und es werden Bakterien abgetötet, die eventuell mit der Nahrung aufgenommen wurden. Außerdem quellen durch die Salzsäure die Eiweiße. Hierdurch wird ihre Oberfläche vergrößert. Die Proteine können dann von Eiweiß spaltenden Enzymen besser abgebaut werden.

Das Eiweiß spaltende Enzym des Magens ist das Pepsin. Es wird von den Hauptzellen gebildet. Das Pepsin kann das Eiweiß nur gut abbauen, wenn der Nahrungsbrei stark sauer ist. Die Eiweiße werden im Magen in größere Spaltstücke zerlegt. Die Zerlegung in ihre Grundbausteine, die Aminosäuren, erfolgt erst im Dünndarm.

Warum verdaut sich der Magen nicht selbst?

Wie alle Zellen bestehen auch die Zellen des Magens zu einem großen Teil aus Proteinen. Die Nebenzellen bilden Schleim, der alkalisch (basisch) ist. Er überzieht die Schleimhaut als dünner Film. Die Säure im Nahrungsbrei wird neutralisiert, wenn dieser mit der Magenschleimhaut in Kontakt kommt. Ist das aufgrund zu geringer Schleimproduktion an einzelnen Stellen nicht der Fall, so kann es zu einer Selbstverdauung der Magenwand kommen. Es entstehen Krater in der Wand, die man als *Magengeschwüre* bezeichnet.

Verdauung im Magen

Die *Magenschleimhaut* verläuft in vielen Längsfalten. Zwei besonders große, einander gegenüber liegende Falten bilden die *Magenstraße*, in der Flüssigkeiten den Magen rasch passieren können. Luft, die in den Magen gelangt, sammelt sich als *Magenblase* im Magengrund.

Im Wesentlichen hat der Magen die Aufgabe, die Speisen vorübergehend festzuhalten, sie zu verflüssigen und einen Teil mit Hilfe von Enzymen für die weitere Verdauung vorzubereiten. Die Muskelschichten der Magenwand bewegen den Inhalt und durchmischen so Magensaft und Nahrungsbrei. Dies dauert etwa eine Stunde. So lange kann auch das

Sprichwörter
„Gut gekaut ist halb verdaut."
„Ein voller Bauch studiert nicht gern."

Aufgaben

① Kann man auch im Handstand oder auf dem Bauch liegend schlucken? Erkläre!
② Die Luftröhre liegt vor der Speiseröhre. Wie finden die Speisen den richtigen Weg? Was passiert beim Verschlucken?
③ Unterscheide mit Hilfe von Abb. 1 schwer und leicht verdauliche Nahrungsmittel. Untersuche ein Mittagessen daraufhin.
④ Überlege, wodurch das Sodbrennen entsteht.

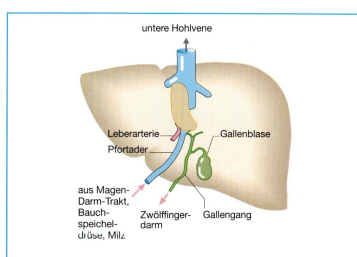

Die Leber

Die etwa 1500 g schwere Leber ist die größte Drüse des menschlichen Körpers. Sie liegt rechts in der Bauchhöhle unter dem Zwerchfell, an dem sie befestigt ist. Sie ist in einen rechten und linken Lappen unterteilt. Die kleinsten Baueinheiten sind die 1–2 mm großen Leberläppchen. Sie bestehen im Wesentlichen aus Leberzellen, die mit einem dichten Netz von Blutgefäßen versorgt werden. Kleine Gallengänge zwischen den Läppchen sammeln die Gallenflüssigkeit und transportieren sie in den Zwölffingerdarm. Über die Pfortader wird der Leber nährstoffreiches Blut vom Darm zugeführt. Über die Leberarterie wird sie mit Sauerstoff versorgt.
Die Leber spielt beim Stoffwechsel der Kohlenhydrate, Eiweiße und Fette sowie bei der Blutgerinnung und Entgiftung eine zentrale Rolle. So speichert sie Kohlenhydrate in Form von Glykogen („tierische Stärke"). Sie produziert die Vorstufe des Blutgerinnungsstoffs Fibrin und baut für den Körper giftige Stoffe ab, z. B. auch Medikamente. Für die Verbesserung der Fettverdauung im Dünndarm stellt sie täglich etwa einen halben Liter Gallenflüssigkeit her. Die in ihr vorkommenden Gallensäuren verteilen das Fett in feinste Tröpfchen. Man nennt das Emulgieren. Durch diese Oberflächenvergrößerung können die Fett spaltenden Enzyme im Dünndarm besser arbeiten. Aufgrund ihrer vielfältigen Aufgaben bezeichnet man die Leber als das zentrale Stoffwechselorgan des Körpers.

Verdauungsvorgänge im Dünndarm

Aufbau des Dünndarms

Peristaltische Bewegungen der Magenmuskulatur drücken den Speisebrei durch den Pförtner in den *Zwölffingerdarm*. Er ist der erste Abschnitt des Dünndarms. In ihn münden die Ausführgänge von Gallenblase und Bauchspeicheldrüse. In der Gallenblase wird die von der Leber gebildete Gallenflüssigkeit gespeichert.

Der *Dünndarm* ist ähnlich aufgebaut wie die Speiseröhre und der Magen: außen eine Bindegewebshülle, innen eine Schleimhaut. Dazwischen liegt eine Muskelschicht mit Längs- und Ringmuskulatur.

Die Dünndarmschleimhaut ist vielfach in Falten gelegt. Diese sind mit ca. 1 mm langen Ausstülpungen, den *Darmzotten,* besetzt. Sie kleiden den Darm wie Samt aus. In jeder Darmzotte verlaufen Arterien, Venen, Lymphgefäße und Nervenfasern.

Die Dünndarmzotten werden von einer aus *Saumzellen* und Schleim bildenden *Becherzellen* bestehenden Gewebeschicht zum Darminnern hin abgegrenzt. Die Saumzellen bilden nochmals winzige Vorsprünge. Hierdurch wird die innere Oberfläche des Dünndarms etwa um das 4000-fache auf über 2000 m^2 vergrößert.

Die zahlreich in den Vertiefungen zwischen den Zotten liegenden Drüsenzellen sondern täglich insgesamt drei Liter *Verdauungssaft* ab.

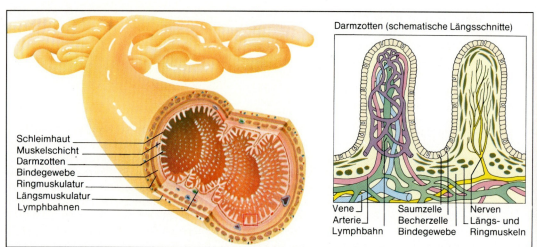

1 Prinzip der Oberflächenvergrößerung am Beispiel des Dünndarms

Abbau der Nährstoffe im Dünndarm

Die *Bauchspeicheldrüse* gibt täglich bis zu 1,5 l Bauchspeichel an den Zwölffingerdarm ab. Diese klare Flüssigkeit enthält Vorstufen von zahlreichen Verdauungsenzymen für den Abbau von Kohlenhydraten, Proteinen und Fetten. Die Vorstufen werden erst im Dünndarm wirksam gemacht.

Diese Vielfalt an Enzymen im Verdauungssaft des Darmes und des Bauchspeichels bewirkt, dass im Dünndarm alle Nährstoffe vollends in ihre Grundbausteine zerlegt werden. Alle Kohlenhydrate liegen dann in Form von Einfachzucker vor, alle Proteine sind in Aminosäuren zerlegt und die Fette in Glyzerin und Fettsäuren gespalten.

Aufnahme der Nährstoffe

Die wasserlöslichen Einfachzucker, Glyzerin und Aminosäuren wandern in die Blutgefäße der Darmzotten (Osmose). Die Fettsäuren gelangen hingegen in die Lymphgefäße der Darmzotten. Die Aufnahme von Stoffen aus dem Darm in die Saumzellen der Darmschleimhaut und der Weitertransport in das Blutgefäßsystem und das Lymphgefäßsystem (vgl. S. 184) wird auch als *Resorption* bezeichnet. Blut- und Lymphgefäßsystem sorgen für die Verteilung der Stoffe im Körper.

Aufgabe

① Beschreibe die Zusammenarbeit von Leber und Bauchspeicheldrüse beim Fettabbau.

Unverdautes Fett: Drei Fettsäuren sind mit Glyzerin verbunden

Das Fett spaltende Enzym Lipase hat eine Fettsäure vom Glyzerin abgespalten

Vollkommen verdautes Fett: Alle drei Fettsäuren sind abgespalten

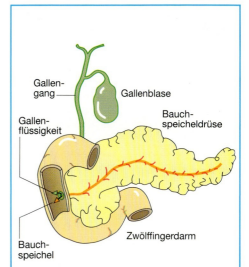

Die Bauchspeicheldrüse

Die *Bauchspeicheldrüse* oder das *Pankreas* wiegt ca. 80 g, ist etwa 18 cm lang und liegt im Oberbauch. Die Enzyme des Bauchspeichels haben im Dünndarm eine vielfältige Wirkung.
So zerlegen
— *Amylasen* die restliche Stärke in Malzzucker,
— Maltase Malzzucker in Glukose,
— Proteasen (Erepsin und Trypsin) Proteine in Aminosäuren,
— *Lipasen* die Fette in Glyzerin und Fettsäuren.

Außerdem bildet die Bauchspeicheldrüse *Hormone*, die den Kohlenhydratstoffwechsel steuern.

Proteasen
Eiweiß spaltende Enzyme

Lipasen
Fett spaltende Enzyme

Amylasen
Stärke spaltende Enzyme

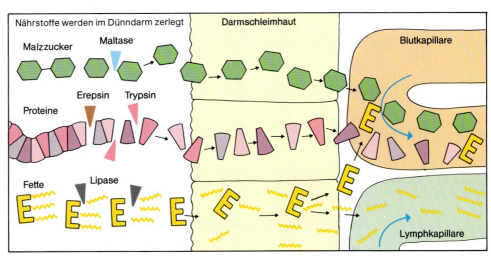

1 Aufnahme der Nährstoffe durch Blut und Lymphe

Dickdarmschleimhaut

Verdauungsvorgänge im Dickdarm

Die Dickdarmschleimhaut besitzt, im Gegensatz zum Dünndarm, keine Zotten. Ihre innere Oberfläche ist durch halbmondförmige Falten vergrößert. Die Hauptaufgabe des Dickdarms besteht darin, dem Körper möglichst viel Wasser wieder zurückzugewinnen. Schließlich gelangen täglich 9 Liter Verdauungssäfte zur aufgenommenen Nahrung hinzu. Mit dem Wasser kommen auch noch Nährstoffteilchen und Mineralstoffe ins Blut. Der Dickdarm kann nicht verdauen. Deshalb können es nur Bausteine sein, die im Dünndarm abgespalten, aber noch nicht aufgenommen wurden. Einen kleinen Teil der unverdaulichen Nahrung bauen die Dickdarmbakterien ab. Dabei entstehen nicht nur *Gase,* wie z. B. Ammoniak und Schwefelwasserstoff, sondern auch wichtige *Vitamine* der B-Gruppe und das für die Blutgerinnung notwendige Vitamin K.

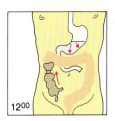

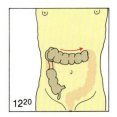

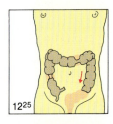

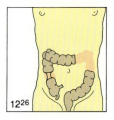

Bewegungsvermögen des Dickdarms

Der *Blinddarm* hat für die Verdauung des Menschen kaum Bedeutung. In seinem Endabschnitt, dem *Wurmfortsatz,* können manchmal Entzündungen auftreten. In einer Operation muss dann meist der Wurmfortsatz entfernt werden, damit es nicht zu einem Blinddarmdurchbruch kommt. Dies ist für den Menschen sehr gefährlich, weil dabei Bakterien und *Enzyme* in die Bauchhöhle gelangen und innere Organe angreifen können. Bei einigen Pflanzenfressern ist der Blinddarm viel größer, weil dort mit Hilfe von Bakterien Zellulose abgebaut wird, was für diese Tiere sehr wichtig ist.

Endstation — im Mastdarm

Dem Speisebrei wird nach und nach Wasser entzogen. So entsteht der eingedickte *Kot.* Durch das Bewegungsvermögen des Dickdarms gelangt der Kot in den *Mastdarm.* Schließlich erfolgt die Ausscheidung durch den *After.* Der ausgeschiedene Kot besteht aus unverdauter Nahrung, Schleim, abgestoßenen Schleimhautzellen, großen Mengen Bakterien und immer noch zu zwei Dritteln aus Wasser.

Probleme bei der Verdauung

Enthält ein Speiseplan nur Nahrungsmittel, die vollständig im Dünndarm verdaut und aufgenommen werden, so fehlen dem Dickdarm notwendige *Ballaststoffe.* Dies sind unverdauliche Nahrungsbestandteile, die dafür sorgen, dass die Dickdarmmuskulatur normal arbeitet, denn Darmträgheit führt zu *Verstopfung.* Ein Abführmittel kann dann kurzfristig Besserung bringen. Auf die Dauer aber sind richtige Ernährung sowie viel körperliche Bewegung wirkungsvoller und natürlich auch gesünder.

Aufgaben

① Der Mensch kann durch Einläufe in den Mastdarm künstlich ernährt werden. Welche Stoffe muss eine dafür hergestellte Nährlösung enthalten?

② Bei Durchfallerkrankungen ist die Verweildauer des Speisebreis im Verdauungskanal kürzer als normal. Überlege dir mögliche Folgen! Wie steht es mit dem Wasserhaushalt des kranken Körpers?

Verdauung in der Übersicht

Kohlenhydrate (Zucker, Stärke), Fette und Proteine sind unsere *Nährstoffe.* Die Nahrung wird im Mund geprüft, von den Zähnen mechanisch zerkleinert und mit Speichel vermischt. Stärke wird in Doppelzucker zerlegt. Das bewirkt ein Stärke spaltendes Enzym *(Ptyalin),* das die Speicheldrüsen zusammen mit Schleim liefern. Der Nahrungsbrei gelangt schluckweise in den Magen. Der Stärkeabbau geht dort weiter, bis die verdünnte Salzsäure des Magensaftes den Mageninhalt vollständig durchsäuert hat. Eiweißstoffe werden hier in grobe Bruchstücke aufgespalten.

Im Dünndarm findet die Endverdauung statt. Bauchspeichel, Gallensaft und Darmsaft zerlegen die Nährstoffe in Einfachzucker, Aminosäuren, Fettsäuren und Glyzerin. Die Darmzotten nehmen die Endprodukte der Verdauung auf. In den Transportsystemen *(Blut-* und *Lymphbahnen)* gelangen sie zu den Stellen, wo sie der Körper braucht. Bei der Aufnahme sind zum Teil Energie verbrauchende *Trägerstoffe* beteiligt.

Bakterien im Dickdarm bauen einen geringen Teil der Zellulose ab. Die Hauptaufgabe des Dickdarms ist es, den Darminhalt durch Entzug von Wasser einzudicken. Mit dem Wasser gelangen auch noch vorhandene Nährstoffteilchen in den Körper. Der Darminhalt wird in den Mastdarm befördert und als Kot ausgeschieden.

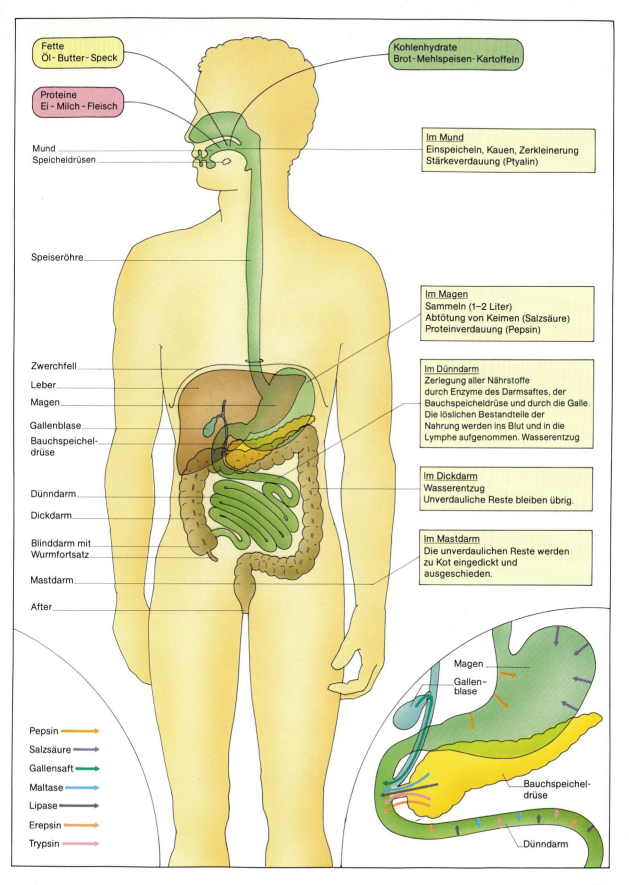

Verdauung

Verdauung im Mund

① Messung des pH-Wertes des Speichels.
Nimm ein Teststäbchen (z. B. Universalindikator) und gib etwas Speichel auf die Testfläche.
Lies den pH-Wert an der Farbskala ab. Wie sind die Bedingungen im Mund?

② Abbau der Stärke durch Ptyalin.
Gib in 3 Reagenzgläser folgende „Zutaten":
Reagenzglas 1 + 2: ca. 3 cm hoch 1%ige Stärkelösung + 1 Tropfen Lugol'sche Lösung. Die Lösung färbt sich tiefblau. Erklärung?
Reagenzglas 2: wie 1, jedoch zusätzlich einige Tropfen einer 1%igen Salzsäure. Überprüfe den pH-Wert mit einem Teststreifen. Die Lösung sollte sauer sein (< pH 3);
Reagenzglas 3: ca. 3 cm hoch Wasser + etwas Zellulose (in Form von Watte) + 1 Tropfen Lugol'sche Lösung.
Nachdem du alle 3 Ansätze vorbereitet hast, gib in die Reagenzgläser 1—3 etwa die gleiche Menge Speichel, bei 1 fülle mit Wasser auf.
Beobachte die 3 Ansätze etwa 5 Minuten lang. Notiere deine Beobachtungen und erkläre sie.

Verdauung im Magen

③ Fülle 3 Reagenzgläser wie folgt:
Reagenzglas 1: ca. 3 cm hoch 1%ige Salzsäure + etwa dieselbe Menge 1%ige Pepsinlösung + wenig schmale Streifen Hühnereiweiß (Fischfleisch);
Reagenzglas 2: wie 1, jedoch statt Pepsinlösung Wasser;
Reagenzglas 3: wie 1, jedoch statt 1%iger Salzsäure Wasser.
Bringe die Versuchsansätze in ein einfaches Wasserbad; Becherglas mit etwa 40 °C warmem Wasser. Beobachtung? Erkläre die Unterschiede. (Da der Eiweißabbau etwas länger dauern kann, kontrolliere die Ansätze nach einem Tag.)

Verdauung im Dünndarm

④ Bedeutung der Galle
Fülle in 2 Reagenzgläser etwa 3 cm hoch Speiseöl und Wasser. Gib in Reagenzglas 2 zusätzlich eine Spatelspitze gepulverte Galle. Vermische Öl und Wasser durch kräftiges Schütteln. Beobachte, wie sich die Lösungen vermischen. Erkläre den Unterschied.

⑤ Fettabbau im Dünndarm.
Bereite in 2 Reagenzgläsern folgende Ansätze vor:
Reagenzglas 1: etwa 3 cm hoch Milch einfüllen, 1 Tropfen einer 1%igen Natronlauge (NaOH) und wenige Tropfen Phenolphthaleinlösung zugeben (bis zu einer kräftigen Rosafärbung); zuletzt etwa die gleiche Menge 1%ige Pankreatinlösung hinzugeben.
Reagenzglas 2: wie Reagenzglas 1, jedoch ohne Pankreatinlösung. Beide Ansätze in ein Wasserbad stellen.
Miß den pH-Wert vor Eingabe der Enzymlösung und nach Abschluss des Versuchs (ca. 15 min).
Versuche, die Unterschiede zu erklären.

⑥ **Aufbau der Leber**

Lege zwei Stückchen Schweineleber in einer Petrischale unter die Binokulare Lupe, das eine Stückchen mit der Außenseite nach oben, das andere mit der Schnittfläche nach oben. Untersuche im Auflicht.
Beschreibe deine Beobachtung.

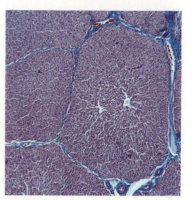

⑦ **Aufbau des Dünndarms**

a) Untersuche unter der Binokularen Lupe ein frisches Stück Dünndarm. Schneide den Dünndarm auf, sodass du auf die Darminnenwand blicken kannst.
Was kannst du erkennen?

b) Untersuche unter dem Mikroskop ein gefärbtes Dauerpräparat eines Längsschnittes durch den Dünndarm. Zeichne einen kleinen Ausschnitt. Welche Zellen kannst du im Bereich der Schleimhaut erkennen? Wie viele Muskelschichten sind vorhanden?

Störungen und Krankheiten des Verdauungssystems

Übergewicht ist die häufigste ernährungsbedingte Störung. Viele Kinder sind bereits übergewichtig. Es gibt Tabellen, in denen das Sollgewicht (= Normalgewicht) angegeben ist: z. B. Gewicht (kg) = Körpergröße (cm) − 100. Als Idealgewicht bezeichnet man das Sollgewicht abzüglich 10 %.

Ist die Übergewichtigkeit erheblich, so spricht man auch von **Fettsucht**, da das Übergewicht allein durch Vergrößerung des Fettdepots bedingt ist. Meist hat sie seelische Ursachen. Bei Sportlern kann „Übergewicht" auch durch Zunahme der Muskelmasse bedingt sein.

Männer speichern Fett besonders im Bauch- und Rückenbereich, Frauen im Bereich von Hüfte, Gesäß und Oberschenkeln. Fettsüchtige sind aufgrund der großen Körpermasse oft kurzatmig. Fettsucht fördert die Arteriosklerose der Blutgefäße und damit hohen Blutdruck (Hypertonie). Durch das Übergewicht werden auch die Gelenke stark belastet.

Rachitis ist eine Vitamin-D-Mangelerkrankung. Sie tritt während der Hauptwachstumsphase auf, falls zu wenig Vitamin D vorhanden ist. Vitamin D wird einerseits über die Nahrung aufgenommen, andererseits aus Vorstufen in der Haut gebildet. Hierzu ist UV-Strahlung notwendig. Ohne ausreichend Vitamin D kann im Darm nicht genügend Calzium resorbiert werden. Es ist wichtiger Baustoff des Skeletts. Calziummangel führt daher zu einer unzureichenden Verknöcherung des Skeletts. Durch den Zug der Skelettmuskulatur und den Druck des Rumpfes auf die Beine wird das Skelett „verbogen". Typische Veränderungen sind Trichterbrust (s. Abb.) und „O-Beine".

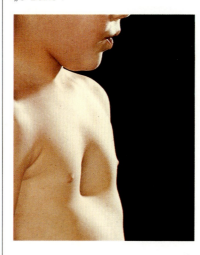

Der Einfluss des vegetativen Nervensystems auf den Magen und die anderen inneren Organe ist seit langem bekannt. So heißt es z. B. im Volksmund: „Das ist mir auf den Magen geschlagen." **Magen- und Zwölffingerdarmgeschwür** sind somit psychosomatische Erkrankungen. Durch Selbstverdauung von Magenwand und Wand des Zwölffingerdarms entstehen kraterartige Gebilde.

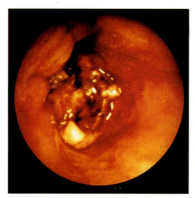

Die Leber übernimmt nicht nur lebenswichtige Aufgaben im Stoffwechsel, sondern hat auch eine wichtige Funktion bei der Verdauung. Sie produziert die Galle. **Hepatitis** ist eine Entzündung (s. Endung -itis) der Leber. Sie kann verschiedene Ursachen haben, häufig ist sie virusbedingt.
Nicht immer ist eine Hepatitis mit einer Gelbfärbung verbunden. Die Gelbfärbung kommt dadurch zu Stande, dass durch die Infektion vermehrt rote Blutzellen zerfallen. Die Abbauprodukte der Blutzellen sind gelblich. Sie werden besonders in der Bindehaut des Auges — im Kontrast zur weißen Augenhaut — deutlich.

Durchfälle, der Arzt nennt sie Diarrhoen, sind die häufigste Erkrankung des Darmsystems. Es gibt viele Ursachen. Kennzeichen ist der hohe Wassergehalt der Exkremente. Das Wasser wird im Darm nur unzureichend resorbiert. Durchfälle können psychisch bedingt sein, durch Vergiftungen ausgelöst werden, insbesondere durch Giftstoffe (Toxine) von Bakterien und Darmparasiten. Sie können auch aufgrund von Darmentzündungen oder Darmtumoren entstehen. Das Problem ist der Wasser- und Mineralstoffverlust. Das hierdurch gestörte Gleichgewicht im Wasser- und Salzhaushalt muß schnell wiederhergestellt werden.

Das Verdauungssystem des Menschen ist Sitz zahlreicher **Parasiten**. Über eine Milliarde Menschen, vor allem der Dritten Welt, sind mit Würmern infiziert. In der Leber können sich Leberegel einnisten, im Dünndarm Madenwürmer und Spulwürmer, vor allem jedoch zahlreiche Bandwürmer.

Der nur etwa 5 − 10 mm lange Madenwurm (▷4) lebt vor allem im Dickdarm von Kindern.

171

1 Werbung für Geburtenkontrolle in Indien

Überfluss und Mangel in der Welt

Bevölkerungsexplosion und Landreform

Die meisten Menschen der Industrieländer leben im Überfluss, in einer scheinbar perfekten Konsumgesellschaft. Über aufwendige Werbung werden die Konsumgüter „an den Mann gebracht". In den Entwicklungsländern hat dagegen der Mangel in den letzten Jahrzehnten zugenommen. Die Ursachen für dieses krasse „Nord-Süd-Gefälle" sind vielschichtig. Das größte Problem ist sicherlich die Bevölkerungsexplosion gerade in den ärmsten Ländern. Kinder bedeuten für die Eltern eine Versorgung im Alter, denn Altersrenten gibt es in vielen Ländern nicht. Mangelnde Bildung, Armut, Kultur und Religion verhindern eine Geburtenregelung. Bisher ist es nur China gelungen, die Geburtenrate deutlich herabzusetzen.

Die zweite Ursache, die vor allem für Lateinamerika gilt, ist das Fehlen einer Landreform: So besitzen in Amazonien 1 % der Bevölkerung fast 50 % der landwirtschaftlichen Nutzfläche. Die Landbevölkerung besteht überwiegend aus besitzlosen Tagelöhnern. In einigen Gebieten werden Kleinbauern von Großgrundbesitzern mit Waffengewalt von ihrem Land verjagt. Die riesigen Farmen produzieren mit wenigen Arbeitskräften, die zudem schlecht bezahlt werden, überwiegend für den Export. Die Gewinne werden vielfach nicht im eigenen Land investiert, sondern „sicher" in den Ländern des reichen Nordens. Landflucht und Ausbildung von Slums am Rande der großen Städte sind die sozialen Folgen. In den Slums herrschen Armut, mangelnde Hygiene und Krankheit.

Böden und Klima in den Tropen

Ein weiteres Problem bei der Produktion von Grundnahrungsmitteln ist die geringe Fruchtbarkeit der meisten tropischen Böden. In den Trockengebieten mit Bewässerungsfeldbau besteht zudem die Gefahr der Versalzung. Ein Teil des auf die Felder geleiteten Wassers verdunstet in der oberen Bodenschicht. Dabei kristallisieren Salze aus. Die Salzanreicherung kann schließlich die Nutzung der Böden für die Landwirtschaft zunichte machen. In Trockengebieten mit starken Niederschlägen zur Regenzeit sind entwaldete Hänge durch Bodenerosion gefährdet. In trocken-heißen Gebieten gefährdet das Ausbleiben von Regenfällen die Menschen. Die Sahel-Zone in Afrika ist ein Bei-

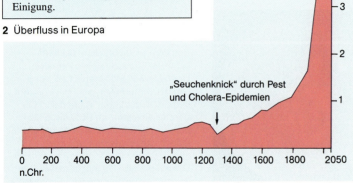

Zeitungsmeldung vom 8.11.90

Fleischberg immer größer

Brüssel (dpa) — Der Berg von überschüssigem Rindfleisch in der Europäischen Gemeinschaft wird immer größer. Die EG-Kommission beschloß gestern in Brüssel, die erst vor kurzem eingeführte Obergrenze beim staatlichen Ankauf vorübergehend außer Kraft zu setzen. Zur Eingrenzung der Fleischüberschüsse hatten die EG-Staaten beschlossen, pro Jahr nur noch höchstens 220 000 Tonnen Rindfleisch zu staatlich garantierten Mindestpreisen aufzukaufen. Der Beschluß soll dazu beitragen, daß die Märkte sich in den nächsten Monaten vom Preistief erholen. Nach Angaben der EG-Kommission hat das Überangebot an Rindfleisch drei Ursachen: die Furcht der Verbraucher angesichts der Rinderseuche BSE, der Verlust von Exportmärkten infolge der Golfkrise und Marktschwankungen infolge der deutschen Einigung.

2 Überfluss in Europa

3 Bevölkerungsentwicklung der Erde

spiel für einen solchen Raum: aufgrund von Klimaveränderungen breitet sich hier die Wüste immer weiter nach Norden aus. Die Nomaden finden nicht mehr genügend Gras für ihre Herden. Armut und Hunger sind die Folge. Auch für den Menschen sind die klimatischen Verhältnisse ein Hemmfaktor. So wird z. B. in den innertropischen Gebieten mit hoher Schwüle die körperliche Arbeit sehr erschwert.

Die Rolle von Industrieländern und Weltbank

Die reichen Länder geben zwar in geringem Umfang Entwicklungshilfe. Sie machen aber auf der anderen Seite den Entwicklungsländern Marktchancen auf dem Weltmarkt zunichte. Die Europäische Union bezuschusst ihre Überschussproduktion an Fleisch und Getreide so stark, dass die Landwirte der Dritten Welt ihre Produkte auf dem Weltmarkt zum Teil nicht loswerden. Dabei sind sie auf die Erlöse aus dem Verkauf angewiesen. Für die Menschen in Europa bedeutet die Überschussproduktion hingegen eine finanzielle Belastung und auch eine Umweltbelastung.

Auch Entwicklungshilfe kann die Armut verstärken. Von der Weltbank geförderte Staudammprojekte in Indien und Afrika vernichten fruchtbare Anbauflächen von Kleinbauern in der Flussaue. Durch die Stauseen wird zwar auf großen Flächen eine künstliche Bewässerung möglich, es werden aber auch neue Probleme geschaffen. So hat es sich gezeigt, dass hierdurch die Ausbreitung von Malaria und Bilharziose gefördert wird.

Unterernährung und Überernährung

Armut ist zumeist auch mit Hunger verbunden. Derzeit hungern über eine Milliarde Menschen auf der Welt. Eine weitere Milliarde leidet unter Eiweißmangel, während in der Europäischen Union Jahr für Jahr tausende von Tonnen von Grundnahrungsmitteln vernichtet werden, um die Marktpreise dieser Produkte stabil zu halten. Außerdem werden Milliarden von Steuergeldern für die Lagerung von Milchpulver-, Butter- und Fleisch-„Bergen" verschwendet. Milliarden von DM müssen zudem die Krankenkassen für die Behandlung der gesundheitlichen Folgen unserer Überernährung aufwenden. Unterernährung, d. h. Eiweißmangel, Vitaminmangel und Mineralsalzmangel, schwächen den Organismus vor allem der Kinder so sehr, dass sie sogar an Krankheiten wie dem Brechdurchfall häufig sterben.

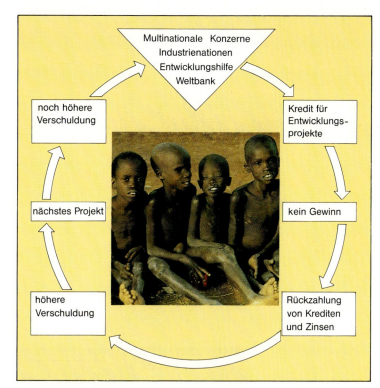

1 Teufelskreis der Armut

2 Hier werden Nahrungsmittel vernichtet

Bilharziose
von den Larven des Pärchenegels, die parasitisch im Körper des Menschen leben, hervorgerufene Tropenkrankheit mit zum Teil tödlichem Verlauf

Aufgabe

① Beschreibe den „Teufelskreis der Armut". Überlege, wie man den Menschen der Dritten Welt am besten helfen könnte, diesen Teufelskreis zu durchbrechen.

173

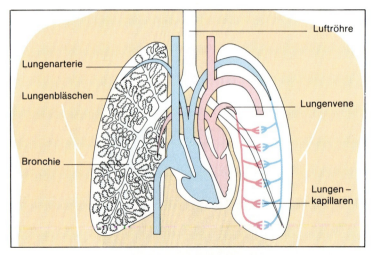

1 Die Lunge (Schema)

2 Atmungsorgane und Gasaustausch

In jeder Minute atmen wir etwa 16-mal. Jeder Atemzug ist sichtbar, weil der Brustkorb dabei abwechselnd größer und kleiner wird. Die Zuführung der Atemluft erfolgt durch Nase oder Mund und die *Luftröhre.* Diese ist ca. 10 bis 12 cm lang. Große, hufeisenförmige Knorpelspangen umspannen sie von außen her. Im Bereich des Brustbeins teilt sich die Luftröhre in zwei *Hauptbronchien.* Diese verästeln sich immer weiter.

An den feinsten Endverzweigungen der Bronchien sitzen die *Lungenbläschen.* Sie haben einen Durchmesser von ca. 0,2 bis 0,6 mm, ihre Wände sind weniger als 1 μm dick. Man hat errechnet, dass in beiden Lungenflügeln zwischen 300 und 750 Millionen Lungenbläschen vorkommen. Dies entspricht einer gesamten Innenfläche von ca. 200 m^2. Ein engmaschiges, verzweigtes *Kapillarnetz* umspinnt jedes Lungenbläschen. Die Fläche aller Kapillargefäße der Lunge beträgt etwa 300 m^2.

Eine weiche Schleimhaut kleidet die Luftröhre und die Bronchien innen aus. Zahlreiche Schleimdrüsen durchsetzen die Schleimhaut, die einen samtartigen Überzug aus *Flimmerhärchen* trägt. Ihre Bewegungen schaffen eingedrungene Fremdkörper, z. B. mit Schleim verklebte Staubteilchen, in Richtung Rachen hinaus.

Die beiden *Lungenflügel* füllen fast den gesamten Brustkorb eines Menschen aus. Der rechte Lungenflügel ist dreilappig gegliedert. Der etwas kleinere linke besitzt nur zwei Lungenlappen. Das Zwerchfell trennt den Brust- vom Bauchraum.

Die Lungenflügel besitzen keine Muskeln; sie können sich deshalb nicht selbst mit Luft füllen oder entleeren. Die Vergrößerung der Lungen erfolgt indirekt durch die Erweiterung des Brustraumes durch die Zwischenrippen- und Zwerchfellmuskulatur.

Beim Einatmen zieht sich die Zwischenrippenmuskulatur zusammen, der Brustkorb wird angehoben und der Brustraum vergrößert **(Brustatmung)**. Gleichzeitig zieht sich die Zwerchfellmuskulatur zusammen und flacht das Zwerchfell ab **(Zwerchfellatmung)**. Durch beide Vorgänge dehnt sich die Lunge, es entsteht ein Unterdruck und frische Luft strömt ein.

Beim Ausatmen senkt sich der Brustkorb. Nach dem Erschlaffen der Zwischenrippenmuskulatur presst ihn das Eigengewicht zusammen. Die Bauchmuskeln drücken die

Lungenarterie
Blutgefäß, in dem sauerstoff*armes* Blut vom Herzen zur Lunge transportiert wird

Lungenvene
Blutgefäß, in dem sauerstoff*reiches* Blut von der Lunge zum Herzen transportiert wird

Blutkapillaren
sehr feine Blutgefäße mit geringem Durchmesser (auch „Haargefäße")

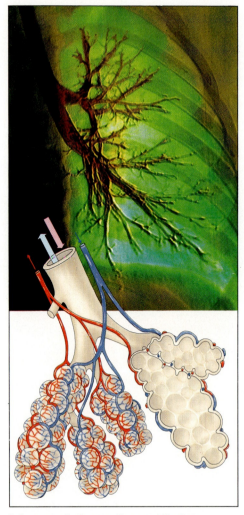

2 Lungenaufnahme und Lungenbläschen

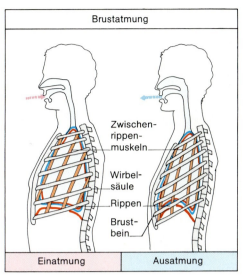

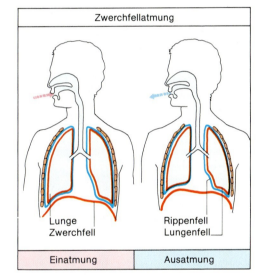

Lungen eines Frosches

1 Atembewegungen

Eingeweide gegen das erschlaffende Zwerchfell und wölben es dadurch wieder nach oben. Die Verkleinerung des Brustraumes bewirkt ein Zusammenpressen der Lungen, die Luft strömt aus.

Die Lunge liegt sehr eng an den Rippen an. Sie ist mit einer Haut, dem *Lungenfell,* überzogen. Die Innenseite des Brustkorbes ist mit dem *Rippenfell* ausgekleidet. Beide Häute besitzen glatte und feuchte Oberflächen. Da sich zwischen beiden ein Flüssigkeitsfilm befindet, haften sie — ähnlich wie zwei befeuchtete Glasplatten — aneinander und können so reibungsarm aneinander vorbeigleiten, was den Atmungsvorgang stark erleichtert.

Der Gasaustausch in den Lungenbläschen

Luft ist ein Gasgemisch aus unterschiedlichen Anteilen an Stickstoff, Sauerstoff, Kohlenstoffdioxid und Edelgasen. Der eingeatmeten Luft wird ein Teil des Sauerstoffes entnommen. Die übrigen Gase und das in den Körperzellen gebildete Kohlenstoffdioxid atmen wir wieder aus. Dieser Gasaustausch findet in den Lungenbläschen statt. Atemluft und Blut sind hier nur durch die dünnen Wände der Blutkapillaren und der Lungenbläschen voneinander getrennt.

In den Kapillaren wird sauerstoffarmes Blut an die Lungenbläschen herangeführt. In die Lungenbläschen strömt sauerstoffreiche Luft ein. Der Sauerstoff löst sich in dem Flüssigkeitsfilm, der die Lungenbläschen auskleidet und kann so die Wände der Lungenbläschen und Kapillaren besser durchdringen. In den Lungenbläschen ist die Sauerstoffkonzentration höher als in den Blutkapillaren. Entsprechend diesem Konzentrationsunterschied gelangt der Sauerstoff aus der Lunge ins Blut (Diffusion). Im Blut geht der Sauerstoff mit dem Farbstoff der roten Blutzellen, dem Hämoglobin, eine leicht trennbare Bindung ein. Der Sauerstoff kann so an den Körperzellen leicht wieder abgegeben werden.

Auf dem Rückweg zur Lunge bringt das Blut Kohlenstoffdioxid mit. Dieses ist nicht an Blutzellen gebunden, sondern in der Blutflüssigkeit gelöst.

Aufgabe

① Mit dem Spirometer lässt sich das Atemvolumen deiner Lunge ermitteln.
 a) Atme so tief wie möglich ein und blase die gesamte Atemluft in das Spirometer. Ermittle dein Atemvolumen.
 b) Ermittle mit derselben Methode das Atemvolumen deiner Mitschüler.

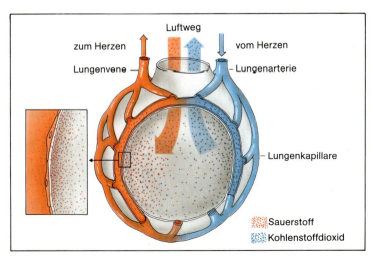

2 Kohlenstoffdioxid- und Sauerstoffaustausch in den Bronchien

175

1 Smog über dem Stadtgebiet

Smog
Kunstwort aus den englischen Wörtern *smoke* (Rauch) und *fog* (dichter Nebel)

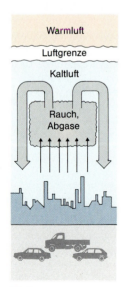

Wintersmog

Verschmutzte Luft kann krank machen

Luft ist neben Wasser, Licht und Nahrung unentbehrlich, denn sie enthält den lebensnotwendigen Sauerstoff. Besonders in Großstädten und Industriegebieten enthält sie aber leider auch Schadstoffe, die wir mit jedem Atemzug einatmen:

Kohlenstoffoxide (CO, CO_2) entstehen bei allen Verbrennungsvorgängen. CO verbindet sich mit dem Farbstoff der roten Blutzellen und verhindert so eine weitere Sauerstoffaufnahme.

Der größte Teil des *Schwefeldioxids* (SO_2) wird beim Verbrennen von Kohle und Heizöl freigesetzt. Es kommt also in erster Linie aus den Schornsteinen von Wohnhäusern und Kraftwerken. SO_2 reizt die Schleimhäute der Atemwege.

Stickstoffoxide (NO_2, NO) werden besonders von Kraftfahrzeugen in die Luft abgegeben. Da die Auspuffgase sozusagen in „Nasenhöhe" ausgestoßen werden, sind Kinder, aber auch Erwachsene, unmittelbar davon betroffen. Stickstoffoxide belasten die Atmungsorgane. Husten, Schnupfen und Kopfschmerzen können die Folge sein.

Sommersmog durch Ozon

Aus Stickstoffdioxid (NO_2) und dem Sauerstoff der Luft bildet sich unter Einwirkung der Sonnenstrahlung das sogenannte *bodennahe Ozon* (O_3). Die Ozonwerte sind deshalb bei schönem Sommerwetter und an Nachmittagen am höchsten.

Ozon reizt in höheren Konzentrationen Augen, Hals und Rachen. Es schädigt das Lungengewebe und verschlimmert die Symptome bei Asthma. Außerdem macht es müde und bereitet Kopfschmerzen. Bei Ozonwerten von über 180 Mikrogramm pro Kubikmeter Luft wird die Bevölkerung über Radio und Fernsehen informiert. Körperlich anstrengende Betätigungen im Freien sollte man dann unterlassen.

Bodennahes Ozon hat nichts mit der *Ozonschicht* in 20 km Höhe zu tun. Diese Ozonschicht schirmt einen Teil der UV-Strahlung der Sonne ab. Wo sie zerstört ist (Ozonloch), besteht eine erhöhte Sonnenbrand- und Hautkrebsgefahr (vgl. S. 148).

Wintersmog — wenn's ganz dick kommt

Normalerweise ist die Luft in Bodennähe am wärmsten. Sie steigt auf und kühlt sich dabei ab. Mit der warmen Luft werden so auch die Schadstoffe in größere Höhen transportiert. Besonders in den Wintermonaten kommt es manchmal zu einer Temperaturumkehrung *(Inversionswetterlage)*. Warme Luft in der Höhe hält dann Kaltluft am Boden fest. Auch alle Schadgase und Staub reichern sich unter dieser „Dunstglocke" an. Es herrscht Smog.

Aufgaben

① Informiere dich über Videotext des dritten Fernsehprogramms (Tafel 164) über aktuelle Luftmessdaten.
② Warum dürfen Autos mit der Plakette „G-KAT" auch bei Smog fahren?
③ Warum dürfen in geschlossenen Garagen keine Automotoren laufen?
④ Manche Menschen atmen freiwillig extrem verschmutzte Luft ein. Wovon ist hier die Rede? (vgl. S. 178)

	Vorwarnstufe	1. Alarmstufe	2. Alarmstufe
Werte in mg/m³ für Auslösung der Alarmstufe			
SO_2	0,6	1,2	1,8
CO	30,0	45,0	60,0
NO_2	0,6	1,0	1,4

2 Alarmplan bei Wintersmog

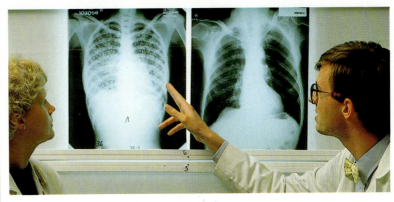

Erkrankungen der Atemwege

Schnupfen

Die häufigste Krankheit des Menschen ist der Schnupfen. Besonders oft sind Schulkinder erkältet: durchschnittlich plagt sie zweimal im Jahr dieses Leiden. Eine plötzliche Abkühlung und der Schnupfen ist da. Die Ursache ist ein kleiner Erreger, der sich in den Nasenschleimhäuten einnistet. Diese Erreger, in der Fachsprache Viren genannt, werden von den erkrankten Personen ausgeniest, ausgehustet oder nur ausgeatmet. Auf diese Art werden viele Gesunde, z. B. in vollen Schulbussen, angesteckt. Etwa zwei Tage danach beginnt die Krankheit mit Niesen, die Nase läuft, die Augen tränen und die Nasenschleimhäute schwellen an. Leichtes Fieber, Halsschmerzen und Husten begleiten den Schnupfen. Im Normalfall ist die Erkältung nach einer Woche überstanden. Ein hartnäckiger Husten kann noch weitere Beschwerden verursachen, ebenso eine Entzündung der Nebenhöhlen. Dabei werden Hohlräume, die beiderseits der Nase und über der Nase in den Schädel eingebettet sind, befallen.

Bronchitis

Auch andere Abschnitte der Atemwege können von Entzündungskrankheiten befallen werden. Ist die Luftröhre betroffen, so spricht man von Luftröhrenkatarr. Beim üblichen Husten sind häufig die Bronchien entzündet (Bronchitis).

Lungenentzündung

Bei einer Lungenentzündung sind die Lungenbläschen erkrankt. Man unterscheidet verschiedene Formen, je nachdem, ob ein ganzer Lungenlappen oder nur Teile befallen sind. Eine Röntgenuntersuchung gibt dem Arzt Auskunft über die Ausdehnung und den Luftgehalt der Lunge; die erkrankten Stellen sind als Schatten (vgl. Abb.) sichtbar. Häufig entsteht eine Lungenentzündung im Verlauf einer anderen Krankheit. Bei Kindern besteht diese Gefahr nach Masern, Keuchhusten und Diphtherie, bei älteren Menschen nach einer Grippe oder einer Bronchitis. Da diese Menschen durch die Krankheit geschwächt sind, kann die Lungenentzündung gefährlich werden. In den meisten Fällen aber kann der Arzt die Krankheit mit Medikamenten heilen.

Lungentuberkulose

Die von ROBERT KOCH 1883 entdeckten Tuberkelbakterien verursachen die Lungentuberkulose. Man erkrankt, wenn man die Bakterien einatmet. Da Tuberkulosekranke oft husten, besteht die Gefahr sehr leicht. Erste Anzeichen dieser Erkrankung sind Mattigkeit, abendliches Fieber und Nachtschweiß. Später kommen Husten, Auswurf, Abmagerung, Durchfälle und höheres Fieber hinzu. Für eine Heilung ist es günstig, wenn die Krankheit früh erkannt wird. In speziellen Lungensanatorien werden die Patienten behandelt und dank moderner Mittel meist geheilt.

Bronchialasthma

Allergien und seelische Belastungen können zu Krämpfen der Muskulatur der Atemwege führen. Dabei ziehen sich die Muskeln der Bronchien zusammen, verengen den Atemweg stark und behindern besonders die Ausatmung. Die an Bronchialasthma erkrankten Menschen atmen deshalb leichter ein als aus. Die Zufuhr sauerstoffreicher Frischluft ist begrenzt, da verbrauchte Luft in den Lungen zurückbleibt. Die Erkrankten leiden unter Atemnot und müssen krampf- und schleimlösende Mittel einnehmen.

Höhenkrankheit

Der Sauerstoffgehalt der Luft nimmt mit zunehmender Höhe ab. Dies kann oberhalb von 3000 m für den Menschen bereits gefährlich sein. Strengen sich Menschen in dieser Höhe zu sehr an, so kann der gesteigerte Sauerstoffbedarf nicht mehr gedeckt werden. Besonders bei Herz- und Lungenkranken können schwere Störungen auftreten. Starke Kopfschmerzen sind ein erstes Warnzeichen.
Dieser Höhenrausch führt dann nicht selten zu Fehlleistungen, die z. B. beim Bergsteigen gefährliche Folgen haben können. Von der Höhenkrankheit befallene Menschen leiden an Bewusstseinsstörungen und können ihre Bewegungen nicht mehr kontrollieren. Dazu kommt auch noch, dass die niedrige Umgebungstemperatur die Atemleistung erhöht, um die notwendige Körpertemperatur zu erhalten. In den Bergen sind deshalb wärmeisolierende Kleidung und eine wenig belastende Ernährung sinnvoll.

Pseudokrupp

In vielen Gebieten ist unsere Luft heute mit Schadstoffen angereichert. Im Zusammenhang mit dieser hohen Schadstoffbelastung steht vermutlich eine Krankheit, die bei Säuglingen und Kleinkindern auftritt und Pseudokrupp genannt wird. Krankheitserreger verursachen eine Entzündung der durch Luftschadstoffe vorgeschädigten Schleimhäute von Kehlkopf und Luftröhre; dadurch schwellen die Schleimhäute an. Es kommt zu Atemnot. Abhilfe auf Dauer bringt eine Verbesserung der Atemluft. Kurzfristig helfen Vernebler, sie schaffen ein kühles und feuchtes Klima.

Atmung

Wir atmen nicht nur Luft aus

① Halte eine kleine Glasscheibe oder einen Taschenspiegel dicht vor deinen Mund und hauche dagegen. Welche Veränderung kannst du an der Glasoberfläche beobachten? Erkläre, wie sie zustande kommt.

② Blase mehrmals in einen durchsichtigen Plastikbeutel, und verschließe danach die Öffnung. Lege nun den verschlossenen Beutel einige Minuten in den Kühlschrank. Was stellst du fest, wenn du den Beutel herausnimmst?

Untersuchung der Ein- und Ausatemluft

③ Eine brennende Kerze verbraucht Sauerstoff. Stelle eine brennende Kerze in eine wassergefüllte Petrischale und stülpe einen Glaszylinder darüber. Stoppe die Zeit, bis die Kerze erlischt.

④ Stelle den Standzylinder mit der Öffnung nach unten neben die Petrischale mit der brennenden Kerze. Halte unter den Rand des Glaszylinders einen Gummischlauch oder ein gebogenes Glasrohr. Blase mehrmals hintereinander Ausatemluft hinein. Stülpe sodann das Glas über die brennende Kerze und stoppe ebenfalls die Zeit, bis die Kerze erlischt. Vergleiche die Zeiten miteinander und erkläre das Ergebnis.

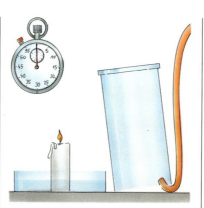

⑤ Kohlenstoffdioxid trübt Kalkwasser. Fülle zwei Reagenzgläser zu einem Drittel mit Kalkwasser. Blase mit einem Saug-Druck-Gummiball Frischluft in das Kalkwasser des ersten Reagenzglases. Blase sodann Ausatemluft in das Kalkwasser des zweiten Reagenzglases. Erkläre deine Beobachtungen.

⑥ Baue eine Versuchsanordnung entsprechend der nachfolgenden Abbildung auf. Fülle sodann beide Erlenmeyerkolben zu einem Drittel mit klarem Kalkwasser. Atme nun über das Mundstück abwechselnd ein und aus. Beobachte das Kalkwasser und erkläre das Versuchsergebnis.

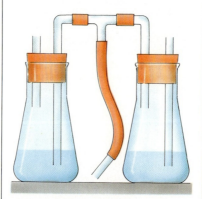

Experimente zur Diffusion

⑦ Schichte in einen Standzylinder gleich große Perlen mit zwei unterschiedlichen Farben übereinander, sodass das Glas bis zur Hälfte gefüllt ist. Verschließe das Gefäß mit einer Hand und schüttle kräftig durch. Notiere deine Beobachtung.

⑧ Fülle einen Standzylinder zu einem Viertel mit Fruchtsirup und überschichte diesen vorsichtig mit Wasser.
Fülle einen zweiten Standzylinder mit Wasser und gib ein paar Kristalle des Salzes Kaliumpermanganat hinzu.
Lasse beide Gefäße längere Zeit stehen. Notiere deine Beobachtung. Vergleiche das Ergebnis mit dem „Perlenversuch". Erkläre die Gemeinsamkeiten und Unterschiede dieser Versuche. Notiere einen Merksatz, in dem folgende Begriffe vorkommen:
Stoffteilchen — höhere Konzentration — niedrigere Konzentration — wandern — Diffusion — Diffusionsrichtung — Konzentrationsgefälle.

Untersuchung von Zigarettenrauch

⑨ Eine Zigarette wird in ein 3 cm langes Schlauchstück gesteckt. Ein 5 cm langes Glasrohr wird mit Kochsalz gefüllt, an den Enden mit Watte verstopft und in das Schlauchstück geschoben. Das andere Ende des Glasrohrs ist mit einer Gummiluftpumpe verbunden. Die Zigarette wird angezündet und der Rauch durch das Glasrohr gesaugt. Betrachte das Salz und notiere deine Beobachtungen. Welcher Stoff im Rauch kann die Veränderungen hervorgerufen haben?

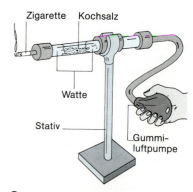

⑩ Nimm das Glasrohr aus der Versuchsanordnung, entferne die Wattepfropfen mit einer Pinzette (nicht in die Hand nehmen). Fülle ein Becherglas mit Wasser und schütte das Salz aus dem Glasröhrchen ins Wasser. Rieche an der Wasseroberfläche und beschreibe den Geruch.

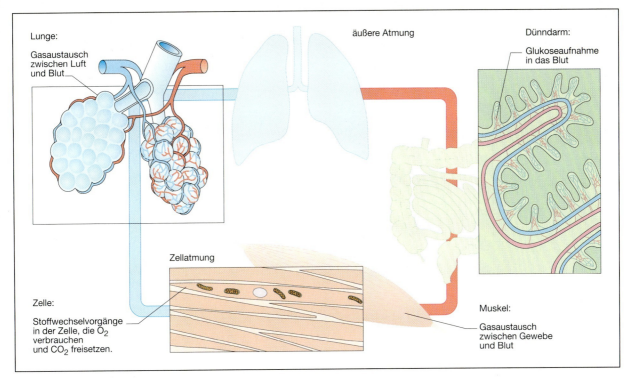

1 Atemgase und Nährstoffe wirken gemeinsam

Von der äußeren Atmung zur Zellatmung

Glukose
+
Sauerstoff

$\downarrow \rightarrow$ Energie

Wasser
+
Kohlenstoffdioxid

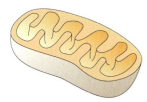

Mitochondrium

Ganz gleich, ob wir die Tastatur eines Computers betätigen, Treppen steigen oder kraftvoll in die Pedale unseres Fahrrades treten, in jedem Fall ist Muskelarbeit notwendig. Erst die Kontraktion von Muskeln schafft die Voraussetzung für fein abgestimmte Bewegungsabläufe.

Ein wichtiger Betriebsstoff für die Muskelarbeit ist der energiereiche Traubenzucker (Glukose). In einem komplizierten Prozess vieler, nacheinander ablaufender chemischer Reaktionen wird die in der Glukose chemisch gebundene Energie für die Muskelzellen verfügbar gemacht. Für diese Stoffwechselprozesse wird Sauerstoff benötigt, der nach dem in den Lungenbläschen erfolgten Gasaustausch mit dem Blut zu den Muskeln transportiert wird. Der Blutdruck in den Kapillaren bewirkt, dass ein Teil der Blutflüssigkeit mit der darin gelösten Glukose und dem Sauerstoff aus den Kapillaren des Muskelgewebes austritt und schließlich in das Innere einer jeden Muskelzelle gelangt.

Damit Energie für die Muskelarbeit frei werden kann, wird Glukose mit Hilfe von Sauerstoff in den Muskelzellen stufenweise zu energiearmen Stoffen, wie Kohlenstoffdioxid und Wasser, abgebaut. Diesen Vorgang bezeichnet man als *Zellatmung* (vgl. S. 37). Die dabei frei werdende Energie wird zum Aufbau von ATP (Adenosintriphosphat) genutzt, das als Energieträger für Stoffwechselprozesse dient.

Mitochondrien — „Kraftwerke" der Zelle

Ein wesentlicher Teil dieser Abbauvorgänge erfolgt in besonderen Zellorganellen, den *Mitochondrien*. Mitochondrien sind von einer Hülle aus zwei Membranen umgeben. Die innere Membran ist stark gefaltet. Durch die lamellenartigen Einstülpungen entsteht im Inneren eines Mitochondriums eine große Oberfläche. Hier befinden sich die für die Zellatmung erforderlichen Enzyme.

Mitochondrien kommen in allen pflanzlichen und tierischen Zellen vor. Daraus kann man schließen, dass in ihnen nicht nur Energie für die Muskelarbeit, sondern für alle Lebensvorgänge bereitgestellt wird. Die Anzahl der Mitochondrien ist in den verschiedenen Gewebezellen allerdings ganz unterschiedlich groß. Dies hängt in erster Linie vom Energiebedarf der Zellen ab. Erst in den Mitochondrien kann die in den Nährstoffen enthaltene Energie in eine für die Zelle verwertbare Form umgewandelt werden.

Bindegewebe
Es „verbindet" verschiedene Gewebe und hält Organteile und Organe zusammen.

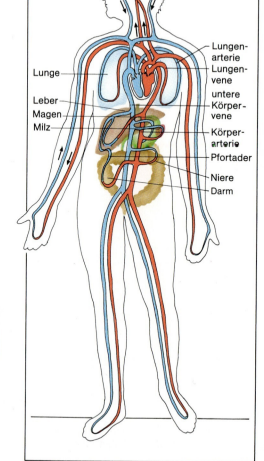

1 Schema des Blutkreislaufs

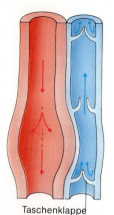

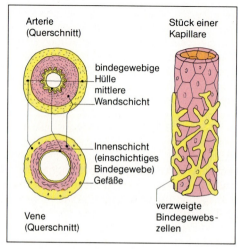

2 Aufbau von Blutgefäßen

3 Herz und Blutkreislauf

Das Blutgefäßsystem

Bis ins 16. Jahrhundert herrschte folgende Lehrmeinung: „Das Blut strömt vom Herzen aus in den ganzen Körper, kommt gelegentlich zum Herzen zurück, um Verunreinigungen abzuladen, wofür es manchmal die Lunge benutzt. Wir haben uns die Bewegungen des Blutes wie Ebbe und Flut vorzustellen."

Die Erkenntnis, dass das Blut in einem geschlossenen Blutkreislauf fließt, in jedem Blutgefäß nur in einer Richtung strömt und durch das Herz angetrieben wird, verdanken wir dem englischen Arzt WILLIAM HARVEY (1578—1657). Weiter stellte er fest, dass es zwei zusammenhängende Blutkreisläufe gibt: Den *Lungenkreislauf,* der von der rechten Herzhälfte angetrieben wird, und den *Körperkreislauf,* in dem das Blut von der linken Herzhälfte bewegt wird.

Alle Blutgefäße, die vom Herzen wegführen, heißen *Arterien*. Eine aus Bindegewebe bestehende Hülle schließt sie nach außen hin ab. In ihr verlaufen viele Adern und Nervenfasern. Ringförmige Muskelfasern bauen die Mittelschicht auf. Wegen ihrer Elastizität dehnen sich die Hauptschlagadern und großen herznahen Arterien bei jedem Herzschlag aus. Während der Herzmuskel erschlafft, ziehen sich diese Arterien wieder zusammen und befördern das Blut weiter. Auf diese Weise werden Druckschwankungen, die durch das rhythmisch schlagende Herz entstehen, gedämpft. Die innerste Schicht der Arterien bildet ein einschichtiges und glattes Epithel. Es vermindert den Reibungswiderstand des strömenden Blutes.

Mit zunehmender Entfernung vom Herzen verzweigen sich die Arterien in immer feinere Gefäße, bis sie in den Geweben zu den *Haar-* oder *Kapillargefäßen* werden. Diese sind so eng, dass die roten Blutzellen sich nur noch im „Gänsemarsch" hindurchzwängen können. Alle zum Herzen hinführenden Blutgefäße heißen *Venen*. In ihrem Inneren befinden sich die *Taschenklappen*. Sie verhindern ein Zurückfließen des Blutes.

Aufgaben

① Beschreibe den Blutkreislauf mit Hilfe von Abbildung 1.
② Erkläre die Ventilwirkung der Taschenklappen mit Hilfe der Randspaltenabbildung.

Das Herz

Das Herz eines Erwachsenen ist ein faustgroßer *Hohlmuskel*. Die *Herzscheidewand* teilt den Hohlraum des Herzmuskels in zwei ungleiche Hälften. Jede Herzhälfte ist nochmals durch *Segelklappen* unterteilt. Dadurch entstehen linker bzw. rechter *Vorhof* und linke bzw. rechte *Kammer*. In den rechten Vorhof münden die obere und die untere *Körpervene*, in den linken die von den Lungen kommenden *Lungenvenen*. Aus der rechten Herzkammer entspringt die *Lungenarterie*, aus der linken die große Körperschlagader oder *Aorta*.

Ein System von Ventilen regelt die Blutströmung im Herzen. Zwischen den Vorhöfen und Herzkammern befinden sich die Segelklappen. Am Übergang vom Herzen zur Lungen- und Körperarterie befinden sich die dreiteiligen Taschenklappen.

Das Herz schlägt rhythmisch. Vorhöfe und Herzkammern leeren und füllen sich im Wechsel. Beim Zusammenziehen der Muskulatur der Kammern *(Systole)* wird das Blut in die Lungen- und Körperarterie gedrückt. Die Taschenklappen sind geöffnet, die Segelklappen geschlossen. Sie verhindern ein Zurückfließen des Blutes in die Vorhöfe. Erschlafft der Muskel *(Diastole)*, strömt das in den Vorhöfen gesammelte Blut durch die sich öffnenden Segelklappen in die Herzkammern. Die Taschenklappen sind nun geschlossen (▷2, Phase 2).

Das Herz schlägt in Ruhe etwa 70-mal pro Minute. Bei einem Schlagvolumen von ca. 70 ml je Herzkammer ergibt dies eine Pumpleistung von mehr als 14 000 Liter pro Tag. Die schleimig-feuchten Innenwände des *Herzbeutels* ermöglichen eine nahezu reibungslose Pumpbewegung. Ein eigenes Blutgefäßsystem, die *Herzkranzgefäße*, versorgen den Herzmuskel ständig mit Sauerstoff und Nährstoffen.

Aufgaben

① Die Herzmuskulatur der linken Seite ist viel stärker als die der rechten Seite. Begründe.

② „In den Venen fließt sauerstoffarmes Blut, in den Arterien sauerstoffreiches". Begründe, warum diese Aussage nur teilweise richtig ist.

③ Es gibt Menschen, bei denen sich bei der Geburt ein Loch in der Herzscheidewand nicht schließt. Welche Auswirkungen hat das?

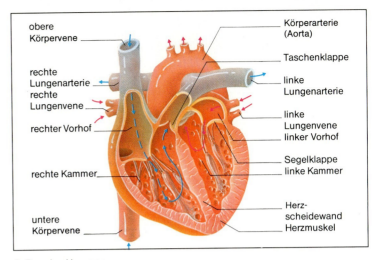

1 Bau des Herzens

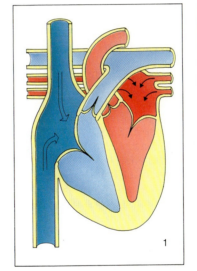
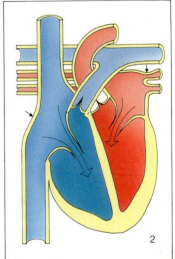
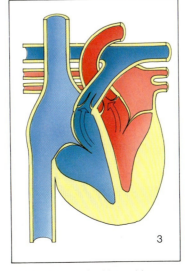
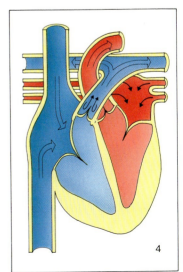

2 Vier Phasen des Herzschlags

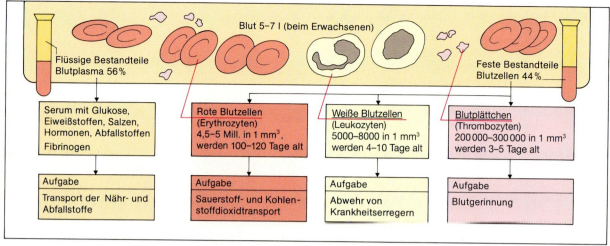

1 Zusammensetzung und Aufgaben des Blutes

Zusammensetzung und Aufgaben des Blutes

lymphatische Organe
Organe des Immunsystems (s. S. 210)

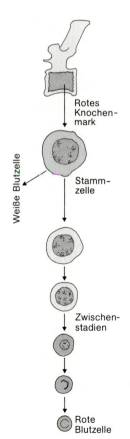

Im Gefäßsystem des Körpers fließen ca. 5—7 Liter Blut. Lässt man eine geringe Menge Blut längere Zeit in einem Reagenzglas bei niedriger Temperatur und unter Luftabschluss stehen, sinken seine festen Bestandteile langsam zu Boden. Als Überstand bleibt eine leicht getrübte, gelbliche Flüssigkeit, das *Blutplasma.* Seine Hauptbestandteile sind: 90 % Wasser, 7 % Eiweiße, 0,7 % Fette, 0,1 % Traubenzucker. Die restlichen 2,2 % verteilen sich auf Vitamine, Salze (Kalzium-, Chlorid-, Kalium- und Natriumionen), Hormone, Abwehrstoffe gegen Krankheitserreger und Abfallstoffe des Stoffwechsels. Außerdem enthält das Blutplasma den Gerinnungsstoff *Fibrinogen,* ein Eiweiß. Wird es z. B. durch stetiges Umrühren mit einem Glasstab aus dem Blutplasma entfernt, bleibt das *Blutserum* übrig.

Die festen Bestandteile des Blutes sind die roten Blutzellen *(Erythrozyten),* die weißen Blutzellen *(Leukozyten)* und die Blutplättchen *(Thrombozyten).*

Die roten Blutzellen sind flache, von beiden Seiten eingedellte Scheibchen mit einem Durchmesser von 7 µm. Sie werden im *roten Knochenmark* aus Stammzellen durch Zellteilung gebildet und verlieren bald ihren Zellkern. Die roten Blutzellen haben nur eine begrenzte Lebensdauer von 100—120 Tagen und werden danach in Leber und Milz abgebaut. Unser Blut enhält etwa 25 Billionen rote Blutzellen — 5 Millionen in einem mm^3. Damit ihre Gesamtzahl erhalten bleibt, müssen Millionen von Blutzellen pro Sekunde neu gebildet werden. Eine wesentliche Aufgabe der roten Blutzellen ist der Sauerstofftransport. Sie enthalten den Blutfarbstoff *Hämoglobin,* der den Sauerstoff binden kann. Außerdem sind die roten Blutzellen am Transport des Kohlenstoffdioxids beteiligt.

Erst im angefärbten Blutausstrich sind unter dem Mikroskop die weißen Blutzellen — die Leukozyten — zu erkennen. Sie haben einen Durchmesser von 10 µm, besitzen einen Zellkern und entstehen in den Lymphknoten und anderen lymphatischen Organen wie Milz, Thymusdrüse, Mandeln sowie Wurmfortsatz und Knochenmark. Während die roten Blutzellen passiv vom Blutstrom mitgenommen werden, können sich die weißen Blutzellen aktiv wie Amöben fortbewegen. Sie wandern auch gegen den Blutstrom, zwängen sich durch Kapillarwände in die Gewebszellen der Organe und können so fast jeden Ort im Körper erreichen. Ihre Hauptaufgabe ist das Fressen von Fremdkörpern und Krankheitserregern. Oft bildet sich an einer Wunde *Eiter.* Dieser setzt sich überwiegend aus abgestorbenen weißen Blutzellen zusammen.

Die Blutplättchen (Thrombozyten) sind kleine Zellbruchstücke und entstehen im Knochenmark. Ihre Aufgabe ist es — zusammen mit dem Fibrinogen im Blutplasma — die *Blutgerinnung* auszulösen und Wunden zu verschließen.

Aufgabe

① Erkläre, warum man auch beim Blut von einem Organ sprechen kann.

Der Wundverschluss

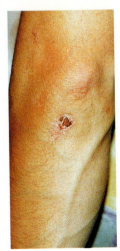

Wundschorf

Bei sportlichen Betätigungen kommt es immer wieder vor, dass man stürzt und sich die Knie, Hände oder Ellbogen verletzt. Manchmal werden dabei auch Blutgefäße verletzt — die Wunde blutet. Bei den meisten Wunden beginnt das Blut schon nach wenigen Minuten zu gerinnen. Wäre dies nicht der Fall, würde man bereits bei der kleinsten Wunde verbluten.

Der Wundverschluss kommt durch eine ganze Reihe von nacheinander ablaufenden Reaktionen zu Stande. Zunächst verengen sich die Gefäße im Bereich der Wunde, sodass weniger Blut nachfließen kann. Dann bewirken die zerstörten Zellen den Zerfall von Blutplättchen. Dadurch wird über viele Zwischenschritte erreicht, dass der im Blut gelöste Eiweißstoff *Fibrinogen* (Vorfibrin) in unlösliches *Fibrin* umgewandelt wird. Fibrin besteht aus langen Fäden, die sich miteinander verbinden und zusammenziehen. So entsteht ein engmaschiges Netz, in dem die Blutzellen hängen bleiben. Das ganze Netzwerk wird dann so dicht, dass kein Blut mehr ausströmen kann. Diesen Vorgang nennt man *Blutgerinnung*. Er dauert beim gesunden Menschen 5 bis 10 Minuten.

Das getrocknete festsitzende Netzwerk wird *Wundschorf* genannt. Die darunter liegenden unverletzten Schichten der Haut bilden neue Hautzellen. Wenn die Verletzung tief war, kann man allerdings auch später noch erkennen, dass die Haut nachgebildet wurde. Es bleibt eine Narbe.

Wundversorgung

Bei allen Verletzungen besteht die Gefahr einer Wundinfektion durch Mikroorganismen.
Eine Wunde darf grundsätzlich nicht mit Wasser ausgewaschen werden, außer bei Verätzungen, Verbrennungen oder Tierbissen.
Mit Desinfektionsmittel, Puder oder Salbe sollte man nur den Wundrand behandeln und niemals Watte oder Zellstoff auf die Wunde legen.
Kleine Wunden lässt man am besten an der Luft heilen. Nicht zu stark blutende Wunden werden einfach mit einem Pflaster abgedeckt.
Größere Wunden kann man mit Verbandpäckchen versorgen. Diese enthalten eine Wundauflage und eine Mullbinde.
Schnittwunden, die länger als 1 cm sind, müssen vom Arzt genäht werden, weil sonst eine auffällige Narbe entsteht. Aus einer Wunde herausragende Fremdkörper dürfen nur vom Arzt entfernt werden.

Aufgaben

① Informiere dich über den „Bluterguss"!
② Unter „Thrombose" versteht man die Verstopfung von Adern durch ein Blutgerinnsel. Erkläre, weshalb dies lebensgefährlich sein kann.
③ Weshalb ist es sinnvoll, dass der Wundverschluss in vielen einzelnen Schritten abläuft?
④ Bei Operationen wird dem Patienten meist ein Mittel gegen die Blutgerinnung gegeben. Warum?
⑤ Oberflächliche Schürfungen der Haut bluten nicht. Erkläre, weshalb sich trotzdem eine Kruste bildet und die Kruste nahezu farblos ist?
⑥ Worin besteht der Unterschied zwischen Blutplasma und Blutserum?

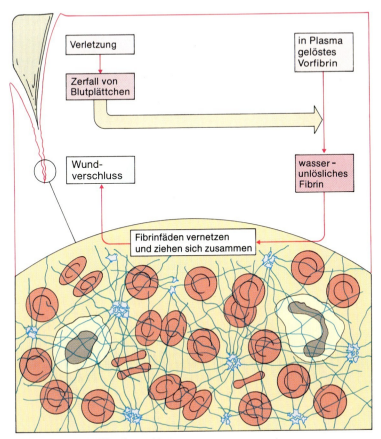

1 Vorgänge beim Wundverschluss

Stoffaustausch im Gewebe

Eine der Hauptfunktionen des Blutes ist der *Transport* von Nähr- und Abfallstoffen. Der Stoffaustausch findet in den *Kapillaren* statt. Ihre dünnen Wände besitzen Poren. Feste Bestandteile des Blutes wie rote Blutzellen, Blutplättchen und große Eiweißmoleküle können die Kapillarwand nicht passieren und werden zurückgehalten, flüssige Bestandteile jedoch nicht.

So strömen etwa 20 Liter Blutplasma täglich durch diese Poren in den Kapillarmembranen. Die mittransportierten Nährstoffe und den Sauerstoff nimmt die Zwischenzellflüssigkeit — die *Lymphe* — auf und transportiert sie zu den Gewebszellen. Die Lymphe fließt wieder zu den Kapillaren zurück und nimmt dabei die Abfallstoffe und das Kohlenstoffdioxid, die aus dem Stoffwechsel der Gewebszellen stammen, mit. Mit dem Blutstrom werden auch Wasser, Salze, Hormone, Enzyme und Antikörper an den jeweiligen Bestimmungsort transportiert. Etwa 10 % der Lymphe werden über ein anderes Transportsystem, das *Lymphsystem,* abgeleitet.

Eine weitere Aufgabe des Blutes ist die *Wärmeregulation* im Körper. Es leitet dazu überschüssige Wärme aus dem Körperinnern an die Körperoberfläche.

Aufgabe

① Beschreibe anhand der Abbildung 1 den Stoffaustausch im Kapillarbereich.

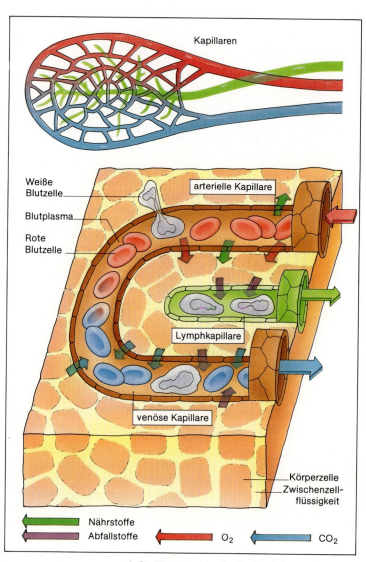

1 Stofftransport im Kapillarbereich

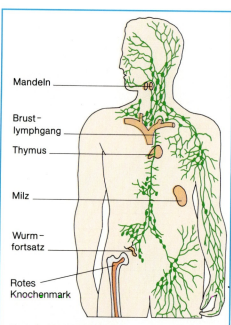

Das Lymphsystem

Das Gefäßsystem der Lymphbahnen beginnt mit feinsten Kapillaren, die sich zu größeren Lymphgefäßen vereinigen. Die großen Lymphbahnen vereinigen sich im großen *Brustlymphgang*. Dieser mündet in die linke Schlüsselbeinvene. Über alle Hauptlymphgefäße wird die Lymphflüssigkeit letztlich dem Blutkreislauf wieder zugeführt. Somit findet zwischen Blut und Lymphe ein ständiger Stoffaustausch statt. Im gesamten Lymphsystem findet man *Lymphknoten*. Sie treten im Bereich der Leiste, des Unterarms, des Halses und entlang des Rückenmarks gehäuft auf. Die Lymphknoten sind u. a. die Orte, an denen sich die weißen Blutzellen vermehren und Antikörper bilden.

Karl Landsteiner
(1868 – 1943)

Die Blutgruppen

Das AB0-System

Das AB0-System wurde im Jahre 1900 von KARL LANDSTEINER entdeckt. Für seine wichtige Entdeckung wurde er 1930 mit dem Nobelpreis ausgezeichnet. Er beobachtete am Blut seiner Kollegen, dass bei bestimmten Mischungen das Blut verklumpte, bei anderen nicht. Er fand 4 verschiedene Blutgruppen, die er mit A, B, AB und 0 bezeichnete. Sie sind erblich festgelegt und lassen sich an allen Körperzellen und in allen Körperflüssigkeiten nachweisen.

Verantwortlich für die Verklumpung sind einerseits Blutzellenmerkmale, die man auch als Antigene bezeichnet, andererseits Antikörper, die sich im Serum befinden. Es kommen zwei Antigene vor, A und B. Blutzellen der Gruppe AB besitzen beide Antigene, aber keine Antikörper, Blutzellen der Gruppe 0 keine Antigene, aber beide Antikörper.

Der Rhesus-Faktor

Man entdeckte im Laufe der Zeit noch weitere Blutmerkmale, der wichtigste ist der Rhesus-Faktor. Auch er wurde durch Zufall gefunden. Man übertrug Meerschweinchen rote Blutzellen von Rhesus-Affen. Die Meerschweinchen bildeten Antikörper gegen das Blut der Rhesus-Affen. Diesen Blutfaktor nannte man Rhesus-Faktor. Diesen Antikörper (Rh$^+$) findet man auch bei 85 % der Menschen. Gelangt bei einer Blutübertragung Rh-positives Blut in das Blut eines rh-negativen Empfängers, so entwickelt dieser Antikörper gegen die Rh-positiven Blutzellen des Spenders. Bei einer zweiten Blutübertragung würden die gebildeten Antikörper mit den übertragenen Blutzellen reagieren und diese auflösen.

Bluttransfusion und Blutspenden

Gespendetes Blut wird nach Unfällen oder Operationen mit großen Blutverlusten benötigt. Außerdem stellt man aus dem Blutplasma wichtige Medikamente her. Verliert man mehr als etwa 20 % seines Blutes, so kann der Körper die Blutverluste nicht mehr ausgleichen. Um den Blutdruck stabil zu halten, muss Blut oder eine Blutersatzlösung übertragen werden. Bei geringen Blutverlusten gibt man Blutersatzlösung, bei hohen Blutverlusten Vollblut. Hierdurch wird die Sauerstoffversorgung der Organe aufrechterhalten. Die Blutabnahme geschieht über die Blutspendedienste von Hilfsorganisationen wie dem Roten Kreuz oder direkt in Krankenhäusern. Das gespendete Blut wird untersucht, um auszuschließen, dass bei Bluttransfusionen Krankheiten übertragen werden. Das Blut wird in Plastikbeutel abgefüllt („Blutkonserven") und kühl gelagert. Innerhalb von etwa 6 Wochen muss es verbraucht werden. Strenge Hygienevorschriften und Kontrolluntersuchungen beugen Nachlässigkeiten bei der Herstellung und Überwachung von Blutkonserven vor. Will man jedoch das Gesundheitsrisiko bei Bluttransfusionen ganz ausschließen, so kann man kurz vor der Operation Eigenblut spenden. Das ist natürlich nur möglich, wenn der Operationstermin längerfristig festgelegt wurde.

Aufgabe

① Was muss bei Bluttransfusionen beachtet werden?

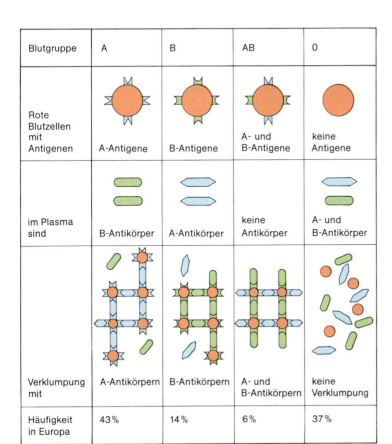

1 Blutgruppenmerkmale

Herz und Kreislauf

Untersuchung eines Herzmuskels

① Lege den Schweineherzmuskel (er entspricht nach Größe und Bau einem menschlichen Herzmuskel) so vor dich hin, wie er im Brustkorb liegt. Falls du es nicht weißt, schau dir die Lage des Herzens im Modell (Torso) an.
Untersuche die äußere Gestalt des Herzmuskels. Fertige eine Skizze an und beschrifte sie.

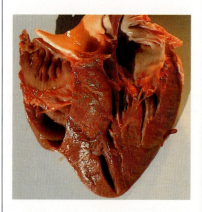

② Schneide den Herzmuskel so durch, dass die Schnittebene quer durch die Herzscheidewand führt. So kannst du auf die Wände beider Kammern und die Segelklappen sehen. (Falls der Herzmuskel bereits stark vom Metzger zerschnitten wurde, klappe die Schnitthälften auf und untersuche den Innenbereich).
Beobachte die Wanddicken von rechter und linker Kammer, ihre „Auskleidung" und die Klappen. Was kannst du erkennen? Fertige eine einfache Skizze an.

③ Schneide die Lungenarterie und die Aorta in Längsrichtung auf. Gehe mit einer Pinzette in eine Taschenklappe und teste, wie reißfest sie ist.
Fertige eine Skizze von einer Taschenklappe an.

Mikroskopische Untersuchung von Arterien und Venen

④ Untersuche unter dem Mikroskop bei etwa 40—100-facher Vergrößerung den Querschnitt durch eine Arterie (gefärbtes Dauerpräparat). Nimm zur Erklärung das Buch zu Hilfe. Betrachte das Verhältnis zwischen dem Durchmesser und der Wanddicke. Fertige eine Zeichnung an und beschrifte sie.
Untersuche zum Vergleich das Dauerpräparat einer Vene. Beschreibe die wesentlichen Unterschiede im Aufbau von Arterie und Vene. Gib eine Erklärung für die Unterschiede.

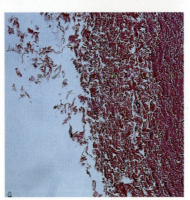

Beobachtung der Lage der Venenklappen

⑤ Binde deinem Nachbarn oder deiner Nachbarin eine Staubinde oder ein Dreieckstuch fest um den Arm und lasse ihn/sie die Faust ballen. Beschreibe deine Beobachtung.

⑥ Danach drücke mit dem Daumen oder dem Zeigefinger nicht zu fest die Venen
a) zum Herzen hin und
b) vom Herzen weg.
Wie kannst du dir den Unterschied erklären? Fertige ein kurzes Untersuchungsprotokoll an.

Untersuchung der Blutkapillaren

⑦ Beobachtung der Kapillarschlingen des Nagelbettes.
Lege Zeige-, Mittel- oder Ringfinger mit gut ausgebildetem „Nagelfalz" (dünne Haut am Grund des Fingernagels) in ein Styroporblöckchen mit einer Rinne für den Finger. Gib zum Glätten der Haut einen Tropfen Zedernöl auf den Nagelfalz. Decke den Bereich vorsichtig mit einem Deckgläschen ab. Beleuchte von oben („Auflicht") mit einer starken Lampe. Untersuche die Blutkapillaren bei unterschiedlichen Vergrößerungen mit der Stereolupe. Beschreibe die Kapillarschlingen und fertige eine Skizze an.

Abhören der Herztöne

⑧ Drücke die Membran eines Stethoskops auf die linke Seite des Brustkorbs (etwa zwischen fünfter und sechster Rippe). Die Kleidung kannst du dabei anbehalten. Was hörst du im Stethoskop? Gib eine Erklärung für die Geräusche.

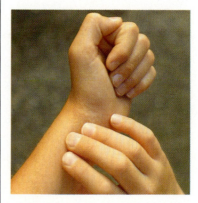

Pulsmessung

⑨ Drücke — wie im Foto dargestellt — mit den drei mittleren Fingern einer Hand auf den Bereich der Speiche der anderen Hand. Hier verläuft ein Abzweig der Armarterie, die Speichenarterie.
Was fühlst du? Versuche deine Beobachtung zu erklären. Denke dabei an die Arbeit des Herzens.

Versuche mit Blut

Versuche mit Blut sind nicht jedermanns Sache. Dabei ist es spannend, sich mit dem „Saft des Lebens" eingehender zu beschäftigen.
Es wird nur Tierblut verwendet, um ein Infektionsrisiko durch menschliches Blut auszuschließen. Das Blut besorgt man sich am besten am ersten Praktikumstag beim Metzger oder im Schlachthof. Tipp: Frage vorher an, ob an diesem Tag Blut zu Verfügung steht. Blut, das nicht sofort benötigt wird, sollte im Kühlschrank aufbewahrt werden. Auch hier ist es aber nur begrenzt lagerfähig. In einigen Versuchen wird „Oxalatblut" verwendet. Man mischt dabei 5 Teile Blut mit 1 Teil 10 %iger Ammoniumoxalatlösung. Dadurch gerinnt das Blut nicht mehr. Für Versuche zur Blutgerinnung braucht man frisches, unbehandeltes Blut. Sollte es nicht möglich sein, dieses unmittelbar vor Praktikumsbeginn zu besorgen, kann man sich mit Oxalatblut behelfen, das man mit Calciumchlorid wieder gerinnungsfähig macht.

Zusammensetzung des Blutes
Benötigtes Material:
Oxalatblut, Standzylinder, Mikroskop, Objektträger, Deckglas

① Gib etwa 100 ml Oxalatblut in einen Standzylinder. Beobachte und protokolliere gleich nach Versuchsbeginn und dann noch einmal nach etwa 24 Stunden.

② Gib einen Tropfen Oxalatblut auf einen Objektträger, verstreiche den Blutstropfen mit einem weiteren Objektträger, lege ein Deckglas auf und mikroskopiere zuerst bei 100-facher, dann bei 400-facher Vergrößerung. Zeichne und beschreibe die Form der roten Blutzellen.

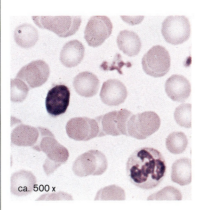

ca. 500 ×

③ Untersuche unter dem Mikroskop bei etwa 100–400 × Vergrößerung einen gefärbten Blutausstrich (Dauerpräparat). Zeichne verschiedene Blutzellen.

Blutgerinnung
Benötigtes Material:
Frisches, unbehandeltes Blut, Standzylinder, Holzstäbe

④ Schütte ca. 100 ml frisches, unbehandeltes Blut in einen Standzylinder und lasse es 24 Stunden stehen. Welches Ergebnis zeigt sich?

⑤ Rühre 100 ml frisches Blut mit einem rauhen Holzstab etwa 10 Minuten kräftig durch. Beschreibe danach das Aussehen des Holzstabes. Vergleiche das Blut im Standzylinder nach 24 Stunden mit dem aus Versuch 1.

Gastransport
Benötigtes Material:
Oxalatblut, Sauerstoffflasche, Kohlenstoffdioxidflasche, 2 Standzylinder, Glasrohre

⑥ Leite durch einen Standzylinder mit Oxalatblut einige Zeit Sauerstoff, durch einen anderen Kohlenstoffdioxid. Die Versuchsanordnung hierzu kannst du der Skizze entnehmen. Beobachte und beschreibe die Farbveränderungen.

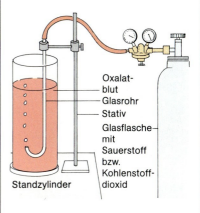

⑦ Leite danach durch das mit Sauerstoff angereicherte Blut Kohlenstoffdioxid und umgekehrt. Beobachte und protokolliere.

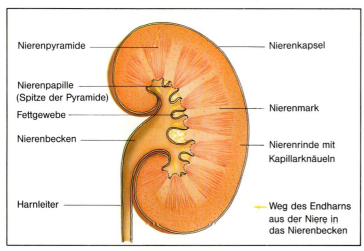

1 Bau der Niere

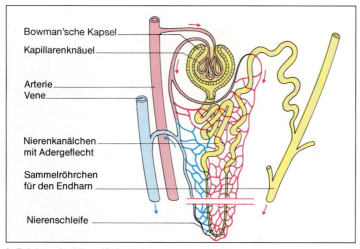

2 Feinbau der Niere (Schema)

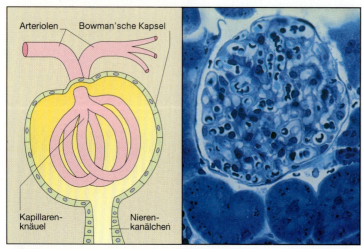

3 Nierenkörperchen (Schema und Mikroaufnahme)

Die Niere — Millionen kleinster Blutfilter

Oft sieht man an heißen Sommertagen Motorradfahrer, den Oberkörper nur mit einem T-Shirt bekleidet. Ihnen ist anscheinend nicht bewusst, dass sie ohne Schutzkleidung die neben der Lunge wichtigsten Ausscheidungsorgane, die *Nieren,* auf Dauer und irreparabel schädigen können. Die Nieren sind temperatur- und druckempfindlich.

Die zwischen 120 und 200 g wiegenden, paarigen Organe liegen beiderseits der Wirbelsäule an der hinteren Wand der Bauchhöhle und berühren fast das Zwerchfell. Die *Nierenkapsel,* eine derbe Haut aus Bindegewebe, schützt die Nieren und grenzt sie gegen die anderen Organe in der Bauchhöhle ab.

Das Nierengewebe besteht aus zwei Schichten: Der *Mark-* und der *Rindenschicht.* Die Markschicht hat die Form abgerundeter Kegel, die sogenannte *Nierenpyramide.* Deren Spitze mündet in das *Nierenbecken,* das über den Harnleiter mit der Harnblase verbunden ist. Die Rindenschicht umgibt die Pyramidenbasis, sodass Mark und Rinde stark ineinander verzahnt erscheinen. Schon mit der Lupe sind in der Rinde winzige rote Pünktchen festzustellen. Unter dem Mikroskop erkennt man, dass es Knäuel aus Kapillaren sind, die von einer Hülle aus Bindegewebe, der *Bowman'schen Kapsel,* umgeben sind. Kapillarenknäuel und Bowman'sche Kapsel bilden zusammen ein 200–300 µm großes *Nierenkörperchen.*

Feinbau der Niere

Von jeder Bowman'schen Kapsel führt ein Nierenkanälchen ins Mark. Mehrere Nierenkanälchen münden in ein *Sammelröhrchen.* Mehrere davon vereinigen sich zu einem größeren ableitenden Kanal, der zu den Pyramidenspitzen zieht und dort in das Nierenbecken ausmündet.

Nierenkörperchen und Nierenkanälchen bilden eine funktionelle Einheit, das *Nephron.* Es gibt davon ungefähr 1 Million pro Niere; alle Nierenkanälchen zusammen sind etwa 10 km lang.

Aufgabe

① Schneide eine Schweineniere der Länge nach durch. Zeichne den Längsschnitt in dein Heft und beschrifte.

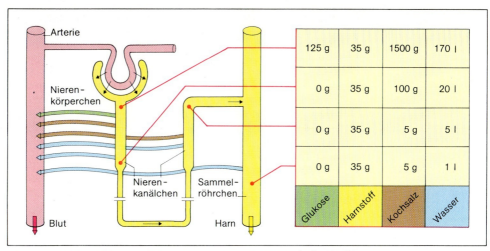

1 Schema der Harnbildung und Zusammensetzung der Harnzwischenstufen

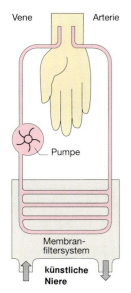

künstliche Niere

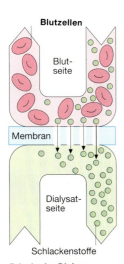

Prinzip der Dialyse

Die Harnbildung

Die Nieren sind Hochleistungsorgane. Etwa 300-mal pro Tag durchströmt die gesamte Blutmenge die Nieren, also ca. 1500 Liter.

Das Produkt der Nierentätigkeit ist der *Harn*, dessen Bildung in den Nierenkörperchen beginnt. Da die abführenden Gefäße der Kapillarenknäuel enger sind als die zuführenden, staut sich das Blut. Dadurch erhöht sich der Druck in den Kapillarenknäueln und lösliche Blutbestandteile werden zwischen den Zellen der Kapillarwand hindurch in die Bowman'sche Kapsel gepresst. Das dabei entstehende Filtrat nennt man *Primärharn*. Blutzellen oder sehr große Moleküle wie Bluteiweiße können die Kapillarwand nicht passieren.

In den Nieren werden pro Tag ca. 170 Liter Primärharn gebildet. Er enthält viel Wasser, gelöste Salze und Traubenzucker. Auf dem Weg durch die Nierenkanälchen und Sammelröhrchen wird aus dem Primärharn ein Großteil des Wassers und der Salze sowie der gesamte Traubenzucker zurückgewonnen *(Resorption)*.

Nur noch etwa 1–1,5 Liter Endharn gelangt in die Harnblase und wird als *Urin* ausgeschieden. Dieser enthält vor allem *Wasser* und *Harnstoff*, aber nur wenig *Harnsäure*.

Somit regulieren die Nieren nicht nur den Wasser- und Salzhaushalt des Körpers, sondern sind auch für die Reinigung des Blutes von giftigen Stoffwechselprodukten verantwortlich. Außerdem spielen sie eine wichtige Rolle bei der Rückgewinnung des Traubenzuckers (s. auch S. 246).

Dialyse

Die Zahl der Menschen, deren Nieren nur noch eingeschränkt oder gar nicht mehr arbeiten, ist erschreckend hoch. Bereits 1945 wurde in den USA für diese chronisch Nierenkranken eine Apparatur entwickelt, die es ermöglicht, die durch die mangelnde Nierentätigkeit zurückgebliebenen Schadstoffe aus dem Blut der Patienten herauszufiltrieren. Während dieser mehrmals wöchentlich notwendigen Blutwäsche *(Dialyse)* wird innerhalb von 8–10 Stunden die gesamte Blutmenge mehrmals durch das Filtersystem der Dialyse geleitet, von Schlackenstoffen befreit und dem Organismus wieder zugeführt.

Obwohl seit 1945 das Dialyseverfahren ständig verbessert wurde, sind die Patienten großen physischen Belastungen und — nicht zuletzt wegen der Abhängigkeit von einer Maschine — auch psychischen Belastungen ausgesetzt.

Aufgaben

① Beschreibe die Vorgänge der Resorption zwischen den vier in der Abbildung 1 markierten Stellen.

② Erkläre die Arbeitsweise der künstlichen Niere anhand der Randspaltengrafik auf dieser Seite.

③ Neben den Nieren haben auch Lunge (S. 174) und Haut (S. 236) Ausscheidungsfunktion. Fertige eine Tabelle an, in der du den genannten Organen diese Funktionen zuordnest.

48,8 %	Herz- und Kreislauferkrankungen
22,0 %	Krebs
11,0 %	verschiedene Ursachen
7,5 %	Erkrankungen der Atmungsorgane
5,4 %	Nicht natürliche Todesursachen
5,3 %	Erkrankungen des Verdauungssystems

Todesursachen in der Bundesrepublik Deutschland 1990

Risikofaktoren für Herz und Kreislaufsystem

Während noch zu Beginn unseres Jahrhunderts die Menschen in erster Linie an den verschiedensten Infektionskrankheiten starben, sind heute Herz-Kreislauferkrankungen zur Todesursache Nummer 1 geworden.

Mit zunehmender Industrialisierung eines Landes steigt dort auch die Zahl der Herz-Kreislauferkrankungen. Dies könnte Zufall sein oder aber einen ursächlichen Zusammenhang haben. Wie man heute weiß, entstehen Herz-Kreislauferkrankungen durch Bewegungsmangel, anhaltenden Stress im Beruf und im Privatleben, Fehlernährung, Fettleibigkeit, Rauchen, Schadstoffbelastung und Bluthochdruck. Diese Ursachen sind als sogenannte *Risikofaktoren* für Herz-Kreislauferkrankungen bekannt.

Ein wesentlicher Risikofaktor ist zum Beispiel gegeben, wenn das Körpergewicht zwischen dem 16. und 20. Lebensjahr auffällig über das Normalgewicht hinaus zunimmt. Sind erst einmal Fettgewebszellen in größerem Umfang vorhanden, lassen sie sich durch eine Diät zwar leeren, aber oft nur schwer wieder zurückbilden.

Ein weiterer Faktor, den man selbst beeinflussen kann, besteht in der Bewegungsarmut, die für die Menschen der modernen Industriegesellschaft vielfach kennzeichnend geworden sind. Herz und Kreislauf werden kaum noch durch Anstrengungen belastet und trainiert, während die Energiezufuhr durch kohlenhydrathaltige Nahrung sogar noch zugenommen hat.

Auch das Rauchen muss als einer der wichtigsten Risikofaktoren angesehen werden, da Nikotin als starkes Kreislaufgift ein Zusammenziehen der Adern bewirkt und damit ebenso wie Koffein und kochsalzreiche Nahrung zu Bluthochdruck führt.

Bluthochdruck — eine häufige Krankheit

Der Blutdruck ist von der augenblicklichen körperlichen Belastung, von der seelischen Anspannung und ganz allgemein vom Gesundheitszustand abhängig. Wenn der Blutdruck kurzzeitig erhöht ist — z. B. durch Anstrengung oder Aufregung — ist dies nicht weiter schlimm.

Ein dauernd hoher Blutdruck ist jedoch gefährlich, auch wenn man es nicht merkt. Bluthochdruck schädigt die Adern und begünstigt die Entstehung weiterer Krankheiten des Herz-Kreislaufsystems.

Arteriosklerose — eine Volkskrankheit

Bereits im Alter von 20 Jahren beginnen bei manchen Menschen erste Veränderungen in den Blutgefäßen, die auf Arteriosklerose hindeuten. Arteriosklerose entsteht durch Ablagerungen von Cholesterin-Fetten und anderen Stoffen an Arterienwänden. Dadurch werden die Arterien unelastisch und immer enger. Durch verengte Arterien kann das Blut nicht mehr ungehindert fließen; die Sauerstoffversorgung der Organe wird behindert.

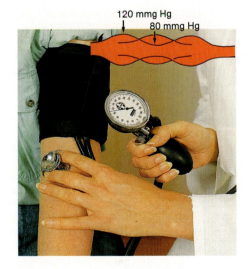

120 mmg Hg
80 mmg Hg

Messen des Blutdrucks

Als Blutdruck bezeichnet man den Druck, den der Blutstrom auf die Arterienwände ausübt. Mit einem Blutdruckmessgerät kann man ihn messen. Dazu wird um den Oberarm eine Gummimanschette gelegt und aufgeblasen. Der Arm sollte sich etwa in Höhe des Herzens befinden. Der darin herrschende Druck wird von einem Druckmesser angezeigt. Die Oberarmarterie wird dabei abgedrückt, sodass kein Blut mehr hindurchfließen kann und somit auch der Puls nicht mehr spürbar bzw. im Stethoskop hörbar ist. Nun wird aus der Armmanschette langsam die Luft herausgelassen. Der Druck auf die Arterie wird dadurch vermindert und das Blut kann wieder fließen. Auf dem Druckmesser kann nun abgelesen werden, wann der Puls im Stethoskop zu hören ist und wann das Geräusch wieder verschwindet. Das ist der obere und der untere Wert für den Blutdruck. Der erste Wert gibt den Blutdruck beim Zusammenziehen der Herzkammern an. Er wird auch systolischer Druck genannt. Aufgrund der Elastizität der Arterien steht das Blut auch dann unter Druck, wenn das Herz erschlafft ist. Der zweite gemessene Wert heißt diastolischer Druck. Die Höhe des Blutdrucks ist alters- und situationsabhängig. Bei einem ruhenden 20-jährigen Mann betragen die Werte 120 und 80 mm Hg (sprich: Millimeter Quecksilbersäule).

Herzinfarkt muss nicht sein

Besonders schlimme Auswirkungen hat es, wenn ein Herzkranzgefäß so eng und unelastisch geworden ist, dass schon kleine Blutklümpchen zum Aderverschluss führen können. Ein Teil der Herzmuskulatur wird dann nicht mehr mit Sauerstoff und Nährstoffen versorgt. Der Herzmuskel arbeitet nicht mehr, ein *Herzinfarkt* ist die Folge.

Ein Infarkt kündigt sich durch Herzstechen und Schmerzen, die in den linken Arm ausstrahlen, an. Beides deutet auf eine schlechte Durchblutung der Herzmuskulatur hin. Leider werden diese Vorboten oft ignoriert. Nimmt man diese Warnungen des Körpers ernst und lässt sich vom Arzt untersuchen, so kann dieser mit Hilfe eines *Elektrokardiogramms* (EKG) das Herz auf seine Funktionstüchtigkeit untersuchen.
Bei drohendem Infarkt wird heute z. B. eine *Bypass-Operation* durchgeführt. Dabei umgeht man das verengte Herzkranzgefäß mit einem Stück Vene, das man aus einem Bein entnimmt.

Eine gesunde Lebensweise ist die beste *Vorsorge* und vermindert drastisch das Risiko eines Herzinfarkts: Nicht rauchen und wenig tierische Fette zu sich nehmen, um der Arteriosklerose vorzubeugen; wenig Kaffee trinken, salzarm essen, sich regelmäßig bewegen (Sport treiben) und lange andauernde Stressbelastungen vermeiden; sein Gewicht kontrollieren, denn Übergewicht steigert den Blutdruck.

Elektrokardiogramm
(*elektron*, gr. = Bernstein, dieser lädt sich beim Reiben elektrisch auf;
kardia, gr. = Herz;
graphein, gr. = schreiben)

Endoskopie
(*endo*, als Vorsilbe, gr. = innen, innerhalb;
skopein, gr. = schauen)

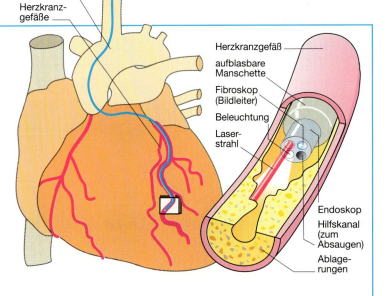

Entstehung eines Herzinfarktes

Blut fließt ungehindert durch die Herzkranzarterie

Ablagerungen behindern den Blutfluss

Ein Blutpfropfen verschließt die Herzkranzarterie, dadurch kann ein Teil des Herzens nicht mehr durchblutet werden.

Fortschritte der Medizin

Es gibt heute die Möglichkeit, mit Hilfe der *Endoskopie* von einer Armarterie aus bis in die Herzkranzgefäße vorzustoßen und im Bereich der Ablagerungen einen Ballon zu füllen, der die Ader weitet.

Neueste Techniken der Endoskopie erlauben sogar, die Ablagerungen mit Hilfe eines Laserstrahls zu schmelzen und abzusaugen (vgl. Abbildung).

Wie die Bypass-Operation so wurde auch das Einsetzen eines *Herzschrittmachers* zu einer Routineoperation. Der Schrittmacher liefert bei krankhaft unregelmäßigem Herzschlag immer zum richtigen Zeitpunkt die elektrischen Reize, die den Herzmuskel veranlassen, sich zusammenzuziehen.

1 Bewegungsablauf beim Stufentest

So bleiben Kreislauf- und Atmungsorgane gesund

Der Kreislauf wird belastet

Das Herz schlägt am Tag 100 000-mal, um ständig Blut durch den Kreislauf zu pumpen. Bei großen Anstrengungen wird mehr Energie im Körper benötigt. Deshalb müssen auch mehr Sauerstoff und mehr Nährstoffe transportiert werden. Das Herz pumpt daher eine größere Menge Blut durch die Adern. Bei einem Nichttrainierten schlägt das Herz bei Belastung spürbar schneller. Ein trainiertes Herz befördert mit jedem Herzschlag mehr Blut in den Kreislauf als ein untrainiertes. Es muss daher weniger oft schlagen. Durchtrainierte Sportler haben deshalb einen niedrigen Ruhepuls. Bei einem Ausdauersportler sind dies oft weniger als 50 Schläge in der Minute.

Aufgaben

① Fühle deinen Pulsschlag am Innern deines Handgelenks (s. S. 186). Zähle die Schläge 15 Sekunden lang. Nimm die Zahl mit 4 mal. Du weißt jetzt, wie oft dein Herz in einer Minute schlägt.

② Teste deine Fitness: Besorge einen stabilen Holzkasten von etwa 20 cm Höhe. Übe vor Testbeginn erst den Ablauf ein: Stelle dich vor den Kasten. Steige zuerst mit dem rechten Bein auf den Kasten, dann mit dem linken. Setze nun das rechte Bein auf den Boden, dann das linke. Für eine Übung (auf-auf-ab-ab) braucht man etwa 2,5 Sekunden. Eine Mitschülerin oder ein Mitschüler stoppt die Zeit für dich. Führe die Übung nun 3 Minuten lang durch. Setze dich danach hin und ruhe dich genau 30 Sekunden lang aus. Bestimme nun deinen Pulsschlag pro Minute.

Ergebnis:

Note	Junge	Mädchen
Sehr gut	68—72	78—84
Gut	74—80	86—88
Durchschnitt	82—84	90—92
Befriedigend	86—94	94—104
Schlecht	96—118	106—132

Der Puls in Ruhe
Zahl der Herzschläge in 1 Minute:

Neuge-
borene ..... 130—140
10-jährige 90
14-jährige 85
Erwachsene 70
alte Menschen .60—70

meine Herzschläge
in 15 Sekunden:.....??
in   1 Minute:.......??

Der Puls nach körperlicher Belastung
(miss den Puls unmittelbar nach deinen Übungen 15 Sekunden lang).
Zahl der Herzschläge in 1 Minute:

Sprint 100 m ......??
Schwimmen 50 m ..??
Gummitwist
nach 7 Minuten ....??
15 Kniebeugen.....??

2 Schwimmen trainiert Herz und Kreislauf

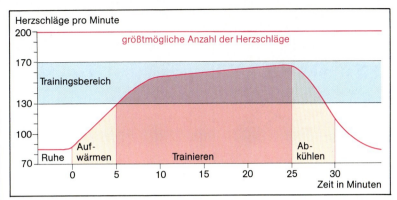

Richtig trainieren

Die Trainingsstärke

Man muss wissen, wie viel man sich zumuten darf. Wer sich zu wenig anstrengt, erzielt kaum eine Trainingswirkung. Bei Überanstrengung wird man zu schnell müde und muss vorzeitig aufgeben. Beim Training soll der Pulsschlag bei 65–85 % des größtmöglichen Pulses liegen. Der größtmögliche Puls beträgt 220 minus Lebensalter, liegt also bei bis Zwanzigjährigen bei 200. Der Trainingsbereich liegt demnach zwischen 130 und 170. (Bei älteren Menschen kann das Herz nicht mehr so schnell schlagen. Deshalb lautet eine allgemeine Regel für die Obergrenze des Trainingspulses: 180 minus Lebensalter.)

Ein Training nahe an der Obergrenze ist am wirkungsvollsten.

Ein ideales Training muss mindestens 10 Minuten, besser 20 Minuten durchgehalten werden und soll mindestens dreimal pro Woche erfolgen.
Du kannst Skelettmuskeln, Herz, Kreislauf und Lunge trainieren. Geeignet sind alle Übungen, die möglichst große Muskelgruppen beanspruchen, wie z. B. Ballspiele, Gymnastik, Radfahren und Schwimmen.

Der Profi macht es vor

Bei Fußballspielen hast du sicher schon gesehen, wie sich die Reservespieler, bevor sie eingewechselt wurden, am Spielfeldrand „warm liefen" und verschiedene Dehn- und Lockerungsübungen durchführten. Bei solchen Übungen erwärmt sich die Muskulatur um ca. 2 °C.

Erst wenn Muskeln und Sehnen so auf Belastungen vorbereitet sind, sind sie in der Lage, auf plötzliche, ruckartige Bewegungen zu reagieren. Nur so sind Zerrungen und Muskelfaserrisse zu vermeiden und die Verletzungsgefahr kann gesenkt werden.

Tipp: Beginne jedes Training mit folgenden Übungen und beachte die Reihenfolge:
aufwärmen, lockern, dehnen — und erst dann belasten.

Aufwärmen

Durch einen Dauerlauf um den Häuserblock bringst du deinen Kreislauf in Schwung. Gleichzeitig erreichst du die notwendige „Betriebstemperatur" und verbesserst die Dehnfähigkeit deiner Muskeln.

Lockern

Um die Muskulatur zu lockern und zu entlasten, werden Arme und Beine „ausgeschüttelt". Durch Schwingen der Arme aus einer leichten Schrittstellung kannst du Schultergürtel, Rumpfmuskulatur und Beine lockern. Die Bewegungen werden durch Federn in den Knien unterstützt. Behalte beim Aufrichten eine spürbare Hüftstreckung einige Sekunden bei. Lockerungsübungen sind nicht nur vor dem eigentlichen Training sinnvoll, sondern auch zur Entspannung zwischendurch.

Dehnen

Beim Dehnen werden bestimmte Muskelgruppen gezielt entspannt. Auf dem Rücken liegend kannst du die *Beinmuskulatur* dehnen. Fasse den Fuß des gestreckten Beines und ziehe das Bein in Richtung Kopf. Die Dehnung der *Leiste* erreichst du mit einem Ausfallschritt nach vorne. Das hintere Bein bleibt gestreckt, der Körper wird aufrecht gehalten. Verlagere dein Gewicht nur langsam nach vorne.

Ausdauer trainieren

Beim Ausdauertraining werden dein Herzkreislaufsystem, dein Stoffwechsel, dein Atmungssystem und deine Durchblutung angeregt. Eine beliebte Übungsform ist der Dauerlauf oder das Joggen, bei dem viele Muskeln beansprucht werden. Wichtig ist dabei in erster Linie die Ausdauer und nicht die Geschwindigkeit.

Entspannen

Die Entspannung schließt dein Training ab. Dazu gehören Lockerungsübungen und einfach eine Ruhepause. Behalte die im Übungsprogramm vorgeschlagenen Positionen etwa 10 Sekunden lang bei.

Praktikum

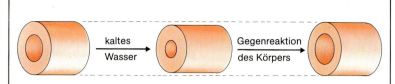

| Blutgefäß im warmen Körper | Verengung der Blutgefäße
– Blässe
– Kältegefühl
– „Gänsehaut" | Erweiterung der Blutgefäße
– kräftige Muskeldurchblutung
– Wärmegefühl
– Kreislauf angeregt |

Kreislauftraining einmal anders

Der Pfarrer SEBASTIAN KNEIPP (1821–1897) hat die heilsame Wirkung von kaltem Wasser auf den menschlichen Körper erkannt und bestimmte Regeln für die Anwendung entwickelt. Bei einer Kaltwasseranwendung nach KNEIPP ziehen sich die Blutgefäße zunächst zusammen, denn kaltes Wasser nimmt rasch Wärme von der Haut auf und kühlt sie dadurch ab. Dies setzt eine Gegenreaktion des Körpers in Gang, die wiederum zu einer Erweiterung der Blutgefäße führt. Die Haut wird gut durchblutet und rötet sich. Nach einer Kneipp-Anwendung fühlt man sich wohlig warm und entspannt.

Vor einer Kaltwasseranwendung muss der Körper zunächst warm sein. Dies kann durch einen Spaziergang, durch vorheriges warmes Duschen oder durch Abfrottieren erreicht werden. Spätestens 10 Minuten nach der Anwendung muss der Körper wieder völlig erwärmt sein.

Erst regelmäßige Kneipp-Anwendungen haben Trainingswirkung und stärken die Abwehrkraft. Sie wirken auf Körper und Seele. Man kann sie deshalb als Ganzheitsbehandlung bezeichnen.

Wassertreten

Wassertreten erfrischt am Tag und beruhigt am Abend! Seine Wirkungen sind vielseitig: Es härtet ab gegen Infektionen und hilft bei ständig kalten Füßen, bei Krampfadern, bei Wetterfühligkeit und bei Kopfschmerzen. Auch gegen vermehrten Fußschweiß ist es ein bewährtes Mittel. Wassertreten regt ganz allgemein den Stoffwechsel an und wirkt positiv auf das seelische Wohlbefinden. Während der Regelblutung, bei Harnwegserkrankungen sowie bei Frösteln und Frieren ist Wassertreten allerdings nicht erlaubt. Wassertreten kann man in einem großen Eimer, in einem Wassertretbecken oder auch in einem seichten Bach. Das Wasser soll bis handbreit unter die Knie reichen und möglichst nicht wärmer als 18 °C sein. Wichtig ist, dass vor der Anwendung die Füße warm sind. Und so wird's gemacht:

- Bei jedem Schritt ein Bein ganz aus dem Wasser herausheben (Storchengang),
- aufhören, wenn sich ein deutliches Kältegefühl einstellt,
- Wasser mit der Hand abstreifen, nicht abtrocknen, Strümpfe und Schuhe anziehen,
- umhergehen, bis die Füße angenehm warm werden.

Kalte Güsse

Knie- und Schenkelguss helfen bei ständig kalten Füßen und bei Krampfadern. Während der Regelblutung sollen sie jedoch nicht angewendet werden. Kalte Güsse am Oberkörper wirken auf Atmungs- und Kreislauforgane. Der kalte Gesichtsguss wird auch Schönheitsguss genannt. Die Haut wird straff, frisch und rosig.

Durchführung eines Gusses:

Wichtig ist, dass das Wasser in einem breiten „Wassermantel" den betreffenden Körperteil umfließt. Man kann dazu z. B. das Wasser direkt aus einem Schlauch fließen lassen. Auch eine Gießkanne ohne Brauseaufsatz erfüllt den Zweck. Man sollte den Guss immer von außen zur Körpermitte hin führen.

Beispiel: Kalter Armguss

Man führt den Wasserstrahl von der rechten äußeren Handfläche bis zur Schulter. Dort hält man 5 Sekunden inne. Sobald sich ein deutliches Kältegefühl einstellt, führt man den Schlauch an der Innenseite des Armes wieder nach unten. Danach kommt der linke Arm an die Reihe. Nach dem Guss wird das Wasser nur mit den Händen abgestreift. Anschließende Bewegung sorgt für Wiedererwärmung.

Entspannung

Für den „gestressten" Alltagsmenschen gibt es verschiedene Entspannungstechniken. Wenn sie zum gewünschten Erfolg — nämlich einer tiefen Entspannung — führen sollen, müssen sie allerdings regelmäßig trainiert werden.

1. Entspannung durch bewusstes Atmen

Tiefes Einatmen bewirkt zunächst eine Anspannung der Atemmuskulatur. Beim anschließenden Ausatmen wird diese einfach wieder „losgelassen". Dabei entspannt sich nicht nur die Atemmuskulatur. Das Gefühl der Entspannung erfasst den ganzen Körper. Der Blutdruck sinkt und man wird gelassen und ruhig.

Das Bauchatmen

Bauchatmen entspannt und ist leicht zu erlernen: Lege die rechte Hand auf die Brust, die linke in Höhe des Zwerchfelles, direkt unter das Brustbein. Atme tief durch die Nase ein und dann langsam durch den Mund aus. Entspanne den Bauch dabei ganz. Achte darauf, dass sich die Hand auf dem Zwerchfell beim Einatmen hebt und beim Ausatmen senkt. Die Hand auf der Brust sollte sich kaum bewegen.

Die 4-6-8-Methode

Vorbereitung:
— Setze dich bequem auf einen Stuhl mit Rücklehne;
— Stelle die Füße flach auf den Boden;
— Lege die Hände auf den Bauch (unterhalb des Bauchnabels), sodass sich die Mittelfinger berühren;
— Prüfe, ob dich nichts mehr stört;
— Du merkst deinen Atem in der Nase.

Die 3 Phasen:
a) Atme jetzt tief durch die Nase ein, zuerst „in den Bauch". Der Bauch wölbt sich nach außen, die Mittelfinger weichen dabei auseinander. Stell dir vor, dass sich der Bauch wie ein Luftballon mit Luft füllt. Atme dann in den Brustraum ein. Die Brust hebt sich. Zähle beim Einatmen langsam bis vier.
b) Halte dann den Atem an. Zähle dabei von eins bis sechs.
c) Ausatmen: Lege die rechte Hand auf den Bauchnabel, die linke schräg auf die rechte. Während du bis acht zählst, bei offenem Mund ausatmen. Lass zuerst die Luft aus dem Bauchraum heraus. Drücke dazu die Bauchdecke vorsichtig nach innen. Lass dann die Luft vollständig auch aus dem Brustraum heraus. Der Unterkiefer kann dabei locker herunterhängen.

Wiederhole diese Übung fünfmal und entspanne anschließend das Gesicht. Lass dazu den Kopf auf die Brust sinken und atme dabei aus. Die Gesichtsmuskeln ganz locker lassen, weiteratmen und die Ruhe fühlen.

2. Muskelentspannung

Bei einer Muskelentspannung werden viele Muskeln nacheinander zuerst angespannt und dann wieder entspannt. Durch diesen Wechsel wird die Entspannung bewusst erlebt.

Lege dich auf den Boden, am besten auf eine Wolldecke. Räkele und strecke dich nach Lust und Laune. Atme ein paarmal tief ein und aus. Deine Augen fallen von alleine zu.
Balle jetzt einmal eine Hand zur Faust. Stell dir vor, du hast ein feuchtes Schwämmchen in der Hand, das du allmählich immer fester ausdrückst: Ganz fest zusammenpressen, bis auf den letzten Wassertropfen! Die Spannung halten und dabei bis sieben zählen. Jetzt das Schwämmchen sofort loslassen. Die Hand ganz locker machen. Spürst du die Entspannung? Beginne jetzt mit den Muskeln am rechten Fuß. Mache so der Reihe nach alle Muskeln durch: Unterschenkel, Oberschenkel, Gesäß, Bauch, Rücken, Schulter, Arme, Hände und Gesicht. Die Muskeln immer zuerst anspannen, Spannung halten und schlagartig wieder loslassen!

3. Die Reise durch den Körper

Lege dich auf den Rücken, schließe die Augen und atme tief ein und aus. Beobachte, wie sich Bauch und Brust heben und senken. Versuche nicht, den Atem zu kontrollieren. Lass deinen Atem einfach kommen und gehen. Lenke jetzt beim Einatmen deine Gedanken zur Stirn. Versuche beim Ausatmen, diesen Bereich ganz zu entspannen. Stelle dir dabei vor, wie der ausströmende Atem die Spannung aus der Stirn mitnimmt. Die „Reise" geht nacheinander weiter zu den Schläfen, den Augen, den Wangen und zu Mund, Kinn und Nacken. Fühle beim Einatmen die entsprechenden Muskeln und stelle dir beim Ausatmen vor, wie die Verspannung einfach wegschmilzt. Über Brust und Bauch geht die Reise weiter zum Rücken und zu den Beinen und Füßen.
Lass dir bei jedem Körperteil immer so lange Zeit, bis du fühlst, wie die Anspannung weicht.

1 Trainierte Bodybuilder

2 Trainierte Marathonläuferin

4 Muskeln und Skelett — Grundlagen der Bewegung

Die Bewegung ist ein komplizierter Vorgang, an dem viele Organe beteiligt sind. Das Gehirn übernimmt die Steuerung der Bewegung. Es verarbeitet Daten, die von Sinnesorganen wie dem Auge und dem Gleichgewichtssinnesorgan im Innenohr kommen, und speichert vielfältige Informationen. Dadurch können wir auch schwierige Bewegungen erlernen und flüssig ausführen. Ausführende Organe sind das Skelett, das durch Gelenke beweglich ist, und die Skelettmuskulatur. Diese wird durch Impulse des Nervensystems aktiviert.

Aufbau des Muskels

Kai macht seit einigen Monaten in einem Fitnesscenter Bodybuilding. Anfangs war es ja eine ziemliche Quälerei, jetzt macht es ihm jedoch Spaß. Der Muskelzuwachs ist bereits deutlich erkennbar. Kai weiß inzwischen, wie es dazu kommt und wie man ihn fördern kann. Er ist sich aber auch der Probleme des Bodybuildings bewusst.

Muskeln sind durch Sehnen am Skelett befestigt. Sehnen bestehen wie die Bänder aus straffem Bindegewebe. Sie sind auf der einen Seite mit dem Knochen, auf der anderen Seite mit dem Muskelgewebe verwachsen. Die kleinsten selbständigen Einheiten sind die Muskelfasern. Ihre Länge beträgt maximal 12 cm, ihr Durchmesser 20—100 µm. Sie sind spezialisierte Zellen, die einige hundert Zellkerne besitzen. Ihr Inneres ist ausgefüllt mit Muskelfibrillen aus Eiweiß. Sie sind für die Muskelkontraktion verantwortlich. Ein Netz von Blutkapillaren umgibt die Muskelfasern. Dies zeigt, wie intensiv ihr Stoffwechsel ist.

Baustoffwechsel im Muskel

Durch das Muskeltraining nimmt die Anzahl der Fibrillen in den Muskelfasern zu. Die Muskelfasern selbst können sich nicht mehr teilen! Durch Vermehrung der Fibrillen wird die einzelne Faser dicker und damit auch der Muskel. Die Fibrillen bestehen aus Eiweiß. Daher muss man für den Muskelzuwachs mehr Eiweiß aufnehmen. Zusätzlich muss der Muskel möglichst oft und kräftig zusammengezogen werden. Hierdurch wird der Baustoffwechsel angeregt. Dabei helfen auch männliche Sexualhormone mit, die Testosterone. Frauen besitzen sie in geringerer Menge als Männer. Daher können sie nur eine geringere Muskelmasse aufbauen. Der Anreiz für Kraftsportler und Bodybuilder ist groß, durch Einnahme von Anabolika den Muskelzuwachs zu fördern. Dieses Muskeldoping ist nicht nur verboten, sondern es schädigt auch die Leber. Diese muss die Hormone wieder abbauen.

Aufbau des Muskels

Muskel
↓
Muskelfaserbündel
↓
Muskelfasern
↓
Muskelfibrillen

Anabolika
testosteronähnliche Substanzen, die den Muskelzuwachs fördern (Muskeldoping, s. S. 283)

Aufgabe

① Was geschieht im Muskel beim Bodybuilding? Warum ist „Muskeldoping" abzulehnen (vgl. auch S. 283).

Energiewechsel im Muskel

Etwa 40 % unserer Körpermasse besteht aus Skelettmuskulatur. Wichtigster Betriebsstoff ist die Glukose. In der Muskulatur ist sie in Form von Glykogen gespeichert, ebenso in der Leber. Von hier wird sie nachgeliefert, sobald in der Muskulatur Glukose zur Energiegewinnung abgebaut wird. Die Muskulatur ist sozusagen der „Verbraucher" und die Leber der „Lieferant". Über die Nahrungsaufnahme werden ihre Depots wieder aufgefüllt.

Im Muskel gibt es zwei Wege zur Energiegewinnung. Der eine Weg wird als *Milchsäuregärung* bezeichnet. Er herrscht bei Kraftsportlern vor. Die beim Abbau der Glukose entstehende Milchsäure kann der Muskel nicht weiterverwerten. Sie tritt ins Blut über. Ein Teil verbraucht der Herzmuskel zur Energiegewinnung, der Rest wird in der Leber wieder zu Glukose und Glykogen aufgebaut. Die Muskulatur von Kraftsportlern und Bodybuildern entwickelt viel Kraft, sie ist aber nicht ausdauernd.

Der zweite Weg, die *Zellatmung*, liefert ein Mehrfaches an Energie. In den Mitochondrien, den „Kraftwerken" der Zelle, wird die Glukose dabei vollständig abgebaut. Die frei werdende Energie wird zum Aufbau von *Adenosintriphosphat* (ATP) genutzt, das dann als Energieträger für Bewegungsvorgänge zur Verfügung steht. In der Muskulatur von Dauerleistern, z. B. Langstreckenläufern, findet vor allem diese Form der Energiegewinnung statt. Deren Muskulatur ist zwar nicht so kräftig, aber dafür ausdauernd.

Die Energieausbeute durch Abbau der Glukose liegt bei etwa 30 %. Sie ist damit vergleichbar mit einem modernen Kohlekraftwerk. Wie dort entsteht auch im Muskel etwa 70 % Wärmeenergie. Diese „Abwärme" dient zum Teil zur Aufrechterhaltung der Körpertemperatur, zum Teil muss sie nach außen abgegeben werden. Bei starker Muskelarbeit erhöht sich durch die Wärmeproduktion die Körpertemperatur. Die im Stoffwechsel weiter verwertbare Energie speichern die Zellen in Form chemischer Verbindungen.

Aufgabe

① Überlege, wie du am besten den Energiebedarf des Muskels während eines Wettkampfs decken kannst.

Muskelkater wird durch eine leichte Schädigung der Muskelfibrillen hervorgerufen, die schnell wieder zurückgeht (nicht, wie häufig angenommen, durch Anreicherung von Milchsäure in den Muskelfasern).

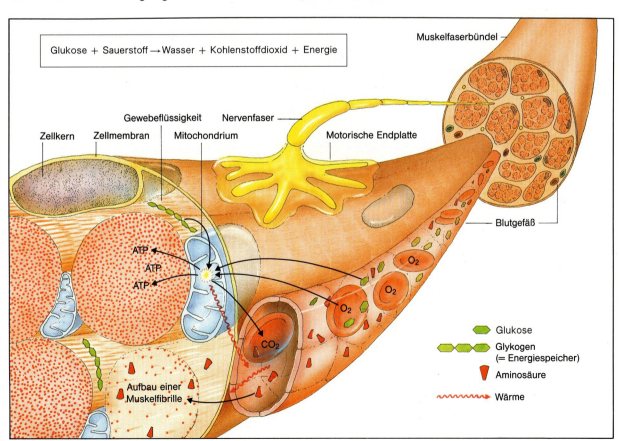

1 Bau- und Energiestoffwechsel in einer Muskelfaser

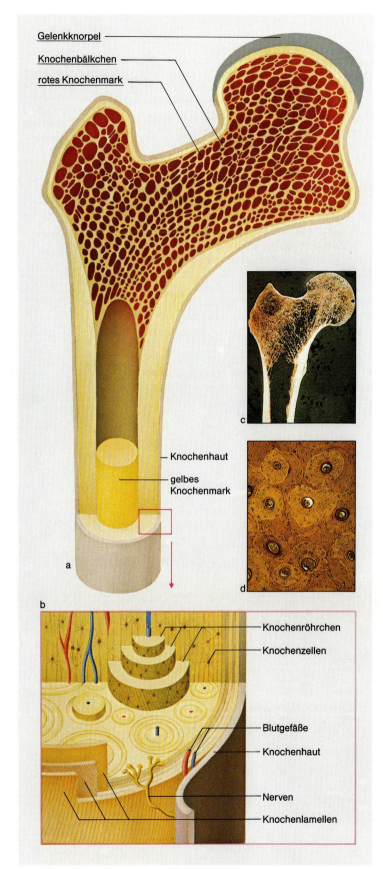

Der Knochenaufbau

Die Knochen lassen sich nach ihrer Form in platte, kurze und lange Knochen unterteilen. Schulterblatt und Brustbein zählen zu den platten, Hand- und Fußwurzelknochen zu den kurzen Knochen. Lange Knochen bezeichnet man als *Röhrenknochen*. Beispiele hierfür sind: Ober- und Unterarmknochen sowie Ober- und Unterschenkelknochen. Lange Knochen gliedern sich in Knochenschaft und Gelenkenden.

Knochen sind keine toten, sondern lebende Gebilde. Mit Ausnahme des Gelenkknorpels und der Ansatzstellen der Sehnen überzieht eine *Knochenhaut* den gesamten Knochen. Sie ist stark durchblutet, reich an Nervenfasern und bildet nach innen die Knochensubstanz. Wird bei einer Verletzung die Knochenhaut abgelöst, verliert der Knochen seine Blutzufuhr und stirbt an dieser Stelle ab.

Die außerordentliche Festigkeit des Knochengewebes beruht auf der besonderen chemischen Zusammensetzung der Knochensubstanz. Sie besteht etwa zu 25% aus organischen und zu 55% aus anorganischen Bestandteilen, der Rest ist Wasser. Die organischen Bestandteile sind: *Knochenzellen* und die von ihnen gebildete *Grundsubstanz*. In diese sind zugfeste, aber nicht elastische *Kollagenfasern* eingelagert. Die anorganische Knochensubstanz besteht aus Stoffen wie Kalziumphosphat und Kalziumkarbonat. Sie sind in die Grundsubstanz eingelassen und härten sie. Zusammen mit den organischen Bestandteilen machen sie den Knochen druckfest und elastisch.

Bei den Röhrenknochen umschließt eine kompakte Knochenschicht die *Markhöhle* des Knochenschaftes. Im Bereich der Gelenke verästelt sie sich in ein System von *Knochenbälkchen*. Die Hohlräume sind mit rotem *Knochenmark* ausgefüllt. Es bildet rote und weiße Blutzellen. Mit fortschreitendem Alter verfettet das rote Knochenmark und wird dadurch gelblich.

Aufgaben

① Wiege ein Knochenstückchen. Glühe es in einem feuerfesten Reagenzglas aus und wiege es erneut. Vergleiche und erkläre.
② Suche in der Technik und Architektur Konstruktionen, die nach dem Röhrenprinzip gebaut sind und deren Anordnung dem Aufbau der Knochenbälkchen ähnlich ist.

Die Gelenke

Viele Knochen unseres Skelettes sind fest mit anderen Knochen verbunden: Hüftbein und Kreuzbein bilden das stabile Becken, die Rippen sind durch Knorpel am Brustbein befestigt, und die Schädelknochen, die bei Neugeborenen noch durch elastisches Bindegewebe beweglich miteinander verbunden sind, greifen beim Erwachsenen an den Schädelnähten ineinander und bilden so eine feste Schädelkapsel.

Die meisten Knochen werden jedoch durch *Gelenke* beweglich miteinander verbunden. Jedes Gelenk besteht aus dem *Gelenkkopf* und der *Gelenkpfanne,* sie sind von *Gelenkknorpel* überzogen. Nach außen schließt die *Gelenkkapsel* das Gelenk ab. Die von der Gelenkkapsel gebildete *Gelenkschmiere* setzt die Reibung herab und ernährt den Gelenkknorpel, der nicht durchblutet ist. An besonders beanspruchten Stellen im Gelenk bildet die Gelenkkapsel Schleimbeutel und Fettpolster.

Als besondere Bildungen kommen in dem äußerst leistungsfähigen und kompliziert gebauten Kniegelenk zwei halbmondförmige Knorpelscheiben vor, die *Menisken*. Weil sie sich jeder Gelenkstellung anpassen können, verleihen sie dem Kniegelenk eine zusätzliche Führung. Zwei *Seitenbänder* und zwei sich im Knie überkreuzende *Kreuzbänder* halten und führen das Gelenk. Die Kniegelenkbänder sind außerordentlich zugfest und könnten etwa 6 Tonnen tragen, ehe sie zerreißen. Die *Kniescheibe* ist ein sog. Sesambein und zwar das größte in unserem Körper. *Sesambeine* sind knöcherne oder knorpelige Bildungen der Sehne, die am Knochen eine günstigere Krafteinwirkung ermöglichen.

Aufgaben

① Finde für alle Gelenke des Armes und der Hand sowie des Beinskelettes durch Probieren heraus, welchem der drei abgebildeten Gelenktypen sie zuzuordnen sind.
② Suche in der Technik nach Konstruktionen, die den drei abgebildeten Gelenktypen entsprechen.
③ Gib durch einen Pfeil die Zugrichtung der Sehne des in Abbildung 1 eingezeichneten Oberschenkelmuskels an. Welche Veränderungen ergäben sich, wenn die Sehne ohne die Kniescheibe am Schienbein ansetzen würde?

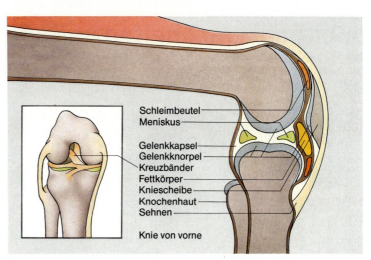

1 Schema des Kniegelenks

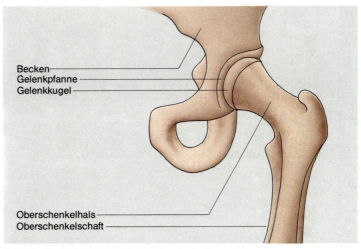

2 Hüftgelenk als Beispiel für ein Kugelgelenk

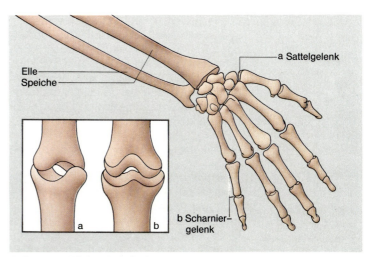

3 Sattel- und Scharniergelenk

Infektionskrankheiten und körpereigene Abwehr

1 Bakterien und Viren — täglicher Ansturm auf den Körper

Jeden Morgen der gleiche Kampf gegen Müdigkeit und Unlust — für viele Schüler aber auch jeden Morgen eine Auseinandersetzung mit gesundheitlichen Belastungen. Das Frühstück wird meistens zu hastig eingenommen und auf dem Schulweg verhindert eine zu schwere Büchertasche eine vernünftige Körperhaltung. Mancher versucht, seine schlechte Laune durch den Griff zur Zigarette aufzubessern, ein anderer nimmt vielleicht eine Tablette, um die Müdigkeit zu vertreiben. Danach stundenlanges Stillsitzen im Klassenraum.

In den engen Schulbussen und -bahnen schließlich eine ganz andere Gefahr: *Infektionskrankheiten* wie Schnupfen oder Grippe können sich hier besonders leicht verbreiten. Sowohl *Bakterien* als auch *Viren* kommen als Krankheitserreger vor. Bakterien (S. 24) werden zusammen mit anderen einzelligen Lebewesen und einfach gebauten Pilzen zu den *Mikroorganismen* gezählt.

Nur wenige der in der Natur vorkommenden Bakterien können für uns Menschen gefährlich werden. Gegen Krankheitserreger hat unser Körper Schutzmechanismen entwickelt. Nur, wenn es ihnen gelingt, massenhaft in den Körper einzudringen und sich dort zu vermehren, kommt es zur Krankheit. Zudem gibt uns die moderne Medizin wertvolle Medikamente an die Hand. Dennoch dürfen wir uns nicht in Sicherheit wiegen, denn zunehmend stellt sich heraus, dass Mikroorganismen gegenüber Medikamenten widerstandsfähig werden können.

Der weitaus größere Anteil der Bakterien spielt im Haushalt der Natur eine ganz erhebliche Rolle. Als Destruenten sorgen sie z. B. dafür, dass organische Stoffe zu Wasser, Kohlenstoffdioxid und Mineralstoffen zersetzt werden. Ohne sie würde das Leben auf der Erde in einem Berg aus natürlichen Abfällen ersticken. Die vielseitigen Fähigkeiten der Bakterien macht sich der Mensch zu Nutze (s. S. 44 u. S. 202).

Stoffe, aus denen Lebewesen bestehen und die von Lebewesen gebildet werden, sind **organische Stoffe**.

Arbeiten mit Bakterien

Wichtige Regeln:

Keine Kulturen anlegen, in denen Darmbakterien vorkommen können; Bakterienkulturen nie bei Körpertemperatur wachsen lassen. Hände peinlichst sauber halten. Beimpfte Kulturschalen mit Klebeband verschließen. Danach Hände desinfizieren und dann gründlich waschen. Nach Abschluss der Untersuchungen die Kulturen durch Erhitzen vernichten (Sterilisieren)!

Sind Bakterien überall?

1. Bakterien in der Luft?

Beimpfe sterile Fertignährböden in Petrischalen, indem du sie 15 Minuten
... im ungelüfteten Klassenzimmer
... im frisch gelüfteten Klassenzimmer
... im Freien
... an einer belebten Straße
geöffnet stehen lässt.

2. Bakterien an Gegenständen?

— Lege ein Geldstück auf den Nährboden!
— Drücke deinen Daumen auf den Nährboden!

3. Bakterien an Insektenbeinen?

— Lass eine Fliege oder einen Käfer über einen Nährboden laufen!

Bebrüte die Nährböden jeweils etwa 3 Tage lang bei 25 °C in einem Wärmeschrank oder lass sie ca. 1 Woche bei Zimmertemperatur stehen.

Protokolliere:

— Ansetzen des Versuchs am ...
— Erste Kolonie erkennbar am ...
— Skizze des Nährbodens mit den Bakterienkolonien
— Anzahl der Kolonien?

Ein Wettlauf um die Welt

Das schnellste Passagierflugzeug der Welt, die Concorde, legt in einer Stunde eine Strecke von 2500 km zurück.

Ein Stäbchenbakterium ist 2 tausendstel Millimeter (0,002 mm) lang. Es teilt sich unter günstigen Bedingungen alle 20 Minuten. Die durch Teilung entstandenen Bakterien legen wir gedanklich zu einer Bakterienkette aneinander. Die Bakterienkette ist nach 20 Minuten 0,004 mm, nach 40 Minuten 0,008 mm und nach 60 Minuten 0,016 mm lang. Stündlich verachtfacht sich somit die Länge der Bakterienkette.

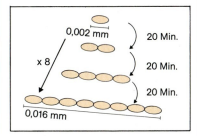

Ermittle mit Hilfe der Tabelle und eines Taschenrechners, wer zuerst den Äquator (40 000 km) umrundet hat — die Concorde oder die Bakterienkette?

Umrechnungen:	10 mm = 1 cm
	100 cm = 1 m
	1000 m = 1 km

	Zurückgelegte Strecke	
Zeit	Concorde	Bakterienkette
0	0 km	0,002 mm
1 h	2 500 km	0,016 mm
2 h	5 000 km	0,128 mm
3 h	7 500 km	...
4 h	10 000 km	...

(× 8 zwischen den Zeilen)

Die Wirkung von Antibiotika

Die Erscheinung, dass ein Lebewesen besondere Stoffe ausscheidet, die Konkurrenten in ihrem Wachstum hemmen oder gar töten, bezeichnet man als *Antibiose*. Die Hemmstoffe nennt man Antibiotika (s. S. 205).

Vorbereitung

Für die Versuche benötigst du 4 Reinkulturen mit Heubakterien. Dazu kocht man etwas Heu ca. 30 Minuten. Die Sporen der Heubakterien werden dabei nicht zerstört. Dann lässt man die Flüssigkeit bei Zimmertemperatur stehen. An der Oberfläche bildet sich eine Kahmhaut aus Heubakterien. Etwas davon überimpft man auf sterile Fertignährböden. Mit den vorbereiteten Nährböden kannst du die Wirkung von Antibiotika testen:

a) Antibiotika bei Schimmelpilzen

Beimpfe einen der Nährböden mit einem Schimmelpilz, den du von einem verschimmelten Brot entnimmst.

b) Penicillin — ein Antibiotikum

Lege auf einen der vorbereiteten Nährböden eine Penicillin-Tablette.

c) Antibiotika bei Pflanzen

Verreibe junge Blätter der Kapuzinerkresse zu einem Brei. Schreibe mit diesem Brei ein großes A auf einen der Nährböden.

d) Antibiotika des Menschen

Wische mit einem Stück eines Papiertaschentuchs vorsichtig etwas Tränenflüssigkeit von deinen Augen ab. Lege dieses Papierstück auf den letzten deiner vorbereiteten Nährböden.

Bebrüte die beimpften Nährböden. Beschreibe und erkläre deine Beobachtungen.

Was Bakterien alles können

Darmbakterien

Der Darm des Menschen ist von Milliarden Bakterien besiedelt. Diese *Darmflora* verhindert die Vermehrung krankmachender Keime. Die ungeheure Menge an Bakterien im Darm wird vorstellbar, wenn man weiß, dass 20—30% der Stuhlmasse aus abgestorbenen und lebenden Bakterien besteht. Im Darm verarbeiten sie die schon durch die Verdauung zerlegten Nährstoffe weiter und geben dabei Stoffe ab, die der Mensch verwerten kann. Durch Einnahme von Antibiotika kann die Darmflora vorübergehend zerstört werden.

Mundflora

Auch die Mundhöhle ist von Bakterien besiedelt, manche von ihnen kommen sogar nur hier vor. Bei schlechter Mundhygiene oder bei kranken Zähnen können manche Arten stark zunehmen. Vor allem, wenn sie sich an den Zähnen in den sogenannten Plaques absetzen, können sie zu Zahnkaries führen. Die von den Bakterien vor allem bei Zuckerabbau gebildeten Säuren greifen den Zahn an.

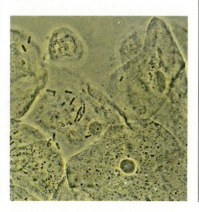

Bakterien produzieren Insulin

In den modernen Labors der Arzneimittelindustrie werden heute Bakterienstämme gezüchtet, die hochwertige Medikamente herstellen können. Es gibt z. B. Bakterien, die Insulin bilden. Das ist ein Hormon und für Zuckerkranke eine wichtiges Medikament. Es lässt sich ohne Hilfe der Bakterien nur schwer aus den Bauchspeicheldrüsen von Schlachttieren gewinnen (s. S. 324).

Bakterien als Krankheitserreger

Viele Bakterienarten können bei Mensch, Tier oder Pflanze Krankheiten verursachen, wenn es ihnen gelingt, in den Organismus einzudringen und sich dort massenhaft zu vermehren. Giftstoffe, die die Bakterien absondern, rufen dann nach einiger Zeit heftige Reaktionen hervor (s. S. 203). Solche Infektionskrankheiten sind z. B. Keuchhusten und Scharlach, Rindertuberkulose oder Tomatenwelke (s. Abb.).

Bakterien reinigen Wasser

Bakterien in Bächen, Flüssen und Seen bauen Abfallstoffe und Leichen von Wasserlebewesen und ebenso Schmutzstoffe ab, die mit dem Abwasser eingeleitet wurden. Das funktioniert allerdings nur, solange die Verschmutzung nicht übermäßig wird, denn die Bakterien verbrauchen viel Sauerstoff, der dann den Wassertieren fehlt. In stark verschmutzten Gewässern kann es so zu Sauerstoffmangel und Fischsterben kommen. In Kläranlagen sind Bakterien wichtige Helfer bei der Reinigung des Abwassers (s. S. 115).

Bodenbakterien

Eine schier unüberschaubare Menge von Bakterien besiedelt den Boden. Unter allen Bodenlebewesen sind sie mit Abstand die häufigsten. Die meisten von ihnen leben von abgestorbenen Tieren und Pflanzen, deren Reste sie zersetzen. Andere können Luftstickstoff verwerten (Knöllchenbakterien; s. S. 125). Auch zur Bereitung von Kompost sind sie unentbehrlich. Alle haben gemeinsam, dass sie wichtige Glieder im Netz von Lebens- und Nahrungsbeziehungen im Boden sind. Sie selbst sind wieder Nahrung für größere Bodentierchen oder liefern Stoffe, die die Pflanzen zum Wachsen brauchen.

Bakterien, die Erdöl „fressen"

Durch undichte Pipelines oder Lagertanks, durch Unfälle mit Tanklastzügen oder -schiffen kommt es immer wieder zur Belastung des Bodens oder der Meere mit Heiz- oder Dieselöl. Schon geringste Mengen ausgelaufenen Erdöls gefährden das Grundwasser, verseuchen den Boden und bedrohen die Bodenlebewesen. Einige Bodenbakterien können jedoch Erdöl und Erdölprodukte abbauen und in ungefährliche Stoffe umwandeln. Sie vermehren sich besonders gut in der abgeschälten Rinde von Kiefern. Das macht sich der Mensch zu Nutze, indem er der erdölverseuchten Erde Kiefernrinde zusetzt.

Mikrobielle Laugung (Bioleaching)

Ein interessantes Einsatzgebiet von Bakterien ist das *Leaching* (engl. to leach: auslaugen). Man versteht darunter die Metallgewinnung aus Erzen durch schwefel- und eisenoxidierende Bakterien. Dabei werden durch den Stoffwechsel der Bakterien die schwer löslichen und häufig auch nur in geringen Mengen im Gestein vorhandenen Metallverbindungen in leichter lösliche Stoffe umgewandelt. Diese können dann ausgewaschen werden. Vor allem Kupfer wird bereits in beträchtlichen Mengen mit diesem Verfahren gewonnen.

Bakterien als Krankheitserreger

In früheren Jahrhunderten versetzte die *Pest* ganze Städte und Landstriche in Angst und Schrecken. Tausende von Menschen starben an dieser Krankheit. Die damaligen Ärzte erkannten wohl, dass die Pest hochgradig ansteckend war und sie kannten auch den Krankheitsverlauf. Die Ursache dieser *Infektionskrankheit* war ihnen jedoch völlig unbekannt.

Viele Jahrhunderte lang kam es immer wieder zu Massenerkrankungen durch ganz verschiedene Infektionskrankheiten. Viele Menschen starben daran und ganze Forschergenerationen beschäftigten sich damit, die Ursachen für solche Infektionskrankheiten ausfindig zu machen.

Doch erst als es ROBERT KOCH (1843 — 1910) gelang, bestimmte Bakterien als Verursacher von Infektionskrankheiten des Menschen nachzuweisen und LOUIS PASTEUR (1822 bis 1895) Bakterien als Erreger verschiedener Tierkrankheiten, z. B. des Rindermilzbrands, entlarvt hatte, waren die Grundlagen geschaffen, solche Krankheiten wirksam zu bekämpfen.

Obwohl wir ständig mit Bakterien in Berührung kommen, sind wir nicht dauernd krank. Der Körper kann sich normalerweise dagegen wehren. Erst wenn der Ansturm der Bakterien zu groß wird, macht sich das als Krankheit bemerkbar.
Jede Infektionskrankheit zeigt ein für sie typisches *Krankheitsbild.* Dennoch verlaufen alle Infektionskrankheiten ähnlich: Zuerst dringen die krankheitserregenden Bakterien in den Körper ein. Dies bezeichnet man als *Infektion*. Die Bakterien scheiden im Körper giftige Stoffe *(Toxine)* aus. Diese führen erst einige Zeit nach der Ansteckung zu heftigen Reaktionen des Körpers. Die Zeitspanne von der Infektion bis zum Ausbruch der Krankheit bezeichnet man als *Inkubationszeit*. Sie dauert bei den verschiedenen Infektionskrankheiten unterschiedlich lang.

Der Doctor Schnabel von Rom.
Kleidung wider den Tod zu Rom. Anno 1656. Also gehen die Doctores Medici daher zu Rom, wann sie die an der Pest erkrankte Personen besuchen, sie zu curiren und tragen, sich vor dem Gifft zu sichern, ein langes Kleid von gewäxtem Tuch. Ihr Angesicht ist verlarvt, für den Augen haben sie grosse crystalline Brillen, vor den Nasen einen langen Schnabel voll wolriechender Specerey, in der Hände, welche mit Handschuhen wol versehen ist, eine lange Ruthe und darmit deuten sie, was man thun und gebrauche soll.

1 Historische Darstellung eines Pestarztes

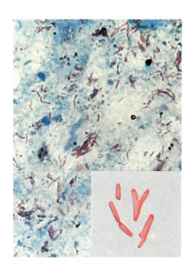

2 Tuberkulose-Bakterien

3 Robert Koch

Aufgaben

① Die historische Abbildung eines Pestarztes wirkt auf uns befremdend. Begründe, warum nach dem damaligen Wissensstand diese Berufskleidung durchaus überlegt war.

② ROBERT KOCH entdeckte 1881 den Erreger der *Tuberkulose*. Informiere dich in einem Gesundheitslexikon über diese Krankheit und berichte darüber.

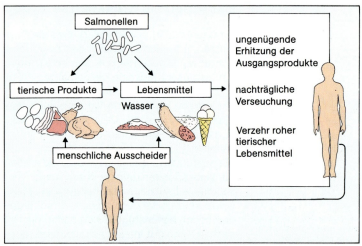

1 Übertragungswege bei der Salmonellose

Salmonellenvergiftung bei Familienfeier

Neuhausen (20. 08. 96). Mehrere Menschen erkrankten wenige Stunden nach einer Geburtstagsfeier an heftigen Brechdurchfällen und Bauchkrämpfen. Zwei Kinder mussten sogar im Krankenhaus stationär behandelt werden. Die genaue Ursache der Erkrankung konnte noch nicht festgestellt werden. Vermutlich war die Nachspeise, bei deren Zubereitung rohe Eier verwendet worden waren, mit Salmonellen verseucht.

Die Salmonellose

Salmonellen geraten in den letzten Jahren immer häufiger in die Schlagzeilen. Als Salmonellen bezeichnet man eine große Gruppe verschiedener Bakterien. Eine davon ist beispielsweise der Erreger des Typhus (s. S. 208). Wenn man in der Zeitung von Salmonellen liest, sind meist solche gemeint, die über verunreinigte Lebensmittel in den Körper des Menschen gelangen und Übelkeit und Durchfall hervorrufen. Bei gesunden Menschen haben diese Erreger zunächst kaum eine Chance, die bakterienfeindliche Magensäure zu überwinden — es sei denn, die Zahl der Bakterien ist außerordentlich hoch. Dann können sich schon nach sechs bis acht Stunden die ersten Anzeichen der Infektion bemerkbar machen.

Bei Kleinkindern, Kranken und alten Menschen ist es für die Salmonellen leichter, in den Darm zu kommen, denn sie haben deutlich weniger Magensäure und sind dementsprechend weitaus anfälliger.

Im Dünndarm angelangt, befallen die Erreger die Schleimhautzellen der Darmwand, beginnen sich explosionsartig zu vermehren und rufen durch ihre giftigen Ausscheidungen Entzündungen in der Darmwand hervor. Bedingt durch die starken Durchfälle leiden die Patienten unter extremem Flüssigkeits- und Mineralstoffverlust. Wenn die Erreger von hier aus ins Blut oder in die Lymphe gelangen, überschwemmen sie den gesamten Körper. Geraten sie beispielsweise in das Herz oder die Hirnhaut, rufen sie dort oft lebensbedrohende Entzündungen hervor.

Lymphe
entsteht aus Blutplasma, das aus den Kapillaren in das Gewebe eindringt

Salmonellen

Normalerweise ist die Krankheit nach etwa 1 bis 2 Wochen überstanden. Allerdings bleiben etwa 5 % der Erkrankten auch nach ihrer Genesung sogenannte Dauerausscheider. Wie der Name sagt, scheiden sie ständig oder zeitweise Krankheitserreger aus und können so zu deren weiterer Verbreitung beitragen.

Wie bei fast allen Krankheiten ist auch bei Salmonellose Vorbeugen besser als Heilen — und Vorbeugung heißt hier *Hygiene*. Denn trotz Abwasserreinigung, zentraler Wasserversorgung, Lebensmittelüberwachung und Überwachung von Dauerausscheidern gelangen immer wieder Erreger in die Nahrungskette des Menschen. Die robusten Bakterien können sich auch bei Zimmertemperatur, insbesondere in rohem Hähnchenfleisch, länger gelagertem Hackfleisch oder in mit rohen Eiern hergestellten Nahrungsmitteln, stark vermehren. Selbst beim Abtauen von Geflügel können durch das Tauwasser oder herauslaufendes Blut andere Nahrungsmittel, ja sogar Küchengeräte infiziert werden, wenn in der Küche nicht peinlich sauber gearbeitet wird.

Aufgabe

① Aus Abbildung 1 kennst du die Übertragungswege der Salmonellose. Notiere dir 3 Regeln, wie das Infektionsrisiko möglichst gering gehalten werden kann.

1 Alexander Fleming

2 Verschiedene Antibiotika auf Bakterienkultur

Ein Pilz als Helfer im Kampf gegen Bakterien

Tag für Tag untersuchte der englische Bakteriologe ALEXANDER FLEMING (1881 – 1955) in einem Londoner Krankenhaus Bakterienkulturen. Man schrieb das Jahr 1928, das zu einer Sternstunde im Kampf gegen die Bakterien werden sollte.

Eines Tages fiel ihm eine vergessene Bakterienkultur in die Hand, die schon mehrere Wochen herumstand und durch *Schimmelpilze* verdorben schien. FLEMING wollte diese Kultur schon vernichten, aber dann machte er folgende Entdeckung: Um den Schimmelpilz herum hatte sich eine bakterienfreie Zone gebildet. War das ein Zufall oder nicht?

FLEMING hatte die Tragweite seiner Beobachtung erfasst, als er einen Zusammenhang zwischen dem Schimmelpilz und der bakterienfreien Zone herstellte. Gab es vielleicht einen Stoff des Schimmelpilzes, der das Weiterwachsen der Bakterien einschränkte? Durch weitere Versuche konnte er nachweisen, dass dieser „Hemmstoff" tatsächlich von dem Pinselschimmel *Penicillium notatum* ausgeschieden wird. FLEMING nannte den Stoff *Penicillin*. Erst 1938 gelang es einer anderen Forschergruppe, Penicillin endgültig rein herzustellen, und bereits 1940 konnte es in der Medizin eingesetzt werden.

In der Medizin wird Penicillin zur Bekämpfung *bakterieller Infektionen* verwendet. Inzwischen hat man eine große Zahl weiterer *Bakterienhemmstoffe* gefunden, die von Pilzen und Pflanzen gebildet werden. Man bezeichnet sie als *Antibiotika*. Wie alle Medikamente sollten auch Antibiotika nicht bedenkenlos, sondern nur auf ärztliche Anweisung genommen werden. Falsche oder zu häufige Anwendung kann zur Bildung widerstandsfähiger Bakterienstämme führen, die im Ernstfall nicht mehr mit den bekannten Medikamenten bekämpft werden können (s. auch S. 215).

Außer den krankheitserregenden Bakterien töten Antibiotika aber auch die in unserem Körper lebenden, harmlosen Bakterien ab, die z. B. im Darmkanal Verdauungsprozesse fördern, aber auch die Ansiedlung schädlicher Bakterien verhindern. So kann der Einsatz von Antibiotika Verdauungsstörungen verursachen.

Die chemisch-medizinische Forschung hat noch weitere wirksame Heilmittel gefunden. So werden zur Abwehr bakterieller Infektionen, außer den von Pilzen und Pflanzen gebildeten Antibiotika, heute vielfach *Sulfonamide* eingesetzt, deren Heilwirkung der deutsche Bakteriologe GERHARD DOMAGK 1935 entdeckte. Die künstlich hergestellten Sulfonamide werden heute ebenfalls zu den Antibiotika gezählt.

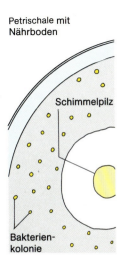

Aufgaben

① Nicht aufgebrauchte Antibiotika sollen nicht aufbewahrt werden. Wie sollte man sie vernichten? Schau im Abfallratgeber nach!

② Warum werden in der Tierhaltung bei bakteriellen Erkrankungen ebenfalls Antibiotika verschrieben?

Viren als Krankheitserreger

Virus
lat. = Gift, Schlamm

Lange Zeit nahm man an, dass auch die Grippe von Bakterien ausgelöst wird. Man musste aber feststellen, dass man mit Antibiotika diese Krankheit nicht bekämpfen, höchstens einige Symptome abschwächen kann. Grippeerreger kann demnach kein Bakterium sein, es sind *Viren*. Viren haben keinen eigenen Stoffwechsel, keine eigene Fortpflanzung, keine Bewegung und kein Wachstum. Sie sind also keine Lebewesen. Sie besitzen keinen zellulären Aufbau, sondern bestehen nur aus einer Eiweißhülle, die das Erbgut umgibt. Außerdem sind sie extrem klein. Ihre Größe reicht von 0,02 µm bis zu 0,7 µm (1 µm = $\frac{1}{1000}$ mm). Im Lichtmikroskop sind sie somit nicht zu erkennen. Erst im Elektronenmikroskop wird ihr Aufbau sichtbar.

Gelangt ein Virus in eine lebende Zelle, so bewirkt es, dass der Stoffwechsel dieser Zelle auf die Bedürfnisse des Virus umgestellt wird. Man nennt die befallene Zelle *Wirtszelle,* weil sie den eingedrungenen Erreger mit allem notwendigen Material versorgen („bewirten") muss. Die Wirtszelle produziert in vielfacher Ausfertigung die Eiweißstoffe und das Erbgut des Virus. Diese Virusbausteine lagern sich in der Wirtszelle zu zahlreichen neuen, vollständigen Viren zusammen. Die Wirtszelle platzt, die Viren werden freigesetzt und können sofort neue Zellen befallen. Vom Befall der Wirtszelle bis zur Freisetzung neuer Viren vergehen manchmal nur 30 Minuten.

Grippeviren z. B. befallen vor allem die Zellen der Schleimhäute von Nase und Bronchien. Die größte Gefahr bei einer Virusgrippe ist die Ausbreitung der Viren in die verschiedenen Organe und eine dadurch ausgelöste Entzündung der Bronchien, der Lungen und des Herzmuskels. Zudem können bakterielle Krankheitserreger in die vorgeschädigten Gewebe leichter eindringen und sogenannte *Sekundärinfektionen* hervorrufen. Besonders gefährdet sind ältere Menschen, Schwangere oder Menschen mit Atemwegs- oder Herz-Kreislauferkrankungen.

Gegen bakterielle Sekundärinfektionen kann der Arzt Medikamente verordnen. Ferner gibt es Arzneien, mit denen man die Beschwerden lindern und hohes Fieber abschwächen kann. Außerdem kennt man heute vorbeugende Maßnahmen *(Prophylaxe)* gegen Grippe und andere Infektionskrankheiten: allgemeine *Hygiene,* Erhalt der körperlichen Leistungsfähigkeit durch richtige Ernährung und gesunde Lebensweise sowie Schutz durch Impfungen.

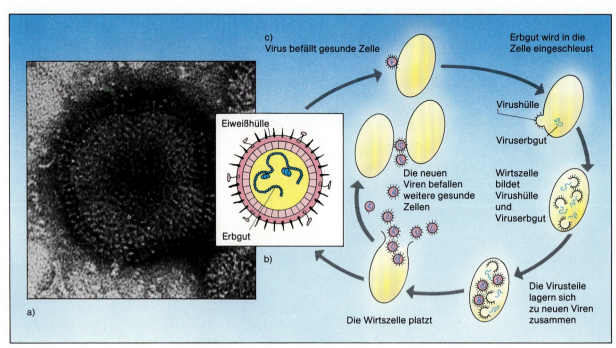

1 Grippe-Virus (a) EM-Aufnahme, (b) Schema und Verlauf einer Virusinfektion (c)

Grippe — eine Infektionskrankheit

Grippe (chrip, russisch = Heiserkeit)

Epidemie
Seuche, örtlich und zeitlich gehäuftes Auftreten einer ansteckenden Krankheit

Wie die Entschuldigung der Mutter für ihren Sohn zeigt (▷ 2) wird heute praktisch jede fieberhafte Erkältung („Grippaler Infekt") mit dem Begriff Grippe umschrieben. Bei der „Echten Grippe" oder Influenza sind die Symptome jedoch wesentlich stärker, die möglichen Komplikationen gefährlicher als bei einer normalen Erkältung.

Mit Husten, Schnupfen, Augentränen und Mattigkeit beginnt sich eine Grippe bemerkbar zu machen. Starkes Fieber, Schüttelfrost, Kopf- und Gliederschmerzen folgen. Es gibt unterschiedliche Formen von Grippe, darunter auch solche, die sehr gefährlich sein können. Grippe tritt als weltweite *Epidemie* im Abstand von einigen Jahrzehnten immer wieder auf — jedesmal mit veränderten Krankheitserregern. Von 1889 bis 1892 wurde sie „Russische Grippe" genannt. Am schlimmsten wütete die „Spanische Grippe" in den Jahren 1918 bis 1919. Damals waren weltweit ungefähr 500 Millionen Menschen erkrankt, 22 Millionen davon starben an der Krankheit. 1957 bis 1958 ging die „Asiatische Grippe" um und von 1968 bis 1969 die „Hongkong-Grippe".

> Sehr geehrter Herr Nagel,
>
> mein Sohn Heribert konnte leider vom 28.2. bis 2.3.94 am Unterricht nicht teilnehmen, weil er wieder eine Grippe hatte.
>
> Mit freundlichen Grüßen
> Britta Galen

2 Entschuldigungsbrief

Durch Husten oder Sprechen gelangen die Erreger der Grippe mit ganz kleinen Flüssigkeitströpfchen in die Luft. Die Mitmenschen atmen die Krankheitserreger mit der Luft ein. Sie haben sich angesteckt (*Tröpfcheninfektion*).

Die Infektion wird zunächst gar nicht bemerkt. Nach mehreren Stunden, oft auch erst bis zu 4 Tagen später, treten die oben beschriebenen Anzeichen der Krankheit, die *Symptome,* auf. Die Zeit von der Infektion bis zum Ausbruch der Krankheit und dem ersten Auftreten der Symptome heißt *Inkubationszeit*. Nach der Untersuchung eines Patienten nennt der Arzt den Namen der Krankheit, er stellt seine *Diagnose*. Da es für eine Krankheit aber durchaus mehrere Behandlungsmöglichkeiten gibt, kann der Arzt erst nach gründlichem Studium der Sachlage die ihm am günstigsten erscheinende *Therapie* auswählen.

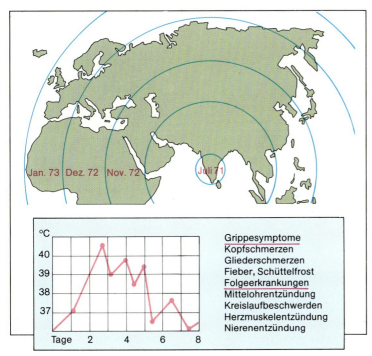

1 Krankheitsverlauf bei einer Grippe und Ausbreitung einer Grippeepidemie

Aufgaben

1. Wie ist es zu erklären, dass zwischen Ansteckung und Ausbruch einer Krankheit mehrere Tage vergehen können?
2. Weshalb ist Hygiene häufig eine Möglichkeit zur Vorbeugung?
3. Wie könnte man sich vor einer Tröpfcheninfektion schützen?
4. Wie unterscheiden sich Bakterien und Viren voneinander?
5. Erkläre die Begriffe: Infektion, Inkubationszeit, Symptome, Diagnose, Therapie.

Bakterieninfektionen

In diesem Lexikon tauchen folgende Begriffe auf:
— *meldepflichtig:* Diese Krankheit muss dem Gesundheitsamt gemeldet werden.
— *isolierungspflichtig:* Der Kranke muss von anderen Menschen isoliert werden; er kommt in *Quarantäne*.

Der Erreger der **Pest** ist ein Bakterium, das normalerweise in Ratten lebt. In mittelalterlichen Städten gehörten Ratten zum Straßenbild. Durch den *Rattenfloh* wird das Bakterium auch auf den Menschen übertragen. Der Ausbruch der Krankheit zeigt sich an großen Schwellungen der Lymphknoten (Beulenpest) in den Achseln, am Hals und an den Leisten. Durch Blutergüsse und Entzündungen bilden sich in der Haut schwarze Flecken (Hautpest, „Schwarzer Tod"). Weil Fieber und Husten hinzukommen, wird das Bakterium auch durch *Tröpfcheninfektion* übertragen und wirkt besonders rasch mit fast 100%iger Sterblichkeit (Lungenpest). 1994 brach die Seuche in Indien aus. Schuld daran waren die katastrophalen hygienischen Zustände in den Slums einiger Großstädte.

ROBERT KOCH entdeckte 1883 die **Cholera**-Bakterien, die intensive Durchfälle mit sehr hohem Wasserverlust verursachen. Meldepflicht! Ohne Behandlung sterben bis zu 70 % der Erkrankten. Cholera ist heute vorwiegend in Asien, Afrika und Südamerika verbreitet. Durch den Ferntourismus sind wieder häufiger Europäer betroffen. Cholera-Bakterien werden mit unsauberem Trinkwasser und mit Lebensmitteln aufgenommen. Daher gilt vor allem auf Fernreisen: Nichts essen, was nicht gekocht, gebraten oder geschält ist!

Eine Salmonellenart ruft **Typhus** hervor. Typhus ist eine melde- und isolierungspflichtige Krankheit. Die Aufnahme der Erreger erfolgt mit der Nahrung: „Typhus wird gegessen und getrunken." Die Inkubationszeit beträgt 7—14 Tage. Wochenlanges, hohes Fieber (40—41 °C) schwächt den Körper. Früher betrug die Sterblichkeit 15 %, nach der Einführung der Antibiotika noch etwa 1 %. Nach überstandener Krankheit ist man meist lebenslang immun.

Diphtherie-Kranke zeigen eine starke Rötung des Rachens und mäßiges Fieber. Die Übertragung der Erreger erfolgt durch *Tröpfcheninfektion*. Gefährlich wird Diphtherie durch die Erstickungsgefahr bei starkem Anschwellen des Rachens und durch die Giftstoffe *(Toxine)*, die durch Diphtheriebakterien abgegeben werden. Sie schädigen den Herzmuskel und führen zu Nervenlähmungen. Gegen die Toxine hat EMIL VON BEHRING ein Heilserum entwickelt. Antibiotika allein reichen zur Behandlung nicht aus, da sie die Toxine nicht unschädlich machen können (s. S. 212).

Beim **Keuchhusten** gelangen die Bakterien durch Tröpfcheninfektion in die Atemwege und rufen dort Entzündungen hervor. Ein keuchender Husten ist die Folge, der vor allem für Kinder gefährlich sein kann, da Erstickungsgefahr besteht. Sehr hohe Ansteckungsgefahr, Meldepflicht! Vorbeugung durch Schutzimpfung.

In den letzten Jahren hat eine Infektion mit dem bis dahin kaum bekannten Bakterium *Haemophilus influenzae* b (kurz: H.i.b.) ständig zugenommen. Dieser Erreger einer **Hirnhautentzündung** fordert vor allem unter Kleinkindern jedes Jahr etwa 100 Todesopfer. Bei ca. 400 Erkrankten bleiben dauerhafte Gehirnschäden zurück. Erste typische Anzeichen sind Kopfschmerzen, Nackensteifheit, Übelkeit mit Erbrechen und steigendes Fieber. Im weiteren Krankheitsverlauf drohen Krämpfe, Bewusstlosigkeit und im schlimmsten Fall der Tod. Zur Bekämpfung werden Antibiotika verabreicht. Ein Krankenhausaufenthalt ist unumgänglich, denn der Patient braucht ärztliche Betreuung.

Eine krampfhafte Erstarrung der Muskulatur ist die Folge des Toxins, das die **Tetanus**-Bakterien abgeben. Meist gelangen die Bakterien mit Erde von Gärten und Feldern oder mit Straßenschmutz schon bei kleinen Verletzungen in offene Wunden. Pferdemist ist besonders infektiös. Die Impfung gegen Tetanus *(Wundstarrkrampf)* soll nach 10 Jahren aufgefrischt werden. Bei Verdacht auf Ansteckung muss innerhalb von 24 Stunden ein Impfschutz verabreicht werden (s. S. 212).

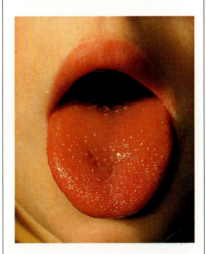

Ein feuerroter Rachen ist ein Krankheitsmerkmal für **Scharlach**. Dazu kommt ein feinfleckiger, roter Hautausschlag am ganzen Körper. Die Zunge ist entzündet: *Himbeerzunge*. Die Behandlung erfolgt mit Penicillin. Selbst eine durchgemachte Scharlacherkrankung macht nicht vollständig immun. Auch eine Impfung bietet keinen sicheren, dauerhaften Schutz.

Virusinfektionen

Bereits 1892 hatte man erste Kenntnisse von Viren bei der Untersuchung der *Mosaikkrankheit*, einer Blattkrankheit der Tabakpflanze, gewonnen. Es wurde klar, dass es kleinere „Stoffe" als Bakterien gibt, die Infektionen hervorrufen können. Man nannte sie einfach Virus (*virus*, lat. = Gift). 1897 wurden dann Viren als Erreger der *Maul- und Klauenseuche* bei Huftieren entdeckt. Im Lexikon werden einige Virusinfektionen beim Menschen vorgestellt.

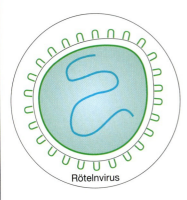

Rötelnvirus

Röteln sind an sich eine harmlose Viruserkrankung. Ein Anschwellen der Lymphdrüsen und ein Hautausschlag, der mit rosaroten Flecken im Gesicht beginnt und sich dann auf den ganzen Körper ausdehnt, kennzeichnen die Krankheit. Meist tritt nur schwaches Fieber auf; das allgemeine Wohlbefinden ist nicht stark beeinträchtigt. Gefährlich sind die Röteln bei Schwangeren, die diese Krankheit noch nicht hatten und auch nicht geimpft sind. Das ungeborene Kind kann durch Giftstoffe geschädigt werden. Mögliche Folgen: Taubheit, Herzfehler und schwere Mehrfachschädigungen. Häufig treten auch Fehlgeburten auf. Deshalb sollten sich alle Mädchen vor Beginn der Pubertät gegen Röteln impfen lassen!

Kinderlähmung wird von den Polioviren hervorgerufen — aber durchaus nicht nur bei Kindern! Nach einer Inkubationszeit von 3 bis 14 Tagen fangen Kopf, Rücken und Glieder zu schmerzen an, man beginnt zu schwitzen. Dann treten erste Lähmungserscheinungen auf. Bei sehr schweren Fällen kann es zur Lähmung der Atemmuskulatur kommen. Solche Patienten müssen künstlich beatmet werden. Die Sterblichkeit kann bis zu 20 % betragen. Im Erholungsstadium können die Lähmungen teilweise, selten ganz zurückgehen.

Durch konsequenten Impfschutz (Schluckimpfung) ist die Kinderlähmung bei uns fast ausgerottet. Die einzige Möglichkeit, ein Wiederaufflammen zu verhindern, ist aber auch heute noch die Schluckimpfung!

Mumps (Ziegenpeter) ist eine Viruskrankheit, bei der die Ohrspeicheldrüsen anschwellen und Schmerzen verursachen. Die Übertragung erfolgt durch Tröpfcheninfektion. Eine Schutzimpfung ist bei Knaben durchaus sinnvoll, da diese doppelt so häufig erkranken wie Mädchen. Zudem können die Erreger die Hoden befallen, was spätere Unfruchtbarkeit *(Sterilität)* zur Folge haben kann.

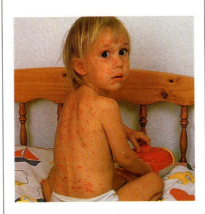

Windpocken sind eine hochansteckende Virusinfektion. Nach einer Inkubationszeit von etwa 2—3 Wochen zeigen sich auf der Haut vereinzelte, kleine, rote Flecken, die später zu stark juckenden Wasserbläschen werden. Diese verkrusten nach ein paar Tagen. Drei bis vier Tage lang bilden sich laufend neue Bläschen. Gelegentlich werden Windpocken auch von Fieber begleitet.

Die Krankheit ist ansteckend ab einen Tag vor Ausbruch des Ausschlags bis zum Abfall der letzten Kruste. Am schlimmsten ist der starke Juckreiz, gegen den der Arzt eine spezielle Lotion verordnet.

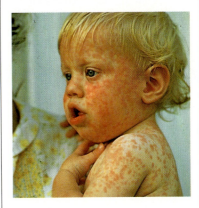

Wer einmal **Masern** gehabt hat, bleibt lebenslang immun. Deshalb gehören sie zu den typischen *Kinderkrankheiten*. Die Erreger werden durch Tröpfcheninfektion auch über größere Entfernung übertragen. Die Inkubationszeit beträgt 10 bis 14 Tage. Dann zeigen sich Rötungen des Rachens, Schnupfen, Husten und ein rascher Fieberanstieg, der nach 4 Tagen wieder abklingt. Daraufhin bildet sich der typische Masernausschlag auf der Haut, verbunden mit erneutem Fieberanstieg. Da man sich schon während der Inkubationszeit bei einem Infizierten anstecken kann, ist eine Ansteckung kaum zu verhindern. Es gibt aber eine *Schutzimpfung* (s. S. 212).

Tollwut wird meist durch einen Hundebiss auf den Menschen übertragen, selten auch durch Bisse von Fuchs oder Katze. Die lange Inkubationszeit von 1 bis 6 Monaten erschwert das Erkennen der Krankheit.

Der Ausbruch kündigt sich durch Kopfschmerzen, Krämpfe in der Atemmuskulatur und Atemnot an. Der Kranke hat qualvollen Durst, kann aber nicht schlucken (die sog. „Wasserscheu") und hat starken, schäumenden Speichelfluss. Tollwut hat eine Sterblichkeit von 100 %. Schon LOUIS PASTEUR hatte eine Schutzimpfung gegen Tollwut entwickelt. Heute gibt es eine Heilimpfung (s. S. 212), die möglichst sofort nach Verdacht auf einen Tollwutbiss anzuwenden ist.

Achtung! Daran erkennt man tollwütige Tiere: Sie verlieren ihre Scheu vor dem Menschen. Sie beißen und schnappen nach allem, was sich bewegt. Speichel tropft aus ihrem Maul.

2 Der Körper wehrt sich

Täglich ist der Mensch den Attacken von Bakterien, Viren und Pilzen ausgesetzt. Der menschliche Körper muss also über wirksame Abwehrmöglichkeiten verfügen, um den Angriffen nicht schutzlos ausgeliefert zu sein.

Eine intakte Haut mit Hornschicht und Säuremantel, die Schleimhäute mit ihrem bakterienfeindlichen Schleim und der Magen mit seiner Bakterien tötenden Magensäure stellen erste wirksame Schutzeinrichtungen gegen Eindringlinge dar. Dennoch gelangen ständig Mikroorganismen über die Atemwege, über die Verdauungsorgane oder über Wunden in den Körper.

Für die Abwehr von Mikroorganismen sind die *weißen Blutzellen* zuständig. Von ihnen gibt es mehrere Gruppen mit unterschiedlichen Aufgaben. Alle sind aber darauf ausgerichtet, körpereigene Zellen zu schonen und körperfremde zu bekämpfen. Fremdstoffe tragen auf ihrer Oberfläche bestimmte Merkmale, sogenannte *Antigene*. An ihnen erkennen die weißen Blutkörperchen, dass sie körperfremd sind und bekämpfen sie. Aber auch alle Körperzellen tragen auf ihrer Oberfläche Antigene, die sie allerdings als körpereigen ausweisen.

Die allgemeine Abwehr

Dringen nun Erreger in den Körper ein, werden als Erstes schnelle weiße Blutzellen *(Kleine Fresszellen)* in den Kampf gegen die Erreger geschickt, um deren Vermehrung möglichst rasch einzudämmen, bevor sie den Körper überschwemmen. Diese Kleinen Fresszellen nehmen die Erreger in ihr Zellplasma auf, indem sie diese wie eine Amöbe umfließen und verdauen.

Unterstützt werden sie von ihren „Kollegen", den *Riesenfresszellen (Makrophagen)*. Diese sind zwar wesentlich langsamer, können aber umso reichlicher fressen. Sie vernichten alles, was fremd ist, nicht nur im Blut, sondern auch außerhalb der Adern im Gewebe: Bakterien, Viren, Staubteilchen, gealterte rote Blutzellen, Arzneimittelreste.

Auch ein größerer Fremdkörper, beispielsweise ein in der Haut steckender Holzsplitter, wird nach und nach angegriffen. In kurzer Zeit ist er von Eiter umgeben. Dieser besteht aus abgestorbenen weißen Blutzellen, Zellen des angrenzenden Gewebes und Stoffen aus dem zersetzten Holzsplitter.

Eine sehr häufig auftretende Sofortmaßnahme des Körpers ist *Fieber*. Der Körper reagiert auf Infektionen, Verletzungen und auf Giftstoffe mit Temperaturerhöhung. Die normale Körpertemperatur beträgt etwa 37 °C. Von erhöhter Temperatur spricht man bei 38,0 °C bis 38,5 °C, als hohes Fieber gelten Temperaturen zwischen 39 °C und 40,5 °C. Die Temperaturerhöhung hat zwei wichtige Aufgaben: Einerseits beschleunigen höhere Temperaturen die Stoffwechselvorgänge des Körpers und unterstützen so die Abwehrreaktionen, andererseits schaffen sie ungünstige Bedingungen für die Vermehrung der Erreger. Temperaturen über 41 °C sind allerdings lebensbedrohlich.

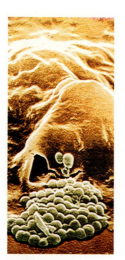
Weiße Blutzelle frisst Bakterien

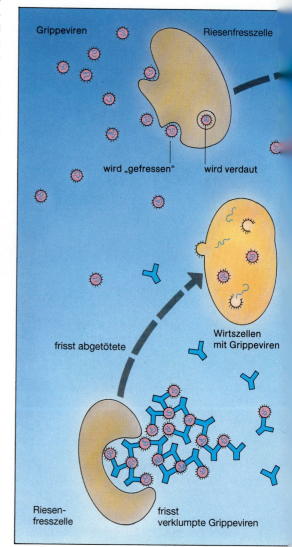
1 Immunreaktionen im Körper

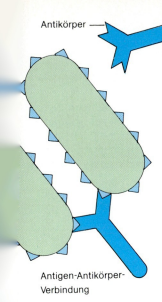

Antikörper

Antigen-Antikörper-Verbindung

Die Immunreaktion

Schafft es die allgemeine Abwehr nicht, die Erreger erfolgreich zu bekämpfen, kommt es zu einer weiteren Abwehrreaktion des Körpers, zur *Immunreaktion*. Dabei spielen außer den schon bekannten Fresszellen drei weitere Gruppen von weißen Blutzellen eine bedeutende Rolle: *T-Helferzellen*, *Plasmazellen* und *Killerzellen*.

Gelangen zum Beispiel Grippeviren in die Schleimhaut der Atemwege, beginnen die alarmierten Riesenfresszellen sofort mit ihrer Arbeit. Sie umfließen und verdauen die Fremdkörper. Werden sie aber mit den Krankheitserregern alleine nicht fertig, informieren sie die T-Helferzellen über die Antigene der eingedrungenen Erreger. Die T-Helferzellen aktivieren daraufhin Plasmazellen, die in der Lage sind, passende Abwehrstoffe gegen die Grippeviren zu bilden. Diese Abwehrstoffe sind Y-förmig und werden *Antikörper* genannt. Sie passen auf die Antigene wie ein Schlüssel in das Schloss. Sie verbinden sich mit den Erregern und verklumpen diese. Die Antigen-Antikörper-Verbindungen werden bevorzugt von den Riesenfresszellen gefressen. So werden die Viren unschädlich gemacht. Bis die Immunreaktion voll wirksam wird, vergehen in der Regel mehrere Tage.

Einige Plasmazellen produzieren zwar keine Antikörper — sie merken sich aber den Antikörpertyp. Diese *Gedächtniszellen* verharren so über mehrere Jahre, z. T. sogar ein ganzes Leben lang in bloßer Produktionsbereitschaft.

Befallen Grippeviren desselben Typs ein zweites Mal den Körper, werden die Gedächtniszellen sofort zu Plasmazellen, die genau die passenden Antikörper herstellen. Damit werden die Erreger unschädlich gemacht, noch ehe sie sich stark vermehren können. Die Krankheit bricht nicht aus — der Körper ist gegen diese Art von Grippeviren *immun* geworden.

Dringen die Viren in Schleimhautzellen ein, um dort ihre Vermehrung einzuleiten, sind die Antikörper unwirksam, denn sie haben nicht die Fähigkeit, in eine befallene Zelle zu gelangen. Deshalb muss von den T-Helferzellen eine weitere Gruppe weißer Blutzellen aktiviert werden, die *Killerzellen*. Diese erkennen befallene Wirtszellen und lösen sie auf. Dabei werden auch die in den Zellen vorhandenen Viren zerstört.

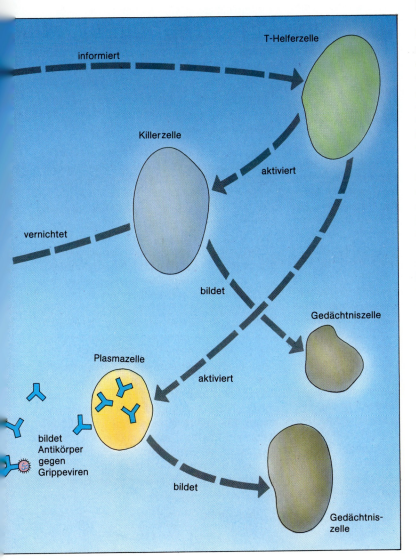

Aufgaben

① Warum ist es wichtig, dass der Körper rasch auf eingedrungene Krankheitserreger reagiert? Nenne zwei Gründe!

② Weshalb kann man mehrmals Grippe bekommen, obwohl man doch nach der ersten Grippe immun sein müsste?

③ Fieber ist oft verbunden mit Mattigkeit, Appetitlosigkeit und Kopfschmerzen. Oft neigt man dazu, vorschnell Fieber senkende Medikamente einzunehmen. Weshalb ist davon abzuraten?

④ Bei Organtransplantationen wird fremdes Gewebe übertragen. Erkläre, weshalb der Körper die Zellen des Fremdorgans vernichtet, d. h. das Organ abstößt?

Immunisierung

Edward Jenner
(1749—1823)

Schon 1796 schlug der englische Arzt EDWARD JENNER vor, Kinder mit den harmlosen *Kuhpocken* zu infizieren, um sie vor den gefährlichen echten *Pocken* zu schützen. Er begründete seinen Vorschlag mit der Beobachtung, dass bisher alle Menschen, die an Kuhpocken erkrankt waren, niemals echte Pocken bekamen. Seine Idee wurde damals angefeindet und er selbst mit Berufsverbot belegt. Er durfte nicht mehr als Arzt arbeiten. Seine Methode aber hatte Erfolg. Heute wird sie weltweit angewandt.

Aktive Immunisierung

Im Prinzip verläuft die künstliche *Immunisierung* genau so wie die natürlich ablaufende Immunreaktion. Kleine Mengen von Erregern — in die Blutbahn gebracht — bewirken beim Menschen, dass Plasmazellen Antikörper herstellen. Gleichzeitig bilden sich Gedächtniszellen. Die Antikörper werden nach einiger Zeit abgebaut, die Gedächtniszellen bleiben jedoch erhalten — oft ein Leben lang. Sobald erneut Kuhpockenerreger auftreten, werden von den Gedächtniszellen in kurzer Zeit die passenden Antikörper gebildet. Da die Kuhpockenviren und die Viren, die die echten Pocken hervorrufen, ganz ähnlich gebaut sind, reagieren die Gedächtniszellen auch auf die echten Pockenviren. Die zu Beginn einer Infektion relativ geringe Zahl an Erregern kann so rasch vernichtet werden. Ein gegen Pocken geimpfter Mensch erkrankt trotz einer Pockeninfektion nicht. Da der Körper die Antikörper selbst gebildet hat, spricht man von einer *aktiven Immunisierung*. Diese Art der Impfung heißt *Schutzimpfung*. Eine einmalige Impfung hält gegen manche Krankheiten das ganze Leben, bei anderen muss der Impfschutz im Abstand von mehreren Jahren wieder aufgefrischt werden; das heißt, es muß erneut geimpft werden.

Emil v. Behring
(1854—1917)

Die Erfolge der Schutzimpfungen sind weltweit sehr groß. Beispielsweise hat die generelle Einführung der Schutzimpfung gegen Kinderlähmung *(Schluckimpfung)* in der Bundesrepublik Deutschland im Jahre 1962 bewirkt, dass die Zahl der jährlichen Neuerkrankungen von 4700 auf 250 sank. Schon wenige Jahre später erkrankten pro Jahr nur noch etwa 20 Kinder.
Die von der Weltgesundheitsorganisation *(WHO)* eingeführte weltweite Schutzimpfung gegen Pocken bewirkte, dass seit Oktober 1977 weltweit keine Neuerkrankungen mehr zu verzeichnen waren.
Trotzdem darf man sich nicht in Sicherheit wiegen. Die Anzahl der an Kinderlähmung Erkrankten nimmt z. B. wieder zu. Durch die großen Erfolge der Schutzimpfungen wird die Gefahr zu erkranken zunächst geringer. Deshalb lassen immer weniger Eltern ihre Kinder impfen. Dadurch entsteht dann eine *Impflücke*. Wären wirklich alle geimpft, hätte der Erreger keine Chance.
Allerdings sind auch vereinzelt Krankheitsfälle als Folge von Schluckimpfungen bekannt geworden. So kann es vorkommen, dass durch die bei der Schluckimpfung aufgenommenen, abgeschwächten Kinderlähmungsviren ein Kind schwerwiegend erkrankt. Deshalb gibt es bei uns keinen gesetzlich vorgeschriebenen Impfzwang mehr. Da jedoch das Risiko, an Kinderlähmung zu erkranken, viel größer ist als das Risiko einer Impffolgeerkrankung, werben die Gesundheitsämter für die Schutzimpfungen mit dem Slogan „Schluckimpfung ist süß, Kinderlähmung ist grausam".
Vor geplanten Fernreisen ist es wichtig, sich rechtzeitig über Infektionsrisiken zu informieren und die erforderlichen Impfungen durchzuführen.

Passive Immunisierung

EMIL VON BEHRING entwickelte ein Verfahren, um nicht geimpften, bereits erkrankten Menschen zu helfen. Er infizierte Pferde mit den Erregern der *Diphtherie*, einer Erkrankung der oberen Atemwege. Die Tiere bildeten dann in ihrem Blut die passenden Antikörper. Aus dem Blut dieser aktiv immunisierten Tiere gewann BEHRING ein Serum. Dieses wurde mit den darin enthaltenen Antikörpern dem an Diphtherie erkrankten Menschen eingespritzt. Damit erzielte BEHRING eine sofortige Heilwirkung.
Das körpereigene Abwehrsystem ist jedoch in diesem Falle nicht aktiviert worden. Sind die Antikörper nach einiger Zeit verbraucht oder abgebaut, erlischt der vorübergehende Impfschutz, der Körper ist nicht dauerhaft immun. Man sagt, er wurde nur *passiv immunisiert*. Diese Impfung wird *Heilimpfung* genannt. Man führt sie aber nicht nur durch, wenn ein Mensch schon erkrankt ist, sondern auch als Schutz vor einer unmittelbar drohenden Infektion mit dem Erreger einer schweren Krankheit, z. B. vor einer Reise.

Aufgaben

① Welche Auswirkung hat eine Impflücke?
② Warum hilft eine Schutzimpfung bei bereits Erkrankten nicht?

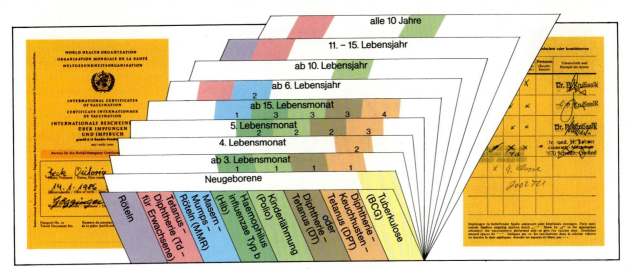

1 Impfbuch und Impfkalender

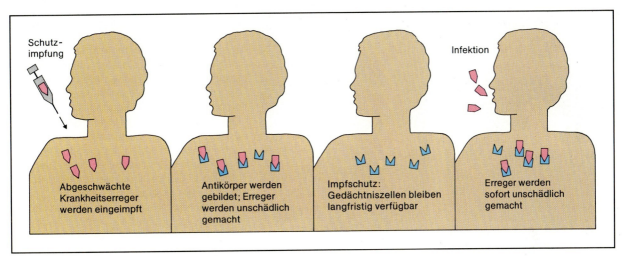

2 Aktive Immunisierung

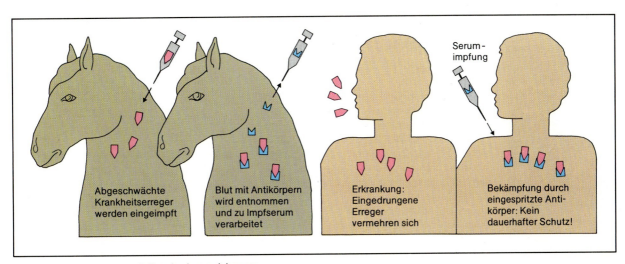

3 Passive Immunisierung

1 Trockenbürstenmassage

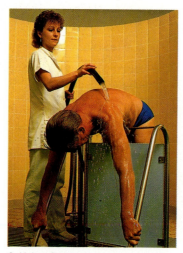
2 Kalter Guss

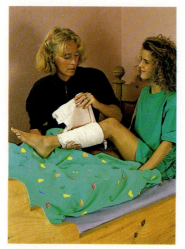
3 Wickel

4 Inhalation

Echte Kamille

Mittel im Kampf gegen Krankheiten

Hausmittel

Unsere Vorfahren mussten bei der Bekämpfung von Krankheiten wesentlich stärker den Selbstheilungskräften des Körpers vertrauen, als wir es vielfach tun. Doch bei vielen Menschen hat inzwischen ein Umdenken stattgefunden und sie versuchen im Krankheitsfall, diese Selbstheilungskräfte durch natürliche Mittel zu unterstützen.

Über viele Jahrhunderte hat sich ein reicher Erfahrungsschatz an Naturheilmitteln angesammelt, den wir immer noch nutzen können. Besonders in den Klostergärten wurden über Jahrhunderte die verschiedensten Heilkräuter angebaut und in ihrer Wirksamkeit in heute noch wertvollen Büchern beschrieben. Aber auch andere Naturheilmethoden, wie Wadenwickel, Bäder, Wassergüsse und vieles andere mehr, wurden von Generation zu Generation überliefert.

Allerdings haben diese Mittel bei vielen Krankheiten nur eine begrenzte oder gar keine Wirkung. Krebserkrankungen, Blinddarm- oder Nierenentzündungen beispielsweise sind mit Hausmitteln nicht zu kurieren. Schwere Erkrankungen gehören immer in ärztliche Behandlung und erfordern den Einsatz moderner Medizin. Bei leichteren Unpässlichkeiten dagegen können wir unseren Körper durch Naturheilmittel stärken und auf diese Weise manche schlimmere Erkrankung vorbeugend verhüten.

Eines der gebräuchlichsten Hausmittel ist die Kamille, die bei vielen Erkältungskrankheiten Erleichterung bringt. Besonders lindernd wirkt bei starkem Schnupfen ein Kopfdampfbad mit sehr starkem heißem Kamillenaufguss, wobei die Dämpfe unter einem Tuch eingeatmet werden. Selbst Nasennebenhöhlenentzündungen können hierdurch oft erfolgreich behandelt werden. Ist die Nase verstopft, hilft eine Spülung mit Salzwasser. In der Apotheke werden viele Erkältungstees bereitgehalten. Sie enthalten Bestandteile von Pflanzen, die man bei einigen Kenntnissen sogar selber sammeln könnte. Dazu gehören zum Beispiel Spitzwegerich, Holunder, Weg-Malve und Gemeiner Dost.

Viele Menschen leiden an Schlaflosigkeit. Statt zur Schlaftablette zu greifen, kann man es lieber mal mit einem Tee versuchen, den man kurz vor dem Schlafengehen trinkt.

Teemischung gegen Schlaflosigkeit

20 g Melissenblätter
20 g Baldrianwurzel
5 g Hopfenzapfen

2 Teelöffel dieser Mischung in einer Tasse mit heißem Wasser aufbrühen und 10 Minuten ziehen lassen.

Regelmäßig getrunken können aber auch Kräutertees negative Wirkungen haben.

Gesundheitsfördernde Lebensweise

Dazu gehört ausgewogene Ernährung (vgl. S. 162) ebenso wie regelmäßige Bewegung (S. 193) und Phasen der Entspannung nach Stresssituationen (S. 195).

In der Homöopathie bedeutet Verdünnung keine Abschwächung, sondern eine Verstärkung der Heilwirkung

Kleine Reize fördern — starke Reize lähmen

Homöopathische Mittel

Begründer der Homöopathie ist der Mediziner SAMUEL HAHNEMANN, der von 1755 bis 1843 lebte. Er wollte als junger Arzt die Wirkung der gegen Malariafieber eingesetzten Chinarinde an sich selbst ausprobieren und bekam von der hohen Dosis starkes Fieber, das einem Malariaanfall ähnelte. Als Gesunder bekam er durch das Mittel also scheinbar die Krankheit, die sonst damit geheilt wurde. Diese Beobachtung brachte ihn auf den Gedanken, Ähnliches mit Ähnlichem zu heilen, inzwischen ein Grundsatz der Homöopathie (griech. homoion = ähnlich). Bei Vergiftungen beispielsweise kann man jedoch nicht noch zusätzliches Gift verabreichen. Deshalb dosiert man die Arzneimittel so stark verdünnt, dass schädigende Reaktionen nicht mehr stattfinden können. Durch Schütteln und Verreiben werden die Wirkstoffe vorher nach Einschätzung der Homöopathen „dynamisiert", das heißt mit Kraft versehen, die während des Verdünnens verlorengegangen ist.

Der homöopathische Arzt stellt die Medikamente für jeden Patienten in der Regel gesondert zusammen. Das erfordert umfangreiche Kenntnisse und sehr viel Beschäftigung mit dem Patienten, der allein durch diese Zuwendung oftmals Hilfe verspürt.

Manche Mediziner lehnen die Homöopathie ab, da sich die Wirksamkeit der Medikamente mit herkömmlichen Verfahren nur schwer nachweisen lässt. Im Gegensatz zu den üblichen Arzneimitteln gelten homöopathische Mittel jedoch als preiswert und sind vergleichsweise arm an Nebenwirkungen.

Medikamente aus dem Reagenzglas

Bei der Fülle von Medikamenten ist die Grenze zu den Naturheilmitteln nicht immer leicht zu ziehen, denn auch in den synthetischen Produkten der Arzneimittelindustrie sind Stoffe enthalten, die aus der Natur stammen. Beispielsweise wird ein Produkt des Fingerhuts *Digitalis* als herzstärkendes Medikament eingesetzt. Ein Produkt der Tollkirsche, das *Atropin*, wird bei akuten Herzbeschwerden verabreicht.

Viele Arzneimittel sind verschreibungspflichtig und ihre Anwendung wird dem Patienten vom Arzt genau erklärt. Angaben über die Dosierung und Art der Einnahme finden sich auch auf der Packungsbeilage, die in jeder Medikamentenschachtel enthalten ist. Dort stehen außerdem Hinweise auf mögliche Nebenwirkungen und auf Wechselwirkungen mit anderen Medikamenten oder Stoffen. Es gibt auch Medikamente, die abhängig machen. All dies muss der Arzt bei der Verordnung berücksichtigen.

Nicht immer haben Medikamente sofort die gewünschte Wirkung. Bei Antibiotika ist es schon vorgekommen, dass Bakterien gegen ein bestimmtes Mittel resistent waren. Dann hilft nur ein anderes Antibiotikum mit einem anderen Wirkstoff. Antibiotika müssen nach Angabe des Arztes bis zum Verbrauch der genau dosierten Packung eingenommen werden, da sonst ein Rückfall droht.

Medikamente werden meist nach einiger Zeit unbrauchbar. Deshalb muss von Zeit zu Zeit überprüft werden, ob im Arzneimittelschrank Medikamente vorhanden sind, bei denen das Verfallsdatum überschritten ist.

Wolliger Fingerhut

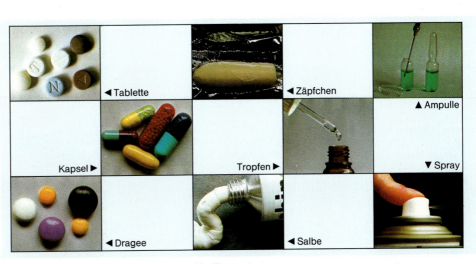

1 Verschiedene Darreichungsformen von Medikamenten

3 AIDS — eine weltweite Epidemie

Ein rätselhaftes Krankheitsbild

Noch Ende der siebziger Jahre war man überzeugt, dass Infektionskrankheiten für Menschen industrialisierter Staaten kein großes Problem mehr darstellen. Durch Impfungen und Antibiotika hatte man solche Krankheiten unter Kontrolle. Dies änderte sich im Jahre 1981 grundlegend, als ein rätselhaftes Krankheitsbild auftrat.

Bei jungen homosexuellen Männern kamen sehr seltene, schon lange bekannte Krankheiten in erstaunlicher Häufigkeit vor. Neben einer ausgefallenen Form von Hautkrebs *(Karposi-Sarkom)*, die sich als braunviolette, schmerzlose, aber harte Geschwüre auf der Haut zeigt, erkrankten die Menschen an einer ansonsten seltenen Art von Lungenentzündung. Außerdem machten sich Pilzinfektionen von Haut und Schleimhäuten, aber auch sehr seltene Virusinfektionen der verschiedensten Organe breit. Typisch für diese Krankheiten ist, dass sie nur bei geschwächtem Immunsystem zum Ausbruch kommen. Mikroorganismen, die normalerweise von einem gesunden Immunsystem in Schach gehalten werden, nutzen die günstige Gelegenheit und lösen lebensbedrohliche Infektionskrankheiten aus. Man nennt solche Mikroorganismen opportunistisch.

Das beschriebene Krankheitsbild nennt man heute AIDS. Dieses Kürzel stammt aus dem Amerikanischen und bedeutet:

A = acquired = erworbenes
I = immune = Immun-
D = deficiency = Schwäche
S = syndrome = Syndrom

HIV setzt die Körperabwehr außer Kraft

Bei allen AIDS-Kranken kann man eine extrem niedrige Anzahl von weißen Blutzellen feststellen. Besonders die Zahl der T-Helferzellen ist verringert. Dadurch ist das Immunsystem geschwächt.
Erst nach zwei Jahren intensiver Forschung hatte man den Erreger dieser rätselhaften, neuen Krankheit entdeckt. Der Erreger von AIDS ist ein Virus, HIV genannt.

Das Virus hat einen Durchmesser von 0,1 µm. Es befällt vorwiegend die „Schaltzentrale" des Immunsystems: die T-Helferzellen. Die Schädigung der T-Helferzellen wirkt sich besonders nachteilig aus, da sie das gesamte Immunsystem des Körpers aktivieren und steuern. Der Ausfall der T-Helferzellen bewirkt, dass zahlreiche andere Krankheitserreger den Körper befallen können — auch solche, die sich bei normal funktionierendem Abwehrsystem niemals im Körper ausbreiten könnten. Als Begleiterscheinungen können Gehirnschädigungen auftreten, weil das Virus auch Gehirnzellen zerstört. Das führt bei einem Teil der AIDS-Patienten zu Bewußtseins- und Gedächtnisstörungen, Sprechschwierigkeiten und Lähmungen können hinzukommen.

In den ersten Monaten nach der Infektion treten als Krankheitszeichen Erschöpfung, Fieber und geschwollene Lymphknoten auf. Die meisten Symptome verschwinden im Laufe weniger Wochen wieder. In der Folgezeit leben die HIV-Infizierten ohne Beschwerden, d. h. äußerlich gesund. Dauernde Lymphknotenschwellungen sind in diesem Stadium das einzige Kennzeichen dafür, dass mit dem Immunsystem etwas nicht in Ordnung ist. Das Auftreten typisch opportunistischer Krankheiten weist schließlich auf AIDS hin. Es gibt Fälle, in denen die Symptome für eine AIDS-Erkrankung erst 10 Jahre nach der Infektion auftreten.

Bis heute gibt es keine Medikamente, die AIDS heilen könnten. Sehr wohl hat aber die Forschung Fortschritte gemacht, indem sie Medikamente entwickelte, die einerseits die Virusvermehrung hemmen, andererseits die opportunistischen Erkrankungen lindern.

Karposi-Sarkom

opportunistisch
günstige Umstände nutzend

Syndrom
(gr. *syndromos* = übereinstimmend) Gruppe von zusammengehörigen Krankheitszeichen, die für eine bestimmte Krankheit kennzeichnend sind.

HIV =
Human
Immunodeficiency
Virus =
menschliches Immunschwäche-Virus

1 Schriften zur AIDS-Aufklärung

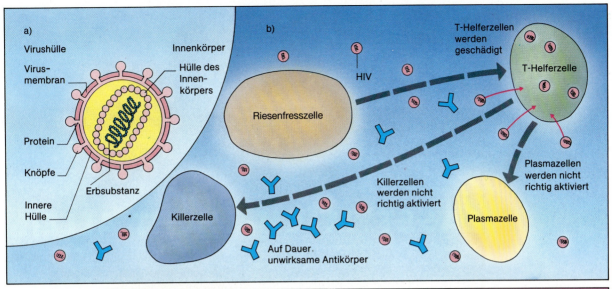

1 Vermehrungszyklus des HI-Virus und seine Wirkung auf das Immunsystem

Das HI-Virus wurde bei Infizierten in allen Körperflüssigkeiten nachgewiesen. In Blut, Sperma und Scheidenflüssigkeit sind die Konzentrationen so hoch, dass sie für eine Infektion ausreichen.

Auch im Speichel und in der Tränenflüssigkeit findet man das Virus, allerdings in so geringen Mengen, dass eine Ansteckung höchst unwahrscheinlich und bislang auch nicht nachgewiesen ist.

Hohe Ansteckungsgefahr besteht deshalb besonders in folgenden Fällen:
— Geschlechtsverkehr mit HIV-infizierten Menschen;
— Blutübertragung, wenn die bestehenden Sicherheitsvorschriften nicht konsequent eingehalten werden. Das Risiko ist besonders in Entwicklungsländern hoch;
— Tausch von gebrauchten Spritzen bei Drogensüchtigen: Die Viren werden mit den Blutresten in der Nadel übertragen. Man sollte deshalb auch ein gebrauchtes Fixerbesteck niemals mit bloßen Händen berühren;
— Neugeborene HIV-infizierter Mütter: Das Virus kann schon im Mutterleib in den kindlichen Körper übergehen. Außerdem kann es auch über die Muttermilch weitergegeben werden.

Eine Weiterverbreitung der HIV-Infektion lässt sich nur eindämmen durch Aufklärung und Änderung der persönlichen Verhaltensweisen — zum eigenen Schutz und dem des Partners (s. auch S. 219).

Aufgaben

① Zeichne die weißen Blutzellen, die an der Körperabwehr beteiligt sind, in dein Heft und ergänze durch Informationspfeile. Streiche den Zelltyp durch, den das Virus ausschaltet, ebenso die Folgepfeile und die weiteren Zelltypen. Erkläre anhand deiner Skizze die Wirkung der HIV-Infektion.

② Wie stehen die lange Inkubationszeit von AIDS und die Ansteckung weiterer Menschen in Zusammenhang?

③ Informiere dich über HIV-Infektionsrisiken. Was kann man tun, um sich vor Ansteckung zu schützen? Stelle Verhaltensregeln zusammen (s. Lexikon S. 219).

1 Plakat zur AIDS-Aufklärung

AIDS geht alle an

HIV-Test
Gegen die HI-Viren bildet der Organismus in einer Zeit von 6—12 Wochen Antikörper. Mit speziellen Tests können die Antikörper nachgewiesen werden.

Ich bin Tobias und HIV-positiv. Im Lexikon steht über „positiv" bejahend, vorteilhaft, günstig, gut. In meinem Fall ist das aber ganz anders. Ich bin mit dem HI-Virus infiziert und werde nach dem heutigen Wissensstand irgendwann in ein oder zwei oder vielleicht auch erst zehn Jahren sterben. Inzwischen habe ich einigermaßen gelernt, mit meinem Schicksal umzugehen.

Als mein Arzt mir vor einem Jahr das Ergebnis meiner Blutuntersuchung mit den Worten „Ich muss Ihnen etwas ganz Einschneidendes mitteilen!" bekanntgab, durchfuhr es mich wie ein Blitz. Fassungslosigkeit machte sich bei mir breit. Ich glaube, seine weiteren Worte nahm ich gar nicht mehr wahr. Wie betäubt verabschiedete ich mich. Wie ich letztendlich nach Hause kam, kann ich heute nicht mehr nachvollziehen. Eine Fülle von Fragen tauchten vor meinem geistigen Auge auf. Warum gerade ich? Wie lange lebe ich noch? Werde ich Schmerzen haben? Gibt es ein Weiterleben nach dem Tod? Wie sage ich es meinen Eltern — meiner Freundin — meinen Freunden? Habe ich meine Freundin bereits angesteckt? Werde ich von der Schule verwiesen? Darf ich weiterhin Fußball spielen? Fragen, nichts als Fragen. Wer gibt mir Antworten darauf — finde ich selbst welche? Und ich habe welche gefunden — dank meiner . . . (s. Aufgabe 1).

Aufgaben

① Überlege dir verschiedene Spielszenen, in denen Tobias seine HIV-Infektion bekanntgibt. Beschreibe darin die möglichen Reaktionen, die ihn . . .
. . . von dir als Freund . . .
. . . von seiner Freundin . . .
. . . von seinen Eltern . . .
. . . von seinem Fußballtrainer und seinen Mannschaftskameraden . . .
. . . in der Schule und von der Schulverwaltung . . .
. . . von den Nachbarn . . .
. . . erwarten könnten.

② Tobias drückt im Wesentlichen zwei Ängste aus. Beschreibe sie!

③ Immer wieder taucht die Forderung auf, dass der Staat Zwangstests auf HIV in der Bevölkerung vornehmen und HIV-Infizierte isolieren lassen sollte.
Wie denkt ihr darüber? Was spricht für diese Meinung und was für die Gegenposition? Sammelt Argumente für beide Positionen und diskutiert in der Klasse darüber.

Zusatzinformationen zum Thema AIDS könnt ihr euch bei der Bundeszentrale für gesundheitliche Aufklärung in 51109 Köln oder bei den örtlichen Krankenkassen besorgen.

AIDS — Was man sonst noch wissen sollte

Stichwort: Schwimmbad — Sauna

Im Schwimmbad werden eventuell vorhandene Virusmengen so verdünnt, dass keine Ansteckungsgefahr besteht. Außerdem vernichten Desinfektionsmittel im Wasser die Viren. In der Sauna werden Viren allein schon durch die Hitze unschädlich gemacht.

Stichwort: Gegenstände

Über Türklinken, Toiletten, Telefonhörer, Essbesteck oder Gläser hat sich noch niemand infiziert. Gegenstände bedeuten normalerweise keine Ansteckungsgefahr, denn erstens sind HI-Viren außerhalb des menschlichen Körpers nur kurzzeitig existenzfähig und zweitens vernichten desinfizierende Reinigungsmittel das sehr empfindliche Virus rasch. Auch durch das Kochen der Wäsche bei 60 °C hat das Virus keine Chance. Bei der Kosmetikerin, bei der medizinischen Fußpflege oder beim Ohrringstechen besteht ebenfalls keine Infektionsgefahr, wenn die Instrumente vor jeder Benutzung sterilisiert werden. Gegenstände der täglichen Körperpflege, die mit Wunden in Berührung kommen können, wie z. B. Rasierklingen, Zahnbürsten, Nagelscheren sollten nicht gemeinsam mit einem Infizierten benutzt werden. Eine Infektion ist zwar unwahrscheinlich, aber nicht ganz auszuschließen. Zahnbürsten sollten aus allgemein hygienischen Gründen sowieso nicht gemeinsam benutzt werden.

Stichwort: Insektenstiche

Insekten können zwar nach einer „Blutmahlzeit" für eine gewisse Zeit Viren enthalten, eine Übertragung ist aber auszuschließen, weil das Virus in Insekten nicht vermehrt wird.

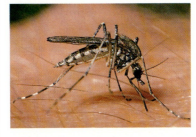

Stichwort: Erste Hilfe

Angst vor AIDS ist kein Grund, eine erste Hilfe-Leistung zu verweigern. Bei Beachtung weniger Regeln besteht keine Infektionsgefahr. Müssen blutende Wunden versorgt werden, sollte man Einmalhandschuhe anziehen. Wenn eine Atemspende notwendig ist, genügt es, zwischen Mund und Nase ein Tuch zu legen.

Stichwort: Bei Arzt und Zahnarzt

Bei der ärztlichen Behandlung besteht kein Grund zur Angst vor einer Infektion. In der Arzt- und Zahnarztpraxis werden gegen HIV dieselben hygienischen Maßnahmen durchgeführt, die man auch gegen andere Krankheitserreger anwendet. Es werden Einmalartikel verwendet; alle Geräte und Instrumente werden sterilisiert. Patienten und medizinisches Personal sind so vor Infektion geschützt.

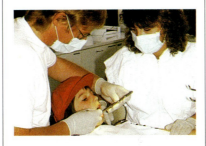

Stichwort: Schulalltag

Im Schulalltag besteht im Allgemeinen kein Ansteckungsrisiko. Bei blutenden Verletzungen, z. B. im Sport- und Technikunterricht oder bei Raufereien, sind grundsätzlich der Kontakt mit fremdem Blut zu vermeiden und die allgemeinen Grundregeln der Infektionsvermeidung (erste Hilfe) einzuhalten.

Stichwort: Blutübertragung

Um eine Infektion durch Blutübertragung auszuschließen, müssen seit 1985 bei uns alle Blutspenden auf HIV-Antikörper untersucht werden. Infiziertes Blut wird sofort vernichtet. Dabei besteht allerdings ein Restrisiko von 1 : 1 000 000, denn ein Blutspender könnte sich kurz vor der Blutentnahme infiziert haben; Antikörper sind dann noch nicht nachweisbar. Deshalb werden Blutspenden heute 4 Monate gelagert und erst freigegeben, wenn der Spender auch nach dieser Frist noch HIV-negativ ist. Vor geplanten Operationen kann man dem Patienten Eigenblut entnehmen, das ihm dann im Bedarfsfall verabreicht wird.

Stichwort: Blutprodukte

Bluter haben sich früher häufig durch Medikamente aus Spenderblut infiziert. Heute sind diese Blutprodukte ungefährlich, wenn die Sicherheitsvorschriften gewissenhaft eingehalten wurden. Durch eine Spezialbehandlung werden HI-Viren vernichtet.

Stichwort: Küssen

Küsse auf die Wange oder die Lippen sind ungefährlich, da sie kein Verletzungsrisiko in sich bergen und die Viruskonzentration im Speichel sehr gering ist. Bei sehr intensiven Zungenküssen ist eine Infektion allerdings nicht gänzlich auszuschließen, da Blut aus einer Wunde des Zahnfleischs in eine Wunde der Mundschleimhaut gelangen kann.

Stichwort: Geschlechtsverkehr

Bei jedem Geschlechtsverkehr besteht die Möglichkeit einer Infektion, wenn ein Partner, was er unter Umständen nicht weiß, HI-Virusträger ist. Während der Menstruation besteht ein erhöhtes Übertragungsrisiko. Kondome schützen bei richtiger Anwendung sehr zuverlässig (Safer Sex).

Mensch und Tier reagieren vielfältig

1 Viele Reize wirken gleichzeitig auf unsere Sinnesorgane

1 Sinnesorgane dienen der Wahrnehmung der Umwelt

Licht- und Showeffekte gehören ebenso zu einem Rockkonzert wie die für viele unbeschreibliche Musik ihrer Lieblingsband. Gleißendes Licht setzt die Stars auf der Bühne erst richtig in Szene. Zusammen mit dem vollen elektronischen Sound aus mannshohen Boxen sorgt die aufwendige Beleuchtungsanlage für eine beeindruckende Veranstaltung, die viele in ihren Bann zieht und fasziniert. Was auf der Bühne klein erscheint, wird oftmals durch eine riesige Videoleinwand übertragen und den Fans auf diese Weise nahe gebracht. Und wenn schließlich der Funke überspringt, findet die Musik ihren Ausdruck in den rhythmischen Bewegungen des zumeist recht jugendlichen Publikums.

Die Stimmung ist spitze und lässt die drangvolle Enge schnell vergessen. Nicht nur die Rhythmen sind heiß, auch die Temperaturen in der Halle steigen. Rockkonzerte haben nicht nur damit zu tun, dass Musik gehört wird. Solche Veranstaltungen werden zu einem Erlebnis, das viele Sinne fordert und beansprucht.

Mit unseren Sinnesorganen nehmen wir ununterbrochen wahr, was um uns herum geschieht. Wir orientieren uns, indem wir sehen, hören, riechen, schmecken und tasten. Informationen, die wir durch Augen, Ohren, Nase, Zunge und Haut aufnehmen, nennt man Reize. Je nach Art der Reizquelle sind das Lichtstrahlen, Schallwellen, Geruchs- oder Geschmacksstoffe. Die Haut hingegen ist so gebaut, daß sie für verschiedene Reize empfänglich ist. Mit ihrer Hilfe können wir Berührung, Druck, Wärme und Kälte wahrnehmen. Jedes Sinnesorgan besitzt spezialisierte Zellen, die Sinneszellen. Sie sind für jeweils eine ganz bestimmte Reizart empfänglich. Die gemeinsame Aufgabe aller Formen von Sinneszellen ist es, die eintreffenden Informationen aus unserer Umwelt in elektrische Impulse umzuwandeln. Über Nervenzellen werden diese Impulse zur Zentrale, dem Gehirn, weitergeleitet. Im Gehirn treffen die Informationen aller Sinnesorgane zur Auswertung und Weiterverarbeitung zusammen.

Wir unterscheiden *Fernsinne,* die uns Informationen von entfernten Reizquellen vermitteln, und *Nahsinne.* Außer den genannten Sinnen besitzt der Mensch noch den Lage- und Drehsinn. Ohne sie wäre die Orientierung im Raum nicht möglich.

Menschen können auf gleiche Reize sehr unterschiedlich reagieren, weil jedes Gehirn die Eindrücke auf eigene Weise auswertet. Rockmusik, bei der du dich wohl fühlst, die für dich ein echter Genuss ist, kann anderen auf die Nerven gehen oder sogar eine Qual sein.
Erinnerungen, Wünsche und Gefühle, wie Angst oder Wohlbefinden, beeinflussen die Auswertung im Gehirn und können in ein und derselben Situation bei verschiedenen Menschen zu unterschiedlichen Reaktionen führen.

Das Gehirn arbeitet ständig, nicht nur auf äußere Reize, beispielsweise im Traum oder beim Nachdenken.
In unserer Umwelt gibt es viele andere Reize, für die wir keine Sinneszellen haben und die wir daher nicht direkt wahrnehmen können. Viele Tiere leben auf Grund ihrer andersartigen Sinnesorgane in einer eigenen Welt. Unsere Wahrnehmung von der Welt ist unvollkommen. Vieles bleibt unserem Erleben unzugänglich.

Aufgaben

① Hunde sind Nasentiere. Katzen hingegen gelten als Ohren- oder Augentiere. Begründe.
② Man unterscheidet Fern- und Nahsinne. Lege eine zweispaltige Tabelle an und ordne die in der Abb. 1 dargestellten Reizarten zu.

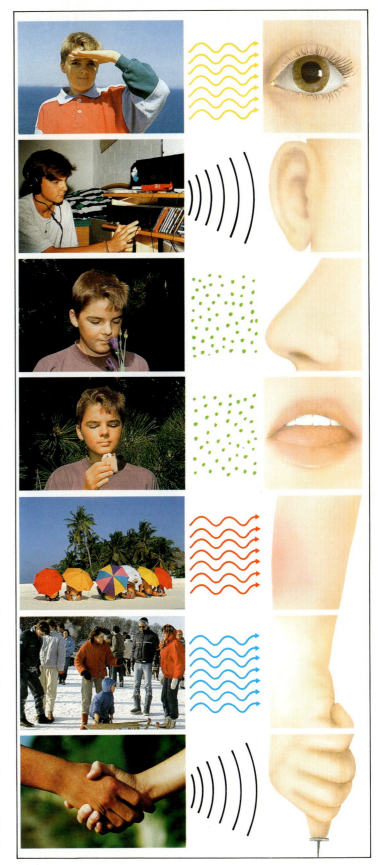

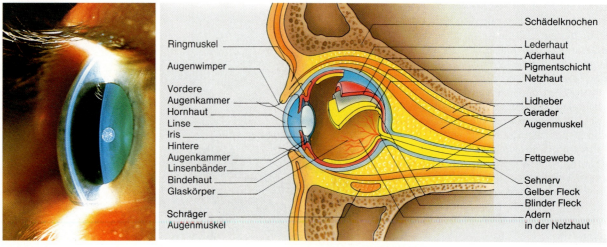

1 Das Auge   2 Längsschnitt durch das menschliche Auge (Schema)

Das Auge — ein wichtiges Sinnesorgan

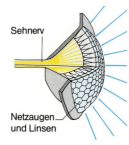

Sehnerv

Netzaugen und Linsen

So sieht ein Insekt (vgl. S. 49)

Von allen Sinnesorganen haben die Augen für den Menschen die größte Bedeutung. Sie führen dem Gehirn etwa zehnmal mehr Informationen zu als alle anderen Sinnesorgane zusammen.

Die Augenwand besteht aus drei übereinander liegenden Häuten: *Lederhaut* (Weiße Augenhaut), *Aderhaut* und *Netzhaut*.

Die Lederhaut grenzt das Auge nach außen ab. Diese äußere Schicht ist weiß und fest. An ihr setzen die Muskeln zur Bewegung des Auges an. In dem Bereich, in dem das Licht ins Auge eintritt, wird die Lederhaut zur durchsichtigen *Hornhaut*. Sie muss immer durch Tränenflüssigkeit befeuchtet sein.

Die zweite Schicht heißt *Aderhaut.* Sie ist reich an Blutgefäßen und versorgt die ihr anliegenden Schichten mit Nährstoffen und Sauerstoff. Darauf folgt die *Pigmentschicht,* deren Zellen braunschwarze Farbstoffe (Pigment) enthalten.

Die dritte und innerste Schicht ist die *Netzhaut.* Sie enthält die *Lichtsinneszellen.* An der Stelle, an der der *Sehnerv* das Auge verlässt, ist die Netzhaut unterbrochen. Hier befinden sich keine Lichtsinneszellen. Deshalb können an dieser Stelle, dem *Blinden Fleck,* keine Lichtreize empfangen werden. An dieser Stelle ist man blind, doch das Gehirn gleicht diese „Lücke" bei der Wahrnehmung wieder aus. Der Hornhaut gegenüber liegt eine etwas vertiefte Netzhautstelle, der *Gelbe Fleck.*

Der Lichteintritt in das Auge erfolgt durch die Hornhaut und das Sehloch, die *Pupille.* Sie ist von der farbigen Regenbogenhaut, der *Iris,* umgeben. Durch Vergrößern und Verkleinern der Pupille wird die ins Auge kommende Lichtmenge geregelt (Adaptation). Hinter der Iris ist die elastische Augenlinse an Bändern aufgehängt. Die *Linsenbänder* (Zonulafasern) verlaufen speichenartig zum ringförmigen *Ziliarmuskel.* In der vorderen und hinteren *Augenkammer* befindet sich das *Kammerwasser.* Es dient zur Ernährung der Linse und der Hornhaut. Der *Glaskörper,* eine gallertartige Masse, gibt dem Auge die Form.

Bau und Funktion der Netzhaut

Im mikroskopischen Bild wird erkennbar, dass die Netzhaut aus drei Zellschichten besteht. Unmittelbar an die Pigmentzellen schließt eine Schicht mit den Lichtsinneszellen an. Abbildung 223.1 zeigt, dass es zwei unterschiedlich gebaute Typen dieser Sinneszellen gibt: *Stäbchen* und *Zapfen.* Die länglichen, schlanken Stäbchen sind für das Hell-Dunkel-Sehen und das Dämmerungssehen zuständig. Sie sprechen schon auf sehr schwaches Licht an. Die kürzeren, gedrungenen Zapfen benötigen weitaus helleres Licht. Sie dienen dem Farbsehen.

Die Netzhaut eines jeden Auges enthält etwa 125 Millionen Stäbchen und 6 Millionen Zapfen. Auf jedem Quadratmillimeter stehen ungefähr 140 000 Sehzellen. Im Zentrum der Netzhaut, dem Gelben Fleck, gibt es nur Zapfen. Es ist die Stelle des schärfsten Sehens. Hier stehen etwa 300 000 Zapfen sehr eng aneinander. Zu den Randbereichen der Netzhaut hin findet man immer weniger Zapfen. Hier überwiegen die Stäbchen.

Die Sehzellen enthalten lichtempfindliche

„Katzenaugen"
Die Rückstrahler am Fahrrad werden als „Katzenaugen" bezeichnet, weil sie wie die Augen von Katzen aufleuchten, wenn sie angestrahlt werden. Im Auge der Katze (und anderer nachtaktiver Tiere) wird das eingestrahlte Licht von einer Leuchtschicht *(Tapetum lucidum)* in der Aderhaut reflektiert.

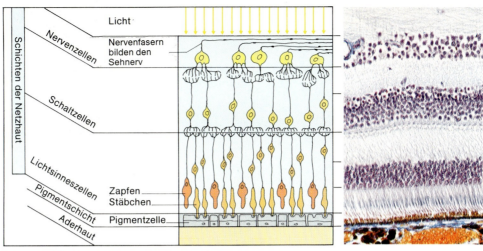

1 Bau der Netzhaut (Mikrofoto und Schema)

Farbstoffe. Einer davon ist der *Sehpurpur*, für dessen Aufbau Vitamin A benötigt wird. Trifft Licht auf eine Sehzelle, wird sie angeregt. Dabei laufen im Zellinnern folgende Vorgänge ab: Der belichtete Sehpurpur zerfällt in zwei Bestandteile. Dieser Farbstoffzerfall bewirkt, dass die Zelle ein elektrisches Signal abgibt. Das ist die Erregung. Zerfallener Sehpurpur wird anschließend wieder neu aufgebaut.

Lichtsinneszellen wandeln Lichtreize in Nervensignale um, die sie zu den Schaltzellen übertragen. Nur im Gelben Fleck ist jede Lichtsinneszelle mit einer einzigen Schaltzelle verbunden. Deshalb können wir hier gestochen scharf sehen. Beim Fixieren eines Gegenstandes ist das Auge so ausgerichtet, dass sein Bild auf dem Gelben Fleck entsteht. Alle anderen Schaltzellen haben Verbindung zu mehr als 100 Lichtsinneszellen. Schon hier verarbeitet die Schaltzelle ankommende Signale. Sind die Schaltzellen erregt, so übertragen sie Signale in die nächste Netzhautschicht. Diese besteht aus etwa einer Million Nervenzellen, deren lange Fortsätze sich zum Sehnerv vereinigen und elektrische Impulse zum Gehirn leiten.

Aufgaben

① Warum erscheinen Pupillen von Personen auf einem Farbfoto, das geblitzt wurde, häufig rot?
② Viele nachtaktive Tiere haben auffallend große Augen. Erkläre.
③ Präpariere unter Anleitung deines Lehrers ein Rinderauge und versuche einzelne Teile zu erkennen.
④ Lege die Linse des Rinderauges auf eine Zeitung. Was fällt dir dabei auf?

Augenschutz

Die Augen liegen gut geschützt tief in knöchernen Augenhöhlen. Ein Fettpolster dämpft Erschütterungen. Augenbrauen leiten Schweiß und Regen seitlich ab. Augenlider verschließen automatisch das Auge, wenn Staub oder Fremdkörper die Wimpern berühren. Tränendrüsen bilden ständig Tränenflüssigkeit. Sie hält die Hornhaut feucht und tötet gleichzeitig Krankheitserreger ab. Regelmäßiger Lidschlag verteilt die Flüssigkeit gleichmäßig. Sie schwemmt auch Fremdkörper aus. Über den Tränenkanal wird diese Flüssigkeit abgeleitet. Manchmal werden die Augenlider nicht schnell genug geschlossen. Dann soll vermehrte Tränenflüssigkeit den eingedrungenen Fremdkörper ausschwemmen. Gelingt das nicht, nimmt man behutsam die Wimpern des Oberlides zwischen Daumen und Zeigefinger, zieht das Oberlid über das Unterlid und streift es daran ab.

In der modernen Arbeitswelt ist für viele berufliche Tätigkeiten heute ein Augenschutz dringend notwendig. Sollten dennoch einmal Metall-, Stein- oder Glassplitter ins Auge kommen, muss sofort ein Augenarzt aufgesucht werden.

223

Wie entsteht ein Bild auf der Netzhaut?

Die Form, Farbe und Bewegung eines Gegenstandes können wir selbst mit den besten Augen nur dann erkennen, wenn es hell ist. Genauer betrachtet, bedeutet dies, dass Lichtstrahlen der Sonne, die sich gradlinig ausbreiten, auf diesen Gegenstand fallen und von ihm reflektiert werden. Beim Übertritt von einem durchsichtigen Stoff in einen anderen werden sie aus ihrer Richtung abgelenkt. Dieser Vorgang heißt *Lichtbrechung*.

Neben Hornhaut, Kammerwasser und Glaskörper ist hauptsächlich die Linse für die Lichtbrechung verantwortlich. ▷1 zeigt, dass Lichtstrahlen, die von einem Punkt eines Gegenstandes ausgehen, von der Linse gebrochen werden und auf der Netzhaut wieder in einem Punkt zusammentreffen. Dabei treffen Strahlen, die von unten kommen, auf den oberen Bereich der Netzhaut. Strahlen, die von links kommen, werden rechts abgebildet. Man kann sich nun ein Bild aus vielen kleinen Punkten zusammengesetzt denken. Die von vielen Punkten eines Gegenstandes ausgehenden Lichtstrahlen vereinigen sich zu ebenso vielen Bildpunkten hinter der Linse.

So entsteht auf der Netzhaut ein verkleinertes, auf dem Kopf stehendes und seitenverkehrtes Abbild des Gegenstandes. Mit Hilfe unseres Gehirns sehen wir die Wirklichkeit trotzdem in der richtigen Lage.

Scharfes Sehen nah und fern

Wir können nicht gleichzeitig in der Nähe und in der Ferne ein scharfes Bild sehen. Automatisch stellt sich das Auge mit seiner verformbaren Linse auf die jeweilige Entfernung ein. Die Linse ist mit Linsenbändern am Ringmuskel (Ziliarmuskel) aufgehängt. Betrachten wir in der abgebildeten Versuchsanordnung den Bleistift, dann wird die Linse stärker gekrümmt (stärkere Lichtbrechung), sodass ein scharfes Abbild des Bleistifts auf der Netzhaut entsteht. Dazu muss der Ringmuskel angespannt werden. Der vom Ziliarmuskel gebildete Ring wird dadurch kleiner und die Linsenbänder entspannen sich kurzfristig, um danach im gespannten Zustand die Linse in ihrer neuen Form zu halten. Auf Grund ihrer eigenen natürlichen Elastizität nimmt die Linse jetzt selbstständig eine stark gekrümmte Form an.

Das Nahsehen ist mit Muskelarbeit verbunden und ermüdet auf Dauer. Verschwimmt

1 Wie Lichtstrahlen im Auge ein Bild erzeugen

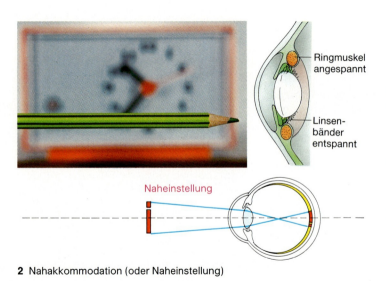

2 Nahakkommodation (oder Naheinstellung)

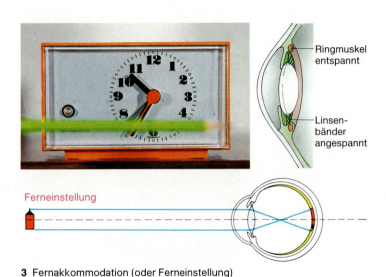

3 Fernakkommodation (oder Ferneinstellung)

der Bleistift im Vordergrund vor unserem Auge, weil wir auf den entfernteren Wecker schauen, wird die Linse wieder dünner. Der Ziliarmuskel ist nun entspannt und bildet einen größeren Muskelring. Die Linsenbänder werden dadurch straff gespannt und ziehen an der Linse. Sie wird abgeflacht. Ihre Brechkraft ist dann gering und ferne Gegenstände werden scharf abgebildet.

Das menschliche Auge passt sich wechselnden Entfernungen der Gegenstände durch Veränderung der Linsenkrümmung an. Man nennt diese Anpassung *Akkommodation*.

Wenn das Auge Fehler hat

Manche Menschen können ferne Gegenstände nur unscharf sehen, im Nahbereich erscheint alles scharf. Die betroffen Personen leiden an *Kurzsichtigkeit*. Die Ursache liegt in der veränderten Gestalt des Auges: der Augapfel ist zu lang. Dies führt bei der Betrachtung eines weit entfernten Gegenstandes dazu, dass das Bild vor der Netzhaut entsteht. Die wieder auseinander strebenden Lichtstrahlen bilden auf der Netzhaut keine scharfen Bildpunkte, sondern unscharfe Scheibchen ab. Die Brechkraft der Augenlinsen ist auch bei weitester Abflachung noch zu groß. Um dies zu korrigieren, verschreibt der Augenarzt eine Brille. Die Brillengläser sind Zerstreuungslinsen. Sie bewirken, dass die in diesem Fall zu große Brechkraft der Augenlinse ausgeglichen wird.

Bei *Weitsichtigkeit* können ferne Gegenstände deutlich gesehen werden. Gegenstände in der Nähe erscheinen unscharf. Die Ursache ist hier ein zu kurzer Augapfel. Bei Annäherung eines Gegenstandes an dieses Auge muss sich die Augenlinse immer mehr wölben, damit er scharf auf die Netzhaut abgebildet wird. Ist die größte Wölbung erreicht, wenn der Gegenstand noch weiter als 20 cm entfernt ist, so führt eine weitere Annäherung zu einem unscharfen Netzhautbild.
Abhilfe schaffen Brillen mit Sammellinsen. Sie gleichen die hier unzureichende Brechkraft der Augenlinse aus.

Die *Alterssichtigkeit* ist eine der ersten beobachtbaren Alterserscheinungen. Zwischen dem 40. und dem 50. Lebensjahr nimmt die Elastizität der Augenlinsen nach und nach ab. Die Linse wölbt sich bei der Naheinstellung immer weniger. Betroffene merken es zumeist daran, dass beim Lesen die Entfernung zwischen Text und Auge vergrößert

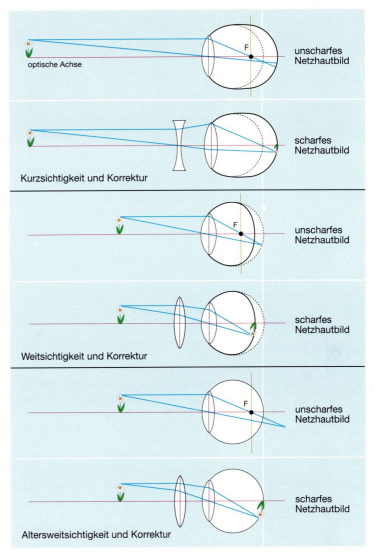

1 Abbildung und Augenfehler

werden muss, um deutlich sehen zu können. Die Tabelle in der Randspalte zeigt, wie die kleinste Entfernung, ab der scharfes Sehen möglich ist, mit dem Alter zunimmt.

Aufgaben

① Erkläre, weshalb ein Kurzsichtiger ferne Gegenstände unscharf sieht.
② Welche Ursachen hat die Weitsichtigkeit, welche die Alterssichtigkeit?
③ Informiere dich in einem Gesundheitslexikon über den grauen und grünen Star und berichte in der Klasse darüber.
④ Begründe, weshalb langes Lesen, Fernsehen oder Arbeiten am Computer für die Augen besonders anstrengend ist.

Altersabhängigkeit der Nahpunktentfernung

Alter (in Jahren)	Nahpunktentfernung (in cm)
10	7
20	10
30	12
40	17
50	44
60	100

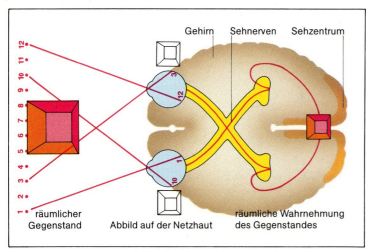

1 Vereinfachtes Schema des räumlichen Sehens

2 Astronauten auf dem Mond

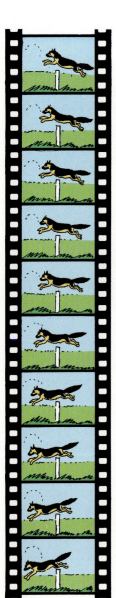

Bewegte Bilder

Betrachtet man einen Filmstreifen, so erkennt man darauf eine Folge von Einzelbildern. Bei der Filmvorführung werden die einzelnen Bilder nacheinander durch das Filmgerät projiziert. Dabei entsteht beim Betrachter der Eindruck einer kontinuierlichen Bewegung. Von Einzelbildern ist nichts mehr zu bemerken, es sei denn, die Vorführgeschwindigkeit wird verringert. Werden pro Sekunde weniger als etwa 18 Bilder gezeigt, erkennen wir am Flimmern, dass es sich um eine Einzelbildfolge handelt.

Dass wir einen Film als kontinuierlichen Bewegungsablauf sehen können, liegt an der „Trägheit" der Sehzellen. Werden sie von Licht getroffen, entsteht in ihnen eine *elektrische Erregung*. Diese Erregung verschwindet aber nicht plötzlich, wenn der Lichteinfall ausbleibt, sondern sie klingt innerhalb von $1/18$ Sekunde nach dem Ausbleiben des Lichtreizes ab. Erfolgt innerhalb dieser Abklingzeit ein neuer Lichtreiz, dann überlagern sich abklingende und neue Erregung.

Kommt es zu solchen Überlagerungen bei der Betrachtung aufeinander folgender Bilder eines Films, dann entsteht in unserem Gehirn der Eindruck einer kontinuierlichen Bewegung.

In der Stummfilmzeit war es technisch noch nicht möglich, mehr als 12 Bilder pro Sekunde zu zeigen. Daher wirken in diesen Filmen Bewegungen unnatürlich und eckig. Moderne Filmgeräte arbeiten mit 18 bis 24 Bildern pro Sekunde.

Räumliches Sehen

Räumlich sehen können wir nur mit zwei Augen: Der betrachtete Gegenstand wird in jedem Auge aus einem anderen Blickwinkel auf der Netzhaut abgebildet. Von jedem Auge werden also etwas unterschiedliche Informationen an das Gehirn geleitet. Unser Gehirn kann diese Informationen so verarbeiten, dass wir ein räumliches Bild wahrnehmen.

Je weiter nun ein Gegenstand vom Betrachter entfernt ist, desto weniger unterscheiden sich die Abbildungen in den beiden Augen voneinander. Die räumliche Wirkung wird dadurch schwächer.

Für die Beurteilung von Entfernungen, die größer als 20 m sind, spielt die Raumwirkung kaum eine Rolle. In diesem Fall beurteilen wir Streckenlängen daran, wie klein bekannte Gegenstände erscheinen. Beim Schätzen sehr großer Entfernungen, etwa im Gebirge oder am Meer, ist man allerdings oft hilflos.

Aufgaben

① Schätze in ▷ 2 den Abstand zwischen Mondauto und Gebirge. Überlege, welche Anhaltspunkte das Gehirn bei der Entfernungsschätzung auf der Erde benutzt und warum das Schätzen der Entfernung auf dem Mondfoto schwer fällt?

② Halte zwei Stifte weit auseinander mit angewinkelten Armen vor dein Gesicht. Schließe ein Auge und führe die beiden Stifte mit den Spitzen aufeinander zu, sodass sie sich in der Mitte treffen.
Was beobachtest du?

Das Farbensehen

Es gibt fast keine Werbung ohne Farben. Erst durch den gezielten Einsatz von Farben wird ein Werbeplakat wirksam. Kräftiges Rot oder Gelb wecken unsere Aufmerksamkeit. Der Mensch ist in der Lage, tausende von Farbtönen zu unterscheiden. Dies ermöglichen die Zapfen der Netzhaut. Gibt es für jeden Farbton eine bestimmte Zapfensorte? Das ist bei der ungeheuren Anzahl von wahrnehmbaren Farbtönen kaum anzunehmen. Wie ist es aber dann möglich, diese Farbenvielfalt zu erkennen?

In der Wirklichkeit existieren keine Farben, sondern nur elektromagnetische Wellen. Einen Teil davon erleben wir als Farben. Das menschliche Auge kann nur einen kleinen Ausschnitt aus dem Spektrum der elektromagnetischen Wellen wahrnehmen, nämlich das weiße Licht. Infrarotstrahlen können wir nicht sehen, aber wir spüren sie als Wärme. Ebenso sind die UV-Strahlen des Sonnenlichts für das menschliche Auge unsichtbar. Die Wirkung dieser Strahlen bemerken wir dennoch: Die Haut wird braun oder bekommt sogar einen Sonnenbrand.

Seit dem 18. Jahrhundert weiß man, dass sich Licht eines ganz beliebigen Farbtons aus den Grundfarben Rot, Grün und Blau zusammenmischen lässt. Werden alle drei Grundfarben übereinander projiziert, sehen wir weiß. Wird nun rotes und grünes Licht gesehen, so nehmen wir die Farbe Gelb wahr. Die weiteren Möglichkeiten zeigt Abb. 1. Die große Vielfalt der unterscheidbaren Farbtöne entsteht, wenn die Helligkeit der gemischten Lichter verändert wird.

Bereits 1852 stellte HERMANN VON HELMHOLTZ die Theorie auf, dass auch das Auge mit drei Grundfarben arbeitet und in der Netzhaut drei verschiedene Sorten lichtempfindlicher Zellen vorhanden sein müssen. Inzwischen wurde nachgewiesen, dass es tatsächlich drei Zapfensorten gibt, für jede Grundfarbe eine. Die Zapfensorten unterscheiden sich nur im chemischen Aufbau des Sehfarbstoffes voneinander. Jede Zapfensorte wird besonders stark durch das Licht der zugehörigen Grundfarbe erregt.

Farbensehen bei Insekten
Bienen können Rot und Grau nicht unterscheiden. Ultraviolettes Licht, das von weißen, gelben und roten Blüten reflektiert wird, nehmen sie dagegen deutlich wahr.

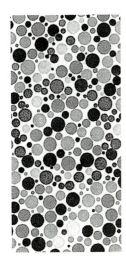

Farbtestbild

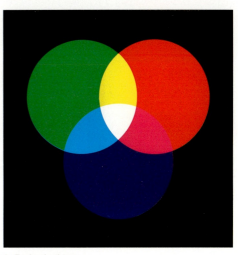

1 Farbmischung

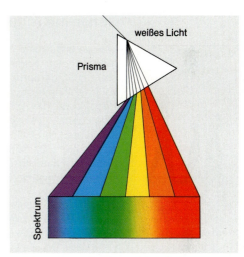

2 Zerlegung des Lichts in Spektralfarben

Aufgaben

① Bei manchen Menschen sind die Zapfen für eine der Grundfarben Rot oder Grün funktionslos. Man spricht dann von Rotgrünschwäche.
   a) Warum kann ein Mensch mit Rotgrünschwäche die Zahl im Testbild nicht wahrnehmen?
   b) Welche Berufe können bei dieser Sehschwäche nicht ergriffen werden?

② Ein Stück Papier reflektiert grüne, rote und blaue Lichtstrahlen. Wie sieht es aus?

③ *Weiß ist keine Farbe. Weiße Gegenstände reflektieren besonders viele Spektralfarben. Schwarze Gegenstände reflektieren keine Lichtstrahlen.*
   Nimm zu diesen Aussagen Stellung und prüfe sie auf ihre Richtigkeit.

227

1 Eine verflixte Kiste

2 Was erkennst du in diesem Bild?

Sehen mit Auge und Gehirn

Die „verflixte Kiste" macht bei der Betrachtung wirklich Kummer. Unsere Erfahrung steht im Widerspruch zu dem, was das Bild zeigt: solche Kisten gibt es nicht! Nun betrachten wir die Abbildung der Frau. Ist sie jung oder alt? Je nachdem, wie man das Bild betrachtet, ist eine alte oder eine junge Frau zu erkennen. Beide zugleich sieht man nicht. Dabei wird deutlich, dass wir in manchen Fällen nur wahrnehmen, was wir sehen wollen.

In der Randabbildung scheint die Frau im Hintergrund wesentlich größer zu sein als der Mann im Vordergrund. Nachmessen zeigt aber, dass beide Figuren gleich groß sind. Diese *optische Täuschung* entsteht durch die räumliche Tiefenwirkung der Abbildung. Die Netzhautbilder von Frau und Mann sind im Auge des Betrachters zwar gleich groß, in unserem Gehirn aber ist die Erfahrung gespeichert, dass in der Wirklichkeit in einem solchen Fall die weiter entfernte Person die größere ist.

Das zeigt deutlich: Sehen ist ein Vorgang, bei dem Auge und Gehirn zusammenarbeiten! In den Augen entstehen durch eintreffendes Licht elektrische Signale. Aus ihnen setzt unser Gehirn das Bild zusammen, das wir wahrnehmen. Bei der Auswertung dieses Bildes bedient sich das Gehirn unbewusst der Erfahrungen, die im Laufe des Lebens gemacht wurden. Sie sind im Gehirn gespeichert und werden bei der Sehwahrnehmung immer mitverarbeitet.

Die linke untere Abbildung verdeutlicht, dass Auge und Gehirn nicht fähig sind, Flächen unabhängig voneinander zu vergleichen, sondern dass Flächeninhalte in Bezug zur Umgebung wahrgenommen werden. Beide Innenkreise haben nämlich denselben Durchmesser. Ebenso orientieren wir uns bei der Beurteilung von Winkeln an der Umgebung. Mit einem Geodreieck, das an das Quadrat in der rechten Abbildung angelegt wird, lässt sich das bestätigen.

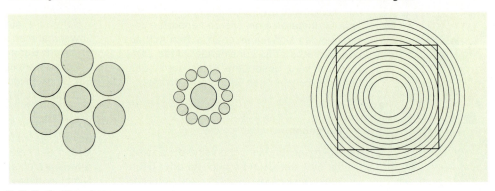

3 Optische Täuschungen

Sehen

① Der Blinde Fleck

Halte das Buch mit ausgestreckten Armen vor dich. Schließe das rechte Auge und fixiere mit dem linken den schwarzen Punkt unten auf dieser Seite. Bewege langsam das Buch auf dein Auge zu. Achte dabei auf das schwarze Kreuz, ohne das Auge zu bewegen. Beschreibe und erkläre, was bei diesem Vorgang zu bemerken ist.

② Bestimmung des Nahpunktes

a) Halte ein Lineal mit der Nullmarke rechts an die Nasenwurzel und schließe das linke Auge. Führe einen Bleistift dem Lineal entlang so weit auf das Auge zu, bis er unscharf erscheint. Ein Mitschüler liest die Entfernung zum Auge ab. Wiederhole diesen Versuch mit dem linken Auge. Notiere die beiden Werte im Heft und vergleiche. Welche Werte wären bei einem Kurzsichtigen zu erwarten?

b) In ein Stück Papier wird mit einem spitzen Bleistift eine kleine runde Blendenöffnung von 1—2 mm Durchmesser gestochen. Schließe ein Auge und betrachte mit dem anderen bei sehr guter Beleuchtung diesen Text. Nähere das Buch so weit, bis der Text bei der Naheinstellung des Auges nicht mehr scharf erscheint. Halte jetzt das Papier vor das Auge und betrachte den Text durch die Blendenöffnung. Was fällt dir auf? Ermittle die kleinste Entfernung zwischen Auge und Buchseite, bei der der Text noch scharf zu sehen ist. Vergleiche mit den Werten von a).

c) Vergrößere die Blendenöffnung im Papier auf 3—4 mm und wiederhole das Experiment. Welcher Unterschied ist zum vorherigen Versuch feststellbar?

③ Beobachtung der Pupillenreaktion

Ein Mitschüler hält ein Stück Karton etwa 30 Sekunden lang vor sein geschlossenes Auge. Danach nimmt er den Karton vom Auge weg und blickt zum hellen Fenster. Beobachte sofort seine Pupille und erkläre.

④ Nachbild

Lege im gut beleuchteten Raum ein weißes Papier neben das Buch. Betrachte mit einem Auge die nachstehende Abbildung. Halte das andere Auge geschlossen. Konzentriere dich dabei auf den kleinen weißen Punkt im Zentrum. Blicke nach 1 Minute mit dem offenen Auge auf das weiße Papier. Was siehst du? Gib eine Erklärung für diese Erscheinung.

⑤ Räumliches Sehen

Ein Mitschüler hält einen Bleistift senkrecht mit der Spitze nach oben in Höhe deiner Augen. Schließe das linke Auge und versuche, mit einem zweiten Bleistift in der rechten Hand mit ausgestrecktem Arm auf die Bleistiftspitze zu tippen. Wie viele Versuche sind nötig? Wiederhole den Versuch, und lasse beide Augen geöffnet. Vergleiche und begründe.

⑥ Trägheit des Auges

Auf einen 10 cm langen und 5 cm breiten weißen Karton wird auf die Vorderseite eine Blume gezeichnet, auf die Rückseite ein Insekt.
Mit einem Locher wird oben und unten ein Loch ausgestanzt. Ein etwa 10 cm langes Stück Schnur (nicht zu dünn) wird am oberen Loch befestigt, am unteren ein Gummiring. Das Schnurende wird von einem Mitschüler gehalten. Verdrille den Gummiring durch 10-maliges Drehen. Beim Ziehen am Gummiring rotiert die Pappscheibe und der Betrachter schaut abwechselnd auf Vorder- und Rückseite. Was sieht er dabei? Erkläre, wie es zu dieser Erscheinung kommt.

⑦ Modellversuch zur Fehlsichtigkeit

Ein Glühlämpchen (z. B. eine Taschenlampe mit abgeschraubtem Reflektor) wird in 10 cm Entfernung von einem weißen Karton (10 cm × 10 cm) aufgestellt. Dazwischen hält man eine Sammellinse (z. B. eine Lupe mit möglichst geringer Vergrößerung). Sie wird langsam vom Karton zum Lämpchen bewegt, bis man das Bild des gewendeten Glühfadens auf dem Karton sieht. Linse und Karton sind das Modell eines Auges.

a) Miss den Abstand zwischen Linse und Karton. Verringere den Abstand zwischen Linse und Karton auf die Hälfte. Welcher Art von Fehlsichtigkeit entspricht diese Veränderung? Betrachte die Abbildung und erkläre.

b) Halte vor die „Augenlinse" eine zweite gleiche Linse. Wie verändert sich die Abbildung? Welche Funktion erfüllt die Zusatzlinse?

229

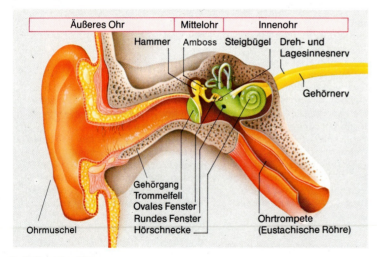

1 Aufbau des Ohres

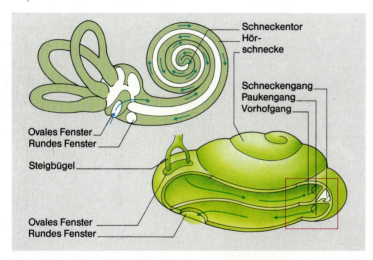

2 Druckwellenverlauf in der Hörschnecke

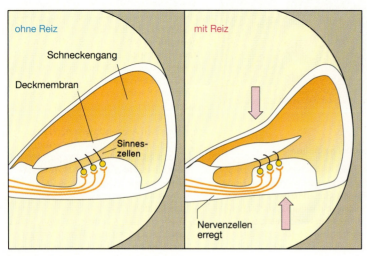

3 Querschnitt durch Schneckengang mit und ohne mechanische Reizung

Das Ohr

Beim Sprechen werden die Stimmbänder in Schwingungen versetzt. Das spürt man, wenn man die Fingerspitzen an den Kehlkopf legt. Die Schwingungen werden an die Luft übertragen. Dabei entstehen Luftdruckschwankungen, die sich als *Schallwellen* ausbreiten.

Gelangen Schallwellen an unser Ohr, so werden sie von der *Ohrmuschel* in den etwa 3 cm langen, gekrümmten *Gehörgang* geleitet. Am Ende des Gehörgangs sitzt das *Trommelfell*. Es ist ein dünnes Häutchen, das den Gehörgang abschließt. Dahinter liegt das *Mittelohr*, ein etwa 4 Millimeter breiter Spaltraum, der durch einen Gang, die *Ohrtrompete*, mit dem Nasen-Rachenraum in Verbindung steht. Die am Trommelfell ankommenden Schallwellen versetzen es in Schwingungen, die auf drei kleine Gehörknöchelchen *(Hammer, Amboss, Steigbügel)* übertragen werden. Sie leiten die Trommelfellschwingungen zum *Innenohr*. Die Gehörknöchelchen verkleinern die Schwingungsausschläge und verstärken ihren Druck.

Im Innenohr liegt eine aus 2½ Windungen bestehende knöcherne *Hörschnecke*, die von einem Hautschlauch durchzogen ist. Seine membranartige Wand unterteilt das Innere der Schnecke in drei Längsgänge. Der mittlere Gang ist der *Schneckengang*. Er enthält etwa 16 000 Sinneszellen, deren Sinneshärchen von einer *Deckmembran* überdeckt werden. Über dem Schneckengang liegt der *Vorhofgang*, darunter der *Paukengang*. An einem Ende des Vorhofganges sitzt das *Ovale Fenster;* am anderen Ende, am *Schneckentor*, hat der Vorhofgang Verbindung mit dem Paukengang. Dieser schließt mit dem *Runden Fenster* zum Mittelohr ab. Alle drei Gänge sind mit einer wässrigen Flüssigkeit, der *Ohrlymphe*, gefüllt.

Wirkt der Steigbügel mit kräftigen Stößen auf das Ovale Fenster ein, wird die Ohrlymphe in Schwingungen versetzt und der Hautschlauch schwingt mit. Die Folge ist ein Verbiegen der Sinneshärchen. Dieser mechanische Reiz erregt die Sinneszellen. Über Nervenzellen laufen nun elektrische Impulse zum Gehirn. Dort entsteht der Höreindruck.

Aufgabe

① Beschreibe die Schallübertragung im Ohr vom Trommelfell bis zu den Sinneszellen.

Leistungen des Gehörs

Schon WILHELM BUSCH wusste: „Musik wird störend oft empfunden, dieweil sie mit Geräusch verbunden."

Die Voraussetzung dafür, dass wir Musik hören können, ist unter anderem die Fähigkeit, *Tonhöhen* unterscheiden zu können. Physikalisch unterscheiden sie sich durch ihre *Frequenz,* also die Anzahl der Schwingungen in einer Sekunde. Wie erfolgt die Tonunterscheidung durch das Gehör?

Untersuchungen an der Hörschnecke haben gezeigt, dass ein Ton einer bestimmten Frequenz nicht alle Sinneszellen im Schneckengang gleichmäßig erregt. Der Hautschlauch in der Schnecke schwingt nur in einem kleinen Bereich besonders heftig. An anderen Stellen sind die Schwingungsausschläge sehr gering. Wird die Frequenz geändert, so liegt die Stelle größter Erregung an einer anderen Stelle der Schnecke. Töne hoher Frequenz werden im vorderen Teil in der Nähe des Ovalen Fensters aufgenommen. Für niedrigere Frequenzen verschiebt sich der erregte Bereich in Richtung Schneckentor.

Die tiefste hörbare Frequenz liegt bei etwa 16 Hz. Die obere Hörgrenze ist stark altersabhängig. Beim Jugendlichen liegt sie bei 20 kHz. Ein 45jähriger hört Töne bis 15 kHz und beim 65jährigen ist die obere Hörgrenze bis auf 5 kHz abgesunken. Beim Sprechen liegen die hauptsächlich benutzten Frequenzen zwischen 250 Hz bis 5 kHz.

Im Frequenzbereich zwischen 2 kHz – 5 kHz ist das Ohr am empfindlichsten. Um bei tieferen oder höheren Frequenzen gleiche Lautstärkeempfindungen zu erhalten, muss die Schallstärke größer sein. Die Empfindlichkeit für Unterschiede in der Schallstärke nimmt jedoch mit zunehmender Schallstärke ab. So kann man klar unterscheiden, ob in einem Orchester 2 oder 3 Geigen spielen. Ob es aber 20 oder 21 sind, lässt sich auf Grund der Lautstärkeempfindung nicht mehr feststellen.

Die Position einer Schallquelle können wir auch mit geschlossenen Augen ausmachen. Dieser räumliche Höreindruck wird durch das Hören mit zwei Ohren ermöglicht. Schall einer Schallquelle erregt beide Ohren. Diese Erregungen unterscheiden sich jedoch etwas voneinander. In dem Ohr, das der Schallquelle näher ist, treten die Erregungen geringfügig früher auf und sind etwas stärker. Aus diesen sehr kleinen Unterschieden ermittelt das Gehirn die Lage der Schallquelle.

1 Hertz = 1 Hz
1 Hz bedeutet eine Schwingung pro Sekunde

1000 Hz = 1 kHz

Hörgrenzen bei Tieren
Hunde können Schallfrequenzen von über 20 kHz noch wahrnehmen (Hundepfeife); bestimmte *Fledermausarten* hören sogar bis zu 160 kHz (Ultraschallortung).

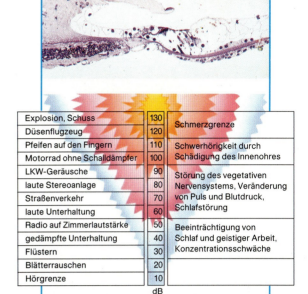

Explosion, Schuss	130	Schmerzgrenze
Düsenflugzeug	120	
Pfeifen auf den Fingern	110	Schwerhörigkeit durch Schädigung des Innenohres
Motorrad ohne Schalldämpfer	100	
LKW-Geräusche	90	Störung des vegetativen Nervensystems, Veränderung von Puls und Blutdruck, Schlafstörung
laute Stereoanlage	80	
Straßenverkehr	70	
laute Unterhaltung	60	
Radio auf Zimmerlautstärke	50	Beeinträchtigung von Schlaf und geistiger Arbeit, Konzentrationsschwäche
gedämpfte Unterhaltung	40	
Flüstern	30	
Blätterrauschen	20	
Hörgrenze	10	
	dB	

Zerstörtes und gesundes Hörorgan

Lärm ist schädlich!

Die Stärke von Schall wird durch die *Lautstärke* angegeben. Die Einheit ist *Dezibel* (dB). Jede Zunahme um 10 dB bedeutet eine Verzehnfachung der Lautstärke.
Ständiger Lärm verursacht beim Menschen auf Dauer seelische und körperliche Störungen. Konzentrationsschwäche, Kreislauf- und Schlafstörungen können auftreten.
Sehr hoher Schalldruck – ab 85 dB – zerstört auf Dauer die Hörsinneszellen. Die Folge ist Schwerhörigkeit und Taubheit. Daher muss man sich bewusst vor solchen schädlichen Einflüssen schützen. Man sollte beispielsweise Musik nicht mit voller Lautstärke hören, etwa mit dem Walkman und Diskotheken meiden, in denen man sein eigenes Wort nicht mehr versteht. An sehr lauten Arbeitsplätzen muss unbedingt ein Gehörschutz getragen werden!
Mit Rücksicht auf andere sollte man vor allem im Straßenverkehr nicht unnötig Lärm erzeugen.

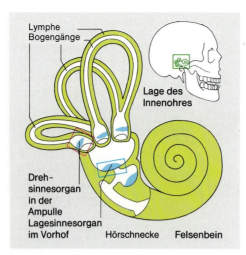

1 Dreh- und Lagesinnesorgane

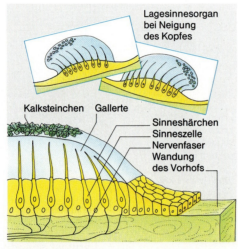

2 Lagesinnesorgan

Das Seitenlinienorgan der Fische
Reihe winziger Öffnungen an den Seiten des Fisches. Sie münden unter den Schuppen in einen feinen Kanal mit Sinneshärchen, der ständig von Wasser durchströmt wird. Änderung der Wasserströmung — z. B. durch Erschütterungen oder Hindernisse — kann der Fisch so wahrnehmen.

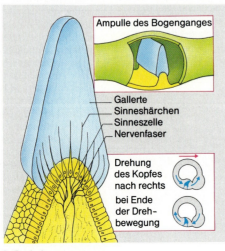

3 Drehsinnesorgan

Lage- und Drehsinn

Beim Achterbahn fahren wird unser Körper gedreht und dabei abwechselnd beschleunigt und gebremst. Dies führt zu ungewöhnlichen Empfindungen. Sie werden durch die *Lagesinnesorgane* und *Drehsinnesorgane* vermittelt, deren Tätigkeit uns meist nicht bewusst wird.

Diese Organe sind Bestandteile des Innenohrs. Am Vorderende jeder Gehörschnecke liegen zwei bläschenförmige Erweiterungen, die *Vorhofsäckchen*. Oberhalb davon verlaufen drei senkrecht zueinander stehende, flüssigkeitsgefüllte *Bogengänge,* die an einem Ende jeweils eine bauchige Ausweitung, eine *Ampulle,* zeigen.

Das Lagesinnesorgan

Die beiden Vorhofsäckchen enthalten je ein *Lagesinnesorgan*. Ein solches Organ besteht aus *Sinneszellen* mit *Sinneshärchen,* die in eine *Gallertplatte* ragen. Deren Gewicht ist durch eingelagerte Kalkkristalle erhöht. Bei normaler Kopfhaltung liegt eines der beiden Lagesinnesorgane waagrecht, das andere senkrecht dazu. Bei Neigung des Kopfes werden die Sinneshärchen durch die Gallertplatten verbogen und damit die Sinneszellen erregt. Jede Lageänderung führt zu anderen Erregungen der Sinneszellen. Aus dem Erregungsmuster der Lagesinnesorgane im rechten und linken Innenohr bestimmt das Gehirn die Stellung des Kopfes.

Das Drehsinnesorgan

Die Bogengänge sind *Drehsinnesorgane*. In jeder Ampulle ist eine *Gallertkappe,* in die Sinneshärchen der darunter befindlichen Sinneszellen ragen. Wird der Kopf und damit auch das Bogengangsystem gedreht, so bewegt sich zunächst die enthaltene *Lymphflüssigkeit* auf Grund ihrer Trägheit nicht mit. Die Gallertkappe wird gegen die ruhende Lymphe gedrückt und durchgebogen. Die Sinneszellen werden durch die Verbiegung der Sinneshärchen erregt.

Bei anhaltender Drehung, etwa in einem Karussell, wird nach kurzer Zeit die Lymphe auch in Bewegung gesetzt. Beim Abstoppen des Kopfes strömt die Lymphe weiter und biegt die Gallertkappe nach der anderen Seite. Dabei kann ein Schwindelgefühl entstehen und man hat den Eindruck, man drehe sich entgegen der vorherigen Drehrichtung.

Gehör, Lage- und Drehsinn

Richtungshören

① Die Schüler stellen sich im Kreis auf; in der Kreismitte sind zwei Schüler mit verbundenen Augen. Wenn es still ist, klatscht einer der Umstehenden kurz in die Hände. Die Schüler in der Kreismitte zeigen in die Richtung der Schallquelle. Der Versuch wird 10-mal durchgeführt und dabei protokolliert, wie oft der Ort der Schallquelle richtig ermittelt wurde. Die Versuchsreihe wird wiederholt. Dabei halten sich die Versuchspersonen mit der flachen Hand ein Ohr zu. Vergleiche die Ergebnisse der beiden Versuchsreihen. Erkläre auftretende Unterschiede.

② a) Ein Schlauch von 10 – 15 mm Durchmesser und etwa 1,5 m Länge wird genau in seiner Mitte durch einen Strich markiert. Die Enden des Schlauchs werden in die Ohrmuscheln gehalten. Ein Mitschüler klopft mit einem flachen Gegenstand etwa 10 cm neben der Mitte auf den Schlauch. Die Versuchsperson teilt mit, von welcher Seite das Geräusch kommt.
Erkläre das Versuchsergebnis. Notiere einen Ergebnissatz.

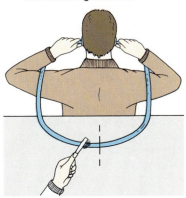

b) Der Versuch a wird mehrfach wiederholt und dabei jedesmal näher an der Schlauchmitte geklopft. Die Versuchsperson muss bei jedem Klopfen angeben, von welcher Seite das Geräusch kommt. Es wird so die kleinste Entfernung von der Schlauchmitte bestimmt, bei der die Versuchsperson gerade noch das Geräusch als von der Seite kommend wahrnimmt. Notiere diesen Wert.

Der Laufweg des Schalls vom Entstehungsort bis zu den beiden Ohren ist unterschiedlich groß. Die Differenz beider Laufstrecken ist doppelt so groß wie die Strecke zwischen Schlauchmitte und Klopfstelle.

Schall breitet sich in Luft etwa mit der Geschwindigkeit $v = 340$ m/sec aus. Hierfür gilt die Gleichung:
Geschwindigkeit $(v) = $ Weg (s)/Zeit (t).
Bestimme daraus den Zeitunterschied t, mit dem der Schall bei der in Versuch 1 ermittelten kleinsten Reizentfernung beide Ohren erreicht. Dies ist der kleinste Zeitunterschied, mit dem Schall an den Ohren eintreffen muss, damit man Geräusche als von der Seite kommend empfindet.

Konzentrationstest

③ a) Möglichst viele Schüler zählen innerhalb von 30 Sekunden alle *p* in den nachfolgenden Zeilen. Jeder notiert sein Ergebnis.
b) Der Versuch wird von anderen Schülern wiederholt. Während des Versuchs spielt laute Musik aus einem Cassettenrecorder. Nach 30 Sekunden werden die Ergebnisse festgehalten und mit den Resultaten des ersten Versuchs verglichen.
Erkläre das Ergebnis.

pppppqqqqppppppqqqppqpqpqp
pqppppppqqqqqppppqpqqqppppp
qpqpqqqppqqpppqpppqppqpqpppq
pqqppppqpqqpqppppqqppppqppqp

④ Funktionsmodell eines Bogengangs

Aus kunststoffbeschichtetem Karton wird ein Streifen von 5 cm Länge und 2 cm Breite hergestellt. Etwa 1 cm von einem Ende entfernt wird der Karton gefaltet und mit Klebstreifen an die Innenseite einer runden Wanne geklebt. Sie wird bis über die Oberkante des Pappstreifens mit Wasser gefüllt. Auf die ruhende Wasseroberfläche werden Korkkrümel gestreut und die Wasser-

wanne wird auf einen Drehstuhl gestellt. Der Stuhl wird in Uhrzeigerrichtung gedreht. Beobachte den Pappstreifen und die Korkkrümel. Notiere das Beobachtungsergebnis und erkläre. Drehe den Stuhl etwa 30 Sekunden lang gleichmäßig. Was geschieht mit dem Pappstreifen und den Korkkrümeln? Was passiert, wenn die Drehung plötzlich gestoppt wird? Notiere das Ergebnis und erkläre.

⑤ Drehschwindel

Setze dich auf einen Drehstuhl mit Armlehnen, senke den Kopf auf die Brust und schließe die Augen. Der Stuhl wird von einem Mitschüler einige Male in eine Richtung gedreht und dann plötzlich angehalten. Welche Empfindung entsteht nach dem Abstoppen? Erkläre, wie sie zu Stande kommt.

⑥ Der Zeigeversuch

Ein Schüler setzt sich auf einen Drehstuhl mit Armlehnen. Bei diesem Experiment darf die Versuchsperson keine Geräusche wahrnehmen. Beide Ohren werden deshalb mit Watte verschlossen und im Raum muss absolute Ruhe herrschen.

Die Versuchsperson zeigt mit ausgestrecktem Arm auf eine bestimmte Stelle im Raum und schließt die Augen. Die Füße dürfen weder Boden noch Stuhl berühren. Ein Mitschüler dreht den Stuhl langsam eine viertel Umdrehung nach links und stoppt ihn dann plötzlich. Die Versuchsperson hält bei der Drehung die Augen geschlossen und versucht, stets genau auf die vorbestimmte Raumstelle zu zeigen. Der Versuch wird wiederholt und der Stuhl nun nach rechts gedreht. Ein weiterer Mitschüler beobachtet die Armbewegungen. Welche Armbewegungen führt die Person auf dem Drehstuhl aus? Wie lassen sich diese beobachteten Bewegungen erklären?

233

Riechen und Schmecken

Wem ist es nicht schon so ergangen? Man kommt hungrig nach Hause und bereits im Flur duftet es nach der Lieblingsspeise. Da läuft einem das Wasser im Mund zusammen.

Die *Geruchswahrnehmung* löst Empfindungen aus. Der Duft gut zubereiteter Speisen regt den Appetit und die Speichelbildung an. Ranzige oder faule Gerüche bewirken Ekelgefühle oder Brechreiz. Dies schützt den Körper, denn verdorbene Nahrung, deren Genuss schädlich sein könnte, ist meist schon am schlechten Geruch erkennbar.

Geruchsstoffe gelangen mit der eingeatmeten Luft in die Nasenhöhle, die mit einer Schleimhaut ausgekleidet ist. Im oberen Bereich der Nasenhöhle liegen *Riechfelder.* Sie sind zusammen etwa 6 cm^2 groß und enthalten 20 Millionen *Riechzellen.* Diese liegen eingebettet zwischen *Stütz-* und *Schleimhautzellen.* Die Riechzellen können durch verschiedene Duftstoffe gereizt werden. Derart erregte Zellen schicken dann Signale über den *Riechnerv* ins Gehirn. Manche gefährlichen Stoffe sind allerdings geruchlos. So kann giftiges Kohlenstoffmonooxid die Riechzellen nicht erregen und wird deshalb nicht wahrgenommen.

Zwar ist der Geruchssinn des Menschen empfindlich, jedoch ist er bei einigen Tierarten noch viel leistungsfähiger. Hunde riechen erheblich besser. Dies liegt vor allem an den deutlich größeren Riechfeldern, die bis zu 230 Millionen Riechzellen enthalten (vgl. auch S. 51).

Der Mensch kann hauptsächlich vier *Geschmacksqualitäten* unterscheiden: *süß, sauer, salzig* und *bitter.* Jeder Geschmacksqualität ist ein bestimmter Bereich der Zunge zugeordnet. Sie enthält verschiedene Typen von *Geschmackspapillen,* die als warzenförmige Erhebungen auf der Zunge erkennbar sind. Bei jedem Papillentyp sind an der Oberfläche *Geschmacksknospen* verteilt. Sie bestehen aus zusammengelagerten Sinneszellen, die beim Essen durch gelöste Stoffe gereizt werden. Eine Apfelsine kann süßsauer schmecken. Die im Saft gelösten Zucker reizen die Geschmacksknospen an der Zungenspitze, die Fruchtsäuren die Geschmacksknospen am Zungenrand. Dadurch entsteht die Mischempfindung. Der typische Gesamteindruck beim Verzehr einer Speise entsteht durch Reizung der Geschmacksknospen und die gleichzeitige Erregung der Riechsinneszellen durch Duftstoffe.

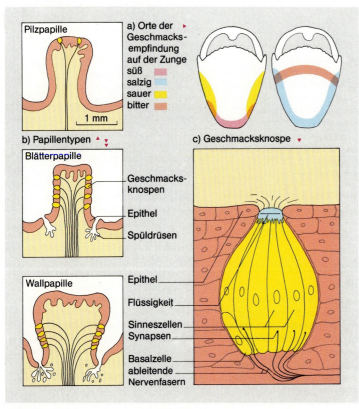

1 Riechorgan bei Hund und Mensch

2 Papillentypen und Geschmacksknospen

Riechen und Schmecken

Geruchs- und Geschmackssinn sind zwei eigenständige Sinne, die bei verschiedenen Personen unterschiedlich empfindlich entwickelt sein können. So gibt es beispielsweise Weintester, die herausschmecken, aus welchen Anbaugebieten die Weine stammen. Parfümeure kreieren durch Riechen an Grundsubstanzen neue Düfte.

Die Geschmacksfelder der Zunge

① Tropfe mit einer Pipette nacheinander Lösungen verschiedener Geschmacksrichtungen auf die Zungenspitze, die Zungenmitte, den Zungenrand und den Zungengrund. Vergiss aber nicht, zwischendurch nach jeder Probe den Mund gründlich auszuspülen.

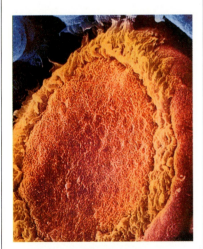

Verwende als Lösungen:
— Zuckerwasser, 10%ig
— flüssigen Süßstoff, 10 Tropfen auf 10 ml Wasser
— Zitronensäure, 10%ig
— Kochsalzlösung, 10%ig
— starken koffeinfreien Kaffee

An welcher Stelle der Zunge sind die unterschiedlichen Geschmacksempfindungen am besten wahrzunehmen?

Ort	süß	salzig	sauer	bitter
Zungenspitze				
Zungenrand				
Zungenmitte				
Zungengrund				

— Übertrage die Tabelle in dein Heft und notiere darin deine Ergebnisse.
— Zeichne einen Zungenumriss, und trage die Bereiche der Geschmacksempfindungen verschiedenfarbig ein.

Unterschiedliche Geschmacksempfindungen

② Schäle einen Apfel, entferne das Kerngehäuse und schneide ihn in kleine Würfel. Zerdrücke nun mit einer Obst- oder Knoblauchpresse die Apfelstücke und sammle den Obstbrei in einer Petrischale. Den Vorgang wiederholst du mit anderen Frucht- oder Gemüsearten. Gut eignen sich dazu auch Birnen, Möhren, Kartoffeln oder Kohlrabi.
— Probiere mit verbundenen Augen die verschiedenen Obst- oder Gemüsebreie.
— Frage nach jeder Probe, wonach der Brei schmeckt und ob er einen Beigeschmack hat. Wiederhole den Versuch, wobei diesmal die Nase fest zugehalten werden muss.
— Stelle ein Gemisch aus mindestens drei Breiarten her, und probiere auch hier. Was schmeckst du heraus. Haben alle Testpersonen die gleichen Geschmacksempfindungen?

Riechen

③ Gieße in ein 100 ml Becherglas etwa 1 cm hoch Speiseessig. Prüfe durch Zufächeln mit der Handfläche den Duft bei normaler Atmung, stoßweiser Atmung, bei geschlossenem Mund und ohne Atembewegung. Atme anschließend mit zugehaltener Nase nur durch den Mund.
— Beschreibe jedes Mal deine Geruchswahrnehmungen.
— Wann wird der Duft sehr stark empfunden?
— Unter welchen Bedingungen ist ein Geruch besonders gut wahrnehmbar?

④ Stelle je eine Verdünnungsreihe (1:10, 1:100, 1:1000) mit Speiseessig und Spiritus her.
— Prüfe nun durch Zufächeln mit der Handfläche bei normaler Atmung, stoßweiser Atmung, bei geschlossenem Mund und ohne Atembewegung. Atme anschließend nur durch den Mund mit zugehaltener Nase.
— Bei welcher Verdünnung sind noch Geruchsempfindungen wahrnehmbar?
— Untersuche die Geruchsempfindungen mit jeder Nasenseite einzeln. Treten unterschiedliche Wahrnehmungen auf?

Die Haut — ein vielseitiges Organ

Weitere Daten zur Haut:
30 000 Wärmepunkte
250 000 Kältepunkte
500 000 Druckkörperchen
200 Millionen Schweißdrüsen

Beim Erwachsenen ist die Haut etwa 2 kg schwer, durchschnittlich 1 mm dick und bedeckt eine Fläche von knapp 2 m². Sie ist eine lebenswichtige Hülle, die uns umgibt und eine Fülle unterschiedlicher Aufgaben hat.

Sie verhindert Austrocknung; an stark beanspruchten Stellen ist sie verdickt und schützt damit vor Verletzung; sie hilft bei der Regulation des Wärmehaushalts; bei Sonneneinstrahlung schützt sie durch Pigmentbildung vor gefährlicher UV-Strahlung, und sie schirmt den Körper gegen Schmutz und Krankheitserreger ab. Zugleich ist sie ein vielseitiges *Sinnesorgan*, das auf Wärme und Kälte, Schmerzreize, Druck, Berührung und Vibration anspricht.

Die Haut ist aus drei Schichten aufgebaut. Die **Oberhaut**, meist so dünn wie eine Buchseite, ist oben verhornt. Diese *Hornschicht* besteht aus abgestorbenen Zellen, die von der darunter liegenden *Keimschicht* ständig ersetzt werden. Eine neue Oberhautzelle verhornt nach einiger Zeit und wird nach vier Wochen als tote Zelle abgestoßen. Die untersten Keimschichtzellen enthalten Farbstoffkörnchen und bilden eine schützende *Pigmentschicht*.

Die zweite Hautschicht ist die etwa 1 mm dicke **Lederhaut**. Ein dichtes Netz eingelagerter Bindegewebsfasern macht sie zäh und reißfest. In ihr verlaufen viele Blutkapillaren mit einer Gesamtoberfläche von 7000 m². Das entspricht der Fläche eines Fußballfeldes. Die Hautdurchblutung wird geregelt: Muss der Körper viel überschüssige Wärme loswerden, sind die Kapillaren weit und stark durchblutet. Reicht dies zur Kühlung nicht aus, sondern die *Schweißdrüsen* Schweißtropfen ab, die verdunsten und dabei der Haut Wärme entziehen. Mit dem Schweiß werden Kochsalz, Harnstoff, Harnsäure und Fettsäuren ausgeschieden. *Haare* entwickeln sich aus *Haarzwiebeln*, an jeder entspringt ein *Haarbalg*, in dem ein Haar täglich um etwa 0,5 mm wächst. An jedem Haarbalg sitzt ein kleiner Muskel und eine Talgdrüse, die das Haar fettet.

In der Lederhaut liegen viele verschiedene Sinneskörperchen. Sie enthalten Sinneszellen, die mechanische Reize wie Berührung oder Druck aufnehmen. *Freie Nervenendigungen* werden bei Temperaturänderung gereizt. Durch Temperaturen unter 36 °C werden die *Kältepunkte* erregt, bei höheren Temperaturen die *Wärmepunkte*. Freie Nervenendigungen wirken auch als *Schmerzrezeptoren*. Sie reichen teilweise bis in die Oberhaut.

Die **Unterhaut** ist die dickste der drei Hautschichten. Durch Fetteinlagerung wirkt sie als Energiespeicher, Isolierschicht und Stoßdämpfer. Sie enthält *Lamellenkörperchen*, die auf Schwingungen ansprechen. Mit der Unterhaut ist die ganze Haut an Muskeln, Organen und Knochen befestigt.

a Hornschicht
b Keimschicht
c Pigmentschicht
d Haar
e Pore
f Druckkörperchen
g Wärmekörperchen
h Lamellenkörperchen
i Kältekörperchen
k Freie Nervenendigungen
l Schweißdrüse
m Talgdrüse
n Arterie und Vene
o Unterhautfettgewebe
p Haarbalg
q Haarbalgmuskel

1 Aufbau der menschlichen Haut

Aufgaben

① An welchen Körperstellen ist die Haut besonders dick, wo besonders dünn?
② Zu starke Sonnenbestrahlung ist schädlich für die Haut. Welcher Anteil des Sonnenlichts schädigt die Hautzellen?
③ Wie reagiert die Haut auf Abkühlung?

Fühlen

Die Haut ist unsere Kontaktfläche zur Umwelt, mit der wir viele Informationen aufnehmen. Ein blinder Mensch ist bei der Informationsaufnahme eingeschränkt und muss sich mit Hilfe des Tastsinns und des Gehörs orientieren.

① Lege in eine undurchsichtige Papiertüte oder eine Leineneinkaufstasche verschiedene Gegenstände. Deine Banknachbarin soll nun die Gegenstände ertasten und benennen.

② Verbinde einem Mitschüler oder einer Mitschülerin die Augen, lege einen Gegenstand auf deinen Schultisch und lasse ihn mit dem entblößten Unterarm deines Versuchspartners ertasten und benennen.
— Gibt es Unterschiede beim Ertasten der Gegenstände zwischen Fingern und Unterarm?

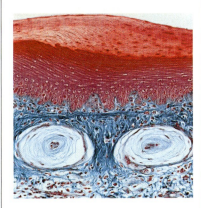

③ Spalte ein Streichholz vorsichtig mit einem Messer und klemme eine Haarborste hinein. Auf dem Unterarm eines Mitschülers wird ein Quadrat von 2 × 2 cm aufgezeichnet. Berühre jetzt mit dem Borstenhaar innerhalb der markierten Fläche im Abstand von 1 mm den Unterarm deines Mitschülers. Dieser schaut dabei weg und gibt dir nur dann ein Zeichen, wenn er das Borstenhaar spürt. Wiederhole den Versuch, indem du auf gleiche Weise eine Fingerkuppe abtastest.
— Spürt dein Mitschüler jede Berührung des Unterarms?
— Wird jede Berührung der Fingerkuppe von deinem Mitschüler wahrgenommen?

④ Drücke die beiden Enden eines in der Mitte geknickten Drahtes an zehn verschiedenen Stellen auf den Unterarm deiner Banknachbarin. Achte darauf, dass die Drahtenden gleichzeitig die Haut berühren. Dies gelingt am besten, wenn die abgerundeten Enden nicht zu zaghaft auf die Haut gedrückt werden.
— Wiederhole den Versuch auf dem Handrücken und auf einer Fingerkuppe.
— Ändere die Abstände der Drahtenden und starte den Versuch noch einmal.
— Wie groß ist jeweils der Abstand der Drahtenden, wenn sie als eine Empfindung oder als getrennte Empfindungen gefühlt werden?

⑤ Schreibt Worte in der Blindenschrift auf Papier. Dazu kannst du das Blatt von der Rückseite her mit einer Stecknadel durchstechen. Tausche nun mit deinem Mitschüler das Blatt und versuche durch Ertasten die Botschaft zu entziffern.

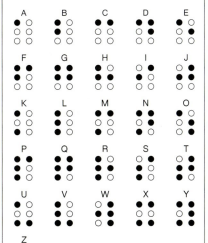

— Könnt ihr ohne hinzusehen die Schrift „lesen"?
— Welche Rolle spielen die Fingernägel beim Tasten?
— Erkundige dich, wer LOUIS BRAILLE war.

⑥ Jeder Geldschein enthält eine Markierung, die blinden Menschen hilft, den Wert des Geldscheins in Deutschland zu erkennen. Taste einen Geldschein ab und versuche, diese Markierung zu finden.

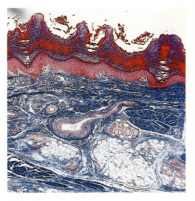

⑦ Betrachte unter dem Mikroskop ein Dauerpräparat der menschlichen Haut.
— Vergleiche das Präparat mit dem Blockschema „Aufbau der Haut" in deinem Buch.

⑧ Fülle in je eine Schale Wasser mit 10 °C, 25 °C und 40 °C.
— Tauche 2 Minuten die linke Hand in das 10 °C warme Wasser und die rechte Hand in das 40 °C warme Wasser und anschließend tauche beide Hände gleichzeitig in das 25 °C warme Wasser.
— Wie empfindest du die unterschiedlichen Temperaturen?
— Welche Erklärung hast du für das Versuchsergebnis?

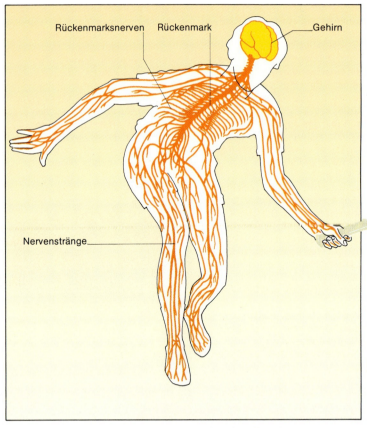

1 Das Nervensystem des Menschen

2 Das Nervensystem

Der Tennisspieler sieht den herannahenden Ball. Er läuft auf ihn zu, holt mit dem Arm weit aus und schlägt ihn zurück. Diese schnellen, zielgerichteten Bewegungen werden durch Sinnesorgane und Nerven ermöglicht.

Besonders viele Nerven liegen dicht gepackt im Gehirn und im Rückenmark. Beide zusammen bilden das *Zentrale Nervensystem*.

Die Nervenstränge sind mit Kabelbündeln vergleichbar, die viele Einzelkabel enthalten. Die Nerven sind stark verzweigt, sodass alle Körperregionen erreicht werden. Ihr Durchmesser wird nach jeder Verzweigung kleiner. Der kleinste Baustein des Nervensystems ist die Nervenzelle.

Über die Sinnesorgane erhält das Zentrale Nervensystem fortwährend Informationen aus der Umwelt. Diese Informationen werden durch sensible Nerven in Form elektrischer Impulse zum Gehirn geleitet. So erkennt der Tennisspieler den Ball, seine Bewegungsrichtung und seine Geschwindigkeit. Nun verarbeitet das Gehirn diese Informationen und schickt durch die motorischen Nerven Impulse zur Muskulatur. Bestimmte Muskelgruppen ziehen sich nun zusammen — der Körper wird zum Ball hin bewegt.

Ein solcher Vorgang wird als Reiz-Reaktionsmechanismus bezeichnet. Sensible und motorische Nerven erreichen dabei die Außenbezirke des Körpers. Daher fasst man diese Nerven zum *peripheren Nervensystem* zusammen.

Jede Muskelaktivität verändert die Position des Tennisspielers zum Ball. Von den Sinnesorganen erhält das Gehirn laufend Rückmeldungen darüber, wie vorangegangene Bewegungen des Körpers seine Stellung zum Ball verändert haben. Es vergleicht ständig die augenblickliche Position mit der erforderlichen und reagiert erneut darauf, bis der Spieler schließlich die gewünschte Position erreicht und den Ball zurückgespielt hat. Die Muskelaktivität wird geregelt.

Wesentliches Kennzeichen einer solchen Regelung ist die Kontrolle einer jeden Veränderung und die erneute, angemessene Reaktion darauf. Im Grunde genommen laufen bei einer solchen sportlichen Aktivität viele Reiz-Reaktionsmechanismen hintereinander ab. Man spricht deshalb auch von einem *Regelkreis*.

2 Puzzle zum Reiz-Reaktionsmechanismus

Aufgaben

① Zeichne zuerst mit offenen, dann mit geschlossenen Augen ein Strichmännchen. Vergleiche beide Zeichnungen und erkläre den Unterschied.

② Ordne die in Abbildung 2 aufgeführten Notizen zu einem Schema und ergänze es.

③ Unterscheide zwischen bewussten und automatisierten Bewegungen des Tennisspielers.

④ Pflanzen haben kein Nervensystem, dennoch reagieren sie auf Reize. Wie werden diese Reaktionen gesteuert (s. S. 46)?

Die Nervenzellen — Bausteine des Nervensystems

Das Nervensystem enthält etwa 25 Milliarden Nervenzellen. Sie sind in drei gut unterscheidbare Abschnitte gegliedert. Am Zellkörper, in dem sich der Zellkern befindet, entspringen viele feinfädige Fortsätze, die sich buschartig verzweigen. Sie heißen *Dendriten* und stehen mit anderen Nervenzellen in Verbindung. Dendriten sind die Eingangstore für Informationen. Von hier werden sie zum Zellkörper weitergeleitet.

Daneben gibt es einen einzelnen, langen Fortsatz, der als *Nervenfaser* bezeichnet wird. Nur über diesen werden Informationen zu Nervenzellen, Muskelfasern oder Drüsen weitergeleitet. Die Nervenfaser kann bis zu 1 m lang sein. Im Querschnitt wird erkennbar, dass die Nervenfaser aus einem nur 0,01 bis 0,02 mm dicken Achsenfaden besteht, der von einer Hüllzelle umwickelt ist. In regelmäßigen Abständen ist die Umhüllung durch ringartige Einschnürungen unterbrochen.

Die Nervenfaser ist an ihrem Ende verzweigt und zeigt kleine Verdickungen, die Endknöpfchen oder *Synapsen*. Sie stellen die Verbindung zu anderen Nervenzellen oder Muskelfasern her. Die Synapsen an Muskelfasern werden als *motorische Endplatte* bezeichnet. Zwischen einer Synapse und der nachfolgenden Zelle besteht immer ein schmaler *synaptischer Spalt*.

Wird eine motorische Nervenzelle an den Dendriten gereizt, so entstehen am Ursprung des Achsenfadens elektrische Impulse, die über die Nervenfaser mit einer Geschwindigkeit bis zu 120 m/sec weitergeleitet werden. Die an den Endknöpfchen ankommenden Impulse bewirken dort die Freisetzung eines Übertragerstoffes. Er heißt Acetylcholin und ist in kleinen Bläschen gespeichert. Sie geben jetzt ihren Inhalt in den synaptischen Spalt ab. Der Übertragerstoff wandert durch den Spalt und verbindet sich mit ganz bestimmten Empfängerstellen, den Rezeptoren. Dies bewirkt, dass sich die Muskelfaser zusammenzieht.

Synapsen, die Nervenzellen miteinander koppeln, befinden sich in großer Zahl im Zentralen Nervensystem. Bis zu 30 000 Synapsen kann es an einer Nervenzelle geben. Sie haben, nur durch den synaptischen Spalt getrennt, Kontakt zu den Dendriten anderer Nervenzellen. Der Übertragerstoff, der die Dendriten einer Nachfolgezelle reizt, muss eine Mindeststärke erreichen. Erst dann entstehen am Ursprung des Achsenfadens elektrische Impulse, die über die entsprechende Nervenfaser weitergeleitet werden.

Aufgaben

① Die längeren Nervenfasern sind etwa 1 m lang und 0,01 mm dick. Stelle aus einem Faden, der nicht dicker als 0,2 mm sein sollte, ein Nervenfasermodell her. Wie lang muss der Faden dann sein?

② Die größte Leitungsgeschwindigkeit im Nervensystem ist 120 m/sec. Rechne diesen Wert in km/h, und vergleiche mit der Geschwindigkeit eines Mofas.

Viele Nervenfasern ergeben gebündelt einen Nerv.

1 Schema einer Nervenzelle

Nervenzentrale Gehirn

Schon die Ärzte der ägyptischen Pharaonen erkannten, dass durch Gehirnoperationen einzelne Körperteile lahm gelegt werden können. Aber erst, als man den Bau des Gehirns und die Lage der Hirnverletzungen genauer untersuchte, gelang es, den *Hirnbereichen* bestimmte Aufgaben zuzuordnen.
Bei der Untersuchung des Gehirns sieht man zunächst nur die zwei durch den *Balken* verbundenen Hälften des *Großhirns* und das *Kleinhirn*. Die Oberfläche ist von Furchen und Windungen durchzogen. Dadurch wird eine deutliche Vergrößerung der Oberfläche erreicht. Die übrigen drei Teile des Gehirns, *Zwischenhirn*, *Mittelhirn* und *Verlängertes Mark*, werden erst im Längsschnitt sichtbar, da sie fast ganz vom Großhirn und Kleinhirn umschlossen sind. Im Schnitt durch das Großhirn lässt sich die 2—5 mm dicke graue *Hirnrinde*, die hauptsächlich aus Zellkörpern besteht, vom weißen *Hirnmark* unterscheiden. Die weiße Hirnsubstanz wird von Nervenfasern gebildet, die Meldungen zur Rinde und Befehle zu den Muskeln leiten. Ein engmaschiges Netz von Nervenfasern verbindet auch die einzelnen Rindenfelder und Hirnteile miteinander.

Das *Großhirn* ist das Zentrum unserer Wahrnehmungen, unseres Bewusstseins, Denkens, Fühlens und Handelns. Die Meldungen der Sinnesorgane gelangen zunächst in die *Wahrnehmungsfelder* der Hirnrinde (*sensorische Felder*), werden in *Verrechnungsfeldern* mit gespeicherten Informationen verglichen und dann verarbeitet. Befehlszentren (*motorische Felder*) erarbeiten Befehle an die Muskulatur. Wichtige Informationen können in *Erinnerungsfeldern* gespeichert werden. Sind Teile eines Hirnfeldes zerstört, können die restlichen Zellen desselben Feldes die Aufgaben der zerstörten Zellen übernehmen.

Das *Zwischenhirn* ist zwar nur ein kleiner Hirnbereich, steuert aber viele Stoffwechselvorgänge. Das *Mittelhirn* ist Schaltstation für Meldungen von den Sinnesorganen, und das *Verlängerte Mark* steuert Atmung und Blutkreislauf. Das *Kleinhirn* überwacht das Gleichgewicht des Körpers und sorgt für einen glatten „stoßgedämpften" Ablauf unserer Bewegungen.

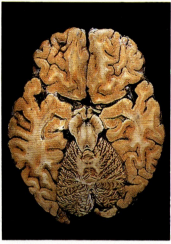

1 Aufsicht auf ein Gehirn   2 Schnitt durch ein Gehirn

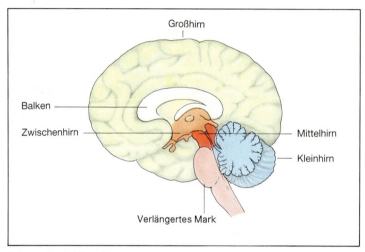

3 Lage der Gehirnteile

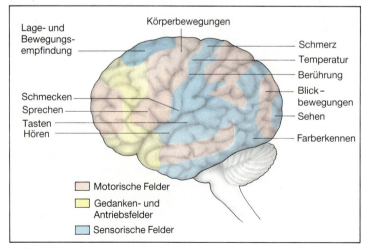

4 Wichtige Felder der Großhirnrinde

Aufgabe

① Ordne die in ▷4 angegebenen Begriffe den jeweiligen Hirnfeldern zu und übertrage diese in eine Tabelle in dein Heft.

Das Gedächtnis

Das Gedächtnis ist die Fähigkeit des Gehirns, Informationen speichern zu können und auf Abruf bereitzuhalten. Diese Fähigkeit ist von herausragender Bedeutung, denn ohne sie wären Erinnern und Lernen (s. S. 262) nicht möglich. Man würde keine Sprache beherrschen, weil man sich Worte und ihren Sinngehalt nicht merken könnte; Verkehrszeichen wären überflüssig, weil es keine Erinnerung an ihre Bedeutung gäbe, erfolgreiches Arbeiten könnte nicht wiederholt und Misserfolge könnten nicht vermieden werden. Der Mensch könnte ohne Gedächtnis weder als Individuum noch als Art überleben.

Das Gedächtnis arbeitet nicht wie ein elektronischer Speicher, der einmal aufgenommene Informationen dauerhaft behält. Dies zeigen einfache Erfahrungen, die jeder selbst schon gemacht hat. So kann man sich eine Telefonnummer, die man gerade einmal liest oder hört, nur für kurze Zeit merken. Wenn man sofort den Hörer zur Hand nimmt und wählt, kennt man die Nummer noch. Aber wenige Minuten später hat man sie bereits vergessen. Die Nummer war im *Kurzzeitgedächtnis* gespeichert. Hier können nur sehr wenige Informationen gespeichert werden, die dann für etwa 10 Sekunden verfügbar sind. Danach gehen sie verloren, werden also vergessen, es sei denn, sie gelangen in das *Langzeitgedächtnis.*

Das Langzeitgedächtnis besteht aus zwei Speicherbereichen: Im mittelfristigen Speicher mit nur mäßigem Speichervermögen verweilen Informationen für Zeiträume von Minuten bis zu einigen Tagen. Der große langfristige Speicher kann Informationen über viele Jahre behalten. Nur weniges aus dem Kurzzeitgedächtnis gelangt in den mittelfristigen Speicher. Von hier fließen Informationen in der Regel nur dann in den langfristigen Speicher, wenn sie innerhalb der Verweilzeit wieder abgerufen werden. Das bedeutet, dass neu Erlerntes ständig wiederholt und durch Übung vertieft werden muss. Nur so kann man Gelerntes auf Dauer behalten.

Die Sinnesorgane schicken in jeder Sekunde viel mehr Informationen an das Gehirn, als das Kurzzeitgedächtnis aufnehmen kann. Wir können also nicht alle Informationen verarbeiten und deshalb nicht alles wahrnehmen. Die Auswahl wird im Zwischenhirn getroffen. Dies schützt, zusammen mit dem Mechanismus des Vergessens, das Großhirn vor einer Überflutung mit Informationen und den Langzeitspeicher vor Überlastung.

Welche Teile jeder Einzelne aus der täglichen Informationsflut herausfiltert und im Gedächtnis speichert, ist individuell verschieden und hängt nicht nur von der Leistungsfähigkeit des Gehirns ab. Persönliche Vorerfahrungen und Erinnerungen und die damit verbundenen Gefühle spielen dabei ebenso eine Rolle wie die augenblickliche Stimmung. Man spricht auch von *subjektiver Wahrnehmung.*

Aufgabe

① „Zum einen Ohr hinein, zum andern wieder hinaus"; „Er hat ein Gedächtnis wie ein Sieb." Überlege dir den biologischen Hintergrund solcher Aussprüche.

1 Informationsspeicher Gedächtnis

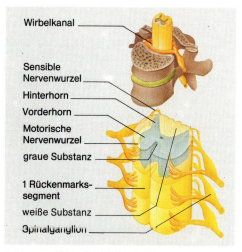

1 Lage und Bau des Rückenmarks

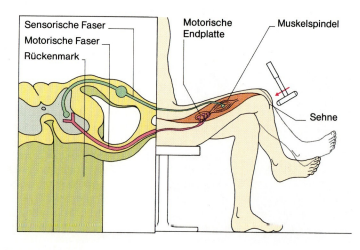

2 Kniesehnenreflex

Das Rückenmark entlastet das Gehirn

Blitzschnell zuckt die Hand zurück, wenn sie eine heiße Herdplatte berührt. Hätten wir erst überlegt „Es ist heiß, ich muss die Hand zurückziehen", dann wäre die Hand schon geschädigt, bevor der Befehl vom Gehirn die Muskulatur des Armes erreicht hätte. Die Schutzreaktion muss also von einem Nervenzentrum ausgelöst worden sein, das nicht lange „denkt", sondern eine bestimmte Meldung schnell und doch sicher beantwortet.

Dieses Zentrum ist das Rückenmark, das als fingerdicker Strang gebündelter Nerven die Wirbelsäule durchzieht. Im Querschnitt (Abb. ▷1) erkennt man zwei gut voneinander unterscheidbare Bereiche, die graue und die weiße Substanz. Der Querschnitt der grauen Substanz hat die Form eines Schmetterlings. Die „Flügel" dieses Schmetterlings werden als Vorder- und Hinterhorn bezeichnet. Die graue Substanz ist reich an Zellkörpern. Die weiße Substanz besteht aus Nervenfasern.

Entsprechend sind die Aufgaben verteilt: Die gebündelten Nervenfasern der weißen Substanz leiten Meldungen zwischen Körper und Gehirn. Die Zellen der grauen Substanz verschalten die sensiblen und motorischen Nervenbahnen und senden Befehle an die Muskulatur. Vom Rückenmark zweigen 31 Paar Rückenmarksnerven ab. Es sind Bündel von Nervenfasern. Sie verlassen die Wirbelsäule jeweils zwischen zwei Wirbeln und erreichen mit ihren Verästelungen alle Bereiche des Körpers. Jeder Rückenmarksnerv hat eine vordere und eine hintere Wurzel. Die vordere Wurzel enthält motorische Nervenzellen. Sie leiten Erregungen zur Muskulatur. Die sensorischen Nervenzellen der hinteren Wurzel leiten Informationen vom Körper ins Rückenmark. Ihre Zellkörper liegen in knotenartigen Verdickungen, den Spinalganglien.

Reflexe — unwillkürliche Bewegungen

Der Arzt schlägt leicht auf die Sehne unterhalb der Kniescheibe (Abb. ▷2) — und schon schnellt der Fuß hoch. Er weiß dann, dass die Rückenmarksreflexe in Ordnung sind. Der leichte Schlag auf die Sehne bewirkt eine plötzliche Dehnung des Streckmuskels im Oberschenkel. Dieser Reiz wird von Sinnesorganen im Muskel, den Muskelspindeln, aufgenommen. Sie senden über sensible Nervenzellen Erregungen ins Rückenmark. In der grauen Substanz werden die Erregungen auf motorische Nervenzellen des Streckmuskels übertragen. Daher zieht er sich zusammen und wirkt so der Dehnung entgegen. Der Weg der Erregung vom Muskel ins Rückenmark und zurück heißt Reflexbogen.

Ein Reflex ist eine gesteuerte Handlung. Sie verläuft stets gleich auf einen bestimmten Reiz hin und wird nicht durch den Willen beeinflusst. Weil das Rückenmark und nicht das Gehirn die Umschaltstelle für die Erregungen ist, ist der Leitungsweg und deshalb auch die Reaktionszeit kürzer. Reflexe sind uns zum Teil bewusst (Husten) oder sie laufen unbewusst ab (Lidschlussreflex). In jedem Fall schützen sie den Körper.

unbedingter Reflex
angeborener Reflex
(s. auch S. 253)

bedingter Reflex
Reflexreaktion, die erst erlernt werden muß

Teile des Nervensystems arbeiten selbstständig

Beim Joggen machen sich bereits nach kurzer Zeit Veränderungen in unserem Körper bemerkbar: Unser Herzschlag ist beschleunigt, wir atmen schneller und tiefer, schließlich beginnen wir zu schwitzen. Die Anpassung unseres Körpers an die stärkere Belastung erfolgt ganz automatisch, ohne dass wir diese Vorgänge willentlich beeinflussen könnten.

Herz, Atmungs- und Kreislauforgane sowie alle Drüsen werden über Nerven gesteuert, die man in ihrer Gesamtheit als *Vegetatives Nervensystem* oder *Eingeweidenervensystem* bezeichnet.
Die Bedeutung und Wirkungsweise des Vegetativen Nervensystems werden deutlich, wenn man genauer untersucht, welche Vorgänge beim Joggen oder bei einer anderen anstrengenden Tätigkeit im Körper gleichzeitig ablaufen. Atmung und Kreislauf stellen sich auf die erhöhten Anforderungen ein. Es kommt jetzt darauf an, in den Muskeln mehr Energie freizusetzen. Gleichzeitig werden andere Organfunktionen, wie z. B. die Verdauung, zurückgedrängt. Sie ist für die augenblickliche Situation, in der es nur auf die Leistungsfähigkeit ankommt, weniger bedeutend. Diese Vorgänge sind genau aufeinander abgestimmt.

Das Vegetative Nervensystem besteht aus zwei Teilsystemen: dem *sympathischen* und dem *parasympathischen Nervensystem*. Man spricht auch nur von Sympathicus und Parasympathicus. Die beiden Teilsysteme des Vegetativen Nervensystems wirken als Gegenspieler. Der Sympathicus aktiviert alle Organe, deren Tätigkeit die körperliche Leistungsfähigkeit steigert und hemmt zugleich die anderen Organe. Er wird deshalb auch als Leistungsnerv bezeichnet.

Nach dem Joggen verlangsamt sich der Herzschlag, wir „schöpfen wieder Atem". Nun ist der Parasympathicus aktiver. Er steuert die Organe, die der Erholung, der Energieeinsparung und dem Körperaufbau dienen und hemmt gleichzeitig die Organe, die die körperliche Leistungsfähigkeit steigern. So verlangsamt der Parasympathicus den Herzschlag und regt die Verdauungsorgane an.
Das Vegetative Nervensystem passt unablässig die Tätigkeit der inneren Organe an die augenblicklichen körperlichen Belastungen an. Sympathicus und Parasympathicus er-

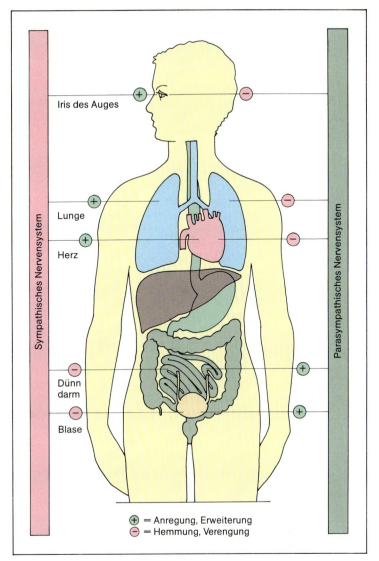

1 Regelungen des Vegetativen Nervensystems

gänzen sich in ihrer Wirkung. Ihr ausgewogenes Zusammenspiel benötigt einen beständigen Wechsel von Anspannung und Entspannung bzw. Ruhe, Aktivität und Schlaf.

Aufgaben

① Weshalb kann eine andauernde körperliche Belastung zu Verdauungsstörungen führen?
② Die Nervenfasern des Vegetativen Nervensystems leiten die Informationen nicht so schnell wie die motorischen Nervenfasern. Warum genügt für die Regelung der Stoffwechselvorgänge eine langsamere Erregungsleitung?
③ Entwickle ein Schema zur Regelung der Körpertemperatur über die Haut (s. S. 236).

Nervensysteme im Vergleich

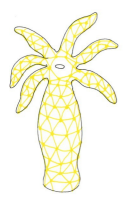

Süßwasserpolyp

Regenwurm

Die Fähigkeit, Reize aufzunehmen, sie zu verarbeiten und zu beantworten, ist eine Eigenschaft aller Lebewesen. Trotz dieser grundlegenden Gemeinsamkeiten gibt es jedoch große Unterschiede, wenn man den Bau des Nervensystems einzelner Lebewesen miteinander vergleicht.

Hydratiere, wie z. B. der Süßwasserpolyp, haben ein sehr einfach gebautes Nervensystem. In der Körperwand sind nahezu gleichmäßig verteilt Nervenzellen eingelagert. Diese sind durch Fortsätze netzartig miteinander verbunden. Berührt man das Tier vorsichtig an einer Stelle, so zieht sich der ganze Körper ruckartig zusammen. Die Erregungsleitung erfolgt demnach gleichmäßig nach allen Seiten.

Ringelwürmer, wie z. B. der Regenwurm, haben ein *Strickleiternervensystem*. Es beginnt im Kopf mit einem auffallend großen Nervenknoten (Oberschlundganglion). Von hier aus zweigen zwei Äste ab und führen um den Schlund herum. Sie vereinigen sich gleich danach zum ersten Nervenknoten und führen als Bauchmark an der Unterseite des Tieres entlang. Die beiden parallel verlaufenden Stränge verdicken sich in jedem Segment zu jeweils einem Nervenknoten. Diese sind miteinander verbunden. Von jedem Nervenknoten führen zwei Nervenbahnen in den Hautmuskelring.

Beim Menschen und bei allen anderen Wirbeltieren werden das Gehirn sowie das Rückenmark durch die Schädelknochen bzw. die Wirbel geschützt. Die Gliederung der einzelnen Gehirnteile ist bei allen Wirbeltieren im Prinzip gleich, aber unterschiedlich ausgeprägt. Vom Zentralen Nervensystem ausgehend erreichen periphere Nervenbahnen alle Organe des Körpers und schaffen so die Voraussetzung für den Informationsaustausch zwischen dem Körper und seiner Umwelt sowie für die Steuerung lebenserhaltender Vorgänge, wie z. B. den Herzschlag und die Atmung.

Das Gehirn des Menschen ist der Ort eines ausgeprägten Bewusstseins. Es ist das Organ, das geistige und seelische Fähigkeiten ermöglicht und unser Verhalten bestimmt. Das Erkennen von Problemen, das Nachdenken über mögliche Lösungswege, die Fähigkeit, Zukünftiges planvoll in die Wege zu leiten und in Angriff zu nehmen, gehören genauso zu diesen Fähigkeiten, wie die gefühlsmäßige Anteilnahme an der Befindlichkeit des Mitmenschen. Das menschliche Gehirn ist außerdem in der Lage, Erlebtes und Erfahrenes im Gedächtnis zu speichern, um daraus für ähnliche Situationen zu lernen.

Bewusstsein und Intelligenz sind jedoch nicht nur dem Menschen eigen, sie finden sich auch bei anderen Vertretern des Tierreichs.

Aufgaben

① Ordne den Fotos in ▷ 1 jeweils typische Fähigkeiten des menschlichen Gehirns zu.
② Finde weitere Motive für solche Fotos, und erkläre sie.
③ Informiere dich über die Leistungen des Gehirns bei Menschenaffen und berichte in der Klasse darüber.

1 Das Nervensystem des Menschen ist die Grundlage für viele Fähigkeiten

Erkrankungen und Schädigungen des Nervensystems

Wenn die Gehirnhäute mit Viren oder Bakterien infiziert werden, kommt es zur **Hirnhautentzündung** *(Meningitis)*. Sie ist von starken Kopfschmerzen und Steifheit der Nackenpartie sowie Schmerzempfindlichkeit bei Bewegungen des Kopfes und des Rumpfes, Übelkeit, Erbrechen und hohem Fieber begleitet. Eine Behandlung durch den Arzt ist unumgänglich. Eine bakterielle Gehirnhautentzündung kann durch Antibiotika ausgeheilt werden.

Die **Epilepsie** *(Fallsucht)* kann erblich bedingt sein, kann aber auch durch Schädigungen des Embryos im Mutterleib oder durch Infektionen und Schädelverletzungen im frühen Kindesalter entstehen. Eine genaue Ursachenfeststellung ist nur selten möglich. Die Kranken (Epileptiker) leiden unter plötzlich auftretenden Krampfanfällen, teilweise mit Bewusstlosigkeit. Häufig stürzen die Kranken und verletzen sich dabei. Die Anfälle dauern nur wenige Minuten, die Kranken haben im Anschluss ein hohes Schlafbedürfnis und wachen erholt wieder auf. Helfen kann man den Epileptikern teilweise mit Medikamenten, oft aber nur, wenn man die Ursachen der Krankheit kennt. Da sie einen Anfall oft schon einige Zeit vorher ahnen, sollten sie dann einen Ort aufsuchen, wo sie Ruhe haben und sich nicht verletzen können.

Die **Alzheimer-Krankheit** tritt im Alter auf. Dabei kommt es zu einem Schwund der Gehirnrinde. Erstes Anzeichen ist die starke Vergesslichkeit. Im fortgeschrittenen Krankheitsverlauf kommt es zu Sprachstörungen, Fehlhandlungen, Muskelspannungen und Anfällen, bis das Gedächtnis fast völlig erloschen ist. Die Betreuung und Versorgung der Kranken erfordert einen hohen pflegerischen Aufwand. Deshalb müssen sie meistens in Heimen untergebracht werden. Bisher kennt man kein Heilmittel gegen diese Krankheit.

Multiple Sklerose ist eine der häufigsten Erkrankungen des Nervensystems mit bislang unbekannter Ursache. Die Krankheitsherde, verhärtete Wucherungen des Zwischengewebes, liegen verstreut in Gehirn und Rückenmark. Multiple-Sklerose-Patienten leiden unter Sehstörungen, Empfindungsstörungen und Lähmungen der Gliedmaßen. Das Fortschreiten der Krankheit kann nur aufgehalten werden, wenn sie früh erkannt und behandelt wird. Die Kranken bleiben dann arbeitsfähig und können am normalen gesellschaftlichen Leben teilnehmen.

Bei einer **Querschnittslähmung** durch Verletzungen oder Erkrankungen des Rückenmarks ist dieses an einer Stelle vollständig unterbrochen. Alle Körperteile unterhalb der verletzten Stelle sind gelähmt und empfindungslos. In manchen Fällen können auch Blasen-, Darm- und Atemtätigkeit gestört sein. Alle geistigen Fähigkeiten bleiben erhalten, die Körperfunktionen oberhalb der Störung verlaufen normal. Eine Unterbrechung im oberen Teil des Rückenmarks, im Bereich der Halswirbelsäule, ist meistens sofort tödlich.

Kommt es zu einem Bruch des Gehirnschädels am Schädelgrund, spricht man von einem **Schädelbasisbruch**. Man erkennt ihn an Blutungen im Augen-, Ohren-, Nasen- und Mundbereich. Gefährlich sind die beim Bruch entstehenden Knochensplitter, die ins Gehirn eindringen können. Zusätzlich besteht hierbei auch Infektionsgefahr. Weitere Folgen sind Hirnquetschung und Hirnnervenstörungen mit Lähmungen. Besteht Verdacht auf Schädelbasisbruch, muss sofort ein Arzt gerufen werden und der Verletzte muss schnellstmöglich vom Rettungsdienst ins Krankenhaus gebracht werden.

Durch Gewalteinwirkung auf den Schädel kann es zu einer **Gehirnerschütterung** kommen. Ein sicheres Anzeichen ist die Bewusstlosigkeit, die von wenigen Minuten bei leichten Gehirnerschütterungen bis zu mehreren Tagen bei schweren Fällen dauern kann. Die Betroffenen können sich nach dem Erwachen aus ihrer Bewusstlosigkeit an die Zeit kurz vor dem Unfall nicht mehr erinnern und leiden anfangs unter Kopfschmerzen, häufig mit Erbrechen. Auf jeden Fall muss ein Arzt hinzugezogen und strenge Bettruhe für mindestens drei Wochen eingehalten werden. Die Gehirnerschütterung heilt dann wieder völlig aus und hinterlässt keine Folgeschäden.

Beim **Schlaganfall** *(Hirnschlag)* fallen plötzlich mehr oder weniger große Hirnbereiche durch Sauerstoffmangel aus. Die Ursachen dafür können durch erhöhten Blutdruck geplatzte Hirngefäße, Verstopfungen von Blutadern, aber auch ein Abfall des Blutdrucks sein. Folgen des Schlaganfalls sind häufig Lähmungen der Muskulatur. Tritt der Hirnschlag in der rechten Gehirnhälfte auf, ist die linke Körperhälfte von Lähmungen betroffen, tritt er in der linken Hirnhälfte auf, treten die Lähmungen in der rechten Körperhälfte auf. Durch schnelles Erkennen und ärztliche Behandlung können die Schädigungen manchmal ganz verschwinden, oft aber wenigstens gemildert werden.

3 Hormone — Botenstoffe im Körper

Wenn es um unsere körperliche und geistige Entwicklung geht, um den Zustand unserer seelischen Verfassung, um angenehme Stimmungslagen oder Angstzustände, stets sind dabei Hormone im Spiel. Die meisten von ihnen werden in bestimmten Hormondrüsen gebildet und gelangen in winzigen Mengen mit dem Blut in alle Bereiche des Körpers.

Hormone sind „Botenstoffe", die im Körper Informationen übermitteln. Ihre Wirkung können sie nur an den Zellen entfalten, die über die richtige Empfangseinrichtung verfügen. Nur solche Erfolgsorgane können die in den „Botenstoffen" verschlüsselte Information aufnehmen und entsprechend darauf reagieren. Zusammen mit dem Nervensystem sorgt das Hormonsystem für die Feinabstimmung aller Stoffwechselvorgänge. Aber auch seelische Vorgänge (Gefühle, Stimmungen u. a.) und das Verhalten werden maßgeblich von beiden beeinflusst.

In einem bestimmten Bereich des Zwischenhirns, dem *Hypothalamus,* laufen Nervensignale aus allen Bereichen des Gehirns zusammen und werden in die chemische Sprache der Hormone übersetzt. Nervenzellen des Hypothalamus sondern Nervenhormone ab, die über ein Kapillarnetz die *Hypophyse* erreichen und diese zur Bildung weiterer Hormone veranlassen. Die Hypophyse ist die übergeordnete Zentrale für die hormonelle Regelung der Organe. Sie untersteht selbst dem Hypothalamus. Er gilt als die zentrale Schaltstelle zwischen dem Nerven- und Hormonsystem.

Hypophyse
Hirnanhangdrüse

Eines der Hypophysenhormone verhilft uns unmittelbar ins Leben: Oxytocin veranlasst während der Geburt das Zusammenziehen der Gebärmuttermuskulatur. Ein zweites Hypophysenhormon, das Wachstumshormon, steuert während unserer Entwicklungszeit das Körperwachstum.

Die meisten Hypophysenhormone regeln jedoch die Hormonproduktion anderer, untergeordneter Hormondrüsen, wie z. B. die Schilddrüse, die Nebennieren und die Keimdrüsen. Steigt die Menge dieser Hormone im Blut an, hemmen sie ihrerseits von einer bestimmten Konzentration im Blut an die weitere Ausschüttung der zugehörigen Hypophysenhormone. Man spricht dann von einer *negativen Rückkopplung.*

Regulation des Wasserhaushalts

Unser Körper verliert durch Verdunstung, durch die Atmung und vor allem über die Nieren ständig Wasser. Diese Verluste gleichen wir durch Essen und Trinken wieder aus. Nehmen wir mehr Wasser zu uns als wir benötigen, so scheiden wir die überschüssige Flüssigkeit innerhalb kurzer Zeit über die Nieren wieder aus. Bei Wassermangel wird jedoch die Endharnbildung verringert. Die fein abgestimmte Regelung dieser Vorgänge ist deshalb so wichtig, weil die in unserem Körper und vor allem im Blut vorhandene Wassermenge möglichst gleich bleiben sollte, da sonst Stoffwechselstörungen entstehen können.

Der Wasserhaushalt wird vor allem durch ein Hormon der Hirnanhangdrüse geregelt, das *Adiuretin* (= Vasopressin). Es wird verstärkt ausgeschüttet, wenn der osmotische Wert des Blutes ansteigt. Das passiert z. B. bei starkem und längerem Schwitzen. Gemessen wird dieser Wert mit „Messfühlern" im Zwischenhirn. Über das Blut gelangt ständig Adiuretin in kleinen Mengen in die Nieren. Hier fördert es vor allem die Rückgewinnung von Wasser (Primärharn) aus den Nierenkanälchen ins Blut. Es ist entscheidend daran beteiligt, dass aus etwa 180 l Primärharn nur noch etwa 1 – 1,5 l Endharn entstehen. Bei akutem Wassermangel wird es jedoch verstärkt ausgeschüttet, wodurch die Rückgewinnung von Wasser aus dem Primärharn noch mehr gesteigert wird. Durch Aufnahme des Wassers ins Blut steigt die Blutmenge wieder an, die Menge des Endharns wird dagegen reduziert.

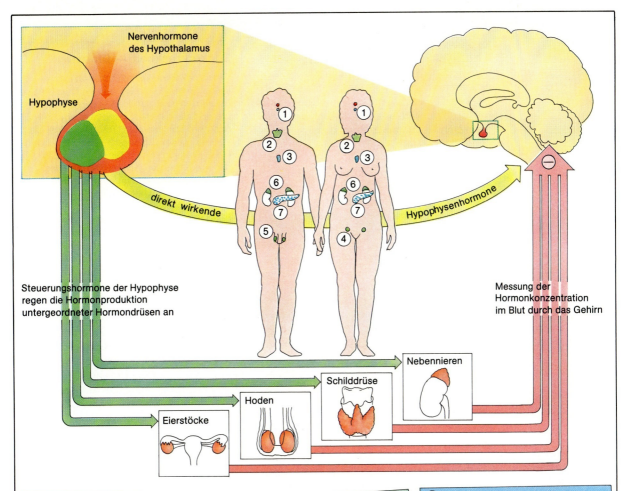

①
Die Hormone der **Zirbeldrüse** (Epiphyse) wirken hemmend auf die Entwicklung der Keimdrüsen in der Jugend. Bereits vom 7. Lebensjahr an wird das Organ zurückgebildet.

②
Die **Schilddrüse** liegt unterhalb des Kehlkopfes. Sie wiegt etwa 30 g und ist in zwei Lappen unterteilt. Sie bildet mehrere Hormone, von denen jedoch das Thyroxin das wichtigste ist. Thyroxin intensiviert Stoffwechselvorgänge, wenn durch körperliche oder geistige Arbeit der Energieumsatz im Körper gesteigert werden muss. Bei jungen Menschen beeinflusst Thyroxin außerdem Wachstums- und Reifungsprozesse.

③
Die hinter dem Brustbein gelegene **Thymusdrüse** ist im Kindesalter stark entwickelt. Beim Erwachsenen ist sie zurückgebildet. Ihre Hormone fördern in der Jugend das Wachstum und hemmen die Keimdrüsen. Mit der Reifung der Keimdrüsen wird sie dann zurückgebildet.

④
Die Hormone der weiblichen Keimdrüsen, der **Eierstöcke**, sind für die Ausbildung der weiblichen Geschlechtsmerkmale verantwortlich. Die Hormone Östrogen und Progesteron sind an der Eireifung, an der Steuerung des Menstruationszyklus und am Ablauf der Schwangerschaft beteiligt.

⑤
Die männlichen Keimdrüsen, die **Hoden**, stellen die männlichen Hormone, vor allem Testosteron her. Dieses und andere Geschlechtshormone bewirken die Ausbildung der männlichen Geschlechtsmerkmale sowie die Reifung der Spermien.

⑥
Die **Nebennieren** sind kleine, etwa 5–10 g schwere Gebilde, die kappenartig den beiden Nieren aufsitzen. Das Nebennierenmark stellt verschiedene stoffwechselanregende Hormone her, darunter das Adrenalin. Es beschleunigt den Herzschlag, verstärkt die Muskeldurchblutung, erhöht den Blutzuckerspiegel, vertieft die Atmung, verengt die Hautblutgefäße, hemmt die Magen-Darmtätigkeit und richtet die Haare auf, bewirkt also insgesamt eine Leistungssteigerung.

⑦
Wenn nach dem Essen der Blutzuckerspiegel ansteigt, reagiert darauf die **Bauchspeicheldrüse**. Sie gibt aus inselartig verteilten Zellgruppen, den Langerhans'schen Inseln, das Hormon Insulin ab. Dadurch wird in der Leber und im Muskel der Umbau von Traubenzucker zu Glykogen (tierische Stärke) und zu Fett gefördert, der Blutzuckerspiegel also gesenkt. Das Hormon Glukagon ist der Gegenspieler des Insulin. Es wird ebenfalls in den Langerhans'schen Inseln gebildet und bewirkt bei zu niedrigem Blutzuckerspiegel (z. B. bei anstrengender körperlicher Tätigkeit) in der Leber die Umwandlung von Glykogen in Zucker. Bildet die Bauchspeicheldrüse zu wenig oder gar kein Insulin, kommt es zur Zuckerkrankheit bzw. Diabetes.

Die Regulation des Blutzuckerspiegels

Im Blut ist Traubenzucker *(Glukose)* gelöst. Mit dem Blutstrom wird er in die Organe und damit zu allen Zellen gebracht. Traubenzucker ist für den Körper der wichtigste Energiespender. Vor allem Muskeln, Gehirn und Nerven, aber auch alle übrigen Organe benötigen ständig Traubenzucker, damit sie funktionsfähig bleiben.

Der Traubenzuckergehalt des Blutes bleibt beim gesunden Menschen weitgehend konstant. Er schwankt nur zwischen 0,6 und 1,1 g/l. Diesen Wert nennt man den *Blutzuckerspiegel*. Durch die aufgenommene Nahrung, vor allem durch kohlenhydratreiche Speisen, erhöht sich der Blutzuckerspiegel. Durch körperliche Tätigkeit, die ja Energie erfordert, wird er gesenkt.

Im Blut sind nur etwa 5 g Traubenzucker gelöst. Damit könnte man den Energiebedarf des Körpers höchstens 30—40 Minuten decken. Auch bei unterschiedlicher Kohlenhydratzufuhr und trotz häufig wechselnden Energiebedarfs muss immer ausreichend Glukose im Blut bereitgehalten werden. Dazu wird der Blutzuckerspiegel ständig einreguliert.

Wenn nach dem Essen der Blutzuckerspiegel ansteigt, reagiert die *Bauchspeicheldrüse* darauf. Sie gibt aus inselartig verteilten Zellgruppen ein Hormon ab, das *Insulin*. Dadurch wird in der Leber und im Muskel der Umbau von Traubenzucker zu *Glykogen* und zu *Fett* gefördert, der Blutzuckerspiegel also gesenkt.

Das Hormon *Glukagon* ist der Gegenspieler des Insulins. Es wird ebenfalls in den Inselorganen der Bauchspeicheldrüse gebildet und bewirkt bei zu niedrigem Blutzuckerspiegel (z. B. bei anstrengender körperlicher Tätigkeit) in der Leber die Umwandlung von Glykogen in Zucker. Auch das Hormon *Adrenalin* aus dem Nebennierenmark kann den Blutzuckerspiegel erhöhen.

Zuckerkrankheit — Diabetes

Beim Zuckerkranken reicht die erzeugte Insulinmenge nicht aus, um den Blutzuckerspiegel auf den normalen Wert zu senken. Die Nieren sind dann nicht mehr in der Lage, den zu reichlich vorhandenen Traubenzucker vollständig zurückzugewinnen. Ein Teil wird im Harn ausgeschieden. Dieses Symptom hat der Krankheit den Namen *Diabetes mellitus* (honigsüßer Durchfluss) gegeben. Unbehandelte Zuckerkrankheit fördert die Arteriosklerose.
Erste Hinweise auf eine Erkrankung sind ständiger unstillbarer Durst, Müdigkeit und Gewichtsverlust. Genau dosierte Insulingaben und ein Diätplan können Zuckerkranken ein weitgehend normales Leben ermöglichen.

Glykogen
tierische Stärke; wasserunlösliche Speicherform des Traubenzuckers, die aus 6000—100 000 Glukosemolekülen mit stark verzweigter Molekülkette aufgebaut ist.

Aufgaben

① Erkläre den Aufbau von Kohlenhydraten. Was geschieht bei ihrer Verdauung?
② Lies nach, welche Aufgabe die Bauchspeicheldrüse bei der Verdauung hat.
③ Warum müssen Diabetiker immer Traubenzucker bei sich tragen?

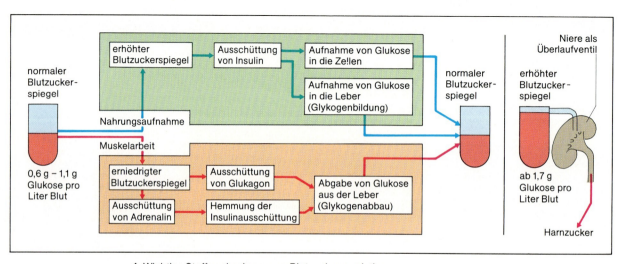

1 Wichtige Stoffwechselwege zur Blutzuckerregulation

Hormone bewirken die Pubertät

Neben *Verhaltensänderungen* finden in der Pubertät tiefgreifende *körperliche* Veränderungen statt. Bei Mädchen und Jungen beginnt die Ausbildung der Achsel- und Schambehaarung. Die Jungen bilden eine kräftigere Muskulatur aus, die Schultern werden breiter und das Becken bleibt schmal. Ihre Stimme wird tiefer *(Stimmbruch)*, Bartwuchs und Brustbehaarung setzen ein. Bei den Mädchen entwickeln sich die Brüste, das Becken wird breiter, die Schultern bleiben schmal. Diese nach der Pubertät ausgeprägten Merkmale bezeichnet man als *sekundäre Geschlechtsmerkmale.*

Bei Mädchen beginnt die Pubertät meist im Alter von 10 bis 12 Jahren, bei Jungen etwa zwei Jahre später, mit einem Wachstumsschub, durch den die Mädchen vorerst größer werden als die gleichaltrigen Jungen. Danach ist das Wachstum der Jungen stärker, sodass sie die Mädchen bald eingeholt und mit 14 oder 15 Jahren überholt haben.

Im Körper der pubertierenden Jungen und Mädchen laufen komplizierte Entwicklungsvorgänge ab, die von zahlreichen *Hormonen* geregelt werden.
Das Zwischenhirn mit seinem *Sexualzentrum* veranlasst über Hormone die Hirnanhangdrüse *(Hypophyse)*, ihrerseits Hormone auszuschütten. Damit beeinflusst sie alle anderen Hormondrüsen: In den Eierstöcken der Mädchen werden weibliche Geschlechtshormone, die *Östrogene* und das *Progesteron* gebildet, in den Hoden der Jungen entstehen vor allem die *Androgene*, die männlichen Geschlechtshormone.

Diese Hormone lassen die Keimdrüsen voll funktionsfähig werden und Keimzellen heranreifen. Sie bewirken außerdem alle anderen körperlichen Veränderungen während der Pubertät (vgl. auch S. 280).
Beginn und Dauer der Pubertät sind nicht eindeutig festzulegen. So kann sie schon im Alter von 8 – 10 Jahren beginnen, manchmal aber erst Jahre später. Dies ist durchaus normal. Nach 4 bis 5 Jahren sind die hormonelle Umstellung und die damit verbundenen körperlichen Veränderungen abgeschlossen. Aus Mädchen sind Frauen geworden, die nun selbst Kinder bekommen können, aus Jungen zeugungsfähige Männer. Die Jugendlichen sind in ihrem Verhalten sicherer geworden, und es ist ein natürliches Verhältnis zum anderen Geschlecht entstanden. Jetzt kommt es für die Jugendlichen darauf an, mit ihrer Sexualität verantwortlich umzugehen (s. S. 278).

Aufgaben

① Vergleiche die körperlichen Veränderungen bei Mädchen und Jungen während der Pubertät. Nenne Gemeinsamkeiten und Unterschiede.

② Welche Verhaltensänderungen treten auf?

③ Suche in den Bereichen Frisur, Sprache, Kleidung, Musik und Freizeitgestaltung nach Unterschieden zwischen der heutigen Jugend und den jetzigen Erwachsenen. Berichte.

④ Testosteron gehört zur Gruppe der Androgene. Manche Sportler setzen testosteronähnliche Stoffe als Doping ein. Erkläre die Wirkung!

Follikel
Eibläschen

Gelbkörper
Entsteht nach dem Eisprung aus Follikelzellen; er bildet das Gelbkörperhormon.

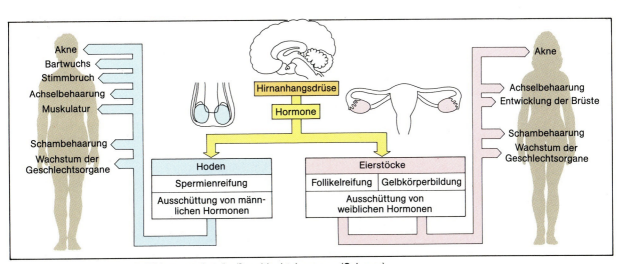

1 Wirkungsweise der Geschlechtshormone (Schema)

1 Die Stressreaktion kann lebensrettend sein

Nerven- und Hormonsystem arbeiten zusammen

Phänomen Stress

Stress ist zum Schlagwort in unserer schnelllebigen Zeit geworden: Ob im Berufsleben, im Verkehr, im Alltagsleben oder in der Schule — viele Menschen fühlen sich oft überlastet und bezeichnen den Zustand der inneren Anspannung als Stress. Stress auslösende Faktoren nennt man *Stressoren*. Dazu gehören alle psychischen und physischen Belastungen, wie zum Beispiel Lärm, Sauerstoffmangel, drohende Gefahren, Hetze, Leistungsdruck und viele andere mehr.

Ablauf einer Stressreaktion

Stress kann in bestimmten Situationen lebensrettend sein. So kann uns zum Beispiel das plötzliche Hupen eines Autos, das wir beim Überqueren der Straße zunächst nicht bemerkt haben, sehr erschrecken. Ohne lange zu überlegen, retten wir uns dann durch einen blitzschnellen Sprung auf den Gehweg. Der Schreck „sitzt uns noch in allen Gliedern", der Pulsschlag ist deutlich zu spüren; erst jetzt wird die Gefahr bewusst.

Die Stressreaktion läuft nach einem vorprogrammierten Alarmplan ab. Ihr Ziel ist — unabhängig von der Art des Stressors — die rasche Versorgung der Muskeln mit Traubenzucker, Fetten und Sauerstoff, sodass schnelle, kräftige und in manchen Fällen ausdauernde Leistung möglich wird.

Die Anpassungsreaktionen des Körpers müssen sehr rasch ablaufen. Deshalb ist zunächst das Nervensystem beteiligt. Ist die Notsituation erkannt, so aktiviert das Gehirn über bestimmte Nervenfasern in Sekundenbruchteilen das Nebennierenmark, das daraufhin die Hormone *Adrenalin* und *Noradrenalin* freisetzt.

Diese Hormone bewirken die Beschleunigung des Herzschlags, die Steigerung des Blutdrucks, die Vertiefung der Atmung, eine bessere Durchblutung des Muskelgewebes und die Mobilisierung energiereicher Nährstoffe. Der Körper wird so in einen Zustand höchster Leistungsfähigkeit versetzt.

Andere Körperfunktionen, die zur Bewältigung einer solchen Stresssituation nicht notwendig sind, wie z. B. die Magen- und Darmtätigkeit und die Durchblutung der Haut, werden gedrosselt.

Ist die Gefahr vorüber, zirkulieren die Hormone noch etwa eine halbe Stunde mit dem Blut durch den Körper, bis sie schließlich ab-

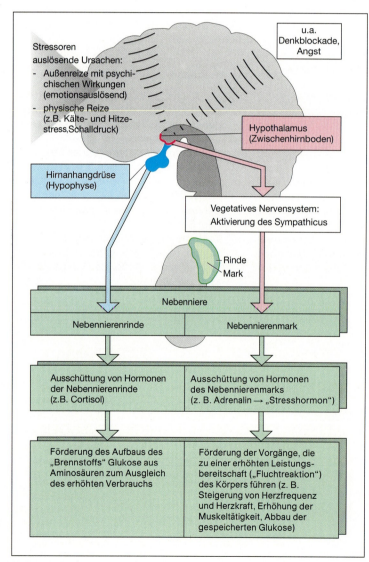

2 Zusammenarbeit von Nerven- und Hormonsystem bei Stress

Distress
negativer Stress

Eustress
positiver Stress

Allergie
Überreaktion des Immunsystems (s. S. 210) auf körperfremde Substanzen (Allergene), z. B. auf Blütenpollen, Inhaltsstoffe von Nahrungsmitteln usw.

gebaut werden. Kreislauf und Stoffwechsel kehren nur allmählich wieder zu ihren Normalwerten zurück. Im Vergleich zum Nervensystem ist die Regelung durch das Hormonsystem relativ langsam.

Hält die Belastung über einen längeren Zeitraum an oder treten verschiedenartige Stressoren gleichzeitig auf, reicht die Wirkung von Adrenalin und Noradrenalin nicht mehr aus. Jetzt wird die Nebennierenrinde zur verstärkten Bildung des Hormons *Cortisol* veranlasst, das den Körper in ständiger Alarmbereitschaft hält. Es bewirkt den Umbau von Eiweißen zu Glukose, sodass der Blutzuckerspiegel erhöht bleibt und mehr Energie für den Stoffwechsel bereitsteht. Außerdem wirkt Cortisol entzündungshemmend, beschleunigt die Wundheilung und verleiht dem Körper für einen gewissen Zeitraum die nötige Widerstandskraft.

Distress und Eustress

Stress ist schädlich, wenn über längere Zeit keine Erholungsphase eintritt. Wird der Körper nämlich ständig mit Hormongaben überflutet, stellen sich auf Dauer unweigerlich Schäden ein. Man spricht dann von *Distre*ss.

Wut und Aggressivität beispielsweise führen über Hormonwirkung zu einer Zunahme der Magensäure. Das kann schließlich ein Magengeschwür zur Folge haben. In diesem Fall ist einem tatsächlich „etwas auf den Magen geschlagen".

Zur Deckung des möglichen Energiebedarfs nimmt der Gehalt an energiereichen Fettstoffen im Blut erheblich zu. Bei starker körperlicher Aktivität — beispielsweise beim rettenden Sprung an den Straßenrand — werden sie in kurzer Zeit verbraucht. Stressreaktionen, die eine schnelle körperliche Reaktion erfordern, sind in unserem Alltag jedoch selten. Unterbleibt die Anstrengung, kreisen die Fettstoffe lange Zeit mit dem Blutstrom und lagern sich an den Arterienwänden ab. Die Folge ist, dass die Arterienwände unelastisch und bei dauerhaft erhöhten Blutfettwerten immer enger werden.

Der Umbau von Eiweißen zu Glukose kann außerdem zu Eiweißmangel und infolgedessen zur Schwächung der körpereigenen Abwehrkräfte führen. Darüber hinaus kann die Anfälligkeit für Allergien erhöht sein.

Gelegentlich auftretender Stress mit anschließenden Erholungsphasen kann dagegen Höchstleistungen bewirken und die natürliche Widerstandskraft des Körpers gegen Krankheiten steigern. Solchen positiven Stress nennt man *Eustre*ss.

Eine ausgeglichene Lebensführung hilft, sich vor Dauerstress zu schützen. Dazu gehört neben genügend Schlaf, richtiger Ernährung und regelmäßiger Bewegung an frischer Luft, auch die Bewältigung von Problemen, die psychisch belasten.

Ein Beispiel dafür ist das „vor sich Herschieben" von unangenehmen Verpflichtungen. Schon der Gedanke daran lässt Unbehagen aufkommen. Hier kann eine richtige Zeit- und Arbeitsplanung helfen, Stress zu vermeiden.

Nicht zuletzt können Entspannungsübungen, wenn sie regelmäßig trainiert werden, zu mehr Gelassenheit verhelfen (s. S. 195).

Aufgaben

① Beschreibe das Zusammenwirken von Nerven- und Hormonsystem in Notsituationen.

② Adrenalin wird oft als Stresshormon bezeichnet. Erkläre.

③ Nenne einige Stress erzeugende Faktoren für einen Steinzeitmenschen, den Manager einer Firma und einen Schüler. Unterscheide Distress und Eustress.

④ Überlege Situationen, in denen du dich selbst gestresst fühlst. Welches sind die wirksam werdenden Stressoren?

⑤ Stelle einige Regeln zusammen, die helfen können, Distress zu vermeiden.

⑥ Lies den folgenden Text. Welche Stressoren beschreibt Robinson und wie reagiert er darauf?

„Eines Tages, da ich gegen Mittag zu meinem Boot ging, gewahrte ich zu meiner größten Bestürzung am Strand den Abdruck eines nackten, menschlichen Fußes, der im Sand ganz deutlich zu sehen war. Ich stand da, wie vom Donner gerührt. Ich horchte, ich blickte mich um, aber es war nichts zu hören und zu sehen. Ich stieg auf eine Erhöhung, um weiter zu sehen, ich ging den Strand auf und ab, aber umsonst. Ich trat wieder näher, um zu sehen, ob noch andere Spuren dabei wären, und um zu prüfen, ob ich mir das nicht alles eingebildet hätte. Wie der Mensch hierher kam, wusste ich nicht und konnte es mir auch nicht erklären. Mit unzähligen, durcheinander wirbelnden Gedanken kam ich heim zu meiner Festung. Ob ich über die anfänglich errichtete Leiter oder durch das Loch im Felsen hineinging, kann ich mich nicht erinnern. Auch am nächsten Morgen wusste ich's nicht mehr, denn nie war ein gejagter Hase schneller in seinen Bau geflohen als ich in meinen Unterschlupf …"

DANIEL DEFOE: Robinson Crusoe

1 Zebraspinne

4 Steuerung des Verhaltens bei Tier und Mensch

Die Balz der Zebraspinnen — Beispiel für eine Instinkthandlung

Zebraspinnen leben von Mai bis September einzeln an sonnenbeschienenen Hauswänden und Felsen. Nur in der Fortpflanzungszeit im Juni wendet sich ein Männchen einem Weibchen zu. Es läuft zunächst mit gespreizten Vorderbeinen im Zickzack vor dem Weibchen hin und her, wobei es sich ihm bis auf wenige Zentimeter nähert. Dann hält das Männchen inne und winkt mehrfach mit dem erhobenen ersten Beinpaar. Ist das Weibchen paarungsbereit, bleibt es regungslos sitzen und die Paarung erfolgt.

Ein Verhaltensforscher hat beobachtet, dass Zebraspinnenmännchen einmal länger und dann wieder kürzer die Weibchen anbalzten. Er vermutete, dass die *Balzdauer* davon abhängt, wann das Männchen zum letzten Mal ein Weibchen begattete. Diese Vermutung prüfte er in einem Laborversuch. Weibchenattrappen wurden in natürlicher Größe mit Tusche auf weißen Karton gezeichnet. Diese Attrappen wurden Männchen 3, 5, 8, 10 und 15 Tage nach der letzten Begattung gezeigt. Die Dauer der Balzhandlungen wurde jeweils gemessen. Das Versuchsergebnis ist in der Randspaltenabbildung links dargestellt.

Je länger die letzte Begattung zurückliegt, desto länger dauern die Balzhandlungen an. Man sagt, wenn Zebraspinnen über längere Zeit keine Gelegenheit zur Begattung hatten, baut sich bei ihnen eine *Handlungsbereitschaft* auf. Liegt bei den Zebraspinnenmännchen die Begattung z. B. zehn Tage zurück, ist die Handlungsbereitschaft hoch. Das Männchen sucht jetzt intensiv nach einem Weibchen. Das Suchverhalten nennt der Verhaltensforscher *Appetenzverhalten.*

Hat ein Zebraspinnenmännchen längere Zeit kein Weibchen mehr begattet, so entsteht in ihm eine große Handlungsbereitschaft für Balzhandlungen. Es geht auf Suche nach einem Weibchen *(Appetenzverhalten).* Findet es ein Weibchen, so wendet es sich diesem ruckartig zu *(Orientierungsbewegung)* und nähert sich bis auf 3—5 cm. Dann hält es einen Moment inne und winkt mehrfach mit dem erhobenen ersten Beinpaar. Ist das Weibchen paarungsbereit, so bleibt es regungslos sitzen *(Schlüsselreiz).* Das Männchen begattet das Weibchen *(Endhandlung).* Unmittelbar nach der erfolgten Begattung ist keine Handlungsbereitschaft für weitere Balzhandlungen mehr vorhanden, die Instinkthandlung ist beendet.

Aufgabe

① Wie ändert sich bei Zebraspinnen mit steigendem Hunger die Zahl der Beutefanghandlungen im Vergleich zu den Balzhandlungen? Schlage Versuche vor, mit denen man diese Frage untersuchen könnte.

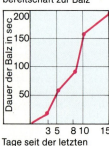

innere Handlungsbereitschaft zur Balz

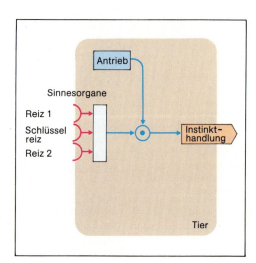

2 Schema einer Instinkthandlung

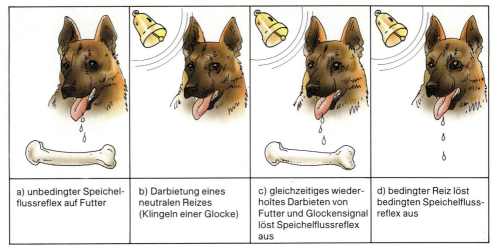

| a) unbedingter Speichel-flussreflex auf Futter | b) Darbietung eines neutralen Reizes (Klingeln einer Glocke) | c) gleichzeitiges wiederholtes Darbieten von Futter und Glockensignal löst Speichelflussreflex aus | d) bedingter Reiz löst bedingten Speichelflussreflex aus |

1 Schema des Ablaufs von Pawlows Versuchen

Der bedingte Reflex

Iwan Petrowitsch Pawlow
(1849—1936), russischer Physiologe, arbeitete über die Tätigkeit der Verdauungsdrüsen; diese Forschungen führten ihn zu den bedingten Reflexen. Er erhielt 1904 den Nobelpreis für Medizin.

Reflex
eine in stets gleicher Weise ablaufende, unmittelbare Reaktion auf einen bestimmten Reiz (vgl. S. 242)

Bei Hunden läuft der Speichel, wenn sie Futter riechen. Der russische Forscher IWAN PAWLOW untersuchte dieses Verhalten genauer. Dazu wurden Hunde in einem geruchsfreien, besonders ausgestatteten Raum von sämtlichen Reizen aus der Umgebung abgeschirmt. Einem Hund wurde der Ausgang der Speicheldrüsen über ein Röhrchen nach außen gelegt, wodurch PAWLOW den Speichel direkt abfließen sehen konnte.

In einer ersten Versuchsreihe bot PAWLOW einem Hund Futter an und sofort begann der Speichelfluss. Wiederholte er den Versuch mit anderen Hunden, so lief der Speichel ebenfalls. PAWLOW folgerte, diese Verhaltensweise sei angeboren. Auf den Futterreiz zeigte der Hund ohne Verzögerung die Reaktion Speichelfluss *(Reflex)*.

In einer zweiten Versuchsreihe wurde einem Hund Futter angeboten und jedesmal ertönte gleichzeitig eine Glocke. Nach zwanzigmaliger Wiederholung des Vorgangs genügte der Glockenton alleine, um den Speichelfluss auszulösen.

Der Glockenton hatte vor der Versuchsreihe für den Hund keine Bedeutung. Es war ein *neutraler* Reiz. Während der Wiederholungsphase des Versuches lernte der Hund, den Zusammenhang zwischen Futter und Glockenton herzustellen. Der Ton konnte jetzt alleine den Speichelfluss auslösen. Der Hund hatte gelernt, dass der Glockenton bedeutet: Jetzt gibt es Futter. Dieser Vorgang wird als *bedingter Reflex* bezeichnet.

Aufgaben

① Wie muss man vorgehen, damit der Glockenton, der den Speichelfluss auslöst, wieder zum neutralen Reiz wird?

② Nähert man sich einem Aquarium, so sammeln sich die Fische schnell an der Stelle, an der sie gefüttert werden. Erkläre dieses Verhalten, indem du die Fachbegriffe zum Lernverhalten anwendest.

③ Richte im Aquarium zwei Futterstellen mit zwei Futterringen ein. Füttere zunächst immer nur an einem Ring. Nach einiger Zeit wechsle die Futterstelle. Wie lange dauert es, bis die Fische umgelernt haben? Reagieren alle Tiere gleich?

2 Aquarium mit unterschiedlichen Futterstellen

Die Prägung

Konrad Lorenz (1903–1989), österreichischer Verhaltensforscher, arbeitete über die Grundlagen des instinktiven Verhaltens bei Tieren (besonders bei Graugänsen und Dohlen). Begründer der vergleichenden Verhaltenslehre; erhielt 1973 den Nobelpreis für Medizin

Anteil der Versuchstiere, die sich prägungsgemäß verhielten, in %

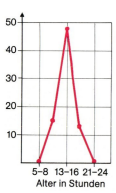

KONRAD LORENZ machte mit einer seiner ersten Graugänse eine überraschende Entdeckung. Das Gänseküken sah ihn, nachdem es im Brutkasten geschlüpft war, als erstes Lebewesen, das sich bewegte und Laute von sich gab. Von diesem Augenblick an folgte *Martina,* wie LORENZ das Küken nannte, ihm überallhin nach und verhielt sich so, als wäre er die Gänsemutter.

Graugansküken sind *Nestflüchter* und folgen bald nach dem Ausschlüpfen ihrer Mutter, wenn sie das Nest verlässt. LORENZ brachte Graugans- und auch Entenküken nach dem Schlüpfen in eine kreisförmige Laufbahn *(Prägungskarussell)*. Hierin wurden vor den Küken Attrappen (gans- oder entenähnliche Nachbildungen und sogar ein Fußball) bewegt, die über einen Lautsprecher Laute von sich gaben. Am zweiten Tag folgte untrennbar jedes Küken der Attrappe, die es an seinem ersten Lebenstag gesehen hatte. Sie musste sich nur bewegt und Laute ausgestoßen haben.

LORENZ zog aus diesen Versuchsergebnissen folgenden Schluss: Die Küken wissen angeborenermaßen, dass die Mutter sich bewegt und Laute von sich gibt, aber nicht, wie sie aussieht. So folgen sie dem ersten sich bewegenden oder Laute ausstoßenden Lebewesen oder Gegenstand. Das Erlernen des Mutterbildes läuft sehr schnell nach der Geburt ab. Da dieser Lernvorgang so schnell und unveränderlich wie ein Prägevorgang von Münzen mit einem Stempel vor sich geht, bezeichnete ihn LORENZ als *Prägung.*

1 Prägungskarussell

Das Gänsekind Martina

KONRAD LORENZ schreibt in seinem Buch: „Meine erste kleine Graugans war also auf der Welt, und ich wartete. Den Kopf schief gestellt, sah sie mit großem, dunklem Auge zu mir empor. Lange, sehr lange sah mich das Gänsekind an. Und als ich eine Bewegung machte und ein kurzes Wort sprach, löste sich mit einem Male die gespannte Aufmerksamkeit und die winzige Gans grüßte: Mit weit vorgestrecktem Hals und durchgedrücktem Nacken sagte sie sehr schnell und vielsilbig den graugänsischen Stimmfühlungslaut, der bei den kleinen Küken wie ein feines, eifriges Wispern klingt." LORENZ schob nun das Graugansküken einer Hausgans unter den Bauch.

„Es dauerte ein paar Minuten, da ertönte es unter der Weißen hervor, wie fragend, ein leises Wispern: Wiwiwiwiwi? Sachlich und beruhigend antwortete die alte Gans mit demselben Stimmfühlungslaut, nur in ihrer Tonlage: Gangangangang. Doch dann kam mein Küken rasch hervorgekrochen und lief laut weinend von ihr weg: Pfühp..pfühp..pfühp. Hoch aufgerichtet, ununterbrochen laut pfeifend stand das arme Kind auf halbem Wege zwischen der Gans und mir. Da machte ich eine kleine Bewegung — und schon war das Weinen gestillt, und das Kind kam, mit lang vorgestrecktem Hals, eifrigst grüßend auf mich zu: Wiwiwiwi... Es hätte einen Stein rühren können, wie das arme Kind mit überschnappender Stimme weinend hinter mir herkam. Ich, und nicht die weiße Hausgans, sei ihm Mutter! Das Gänsekind erhielt in feierlicher Taufe den Namen Martina."
(aus: KONRAD LORENZ, 1964: Er redete mit dem Vieh, den Vögeln und den Fischen)

Aufgabe

① Beurteile aus der Sicht der Verhaltensforschung die Sprache LORENZ in seiner Schilderung des Gänsekindes Martina.

Zum Verhalten der Mongolischen Rennmaus

Bei der *Mongolischen Rennmaus* kannst du leicht verschiedene Beobachtungen zum Verhalten machen und daraus eine Liste der angeborenen Verhaltensweisen aufstellen. Es lassen sich darüber hinaus einfache Versuche zum Lernvermögen der Rennmäuse durchführen.

Haltung und Pflege

Rennmäuse sind sehr lauffreudig und sollten deshalb eine möglichst große Lauffläche erhalten. Einer kleinen Familiengruppe sollte mindestens eine Grundfläche von 80 cm × 40 cm zur Verfügung stehen (z. B. entsprechendes Terrarium oder Käfig). Gewaschener und getrockneter Sand wird mehrere Zentimeter hoch in das Terrarium gegeben. Die Rennmäuse bauen Gänge in den Sand. Er muss einmal im Monat gewechselt werden. Ein Schlafkasten aus Holz mit einer Grundfläche von 20 cm × 10 cm empfiehlt sich. Er sollte mehrere Ausgänge haben.

Aus Heu oder kurzfaseriger Hamsterwolle bauen die Rennmäuse Nester. Körner oder Hamsterfutter bilden die Grundnahrung. Zusätzliches Grünfutter macht ein Trinkgefäß unnötig.

Kann man die Rennmäuse über die Ferien nur mit Trockenfutter ernähren, ist allerdings ein Trinkgefäß mit Wasser an einer Aufhängevorrichtung notwendig.

Als revierverteidigende Gruppentiere sollte man nur ein Pärchen aus einer Gruppe in einen Beobachtungskasten setzen (ebenfalls Vorsicht bei zu großer Zahl!). Da die Tiere zu fliehen versuchen, wird dieser oben mit Maschendraht (Gittergröße 12,5 mm) verschlossen.

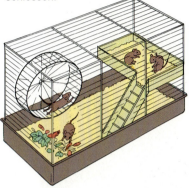

Angeborene Verhaltensweisen

Setze in einen Beobachtungskasten ein Rennmauspärchen. Der Kasten ist von zwei Seiten einzusehen. In ihm befinden sich Sand, Kieselsteine, Zweige und ein Stück Kunststoffrohr (Länge 20 cm, Durchmesser 5 cm). Beobachte über einen Zeitraum von 15 Minuten das Verhalten der Rennmäuse. Beschreibe einzelne Verhaltensweisen und versuche, sie zu erklären. Lege ein Protokoll nach dem folgenden Muster an:

Beschreibung der Verhaltensweise	Deutung
....	....

Lernversuch mit dem Hochlabyrinth

Fertigt ein Hochlabyrinth aus 20 cm hohen Rundhölzern sowie 4 cm breiten und 20 cm langen Holzleisten. Das ganze Labyrinth soll aus 20–25 Stegen bestehen. Vorsicht! Die Rennmäuse müssen erst durch mehrere Versuchsläufe an das Hochlabyrinth gewöhnt werden, sonst besteht Absturzgefahr!

Arbeitet jeweils in Dreiergruppen zusammen: Ein Schüler protokolliert das von den Rennmäusen gezeigte Verhalten, ein anderer ermittelt mit einer Stoppuhr die Dauer der Läufe und ein dritter notiert die Zahl der falschen Entscheidungen auf dem Weg zum Ziel.

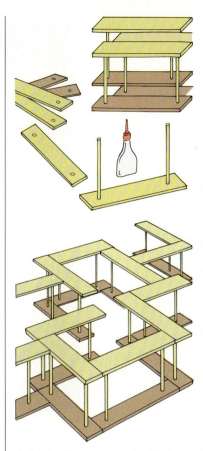

Setzt eine Rennmaus an den Startpunkt des Hochlabyrinths und den Schlafkasten in einem kleinen Käfig an das Ende des Labyrinths. Lasst den Lauf 15–20-mal wiederholen. Wascht nach jedem Lauf die Stege mit einem Flüssigreiniger ab, da die Tiere ihre Wege mit Harn markieren. Tragt die Ergebnisse nach folgendem Muster auf:

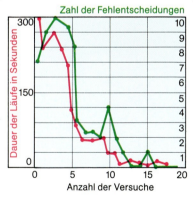

— Was lässt sich nach den Versuchen über die Lernfähigkeit der einzelnen Rennmäuse sagen?
— Stellt Vermutungen über das unterschiedliche Lernvermögen der Tiere an. Plant selbst weitere Experimente dazu und führt sie aus.

1 Elefantendressur

Wie Tiere lernen

Lernen am Erfolg

Wenn Elefanten die Zirkusmanege betreten und unter der Leitung des Dompteurs ihre Kunststücke vorführen, fragen sich viele Zuschauer, wie solche Leistungen möglich sind. Die Tiere setzen sich auf ein Zeichen hin, legen sich nieder oder drehen sich auf einem Postament im Kreise. Während man solche Bewegungen immerhin in ähnlicher Form auch bei wild lebenden Elefanten beobachten kann, gehören Kopfstand und aufrechtes Sitzen von Zirkuselefanten sicherlich nicht zu ihren natürlichen Verhaltensweisen.

Um auf die Frage nach dem Geheimnis der *Tierdressur* eine Antwort zu finden, helfen uns vielleicht die Experimente des Amerikaners B. F. SKINNER von der Harvard-Universität ein Stück weiter. Diesem Wissenschaftler gelang es mit der nach ihm benannten *Skinner-Box,* verschiedenen Tieren Verhaltensweisen beizubringen, die sie normalerweise nicht ausführen. Diese Skinner-Box besteht aus einem Käfig, in dem sich eine kleine Taste und eine Futteröffnung befinden. Setzt man nun in diesen Käfig eine Ratte, so berührt das Tier irgendwann zufällig die Taste. Sofort fällt automatisch eine kleine Belohnung in die Futteröffnung. Die Ratte ahnt sehr schnell den Zusammenhang zwischen Taste und Belohnung und versucht nun, die Erfolg versprechende Handlung möglichst oft zu wiederholen. Solche Belohnungen bezeichnet man auch als *positive Verstärker.* Auch ein Zirkusdompteur kommt nur durch ständiges Belohnen des gewünschten Verhaltens zum Ziel.

Lernen durch Nachahmung

In einem gut besuchten Café herrscht eine lustige Stimmung. Ursache ist ein Papagei. Sein Käfig steht in der Mitte des Raumes, und der Papagei unterhält die Gäste durch seine munteren Plaudereien. Sein Besitzer hat mit dem Vogel durch ständiges Vorsprechen einzelner Wörter so lange geübt, bis dieser schließlich über seinen jetzigen „Sprachschatz" verfügte.

Viele Vögel lernen durch *Nachahmung* und sind dabei nicht auf Artgenossen angewiesen. In Gefangenschaft gehaltene *Wellensittiche* und besonders auch die *Graupapageien* nehmen gern menschliche Laute an. Der Graupapagei kann sich sogar Situationen einprägen, in denen ein besonderes Wort häufig benutzt wurde. Es ist deshalb nicht unbedingt außergewöhnlich, dass ein Papagei „Prost" sagt, wenn in geselliger Runde die Gläser gehoben werden. In Freiheit verstärkt das Nachahmen von Lauten bei Papageien die Partnerbindung.

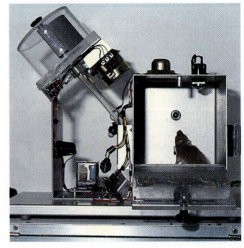

2 Skinner-Box

Lernen durch Versuch und Irrtum

Bei Tierbeobachtungen staunt man oft über die Zweckmäßigkeit jeder Bewegung. Wer einmal Gelegenheit hatte, etwa einem *Eichhörnchen* beim Öffnen einer Nuss zuzuschauen, wird sicherlich die besondere Geschicklichkeit der Tiere bemerkt haben. Natürlich erhebt sich hier die Frage, wie sie die nicht ganz einfache Technik des Nüsseöffnens gelernt haben.

Wissenschaftler haben deshalb Experimente mit jungen Eichhörnchen durchgeführt, die gleich nach der Geburt von den Eltern getrennt als *Kaspar-Hauser-Tiere* (▷ Randspalte) aufwuchsen. Zur Überraschung der Beobachter erkannten auch diese Tiere die Nüsse sogleich als Nahrung und begannen damit, diese in den Pfoten zu drehen und zu beknabbern. Die richtige Technik musste durch Versuch und Irrtum sowie durch Übung aber erst allmählich gelernt werden. An diesem Beispiel wird deutlich, dass Teile einer Verhaltensweise angeboren sind, während andere Teile erst durch mehrfaches Probieren gelernt werden müssen.

Einsichtiges Verhalten

Ganz andere Ergebnisse zeigten die Beobachtungen an *Menschenaffen.* Zur Lieblingsspeise dieser Tiere zählen Bananen und so lag es nahe, einmal die Fähigkeit von Orang-Utans zu prüfen, unerreichbar an einem Seil hängende Früchte doch zu bekommen. Nachdem mehrere Sprungversuche gescheitert waren, nahm eines der Tiere plötzlich einen im Gehege herumliegenden großen Würfel, stellte sich darauf und versuchte, die Banane zu ergreifen. Als das nicht gelang, holte der Orang-Utan einen zweiten und dritten Würfel, baute daraus einen Turm und konnte nun endlich die Banane herunterholen.

In dieser Situation hatte der Affe *Einsicht* in das Problem gezeigt. Offensichtlich hatte er sich vorher genau vorgestellt, wie er die Würfel als Werkzeug einsetzen könnte.

Dieses einsichtige Verhalten ist beim Menschen ganz besonders ausgeprägt.

Aufgabe

① Welche der genannten Lernarten gibt es auch beim Menschen? Nenne jeweils Beispiele dafür!

1 Zielgerichtetes Handeln bei einem Orang-Utan

2 Eichhörnchen benagt eine Nuss

3 Vom Eichhörnchen benagte Nüsse

Kaspar-Hauser-Tiere
Man benennt sie nach dem Findelkind KASPAR HAUSER (1812 – 1832), das bis zum Jahre 1828 angeblich in einem dunklen Raum ohne Kontakt zu anderen Menschen gelebt haben soll.

Greifreflex beim Säugling

1 Kontakt durch Lächeln

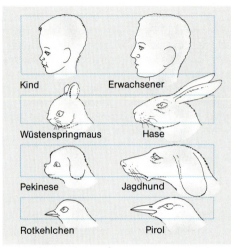

2 Kindchenschema

3 Lächelnder taubblinder Junge

Verhaltensweisen des Menschen

Reste angeborenen Verhaltens

Ein Blick zurück in unsere Entwicklungsgeschichte zeigt, dass Mensch und Tier auf gemeinsame Vorfahren zurückblicken können, sich aber getrennt weiterentwickelten. Es ist deshalb zu vermuten, dass auch beim Menschen noch Reste angeborenen Verhaltens vorhanden sind.

Dass diese Vermutung richtig ist, kann man bei neugeborenen Kindern recht gut beobachten. Berührt man leicht die Innenflächen der Hände, so greifen die Säuglinge sofort zu. Auch das rhythmische Brustsuchen, ein Hin- und Herdrehen des Kopfes, wird bereits gut beherrscht. Man kann dieses Verhalten beobachten, wenn man einen Säugling im Bereich des Mundes nur leicht berührt. Hat das Suchen Erfolg gehabt, so beginnt er sofort zu saugen. Dieses *Saugverhalten* wird durch die Brustwarze der Mutter, durch einen Schnuller oder auch durch die eigenen Finger ausgelöst. Dieses Verhalten muss nicht erlernt werden.

Das Lächeln des Säuglings dient der Kontaktsuche und richtet sich vor allem auf vertraute Personen. Oftmals genügt schon die bekannte Stimme von Mutter oder Vater, um ein Lächeln oder das Hinwenden durch Blickkontakt auszulösen. Außerdem sind auch einige Verhaltensweisen der Eltern gegenüber dem Kind angeboren. Dessen Hilflosigkeit und dessen Körperproportionen (Kindchenschema; ▷ 2) bewirken eine intensive Zuwendung.

Doch untersuchen wir noch einige weitere Beispiele, etwa die Fähigkeit zu lachen oder den zornigen Gesichtsausdruck, den wir bei allen Menschen finden können. Hier könnte es sich durchaus um gelerntes Verhalten handeln, da Vorbilder ständig zur Verfügung stehen. Untersuchungen an taub und blind geborenen Kindern haben jedoch das Gegenteil bewiesen. Auch sie beherrschen Gesichtsausdrücke, die Lachen, Weinen oder Wut ausdrücken. Das Schreien ist nach der Geburt die erste Möglichkeit, sich verständlich zu machen. Durch sein Schreien lenkt das Kind sofort die Aufmerksamkeit der Mutter auf sich, die schließlich Hilfe bringt. Mit der Zeit passt das Kind sein Geschrei dem jeweiligen momentanen Bedürfnis an, sodass die erfahrenen Eltern sofort heraushören, ob der Säugling Schmerzen, Hunger oder Durst hat oder einfach nur beachtet werden möchte.

Sexuelle Schlüsselreize

Der Mensch wird im Vergleich zu anderen Lebewesen erst sehr spät geschlechtsreif. Erst im Pubertätsalter findet eine eindeutige sexuelle Hinwendung zum anderen Geschlecht statt. Dabei sind es zunächst äußere Merkmale des Partners, welche Aufmerksamkeit erregen. Durch entsprechende Kleidung, Schminke und andere Hilfsmittel werden diese Merkmale besonders hervorgehoben.

Beim Mann soll die tailliert gearbeitete Jacke die breiten Schultern verstärken, Bartwuchs die Männlichkeit unterstreichen und ärmellose Kleidung die ausgeprägte Muskulatur hervortreten lassen. Diese Merkmale werden als *Mann-Schema* zusammengefasst. Sie sind ebenso Schlüsselreize wie das *Frau-Schema,* das das heutige weibliche Schönheitsideal beschreibt: Schlankheit, lange Beine, große Augen, wohlgeformter Busen, rote Lippen, lange Haare sowie eine schmale Taille mit breiten Hüften.

Übertrieben stark ausgeprägt findet man die Merkmale des Mann-Frau-Schemas bei manchen Puppen, die sich bei Kindern recht großer Beliebtheit erfreuen. Auch die Werbung setzt solche *sexuellen Schlüsselreize* gezielt ein, um die Blicke der Käufer auf ihre Produkte zu lenken.

Während bei Tieren auf Schlüsselreize ganz bestimmte Verhaltensweisen folgen, spielen beim Menschen gerade im Bereich des Sexualverhaltens *Erziehung* und *Verstand* eine große Rolle. Die Merkmale des Mann- oder Frau-Schemas üben eine unterschiedlich starke Anziehung auf das jeweils andere Geschlecht aus und werden auf verschiedene Weise bei der Werbung um einen Partner eingesetzt. Während der eine sich auf sein gutes Aussehen verlässt, setzt der andere ein übertriebenes *Imponiergehabe* ein, um Eindruck zu erwecken. Das kann sich beispielsweise in einer als „männlich" eingeschätzten Fahrweise mit dem Auto oder in Angebertum äußern.

Auch die Reaktionen auf Schlüsselreize sind von Mensch zu Mensch unterschiedlich. Insgesamt jedoch unterstützen die sexuellen Schlüsselreize die Paarbildung und auch die Bindung an den Partner.

Aufgabe

① Sammelt Anzeigen aus Zeitschriften, die mit dem Mann-Frau-Schema werben. Welche Gefühle rufen sie hervor und was sollen sie bewirken? Sprecht in der Klasse darüber.

1 Werbung mit dem Frau-Schema

2 Mann in der Werbung

3 Mann-Frau-Schema

Fußballfan in Zug erstochen

Dortmund — Zum ersten Mal in der Dortmunder Bundesliga-Geschichte haben Auseinandersetzungen rivalisierender Fans nach dem Spiel zu einem Mord geführt. Die Tat ereignete sich rund zwei Stunden nach dem Abpfiff des Revierderbys zwischen dem BVB und Schalke 04. Opfer ist ein 24-jähriger Anhänger der Gelsenkirchener. Der Mann hinterlässt eine schwangere Frau und ein Kleinkind. Kurz vor 19 Uhr startete vom Dortmunder Hauptbahnhof ein Zug, in dem Anhänger beider Vereine saßen. Allerdings, so die Polizei, war die Stimmung freundschaftlich, weil die meisten Fans sich untereinander kannten. Kurz nach der Abfahrt betrat der spätere, erst 19-jährige, Täter das Abteil, in dem der Schalke-Fan saß, warf vor ihm einen zuvor erbeuteten Schalke Fan-Schal auf den Boden und trampelte darauf herum. Es kam zum Streit, in dessen Verlauf der Störenfried mit Schlägen aus dem Abteil vertrieben wurde. Als der Zug später hielt, kam der junge Mann zurück und stieß dem 24-jährigen ein Messer bis zum Griff in den Rücken.

Aggression beim Menschen

Zerschlagene Fensterscheiben, umgestürzte Autos, zuckendes Blaulicht — kein Bürgerkrieg, sondern Nachwirkungen eines spannenden Bundesligaspiels. Dabei hatte alles ganz normal begonnen. Lange stand es unentschieden, bis der Schiedsrichter plötzlich Elfmeter pfiff und zwar gegen die Heimmannschaft. Unberechtigt natürlich, wie die meisten Zuschauer meinten. Gellende Pfiffe, erste Wurfgeschosse und dann plötzlich Schlägereien in der Ostkurve! Nach dem Spiel, als die *Fangruppen* aufeinander trafen, ging es dann erst richtig los.

Erklärungsversuche

Viele Menschen stehen solchen Auseinandersetzungen fassungslos gegenüber. Sie müssen es hinnehmen, dass Aggressionen gegen Autos oder Fensterscheiben, aber auch gegen unbeteiligte Personen gerichtet werden.

Manchem Fußballfan fällt es nach einer Niederlage der eigenen Mannschaft sicherlich schwer, zu den Verlierern des Wochenendes zu gehören. Erst der Sieg verschafft *Zufriedenheit* und ein *Gefühl der Überlegenheit*.

Hinzu kommt bei vielen die geringe Möglichkeit, an anderer Stelle *Anerkennung* zu finden, wie etwa im Beruf, in der Schule oder im aktiven Sport. In der Gruppe oder der Jugendbande ist das schon leichter möglich. Bereits das Bestehen der „Aufnahmeprüfung", die bei manchen Banden abzulegen ist, verschafft *Rang* und *Ansehen*. Mut und tatkräftiger Einsatz bei Schlägereien eröffnen sogar Führungspositionen.

Ein übersteigertes Revierdenken („Deutschland den Deutschen", „Wir gegen den Rest der Welt") lässt jeden Andersdenkenden oder Andersaussehenden als möglichen *Feind* in Frage kommen.

Wohnungsnot, Arbeitslosigkeit und mangelnde Zukunftsaussichten können diese vorhandene Aggressionsbereitschaft noch steigern. Die Wut auf die vermeintlich Schuldigen, wie etwa Ausländer oder herrschende politische Parteien, entlädt sich dann bei sich bietender Gelegenheit.

1 Aggression

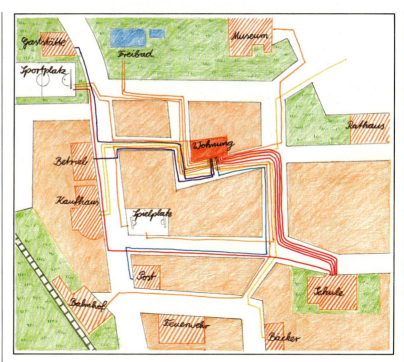

Verhaltensbeobachtungen am Menschen

① **Reviertreue**

Wenn sich Schülerinnen und Schüler während der Pausen in Kleingruppen treffen, besetzen sie auf dem Schulhof nicht selten immer wieder dieselben Plätze. Befinden sich diese mehr am Rand oder in der Mitte des Schulhofes?
Fertige eine Skizze an und suche nach Erklärungen.

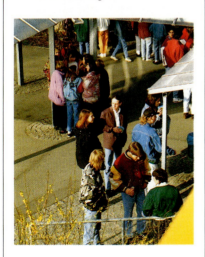

② **Besetztes „Revier"**

Setze dich nach Absprache mit einigen beobachtenden Schülern auf dem Schulhof, in der Pausenhalle oder in einem Fachraum auf einen fremden Platz. Wenn Streit entsteht, brich den Versuch sofort ab und kläre die Situation durch ein Gespräch auf. Wie hat der „Revierinhaber" reagiert?

Mit welchen Gefühlen reagiert man, wenn beim Betreten des Fachraumes plötzlich der eigene Stammplatz durch jemand anderen besetzt wurde?

③ **Mein „Revier"**

Skizziere mit Hilfe eines Ortsplanes, welche Wege du innerhalb einer Woche gegangen oder gefahren bist. Auf diese Weise kannst du dein eigenes „Revier" recht gut erfassen. Achte darauf, an welchen Stellen du auf deinen täglichen Wegen die Straße überquerst, wo du dich mit Freunden aufhältst, welche Geschäfte du bevorzugst oder wo du deine Freizeit verbringst.
Markiere die einzelnen Bereiche je nach ihrer Funktion mit verschiedenen Farben. (Beispiel: Ausbildung — rot, Versorgung mit Nahrungsmitteln — grün, Freizeit — gelb usw.)

④ **Körpersprache**

Achte auf dem Schulhof darauf, mit welchen Gebärden sich die Kontrahenten kleinerer Streitigkeiten zu bedrohen und einzuschüchtern versuchen. Erfasse sowohl den Gesichtsausdruck mit der Stellung der Lippen und der Augenbrauen, als auch Arme, Beine und Haltung des Oberkörpers. Welche Rolle spielt dabei die Stimme?

⑤ **Imponierverhalten**

Durch welche äußeren Merkmale versuchen Menschen, ihr Ansehen zu steigern? Achte besonders auf die Betonung körperlicher Merkmale, auf den Besitz bestimmter Gegenstände und auf Verhaltensweisen, die man als Imponierverhalten beschreiben könnte.
Manche Autobesitzer versuchen, sich mit ihrem Wagen von der übrigen Masse zu unterscheiden. Erfasse auf Parkplätzen die verschiedenen Möglichkeiten. Zubehörteile, aber auch Aufkleber mit Hinweisen auf ferne Reiseziele oder attraktive Sportarten sind nur einige wenige Beispiele.

⑥ **Rangordnungen**

Achte in der Schule, in einer Behörde oder in einem Betrieb auf die Arbeitsstühle, die den einzelnen Beschäftigten zur Verfügung stehen. Gibt es weitere Rangordnungsabzeichen?

⑦ **Revierverhalten**

Achte darauf, in welcher Reihenfolge Tische im Lokal oder Plätze im Freibad besetzt werden. Fertige eine Skizze an.

Formen menschlichen Lernens

„Bist du zu dumm oder zu faul, um das zu begreifen?" Schnell ist diese Frage nach einer verkorksten Klassenarbeit von den Eltern gestellt. Dabei ist es nicht immer mangelnde Intelligenz, die uns in vielen Lernsituationen scheitern lässt. Wenn man in der Klasse einmal fragt, unter welchen Bedingungen die einzelnen Schüler zu Hause am besten lernen und arbeiten, wird man schon von den Gewohnheiten her sehr unterschiedliche *Lerntypen* unterscheiden können. Während der eine sofort nach dem Mittagessen am besten lernen kann, bevorzugt der andere die Abendstunden. Einige können sich nicht konzentrieren, wenn im Hintergrund das Radio spielt, während andere unbedingt Musikbegleitung wünschen. Manche brauchen die Nähe möglichst mehrerer Personen, während einige nur allein und bei geschlossener Tür arbeiten können. In der Schule haben leider all diese Lerntypen zu selten genügend Entfaltungsmöglichkeiten. Für den Einzelnen ist es jedoch sehr wichtig, sich selber bewusst zu machen, welchem Lerntyp er angehört. Nur dann kann er die Lernbedingungen schaffen, die für ihn am günstigsten sind.

Der Unterricht vermittelt den Lernstoff meistens nur für einen oder wenige Lerntypen. Mancher wird bereits beim Zuhören alles verstehen, während ein anderer den Lernstoff erst seinem Typ entsprechend aufbereiten muss. Nachlesen im Buch, Anfertigen von Textauszügen oder Zusammenfassungen in Form eines Zettelkastens können plötzlich ungeahnte Kräfte freisetzen.

Die vielen Einzelheiten, die uns tagtäglich in der Schule in Form von Vokabeln, Daten und neuen Fachbegriffen begegnen, können wir uns in der Regel nur dann für längere Zeit merken, wenn wir sie mit Anschauung verbinden oder mit Bekanntem verknüpfen. Den Namen des Rainfarn, einer häufigen Wegrandpflanze, wird man sich leichter einprägen, wenn man ein Blatt einmal zwischen den Fingern zerrieben und daran gerochen hat oder die Blätter mit denen des Wurmfarns verglichen und dann den Namen abgeleitet hat.

In vielen Schulen gibt es *Beratungslehrer*, die eine spezielle pädagogische Ausbildung besitzen und bei Lernschwierigkeiten um Rat gefragt werden können. Sie sind in der Regel gerne bereit, bei der Bestimmung des Lerntyps und der sich daraus ergebenden Konsequenzen behilflich zu sein.

Aufgabe

① Bestimme deinen Lerntyp, indem du alle fördernden und hemmenden Faktoren verschiedener Lernbereiche aufschreibst. Eine Hilfe könnte folgender Satzanfang sein, den du mehrfach verwenden kannst:
Ich verstehe, lerne und behalte gut (+) oder schlecht (−), wenn ...
Beispiel: Ich lerne gut, wenn ich den Lernstoff nach Zusammenhängen ordne. Denke nicht nur an den Lernstoff, sondern auch an die Lernatmosphäre, die Lehrperson, Art und Darbietung des Stoffes usw.

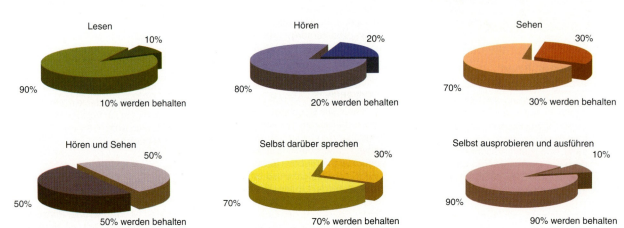

1 Wer mehrere Lernarten miteinander verbindet behält mehr

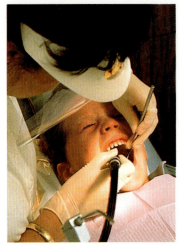
1 Kind beim Zahnarzt

2 Fans und ihre Idole

3 Kind beim Puzzlespiel

4 Schachspieler

Lernarten

Wenn wir Tieren etwas beizubringen versuchen, also eine Verhaltensänderung bewirken wollen, wenden wir meistens Methoden an, die sich beim menschlichen Lernen bereits bewährt haben. Andersherum ausgedrückt: Bei uns selber finden wir alle Lernarten wieder, die wir bei Tieren bereits untersucht haben.

Manche Kinder fangen an zu weinen, sobald sie bei einem Zahnarztbesuch den weißen Kittel nur von weitem sehen. Vielleicht haben sie bei ihrer ersten Zahnbehandlung unangenehme Erfahrungen sammeln müssen und sind jetzt geradezu auf den ursprünglich neutralen Reiz des Kittels konditioniert, der nun als bedingter Reiz mit Schmerzen in Verbindung gebracht wird und Schreien oder Fluchtverhalten auslöst.

Lob und Tadel beeinflussen unsere Lernergebnisse oft in erheblichem Umfang. Durch Lernen am Erfolg wird aber nicht nur erwünschtes Verhalten verstärkt. Von jungen Straftätern weiß man, dass sie zur Wiederholung ihrer Taten neigen, wenn sie nicht sofort ertappt werden.

Lernen durch Nachahmung beobachten wir beim Sport, im Sprachunterricht, aber auch beim Abschauen von Verhaltensgewohnheiten beliebter Showstars, die uns ihre Frisuren und ihre Kleidung scheinbar vorbildhaft aufzwingen.

Eine andere Lernart ist ebenso häufig zu beobachten. Beim Puzzlespiel sinnvoll eingesetzt, kann sie jedoch bei der Bedienung technischer Geräte unter Umständen teure Folgen haben: Gemeint ist das Lernen durch Versuch und Irrtum, das wir besonders dann gerne anwenden, wenn uns Vorkenntnisse fehlen und kein Helfer zur Verfügung steht.

Einsichtiges Lernen ist ein wesentliches Merkmal menschlichen Verhaltens, wodurch wir uns von allen anderen Lebewesen unterscheiden. Nur der Mensch kann vorausschauend handeln, da er die Folgen seines Tuns in der Regel erkennt. Andernfalls könnte man uns bei Fehlern oder Versagen für unsere Handlungen nicht zur Verantwortung ziehen. Indem wir Bekanntes und bereits Erlerntes in neuen Situationen miteinander verknüpfen, lernen wir täglich dazu. Nur selten hat man etwa die Zeit, beim Einsatz eines neuen Computerprogramms das gesamte Handbuch durchzuarbeiten. Man wird sich vielmehr durch vorausschauendes Denken an Lösungen neuer Problemstellungen herantasten.

Aufgaben

① Versuche, die bei Tieren bereits festgestellten Lernarten auch in der Schule, in Familie und Freizeit aufzuspüren.
② Lege seitlich auf eine Untertasse ein Pfennigstück und gieße soviel Wasser darauf, bis das Geldstück gerade bedeckt ist. Versuche nun, die Münze mit trockenen Händen von der Untertasse zu nehmen. Als Hilfsmittel stehen eine Kerze, ein Trinkglas und Streichhölzer zur Verfügung, die nicht als „Greifer" benutzt werden dürfen. Falls du es schaffst: Welche Lernart hast du angewendet?

Organsysteme arbeiten zusammen

Der Stoffwechsel

Beim Joggen merkt man besonders deutlich, wie sehr der Körper auf Touren kommt: Der Herzschlag beschleunigt sich, wir atmen schneller und intensiver und außerdem kommen wir ganz schön ins Schwitzen. Für einen „flüssigen" Bewegungsablauf müssen nicht nur die beteiligten Muskeln in der richtigen Reihenfolge und im richtigen Maße zur Kontraktion veranlasst werden, ebenso muss ausreichend Energie zur Verfügung gestellt werden und Atmungs- und Kreislaufsystem müssen sich diesen Erfordernissen anpassen. All diese Vorgänge werden vom Nerven- und Hormonsystem gesteuert. Das Zusammenspiel dieser Organsysteme ist bei allen anderen Tätigkeiten genauso fein aufeinander abgestimmt — es ist uns nur weniger bewusst.

Stoffwechsel findet in jeder Zelle statt

Der Mensch nimmt Nährstoffe, Wasser, Vitamine, Mineralstoffe und Sauerstoff auf und gibt Stoffe ab, nämlich Kohlenstoffdioxid, Wasser, Harnstoff und Mineralstoffe. Diese Umwandlungsprozesse werden als Stoffwechsel bezeichnet. Stoffwechselvorgänge finden in jeder lebenden Zelle statt. Das Stoffwechselgeschehen dient der Bereitstellung von Energie und dem Aufbau sowie dem Ersatz körpereigener Stoffe. Man sagt deshalb zu Recht, dass der Stoffwechsel ein Kennzeichen des Lebendigen ist.

Der Energiewechsel

Bei Muskelkontraktionen beispielsweise wird Energie verbraucht. Diese wird in den Muskelfasern durch „Verbrennung", d. h. durch die schrittweise Umwandlung von Traubenzucker gewonnen. Man sagt auch: Traubenzucker wird mit Hilfe von Sauerstoff zu Kohlenstoffdioxid und Wasser oxidiert (Zellatmung).
Der Traubenzucker (Glukose) gelangt nach der Kohlenhydratverdauung aus dem Dünndarm oder durch Glykogenabbau aus der Leber und den Muskeln ins Blut. Über die Atmungsorgane erreicht der gasförmige Luftsauerstoff die Lungenbläschen. Dort werden Sauerstoffmoleküle vom Hämoglobin der roten Blutzellen gebunden und über das Kreislaufsystem an die Verbrauchsorte transportiert. Etwa ein Drittel der frei werdenden Energie wird in den Mitochondrien in den Aufbau des „Energietransporters" ATP gesteckt. Die in ihm chemisch gebundene Energie wird für die Kontraktion von Muskelzellen verwendet. An anderen Stellen bewirkt die Energie des ATP z. B. den Aufbau von Wirkstoffen oder ermöglicht die Arbeit der Nervenzellen.

Grundumsatz und Arbeitsumsatz

Der Energiewechsel lässt sich in *Grundumsatz* und *Arbeitsumsatz* untergliedern. Unter Grundumsatz versteht man den Energiebedarf bei völliger Ruhe, leerem Magen, unbekleidet und bei einer Umgebungstemperatur von etwa 20 °C. Geistige Arbeit und körperliche Tätigkeit erhöhen den Energiebedarf. Die hierfür zusätzlich benötigte Energiemenge bezeichnet man als Arbeitsumsatz.

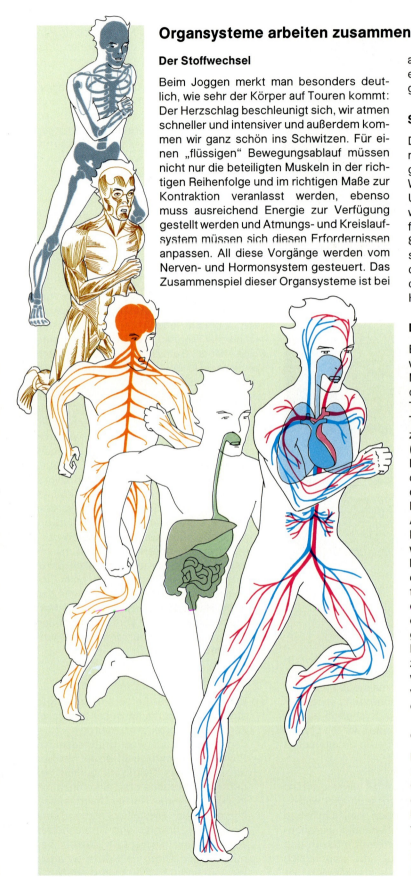

Regelung der Körpertemperatur

Bei der Umwandlung chemisch gebundener Energie entstehen etwa zwei Drittel Wärmeenergie. Diese ist für den Menschen zur Aufrechterhaltung der Körpertemperatur wichtig. Denn wir verlieren ständig über die Haut und die Lunge Wärme an die Umgebung. Die Energieumwandlung steht also zu einem wesentlichen Teil im Dienste der Temperaturregulation des Körpers. Wärme wird mit dem Blut im Körper verteilt und an die Umgebung abgegeben. Bei erhöhter Bluttemperatur werden die Blutgefäße der äußeren Körperbereiche erweitert. Die verstärkte Durchblutung dieser Gefäße bewirkt eine Wärmeabstrahlung an die Umgebung. Zusätzlich sondern Schweißdrüsen Schweiß ab, der verdunstet und dadurch Wärme entzieht.

Stofftransport

Die bei der Energieumwandlung anfallenden Endprodukte Kohlenstoffdioxid und Wasser müssen aus den Zellen abtransportiert und aus dem Körper ausgeschieden werden. Neben der verstärkten Atemtätigkeit sorgt eine erhöhte Durchblutung für einen möglichst raschen Abtransport. Kohlenstoffdioxid und ein Teil des Wassers werden durch die Lunge ausgeatmet. Das restliche Wasser vergrößert den Wasseranteil im Blut. Dies wirkt anregend auf die Tätigkeit der Nieren, die dem Blut das überschüssige Wasser entziehen und einen Teil davon ausscheiden.

Der Baustoffwechsel

In unserem Körper sterben in jeder Minute etwa 300 Millionen Zellen ab. Beispielsweise müssen im roten Knochenmark die roten Blutzellen immer wieder neu gebildet werden. Hautzellen werden ständig durch neue ersetzt. Wunden verheilen, indem neues Gewebe gebildet wird. Wir brauchen natürlich auch Baustoffe zum Wachstum und zur Herstellung vielerlei Wirkstoffe. Im Körper laufen ständig tausende von Reaktionen ab, bei denen Stoffe hergestellt, um- und abgebaut werden. Diesen Stoffwechsel fasst man als Baustoffwechsel zusammen. Für den Baustoffwechsel werden einige wichtige Fettsäuren, vor allem aber die Eiweiße aus unserer Nahrung herangezogen. Daraus werden körpereigene Stoffe hergestellt. Der beim Abbau von Aminosäuren anfallende Stickstoff kann jedoch nicht weiter verwendet werden. Er könnte zu einer Vergiftung führen, wenn er in der Leber nicht in eine ungiftige Verbindung eingebaut werden könnte, den *Harnstoff*. Dieser wird — zusammen mit Wasser — im *Endharn* ausgeschieden.

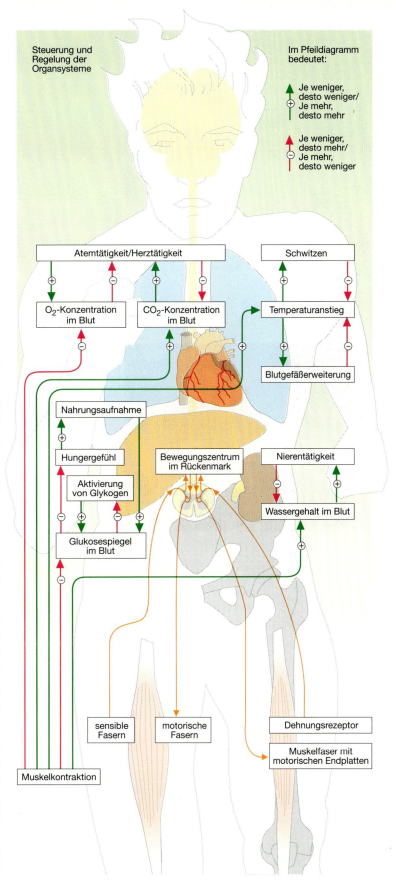

Sucht macht unfrei

1 Sucht hat viele Formen

Ursachen für süchtiges Verhalten

Katja grübelt über ihren Hausaufgaben. Zu dem Aufsatzthema will ihr einfach nichts einfallen. Bei dem Gedanken, dass sie mindestens eine Stunde dazu brauchen wird und die Lehrerin womöglich noch die Hefte am nächsten Morgen einsammeln will, kaut sie immer unruhiger und nervöser an ihrem Stift herum. — „Vielleicht sollte ich erst einmal die neue Musikkassette anhören", tröstet sie sich, „später ist ja schließlich auch noch Zeit." Während sie den vollen Sound ihres Walkmans genießt, ist sie das Problem mit den lästigen Hausaufgaben erst einmal los.

Kai hat starkes Übergewicht. Von einigen Mitschülern wird er deshalb immer wieder gehänselt. Bei sportlichen Aktivitäten bleibt ihm meistens nur die Rolle des Zuschauers. Er ist in der Klasse ein Außenseiter. Da seine Eltern beide berufsfähig sind, ist er zudem am Nachmittag allein. Kai hat es gelernt, sich mit Süßigkeiten über sein Alleinsein und seinen Mangel an Kontakten hinwegzutrösten.

Außer den lästigen Hausaufgaben, die einfach nicht gelingen wollen, und der Kontaktarmut, gibt es viele Situationen, die wir als unangenehm oder gar bedrückend erleben. Man denke nur an die Auseinandersetzung mit den Eltern, die einen immer noch wie ein Kleinkind behandeln, bloß weil man eine

Stunde wegblieb. Auch in der Schule oder im Freundeskreis gibt es Konflikte und Auseinandersetzungen, die man als belastend empfindet. Viele Menschen erleben solche Situationen mit Überdruss. Andere wiederum haben Probleme, weil sie mit sich und ihrer freien Zeit nur wenig anfangen können. Sie leiden unter großer Langeweile.

Auf solche und ähnliche Situationen reagieren wir bewusst oder unbewusst mit Verhaltensweisen, die uns Spaß machen und manche Unannehmlichkeit vergessen lassen. Das eigentliche Problem ist dadurch zwar nicht gelöst, aber immerhin zur Seite geschoben und verdrängt, wenn auch nur vorübergehend. Für Katja ist das Musikhören eine solche Verhaltensweise. Kai hält sich dabei leider an seine Süßigkeiten. Andere vertiefen sich in Computerspiele, tauchen in die Scheinwelt eines Videos ein, müssen erst einmal telefonieren oder gehen einer anderen Tätigkeit nach, die die anstehende Belastung durch ein angenehmes Gefühl ersetzt.

Wenn die Lust übermächtig wird — Sucht ohne Stoff

Ausweichen ist einfach und deshalb für viele Menschen die nächstliegende Lösung ihrer Probleme. Die gängige Form des Ausweichens ist der Konsum. Freizeitparks, Spielsalons, Kaufhäuser und Videoshops werden somit zu modernen Fluchtburgen. Die Betätigung in diesen Bereichen vermittelt, zumindest für kurze Zeit den Eindruck, glücklich zu sein. Haben wir solche Verhaltensweisen erst einmal als „Werkzeug" zur Bewältigung schwieriger Situationen und Probleme erkannt, wird der Wunsch, dieses angenehme und vom Druck befreiende Gefühl wiederholen zu wollen, immer stärker. Aus dem nach Entlastung suchenden Verhalten kann dann leicht ein süchtiges Verhalten werden, das immer schwieriger kontrolliert werden kann.

Eine Ahnung dessen, was es bedeutet, sein Verhalten nicht mehr kontrollieren zu können, bekommt man, wenn Martin B. vom „Einarmigen Banditen" erzählt: „Es begann nach einer zerbrochenen Beziehung. Als ich abends einmal einsam durch die Kneipen meiner Heimatstadt zog, fiel mein Blick fast zufällig auf den glitzernden Spielautomaten an der Wand. Ich steckte zwei Mark in den Apparat — und gewann. Da merkte ich, wie der Druck plötzlich von mir abging. Mich zog es immer wieder an den Spielautomaten. Schließlich verbrachte ich meine gesamte Freizeit in Spielhallen. Tagsüber schuftete ich „wie ein Tier" auf dem Bau, um meine Spielleidenschaft finanzieren zu können. Gewinn oder Verlust — das wurde mir gleichgültig. Was zählte, war die Beschäftigung mit rotierenden Scheiben, dem Blinken des Automaten, das Ausblenden der für mich unerträglich gewordenen Wirklichkeit."

Marion L. kauft alles, auch wenn sie das Gekaufte nicht benötigt; Kaufsucht nennt man das. Kaufsüchtige erleben ihre Streifzüge durch Kaufhäuser als Erlösung von einem übermächtigen Druck, wodurch sie zu wahren Glücksgefühlen gelangen.
Wenn Konflikte über das Essen ausgetragen werden, hat Nahrung mit Ernährung nichts mehr zu tun. Der Esssüchtige kämpft gegen seine innere Leere und mit persönlichen Problemen.
Bei der ungezügelten Jagd nach Befriedigung zeigen Menschen schließlich Verhaltensweisen, die typisch sind für Süchtige. Sie verlieren die Kontrolle über ihr Tun und neigen zur ständigen Wiederholung ihres Verhaltens. Sie werden unfähig, damit aufzuhören, im Gegenteil, sie versuchen, ihre „Dosis" zu steigern. Neben dem Verlust anderer Interessen ist der höchste Verlust die Freiheit, damit aufzuhören.

Aufgaben

① „Kennt denn nicht jeder Phasen willenloser Beschäftigung, wie Fernsehen bis zum Sendeschluss, Spielen am Computer wie ein Besessener oder Essen trotz vollem Bauch. Das ist doch wohl nicht zu vergleichen mit Heroinkonsum oder Alkoholmissbrauch." Nimm zu dieser Aussage Stellung.
② Nenne Beispiele für Situationen, die du als unangenehm und belastend empfindest. Stelle diese in der Klasse vor. Versuche Möglichkeiten aufzuzeigen, wie auf solche Situationen entlastend reagiert werden kann.
③ Versuche im Klassengespräch solche Persönlichkeitsmerkmale zu benennen, die Suchtanfälligkeit fördern können.
④ In der Werbung werden vielfach „gute Gefühle" vermittelt oder Situationen vorgestellt, die du als angenehm bewertest. Finde Beispiele dafür.

Rauchen — ein giftiger Genuss

Auf der einen Seite sorgt sich die moderne Gesellschaft um die Gefährdung durch giftige Stoffe in der Umwelt. Auf der anderen Seite nehmen zahlreiche Menschen eine ganze Reihe von giftigen Stoffen freiwillig zu sich — sie rauchen. Alle wissenschaftlichen Untersuchungen bestätigen die Gefährlichkeit des Rauchens. Rauchen ist Selbstmord auf Raten!

Beim Einatmen (Inhalieren) von Zigarettenrauch setzen sich der im Rauch enthaltene Teer und viele der mehr als 200 schädlichen Stoffe in Rachen, Luftröhre, Bronchien und Lungenbläschen ab. Der Teer allein enthält 40 verschiedene Krebs erregende Stoffe. Es ist deshalb nicht verwunderlich, wenn bei langjährigen Rauchern häufig Kehlkopf-, Bronchial- oder Lungenkrebs auftreten. In der Bundesrepublik Deutschland sind 90 % aller an Lungenkrebs erkrankten Menschen Raucher.

Ein weiterer Giftstoff der Zigarette ist das Nikotin, ein starkes Nervengift. Es gelangt mit dem Zigarettenrauch über die Lunge ins Blut. Die tägliche Nikotinmenge eines starken Rauchers würde genügen, ihn zu töten, wenn er diese Menge auf einmal zu sich nähme.

Durch Nikotin ziehen sich die Muskeln der Arterienwände zusammen, die Arterien verengen sich, der Herzschlag wird beschleunigt und der Blutdruck steigt. Der Raucher fühlt sich zunächst aktiver. Durch die Verengung der Adern werden jedoch Haut und Gliedmaßen schlechter durchblutet. Die Hauttemperatur der Fingerspitzen sinkt um etwa 3 °C ab. Nikotin fördert zudem die Bildung von Ablagerungen in den Arterien. Es kommt häufig zu Durchblutungsstörungen und in Folge davon zur Unterversorgung einzelner Organe. Gewebeteile können absterben und müssen dann operativ entfernt werden. Von den über 10 000 Beinamputationen in Deutschland sind die meisten auf ein „Raucherbein" zurückzuführen.

Kohlenstoffmonooxid ist ein geruchloses, giftiges Gas, das zu etwa 4 % im Zigarettenrauch enthalten ist. Es wird besonders fest an das Hämoglobin in den roten Blutzellen gebunden, sodass diese keinen Sauerstoff mehr transportieren können und die Sauerstoffversorgung dadurch schlechter wird.

Flimmerhaarzellen in Luftröhre und Bronchien sorgen normalerweise dafür, dass Staub und Ruß in Richtung Rachen befördert werden. Teer und Nikotin behindern jedoch ihre Tätigkeit. Die durch die Giftstoffe geschädigten Zellen sterben ab und werden durch quälenden Raucherhusten abgelöst und ausgeworfen.

Bei Schwangeren zeigen sich häufig Auswirkungen des Rauchens auf das Geburtsgewicht und die Gesundheit des Kindes. Früh- und Fehlgeburten treten vermehrt auf.

Erstaunlich ist, dass viele Menschen über diese Gefahren Bescheid wissen und trotzdem mit dem Rauchen anfangen oder damit nicht aufhören. Dieses bewusste „Genießen von Giftstoffen" hat verschiedene Gründe: Neugier, das Vorbild der Erwachsenen, Angeberei unter Gleichaltrigen sowie Probleme und Unsicherheiten, die man mit dem Griff zur Zigarette überspielen will oder aber weil es zu schwer fällt, damit aufzuhören.

Rauchen ist eine Sucht; man kann nicht ohne weiteres damit aufhören, wenn man einmal angefangen hat. Nur mit großer Willensstärke gelingt es, sich das Rauchen abzugewöhnen und den inneren Zwang zu überwinden, der einen immer wieder zur Zigarette greifen lässt.

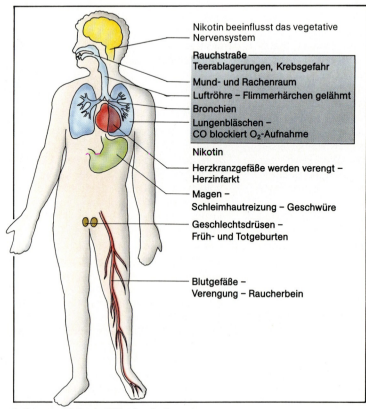

1 Organschäden bei Nikotinmissbrauch

Kontroverse

Zitat von Goethe
„Es liegt ... im Rauchen eine arge Unhöflichkeit, eine impertinente Ungeselligkeit. Die Raucher verpesten die Luft weit und breit und ersticken jeden honetten Menschen, der nicht zu seiner Verteidigung zu rauchen vermag."

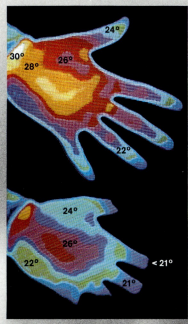

Thermogramm einer Hand vor und nach dem Rauchen einer Zigarette

- Gehört sie zu einer Clique, wenn sie als einzige nicht raucht?
- Akzeptiert eine Clique auch andere Einstellungen?

Aufgaben

① Betrachte einige Werbeanzeigen der Tabakindustrie,
  a) Was zeigen die Bilder?
  b) Welche Stimmungen vermitteln diese Bilder?
  c) Welchen Bezug haben die Texte zum Rauchen?
② Eine Zigarette enthält etwa 10 mg Teer (Kondensat). Wieviel Teer hat ein Raucher insgesamt inhaliert, wenn er 10 Jahre lang jeden Tag 10 Zigaretten geraucht hat?
③ Was versteht man unter der „Raucherstraße"?
④ Mit welcher Begründung würdest du eine angebotene Zigarette ablehnen?

Zitat von Winston Churchill
„Je mehr man darüber liest, wie schädlich das Rauchen ist, umso eher hört man auf zu lesen."

Zitat von Wilhelm Busch
„Drei Wochen war der Frosch so krank, jetzt raucht er wieder — Gott sei Dank."

Die EG-Gesundheitsminister informieren:
Rauchen gefährdet Ihre Gesundheit. Der Rauch dieser Zigarette enthält: 0,7 mg Nikotin, 12 mg Kondensat (Teer).

```
§ 22 Werbeverbote

(1) Es ist verboten, für
Tabakerzeugnisse im Rundfunk
oder im Fernsehen zu werben.
(2) Es ist verboten, in der
Werbung für Tabakerzeugnisse
1. Darstellungen zu verwenden
 a) durch die der Eindruck
    erweckt wird, dass der
    Genuss von Tabakerzeugnissen
    gesundheitlich unbedenklich
    ist und die Leistungsfähig-
    keit oder das Wohlbefinden
    günstig beeinflusst,
 b) die ihrer Art nach dazu
    geeignet sind, Jugendliche
    oder Heranwachsende zum
    Rauchen zu veranlassen,
 c) die das Inhalieren des
    Tabakrauches als nachahmens-
    wert erscheinen lassen.
2. Bezeichnungen zu verwenden,
   die darauf hindeuten, dass
   die Tabakerzengisse natür-
   lich oder naturrein seien.
```

PROJEKT

Ohne Rauch gut drauf

Gegen die Verführungen der Werbung

Überall auf den Straßen, vor allem in den Städten, begegnen uns große Plakatwände, die zum Rauchen anregen wollen. „Warum eigentlich gibt es nicht ebenso viele Plakate für das Nichtrauchen", fragt Sven, ein Schüler unserer Klasse.

Während unseres Gesprächs konnten wir sofort feststellen, dass nicht alle Schülerinnen und Schüler die gleiche Einstellung zum Rauchen hatten wie Sven. So ergab sich bald eine heftige Auseinandersetzung über die Freiheit des Einzelnen gegenüber seiner Gesundheit, über die Gefährdung Anderer durch „Passivrauchen", die Sicherung von Arbeitsplätzen in der Zigarettenindustrie, in der Werbebranche und all jenen Berufen, die direkt oder indirekt von dem Zigarettenverkauf leben.

Sven schlug vor, gemeinsam mit dem Kunstlehrer eine Werbeaktion durchzuführen, die das Nichtrauchen fördert. Unser Biologielehrer griff Svens Vorschlag auf und regte an, dieses Thema in einem Projekt fächerübergreifend zu behandeln. Wir könnten so mehrere Fliegen mit einer Klappe schlagen. In diesem Schuljahr werden sowohl im Kunst- als auch im Deutschunterricht Themen wie Werbung und Collagen behandelt, die zusammen mit dem Biologieunterricht ein interessantes Projekt ergeben könnten.

Die Mehrheit in unserer Klasse unterstützte diesen Vorschlag und so wurde zur bevorstehenden Projektwoche unser Projekt, **Ohne Rauch gut drauf — Gegen die Verführungen der Werbung,** angekündigt. Stichwort: „Stark sein" heißt Nein sagen können.

Eine Gruppe vergleicht die Werbetexte der verschiedenen Zigarettenmarken.
Anschließend werden Schüler zu Werbetextern, die eigene Texte zum Nichtrauchen entwerfen.

Über die Zigarettensteuer erhöhen sich die Steuereinnahmen des Staates.
Die Krankenkassenkosten für die Behandlung zigarettenrauchgeschädigter Menschen sind höher als die Einnahmen der Zigarettensteuer.
Diese Gruppe ermittelt bei Krankenkassen und Gesundheitsämtern die Kosten für die Wiederherstellung von „Raucherkranken".

Eine andere Gruppe untersucht den Bildaufbau von Werbeanzeigen bezüglich Motive, Personen, Farbe, Stimmung usw.
Anschließend werden Schülerinnen zu Grafikerinnen, die eine eigene Anzeige, die das Nichtrauchen unterstützt, entwerfen.

Zum Abschluss der Projekttage wird aus jeder Gruppe eine „Experten-Gruppe". Die „Experten" berichten untereinander von ihren Ergebnissen.

So wie diese grafische Zeichnung könnte auch euer Plakat gegen die Verführungen der Zigarettenwerbung aussehen.

Eine Gruppe weist in einem Versuch Teer im Zigarettenrauch nach.

Die EG-Gesundheitsminister informieren:
Nicht gerauchte Zigaretten behalten ihr Nikotin und Kondensat. Sie gefährden nicht die Gesundheit.

Alkohol — eine erlaubte Droge

Halluzination
(*hallucinatio*,
lat. = Träumerei)

Ein **Prozent** (*pro centum*, lat. = je Hundert) bedeutet ein Hundertstel von einem Bezugswert:
$1\% = 1/100$

Ein **Promille** (*pro mille*, lat. = je Tausend) heißt ein Tausendstel von einem Bezugswert:
$1‰ = 1/1000$

Hinter der Frage: „Was möchten Sie trinken?", verbirgt sich in der Regel ein Angebot verschiedener alkoholischer Getränke: Trinken ist gesellschaftsfähig. Wer Alkohol trinkt, gilt als normal und wer alkoholische Getränke ablehnt, als Sonderling.

Die Wirkung des Alkohols hängt von der Alkoholkonzentration im Blut ab. Schon ab 0,2‰, das entspricht bei einem Erwachsenen etwa einem Viertel Liter Bier (250 ml), zeigen sich Auswirkungen auf sein Verhalten: Alkohol entkrampft, enthemmt, belebt und regt an. Mit zunehmendem Blutalkoholgehalt verlängert sich die Reaktionszeit erheblich, die Bewegungen sind nicht mehr so genau kontrollierbar, und die Aufmerksamkeit lässt nach. Hinzu kommen Sehstörungen (Doppelsehen). Autofahren wird deshalb schon bei geringen Mengen Alkohol im Blut zur Gefahr für andere und den Fahrer selbst. Auch die Sprechfähigkeit wird unter Alkoholeinfluss eingeschränkt; sie geht bei höheren Alkoholkonzentrationen in unverständliches Lallen über. Vergiftungserscheinungen sind schon bei 2‰ zu erkennen. Noch höhere Konzentrationen können zu Bewusstlosigkeit und schließlich zum Tod führen (Alkoholvergiftung).

Ein Teil des aufgenommenen Alkohols wird über die Lunge wieder ausgeatmet. Der andere Teil verbleibt im Blut und muss abgebaut werden. Das wichtigste Organ dabei ist die Leber. Etwa $0,1-0,15‰$ pro Stunde werden dort abgebaut. Alkohol ist in hoher Dosis ein starkes Zellgift. Wenn man über Jahre hinweg Alkohol zu sich nimmt, werden in erster Linie Leber, Bauchspeicheldrüse und Gehirnzellen geschädigt.

Alkohol macht abhängig

Die Grenze zwischen Genuss und Gefahr bei Alkoholkonsum lässt sich nur schwer ziehen. Viele Menschen sind anfällig für das Hinwegspülen ihrer Probleme mit Hilfe des Alkohols. Im Laufe der Zeit entsteht bei ihnen das Gefühl, unbedingt Alkohol zu benötigen — sie werden süchtig. Man spricht von seelischer Abhängigkeit.

Diese Sucht ist noch intensiver als beim Nikotin. Das fällt auf, wenn man sich das Trinken abgewöhnen will. Ein Alkoholsüchtiger kann das kaum alleine schaffen. Zu seiner seelischen Abhängigkeit kommt die körperliche Abhängigkeit. Der Körper hat sich auf die hohen Alkoholkonzentrationen eingestellt. Er reagiert auf deren Fehlen mit Schweißausbrüchen, Schlafstörungen und Wahnvorstellungen (Halluzinationen). Ein Entzug ist nur mit ärztlicher Hilfe, meist in speziellen Kliniken, möglich. Alkoholsüchtige sind krank. Sie können nicht geheilt werden, können aber einen stabilen Zustand erreichen („trockene Alkoholiker"). Sie bleiben stets rückfallgefährdet, denn „Die Sucht schläft nur!"

Aufgaben

① Beschreibe Situationen, bei denen man sich eben mal „ein Gläschen genehmigt".
② Wieso kann ein Alkoholsüchtiger selbst bei stärkstem Willen nur selten alleine mit dem Trinken aufhören?
③ Mit welchen Problemen muss ein Alkoholkranker fertig werden?
④ Die Anonymen Alkoholiker sind eine Gemeinschaft, in der sich Alkoholabhängige gegenseitig helfen. Weshalb ist gerade diese Hilfe so wichtig?
⑤ Erarbeitet in eurer Klasse eine Bildcollage, in der die positiv dargestellte Seite des Alkohols zum Ausdruck kommt, die gleichzeitig aber auch das durch Alkohol entstehende Elend darstellt.

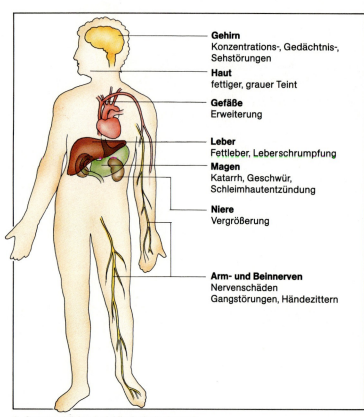

1 Organschäden bei Alkoholmissbrauch

Diese Getränke enthalten 10 ml reinen Alkohol.

Schriftveränderung nach Alkoholgenuss

Jeder Erwachsene in der Bundesrepublik Deutschland nimmt jährlich im Durchschnitt etwa 1000-mal ein Arzneimittel ein.

Medikamentenmissbrauch

Es gibt zahlreiche *Medikamente,* die man ohne *Rezept* in Apotheken kaufen kann. Gerade diese werden oft falsch angewendet: Morgens die Aufbautabletten, danach die Verdauungs- und Abführkapsel, am Nachmittag ein Aufputschmittel, abends Schlaftabletten, und immer wieder zwischendurch Kopfschmerztabletten. Der Griff zum Pillenröhrchen ist leicht. Da darf es nicht wundern, wenn schon Schulkinder vor Klassenarbeiten zum Aufputsch- oder Beruhigungsmittel greifen. Nach einer Untersuchung in Hamburg werden bereits 15 % der Sechsjährigen regelmäßig von Ärzten oder Eltern mit Medikamenten „gefüttert".

In den meisten Fällen würde ein einfaches Hausmittel denselben Zweck erfüllen, ohne die *Suchtgefahr* und die oft unangenehmen *Nebenwirkungen* in sich zu bergen. Anstelle von Abführmitteln isst man besser ballaststoffreiche Nahrung, zum Aufwachen genügt ein bisschen Morgengymnastik, zur Beruhigung ein Kräutertee und am Nachmittag zur Anregung ein Spaziergang in frischer Luft. Bei starken Zahnschmerzen hilft zunächst nur die Schmerztablette. Diese dämpft zwar den Schmerz, behebt aber nicht die Ursache. Der regelmäßige Besuch beim Zahnarzt ist also die beste Vorbeugung.

Zahlreiche Arzneimittel aber sind lebensnotwendig. Welches Medikament wie lange und in welcher Verabreichungsform verwendet werden soll, muss der Arzt bestimmen. Denn die unkontrollierte Einnahme von Medikamenten ist Missbrauch und schadet in jedem Fall der Gesundheit!

Der berühmte Arzt **Parcelsus** (1493–1541) sagte: „Alle Dinge sind Gift — nichts ist ohne Gift — allein die Dosis macht, daß ein Ding Gift ist."

Dosis, pl. Dosen (*dosis,* gr. = Gabe), abgemessene Menge

Die Flucht in eine Traumwelt

Der Name *Droge* ist verwandt mit dem deutschen Wort „trocken" (plattdeutsch: *drög*) und bezeichnet ursprünglich Heilmittel, die aus getrockneten Pflanzen gewonnen wurden. Heute werden alle missbräuchlich verwendeten Stoffe mit abhängig- oder suchtmachender Wirkung als Drogen bezeichnet. Dabei unterscheidet man *natürliche* oder „klassische" Rauschmittel pflanzlicher Herkunft (z. B. Opium, Haschisch u. a.), *synthetische Stoffe,* die teils als Medikamente, teils als *illegale* Rauschmittel Anwendungen finden (z. B. *LSD, Weckamine* u. a.) und gesellschaftlich tolerierte, also *legale* Drogen (z. B. Alkohol und Nikotin). Alle Drogen, ausgenommen die „legalen" und solche, die ärztlich verordnet werden, sind bei uns verboten.

Der Drogenkonsum ist heute zu einem Massenproblem geworden, vor allem bei Jugendlichen. Dabei sind neben der Nachahmung und dem Verlangen nach Selbstbestätigung, Probleme mit sich, mit der Familie und der Umwelt der Anlass für den Griff zum Rauschgift. Doch die Wirklichkeit und die Probleme bleiben dadurch unverändert. Beim „Erwachen" aus dem Drogenrausch wirken sie umso feindlicher und brutaler. Wieder wird die Erlösung in der Droge gesucht. Man gerät zunehmend in einen Teufelskreis, der schließlich zur seelischen und körperlichen Abhängigkeit führt.

Selbst wenn der erste Schritt eine sogenannte „harmlose" Droge (Einstiegsdroge) ist, steigert sich die Abhängigkeit im Laufe der Zeit und immer stärkere Mittel werden benutzt, oft auch verschiedene gleichzeitig. Dabei geht dem Drogenkonsumenten der Bezug zur Wirklichkeit zunehmend verloren.

Drogen verzerren die Wirklichkeit

Die Aktivität des Gehirns beruht auf dem reibungslosen Zusammenspiel der elektrischen Impulsleitung durch die Nervenzellen sowie der Ausschüttung winziger Mengen Überträgerstoffe an den Synapsen. An diesen erregenden oder hemmenden Schaltstellen spielen sich in jedem Augenblick milliardenfach Verarbeitungsvorgänge ab. Hier können Gifte, Medikamente, Genussmittel und Rauschdrogen Veränderungen bewirken. Drogen, die zu Halluzinationen führen, wie z. B. LSD, blockieren hemmende Synapsen, sodass die ungehemmte Reizflut das Gehirn mit verwirrenden Bildern überschwemmt, die sich zu einem Zerrbild der Wirklichkeit zusammenfügen.

Blutalkohol bewirkt bereits ab 0,3 Promille eine Verengung des Gesichtsfeldes — den sogenannten Tunnelblick. Die Ursache ist vermutlich die teilweise Betäubung des Sehzentrums im Gehirn.

Drogen bringen die fein abgestimmten Vorgänge an den Synapsen durcheinander, indem sie sowohl die Übertragung von Meldungen stören als auch deren Verarbeitung.

Drogen sind teuer, ein Gramm Heroin z. B. kostet mehrere hundert Mark. Dieses Gramm aber braucht ein Heroinabhängiger pro Tag. Er tut alles, um wieder an den „Stoff" zu kommen. Die erheblichen Geldmengen sind aber auf die Dauer nur noch auf kriminelle Weise zu beschaffen. Die einzige Chance, aus dieser Situation herauszukommen, ist die *Entziehungskur* in einem Sanatorium oder einer Klinik. Wahnvorstellungen, Erbrechen, Gliederzittern und Krampfanfälle kennzeichnen den harten Weg des Entzugs. Medizinische und therapeutische Hilfe ist vordringlich nötig, genügt aber nicht. Man muss dafür sorgen, dass die Wiedereingliederung in das normale gesellschaftliche Leben erfolgen kann. Eine Arbeitsstelle, eine Wohnung, Freunde und Bekannte sind notwendig. Ohne diese *Resozialisierung* ist der Rückfall in die Abhängigkeit schon vorprogrammiert.

Rangliste der Zugriffsmotive

Ergebnis einer Befragung von Drogenabhängigen im Auftrag der Bundesregierung

Ich nehme Drogen,....

weil Rauschmittel Stimmung heben können.	6,9 %
weil sich dabei Glücksgefühle einstellen.	5,5 %
weil man damit eigene Hemmungen überwindet.	4,9 %
weil Rauschmittel das Bewusstsein erweitern.	3,6 %
weil man leicht Kontakt zu anderen bekommt.	2,7 %
weil in unserer Gesellschaft so viel falsch ist.	1,8 %
weil ältere Leute dagegen sind.	1,0 %

Aufgaben

1. Was kann Menschen veranlassen, Drogen zu nehmen?
2. Worin liegt die besondere Gefahr bei den verbotenen Drogen?
3. Müsste man nicht auch Alkohol verbieten?
4. Wie solltest du dich verhalten, wenn du Haschisch angeboten bekommst?
5. Was würdest du tun, wenn du jemanden kennen würdest, der Drogen nimmt? Diskutiert in eurer Klasse darüber.

Drogentod am Bahnhof: Drei weitere Rauschgiftopfer

FRANKFURT. Rauschgift, oft zusammen mit Tabletten konsumiert, fordert in Frankfurt beinahe täglich neue Opfer. Die Zahl der Drogentoten steigt in einem Ausmaß, das die Stadt bisher noch nie erlebt hat. Wie die Polizei gestern mitteilte, wurden seit Freitag drei weitere Leichen gefunden – in Toiletten und auf einer Treppe unter dem Hauptbahnhof. In den ersten sechs Wochen des neuen Jahres kamen damit schon 23 Männer und Frauen durch Rauschgiftmißbrauch ums Leben. 1990 waren es im gleichen Zeitraum sieben Tote.

Der Toilettenwärter entdeckte mittags einen 25 Jahre alten Mainzer in leblosem Zustand. Der Notarzt konnte dem Mann nicht mehr helfen; in dessen Armbeuge steckte noch eine Einwegspritze, eine weitere lag auf dem Boden. Der Mainzer sollte seit 1984 „harte Drogen" genommen haben.

(Zeitungsausschnitt vom 2. 12. 91)

Die Flucht vor Problemen
... und der harte Weg zurück

Ein Besuch bei der Drogenberatung

Weil wir mehr über Drogen und die Heilbehandlung *(Therapie)* Süchtiger wissen wollten, baten wir unseren Drogeninformationslehrer, einen Termin für interessierte Schüler ab der Klassenstufe 7 bei der örtlichen *Drogenberatungsstelle* zu vereinbaren. Gleich zu Beginn der Gesprächsrunde räumte ein Suchtberater mit dem Vorurteil auf, ein Drogenabhängiger sei charakterlos und selbst schuld an seiner Lage. Wir erfuhren, dass Drogenabhängigkeit eine Krankheit ist, deren Behandlungskosten von den Krankenkassen bezahlt werden.

Warum werden so viele Menschen zu Süchtigen, obwohl sie über die Gefahren des *Alkohols* und *Tabaks,* von *Medikamenten* und *Rauschgiften* Bescheid wissen? Jetzt erfuhren wir, dass es typisch für die Beratungstätigkeit ist, dass es keine Musterantworten gibt, aber viele Erklärungsmöglichkeiten: Neugier, Nachahmung sogenannter Vorbilder, fehlende Zuneigung oder mangelnde Anerkennung, Schwierigkeiten in Beziehungen und das Nichterreichen von Zielen sind u. a. Wegbereiter für Drogen. Aber Drogenkonsum ist keine Lösung! Und der Weg zurück ist hart; manche schaffen ihn nie!

Charly hat ihn geschafft — bis jetzt. Er hat ein sechsmonatiges Therapieprogramm in einer Fachklinik und eine ebenso lange Nachsorge hinter sich. Er hat sich bereiterklärt, seinen *Entzug* zu schildern: „Bei der Aufnahme ist es wie im Knast. Deine persönlichen Gegenstände und Kleider werden durchsucht, damit nichts eingeschmuggelt wird. Die Therapie beginnt mit dem sofortigen Entzug. Der Süchtige bekommt überhaupt keine Drogen mehr, selbst wenn er darum bettelt. Irre Schmerzen, Fieber und Schweißausbrüche stellen sich ein. Der Kreislauf ist labil. Du meinst, es zerreißt dich. Du würdest alles machen, nur um an Drogen heranzukommen. Oft hatte ich nur noch den Wunsch, nicht mehr leben zu müssen, stundenlang hatte ich so was gedacht..."

„Das sind einige Gründe, warum solchen Süchtigen im Familienkreis nicht mehr ausreichend geholfen werden kann", ergänzt der Drogenberater sachlich.
Charly hat anschließend noch erzählt, wie er drogenabhängig wurde. Auf der nächsten Seite könnt ihr seine Geschichte lesen.

Beratungsstellen gegen Suchtgefahren:

„Die Brücke" Beratungs- und Therapiezentrum e. V.
Walddörfer Straße 337
22047 Hamburg
Tel.: 0 40/6 68 36 37

AWO Sucht-Präventionsstelle Osterburg/Altmark
Klausener Straße 17
39112 Magdeburg
Tel.: 03 91/4 25 08

„Brücke", Jugend- und Drogenberatung
Münsterstraße 31
55116 Mainz
Tel.: 0 61 31/23 45 77

Alkohol- und Drogenberatungsstelle der AWO
Heinrich-Mann-Allee 103 a, Haus 16
14473 Potsdam
Tel.: 03 31/86 45 20

Caritas Mecklenburg-Vorpommern e. V.
Augustenstraße 85
18055 Rostock
Tel.: 03 81/4 54 72 20

Weitere Beratungsmöglichkeiten gibt es auch in eurer Nähe, z. B. beim Arzt oder Apotheker, bei Krankenkassen und Jugendämtern. Scheut auch nicht den Weg zum Vertrauenslehrer.

Lebenslauf eines Betroffenen — der ganz gewöhnliche Weg ins Elend

„Ich heiße Charly, bin 17 1/2 Jahre alt und möchte euch ein paar Sätze über mein bisheriges Leben erzählen.

Ich habe keine Geschwister und bin bei meinen Eltern aufgewachsen. Zu meinen Eltern habe ich eigentlich ein gutes Verhältnis. Im Alter zwischen 5 und 10 Jahren war mein Vater monatelang im Ausland auf Montage, dabei hat er besonders gut verdient. In dieser Zeit war ich mit meiner Mutter oft alleine, aber das war nicht so schlimm; denn zunächst war ich die meiste Zeit im Kindergarten und nachmittags im Hort. Da war es schön.

Nach dem Kindergarten kam ich in die Grundschule. In dieser Zeit sind wir auch umgezogen. Dort gab es dann keinen Hort mehr und ich musste auf der Straße spielen oder zu Freunden gehen, bis meine Eltern von der Arbeit kamen.

Als ich auf das Gymnasium kam, ich war 10 Jahre alt, kam ich bald in eine tolle Clique. Es waren auch einige Ältere dabei. In dieser Zeit habe ich zu rauchen angefangen. Gut kann ich mich auch noch an unsere Mutproben erinnern. Wir probierten, wer den meisten Alkohol verträgt, aber das war harmlos.

Ich war auch in einem Sportverein, wo ich 4 Jahre lang Karate trainierte. Dabei hatte ich es bis zum Kreismeister gebracht. Mit 14 Jahren hatte ich keinen Bock mehr auf Sport. Mein Trainer nervte mich, er wollte nur Leistung. Zu dieser Zeit ging ich mit Klassenkameraden ab und zu in die Stadt, um „kostenlos" einzukaufen. Das ging so lange gut, bis wir von einem Kaufhausdetektiv angezeigt wurden. Doch vom Amtsrichter bekam ich nur eine Verwarnung.

In der Schule bin ich sitzen geblieben und musste die achte Klasse wiederholen. Privat lernte ich ältere Jugendliche, zum Teil schon Erwachsene kennen. Mit denen ging ich ab und zu mit, um einen Wagen zu klauen. Damit sind wir herumgefahren. Bei den Spritztouren haben wir nebenbei Kioske aufgebrochen und Zigaretten, Alkohol und Geld mitgenommen. Das kam auch raus und vor Gericht bekam ich vier Wochen Arrest und eine Geldstrafe. Zur gleichen Zeit habe ich die Schule verlassen. Von nun an war ich mit meinen Kumpels jeden Abend auf ein paar Biere in der Disco.

Von zuhause blieb ich fast jede Nacht weg und ging erst morgens heim, wenn meine Eltern weg waren. Ich war jetzt 15. Als ich ganz schlecht 'drauf war, half mir ein Freund. Ich fing an Hasch zu rauchen. Das finanzierte ich, indem ich Bücher, meine Stereoanlage und mein Fahrrad verkaufte. Zwei Lehrstellen habe ich aufgegeben, ich konnte das einfach nicht bringen.

Als ich gerade 16 Jahre alt wurde, habe ich gedacht: die können mich mal alle ... und habe angefangen Heroin zu spritzen. Um an Geld heranzukommen, beging ich weitere Einbrüche. Dafür und für eine leichte Körperverletzung bekam ich eine Bewährungsstrafe auf zwei Jahre. Dann klaute ich meiner Mutter Geld. Das hat sie gemerkt. Erst jetzt haben meine Eltern von den Drogen und Geldschulden erfahren. Durch unseren Hausarzt bin ich dann endlich in die Therapie gekommen."

Charly

Aufgaben

① Erkläre, warum der Entzug von Drogen so schlimme körperliche Zustände hervorruft.
② Zeige an Charlys Geschichte, wie Verharmlosung oder Nachahmung dazu führen können, dass jemand anfängt, Drogen zu nehmen.
③ Welche Gründe haben bei Charly noch eine Rolle gespielt, zu Drogen zu greifen?
④ „Harte Strafen verhindern den Griff zur Droge!" — „Abschreckung nützt gar nichts. Die Leute nehmen die Drogen trotzdem! Man muss ihre Lebenssituation ändern." Nimm Stellung zu diesen Aussagen!

Wenn du dich noch genauer über die Gefahren der Drogen informieren willst oder Rat benötigst, kannst du Informationsmaterial bei folgenden Adressen anfordern:

— Deutsche Hauptstelle gegen die Suchtgefahren (DHS) e. V.
Westring 2
59065 Hamm
Tel.: 0 23 81/2 52 69

— Bundeszentrale für gesundheitliche Aufklärung
Ostmerheimer Straße 200
51109 Köln
Tel.: 02 21/8 99 20

Sexualität des Menschen

1 Liebe, Sex und Partnerschaft

Sicherlich kannst du dich erinnern, dass du bereits in deiner Grundschulzeit für einen Mitschüler oder eine Mitschülerin geschwärmt hast und dir wünschtest, diesen Menschen möglichst oft in deiner Nähe zu haben. In der Pubertät verstärken sich das Verlangen nach Liebe und der Wunsch nach Austausch von Zärtlichkeiten.

Sobald Jungen und Mädchen sich füreinander interessieren, werden erste Annäherungsversuche gestartet. Diese sind mehr oder weniger geschickt und oft von einem übernommenen Rollenverständnis geprägt. Großsprecherisches Anmachen oder „coole Sprüche" gelten als männlich. Manche Mädchen meinen dagegen, dass ihnen die Rolle der kühlen, unzugänglichen „Lady" gut stehe oder erwarten, dass die Initiative stets von dem Jungen ausgeht. Dabei verhindert solches Gehabe häufig die Knüpfung enger Kontakte und erreicht damit das Gegenteil.
Es gehört schon eine Menge Mut dazu, einem anderen seine wirklichen Gefühle und Wünsche zu bekennen und ihm zu sagen, dass man ihn gern hat. Man kann leicht verletzt werden, denn das Selbstbewusstsein ist auf diesem Gebiet noch nicht entwickelt.

Wenn du persönliche Beziehungen und Bindungen eingehen kannst, wirst du auch einen Partner finden, der dich liebt. Von der äußeren Erscheinung her wird es nicht immer der Traumpartner sein. Entscheidend ist aber, dass man einander Wärme, Zärtlichkeit und Geborgenheit geben kann.

Mit dem Bedürfnis nach gegenseitiger Nähe und Zärtlichkeit entsteht auch der Wunsch nach gemeinsamer Sexualität. Auch vorher hat es bei den jungen Menschen Wünsche nach sexueller Betätigung und erotische Tagträume gegeben. Die *Selbstbefriedigung* (Onanie oder Masturbation) war die erste sexuelle Betätigung.

Partner, die sich lieben, können ihr geschlechtliches Verlangen durch gegenseitige intime Zärtlichkeiten an den Geschlechtsorganen *(Petting)* oder den Geschlechtsverkehr *(Koitus)* befriedigen. Da beim Geschlechtsverkehr — auch beim ersten Mal — ein Kind entstehen kann, sollte sich das Paar vorher verantwortungsbewusst auf eine Methode der Empfängnisverhütung einigen. Angesichts der Gefahr einer HIV-Infektion ist die Verwendung eines Kondoms sinnvoll.

1 Kleinkinder zeigen Zuneigung

Liebe, Zärtlichkeit und gemeinsam erlebte Sexualität führen bei Partnern zu starken seelischen Bindungen, machen sie einander noch vertrauter und führen oft zu dem Wunsch, beisammenzubleiben. Für eine dauerhafte partnerschaftliche Beziehung ist eine grundlegende Gemeinsamkeit in Weltanschauung, Werten und Ansichten von Bedeutung. Häufig stellt sich auch der Wunsch ein, mit dem geliebten Partner ein gemeinsames Kind zu haben, eine Familie zu gründen.

Noch vor einigen Jahrzehnten war die Ehe die einzige gesellschaftlich tolerierte Form des Zusammenlebens von Mann und Frau. Im Zuge einer größeren Toleranz haben sich auch andere Sozialformen entwickelt. Kinder können ihre Geborgenheit auch in eheähnlichen Gemeinschaften erhalten und viele Mütter oder Väter erziehen ihre Kinder alleine.

2 Teenager zeigen Zuneigung

Manche Menschen finden keinen geeigneten Partner oder möchten keine festen Verbindungen eingehen; sie leben als „Single". Neben den Gemeinschaften verschiedener Geschlechter gibt es auch solche, in denen homosexuelle Männer oder Frauen mit ihren gleichgeschlechtlichen Lebensgefährten zusammenleben.

Aufgabe

① Diskutiert in der Klasse, ob die Ehe heute noch die angemessene Form der Partnerschaft ist. Welche Gründe sprechen für bzw. gegen eine Ehe?

3 Junges Paar zeigt Zuneigung

Die Pubertät — Zeit der Orientierung

„Mannsein" und „Frausein"

Während der Pubertät stellt sich die Frage, was „Mannsein" oder „Frausein" für jeden Einzelnen bedeutet. In diesem Lebensabschnitt entwickelt sich ein neues Geschlechtsbewusstsein. Heranwachsende nehmen sich dabei zunehmend als männlich oder weiblich wahr. Veränderungen ihres Körpers beobachten sie mit Aufmerksamkeit. Gleichzeitig machen sie sich oft auch Sorgen um Unzulänglichkeiten, die ihrem Idealbild nicht entsprechen. Unreine Haut, Pickel, fettendes Haar, unvorteilhafte Körperproportionen oder vermeintlich zu langsame oder zu rasche Ausbildung der sekundären Geschlechtsmerkmale tragen häufig dazu bei, sich unwohl und unsicher zu fühlen. Es ist eine der wichtigsten Herausforderungen in dieser Zeit, sich mit den idealen Vorstellungen der Geschlechterrolle auseinander zu setzen und sich schließlich so zu akzeptieren, wie man eben ist.

Im Verlauf der Pubertät erwacht die Fähigkeit, einen anderen Menschen zu lieben, und zwar anders als bislang die Eltern, Geschwister oder Gleichaltrige aus der Clique. Verliebtsein empfindet jeder ganz anders. Für die einen ist es ein Hochgefühl, das den schwarzweißen Alltag farbig werden lässt und einen völlig in Beschlag nimmt. Andere werden halb krank vor Sehnsucht, sie fühlen sich wie verwandelt, manchmal sogar ein wenig verrückt. Sich verlieben ist eine Äußerung menschlicher Sexualität. Es ist ein fester Bestandteil unserer Persönlichkeit und jedem Menschen als natürlicher Geschlechtstrieb angeboren. Infolge der körperlichen und geistigen Reifungsprozesse richtet sich das Sexualverhalten zunehmend auf einen Partner aus. Intime Zärtlichkeiten gewinnen an Bedeutung und schaffen Gefühle der Liebe und Bindung.

Was ist Attraktivität?

Gleichzeitig mit dem Erwachen des Geschlechtstriebes spielt im Denken Heranwachsender zunehmend die äußerliche Attraktivität eine bedeutende Rolle, weil sie damit Erfolg oder Misserfolg bei der Partnersuche verbinden. Das, was man an einem Mann oder an einer Frau attraktiv im Sinne von sexuell anziehend findet, ist im Wesentlichen gleichzusetzen mit den angeborenen körperlichen Geschlechtsunterschieden, insbesondere mit den sekundären Geschlechtsmerkmalen. Sehr wahrscheinlich ist es dem Menschen angeboren, auf solche *sexuellen Schlüsselreize* (vgl. S. 259) zu reagieren. Ausstrahlung und Anziehungskraft eines Menschen hängen aber außerdem von vielen anderen Dingen ab. Oftmals ist es die Art und Weise, wie jemand mit anderen Menschen umgeht, sie ernstnimmt oder in schwierigen Situationen „cool" bleibt. Eigenschaften wie Intelligenz, Hilfsbereitschaft, Mut, Ausdauer, Geduld, Einfallsreichtum oder unauffällige Kleinigkeiten, wie ein verschmitztes Lächeln oder das Strahlen der Augen, spielen dabei eine wichtige Rolle. Das, was einen Menschen in seiner Rolle als Mann oder Frau liebenswert und somit attraktiv macht, ist meistens durch eine selbstbewusste, offene Persönlichkeit bedingt.

Die Suche nach der eigenen Persönlichkeit

Leitbilder in der Werbung, in Massenmedien und Jugendzeitschriften setzen Maßstäbe für das, was als attraktiv gilt. Es ist oftmals eine schwierige Aufgabe, sich in diesem Wirrwarr zu orientieren und zu einer eigenen Meinung zu finden. Mit dem Erwachsenwerden stellt sich die nicht immer einfache Aufgabe, sich in seiner Geschlechterrolle als Mann oder Frau allmählich zurechtzufinden. Es bleibt offen, wie jeder einzelne diese Rolle gestaltet. Die Ausprägungsmöglichkeiten zwischen den extremen Positionen „Softie" oder „Macho" und „Heimchen" oder „Powerfrau" sind vielfältig und unterliegen jeweils einem individuellen Lernprozess. Dieser ist sehr stark von äußeren Einflüssen, Erfahrungen und Einstellungen geprägt.

Wenn junge Männer Pflegeberufe erlernen oder Mädchen sich zu Mechanikerinnen ausbilden lassen, durchbrechen sie gängige Rollenvorstellungen. Solche Beispiele werfen die gesellschaftliche Frage auf, was nun typisch männlich bzw. typisch weiblich sei. Viele Äußerungen zu diesen Fragen zeigen, dass sie nicht viel mehr als Vorurteile sind.

Aufgaben

① „So etwas tut ein Mädchen nicht!" — „Ein Junge weint doch nicht!" Ergänzt die Liste solcher Äußerungen und nehmt Stellung dazu.
② Sammelt einige Anzeigen von Partnervermittlungen aus der Zeitung. Welche Attraktivitätsmerkmale werden dort besonders genannt?

„In der Schule habe ich schon lange ein Auge auf sie geworfen. Sie hat lange braune Haare und eine super Figur. Sie heißt Isabelle. Anfänglich hatte ich keinen Mut zu einem Gespräch mit ihr. Viele Jungen haben sie schon angebaggert. Sie lässt sie immer abblitzen, auch wenn es die coolsten Typen sind. Gestern traf ich sie im Schwimmbad. Ich hab sie angesprochen, weil meine Schwester mir gut zugeredet hat. Später haben wir noch ein Eis zusammen gegessen. Hoffentlich mag sie mich auch, weil ich sie total gern habe."

„Endlich habe ich Peter kennengelernt, in den ich schon lange heimlich verliebt bin. Die meisten Jungen, die ich bisher getroffen habe, sind so aufdringlich gewesen, doch Peter ist eher schüchtern. Und genau das gefällt mir an ihm. Ohne die Hilfe seiner Schwester hätten wir uns nie unterhalten. Das Eisessen war auch noch richtig lustig. Wir haben die ganze Zeit herumgealbert. Ich fände es toll, wenn er mit mir gehen würde."

Willst du mit mir gehen?

Sobald Mädchen das Interesse an Jungen entwickeln und umgekehrt, sind Schwärmen, vage Annäherungsversuche, heimliche Verabredungen und das Verliebtsein erste zaghafte Schritte in die Form der menschlichen *Sexualität,* die unser Leben bis ins Alter hinein begleitet.

Dabei geht es vielen so wie Peter und Isabelle. Sie sind zu schüchtern, einem anderen Menschen zu gestehen, dass sie ihn mögen. Denn es gehört auch eine ganze Menge Mut dazu, zunächst sich selbst seine eigenen Gefühle einzugestehen und sie dann noch dem Gegenüber zu offenbaren. Die Angst, vom anderen nicht angenommen oder gar ausgelacht zu werden — einen „Korb zu bekommen" — scheint unüberwindbar. Nicht selten stehen wir uns dabei mit unseren Idealvorstellungen selbst im Weg. Wer möchte nicht gern so aussehen wie die Frau aus der Werbung mit ihrem makellosen Gesicht oder der Schauspieler, der sichtlich stolz auf seinen muskulösen, sonnengebräunten Körper ist? Und man wird enttäuscht, wenn der Blick in den Spiegel tagtäglich beweist, dass man doch weit von diesem Ideal entfernt ist.

Gerade in der Pubertät, die geprägt ist von Wachstumsschüben, Pickeln und Stimmbruch, ist es schwer, sich und seinen Körper zu akzeptieren. Und ebenso unmöglich scheint die Vorstellung, dass die anderen dieselben Probleme haben wie man selbst und sich vielleicht genauso nach Wärme, Zärtlichkeit, Geborgenheit und Liebe sehnen.

Die Erkenntnis, dass man auch ohne das Aussehen einer Traumfrau oder eines Traummannes einen Partner oder eine Partnerin finden kann, kommt allerdings kaum von allein. Einerseits müssen Jungen begreifen, dass sie durch allzu forderndes und siegessicheres Auftreten ein Mädchen auch abschrecken können, und andererseits sollten Mädchen durchaus auch die Initiative ergreifen und ihre Vorliebe für einen Jungen erkennen lassen. Man braucht die Erfahrung, mit weichen Knien und Herzklopfen zu spüren, dass Gefühle erwidert werden. So entwickeln sich im Laufe der Zeit Selbstwertgefühl und Selbstbewusstsein, was wiederum die Grundlage dafür ist, feste und dauerhafte Beziehungen einzugehen und für sich und den Partner Verantwortung übernehmen zu können.

Die Geschlechtsorgane des Mannes

Schon beim neugeborenen Jungen sind die äußeren Geschlechtsorgane — der *Penis* und der *Hodensack* — zu erkennen. Man bezeichnet sie als die *primären Geschlechtsmerkmale,* im Gegensatz zu den sich erst in der Pubertät ausbildenden sekundären Geschlechtsmerkmalen.

Die Keimdrüsen des Mannes sind die *Hoden.* Sie sind paarig und liegen im Hodensack. In den Hoden entstehen die Keimzellen, die *Spermien,* und die Geschlechtshormone. Die Spermien werden in den *Nebenhoden* gespeichert, an denen je ein *Spermienleiter* beginnt. In diese geben die *Vorsteherdrüse* und zwei weitere Drüsen Sekrete ab, die zusammen mit den von den Nebenhoden abgegebenen Spermien das *Sperma* bilden. Im Bereich der Vorsteherdrüse vereinigen sich die beiden Spermienleiter mit dem Harnleiter aus der Blase zu einem gemeinsamen Ausführgang, der *Harn-Spermien-Röhre.*

Der Penis, auch *Glied* genannt, besteht aus *Schaft* und *Eichel.* Der Schaft enthält *Schwellkörper,* die rasch mit Blut gefüllt werden können, wodurch sich das Glied versteift. Die Harn-Spermien-Röhre führt durch den Schaft zur Eichel und mündet dort. Die Eichel ist sehr empfindlich. Sie wird von der verschiebbaren *Vorhaut* bedeckt und geschützt. Unter der Vorhaut sondern Talgdrüsen fettende Stoffe ab, in denen sich Krankheitserreger gut vermehren können. Deshalb muss das Glied unbedingt täglich gewaschen werden. Dazu wird die Vorhaut zurückgezogen. Eichel und übriges Glied werden mit warmem Wasser und Seife gewaschen.

Der erste Spermienerguss, die *Pollution,* erfolgt in der Pubertät oft im Schlaf. Dieser natürliche Vorgang zeigt an, dass der Junge geschlechtsreif geworden ist. Durch Reizung des Penis kann ein Spermienerguss auch selbst herbeigeführt werden. Diese *Selbstbefriedigung* ist ein entwicklungsbedingtes, keineswegs gesundheitsschädliches Verhalten.

Bei sexueller Erregung kommt es zur Versteifung des Gliedes, *Erektion* genannt. So kann der Penis bei der körperlichen Vereinigung in die Scheide der Frau eingeführt werden. Dabei werden die Eichel und die Scheidenwand gereizt, es entsteht ein angenehmes Gefühl bei Mann und Frau. Im Höhepunkt der gefühlsmäßigen Erregung, dem *Orgasmus,* wird das Sperma ausgeschleudert. Man nennt dies *Ejakulation.*

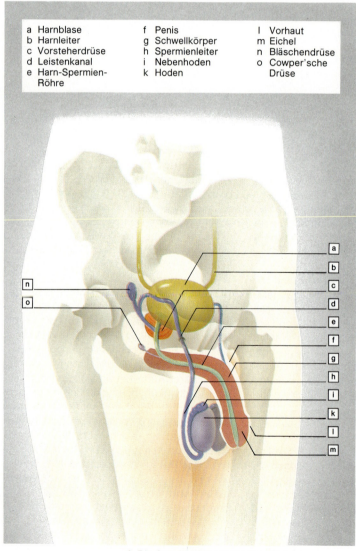

a	Harnblase	f	Penis	l	Vorhaut
b	Harnleiter	g	Schwellkörper	m	Eichel
c	Vorsteherdrüse	h	Spermienleiter	n	Bläschendrüse
d	Leistenkanal	i	Nebenhoden	o	Cowper'sche Drüse
e	Harn-Spermien-Röhre	k	Hoden		

1 Die Geschlechtsorgane des Mannes

Aufgaben

① Stelle einander gegenüber: Primäre und sekundäre Geschlechtsmerkmale, innere und äußere Geschlechtsorgane des Mannes.

② Alle weiteren Geschlechtsmerkmale neben den primären und sekundären nennt man tertiäre Geschlechtsmerkmale.
  a) Nenne einige tertiäre Merkmale beim Mann.
  b) Warum sind die tertiären Merkmale nicht eindeutig?

Bau und Bildung der Spermien

Für die Entwicklung zum Mann sind die Hoden von entscheidender Bedeutung. Hier werden neben den Spermienzellen auch die männlichen Geschlechtshormone oder Androgene (gr. andros = Mann) gebildet, von denen das Testosteron die bedeutendste Rolle spielt. Jeder der beiden Hoden ist im Innern von einem Geflecht feiner Kanälchen durchzogen. In ihren Wänden liegen schon von Geburt an die Spermienmutterzellen. Vor der Pubertät ist die Weiterentwicklung dieser Zellen gehemmt. Mit Beginn der Pubertät werden von der Hypophyse vermehrt Hormone gebildet, die das Hodengewebe voll funktionsfähig werden lassen. Aus einer Ursamenzelle reifen unter dem Einfluss des Testosterons vier Spermienzellen heran.

Die Spermien gehören mit einer Länge von 0,06 mm zu den kleinsten Zellen des menschlichen Körpers. Sie haben einen charakteristischen Bau. Jede Spermienzelle besteht aus einem Kopf, einem Mittelstück und dem beweglichen Schwanzfaden. Im Spermienkopf befindet sich das Erbgut. Das Mittelstück liefert Energie für die Bewegungen des Schwanzfadens, mit dem sich die Spermienzelle 3–4 mm pro Minute fortbewegen kann.

Testosteron (s. S. 249) bewirkt jedoch nicht nur das Heranreifen der Spermienzellen, es lässt gleichzeitig auch Bart- und Körperhaare sprießen. Bei Jungen sorgt es ebenso für den Aufbau der Muskulatur und somit für die Ausprägung der männlichen Körpergestalt. Von nun an hält die Produktion des Testosterons lebenslang an. Es erhält die männlichen Sexualfunktionen wie den Geschlechtstrieb, die sexuelle Erregbarkeit und die Zeugungsfähigkeit.

Ein fein abgestimmtes Regelsystem sorgt für eine ausreichende und genau festgelegte Testosteronkonzentration im Blut. Sie wird ständig gemessen und dem Zwischenhirn gemeldet. Dort wird die tatsächlich vorhandene Testosteronmenge (Ist-Wert) mit der Konzentration verglichen, die eigentlich vorhanden sein müsste (Soll-Wert).

Aufgabe

① Welche „Befehle" erteilt das Zwischenhirn, wenn die Testosteronmenge im Blut zu gering bzw. zu hoch ist? Fertige zu diesem Regelsystem eine Skizze an, und beschrifte sie.

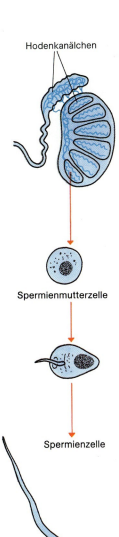

Spermienentwicklung
(Hodenkanälchen, Spermienmutterzelle, Spermienzelle, Schwanz, Mittelstück, Kopf)

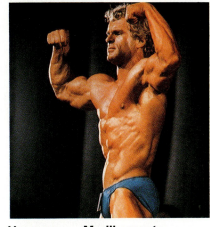

Hormone — Medikamente und Dopingmittel

Viele Hormone können heutzutage künstlich hergestellt werden. Sie werden in der Medizin sowie in der Tier- und Pflanzenproduktion angewandt und sind dort inzwischen nicht mehr wegzudenken.

Anabolika sind künstlich hergestellte Medikamente, die dem männlichen Geschlechtshormon Testosteron sehr ähnlich sind. Sie werden wegen ihrer Eiweiß aufbauenden Wirkung vom Arzt verordnet, wenn der Patient beispielsweise an einer Krankheit leidet, die mit starkem Gewichtsverlust einhergeht. Auf diese Weise gelingt es, das Muskelwachstum zu beschleunigen. Ebenso unterstützen Anabolika den Einbau von Calcium und Phosphat in das Knochengewebe und werden deshalb auch bei schwer heilenden Knochenbrüchen verabreicht. Bei durch den Arzt kontrollierter Einnahme können künstlich hergestellte Hormonpräparate Funktionsstörungen des Körpers lindern oder beheben.

Allerdings gibt es immer wieder Meldungen über den Missbrauch von Hormonpräparaten. Mancher Bodybuilder oder Leistungssportler nutzt Anabolika, um sein Muskelwachstum und damit seine Leistungsfähigkeit zu steigern. Der unkontrollierte Einsatz solcher Mittel ist nicht unbedenklich. Er stellt einen Eingriff in das fein abgestimmte Regelsystem des Hormonhaushaltes dar. Die längerfristige Einnahme kann zu Überlastungsschäden an Sehnen und Gelenken führen. Ebenso wird die Leber geschädigt und die Bildung der Spermienzellen gestört. Bei Frauen sind Vermännlichungserscheinungen unübersehbar. Besonders schwerwiegend sind die Folgeerscheinungen, wenn Kinder und Jugendliche Dopingmittel nehmen. Anabolika können bei ihnen zum vorzeitigen Entwicklungsabschluss führen. Die internationalen Sportverbände zählen daher Anabolika zu den verbotenen Dopingmitteln und führen bei Sportlern regelmäßige Dopingtests durch.

Die Geschlechtsorgane der Frau

Die äußerlich sichtbaren Geschlechtsorgane der Frau bestehen aus verschiedenen Hautfalten, *große* und *kleine Schamlippen* genannt. Es sind Fettpolster, durchsetzt von Bindegewebe und Muskelfasern. Die Schamlippen umschließen schützend den Scheideneingang und die von der *Scheide* getrennte Öffnung der Harnröhre. Im vorderen Bereich zwischen den Schamlippen liegt der *Kitzler* (Klitoris). Es ist ein leicht erregbarer Schwellkörper, der zahlreiche Nervenendungen enthält und, wie die Eichel des Penis, sehr empfindlich ist. Zwischen Scheide und After liegt der *Damm*, der von der dehnbaren Beckenbodenmuskulatur gebildet wird.

Die Scheide (Vagina), ein 8–11 cm langer schlauchförmiger Hohlmuskel, führt nach innen zur *Gebärmutter*. Die Scheidenwände sind mit einer Schleimhaut ausgekleidet, deren Zellen reich an Glykogen sind. Dieses stärkeähnliche Kohlenhydrat wird von den in der Scheide lebenden Milchsäurebakterien *(Scheidenflora)* in Milchsäure umgewandelt. Dadurch entsteht ein saures Milieu, das Krankheitserreger unschädlich machen kann. Ein zusätzlicher Schutz der inneren Geschlechtsorgane besteht darin, dass sich die elastischen Scheidenwände zusammenziehen, sodass sie aufeinander liegen und nur einen schmalen Spalt freilassen. Zum größten Teil wird der Scheideneingang bis zum ersten Geschlechtsverkehr durch das *Jungfernhäutchen* (Hymen) verschlossen. Diese schützende Hautfalte kann allerdings schon vorher, etwa beim Sport, einreißen. Der Scheide kommen im Wesentlichen zwei Aufgaben zu: Sie nimmt bei der körperlichen Vereinigung von Mann und Frau den Penis und das von ihm abgegebene Sperma auf, und sie ist der natürliche Geburtskanal, durch den das Kind bei der Geburt herausgepresst wird. Dies ist möglich, da die Scheidenwand sehr dehnbar ist.

Am oberen Ende der Scheide liegt der *Gebärmutterhals*. Er ist die Übergangsstelle von den äußeren zu den inneren Geschlechtsorganen und damit die Verbindung zwischen Gebärmutter und Scheide. Er wird von einem Schleimpfropf verschlossen. Die Gebärmutter *(Uterus)* ist ein faustgroßer, dehnbarer Hohlmuskel, der von einer Schleimhaut ausgekleidet ist. Während der Schwangerschaft erweitert sich sein Volumen von wenigen Millilitern auf mehrere Liter.

Am oberen, breiteren Ende der Gebärmutter münden die beiden *Eileiter* ein. Es sind etwa 15 cm lange, bleistiftstarke Schläuche, die innen mit einer Flimmerschleimhaut ausgekleidet sind. Jeder Eileiter öffnet sich mit fransenbesetzten Trichtern zu je einem *Eierstock* hin. Die Eierstöcke *(Ovarien)* sind die weiblichen Keimdrüsen, die an Bindegewebsbändern in der Bauchhöhle aufgehängt sind. In ihnen reifen die Eizellen heran, und sie bilden weibliche Geschlechtshormone.

a Gebärmutter
b Eierstock
c Eileiter
d Trichter des Eileiters
e Harnleiter
f Harnblase
g Gebärmutterhals (Portio)
h Harnröhre
i Scheide
k innere und äußere Schamlippen

1 Die Geschlechtsorgane der Frau

Aufgabe

① Ordne den weiblichen Geschlechtsorganen Eierstock, Eileiter, Kitzler die jeweils vergleichbaren männlichen zu.

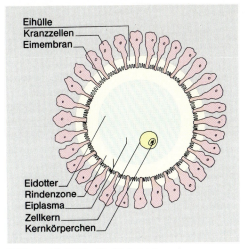

1 Menschliche Eizelle (Schema)

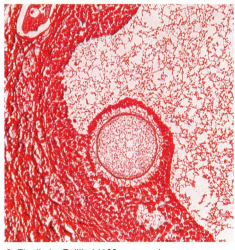

2 Eizelle im Follikel (160 × vergr.)

Bau und Bildung der Eizellen

Schon während der dritten Schwangerschaftswoche bilden sich im weiblichen Embryo die ersten Eimutterzellen (Urkeimzellen). Durch vielfache Zellteilung entstehen daraus einige hunderttausend Eizellen in jedem Eierstock des noch ungeborenen Mädchens. Bei der Geburt sind etwa 400 000 noch nicht vollständig herangereifte Eizellen vorhanden. Erst wenn in der Pubertät die Eierstöcke genügend Östrogene bilden (vgl. S. 249), reift die erste Eizelle nach einer jahrelangen Ruhepause heran.

Das Ei reift innerhalb des Eierstocks in einem flüssigkeitsgefüllten Bläschen, dem *Follikel*. Dieser Follikel kann auf eine Größe von bis zu zwei Zentimetern heranwachsen. Ist das Ei reif, wandert der Follikel an die Oberfläche des Eierstocks, der Follikel platzt auf, und das Ei wird mit der Follikelflüssigkeit ausgespült. Diesen Vorgang nennt man *Follikel-* oder *Eisprung* (Ovulation).

Die im Eileiter schlagenden Wimpern erzeugen einen zur Gebärmutter gerichteten Flüssigkeitsstrom. Dadurch wird das Ei in den nahe liegenden Trichter des Eileiters eingestrudelt. Die im Eierstock zurückbleibenden Follikelreste werden zum *Gelbkörper* umgebaut.

Die reife Eizelle, deren Kern die Erbanlagen enthält, hat einen Durchmesser von etwa 0,1 mm. Sie hat damit ein wesentlich größeres Volumen als eine Spermienzelle und enthält viele Nährstoffe. Die Eizelle ist eine der größten Zellen des menschlichen Körpers und bereits mit bloßem Auge sichtbar. Die Eizelle kann sich, im Gegensatz zu den Spermien, nicht selbst fortbewegen. Die Flimmerhärchen im Eileiter und Kontraktionswellen der Eileitermuskulatur erzeugen einen Flüssigkeitsstrom, der das Ei in Richtung Gebärmutter transportiert.

Die Eizelle ist nach dem Eisprung nur bis zu sieben Stunden lang befruchtungsfähig und befindet sich noch im oberen Teil des Eileiters. Damit eine Befruchtung stattfinden kann, müssen sie die Spermien also innerhalb dieser Zeit dort erreichen. Dabei kann nur ein einziges Spermium mit seinem Kopf in die Eizelle eindringen. Danach wird die Hülle der Eizelle für weitere Spermien undurchdringbar.

Der Zellkern im Spermienkopf quillt im Plasma des Eies auf und vereinigt sich mit dem Zellkern der Eizelle. Der so entstandene neue Zellkern enthält nun die Erbanlagen aus dem Spermium des Vaters und aus der Eizelle der Mutter. Diese befruchtete Eizelle nennt man *Zygote*. Bereits mit der Befruchtung ist das Geschlecht des Embryos festgelegt.

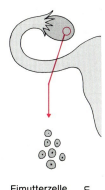

Eizellbildung

Aufgabe

① Nenne Gemeinsamkeiten und Unterschiede in der Entwicklung von Spermium und Eizelle aus ihren jeweiligen Mutterzellen.

Der weibliche Zyklus

Während im Eierstock eine Eizelle heranreift, verändert sich gleichzeitig die Gebärmutterschleimhaut. Beide Vorgänge werden durch Hormone geregelt. Die Follikelreifung und der Eisprung werden durch die Hormone FSH (Follikel stimulierendes Hormon) und LH (luteinisierendes Hormon) beeinflusst. Beide Hormone werden in der Hirnanhangdrüse, der Hypophyse, gebildet.

Der *Follikel*, in dem das Ei heranreift, bildet ein Follikelhormon, das Östrogen. Dieses bewirkt, dass die Gebärmutterschleimhaut auf die vierfache Dicke heranwächst. Gleichzeitig beeinflusst es die Menge der FSH- und LH-Produktion in der Hypophyse. Bei einem bestimmten Mengenverhältnis dieser beiden Hormone kommt es zum Eisprung. Zum Zeitpunkt des Eisprunges steigt die Körpertemperatur etwa um 0,5 °C an. Die Eireifung und das Anwachsen der Schleimhaut dauern etwa 14 Tage.

Nach dem Eisprung wandelt sich der aufgeplatzte Follikel in den *Gelbkörper* um. Auch dieser bildet ein Hormon, das Gelbkörperhormon Progesteron. Es bewirkt, dass die Gebärmutterschleimhaut weiter wächst. Sie wird von zahlreichen Blutgefäßen versorgt und ist damit vorbereitet auf die mögliche Einnistung eines Keims — für den Fall, dass eine Befruchtung der Eizelle stattgefunden hat.

Wenn die Eizelle nicht befruchtet worden ist, verkümmert der Gelbkörper. Die Progesteronbildung geht zurück, und die Gebärmutterschleimhaut wird abgestoßen. Dabei reißen kleine Blutgefäße, sodass es zu Blutungen kommt. Das Blut geht zusammen mit Schleimhautresten durch die Scheide ab. Man nennt diesen Vorgang Monats- oder Regelblutung *(Menstruation)*. Weil die Blutung regelmäßig etwa alle 28 Tage auftritt, bezeichnet man diesen Zeitraum als *Peri-*

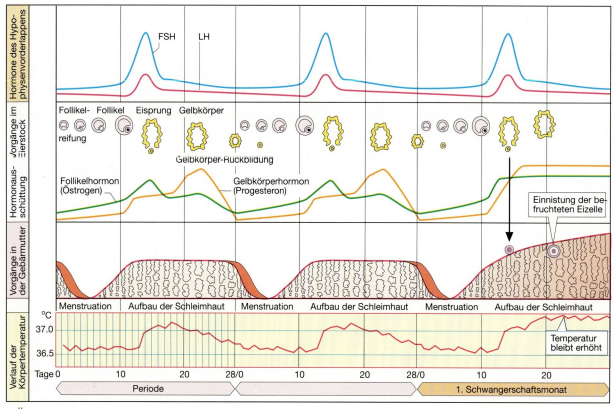

1 Übersicht zu den Vorgängen beim weiblichen Zyklus

ode. Sie dauert bei den meisten Frauen 26 bis 30 Tage. Kürzere oder längere Perioden sind gesundheitlich unbedenklich, solange sie regelmäßig bleiben.
Sowohl psychischer als auch körperlicher Stress — z. B. eine plötzliche Klimaveränderung bei Urlaubsreisen in ferne Länder — können einen unregelmäßigen Zyklus auslösen.

Eine befruchtete Eizelle macht die ersten Zellteilungen noch im Eileiter durch, sodass sich ein aus wenigen Zellen bestehender Keim in die Gebärmutterschleimhaut einnistet. Dieser Keim bildet ein Hormon, das Schwangerschaftshormon. Es bewirkt, dass die Milchdrüsen der Brust anschwellen und so auf die Milchproduktion vorbereitet werden. Außerdem hat es Rückwirkungen auf den Gelbkörper, der dann erhalten bleibt. Das Gelbkörperhormon sorgt dafür, dass die Gebärmutterschleimhaut nicht abgestoßen wird. So kann der Keim alle Nährstoffe aus der Schleimhaut beziehen. Der regelmäßige Menstruationszyklus wird für die Zeit der Schwangerschaft unterbrochen.

Im Alter von etwa 45 Jahren bis 50 Jahren wird die Hormonbildung umgestellt. Die Reifung von Eizellen und die Monatsblutungen bleiben aus. Dies wird *Menopause* genannt. Die Veränderungen während der Zeit dieser hormonellen Umstellung (Wechseljahre) wirken oft stark auf Körper und Psyche der Frauen ein.

Aufgaben

① Beschreibe die Funktionen eines Follikel über eine ganze Periode hinweg.
② Erstelle eine Tabelle mit allen Hormonen, die auf diesen beiden Seiten erwähnt werden. Gib jeweils ihren Bildungsort an und beschreibe kurz ihre Wirkung.
③ Zeichne ein Pfeildiagramm, das die Einflüsse der in der Tabelle von Aufgabe 2 aufgeführten Hormone bildlich darstellt. Beginne am besten mit den beiden Hypophysenhormonen.
④ Welche Folgen hätte es für den Zyklus, wenn das FSH bzw. das Progesteron ausfallen würden?
⑤ Das Progesteron und das Östrogen wirken hemmend auf die FSH- und LH-Ausschüttung durch die Hypophyse. Eine solche Wirkung nennt man auch negative Rückkoppelung. Überlege dir die Zweckmäßigkeit einer solchen negativen Rückkoppelung.

In der Praxis von Frauenärztin Dr. Schröder

„Für meine Praxis ist das ja schon etwas ungewöhnlich, so viele Männer im Wartezimmer sitzen zu haben." Frau Dr. Schröder blickt dabei in die Runde und lacht. „Aber trotzdem freue ich mich, dass ihr eure Jungs mitgebracht habt, wenn sie auch weniger mit dem Frauenarzt oder der Frauenärztin zu tun haben werden. Die Mädchen betrifft das nun schon eher.
Für viele von euch mag der Besuch beim Frauenarzt oder bei der Frauenärztin mit unsicheren oder gar ängstlichen Gefühlen verbunden sein. Deshalb ist es ganz besonders wichtig, dass ihr im Gespräch mit eurem Arzt oder eurer Ärztin all die Fragen stellt, die euch bewegen. Erstens ist keine Frage neu, und zweitens ist das ein guter Weg, Vertrauen zu fassen und Selbstvertrauen zu gewinnen."

Tanja will nun wissen, wann ein Mädchen oder eine junge Frau zum ersten Mal zu einem Frauenarzt kommen sollte. „Oft führt die Frage nach einem Verhütungsmittel junge Frauen in meine Praxis. Manche wollen eben wissen, ob alles ‚in Ordnung' ist. Andere kommen aber gerade dann in die Praxis, wenn starke Menstruationsbeschwerden auftreten. Ihr wißt ja, dass zwischen dem 11. und 14. Lebensjahr Mädchen normalerweise ihre erste Regelblutung, die Menarche, bekommen. Sie zeigt an, dass das Mädchen nun geschlechtsreif geworden ist. Zu Beginn der Pubertät schwanken die Zykluslängen meistens noch stark. Die Regelmäßigkeit der Monatsblutungen stellt sich manchmal erst nach einigen Jahren ein. Aber auch dann können durch Änderung der Lebensweise, Anstrengung, Krankheit oder andere Einflüsse die Eireifung und der Zyklusablauf beschleunigt oder verlangsamt werden. Menstruationsbeschwerden wie Übelkeit, Kopf- und Bauchweh treten gerade bei Mädchen oder auch jungen Frauen häufig auf. Bei starken Schmerzen oder wenn sich auch nach Jahren noch keine gleichbleibende Zykluslänge eingestellt hat, sollten sie einen Frauenarzt, -ärztin oder wie das so schön heißt, einen Gynäkologen, aufsuchen."

Als Beate, die Sprechstundenhilfe von Frau Dr. Schröder, einige Artikel für die Monatshygiene und die wandkartengroße Abbildung mit den weiblichen Geschlechtsorganen hereinbringt, ergänzt die Ärztin ihre Ausführungen. „Während der wenige Tage dauernden Menstruation muss auf besonders gründliche Reinigung der Geschlechtsorgane geachtet werden, weil dann der vor Bakterien schützende Schleimpfropf am Gebärmuttermund fehlt. Mit Hilfe saugfähiger Binden, Tampons und Slipeinlagen wird das ausfließende Blut aufgesaugt." Holger möchte gerne noch wissen, wie lange es dauert, bis dieser seiner Meinung nach große Blutverlust wieder ausgeglichen ist. „Nun, die Blutmenge beträgt nur etwa 50–150 ml", beruhigt sie ihn . . .

2 Schwangerschaft, Geburt und Entwicklung

Die Entwicklung von Embryo und Fetus

Das intime Zusammensein von Mann und Frau beim Geschlechtsverkehr befriedigt das sexuelle Verlangen nach Lust und Zärtlichkeit. Die körperliche Vereinigung kann für beide etwas sehr Schönes sein, vor allem dann, wenn sie Ausdruck einer Partnerschaft ist, die von gegenseitiger Achtung und Verantwortung getragen wird. Eine intensiv gelebte sexuelle Partnerschaft schließt oft den Wunsch ein, ein Kind zu zeugen.

Besonders günstig dafür sind die Voraussetzungen zur Zeit des Eisprungs, wenn eine heranreifende Eizelle in den Eileiter gelangt. Beim Höhepunkt der sexuellen Erregung, dem *Orgasmus*, kommt es zu einem Spermienerguss. Hierbei werden aus dem versteiften Glied des Mannes in der Scheide der Frau mehrere 100 Millionen Spermienzellen herausgeschleudert. Sie bewegen sich selbständig durch Muttermund und Gebärmutter in die Eileiter. Treffen sie dort auf eine befruchtungsfähige Eizelle, dringen Kopf, Mittelstück und Schwanz einer einzigen Spermienzelle in die Eizelle ein. Alle anderen Spermienzellen sterben ab. Die beiden Zellkerne wandern aufeinander zu und verschmelzen. Aus der Sicht des Mannes spricht man bei diesem Vorgang von *Zeugung*, aus der Sicht der Frau von *Empfängnis*. Mit der Befruchtung ist das Erbprogramm bestimmt, nach dem sich in einer Reihe festgelegter Entwicklungsschritte ein neuer, individuell einzigartiger Mensch entwickelt.

Nach der Befruchtung im Eileiter laufen dort schon die ersten Zellteilungen ab. Der Keim wandert weiter in Richtung Gebärmutter. Nach 24 Stunden liegt ein Zweizellstadium vor, aus dem sich dann ein 4-, 8-, 16- und 32-zelliger Keim entwickelt. Schließlich beginnt der Keim ein kugeliges Bläschen zu bilden (*Bläschenkeim*). Seine äußeren Hüllzellen umgeben die Zellen im Inneren. Dort wächst der *Keimschild* heran, aus dem der Körper des neuen Menschen entsteht. Der Bläschenkeim wächst in die Gebärmutter ein. Er ist nur 0,1 mm groß. Es sind etwa sechs Tage vergangen.

Bisher hat der Bläschenkeim keinerlei Nährstoffe aufnehmen können, von jetzt an wird er mit Stoffen aus dem mütterlichen Kreislauf versorgt. Gebärmutterschleimhaut und Hüllzellen entwickeln sich zum Mutterkuchen (*Plazenta*), über den die Versorgung des Bläschenkeims erfolgt.

Der Keimschild wird zum eigentlichen Embryo, andere Bereiche werden zur Fruchtblase und zur Nabelschnur. Der Embryo liegt im Fruchtwasser der Fruchtblase und ist über die Nabelschnur mit der Plazenta verbunden. Schon nach acht Wochen sind Augenanlagen, Adern, Herzanlage und die Ansätze von Armen und Beinen zu erkennen. Der Embryo ist jetzt 3 cm groß.

Nach etwa 8 bis 9 Wochen sind im Embryo alle Organe angelegt. Von nun an nennt man das im Mutterleib heranwachsende Kind *Fetus*. Die Entwicklung der Organanlagen zu voll funktionsfähigen Organen ist erst im 7. Monat abgeschlossen. Ab dem 4. Monat kann die Mutter aber schon die Bewegungen des Fetus spüren. Er kann Arme und Beine, Finger und Zehen bewegen. An einigen Stellen beginnen die knorpeligen Skelettanlagen zu verknöchern, Haare wachsen und die Nägel werden gebildet.

Der gesamte Stoffaustausch zwischen Mutter und Kind erfolgt über die Plazenta. Die Nabelschnur ist ein Teil des Embryos. Ihre Adern ragen in Hohlräume, die mit mütterlichem Blut gefüllt sind. Die Wände der embryonalen Blutgefäße bilden die *Plazentaschranke*: Sauerstoff und Kohlenstoffdioxid können durch die dünnen Aderwände diffundieren, ebenso Zucker und die Bausteine der Proteine, die Aminosäuren. Andere Stoffe, z. B. Vitamine müssen aktiv aufgenommen werden. Es erfolgt kein Blutaustausch, auch keine Blutvermischung. Blutzellen und Blutplättchen werden durch die Plazentaschranke zurückgehalten.

Aufgaben

① Weshalb beginnt der Keim erst nach der Einnistung in die Gebärmutterschleimhaut mit dem Wachstum?

② Bei Versuchen mit Amphibieneiern hat man die beiden Zellen des Zweizellstadiums künstlich voneinander getrennt. Es sind daraus dann zwei genau gleich aussehende Nachkommen entstanden. Erkläre. Gibt es so etwas auch ohne künstliche Beeinflussung?

③ Welche Störungen würden auftreten, wenn rote Blutzellen der Mutter in den Blutkreislauf des Kindes gelangen könnten oder umgekehrt? Berücksichtige dabei, dass Kinder nicht immer dieselbe Blutgruppe wie die Mutter besitzen.

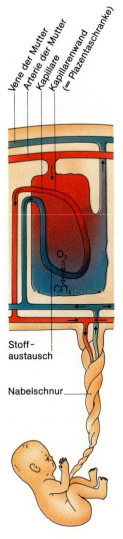

Vene der Mutter
Arterie der Mutter
Kapillare
Kapillarenwand (= Plazentaschranke)

Stoffaustausch

Nabelschnur

Plazentaschranke

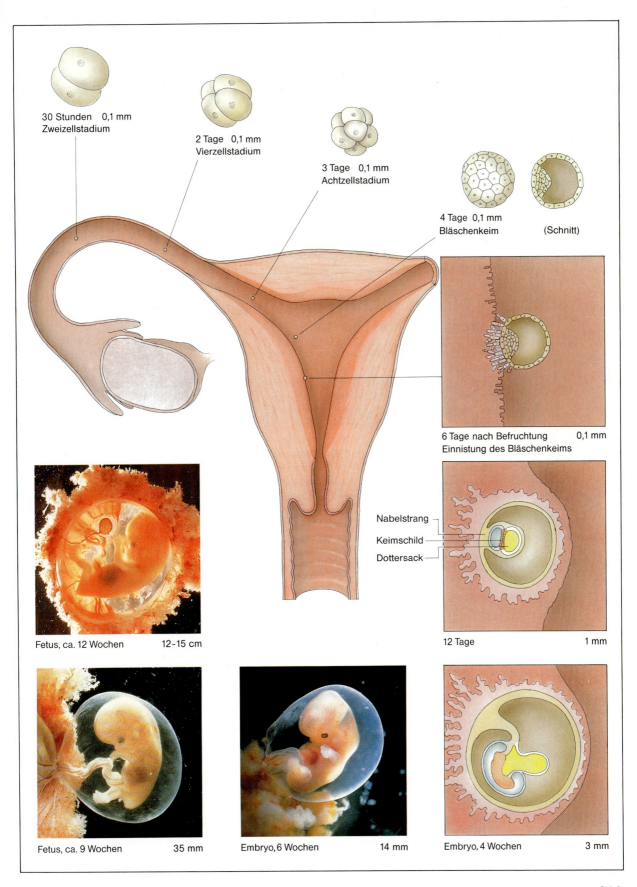

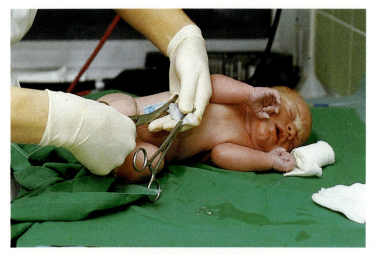

1 Abbinden der Nabelschnur

Schwangerschaft und Geburt

Mit der Befruchtung der Eizelle beginnt die durchschnittlich 280 Tage oder 40 Wochen dauernde *Schwangerschaft.* Erste Anzeichen dafür sind für die Frau das Ausbleiben der Menstruation und Spannungsgefühle in der Brust. Letztere stammen von den Brustdrüsen, die — bedingt durch ein Schwangerschaftshormon, das in der Gebärmutterschleimhaut gebildet wird — zu wachsen begonnen haben. Da die Schwangerschaftshormone mit dem Urin ausgeschieden werden, kann die Frau selbst schon bald nach Ausbleiben der Menstruation mit Teststäbchen aus der Apotheke einen *Schwangerschaftstest* durchführen. Drei Wochen nach Ausbleiben der Regel kann ein Arzt diesen Test mit Sicherheit bestätigen.

Eine Schwangerschaft bedeutet nicht nur körperliche und seelische Veränderungen für die Frau, sondern auch die Übernahme einer großen Verantwortung für sich selbst und das in ihr wachsende Kind. Um die größtmögliche Sicherheit für die werdenden Mütter und das Ungeborene zu gewährleisten, werden heute von den Krankenkassen *Vorsorgeuntersuchungen* angeboten. Blut- und Harnuntersuchungen und Gewichtskontrollen bei der Mutter, Abhören der Herztöne und Ultraschallaufnahmen des Kindes liefern dabei wichtige Informationen, ob die Schwangerschaft für beide normal verläuft. Zur Vorsorge gehört auch die Frage nach einer *Rötelnimpfung.* Diese Impfung sollten Mädchen bereits vor Beginn der Pubertät durchführen lassen, da die Röteln zwar eine harmlose Krankheit sind, das Kind einer an Röteln erkrankten Schwangeren jedoch schwere Organschäden erleiden kann.

Die *Geburt* kündigt sich durch krampfartige Kontraktionen der Gebärmuttermuskulatur, die *Wehen,* an. Anfänglich treten sie in regelmäßigen Abständen von etwa 10—20 Minuten auf, dann werden die Abstände kürzer, die Wehen heftiger, die Geburt beginnt. Durch die Wehen wird das Kind mit dem Kopf voran gegen den Gebärmutterhals gedrückt und dieser dadurch gedehnt *(Eröffnungsphase).* Dann platzt die Fruchtblase, und das Fruchtwasser fließt ab. Kurze, starke und rasch hintereinander kommende *Presswehen* drücken Kopf und Körper durch den natürlichen Geburtsweg, die Scheide, heraus.

Direkt nach der Geburt nehmen die Lungen des Kindes ihre Funktion auf und die Nabelschnur kann durchgetrennt werden. Manchmal sofort, spätestens aber nach einem kurzen Bad und einigen Untersuchungen wird das Kind der Mutter in die Arme gelegt. Etwa 30 Minuten nach der Geburt lösen sich Plazenta und Nabelschnur ab und werden als *Nachgeburt* ausgestoßen.

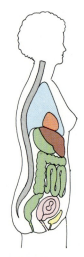

im 3. Monat

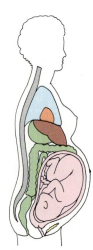

im 9. Monat

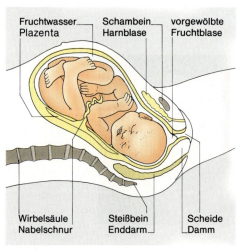

2 Eröffnungsphase der Geburt

Aufgaben

① Warum sind Alkohol, Nikotin, Drogen und andere Gifte gerade in den ersten drei Monaten der Schwangerschaft besonders gefährlich für das Kind?

② Der ganze Körper des Fetus ist von einer feinen, mit Fett imprägnierten Behaarung bedeckt. Wozu dient dies?

③ Warum legt man das Neugeborene auf den Körper der Mutter?

Elternschaft bedeutet Übernahme von Verantwortung

„Ich wünsche mir ein kleines Mädchen, dem ich den Namen Christine geben werde. Ich werde es immer ganz niedlich anziehen und ich hoffe, Christine bekommt schöne dunkelbraune Augen und einen wuscheligen Lockenkopf. Jeden Nachmittag gehe ich mit meinem Baby spazieren und wenn es dann größer ist, werden wir viel zusammen spielen." So schrieb eine Schülerin in ihrem Aufsatz, in dem sie ihre Träume von ihrer späteren Familie niederschreiben sollte. Die Vorstellung von einem eigenen Kind ist für die meisten Jugendlichen wie ein schöner Traum.

Die Entstehung eines neuen menschlichen Lebens ist wunderbar und erfüllt jeden von uns immer wieder mit Staunen. In unserer Phantasie können wir uns gut vorstellen, wie wir so ein kleines, hilfloses und zartes Geschöpf im Arm wiegen, sein Vertrauen und seine Zuwendung genießen oder es stolz Freunden und Verwandten zeigen.

Tierjunge

Nesthocker: neugeborene Tierjunge, die auf die intensive Pflege der Eltern angewiesen sind (z. B. Hundewelpen, Amselküken)

Nestflüchter: Tierjunge, die bald nach der Geburt relativ selbständig sind und das „Nest" verlassen (z. B. Pferdefohlen, Hühnerküken)

Aber ein Baby zu haben, ist nicht nur ein schöner Traum, es ist auch eine harte Realität, mit der sich die Eltern auseinander setzen müssen. Das Kleinkind beansprucht die Eltern rund um die Uhr. Es schreit, wenn es Hunger hat, eine neue Windel braucht oder sich unwohl fühlt. Manche Nachtstunden müssen der Vater oder die Mutter am Bettchen sitzen und die Zeit, die man früher für sich oder seinen Partner übrig hatte, schrumpft ganz erheblich zusammen.

Aber auch das größere Kind benötigt die Aufmerksamkeit und die Zeit seiner Eltern: es braucht jemanden, der ihm zuhört, der es ermutigt und tröstet und ihm bei seinen Problemen in der Schule oder am Arbeitsplatz behilflich ist.

Die Ansprüche eines gesunden Kindes an die Zeit und Nervenkraft seiner Erzieher ist also gewaltig groß. Noch größer jedoch werden die Anforderungen, wenn das Kind krank oder gar behindert ist. Diese Mädchen oder Jungen benötigen noch in einem viel stärkeren Maße Zuwendung und Pflege.

In manchen Familien verursachen Kinder auch wirtschaftliche Probleme: Ein Kinderzimmer muss eingerichtet werden, Kinderkleidung und Spielzeug sind zu beschaffen und viele Hobbies und Freizeitbeschäftigungen kosten Geld. Noch immer haben es Familien mit Kindern schwerer, eine Wohnung zu finden. Eine Urlaubsreise schließlich muss bei vielen Familien bescheidener ausfallen, denn ferne Ziele und schicke Hotels sind teuer.

Viele junge Eltern sind mit der neuen Rolle oft hoffnungslos überfordert. Unzufriedenheit, Streitigkeiten zwischen den Eltern und selbst Kindesmisshandlungen haben ihre Ursachen oft in dieser Überbelastung. Besonders groß ist der Druck, wenn er nicht auf zwei Personen verteilt wird, sondern nur ein Elternteil die Gesamtlast der Erziehung alleine tragen muss.

Es ist niemals leicht, die Verantwortung für ein Kind zu übernehmen. Die Entscheidung für ein Baby sollte daher in aller Ruhe und Sorgfalt getroffen werden. Jedes Kind hat ein Recht darauf, freudig erwartet zu werden. Eine sorgfältige Schwangerschaftsverhütung und bewusste Geburtenplanung sind heute — anders als noch vor einigen Jahrzehnten — für jeden möglich und sollten auch angewandt werden.

Entscheidung für ein Kind

Die Aufgabe, ein Kind zu erziehen, ist erheblich einfacher,
— wenn du Kinder gerne magst,
— wenn du bereit bist, dein Leben so einzurichten, dass das Kind nicht zu kurz kommt,
— wenn du jemanden in der Nähe hast, der dir mit Rat und Tat zur Seite steht,
— wenn deine Wohnung so beschaffen ist, dass auch dein Kind darin leben kann,
— wenn du materiell so gestellt bist, dass du für Kleidung, Spielzeug, Freizeitgestaltung und Bildung des Kindes aufkommen kannst,
— wenn du selber schon erwachsen bist.

Familienplanung und Schutz des ungeborenen Lebens

Jeder Mensch muss mit seiner Geschlechtlichkeit leben, sie ist Bestandteil seiner Persönlichkeit. Die verschiedenen gesellschaftlichen Gruppierungen haben aber unterschiedliche Auffassungen darüber, ob und inwieweit der Mensch auf diesem Gebiet steuernd eingreifen kann und darf. Die Stichworte hierzu lauten „Empfängnisverhütung" und „Abtreibung" bzw. „Schwangerschaftsabbruch".

Die meisten Paare haben bestimmte Vorstellungen und Wünsche in Bezug auf ihre künftige Familie und die Anzahl der Kinder. Viele Paare möchten heute zunächst ihre Zweierbeziehung genießen, sich erst eine gesicherte Existenz aufbauen und sich richtig kennenlernen, bevor sie eine Familie gründen und gemeinsam Kinder aufziehen. Für ein Kind ist es immer am besten, wenn die Eltern dieses Kind auch wirklich haben wollen und sich darauf freuen. Familienplanung bedeutet daher auch, Möglichkeiten zur Verhinderung einer Schwangerschaft zu nutzen, ohne auf den Geschlechtsverkehr verzichten zu müssen. Es gibt heute eine Reihe unterschiedlicher Methoden zur Empfängnisverhütung (s. S. 293), über die man Bescheid wissen sollte.

Trotz des großen Angebots an empfängnisverhütenden Mitteln und Methoden kommt es immer wieder zu ungewollten Schwangerschaften. Dies bedeutet in vielen Fällen eine große seelische Belastung für die Partner, vor allem für die werdende Mutter. Ungewollte Schwangerschaften hat es wohl schon immer gegeben, genauso wie den Versuch, diese zu beenden. Der Abbruch einer Schwangerschaft bedeutet, dass der Embryo durch medizinische Maßnahmen aus der Gebärmutter entfernt wird. Dieser Eingriff wird auch *Abtreibung* genannt.

Die Frage, wann und unter welchen Umständen ein Schwangerschaftsabbruch erlaubt sein soll, ist bei uns und in anderen Staaten der Erde teilweise heftig umstritten. Religionsgemeinschaften, aber auch viele Ärzte und Juristen meinen, dass schon mit der Befruchtung der Eizelle menschliches Leben beginnt. Es sollte schon zu diesem frühen Zeitpunkt unter dem Schutz des Grundgesetzes stehen. Unser Staat hat sich im Grundgesetz verpflichtet, Leben zu schützen. Aus diesem Grunde sind im § 218 des Strafgesetzbuches die Bedingungen für einen Schwangerschaftsabbruch geregelt.

Voraussetzung für einen Schwangerschaftsabbruch aus einer sozialen Indikation (s. Kasten) ist die vorausgehende Beratung durch einen Arzt oder durch bestimmte Beratungsstellen mit dem Ziel, das ungeborene Leben zu schützen und die Frau zur Fortsetzung der Schwangerschaft und zum Leben mit dem Kind zu ermutigen. Die Beratung bleibt für die schwangeren Frauen anonym. Man erörtert die Gründe für den beabsichtigten Abbruch der Schwangerschaft, versucht bei bestehenden Konflikten und Notlagen zu helfen und gibt erforderliche medizinische, rechtliche und soziale Informationen. Sieht die beratene Frau die Gespräche als abgeschlossen an, erhält sie darüber eine Bescheinigung. Diese legt sie gegebenenfalls dem Arzt vor, der den Eingriff vornimmt. Schwangerschaftsabbrüche bis zur 12. Woche sind in Deutschland unter bestimmten Umständen straffrei. Bei Schwangerschaftsabbrüchen, die nicht von Ärzten vorgenommen werden, treten häufig Unfruchtbarkeit und tödlich verlaufende Infektionen auf.

Ein Spermium dringt in eine Eizelle ein. Damit ist die Befruchtung erfolgt und die Entwicklung eines neuen Lebewesens beginnt.

Die gesetzlichen Bestimmungen für einen legalen Schwangerschaftsabbruch, auch Indikationen genannt, sind wie folgt festgelegt:

Medizinische Indikation
Eine medizinische Indikation liegt vor, wenn die Schwangerschaft eine Gefahr für die Gesundheit oder das Leben der Schwangeren darstellt. (Der Abbruch ist in diesem Fall jederzeit möglich.)

Eugenische Indikation
Von eugenischer Indikation spricht man, wenn das Kind durch einen Erbschaden oder schädliche Einflüsse während der Schwangerschaft nicht behebbare Schädigungen seiner Gesundheit erleiden würde.

Kriminologische Indikation
Hierunter fallen Schwangerschaften, die aufgrund einer Vergewaltigung zustande gekommen sind.

Soziale Indikation
Die soziale Lage der Schwangeren muss aufgrund familiärer oder wirtschaftlicher Umstände so schwerwiegend und belastend sein, dass die Fortsetzung der Schwangerschaft unzumutbar wäre.

Aufgaben

① Schreibe an die Bundeszentrale für gesundheitliche Aufklärung in 51109 Köln, und bitte um Informationen über Empfängnisregelung und Familienplanung.

② Diskutiert folgende Aussagen: „Mein Bauch gehört mir!" und „Abtreibung ist Mord!"

③ Welche Risiken können mit der langfristigen Einnahme der Pille verbunden sein? Erkundigt euch bei Arzt oder Ärztin.

Methoden der Empfängnisverhütung

Jedes Kind hat ein Recht, erwünscht zu sein, da ungewollte Kinder häufig unter der Ablehnung und nicht selten unter Aggressionen der Eltern leiden müssen. Wenn also ein Paar noch nicht über die nötige seelische und persönliche Reife verfügt, um den Belastungen von Schwangerschaft, Geburt, Kinderpflege und -erziehung gewachsen zu sein oder bei sehr jungen Mädchen oder älteren Frauen gesundheitliche Risiken bei der Schwangerschaft bestehen, sollte auch in sicheren Partnerschaften eine Schwangerschaft verhütet werden.

Das wichtigste und einzige Mittel der *mechanischen Empfängnisverhütung*, das der Mann anwenden kann, ist das **Kondom**. Dieses Verhütungsmittel aus dehnbarem Latexmaterial wird über das versteifte Glied des Mannes gezogen, ehe dieses in die Scheide eingeführt wird. Bei richtiger Anwendung ist das Kondom sicher und verhindert gleichzeitig die Gefahr einer Ansteckung mit HIV (AIDS) und Geschlechtskrankheiten.

Kondome   Pessare   Spirale

Eines der mechanischen Verhütungsmittel für die Frau ist das **Scheidendiaphragma** oder **Pessar**. Es verschließt den Muttermund und verhindert so, dass Spermien in die Gebärmutter eindringen, im Eileiter aufsteigen und die Eizelle befruchten können. Ein Arzt passt das Scheidendiaphragma an und erklärt die Handhabung.

Meist wird das Scheidendiaphragma kombiniert mit Cremes verwendet, die Spermien abtöten, weil es allein nicht sicher genug ist. Eine weitere Möglichkeit für Frauen ist die **Spirale**. Sie wird vom Arzt eingesetzt und regelmäßig kontrolliert. Die Spirale verhindert die Einnistung und ist relativ sicher.

Hormonelle Empfängnisverhütung gewährleistet die größte Sicherheit. Die Hormonpräparate enthalten Mischungen von Östrogenen und Progesteron. Werden sie regelmäßig und genau nach Vorschrift eingenommen, blockieren sie die FSH- und LH-Ausschüttung aus der Hypophyse — ähnlich wie bei einer Schwangerschaft. Der Follikel kann nicht reifen und ein Eisprung wird verhindert. Da mit der **Pille** dem Körper der Frau Hormone zugeführt werden, sollte

Pille

eine regelmäßige Kontrolluntersuchung durch einen Arzt erfolgen. Die *Minipille* und die *Dreimonatsspritze* enthalten nur Progesteron in unterschiedlicher Dosis. Sie sorgen dafür, dass der Schleimpfropf im Gebärmutterhals undurchlässig bleibt. Die Dreimonatsspritze ist für junge Mädchen weniger geeignet. Sie hemmt zusätzlich den Eisprung.

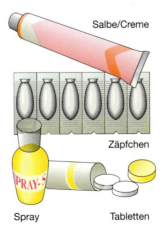

Salbe/Creme
Zäpfchen
Spray   Tabletten

Chemische Verhütungsmittel in Form von **Zäpfchen, Cremes, Tabletten** und **Sprays** müssen eine bestimmte Zeit vor dem Geschlechtsverkehr in die Scheide eingeführt werden, wo sie die Beweglichkeit der Spermien einschränken. Da sie nur bedingt sicher sind, sollten sie zusammen mit Kondomen oder Pessaren angewendet werden.

Eine der sog. *natürlichen Empfängnisverhütungsmethoden* ist die Unterbrechung des Geschlechtsverkehrs und das Zurückziehen des Gliedes vor dem Spermienerguss. Von diesem **Koitus interruptus** ist abzuraten, da vor dem Orgasmus bereits unbemerkt Sperma austreten kann.

Bei der **Knaus-Ogino-Methode** bestimmt die Frau die empfängnisfreien Tage anhand ihres *Menstruationskalenders*. Die Berechnungen gehen davon aus, dass die Eizelle nur 6 bis 12 Stunden, die Spermien ungefähr 48 Stunden befruchtungsfähig sind. Danach liegen die Tage, an denen die Eizelle befruchtet werden kann, meist zwischen dem 8. und 19. Tag des Zyklus. Die Tage davor und danach wären ohne Risiko, wenn nicht Stresssituationen, Klimawechsel bei Reisen und andere Faktoren auch einen vorzeitigen Eisprung auslösen könnten.

Der Tag des Eisprungs lässt sich nach der **Basaltemperaturmethode** bestimmen. Man misst die Temperatur täglich zur gleichen Zeit vor dem Aufstehen und notiert sie. Sie steigt beim Eisprung um 0,2 bis 0,5 °C. So kann die Frau langfristig die fruchtbaren Tage ermitteln.

Nach der **Billings-Methode** beobachtet die Frau den Zustand des Schleimpfropfes im Gebärmutterhals. Zum Zeitpunkt des Eisprungs wird er flüssiger und bildet weißlichen Schleim. Die Billings-Methode ist ebenso unzuverlässig einzustufen wie die Knaus-Ogino-Methode.

Die **Sterilisation** ist eine Methode zur Empfängnisverhütung, die nicht mehr rückgängig gemacht werden kann. Bei der Frau werden dabei unter Vollnarkose beide Eileiter unterbrochen, beim Mann werden bei örtlicher Betäubung die Samenleiter durchtrennt.

Vom Säugling zum Kleinkind

Mit der Geburt beginnt für den Menschen der schwierige und lange dauernde Weg zur Selbständigkeit. So hilflos ein Neugeborenes zunächst erscheinen mag, es beherrscht doch schon viele wichtige Verhaltensweisen. Es hat sie nicht gelernt; sie sind ihm angeboren.

Ein Neugeborenes sucht beispielsweise mit dem Mund nach den Brustwarzen der Mutter und beginnt daran zu saugen, wenn es sie gefunden hat *(Saugreflex)*. Außerdem kann es sich mit den Händen kräftig anklammern *(Klammerreflex)*. Man kann dies leicht ausprobieren, indem man den Säugling mit dem Finger in der Handfläche berührt. Dann greift er sofort zu und hält sich am Finger fest.

Schon innerhalb der ersten zwölf Stunden kann das Neugeborene die Stimme der Mutter von anderen Stimmen unterscheiden. Außerdem erkennt es die Mutter an ihrem Geruch.

Auch Lächeln und Weinen braucht der Säugling nicht zu lernen. Durch Weinen und Schreien macht er auf sich aufmerksam. Auf Zuwendung antwortet er mit Lächeln, die Eltern reagieren auf die Schreie des Kindes: Sie spielen, lachen und sprechen mit ihm.

In den ersten Monaten lächelt das Kind jeden an, der sich mit ihm beschäftigt. Nach etwa sieben Monaten hat es gelernt, die Gesichtszüge seiner Bezugspersonen von denen Fremder zu unterscheiden. Dann beginnt es zu „fremdeln", das heißt: Es wendet sich von

1 Bewegungsentwicklung beim Kleinkind

Stillen ist mehr als nur Nahrungsaufnahme

Experten sind sich einig darüber, dass ein Neugeborenes möglichst 4–6 Monate gestillt, d. h. ausschließlich von Muttermilch ernährt werden sollte. Sie ist in ihrer Zusammensetzung auf die Bedürfnisse des Säuglings und seiner empfindlichen Verdauungsorgane optimal abgestimmt. Es kann einige Wochen dauern, bis sich die Mutter und der Säugling aufeinander eingespielt haben, sodass die Milchproduktion dem Bedarf des Säuglings entspricht. Am Anfang kann es passieren, dass die Milch scheinbar nicht ausreicht. Dann muss der Säugling öfters angelegt werden. Sein Saugen ist die einzige Möglichkeit, die Milchproduktion zu steigern. Beim Stillen kommt zuerst dünnflüssige Muttermilch gegen den Durst; dann ändert sich die Zusammensetzung und die Milch wird dickflüssiger. Das ist mit der Grund dafür, dass gestillte Säuglinge selten zu dick werden.
Muttermilch liefert nicht nur genügend Energie für den Stoffwechsel des Kindes, sondern auch Abwehrstoffe gegen Krankheiten. Sie sind in den ersten Lebensmonaten wegen des noch „ungeübten" Immunsystems des Säuglings besonders wichtig. Mütter, die ihr Baby stillen, bauen dabei eine ganz besonders liebevolle Mutter-Kind-Beziehung auf.

1 Stationen der Entwicklung eines Kindes

① Der Säugling beruhigt sich, wenn er auf den Arm genommen wird; schreit bei Unlust, Hunger oder Schmerzen.

② Verfolgt mit den Augen bewegte Gegenstände.

③ Greift mit der ganzen Hand; kann für kurze Zeit frei sitzen; plaudert deutliche Silben.

④ Kann sicher laufen; spricht in Ein-Wort-Sätzen.

⑤ Spielt mit Gleichaltrigen; beginnt zu zählen.

⑥ Malt einfache Figuren.

⑦ Spielt mit älteren Kindern oft Gruppen- oder Rollenspiele.

⑧ Kann nun seinen Namen schreiben.

unbekannten Personen zunächst ab, verbirgt sein Gesicht und wendet sich ihm vertrauten Personen zu.
Bei Kindern, deren Betreuungspersonen gerade in dieser Zeit oft wechseln, stellt man bald Entwicklungsrückstände fest, auch wenn alle äußeren Umstände, wie z. B. Ernährung und ärztliche Versorgung, ansonsten ausgezeichnet sind. Feste Bezugspersonen zu haben, ist für die Entwicklung des Kindes also sehr wichtig.

Im Laufe der Entwicklung gibt es ungeheuer viel zu lernen. Greifen, Sitzen, Krabbeln, Stehen und schließlich das selbständige Gehen — für uns ganz automatisch ablaufende Bewegungen — das sind die Aufgaben, die es in den ersten Lebensjahren zu meistern gilt (▷ 294.1 und ▷ 1).

Die Entwicklung der Bewegungsfähigkeit geht einher mit der Entwicklung geistiger Fähigkeiten, wie Sprechen- und Verstehenlernen. Bis zum Alter von drei bis vier Jahren werden diese Fähigkeiten geübt, ausgebaut und in das Verhaltensrepertoire aufgenommen. Diese Entwicklungsfortschritte ermöglichen insgesamt eine wachsende Unabhängigkeit und zunehmende Eigenständigkeit des Kindes.

Bis zum Ende des ersten Lebensjahres kann das Kind die ersten zwei bis drei Einzelworte sprechen. Das Zweijährige kann schon kleine Sätze bilden. „Was ist das?" ist die typische Frage dieses Alters. Die Entwicklung der Eigenständigkeit wird von nun an besonders deutlich: Das Kind wird sich seiner selbst bewusst. Es spricht nicht mehr von sich mit seinem Namen, sondern beginnt „Ich" zu sagen. Dieses neue „Ich" entwickelt eigene Wünsche und Bedürfnisse. Der eigene Wille bildet sich immer stärker aus.

Bei all diesen Entwicklungsvorgängen, die individuell unterschiedlich lange dauern können, ist der Kontakt zu anderen Menschen wichtig. Zunächst sind die Kontaktpersonen überwiegend die Eltern und Geschwister, später auch andere Kinder. Beispielsweise lernt das Kind im Kindergarten, sich im Umgang mit anderen Kindern zu behaupten, aber auch Rücksicht zu nehmen.

Aufgabe

① Bringt Fotos aus eurer Kindheit bis etwa zur Einschulung mit und versucht, einzelne Entwicklungsschritte zu benennen und die Fotos danach zu ordnen.

1 Lebensabschnitte des Menschen

Die Lebensabschnitte

Mit der Geburt beginnt für den Menschen der schwierige Weg zur Selbständigkeit. Obwohl das Neugeborene einige elementare Verhaltensweisen wie Saugen, Klammern, Weinen und Schreien beherrscht, ist es doch vollkommen auf seine Eltern angewiesen. Ohne deren Hilfe oder die einer anderen festen Bezugsperson könnte der **Säugling** nicht überleben und sich auch nicht normal entwickeln. Greifen, Sitzen, Krabbeln, Stehen und Gehen sind die Aufgaben, die in den ersten beiden Lebensjahren zu meistern sind. Diese Entwicklung der Motorik geht einher mit der Ausbildung geistiger Fähigkeiten wie sprechen und verstehen lernen. Bis zum Alter von drei bis vier Jahren werden diese Fähigkeiten geübt, ausgebaut und automatisiert, sodass sich das **Kleinkind** mehr auf den Aufbau sozialer Kontakte mit Gleichaltrigen konzentrieren kann.

Mit der **Einschulung** beginnt der zweite, große Lebensabschnitt eines Kindes. Lesen, Schreiben und Rechnen — die Grundvoraussetzungen für das Zurechtfinden in unserer technisierten Welt — müssen erlernt werden. Das Üben des Gelernten und Ausprobieren von Neuem, der ständige Gedanken- und Erfahrungsaustausch und das Sich-Auseinandersetzen mit anderen befähigen den heranwachsenden jungen Menschen, eine eigene Persönlichkeit zu entwickeln. Schulabschluss, Berufswahl, Lehre oder Studium bestimmen dann den weiteren Werdegang des **Jugendlichen**.

Als **Erwachsener** ist der Mensch geistig und körperlich voll entwickelt, er ist nun in der Lage, sein Leben selbst verantwortlich zu gestalten, aber auch Verantwortung für andere zu übernehmen.

Der Mensch kann Zeit seines Lebens lernen und aktiv sein. Das gilt auch für das **Alter**. Alte Menschen treffen sich beispielsweise zum gemeinsamen Hobby; zum Teil sind ihre Kenntnisse und Erfahrungen auch noch im Beruf gefragt. Sie können ihr Leben genießen und — entgegen einer verbreiteten Meinung — auch sexuell aktiv sein. Probleme alter Menschen sind zunehmende körperliche Gebrechen und in vielen Fällen die Einsamkeit.

Alle Lebensabschnitte stellen besondere Anforderungen und haben auch ihre schönen Seiten. Geburt und **Tod**, Jugend und Alter gehören untrennbar zusammen.

Sexualität

Bisexualität (lat. für *Zweigeschlechtlichkeit*) kann bei Lebewesen zur Ausbildung männlicher und weiblicher Merkmale führen. In der Psychologie versteht man darunter die Fähigkeit eines Menschen, zu Männern und Frauen sexuelles Verhalten zu wünschen und zu haben.

Erogene Zonen: Körperregionen (z. B. Brustwarzen, Geschlechtsorgane, Lippen), deren zärtliche Berührung zur sexuellen Erregung führt.

Exhibitionismus: Die vor allem bei Männern auftretende sexuelle Lust durch das Vorzeigen der Geschlechtsorgane vor Kindern oder Frauen.

Heterosexualität: Sexualität, die auf das andere Geschlecht bezogen ist. Sie gilt in den meisten Kulturen als Norm.

Homosexualität: Neben der Heterosexualität gibt es Männer und Frauen, die nur von Partnern des gleichen Geschlechts körperlich und seelisch angesprochen werden.

Lesbisch nennt man homosexuelle Beziehungen zwischen Frauen. Der Name geht auf die griechische Dichterin Sappho zurück, die auf der Insel Lesbos Töchter aus vornehmen Familien auf die musisch kulturellen Inhalte ihrer Zeit vorbereitete.

Als **Masochisten** bezeichnet man Menschen, die Lust empfinden, wenn sie erniedrigt oder wenn ihnen Schmerzen zugefügt werden.

Petting: Reizung erogener Zonen, vor allem der Geschlechtsorgane, mit der Hand und dem Mund, teilweise bis zum Orgasmus.

Prostitution: Preisgabe des eigenen Körpers gegen Bezahlung zur Befriedigung sexueller Bedürfnisse anderer. Es gibt weibliche und männliche Prostituierte.

Sadisten nennt man Menschen, die Lust empfinden, wenn sie andere Menschen erniedrigen und ihnen Schmerzen zufügen können.

Safer Sex: Sexualpraktiken, welche die Gefahr einer Ansteckung mit HIV herabsetzen sollen. Wichtigster Aspekt: Beim Geschlechtsverkehr mit unbekannten Partnern ein Kondom verwenden (s. S. 219).

Schwule: Ursprünglich Schimpfwort für männliche Homosexuelle, das heute männliche Homosexuelle zur Kennzeichnung ihrer Art der Sexualität gewählt haben. Man hat gleichgeschlechtliche Beziehungen in vielen gegenwärtigen und historisch zurückliegenden Kulturen nachgewiesen.

Sexueller Missbrauch: Sexuelle Handlungen, die Erwachsene an Kindern und Jugendlichen oder Männer an Frauen (seltener Frauen an Männern) gegen deren Willen vornehmen. Die Opfer der sexuellen Handlungen gegenüber Kindern und Jugendlichen sind in erster Linie Mädchen, aber auch Jungen. Der Erwachsene nutzt seine Macht über das Opfer zur eigenen Bedürfnisbefriedigung. Die Verwirrung der Opfer in ihrer Ohnmacht ist meist groß. Sie haben meist große Scham- und Schuldgefühle. Diese nutzen die Täter mit Versprechungen und Drohungen, um die Opfer zur Geheimhaltung zu veranlassen. Vertrauensvolle Hilfen können Betroffene auch bei Beratungsstellen für Kinder, Eltern und Jugendliche, beim Kinderschutzbund oder Familienberatungsstellen der Stadt oder des Kreises erhalten (siehe Telefonbuch oder in der örtlichen Tagespresse).

Sexuell übertragbare Krankheiten

Geschlechtskrankheiten sind gefährliche Infektionskrankheiten, die vorwiegend durch Geschlechtsverkehr übertragen werden. Die beiden häufigsten sind der *Tripper* und die *Syphilis*. Beide können in frühen Stadien über die Gabe von Antibiotika vom Arzt behandelt werden. Die medikamentöse Behandlung muss bei beiden Partnern erfolgen, da es sonst zur wechselseitigen Wiederansteckung kommt.

Syphilis oder *Lues*: Sie schädigt den ganzen Körper und zieht ohne Behandlung den Tod nach sich. Die Erreger, es handelt sich dabei um spiralförmige Bakterien, dringen beim Geschlechtsverkehr durch winzige Hautverletzungen in den Körper ein. Nach drei Wochen bildet sich an der Infektionsstelle ein kleiner, rötlich verfärbter Knoten. Dieses 1. Stadium verschwindet nach einigen Wochen. Nach zwei bis drei Monaten folgt ein nicht juckender, fleckenartiger Hautausschlag mit winzigen Knötchen. Der Kranke leidet unter Kopfschmerzen, Fieber und Müdigkeit. Spätestens in diesem 2. Stadium, in dem eine Behandlung noch möglich ist, muss man zum Arzt gehen. Im 3. Stadium wird das Nervensystem angegriffen.

Tripper oder *Gonorrhoe* ist die häufigste Geschlechtskrankheit. Erreger sind Bakterien, sog. *Gonokokken*. Nach 2 bis 5 Tagen verspürt man Jucken in der Harnröhre und Brennen beim Wasserlassen. Schon bei ersten Verdachtsmomenten sollte man sofort den Arzt aufsuchen.

Trichomoniasis wird durch Trichomonaden verursacht. Das sind einzellige Lebewesen (Geißeltierchen), die durch Sexualkontakt, unsaubere Handtücher, unhygienische Toiletten, in Schwimmbädern oder in der Sauna übertragen werden können. Trichomonaden leben in der Scheide der Frau oder in der Harnröhre des Mannes. Sie verursachen Juckreiz und ein Brennen beim Wasserlassen. Oft fehlen auch diese typischen Krankheitszeichen. Die Behandlung durch den Arzt ist unproblematisch.

Auch Infektionen mit **Hefepilzen** kommen sehr häufig vor. Sie verursachen u. a. quälenden Juckreiz und Rötung der Haut im Schambereich. Gelegentlich kann eine Pilzinfektion aber auch zu einem unangenehmen Brennen beim Wasserlassen führen. Oft bleibt eine solche Pilzinfektion aber auch ohne jedes unangenehme Anzeichen einer Erkrankung. Mit Pilzen kann man sich auf Toiletten, in Schwimmbädern oder beim Geschlechtsverkehr anstecken.

Schutz vor Infektionen

Allgemein gehört Sauberkeit mit zur Gesundheitspflege. Regelmäßiges Waschen mit Wasser und Seife und das tägliche Wechseln der Unterwäsche sollten selbstverständlich sein. Die Ansteckung beim Geschlechtsverkehr kann durch Verwendung von Kondomen stark verringert werden.

Vererbung

1 Grundlagen der Vererbung

Johann Gregor Mendel
(1822—1884)

Wenn ihr Fotografien von euren Eltern, Geschwistern und Großeltern in der richtigen *Generationenfolge* ordnet, werdet ihr erkennen, dass Kinder ihren Eltern und Großeltern oft ähnlich sehen.

Es erstaunt uns aber doch, wenn handwerkliche, künstlerische oder naturwissenschaftliche Fähigkeiten, die über Generationen hinweg brachlagen bei den Enkeln oder Urenkeln wieder zum Vorschein kommen.

Schon seit dem Altertum versuchten Menschen ähnliche Beobachtungen bei Pflanzen und Tieren zur Verbesserung der Zuchtergebnisse zu nutzen.

Zunächst wandten sie ihre Methoden unbewusst, dann aber aufgrund von Erfahrung immer gezielter an, wobei sich schon damals erstaunliche Erfolge zeigten. Der Augustinermönch JOHANN GREGOR MENDEL (1822 bis 1884) beschäftigte sich neben seinem Seelsorgeamt als Priester mit botanischen Studien und erkannte als erster bei Pflanzen Gesetzmäßigkeiten in der Weitergabe von Merkmalen. Im Klostergarten von Brünn im heutigen Tschechien konzentrierte er sich bei seinen Beobachtungen zunächst auf lediglich eine Pflanzenart, die für künstliche Bestäubung gut geeignete Gartenerbse.

Mendel stellte zunächst fest, dass aus einzelnen Saatgutportionen immer völlig gleich aussehende Erbsen hervorgingen. Solche Lebewesen, die sich über mehrere Generationen bezüglich eines bestimmten Merkmals nicht verändern, bezeichnet man als reinerbig. Mendel achtete zunächst mit der Blütenfarbe wieder nur auf ein Merkmal und wertete seine Beobachtungen durch sorgfältige Aufzeichnungen aus. Seine Arbeit veröffentlichte er 1866 unter dem Titel „Versuche mit Pflanzenhybriden". Mendel hat aus Zeitmangel seine Forschungsarbeiten nicht weitergeführt. Die Aufgaben als Abt im Kloster beanspruchten ihn sehr. Leider wurden die Ergebnisse zu Lebzeiten Mendels kaum beachtet.

Symbole im Kreuzungsschema:

R = Erbanlage für ROTE Blütenfarbe

W = Erbanlage für WEISSE Blütenfarbe

RW = Erbanlagen in Körperzelle

Ⓡ = Erbanlage in Keimzelle

P = Elterngeneration (lat. parentes = Eltern)

F_1 = 1. Tochtergeneration (lat. filiale = Nachkommen)

Genetik
Teilgebiet der Biologie, das sich mit der Vererbung von Anlagen und der Untersuchung des Erbmaterials beschäftigt

Genotyp
Genetische Ausstattung eines Lebewesens (Allelkombination)

Phänotyp
äußeres Erscheinungsbild

Gen
Erbanlage

Allel
Informationsform eines Gens (z. B. Information für rote oder weiße Blütenfarbe)

Das Kreuzungsschema

Die *Japanische Wunderblume* entwickelt sich aus Samen. Samen bildet sich, nachdem der männliche Blütenstaub der Staubgefäße zum weiblichen Stempel gelangt ist (Bestäubung). Männliche Keimzellen vereinigen sich dann im Fruchtknoten mit den weiblichen, sie befruchten diese. Wird Blütenstaub vom Menschen übertragen, bezeichnet man das als künstliche Bestäubung.

Befruchten männliche Keimzellen einer rot blühenden Wunderblume weibliche Keimzellen einer rot blühenden, dann haben die Nachkommen dieser Eltern rote Blüten (▷1). Dem Aussehen oder *Erscheinungsbild (Phänotyp)*, der roten Blütenfarbe, liegt eine *Erbanlage (Gen)* zugrunde.

Da Nachkommen von beiden Eltern Erbanlagen haben, ist die Erbanlage in jeder Körperzelle doppelt, als zwei Allele, vorhanden *(Genotyp)*. Keimzellen enthalten die Erbanlage nur einmal.

Der intermediäre Erbgang

Die Pflanzenart Wunderblume gibt es in zwei reinerbigen Varianten. Beide unterscheiden sich nur in der Blütenfarbe. Außer der rotblühenden wird die weißblühende Form angepflanzt. Was geschieht, wenn man beide miteinander kombiniert, *kreuzt,* wie man sagt? Die Nachkommen aus der Kreuzung der zwei Wunderblumenvarianten blühen alle rosa (▷2). Ihre Blütenfarbe zeigt ein Aussehen zwischen den beiden reinerbigen Erscheinungsbildern Rot und Weiß der Eltern. Man bezeichnet dies als **zwischenelterliche** oder **intermediäre Vererbung**. Die Nachkommen sind **mischerbig**. Sie haben verschiedene Anlagen.

Kreuzung von Mischerbigen

Am Erscheinungsbild kann man nicht erkennen, ob es sich um reinerbige oder mischerbige Pflanzen handelt. Wie kann man sie dennoch unterscheiden? Kreuzt man die rosa blühenden Wunderblumen, so erhält man als Nachkommen rot blühende, weiß blühende und rosa blühende Pflanzen (▷3). Das lässt sich so erklären: Mischerbige haben die Anlagen für weiße und rote Blütenfarbe. Sie entwickeln Keimzellen mit Anlagen für weiße und Keimzellen mit Anlagen für rote Blütenfarbe. Bei der Fortpflanzung können reinerbige oder mischerbige Nachkommen entstehen.

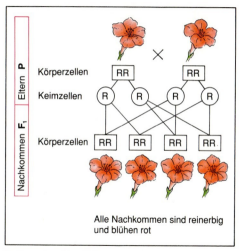

Alle Nachkommen sind reinerbig und blühen rot

1 Der reinerbige Erbgang

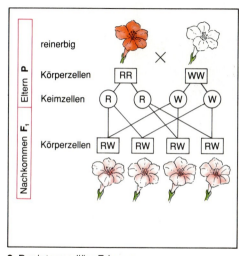

2 Der intermediäre Erbgang

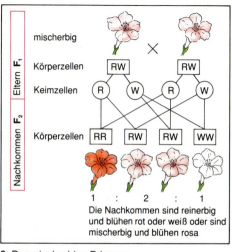

1 : 2 : 1
Die Nachkommen sind reinerbig und blühen rot oder weiß oder sind mischerbig und blühen rosa

3 Der mischerbige Erbgang

299

Die mendelschen Regeln

dominant
= Großbuchstaben

rezessiv
= Kleinbuchstaben

Beispiel:
R = rot dominant
r = weiß rezessiv

Blühende Erbsenpflanze

1. mendelsche Regel (Uniformitätsregel)

Für erste Versuche wählte Mendel die Blütenfarbe der Gartenerbse aus. Er bestäubte künstlich die Blüten einer weiß blühenden reinerbigen mit dem Pollen einer rot blühenden Pflanze. Alle Nachkommen dieser Eltern blühten rot. Sie sahen gleich *(uniform)* aus. Man könnte vermuten, dass die Herkunft des Pollens den Ausschlag für die Blütenfarbe gibt. Zur Kontrolle führte Mendel die umgekehrte Kreuzung durch: Pollen von weiß blühenden wurde auf die Narbe von rot blühenden Pflanzen übertragen. Auch jetzt traten wieder ausschließlich rote Blüten bei den Nachkommen auf.

Mendel untersuchte weitere Merkmale: Samenform (rund bzw. runzlig), Länge der Sprossabschnitte (kurz bzw. lang), Form und Farbe der Hülsen. In allen Fällen stellte sich heraus, dass die Mischlinge der F_1-Nachkommen uniform für das jeweilige Merkmal waren. Wie lässt sich dieses erklären? Die Nachkommen haben doch die Anlagen für Rot und Weiß, d. h. jeder der Nachkommen hat doch von einem Elternteil eine Anlage für die Blütenfarbe erhalten!

Mendels Schluss war: Offensichtlich setzen sich die Erbanlagen für die rote Farbe gegenüber den Anlagen für die weiße Farbe durch. Man sagt, die Anlage für die rote Farbe ist *dominant,* die Anlage für die weiße Farbe rezessiv. Mendel verwendete für die dominante Anlage den Großbuchstaben (dominant Rot = R), für die entsprechende *rezessive* Anlage den entsprechenden Kleinbuchstaben (rezessiv Weiß = r!).

2. mendelsche Regel (Spaltungsregel)

Mendel untersuchte auch die Blütenfarbe der nächsten Generation (F_2). Dazu kreuzte er die mischerbigen Erbsen der 1. Nachkommen (F_1) untereinander. Die Mehrzahl blühte rot, andere aber weiß!

Mendel ermittelte ein Zahlenverhältnis von rot zu weiß wie 3 : 1. Das Ergebnis bestätigte seine Überlegungen. Die rezessive Anlage war in der F_1-Generation nicht verloren gegangen. Sie war nur unterdrückt worden (▷ 2) und prägte sich bei der Aufspaltung der Anlagen in F_2 wieder aus.

Rot blühende Erbsen können somit reinerbig (RR) und mischerbig (Rr), weiß blühende müssen reinerbig (rr) sein.

Statistische Verteilung bei der 3. Mendelschen Regel

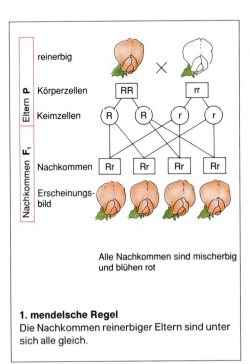

1. mendelsche Regel
Die Nachkommen reinerbiger Eltern sind unter sich alle gleich.

1 Kreuzung reinerbiger Eltern

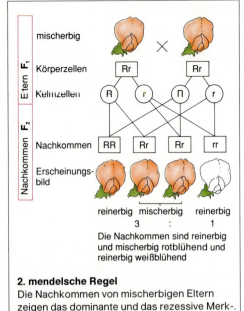

2. mendelsche Regel
Die Nachkommen von mischerbigen Eltern zeigen das dominante und das rezessive Merkmal im Verhältnis 3:1; sie spalten auf.

2 Bastarde spalten sich auf

1 Schwarzes Rind

2 Rotbraunes Rind

3. mendelsche Regel (Unabhängigkeits- und Neukombinationsregel)

Mendel führte auch Kreuzungen durch, bei denen er die Vererbung mehrerer Merkmale untersuchte. Er verwendete Erbsen mit gelbrunden und mit grünen runzligen Samen. Erwartungsgemäß waren die Samen der F_1-Generation uniform: gelb, rund. Bei der Kreuzung der mischerbigen F_1-Generation erlebte er allerdings Überraschungen in F_2. Im Zahlenverhältnis von 9 : 3 : 3 : 1 fand er gelbrunde, gelbrunzlige, grünrunde und grünrunzlige Samen (▷ Randspalte, S. 300).

Es waren also zwei Formen mit neuen Kombinationen der Samenmerkmale aufgetreten: gelbrunzlig und grünrund: Das ist nur möglich, wenn die Anlagen dafür unabhängig voneinander vererbt werden.

3. mendelsche Regel: Bei der Kreuzung von Lebewesen einer Art, die sich in zwei oder mehr Merkmalen unterscheiden, werden die Erbanlagen unabhängig voneinander vererbt und können dabei in neuen Kombinationen zusammentreten.

Diese Tatsache hat bei der Züchtung neuer Pflanzen- und Tierrassen große Bedeutung. Entscheidend ist dabei die Möglichkeit, dass in der F_2-Generation neue reinerbige Rassen entstehen können (▷ 3).

Aufgabe

① Erkläre anhand des Erbgangs (▷ 3), wie die beiden neuen reinerbigen Rinderrassen entstehen.

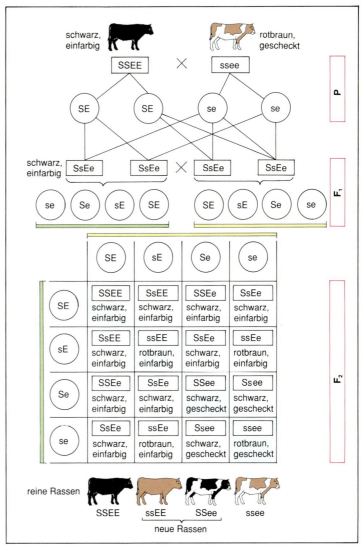
3 Erbgang und statistische Verteilung der Nachkommen

1 Einige der vielen Formen von Gartentulpen

Chromosom:
chroma (gr.) = Farbe
soma (gr.) = Körper

DNS
Desoxyribonucleinsäure

Bau der Chromosomen

Die Tulpen in unseren Gärten blühen in verschiedenen Farben; es gibt z. B. welche in tiefdunklem Rot, in leuchtendem Gelb oder in zartem Rosa. Die verschiedenen Farbstoffe werden mit Hilfe verschiedener Enzyme aufgebaut. Die Anlagen für die Blütenfarbe werden von Generation zu Generation weitergegeben. Aber wie ist das möglich? Untersucht man die Zellen einer Tulpenpflanze im Lichtmikroskop genauer, so findet man im Zellkern stäbchenförmige Gebilde. Da man diese Körperchen besonders gut erkennt, wenn man sie anfärbt, werden sie *Chromosomen* genannt (s. Randspalte).

Im Wesentlichen besteht das Chromosom aus der fadenförmigen Erbsubstanz (DNS), die um einen Eiweißkomplex gewickelt und in Hülleiweiß gepackt ist (▷ 2 d, e). Durch mehrfache Spiralisierungen verdichtet sich der Faden so stark, dass er dann als Stäbchen im Lichtmikroskop zu erkennen ist (▷ 2 b, c).

In allen Zellen derselben Tulpe befinden sich die gleichen Chromosomen. Sie beinhalten die Erbanlagen der Pflanze, in denen auch die Farbmerkmale festgelegt sind. Blüht eine Tulpe rot, so enthalten ihre Chromosomen die Information für dieses Merkmal in verschlüsselter Form. Diese Information wird an einzelne Orte der Blütenzellen transportiert, wo biochemische Prozesse gesteuert werden, die roten Farbstoff herstellen.

Was für die Tulpe zutrifft, gilt auch für alle anderen Lebewesen, für alle Pflanzen, alle Tiere und den Menschen.

Die Chromosomen erfüllen als Träger der Erbinformation folgende Anforderungen:
— In den Chromosomen sind Informationen gespeichert, die jederzeit abrufbar sein müssen und an einzelne Orte der Zelle übermittelt werden können. Dort laufen dann die biochemischen Prozesse ab, die die Ausprägung eines bestimmten Merkmals bewirken.
— Die Chromosomen müssen in der Lage sein, Informationen weiterzugeben, um bestimmte Merkmale zu verwirklichen.
— Nach jeder Zellteilung muss den Tochterzellen genau die gleiche Information zur Verfügung stehen. Deshalb müssen die Chromosomen aus einer Substanz bestehen, die identisch verdoppelt werden kann.

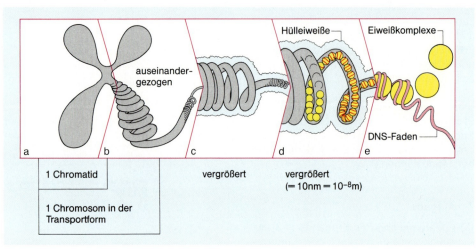

2 Schematischer Feinbau eines Chromosoms

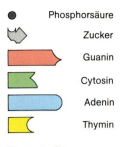

Elemente der Nucleinsäuren:
- Phosphorsäure
- Zucker
- Guanin
- Cytosin
- Adenin
- Thymin

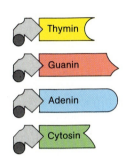

Nucleotide

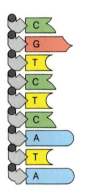

DNS-Einzelstrang (Ausschnitt)

DNS-Doppelstrang (Ausschnitt)

Aufbau der DNS

Bevor wir verstehen können, wie der Aufbau von Enzymen, die z. B. für die Synthese von Blütenfarbstoffen nötig sind, durch die DNS gesteuert wird, müssen wir uns mit der Struktur des DNS-Moleküls beschäftigen.

Die *Desoxyribonucleinsäure* (DNS oder DNA, engl. *acid* = Säure) können wir uns als ein Molekül vorstellen, das etwa 100 Millionen mal schwerer ist als Wasserstoff. Dennoch ist es zu winzig, um unter dem Mikroskop entdeckt werden zu können. Es besteht aus einem spiralig gewundenen *Doppelfaden,* der aus einzelnen *Nucleotiden* zusammengesetzt ist. Jedes Nucleotid besteht aus drei Bausteinen:
- einem Zucker *(Desoxyribose)*
- einem Phosphorsäuremolekül
- einer der vier organischen *Basen: Adenin* (A), *Guanin* (G), *Cytosin* (C) oder *Thymin* (T).

Dementsprechend gibt es natürlich auch vier verschiedene Nucleotide. Diese sind paarweise miteinander verknüpft, und zwar so, dass sich innerhalb des DNS-Fadens jeweils zwei gegenüberstehende organische Basen miteinander verbinden. Man konnte nachweisen, dass sich immer nur folgende Basenpaare bilden:
A — T
T — A
C — G
G — C

Die Fadenstruktur des DNS-Moleküls ergibt sich dadurch, dass die vielen Nucleotidpaare kettenartig miteinander verbunden sind. Der so entstandene Doppelstrang ist spiralig aufgewunden (▷ 2). Man spricht von Doppelschraube oder *Doppelhelix*. Die Reihenfolge der Basenpaare im DNS-Strang ergibt zahllose Möglichkeiten. Wissenschaftler vermuteten darin bereits sehr früh das Geheimnis der Vererbung.

Mit der Enträtselung des DNS-Aufbaus sind drei Namen eng verbunden: MAURICE WILKINS, JAMES D. WATSON UND FRANCIS H. CRICK. Für ihre bahnbrechenden Forschungen erhielten die drei Wissenschaftler 1962 den Nobelpreis.

Aufgaben

① Schneide aus Pappe einzelne Nucleotidmodelle aus und setze sie paarweise zusammen. Ordne diese Paare schließlich zu einer Doppelkette.

② Auf einer DNS-Kettenseite liegen folgende Basen: G — A — T — G. Welche Basen liegen komplementär?

1 J. D. WATSON und F. H. CRICK

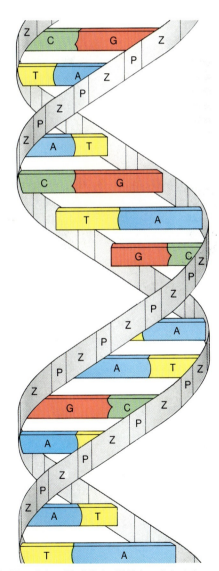

2 Räumliches Modell der DNS (vereinfacht)

Die DNS — Träger der Erbinformation

Die identische Verdoppelung der DNS

Vor jeder Zellteilung muss das in den Chromosomen vorhandene Erbmaterial verdoppelt werden, damit es identisch an die entstehenden Tochterzellen weitergegeben werden kann. Die Vorgänge bei der Verdoppelung kann man nicht beobachten, experimentell hat man sie jedoch bereits nachgeahmt. Dabei haben sich genaue Vorstellungen von den einzelnen Abläufen gewinnen lassen.

Zunächst trennt ein Enzym den DNS-Doppelstrang wie einen Reißverschluss auf. An der Trennungsstelle liegen die Einzelstränge mit den jeweiligen Basen wie die Positiv- und Negativabzüge eines Filmes frei. Im Zellkern vorhandene Einzelnucleotide besetzen nun die freien Stellen, sodass wieder zusammenpassende Basenpaare entstehen. Die vorher erwähnte Einzelkette mit der ausschnitthaften Basenreihenfolge T — C — T — G wird wieder ergänzt durch A — G — A — C. Entsprechend ergänzt sich die zweite Einzelkette mit dem Basenausschnitt:
A — G — A — C durch T — C — T — G.

Auf diese Weise ist es zur Bildung zweier *identischer* DNS-Doppelketten gekommen. So wurden aus einem Chromatid durch DNS-Verdoppelung zwei identische Chromatiden, die noch zusammenhängen. Nur so kann bei der Zellteilung (s. S. 306) die ursprüngliche Anzahl der Chromosomen in Mutter- und Tochterkerne gewahrt bleiben und weitergegeben werden.

Vom Gen zum Merkmal

Nun zurück zu der Frage, wie die DNS den Aufbau der Enzyme steuert, die z. B. für die Bildung des roten Blütenfarbstoffes verantwortlich sind. Enzyme sind, chemisch betrachtet, Proteine. Sie können aus 20 verschiedenen in der Natur vorkommenden Aminosäuren aufgebaut sein. Dabei wechseln die Zahl und die Reihenfolge der einzelnen Aminosäuren von Protein zu Protein ganz erheblich. Die Wirkung eines Enzyms hängt aber gerade davon entscheidend ab. Wird die Reihenfolge der Aminosäuren innerhalb der Proteinkette auch nur geringfügig verändert, so kann dadurch die besondere Wirksamkeit des Enzyms verloren gehen. Proteine werden in der Zelle an den *Ribosomen* aus Aminosäuren zusammengesetzt. Die Ribosomen sind kleine Zellorganelle, die nur mit dem Elektronenmikroskop innerhalb des Zellplasmas zu erkennen sind. Man hat sie bereits außerhalb der Zelle funktionsfähig erhalten und experimentell zu Proteinbildung anregen können. Damit sie jedoch das gerade benötigte Enzym herstellen können, müssen sie Informationen erhalten, in welcher Zahl und Reihenfolge sie die als Vorrat in der Zelle vorhandenen Aminosäuren verknüpfen sollen. Die entsprechenden Informationen sind in der DNS der Chromosomen enthalten und müssen den Ribosomen übermittelt werden.

Diese Aufgabe übernimmt ein Botenstoff, die Boten-RNS (= *messenger-RNS* = m-

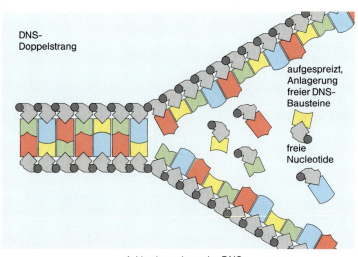

1 Verdoppelung der DNS

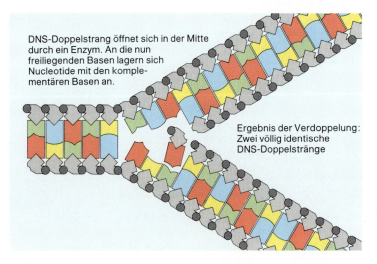

RNS = m-RNA). Sie ist ähnlich aufgebaut wie die DNS selbst. Das Abschreiben der DNS-Botschaft durch diese Boten-RNS erfolgt ähnlich wie die Verdoppelung der DNS. Der Doppelstrang wird an der Stelle aufgetrennt, die die Information für die Bildung des betreffenden Enzyms enthält. An die frei werdende eine Seite heften sich RNS-Nucleotide, die sich zu einer langen Einzelkette verbinden. Ist der Kopiervorgang abgeschlossen, trennt sich die m-RNS-Kette von der DNS und verlässt den Kern durch kleine Poren der Kernhülle.

Im Zellplasma sind lösliche RNS-Moleküle vorhanden, die jeweils drei organische Basen *(Triplett)* in unterschiedlicher Reihenfolge enthalten. Da sie die Botschaft der m-RNS übersetzen können, werden sie als Überträger-RNS (= *transfer-RNS* = *t-RNS*) bezeichnet. An jedes dieser t-RNS-Moleküle ist eine Aminosäure gebunden. Um welche Aminosäure es sich handelt, hängt von dem jeweiligen Basentriplett ab. So weiß man, dass beispielsweise an die Basenreihenfolge *AGC* die Aminosäure *Alanin* gebunden ist. Bis zur Bildung von Proteinketten ist nun nur noch ein Schritt erforderlich.

Die Basentripletts der t-RNS tasten den m-RNS-Strang ab und lagern sich an eine für sie passende Stelle an. Das Basentriplett CGC würde sich also an eine Stelle heften, an der sich die Basen GCG befinden. Man muss sich diesen Vorgang modellhaft so vorstellen, dass die lange m-RNS-Kette an einem Ribosom vorbeiläuft und dass sich dort ein passender t-RNS-Baustein anheftet. Er liefert dort eine Aminosäure (AS; ▷1) ab, löst sich wieder, der m-RNS-Strang rückt ein Stück weiter und die nächsten drei Basen werden von einem passenden t-RNS-Molekül besetzt. Auch dieses liefert seine Aminosäure ab, die sich an die bereits vorhandenen anheftet. Mit der Zeit entsteht so eine lange Proteinkette.

Wir können jetzt verstehen, dass wesentliche Unterschiede der Lebewesen durch grundsätzlich andere Proteineigenschaften bedingt sind. Warum eine Tulpe rot und nicht gelb blüht, ist vom Vorhandensein Farbstoff bildender Enzyme abhängig. Jetzt können wir jedoch erklären, warum diese Enzyme nur in ganz bestimmten Tulpenrassen vorhanden sind: Die Pflanzen verfügen über die entsprechende Erbinformation in der DNS, die den Ausgangspunkt für die Bildung dieser Enzyme darstellt. Für die Ausprägung eines Merkmals können mehrere Enzyme verantwortlich sein.

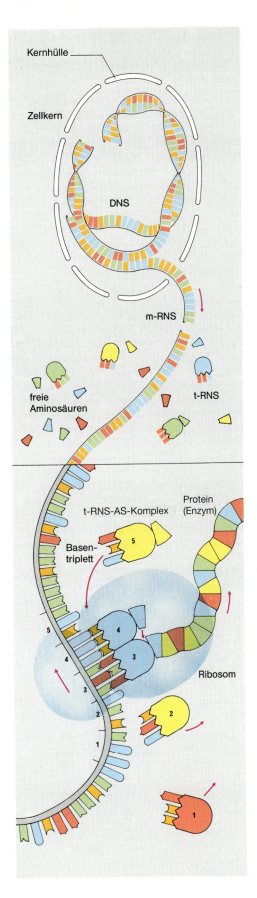

RNS
Ribonucleinsäure

1 Schematischer Ablauf der Proteinbildung

Die Mitose — Zellkerne teilen sich

Der doppelte Chromosomensatz der Körperzellen

Zu Beginn jeder Zellteilung lassen sich im Zellkern leicht anfärbbare Strukturen erkennen, die Chromosomen. Sie bestehen aus Desoxyribonucleinsäure (DNS) der Trägerin der Erbsubstanz.
Jedes Chromosom besteht aus zwei Hälften, den Chromatiden. Färbt man die Chromosomen nach einem besonderen Verfahren an, lassen sich deutliche Querstreifen (Querbanden) erkennen (▷ 1). Sie zeigen auf beiden Chromatiden das gleiche Verteilungsmuster. Die beiden Chromatiden eines Chromosoms sind gleich aufgebaut.

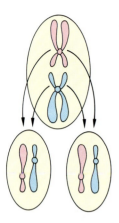

Bei genauer Untersuchung hat man festgestellt, dass jedes Lebewesen in seinen Zellkernen eine gleich bleibende Anzahl von Chromosomen besitzt. In ihren Körperzellen hat z. B. die Fruchtfliege 8, die Erbse 14, die Taube 16, der Mensch 46, die Kartoffel 48, der Hund 78 und der Karpfen 104 Chromosomen. Weiterhin fällt auf, dass sich jeweils zwei Chromosomen in Größe und Form gleichen. Diese beiden Chromosomen nennt man *homolog*. Sie besitzen jeweils das gleiche Querbandenmuster. Man spricht von einem doppelten (diploiden) Chromosomensatz. Beim Menschen besteht er z. B. aus 2-mal 23 (= 46) Chromosomen.
Daraus ergibt sich eine grundlegende Frage: Wie bleiben bei einer Zellteilung die artspezifische Anzahl und Form der Chromosomen und die Zusammensetzung des Chromosomensatzes erhalten?

Die Zellteilung

Aus der Betrachtung vieler mikroskopischer Präparate und aus der Lebendbeobachtung sich teilender Zellen weiß man gut über diesen Vorgang Bescheid. Er läuft bei allen Organismen im Wesentlichen gleich ab. Er beginnt mit der Kernteilung, der *Mitose*. Daran schließt sich die mehr zufällige Aufteilung des übrigen Zellplasmas an. Die Abbildungen der folgenden Seite zeigen diesen Vorgang bei einer Pflanzenzelle.

Zu Beginn der Mitose zieht sich das Chromatingerüst zu fädigen Strukturen zusammen. Die Chromosomen sind nun gut zu erkennen. Sie bestehen aus zwei Chromatiden (Zwei-Chromatid-Chromosom). Kernhülle und Kernkörperchen werden aufgelöst. An den Zellpolen bilden sich die Spindelfasern. Die Chromosomen ordnen sich in einer Ebene zwischen den Zellpolen an *(Äquatorialebene)*. Die Chromatiden werden in der Centromer-Region voneinander getrennt und von den Spindelfasern zu den Polen gezogen. An jedem Zellpol befindet sich nun die gleiche Anzahl von Tochterchromosomen, die jetzt nur noch aus jeweils einem Chromatid bestehen (Ein-Chromatid-Chromosom). Die Chromosomen entspiralisieren sich wieder, Kernhüllen und Kernkörperchen werden gebildet. Das vorhandene Erbmaterial ist gleichmäßig (identisch) auf die beiden Zellkerne verteilt. Im sogenannten Arbeitskern besteht jedes Chromosom nur aus einem Chromatid. Erst vor einer erneuten Zellteilung werden die Chromatiden wieder verdoppelt.

Mitotische Zellteilungen sind auch die Grundlage für ungeschlechtliche (vegetative) Vermehrung, z. B. bei der Bildung von Ablegern (vgl. S. 45). Alle Nachkommen, die auf solchem Weg entstehen, besitzen die gleiche Chromosomenausstattung.

Aufgabe

① Baue aus verschiedenfarbigen und verschieden langen Klingeldrahtstücken (ca. 30—50 cm lang) und großen Druckknöpfen mehrere Chromosomen-Modelle, wie es in Abbildung 1 dargestellt ist.
  a) Was entspricht den Modellteilen in der Wirklichkeit?
  b) Wie viel Meter Klingeldraht kannst du einschichtig auf eine Stricknadel (30 cm lang, ⌀ 3,0 mm) aufwickeln?

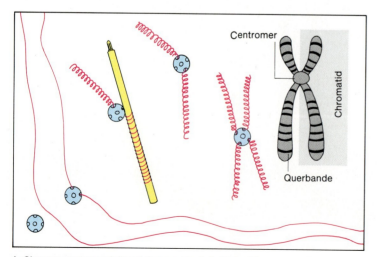

1 Chromosomenmodell und Schema (vgl. Aufgabe 1)

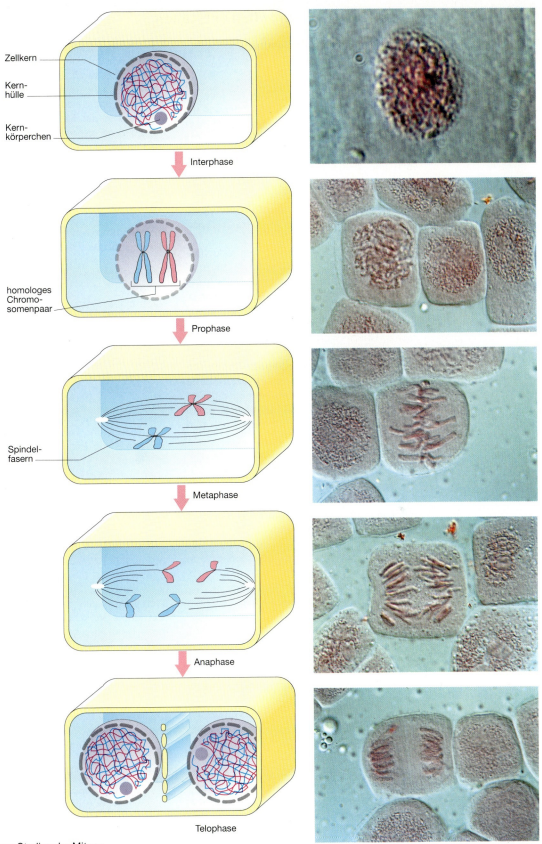

1 Verschiedene Stadien der Mitose (Mikrofoto und Schema)

Zur Vereinfachung ist nur ein homologes Chromosomenpaar abgebildet

Die Meiose — Keimzellen entstehen

Keimzellen haben einen einfachen Chromosomensatz

Unter *Befruchtung* versteht man die Verschmelzung der Zellkerne von männlichen und weiblichen Keimzellen. Würden auch die Keimzellen einen zweifachen *(diploiden)* Chromosomensatz enthalten, müsste bei der Befruchtung ein vierfacher, in der zweiten Generation ein achtfacher ... usw. Chromosomensatz vorliegen. In der 10. Generation würden beim Menschen, der 23 Chromosomenpaare besitzt, die Zahl der Chromosomen in den Keimzellen bereits 23 552 betragen.

Um zu vermeiden, dass sich bei jeder Befruchtung die Chromosomenzahl verdoppelt, wird bei der Bildung der männlichen und weiblichen Geschlechtszellen der Chromosomensatz zunächst reduziert. Die Spermien und Eizellen haben daher nur einen einfachen Chromosomensatz. Sie sind *haploid*. Diese Reduktion der Chromosomen erfolgt in der Reifeteilung oder *Meiose*. Verschmelzen bei der Befruchtung die haploiden Kerne der Keimzellen, entsteht wieder eine diploide Zelle, die *Zygote*. Sie besitzt also je einen einfachen Chromosomensatz vom Vater und von der Mutter.

So werden Keimzellen gebildet

Die heute vorliegenden Erkenntnisse über den Ablauf der Meiose wurden durch die mühevolle und sorgfältige Auswertung von Mikropräparaten gewonnen. Weil es schwierig ist, den gesamten Ablauf der Meiose darzustellen, soll hier nur auf die wichtigsten Vorgänge eingegangen werden.

Die erste Phase beginnt ähnlich wie die Mitose. In den Zellkernen der Keimzellen bilden sich aus dem Chromatingerüst die Chromosomen in ihrer typischen Form und Anzahl. Noch sind diese Zellen diploid.

Die Chromosomen liegen der Länge nach gespalten vor. Die Chromatiden werden nur noch durch das Centromer zusammengehalten.

Zu Beginn der Meiose zeigen die *homologen* Chromosomen ein eigenartiges Verhalten. Wie von einer unsichtbaren Kraft angezogen, beginnen die homologen Chromosomen aufeinander zuzuwandern. Sie legen sich aneinander, wobei es zu einer Überkreuzung der Chromatiden kommen kann *(Crossingover)*. Man spricht auch von Paarung der homologen Chromosomen. An den Überkreuzungsstellen kann genetisches Material ausgetauscht werden.

Nach einiger Zeit trennen sich die Partnerchromosomen wieder und ordnen sich in der Mitte der Zelle *(Äquatorialebene)* an. In der Zwischenzeit ist die Kernmembran aufgelöst und der Spindelapparat gebildet worden. Während in der Mitose einzelne Chromatiden zu den Polen der Zelle gezogen werden, sind es bei der Meiose zunächst die Chromosomen. Dabei bleibt es dem Zufall überlassen, welcher Partner der beiden homologen Chromosomen zu welcher Seite der Zelle wandert. Zum Abschluss dieses Vorgangs liegt der gesamte, ursprünglich diploide Chromosomensatz halbiert vor. Mit der Bildung von zwei haploiden Zellkernen ist die erste Reifeteilung — auch *Reduktionsteilung* genannt — beendet.

Nach einer kurzen Ruhepause tritt die Zelle in die *zweite Reifeteilung* ein. Sie trennt die Chromatiden der einzelnen Chromosomen voneinander und verläuft wie die Mitose. Die Meiose ist mit der Bildung von 4 Zellkernen mit einem einfachen Chromosomensatz abgeschlossen.

Beim Menschen verläuft die Meiose im männlichen und weiblichen Geschlecht verschieden. Als Ergebnis der Reifeteilungen entstehen im männlichen Geschlecht vier Spermien mit je einem haploiden Chromosomensatz.

Im weiblichen Geschlecht beginnt die erste Reifeteilung der Ureizellen im dritten Embryonalmonat und wird etwa mit der Geburt „eingefroren". Erst im Verlauf des Monatszyklus geht jeweils die zum Follikel heranreifende Eizelle in die nächsten Teilungsstadien über. Durch die Meiose entstehen im weiblichen Geschlecht eine haploide Eizelle sowie drei kleine Polkörperchen, die für die Keimesentwicklung ohne Bedeutung sind. Kurz nach dem Eindringen des Spermiums in die Eihülle wird die zweite Reifeteilung beendet.

Bei der sexuellen Fortpflanzung wird die Vielzahl verschiedener Allele immer wieder zufällig neu kombiniert *(Rekombination)*. Auf diese Weise kommt die genetische Vielfalt der Individuen einer Population zu Stande.

Aufgaben

① Zeichne die wichtigsten Phasen der Meiose in dein Heft und erkläre sie.
② Welches sind die wichtigsten Unterschiede zwischen Mitose und Meiose?

Rekombination
zufällige Kombination der verschiedenen Allele eines Gens bei der Befruchtung.
Ergebnis: genetische Vielfalt der Individuen einer Art

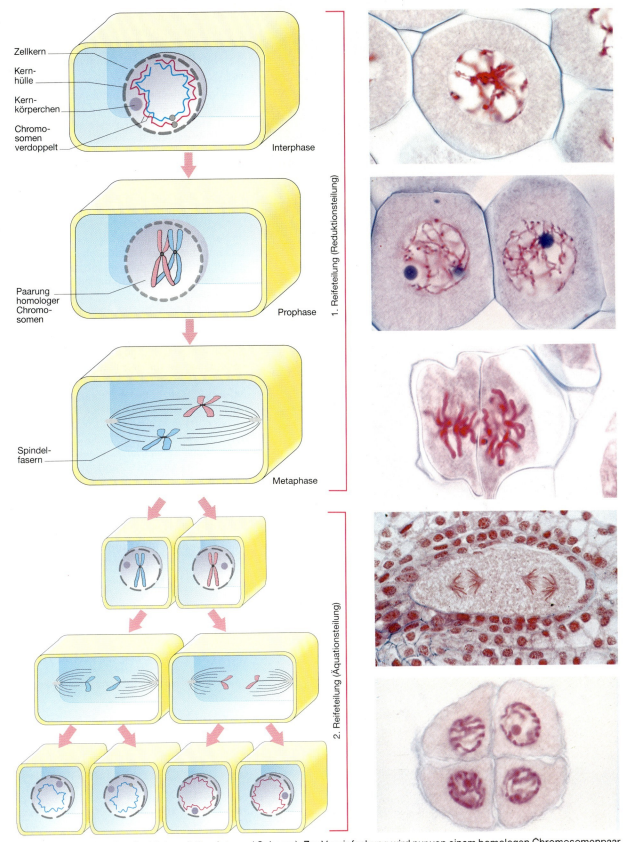

1 Verschiedene Stadien der Meiose (Mikrofoto und Schema). Zur Vereinfachung wird nur von einem homologen Chromosomenpaar ausgegangen

1 Rotbuche 2 Blutbuche

Mutationen — Veränderungen der Erbinformation

Spontane Veränderungen der Erbinformation kommen nicht nur beim Menschen vor, sondern sind auch bei Tieren und Pflanzen zu beobachten.

Die gelegentlich in Parkanlagen anzutreffenden Blutbuchen unterscheiden sich von den gewöhnlichen Buchen durch einen roten Farbstoff, der in den Blättern das Chlorophyll überlagert. Unter Tausenden von Buchensämlingen tritt immer wieder einmal eine Pflanze auf, die Rotblättrigkeit aufweist. Eine der ersten Meldungen über eine solche Beobachtung datiert bereits aus dem 12. Jahrhundert. Gärtnereien und Baumschulen züchten spontan auftretende Veränderungen weiter, wie zum Beispiel die Schlitzblättrigkeit bei Ahornarten oder den Korkenzieherwuchs bei der Hasel.

Auch die zahlreichen Haustierrassen sind durch Mutation und gezielte Züchtung entstanden.

In der freien Natur sind die meisten Mutationen jedoch nachteilig und sterben mit ihren Trägern rasch wieder aus. Andererseits können Mutationen aber auch die Anpassung einer Art an veränderte Umweltbedingungen ermöglichen (vgl. S. 346).

Die Ursachen für bestimmte Mutationen sind im Einzelfall nicht eindeutig zu erklären. Man weiß allerdings, dass durch ultraviolette Strahlen, Röntgenstrahlung und zahlreiche chemische Stoffe Erbveränderungen ausgelöst werden können. Durch Bestrahlung oder chemische Behandlung von teilungsbereiten Zellen lassen sich Mutationen künstlich hervorrufen.

Rotblättrigkeit — eine Genmutation

Die Rotblättrigkeit der Buche lässt sich auf eine Genmutation zurückführen. In jungen Buchenblättern wird der vorhandene Farbstoff Anthocyan normalerweise durch ein Enzym abgebaut. Bei den Blutbuchen wird dieser Stoff jedoch offensichtlich nicht hergestellt, weil in dem dafür verantwortlichen DNS-Molekül die Basenreihenfolge verändert wurde. Wenn in einem DNS-Faden auch nur eine einzige Base durch eine chemische Veränderung einen falschen Partner an sich bindet, so ergibt sich damit eine völlig neue Basensequenz und eine veränderte Botschaft gelangt zu den Ribosomen, die nun die Aminosäuren entsprechend fehlerhaft kombinieren.

Auch das Enzym besteht aus einer Vielzahl von Aminosäuren. Da es aber nur wirksam sein kann, wenn es in seiner chemischen Struktur einem festgelegten Bauplan entspricht, hat es für den Farbstoffabbau nun keine Bedeutung mehr.

Ist der „Fehler" in der Basenreihenfolge bereits im Keimzellenstadium des Baumes entstanden, ist er in allen Zellkernen, also auch in den Blütenorganen, festgelegt. Bei der Bildung neuer Keimzellen und anschließender Befruchtung wird die veränderte Information weitergegeben und tritt dann auch bei den zukünftigen Jungpflanzen wieder auf.

Genmutation
Veränderung der Basenreihenfolge eines Gens

Chromosomenmutation
Änderung der Struktur eines Chromosoms, z. B. durch Verlust eines Abschnitts

Chromosomensatzmutation
Veränderung der Anzahl der Chromosomen (vgl. S. 318)

Entstehung einer Genmutation

Auf dem Ausschnitt eines DNS-Fadens lautet die Reihenfolge der Basenpaare:

$$\frac{-A-C-C-A-T-}{-T-G-G-T-A-}$$

Durch energiereiche Strahlung wird das Cytosin im zweiten Basenpaar chemisch so verändert, dass es sich bei einer Selbstverdoppelung nicht erneut mit Guanin, sondern mit Thymin oder Adenin zusammenschließt.

$$\frac{-A-C-C-A-T-}{-T-A-G-T-A-}$$

Bei zukünftigen Kopien wird dieser Fehler stets weitergegeben und wirkt sich aus in einer veränderten Basenreihenfolge in der m-RNS. Da als Folge davon in der t-RNS schließlich ein verändertes Basentriplett auftaucht, wird bei der Eiweißsynthese eine falsche Aminosäure in den Proteinfaden eingebaut — mit möglichen Folgen für jeweils betroffene Organe.

Modifikationen — Unterschiede, die nicht vererbt werden

In der Tier- und Pflanzenzüchtung arbeitet man mit *reinen Linien,* d. h. die Elterngeneration muss reinerbig sein, um gleichmäßige Nachkommen mit den gewünschten Eigenschaften zu erhalten. Jeder weiß jedoch, dass auch in einem Wurf junger Rassehunde nicht alle völlig gleich sind, also größere und kleinere Geschwister vorkommen. Frisch geerntete Bohnen sind auch nicht alle gleichmäßig ausgebildet. Worauf sind diese Unterschiede zurückzuführen? Lag es an den Wachstumsbedingungen, oder sind es bleibende, erblich bedingte Merkmale?

Diese Fragen können nur durch Versuche beantwortet werden. Bereits vor 80 Jahren fanden Forscher heraus, dass bei reinen Linien die Nachkommen kleiner, mittlerer und großer Bohnen sich kaum unterscheiden: Es gab große, mittlere und kleine Bohnen (▷ 1). Dieses Ergebnis ist erstaunlich, denn die Bohnen sind Selbstbestäuber, jeder Bohnensamen in einer Hülse ist daher im Erbgut gleich. *Umwelteinflüsse* entscheiden jedoch darüber, ob sich eine Erbanlage optimal oder nur unvollkommen in der Entwicklung durchsetzen kann. Vielleicht sind Wasser- und Nährstoffversorgung für die eine Bohne in der Hülse besser gewesen, für die andere schlechter. Dadurch gleicht schließlich keine Bohne der anderen vollkommen. Am häufigsten ist eine mittlere Größe.

Erblich bedingt ist also die Art und Weise, auf die jeweils gegebenen Umweltbedingungen zu reagieren *(Reaktionsnorm)*. Die Bohne in dem genannten Beispiel hat vom Erbgut her die Möglichkeit, 11 bis 19 mm Länge zu erreichen. Umwelteinflüsse entscheiden, wie groß sie tatsächlich wird. Bei Schweinen hängt es sehr stark von der Fütterung ab, welche Größe sie schließlich erreichen (▷ 2).

Aufgaben

① Warum hat eine einzeln stehende Fichte eine andere Wuchsform als eine, die im dichten Waldbestand aufgewachsen ist?

② Abbildung 3 veranschaulicht das Ergebnis eines Teilungsversuchs, der mit einer Löwenzahnpflanze durchgeführt wurde. Erkläre! Was geschieht wohl, wenn man aus den Samen der unterschiedlichen Pflanzen wieder Nachkommen zieht, die unter gleichen Versuchsbedingungen wachsen?

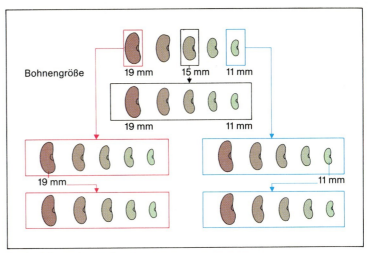

1 Modifikation bei Bohnensamen

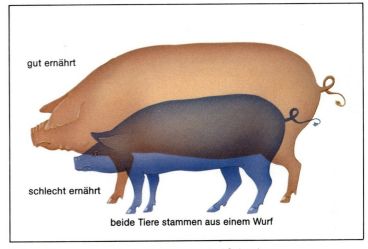

2 Auswirkung unterschiedlicher Fütterung bei Schweinen

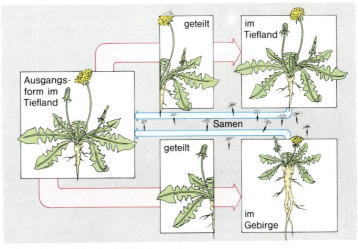

3 Standortmodifikation beim Löwenzahn

Auf Mendels Spuren

① Kreuzungsversuch mit Maissorten

Säe im Schulgarten zwei Reihen Mais aus:

1. Reihe — gelb-glatte Sorte
2. Reihe — dunkel-runzlige Sorte

Entferne vor der Blüte die männlichen Rispen der ersten Reihe. Die Pflanzen werden dann von der anderen Sorte bestäubt. Untersuche die Maiskolben und stelle Vermutungen an über die Eigenschaften der zwei Merkmalspaare Samenfarbe und Samenform.

Lässt sich nachweisen, ob ein Merkmal gegenüber einem anderen dominant bzw. rezessiv ist?

② Modellversuche zur Vererbung

Fülle in zwei undurchsichtige Plastikbecher jeweils 20 rote und 20 weiße Perlen. Dabei soll eine rote Perle ein Allel für rote Blütenfarbe symbolisieren und eine weiße das entsprechende Allel für weiße Blüten.

Schütte den gesamten Inhalt der beiden Becher in einen dritten und vermische die Perlen miteinander.

Entnimm nun mehrmals hintereinander „blind" zwei Perlen aus dem Becher und schreibe die Farbkombinationen der „Allelpaare" auf.

Gib nach jeder Entnahme die Perlen wieder zurück und mische erneut.

Bestimme das Verhältnis der drei möglichen Farbkombinationen nach zehn und nach 50 (100) Ziehungen.

Was entspricht in diesem Modellversuch der P-, F_1- und F_2-Generation?

Vergleiche dein errechnetes Zahlenverhältnis mit der 2. mendelschen Regel. Erkläre!

Überlege, was du tun müsstest, um eine „Rückkreuzung" durchzuführen.

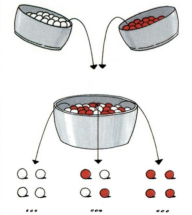

③ Zwei Merkmalspaare werden vererbt oder der Wurf mit vier Münzen

Jeder benötigt ein 10-Pfennig-Stück und ein 5-Pfennig-Stück. Jeweils zwei Schüler werfen ihre beiden Münzen.

Sie legen die Geldstücke zusammen und symbolisieren dadurch den Vorgang der Befruchtung.

Da jede Münze eine Vorder- und eine Rückseite besitzt, ergeben sich 16 verschiedene Möglichkeiten.

Erkläre mit Hilfe dieses Modellversuchs die dritte mendelsche Regel (vgl. S. 301).

④ Wer kann die Zunge rollen?

Manche Menschen können die Zunge beim Herausstrecken um die Längsachse rollen. Diese Fähigkeit wird vererbt. Stellt zunächst in eurer Klasse fest, wer die Zunge rollen kann und wer nicht. Versucht mit Hilfe des Verhältnisses „Roller" zu „Nichtroller" herauszufinden, ob das „Zungenrollen" dominant oder rezessiv vererbt wird. Erstelle für deine Familie einen Stammbaum für das Merkmal „Zungenrollen".

⑤ Das Programm Mendel

Die mendelschen Versuche experimentell nachzuvollziehen, ist sehr arbeitsaufwendig und erfordert viel Zeit. Deshalb werden derartige Kreuzungsversuche in den Schulen meist nicht durchgeführt. Aus diesem Grund wurde ein Simulationsprogramm für den Computer entwickelt. Mit dem Programm können einfache Kreuzungen angesetzt und über mehrere Generationen verfolgt werden. In kurzer Zeit errechnet der Computer z. B. für eine Kreuzung zwischen rot und weiß blühenden Wunderblumen folgende Nachkommen in der F_2-Generation:

515 rot blühende,
996 rosa blühende,
483 weiß blühende Wunderblumen.

Vergleiche das Ergebnis mit der Spaltungsregel Mendels.

Versuche zur Vererbungslehre

① Gleiche Erbanlagen — gleiches Aussehen!

Schneide von einer Begonie oder einem Usambaraveilchen einige Blätter ab und stelle sie in ein Glas Wasser. Sobald sich die Blätter bewurzelt haben, pflanze sie in Blumentöpfe und vergleiche die Merkmale der heranwachsenden Pflanzen mit denen der Mutterpflanze. Achte besonders auf die Blattform und die Färbung von Blüten und Blättern.

② Gleiche Erbanlagen — gleiches Aussehen?

Pflanzen mit gleichen Erbanlagen können in ihrer Gestalt sehr unterschiedlich aussehen. Pflanze Kartoffeln in große Blumentöpfe und biete ihnen unterschiedliche Bedingungen an:

a) Humusreiche Erde, heller Standort
b) Humusreiche Erde, dunkler Standort
c) Magerer Sand, heller Standort. Erkläre die Wachstumsunterschiede.

③ Variabilität äußerer Merkmale

Bohnensamen kommen in unterschiedlichen Variationen vor. Miss die Länge möglichst aller Bohnen einer einzigen Pflanze. Ersatzweise kannst du aber auch die Bohnen aus einer Samentüte messen. Du kannst dir die Arbeit erleichtern, indem du aus Pappe kleine Messschablonen für alle Längen zwischen etwa 8 und 18 mm ausschneidest.
Stelle die Anzahl der jeweiligen Längen als Kurve oder Balkendiagramm dar.

④ Zellen der Wurzelspitze von der Küchenzwiebel

Material: Küchenzwiebeln, Bechergläser, Leitungswasser, Skalpell oder Rasierklinge, Karminessigsäure, Objektträger, Deckgläschen, Butanbrenner, Mikroskop.

Vorbereitung: Besorge dir einige Küchenzwiebeln. Setze die Zwiebeln so auf mit Wasser gefüllte Bechergläser, dass sich die Zwiebelbasis dicht über der Wasseroberfläche befindet.

In drei bis vier Tagen treiben die Zwiebeln bei Zimmertemperatur Wurzeln aus.

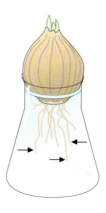

Präparation: Spalte eine Wurzelspitze etwa 3 mm der Länge nach. Trenne die beiden Spalthälften von der Wurzel ab und bringe sie in einen Tropfen Karminessigsäure auf einen Objektträger. Decke die Schnitte mit einem Deckgläschen ab. Erwärme das Ganze vorsichtig bei kleiner Flamme, bis von der Wurzelspitze kleine Bläschen abperlen. Setze die Erwärmung noch 30 bis 45 Sekunden fort. Sollte dabei das Präparat austrocknen, muss von der Seite Karminessigsäure zugegeben werden. Jetzt kann das Wurzelspitzenpräparat gequetscht werden. Lege es dazu zwischen ein gefaltetes Filterpapier auf den Tisch. Drücke nun mit dem Daumen senkrecht auf das Deckgläschen, ohne es seitlich zu verschieben. Betrachte die Zellen der Wurzelspitze bei 400-facher Vergrößerung unter dem Mikroskop. Suche Zellen der Wurzelspitze, die sich gerade teilen. Bei richtiger Präparation kannst du Chromosomen erkennen. Vergleiche Anordnung und Form der Chromosomen. Fertige einige Skizzen an!

⑤ Riesenchromosomen bei Zuckmückenlarven

Material: Zuckmückenlarven (Frostfutter aus der Zoohandlung), Objektträger, Deckgläschen, schwarze Unterlage, Pinzette, Rasierklinge, Karminessigsäure, Butanbrenner, Mikroskop.
Lege einen Objektträger mit einer Zuckmückenlarve auf eine schwarze Unterlage. Fasse mit einer Pinzette die Larve am Kopf und trenne die ersten Abschnitte des Tieres mit einer Rasierklinge ab. Streife nun mit der Rasierklinge den gesamten Inhalt des vorderen Teils aus. Dabei müssten wasserhelle Bläschen, die Speicheldrüsen, sichtbar sein. Gib auf die Speicheldrüse einen Tropfen Karminessigsäure und lass die Farblösung einige Minuten einwirken. Lege ein Deckgläschen auf und drücke mit dem Daumen leicht an. Erhitze vorsichtig mit kleiner Flamme, bis sich Bläschen bilden.
Betrachte dein Präparat unter dem Mikroskop (400-fache Vergrößerung). Skizziere ein Riesenchromosom.

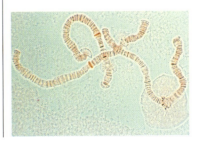

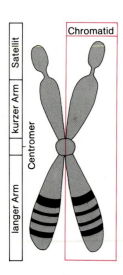
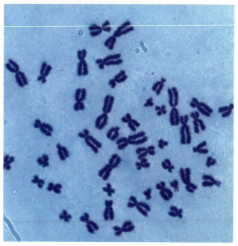

1 Chromosomen des Menschen (700 × vergr.)   2 Karyogramm

2 Die Erbregeln gelten auch für den Menschen

Zwei Chromosomen bestimmen das Geschlecht

In allen Körper- und Keimzellen des Menschen, mit Ausnahme der roten Blutzellen, befindet sich ein Zellkern. Er enthält normalerweise 46 Chromosomen im diploiden Satz, die haploiden Keimzellen besitzen nur 23. Es ist möglich, die Chromosomen der Körperzellen jeweils zu homologen Paaren zu ordnen (Karyogramm, ▷2). Das macht man so: Einige Tropfen Blut werden in eine Nährlösung gebracht, in der die weißen Blutzellen zur Teilung angeregt werden. Mit Colchizin, dem Gift der Herbstzeitlosen, lassen sich die Zellteilungen in einem Stadium unterbrechen, in dem die Chromosomen mikroskopisch gut zu erkennen sind.

Nach dem Anfärben werden sie unter dem Mikroskop betrachtet und fotografiert. Die einzelnen Chromosomen werden aus dem Foto ausgeschnitten und jeweils paarweise zum Karyogramm geordnet. Dabei vergleicht man
— die absolute Länge eines Chromosoms,
— den Armindex, das ist das Längenverhältnis des langen Chromosomenarms zum kurzen,
— das Vorkommen von Einschnürungen am Ende einiger Chromosomen (Satelliten)
— und das Muster der Querbänderung.
Nach ihrer Ähnlichkeit werden die Chromosomen in Gruppen zusammengefasst (A—G) und paarweise durchnummeriert.

Bei dieser Zuordnung stellt sich ein wichtiger Unterschied im Karyogramm von Frau und Mann heraus: Im männlichen Geschlecht findet man ein ungleiches Chromosomenpaar. Das kleinere der beiden, das nur der Mann besitzt, wird als Y-Chromosom bezeichnet. Das größere heißt X-Chromosom. Es kommt beim Mann einfach, bei der Frau jedoch doppelt vor. Jeder Mensch besitzt also ein Paar Geschlechtschromosomen und 22 Paare Körperchromosomen.

Abbildung 3 zeigt, wie die Geschlechtschromosomen in den Keimzellen von Mann und Frau verteilt sind. Die Frau kann nur Eizellen mit einem X-Chromosom bilden. Beim Mann gibt es zwei verschiedene Spermienzellen: solche mit einem X- und solche mit einem Y-Chromosom. Das Geschlecht des Kindes wird bei der Befruchtung also allein durch die Spermienzelle bestimmt.

3 Vererbung des Geschlechts

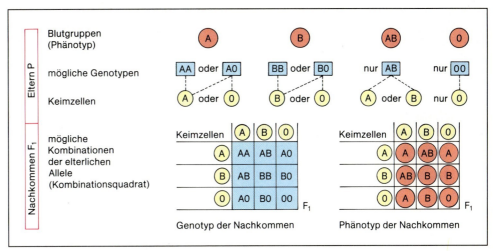

1 Ausprägung der Blutgruppen im AB0-System

Die Ausprägung der Blutgruppen

Jeder Mensch besitzt eine charakteristische *Blutgruppe*, die sein ganzes Leben unverändert bleibt. Ein solches Merkmal nennt man *umweltstabil*. Die Ausbildung der blutgruppenbildenden Antigene (vgl. S. 185) wird von den Erbanlagen gesteuert. Die Allele A und B sind gegenüber dem Allel 0 dominant. Das Vorkommen der Blutgruppe AB geht auf die Allele A und B zurück, die beide Merkmale nebeneinander ausbilden können. Man spricht von einem *kodominanten* Verhalten der Allele.

Ungefähr 85 % der Weltbevölkerung sind *rhesuspositiv*. Bei diesen Menschen tragen die roten Blutzellen auf der Oberfläche das Antigen D. Dieser *Rhesusfaktor* wird dominant-rezessiv vererbt. Dabei verhält sich das Allel rhesuspositiv (Rh+ oder D) gegenüber dem Allel rhesusnegativ (rh− oder d) dominant.

Eine *Rhesusunverträglichkeit* tritt bei mehreren Schwangerschaften einer rhesusnegativen Mutter mit rhesuspositiven Kindern auf. Weil gegen Ende der Schwangerschaft die Blutgefäße der Plazenta reißen, kann während der ersten Geburt kindliches Blut in den Kreislauf der Mutter übertreten. Dadurch wird das Immunsystem der Mutter angeregt, Antikörper gegen das Antigen D zu bilden. In einer weiteren Schwangerschaft können diese Antikörper durch die Plazenta in den Fetus eindringen und dort die roten Blutzellen verklumpen. Dies kann zu einer lebensbedrohenden Schädigung des Kindes führen. Die Medizin kennt heute Möglichkeiten, diese Rhesusunverträglichkeit zu behandeln (*Anti-D-Prophylaxe*).

Aufgaben

① Vier Säuglinge haben die Blutgruppen A, AB, B und 0 und die zugehörigen Eltern 0/0, A/B, AB/0 und B/B.
Begründe mit Hilfe von Abb. 1, welche Kinder eindeutig ihren Eltern zugeordnet werden können.

② Gib die Anlagenkombination einer rhesusnegativen Mutter und eines rhesuspositiven Vaters an. Muss das Kind in jedem Fall rhesuspositiv sein?

2 Rhesusunverträglichkeit

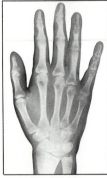

Röntgenbilder: Kurzfingrigkeit und normale Hand

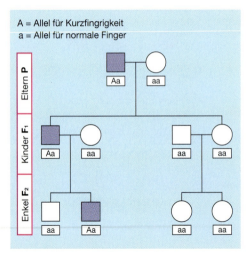

1 Erbgang der Kurzfingrigkeit

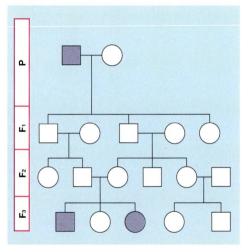

2 Erbgang der Phenylketonurie (s. Aufgabe 2)

Stammbaumsymbole

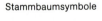

Mann   Frau

Merkmalsträger

Elternpaar (Ehelinie)

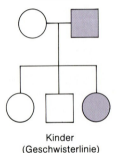

Kinder (Geschwisterlinie)

Stammbäume lassen Erbgänge erkennen

Der Erbgang der Kurzfingrigkeit

Menschen unterscheiden sich in vielen Merkmalen. Einige davon, wie Haut- und Haarfarbe, lassen sich leicht beschreiben. Bei anderen, etwa bei Merkmalen des Gesichts oder bei besonderen Begabungen, fällt das schon schwerer. Man schätzt, dass jeder Mensch für diese Merkmale mehrere zehntausend Gene besitzt. Statistische Untersuchungen und Stammbaumforschung sind zwei Methoden, sichere Aussagen über den Erbgang eines Merkmals zu machen:

Als *Kurzfingrigkeit* bezeichnet man eine angeborene Verkürzung von einzelnen Knochen der Mittelhand oder der Finger. Manchmal fehlt sogar ein ganzes Fingerglied. Laut Statistik kommt die Kurzfingrigkeit in Mitteleuropa auf 200 000 Geburten einmal vor.

Stammbaumuntersuchungen zeigen, dass dieses Merkmal in einigen Familien gehäuft auftritt. Das ist ein deutlicher Hinweis darauf, dass die Anlage für Kurzfingrigkeit durch Vererbung weitergegeben wird.

Abbildung 1 zeigt einen Familienstammbaum für Kurzfingrigkeit. Bereits 1905 erkannte man, dass es sich hierbei um eine erblich bedingte Krankheit handelt. Das Allel für Kurzfingrigkeit ist *dominant*. Ein Hinweis darauf ist, dass das Leiden in jeder Generation auftritt. Bei den einheiratenden Personen kann man davon ausgehen, dass sie — wenn sie keine kürzeren Fingerglieder haben — kein Allel für Kurzfingrigkeit besitzen.

Die Phenylketonurie

Auch eine Reihe von Stoffwechselerkrankungen werden vererbt. Eine davon ist die *Phenylketonurie,* die häufigste Störung im Aminosäure-Stoffwechsel. Mit den Eiweißen der Nahrung nehmen wir auch die Aminosäure *Phenylalanin* auf. Sie wird in mehreren Schritten zu verschiedenen lebenswichtigen Stoffen umgebaut. Bei Phenylketonurie ist dieser Umbau gestört.

Bleibt die Krankheit unentdeckt, so treten Hirnschäden bereits in den ersten Lebenswochen ein und verschlimmern sich mit zunehmendem Alter. Aus diesem Grund werden bei Neugeborenen routinemäßig Bluttests durchgeführt, um Stoffwechselstörungen festzustellen. Die Betroffenen erhalten dann sofort eine phenylalaninarme Diät verordnet. So behandelt, entwickeln sich die Kinder normal und ab dem 10. Lebensjahr kann die Diät sogar vereinfacht werden.

Auch die Phenylketonurie hat einen dominant-rezessiven Erbgang, allerdings ist das Allel für die Krankheit *rezessiv.* Ein krankes Kind muss also sowohl von seinem Vater als auch von seiner Mutter das entsprechende Allel vererbt bekommen haben (▷ 2).

Aufgaben

① Begründe, weshalb Ehen zwischen nahe verwandten Personen ein erhöhtes genetisches Risiko bergen.
② Übertrage Abb. 2 in dein Heft und ergänze die entsprechenden Genotypen.

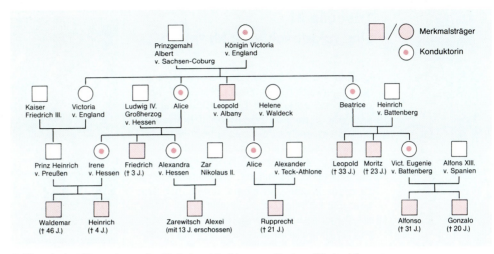

1 Historischer Stammbaum der Bluterkrankheit in europäischen Fürstenhäusern

Der Erbgang der Bluterkrankheit

Bei den meisten Menschen gerinnt aus einer Wunde austretendes Blut in 5 bis 10 Minuten. Ist die Gerinnungszeit auf über 15 Minuten verzögert, so spricht man von *Bluterkrankheit*. Sie ist in europäischen Fürstenhäusern gehäuft anzutreffen. Es fällt auf, dass ausschließlich Männer in diesem Stammbaum Bluter sind. Sollte der Erbgang in irgendeiner Weise mit der Weitergabe der Geschlechtschromosomen zusammenhängen?

Geht man davon aus, dass das Gen, das für die Blutgerinnung verantwortlich ist, auf dem Y-Chromosom liegt, so müsste die Krankheit immer vom Vater auf den Sohn vererbt werden. Der Stammbaum zeigt aber, dass das nicht der Fall ist. Man weiß heute, dass das Gen auf dem X-Chromosom liegt. Das wesentlich kleinere Y-Chromosom besitzt gar kein entsprechendes Gen.

Man muss also drei Fälle unterscheiden:
— X-Chromosomen mit dem Allel A für normale Blutgerinnung,
— X-Chromosomen mit dem Allel a für Bluterkrankheit und
— das hierfür genleere Y-Chromosom.

X-Chromosomen kommen bei beiden Geschlechtern vor. Da ein Mann immer nur ein X-Chromosom besitzt, ist er schon krank, wenn dieses das entsprechende Allel trägt. Eine mischerbige Frau ist gesund; sie kann die Krankheit jedoch auf ihre Söhne übertragen *(Konduktorin),* selbst wenn der Ehemann gesund ist. Diesen besonderen Erbgang nennt man *geschlechtschromosomengebunden.*

Aufgabe

① Überlege, ob es auch bluterkranke Frauen geben kann. Begründe.

Rotgrünschwäche

Ähnlich wie bei der Bluterkrankheit verläuft auch der Erbgang bei der sogenannten Rotgrünschwäche (vgl. S. 227). Von ihr sind ebenfalls in erster Linie Männer betroffen (etwa 8 %), während Frauen nur ganz selten die Farben Rot und Grün nicht eindeutig unterscheiden können. Mit Testkarten kann jeder selbst feststellen, ob er an der Rotgrünschwäche leidet. Bei der Bewerbung für bestimmte Berufe, aber auch bei der Untersuchung für das Betriebspraktikum wird ein solcher Test häufig durchgeführt.

Die Anlage für die Sehstörung ist an das X-Chromosom gebunden und wird rezessiv vererbt. Das Y-Chromosom enthält für das Sehen der beiden Farben kein wirksames Gen, sodass bei Männern dem rezessiven Allel auf dem X-Chromosom kein wirksames „Gegenmittel" gegenübersteht. Bei Frauen ist das anders. Sie haben in der Regel auf dem zweiten X-Chromosom ein dominantes Allel für das Farbensehen. Erst wenn im seltenen Fall auch das zweite X-Chromosom das rezessive Allel trägt, ist die betroffene Frau rotgrünblind.

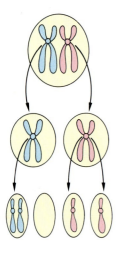

Syndrom
Gruppe von mehreren Krankheitsanzeichen, die gleichzeitig auftreten können.

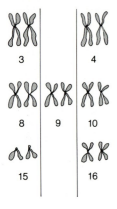

Trisomie 21 — eine folgenschwere Mutation

1886 beschrieb der englische Kinderarzt LANGDON DOWN die Symptome einer Krankheit, die heute rund einmal unter 1000 Neugeborenen vorkommt. Diese Kinder leiden an einer genetisch bedingten Erkrankung, die als *Down-Syndrom* bezeichnet wird. Typisch für dieses Leiden sind ein kleiner Körperwuchs, ein kurzer Hals, kurzfingrige Hände, eine im Verhältnis zu dem kleinen Kiefer zu große Zunge und eine schmale, schräggestellte Lidfalte. Da die Betroffenen durch die Augenstellung mongolenhaft aussehen, nannte man die Krankheit früher Mongolismus.

Seit 1959 kennt man die Ursache dieser Veränderung. Im Karyogramm der Betroffenen findet man ein zusätzliches Chromosom: das Chromosom Nr. 21 ist dreifach vorhanden (deshalb: *Trisomie 21*).

Die Auswirkungen dieses überzähligen Chromosoms beschränken sich nicht auf das Aussehen. Es kommt auch zu einer Fehlentwicklung innerer Organe, zu Anfälligkeit gegen Infektionskrankheiten und zu einer Verminderung der geistigen Fähigkeiten. Eine früh einsetzende pädagogische Betreuung kann die Auswirkungen abschwächen. Wegen der häufig auftretenden Herzfehler starben früher viele Betroffene schon im Kindesalter, die Fortschritte der Medizin ermöglichen heute eine höhere Lebenserwartung.

Ursache der Trisomie 21 ist ein Fehler bei der Meiose. Durch Nicht-Trennung zweier Chromosomen mit der Nr. 21 gelangt bei der ersten oder zweiten Reifeteilung ein zusätzliches in eine der Keimzellen, eine andere erhält kein Chromosom 21.

Es müsste also auch Menschen geben, denen ein Chromosom fehlt (Monosomie). Da die Keime mit einem so veränderten Erbgut aber schon in frühen Entwicklungsstadien absterben, kommt eine Monosomie 21 nicht vor. Veränderungen der Chromosomenanzahl im Zellkern bezeichnet man als *Chromosomensatz-Mutationen*.

Die Trisomie 21 tritt auch in erblich nicht belasteten Familien auf. Dabei steigt die Häufigkeit mit dem Lebensalter der Mutter. Bei Frauen über 40 ist das Risiko um das 13fache höher als bei unter 30 Jahre alten. Ob auch das Alter des Vaters eine Rolle spielt, ist heute noch nicht eindeutig geklärt.

Philip — ein Kind mit Down-Syndrom

„Martina!" Philip steht am Zaun und ruft unserer Nachbarin zu. Er weiß, dass sie ein offenes Ohr für ihn hat und ihn so nimmt, wie er ist: ein 10 Jahre alter Junge — geistig und körperlich behindert durch das Down-Syndrom. Das ist für Philip nicht selbstverständlich. Beim Einkaufen, auf dem Spielplatz oder im Gasthaus löst sein Erscheinen bei den „Normalen" oftmals eine Art „Behinderung" aus: Sie sind plötzlich in ihrem Verhalten gehemmt, hilflos oder gar ängstlich, wenn Philip auf sie zugeht. Er bleibt dabei ganz unbekümmert und möchte nur, dass man ihm ein wenig Zeit schenkt und mit ihm umgeht, wie mit jedem anderen Kind.

Und doch ist er anders. So gehört zu seiner Behinderung, dass er mit unserer Logik wenig anzufangen weiß oder dass er Gefahren nicht richtig einschätzen kann. Ihm klarzumachen, dass man auf die Tasten der Kasse im Supermarkt nicht einfach drücken darf, dass die Straße den Autofahrern gehört oder dass es notwendig ist, einen Sicherheitsgurt anzulegen, kostet viel Kraft. Von uns Eltern und von seinen beiden jüngeren Schwestern erfordert das Zusammenleben mit ihm manchmal eine schier endlose Geduld.

Philip besucht eine Schule für geistig Behinderte. Der Schwerpunkt der Schularbeit liegt im Erlernen all jener Dinge, die ihm Selbständigkeit geben sollen: an- und ausziehen, sich waschen, essen, einkaufen und vieles mehr. Auch Downkinder haben in der Schule Stärken und Schwächen. Manche lernen lesen, schreiben und einfaches Rechnen, andere können niemals einen zusammenhängenden Satz sprechen. Manche haben eine musikalische Neigung, andere zeigen Geschick in handwerklichen Bereichen. Es ist besonders wichtig, ihre Stärken zu entdecken und zu fördern, ohne ihre Behinderung zu leugnen. Fördern bedeutet immer auch, sie so anzunehmen, wie sie sind.

Machtlos gegen erblich bedingte Krankheiten?

Jährlich werden in der Bundesrepublik Deutschland über eine Million Kinder geboren. Man schätzt, dass mehr als 50 000 von ihnen erblich bedingte körperliche oder geistige Fehler besitzen. In ihrer überwiegenden Zahl sind diese Erkrankungen unauffällig. In manchen Fällen, wie bei der Trisomie 21, kann das Auftreten eines Erbleidens zu schweren Belastungen für die Familie führen, weil ihnen von außen oft mit Vorurteilen entgegengetreten wird.

Genetische Beratung

Wäre es nicht humaner, anstatt betroffene Embryonen abzutreiben, deren Zeugung von vornherein zu verhindern? Mit solchen und anderen Fragen der Erbgesundheit beschäftigt sich ein ganzer Wissenschaftszweig, die Eugenik. In Deutschland gibt es über 50 Institute, bei denen Paare, die sich ein Kind wünschen, eine genetische Beratung wahrnehmen können. Dabei erhalten besorgte Paare Auskunft über das bestehende Risiko. Im Einzelfall können die Schwere des Erbleidens, seine Behandelbarkeit und mögliche soziale Auswirkungen besprochen werden. Die Entscheidung für oder gegen ein Kind allerdings kann den Rat Suchenden nicht abgenommen werden.

Aber in welchen Fällen ist eine genetische Beratung angebracht? Hat ein Ehepaar bereits ein Kind, das an einer erblich bedingten Krankheit leidet, so ist vor einer weiteren Schwangerschaft eine Auskunft über das bestehende Risiko sicherlich sinnvoll. Das Gleiche gilt für Ehepaare, bei denen ein Partner Träger einer erblich bedingten Krankheit ist, oder in dessen weiterer Verwandtschaft solche vorkommen. Mit dem Lebensalter eines Elternteils erhöht sich z. B. die Wahrscheinlichkeit für Kinder, die an der Trisomie 21 leiden. Möchten zwei Verwandte heiraten und Kinder zur Welt bringen, so ist ebenfalls eine Beratung zu empfehlen. Auch mehrere Fehlgeburten könnten Anzeichen für eine genetische Veränderung sein.

Untersuchungen vor der Geburt

Hat sich ein Paar trotz eines gewissen Risikos für ein Kind entschieden, so sind Untersuchungen des ungeborenen Kindes schon im Mutterleib möglich. Eine inzwischen verbreitete Form dieser vorgeburtlichen Diagnose zeigt die Abbildung auf der Randspalte. Die Fruchtwasseruntersuchung wird in der 15. bis 18. Schwangerschaftswoche durchgeführt. Veränderungen im Chromosomensatz und über 50 verschiedene Stoffwechselerkrankungen des Kindes können damit erkannt werden. Bei einem entsprechenden Befund können dann schon frühzeitig therapeutische Maßnahmen eingeleitet werden, oder die Eltern müssen die schwierige persönliche Entscheidung treffen, ob die Mutter das Kind austragen soll oder nicht.

Maßnahmen nach der Geburt

Nach der Geburt können erblich bedingte Krankheiten im Allgemeinen nicht behoben werden; nach neuen Möglichkeiten der Gentherapie wird allerdings geforscht. Man kann möglicherweise den Zustand eines Erkrankten durch medizinische Maßnahmen und entsprechende Betreuung verbessern. Einen auf Trisomie 21 beruhenden Herzfehler kann man evtl. durch eine Operation korrigieren. Erblich bedingte Stoffwechselerkrankungen lassen sich zum Teil durch Medikamente behandeln, so zum Beispiel die Bluterkrankheit.

Bei der Phenylketonurie hilft schon eine Diät ab dem Säuglingsalter. Das sieht zwar nach einer „Heilung" aus, aber die Krankheit ist damit nicht beseitigt. Ihre Ursache liegt in den Erbanlagen. Diese werden nach den Gesetzmäßigkeiten der Vererbung an die Nachkommen weitergegeben und können bei ihnen erneut zur Krankheit führen (vgl. S. 316).

Mögliche Auslöser von Mutationen

Einige chemische Stoffe (z. B. manche Medikamente, das im Tabakrauch vorkommende Benzpyren, Unkrautvernichtungsmittel) sowie radioaktive und ultraviolette Strahlung haben erbgutverändernde Wirkung; sie lösen Mutationen aus. Wer beruflich häufig mit solchen Stoffen zu tun hat, sollte sich entsprechend schützen. Reaktorunfälle oder Störfälle in der Chemieindustrie können zur Gefahr für viele Menschen werden.

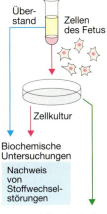

Fruchtwasser wird entnommen und zentrifugiert

Überstand | Zellen des Fetus

Zellkultur

Biochemische Untersuchungen
Nachweis von Stoffwechselstörungen

Mikroskopische Untersuchungen
Feststellung von Chromosomenschäden

Ablauf einer Fruchtwasseruntersuchung

Aufgabe

① Besteht die Möglichkeit, dass im Erscheinungsbild gesunde Eltern erbkranke Kinder bekommen?

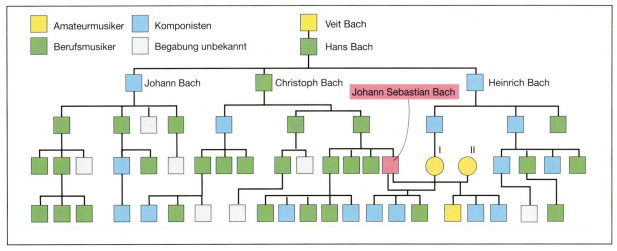

1 Stammbaum der Familie Bach

Die Hautfarbe

In Ländern, in denen Mischlinge zwischen dunkel- und hellhäutigen Vorfahren leben, lassen sich viele verschiedene Schattierungen der Hautfarbe beobachten. Diese Farbunterschiede sind erbbedingt. Außerdem kann sich die Bräune auch umweltbedingt in Abhängigkeit von der UV-Strahlung ändern. Es ist daher nicht leicht, den Erbgang für Ausprägung der Hautfarbe zu bestimmen. Auf die Wirkung eines Gens allein lassen sich die Unterschiede nicht zurückführen. Das Schema zeigt, was sich ergibt, wenn man von zwei Paaren „verdunkelnder" bzw. „aufhellender" Allele ausgeht, die sich in ihrer Wirkung wechselseitig beeinflussen. Es sind dann schon neun Genotypen möglich. In Wirklichkeit sind noch mehr Gene an der Färbung der Haut beteiligt.

Man ist heute sicher, dass viele Merkmale des Menschen durch mehrere Gene kontrolliert werden. Dazu gehören Körpergröße, Haar- und Augenfarbe; Lernfähigkeit oder Gedächtnis werden vermutlich von mehreren Erbanlagen mitbestimmt. Erschwert wird die genetische Deutung solcher Persönlichkeitsmerkmale durch Einflüsse der Umwelt.

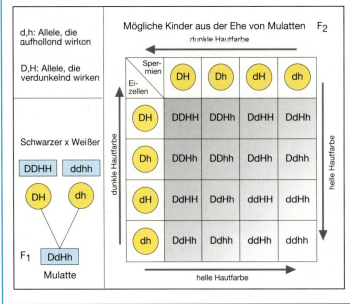

Erbgut und Umwelt beeinflussen unser Leben

Für einzelne Körpermerkmale des Menschen bis hin zu bestimmten Eigenschaften seines Stoffwechsels ist bekannt, nach welchen Gesetzmäßigkeiten die Anlagen dafür vererbt werden. Diese Merkmale sind wie die Blutgruppenzugehörigkeit in der Regel *umweltstabil*, das heißt, sie sind zeitlebens in der gleichen Ausprägung vorhanden, unabhängig von der Umwelt, in der wir gerade leben. Wie verhält es sich aber mit anderen Eigenschaften, zum Beispiel Körpergewicht, Intelligenz oder Musikalität, die sich im Laufe des Lebens verändern?

Wenn man den Stammbaum der Familie BACH betrachtet (▷ 1), ist man geneigt anzunehmen, dass die musikalische Begabung erblich bedingt ist. Familienforschung und Stammbaumanalysen sind auch für andere geistige Fähigkeiten durchgeführt worden. In der Malerfamilie BRUEGHEL lässt sich über mehrere Generationen hinweg künstlerisches Talent nachweisen; CHARLES DARWIN besitzt viele naturwissenschaftlich hoch begabte Verwandte. Allerdings ist die Behauptung, dass in diesen Fällen nicht die Vererbung bestimmter Anlagen, sondern die Erziehung und der Umgang im Elternhaus die wesentliche Rolle spielen, kaum zu widerlegen.

Die Frage, ob Begabungen erblich bedingt sind, stößt auf viele Hindernisse. Für Musikalität ist, falls sie überhaupt genetisch bedingt ist, sicher nicht nur ein einzelnes Gen zuständig. Aber nach welchen Genen muss man suchen? Gibt es die Anlage für absolutes Gehör, für Rhythmus, für Klangvorstellung?

Zwillingsforschung

Um den Einfluss von Umwelt und Erbgut bei der Ausbildung eines Merkmals zu erkennen, müsste man zwei genetisch gleiche Menschen in verschiedener Umgebung aufwachsen lassen. *Eineiige Zwillinge* sind solche Menschen mit gleichem Erbgut. Sie sind aus einer einzigen befruchteten Eizelle entstanden und haben die gleiche Kombination von Erbanlagen. Auf 1000 Geburten kommen eineiige Zwillinge, statistisch gesehen, drei- bis viermal vor.

An eineiigen Zwillingen sowie an gemeinsam aufgewachsenen *zweieiigen Zwillingen* wurden verschiedene statistische Erhebungen durchgeführt. Bei den eineiigen Zwillingen wurden zwei Gruppen gebildet: Solche, die möglichst lange gemeinsam erzogen *(gleiche Umwelt)* und solche, die durch Zufall in früher Kindheit getrennt wurden und in verschiedener Umgebung aufwuchsen *(verschiedene Umwelt).* Da die letztgenannten Fälle äußerst selten sind, darf man die Ergebnisse nicht überbewerten.

Untersuchungen darüber, wie häufig bestimmte Krankheiten bei beiden Zwillingen übereinstimmend auftreten, zeigen, dass die Anfälligkeit bzw. Resistenz nicht ausschließlich genetisch bestimmt ist. Es gibt zwar bei eineiigen Zwillingen höhere Übereinstimmung, aber durch die Erbanlagen wird nur die Bandbreite festgelegt, innerhalb der ein Organismus reagiert.

Vergleicht man die übrigen Befunde, so stellt man fest, dass die Körpergröße weitgehend genetisch festgelegt ist. Das Körpergewicht hängt dagegen sehr stark von der Umwelt, also der Ernährung, ab. Beim Vergleich der Intelligenz dürfte der Schluss zulässig sein, dass das, was man mit Intelligenztests messen kann, also logisches Denken oder Zahlenverständnis, zu einem hohen Grad angeboren ist. Damit ist jedoch nichts über die Leistungsfähigkeit allgemein ausgesagt; denn die Umwelt kann diese vorhandenen Anlagen fördern. Hierin liegt der Sinn des Erziehens und des Lernens.

Die Frage, zu welchem Prozentsatz unser Leben durch Gene bzw. durch Faktoren der Umwelt bestimmt ist, lässt sich mit unserem heutigen Wissen nicht beantworten. Sicher sind die bestimmenden Faktoren für jeden Menschen verschieden. Wichtiger, als um Prozentzahlen zu streiten, ist es, mit unseren Fähigkeiten die Verantwortung für unser Leben bewusst zu übernehmen.

1 Eineiige Zwillinge und Schema der Entstehung

2 Zweieiige Zwillinge und Schema der Entstehung

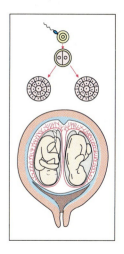

Krankheit	Übereinstimmung in %	
	Eineiige Zwillinge	Zweieiige Zwillinge (gleiches Geschlecht)
Keuchhusten	96	94
Blinddarmentzündung	29	16
Tuberkulose	69	25
Zuckerkrankheit	84	37
Bronchialasthma	63	38
gleiche Art von Tumoren	59	24
Schlaganfall	36	19

3 Übereinstimmendes Auftreten von Krankheiten bei Zwillingspaaren

Untersuchte Zwillingsgruppe	Durchschnittlicher Unterschied in		
	Körpergröße (cm)	Körpergewicht (kg)	IQ-Punkte
Zweieiige Zwillinge	4,4	4,4	8,5
Eineiige Zwillinge (getrennt aufgewachsen)	1,8	4,5	6,0
Eineiige Zwillinge (gemeinsam aufgewachsen)	1,7	1,9	3,1

4 Mittlere Unterschiede in Größe, Gewicht und Intelligenzquotient (IQ)

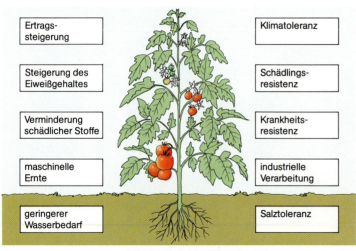

1 Ziele moderner Pflanzenzüchtung

2 Wildart und Kulturformen der Tomate

3 Der Mensch verändert Lebewesen

Ziele und Methoden der Pflanzenzüchtung

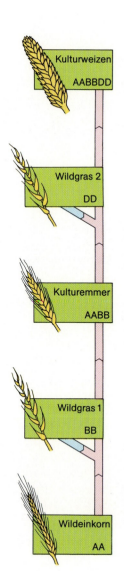

Seit Beginn des Ackerbaus bemühten sich die Menschen, immer bessere *Kulturpflanzen* zu finden. Durch genaue Beobachtungen lernten sie, geeignete Pflanzen für die Weiterzucht auszulesen. Oft hatten sie Erfolg, ohne genau zu wissen warum. Planmäßige Züchtung mit genauer Erfolgskontrolle war erst nach 1900 möglich. Jetzt waren die Erbgesetze bekannt. Biologie, Chemie und Mathematik verfügten über wirksame Methoden, auch kleinste Veränderungen der Erbinformation nachzuweisen und statistisch auszuwerten.

Der *Weizen* ist ein Beispiel für eine sehr alte Kulturpflanze mit einer sehr interessanten Züchtungsgeschichte. Durch Einkreuzung von zwei Wildgräsern entstand aus dem *Wildeinkorn* der *Emmer* und schließlich der *Kulturweizen*. Dies geschah zufällig, führte zu größeren Körnern und damit zur Verbesserung der Ernteerträge. Die Weizenzüchter früherer Jahrhunderte haben, ohne es zu wissen, *polyploide* Formen (Formen mit mehreren Chromosomensätzen) ausgelesen und weitergezüchtet. Dies wurde durch eine nachträgliche Erforschung des Züchtungsweges bewiesen: Aus *diploiden* Pflanzen (2 n = 14) waren *hexaploide* (6 n = 42) entstanden.

Die *Tomate* war schon lange vor der Entdeckung Amerikas eine Kulturpflanze der Indios. Spanische Schiffe brachten die ersten Pflanzen nach Europa. Die Tomaten wurden zunächst nicht gegessen, sondern als Zierpflanzen angebaut. Wegen ihrer schön gefärbten Früchte bürgerten sich weitere Namen ein: „Paradiesapfel", „Liebesapfel". Erst vor etwa 140 Jahren begann der feldmäßige Anbau. Innerhalb kurzer Zeit züchtete man verschiedene Tomatensorten, wobei sich unterschiedliche Zuchtziele herausbildeten:
– früh reifende Sorten,
– gleich große, runde, feste Tomaten, die sich für eine problemlose Verpackung mit Maschinen eignen,
– große, möglichst samenarme Früchte für die Konservenindustrie,
– krankheitsresistente Pflanzen.

Pflanzenzüchtung wird heute in großem Maßstab durchgeführt. Teams von Wissenschaftlern arbeiten in Instituten zusammen, sie tauschen ihre Forschungsergebnisse weltweit aus. Vom Weizen sind inzwischen 4000 Mutanten bekannt, von der Tomate 1800. Dadurch ergibt sich eine große Zahl von Kombinationsmöglichkeiten für neue Sorten.

Aufgaben

① Warum zieht der Rosenzüchter nicht einfach Sämlinge nach?
② Weshalb ist eine haploide Pflanze besonders geeignet, um rezessive Erbanlagen sichtbar zu machen?
③ Wenn ein Zuchtziel erreicht ist, braucht man trotzdem eine ständige Auslese unter den Nachkommen. Erkläre!
④ Erkundige dich, wie *Nektarinen* und *Jo-Sta-Beeren* gezüchtet worden sind.

1 Hochleistungsrind

Züchtung leistungsfähiger Nutztiere

Hunderttausende von Jahren lebten die Menschen als Sammler und Jäger. Sie mussten sich nach den jahreszeitlichen Wanderungen der Tiere richten. Wahrscheinlich zwang die Not vor ca. 15 000 Jahren die Menschen zur Suche nach neuen Wegen — es gab zu wenig Jagdbeute. Man hielt zuerst gezähmte Tiere als Vorrat für Hungerzeiten. Echte *Haustiere* entstanden jedoch nur, wenn sie sich auch in Gefangenschaft fortpflanzten, was keineswegs bei allen der Fall war. So wurden bereits in vorgeschichtlicher Zeit die Arten ausgelesen, die auch heute als *Nutztiere* weltweite Bedeutung haben: Hund, Katze, Schaf, Ziege, Rind, Schwein, Pferd und Huhn.

Klonierung

Durch die Technik der Klonierung soll eine größere Anzahl erbgleicher Nachkommen erzielt werden. In der Pflanzenzucht geschieht dies folgendermaßen: Aus den Wachstumszonen von Pflanzen entnimmt man teilungsbereites Zellgewebe, das neue Zellen hervorbringen kann. Daraus isolierte Zellen werden auf einen Nährboden gebracht, dort entwickeln sie sich unter Zugabe von Wuchsstoffen zu normalen Pflanzen. Die so entstandenen Pflanzen sind natürlich völlig erbgleich zu den Pflanzen, aus denen das Gewebe entnommen wurde.

Bei Tieren ist eine unbefruchtete Eizelle der Ausgangspunkt. Diese wird entkernt und durch einen diploiden Zellkern einer Körperzelle ersetzt. Teilt sich die jetzt entstandene diploide Eizelle regelmäßig, so entsteht ein Embryo. Bei Amphibien gelingen derartige Versuche leichter als bei Säugetieren. Klappt es mit der Fusion, ist eine erbgleiche Kopie des Körperzellenspenders entstanden.

Auch beim Menschen gibt es die Möglichkeit erbgleicher Nachkommen. Auf natürlichem Wege entstehen sie, wenn sich die befruchtete Eizelle vollständig teilt und eineiige Zwillinge entstehen. Bei der Klonierung menschlicher Embryonen, wie es in den USA künstlich durchgeführt wurde, wurden die Chromosomen einer befruchteten Eizelle geteilt. Eine Hälfte verblieb in der Zelle, die zweite wurde in eine andere Zelle übertragen. Auf diese Art und Weise konnten aus 17 Embryonen im frühesten Stadium 48 produziert werden. Werden diese in die Gebärmutter eingesetzt, entstehen mehrere identische Menschen. Sie könnten aber auch eingefroren und erst Jahre später einer Frau eingepflanzt werden. So wäre es denkbar, dass ein „verspäteter" Zwilling zum Organspender wird oder ein früheres Kind im Falle seines Todes ersetzt. Solche Experimente sind aus ethischen Gründen verwerflich und durch das Embryonenschutzgesetz ausdrücklich verboten!

Das Rind als Haustier

Alle heutigen Rinderrassen stammen vom *Ur* oder *Auerochsen* ab. Die ersten Hausrinder waren deutlich kleiner als die Wildform, wie sich durch Knochenfunde belegen lässt. Wahrscheinlich wählten die Menschen kleine Tiere zur Weiterzucht. Vermutlich wuchsen auch die Rinder nicht optimal, weil zu wenig hochwertiges Futter zur Verfügung stand. Die Tiere weideten auf dem Brachland oder wurden in den Wald getrieben, denn der Anbau von Futterpflanzen begann erst vor etwa 200 Jahren.

Über lange Zeit wurden kaum züchterische Fortschritte erzielt. Die Rinder waren genügsam, brachten jedoch wenig Leistung. Um 1850 lieferte eine Kuh jährlich etwa 1200 l Milch, doppelt so viel, wie bei den Wildrindern zur Aufzucht des Kalbes gebildet wird. Heute liegt die durchschnittliche *Milchleistung* bei ca. 5000 l pro Jahr — ein Ergebnis konsequenter Zuchtwahl und sorgfältiger Fütterung der Tiere. Die Züchter schlossen sich zu Vereinigungen zusammen und legten für ihr Zuchtgebiet gemeinsame *Leistungsstandards* und *Zuchtziele* fest. Bei den heutigen Zweinutzungsrindern achtet man bei den Kühen besonders auf die Milchleistung, bei den Bullen auf die Fleischleistung. Die Milchleistungsprüfung bewertet neben Milchmenge und Milchinhaltsstoffen auch Melkbarkeit *(Milchdurchfluss pro Minute)* und Geburtsverlauf. Bei der Fleischleistungsprüfung beurteilt man die tägliche Gewichtszunahme und die Bemuskelung des Tieres.

Gentechnik — Fortschritt oder Risiko?

Escherichia coli, kurz E. coli — so heißt das wohl bekannteste Forschungsobjekt der Gentechnologen. Es handelt sich um eine Bakterienart, die eine hohe Mutationsrate besitzt und die jeder Mensch in großer Anzahl im Dickdarm beherbergt.

E. coli eignet sich besonders gut für die neue Technik der *Genübertragung*. Mit Hilfe geeigneter Transportmittel schleusen die Wissenschaftler in die Bakterienzelle artfremde Gene, die sich bei der Zellteilung wie die eigenen Erbanlagen vermehren. Handelt es sich dabei um Gene, die für die Herstellung bestimmter Substanzen, wie etwa Insulin oder Wachstumshormone, verantwortlich sind, so erhält dieser Vorgang neben dem rein biologischen Erkenntniswert noch eine weitere Bedeutung.
Infolge der hohen Vermehrungsrate der Bakterien, die sich innerhalb von 20 Minuten teilen, lassen sich nun wertvolle Medikamente, wie etwa auch der für Bluter so wichtige Blutgerinnungsfaktor VIII, in großer Menge kostengünstig produzieren. Insulin etwa wurde bisher von Schweinen oder Rindern gewonnen — ein aufwendiges und teures Verfahren. Außerdem kam es bei manchen Diabetes-Kranken zu Abwehrreaktionen gegenüber dem tierischen Insulin. Diese Nachteile entfallen bei dem auf gentechnischem Wege hergestellten Humaninsulin.

Gentechnik: Möglichkeiten im Bereich der Pflanzenzüchtung ...

Um pilzresistente Kulturkartoffelsorten durch Einkreuzen resistenter Wildformen zu züchten, sind etwa sieben Jahre Arbeit erforderlich. Die Gentechnik verkürzt diese Zeit erheblich. In Zellkulturen der Kartoffel werden vorher isolierte Resistenz-Gene eingeschleust, indem man die DNS auf die Protoplasten (das sind die isolierten Zellkörper ohne ihre Zellwände) aufträgt. Die aus den Zellkulturen gezogenen Pflanzen sind pilzresistent, sofern sie das Resistenz-Gen eingebaut haben (▷ 2).

„Baumwolle widersteht Schädlingen" lautete kürzlich die unauffällige Überschrift eines kurzen Artikels in einem deutschen Wissenschaftsmagazin. Dahinter verbarg sich allerdings eine Meldung, die in früheren Zeiten die Öffentlichkeit wesentlich stärker beschäftigt hätte. Erstmals war es australischen Forschern gelungen, eine Baumwollart gezielt derart zu verändern, daß sie gegen ihren

1 Einbau fremder Gene in Plasmide (= DNS-Ringe der Bakterien)

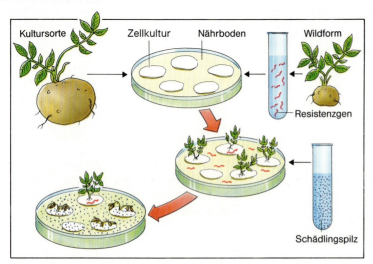

2 Einschleusen von Resistenzgenen in Kartoffeln

Baumwollpflanze

Hauptschädling, die Raupe eines Eulenschmetterlings, Widerstand entwickelte. Aus einer Bakterienart, dem *Bacillus thuringiensis,* hatte man ein Gen isoliert, das für die Produktion eines für die Raupe giftigen Proteins verantwortlich ist. Die Forscher übertrugen nun das Gen in das Erbgut einer anderen Bakterienart, des Agrobakteriums, das Pflanzen infizieren kann. Auf diesem Wege gelangte das Gen in die Zellen von Baumwollpflanzen, in deren Blättern und Blütenknospen anschließend das für Raupen schädliche Protein nachgewiesen werden konnte.

Da die Raupen im Laufe der Jahre gegen chemische Bekämpfungsmittel zunehmend resistent geworden waren, erhofft man sich in Australien von den gentechnisch veränderten Pflanzen eine Rettung der für das Land sehr wichtigen Baumwollproduktion. Allerdings fehlt in dem Artikel auch nicht der Hinweis, dass die genetische Veränderung von Nutzpflanzen selbst unter Wissenschaftlern kontrovers diskutiert wird.

Die Übertragung von Genen mit Hilfe der Mikrobe *Agrobacterium tumefaciens* gelingt nur bei Pflanzenarten, bei denen diese Bakterienart in der freien Natur ebenfalls durch defekte Zellwände eindringt. Sie schleust dort Krebsgene ein, die Zellwucherungen auslösen. Unter Laborbedingungen überträgt sie als sogenannte „Genfähre" stattdessen die erwünschten Erbinformationen. Häufiger wenden Wissenschaftler bei der Gentransplantation jedoch die Protoplastentechnik an. Dabei werden die Zellwände von Zellkulturen biochemisch zerstört, sodass fremdes Erbmaterial eingeschleust werden kann (▷ 324.1).

Seit mehreren Jahren gibt es in Kalifornien Tomaten, die nicht faulen. Ihnen fehlt ein Enzym, das die Zellwände reifer Früchte abbaut. Wissenschaftler haben dieser Tomatensorte ein Gen eingeschleust, das die Bildung dieses Enzyms verhindert.

... und der Tierzüchtung

Aber nicht nur für die Pflanzen-, sondern auch für die Tierzüchtung hat die Gentechnik neue Möglichkeiten eröffnet. Für die Genetiker ist Erbgut von Pflanzen, Tieren und Menschen nahezu beliebig austauschbar. So ist es gelungen, Gene für Wachstumshormone von Menschen auf Schweine, Rinder und Karpfen zu übertragen. Forellen erhielten von Winterflundern Gene für „Frostschutz", damit sie in kälterem Wasser gezüchtet werden können. Diese Beispiele werden sicher in Zukunft noch um ein Vielfaches vermehrt werden können.

Die Tier- und Pflanzenzüchtung war in der Vergangenheit weitgehend abhängig von Techniken gezielter Auslese und planmäßiger Kreuzung. Heute gibt die Gentechnik den Wissenschaftlern Möglichkeiten an die Hand, die weit darüber hinausgehen. Da die Bevölkerung die Risiken der neuen Technik nur schwer abschätzen kann, werden in Diskussionen immer wieder Pro- und Contra-Argumente ausgetauscht. Insbesondere wächst die Angst vor genmanipulierten Bakterien, die zu einer neuen Gefahr für die menschliche Gesundheit werden könnten.

Argumente PRO Gentechnik:

— Arzneimittel können in großer Menge kostengünstig produziert werden.
— Gentechnisch hergestellte Medikamente, z. B. Insulin, wirken wie herkömmliche Medikamente oder sogar noch besser.
— Deutschland kann es sich wirtschaftlich nicht leisten, anderen Ländern die Nutzung der Gentechnik zu überlassen.
— Die Erzeugung schädlingsresistenter Nutzpflanzen verringert den Bedarf an Insektiziden und Fungiziden.
— Gentechnik eröffnet neue Möglichkeiten, die Qualität von Lebensmitteln zu verbessern.
— Gentechnisch manipulierte Bakterien sind in der freien Natur nach Aussage einiger Wissenschaftler nicht lange lebensfähig.
— In Freilandpflanzen kann man einen Selbstzerstörungsmechanismus in Form von „Selbstmord-Genen" einbauen. Die Pflanzen sind dann gegen einen bestimmten Stoff, z. B. Magnesium, extrem empfindlich.

Argumente CONTRA Gentechnik:

— Die gesetzlichen Grundlagen für die Nutzung der Gentechnik müssen international erst vereinheitlicht werden.
— Die Nutzung der Gentechnik können sich nur Großunternehmen leisten. Kleine Betriebe oder Entwicklungsländer sind nicht mehr konkurrenzfähig.
— Das in langen Zeitepochen entstandene Artengleichgewicht könnte durch gentechnisch veränderte Tiere und Pflanzen gestört werden.
— Gentechnisch veränderte und für den Menschen gefährliche Mikroben könnten aus den Labors entweichen.
— Bakterien können im Boden überdauernde DNS von gentechnisch veränderten Organismen aufnehmen und an andere Arten weitergeben.
— Es fehlen Langzeituntersuchungen über die Wirkung gentechnisch erzeugter Nahrungsmittel im menschlichen Körper.
— Gentechnisch veränderte Lebewesen oder Teile davon könnten mit bestimmten Nahrungsmitteln (Joghurt, Käse, Salami) aufgenommen werden.
— Über Pollenflug können gentechnisch veränderte Erbanlagen innerhalb einer Art oder sogar zwischen nahe verwandten Arten (Bastardisierung) verbreitet werden.

Angewandte Genetik beim Menschen

Jens und Melanie sind glücklich. Sie sind seit einem Jahr verheiratet und Melanie erwartet ihr erstes Kind. Seit zwei Tagen weiß sie, dass es voraussichtlich gesund zur Welt kommen wird. In Melanies Familie ist vor längerer Zeit ein Fall von unheilbarem Muskelschwund (Duchenne Muskeldystrophie, kurz: DMD) aufgetreten. Es handelt sich dabei um eine gefürchtete erblich bedingte Krankheit. Da diese Krankheit fast nur bei Jungen vorkommt, die Erbanlagen dafür aber von Müttern über das X-Chromosom übertragen werden, hat Melanie eine Genanalyse anfertigen lassen. Dabei wurde festgestellt, dass sie als Überträgerin nicht in Frage kommt.

Bei der genetischen Beratung kann man heute sogar noch einen Schritt weitergehen. Falls die Mutter Überträgerin des DMD-Allels ist, lässt sich bei einer Schwangerschaft durch Zelluntersuchungen des Fetus erkennen, ob der erwartete Junge von der Krankheit betroffen sein wird oder nicht. Dazu wird aus der Fruchtblase etwas Fruchtwasser entnommen (S. 319), in dem sich stets einige abgeschilferte Haut- und Schleimhautzellen des Fetus befinden. Wichtig für die Untersuchung ist die DNS des X-Chromosoms, denn auf diesem liegen die entsprechenden Erbanlagen. Die DNS wird mit Hilfe eines Enzyms in unterschiedlich lange Bruchstücke zerlegt. Diese werden mit einem speziellen Verfahren nach ihrer Länge geordnet und in Einzelstränge aufgetrennt (▷ 327.1). Abweichungen in der Basensequenz verändern die Schnittstellen des Enzyms. Bei DMD kommt eine Schnittstelle hinzu und es entstehen statt eines langen zwei kürzere Bruchstücke. Um diese zu identifizieren, verwendet man radioaktiv markierte DNS-Abschnitte, die die zu untersuchende Basensequenz enthalten. Diese lagern sich an komplementäre Abschnitte der DNS-Bruchstücke an. Auf einem Spezialfilm werden die radioaktiv markierten DNS-Abschnitte sichtbar gemacht. Aus der Lage der Schwärzungen kann man auf die Länge der entstandenen Bruchstücke schließen (▷ 327.1/⑥).

1 Erbanlagen für DMD auf dem X-Chromosom

Duchenne Muskeldystrophie (DMD)

Bei neugeborenen Kindern ist von dieser Krankheit noch nichts zu sehen. Erst später, etwa ab dem 3. Lebensjahr, zeigen betroffene Kinder erste Auffälligkeiten: Sie stolpern, haben Schwierigkeiten beim Treppensteigen und richten sich nur sehr mühsam nach einem Sturz wieder auf. Betroffen sind nahezu ausschließlich Jungen, denn die Anlagen für die Krankheit sind rezessiv und liegen auf dem X-Chromosom.
Bis heute ist diese schwere Krankheit nicht heilbar und fesselt die Betroffenen schon nach einigen Jahren an den Rollstuhl. Die Lebenserwartung beträgt für die meisten von ihnen nicht einmal zwanzig Jahre.

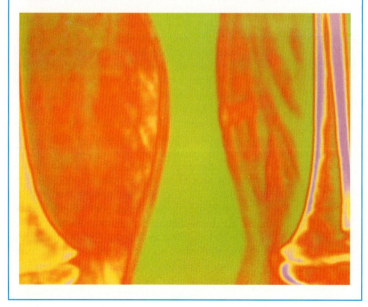

Viele Frauen, die über ihre Rolle als mögliche Überträgerinnen informiert waren, trieben bisher alle männlichen Feten auf Grund medizinischer Indikation ab. Die moderne Gendiagnostik kann heute schon in vielen Bereichen verbesserte Entscheidungshilfen leisten. Allerdings ist auch die Gefahr nicht von der Hand zu weisen, dass die frühzeitige Diagnose erblich bedingter Krankheiten und die Abtreibung betroffener Feten die Suche nach Therapiemöglichkeiten unter Umständen einschränkt. Über Möglichkeiten der genetischen Beratung gibt jeder Arzt oder das Gesundheitsamt Auskunft.

Von der Gendiagnose zur Gentherapie?

Erst wenige der bekannten erblich bedingten Krankheiten lassen sich heute durch Gen- oder Chromosomenuntersuchungen bereits sicher bestimmen. Erst recht steht die Gentherapie noch am Anfang ihrer Entwicklung. In ersten Versuchen konnten aber bereits Erfolge erzielt werden. Im Fall einer genetisch bedingten Krankheit, bei der der Mangel an einem bestimmten Wirkstoff (ADA) zum völligen Ausfall des Immunsystems führt, ist es z. B. gelungen, Knochenmarkszellen eines Patienten in einer Zellkultur am Leben zu erhalten. Über Viren wurde das ADA-Gen in die Knochenmarkszellen eingeschleust. Die veränderten Knochenmarkszellen waren jetzt in der Lage, den Wirkstoff ADA zu produzieren und wurden wieder in das Knochenmark des Patienten injiziert.

Contra Gentechnik?

Gegen den Einsatz der Gentechnik am Menschen bringen Kritiker eine ganze Reihe von Argumenten vor. Hier eine Auswahl:
— Arbeitnehmer könnten bei Bewerbungsgesprächen positive genetische Testergebnisse vorlegen und so ihre Einstellungschancen erhöhen.
— Genetische Tests könnten dazu führen, dass Krankenversicherungen risikobehaftete Menschen nicht aufnehmen.
— Die Einstellung zum Leben wird sich verändern, wenn man Leben nach Wunsch herstellen kann.
— Die Geburt behinderter Menschen wird als Panne aufgefasst.
— Die Bereitschaft zur Abtreibung wird bereits bei unerheblichen genetischen Abweichungen steigen.
— Eltern werden unter gesellschaftlichen Druck gesetzt, sich testen zu lassen.
— Der Genetiker erhebt sich in den Rang eines Schöpfers.

Es gibt allerdings bereits gesetzliche Regelungen — z. B. das Embryonenschutzgesetz — die einem Missbrauch entgegenwirken.

Aufgaben

① Setze dich kritisch mit den Argumenten von Befürwortern und Gegnern der medizinischen Gentechnik auseinander, indem du Vor- und Nachteile unvoreingenommen prüfst. Informiere dich über bestehende gesetzliche Regelungen.
② Welche Probleme ergeben sich für Ärzte und Eltern, wenn die Anlagen für eine genetisch bedingte Krankheit diagnostiziert wurden?
③ Nimm aus der Sicht eines betroffenen Kindes zu den Argumenten Stellung.
④ Sollte man durch genetische Tests Arbeitnehmern ähnlich wie mit Allergietests zum richtigen Arbeitsplatz verhelfen?
⑤ Die Humangenetik ist in Deutschland mit Vorbehalten belastet. Suche nach Gründen, die mit unserer geschichtlichen Vergangenheit zusammenhängen.

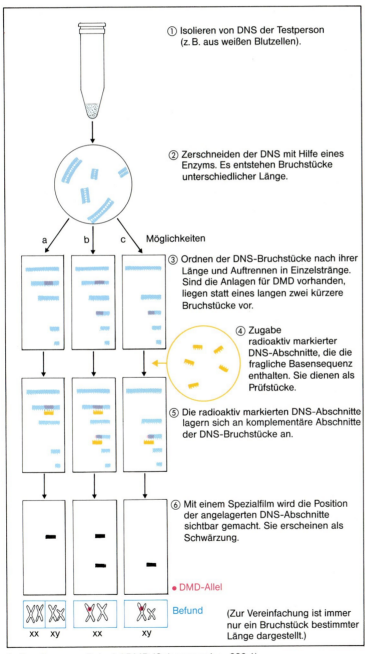

1 Gendiagnose: Beispiel DMD (Schema; vgl. ▷ 326.1)

Evolution — Entwicklung der Vielfalt

1 Gesteinsschichten im Grand Canyon, USA

1 Stammesgeschichte der Lebewesen

Auf der Erde gibt es eine große Vielfalt an Tieren und Pflanzen. Biologen kennen etwa 400 000 Pflanzen- und etwa 1,5 Millionen Tierarten. Man nimmt an, dass die tatsächliche Anzahl noch viel größer ist. Und auch die Fülle der verschiedenen Lebensformen — von einzelligen Lebewesen bis hin zu den Samenpflanzen oder den Wirbeltieren — ist unüberschaubar.

Wie die Erde mit ihrer Artenfülle entstanden ist, beschäftigt den Menschen seit jeher. Damit eng verbunden ist die Frage nach seiner Herkunft. In Überlieferungen vieler Völker finden sich als Antwort auf diese Frage Schöpfungsgeschichten, in denen die Entstehung der Erde und der Lebewesen in einem einmaligen Schöpfungsakt dargestellt wird, so wie wir es auch in der Bibel finden.

Bis zu Beginn des 19. Jahrhunderts galt die Lehrmeinung von der *Unveränderlichkeit der Arten*. Der französische Zoologe LAMARCK vertrat 1809 als erster die Auffassung, dass die Lebewesen der Jetztzeit von ausgestorbenen abstammen. Aber erst CHARLES DARWIN verhalf der *Abstammungslehre* zur allgemeinen Anerkennung mit seinem Buch „Über den Ursprung der Arten", das 1859 erschien. Nach dieser Lehre sind die heute lebenden Arten im Laufe vieler Millionen Jahre aus einfacher gestalteten Lebewesen hervorgegangen. Wie der *Evolutionsprozess* stattgefunden hat, lässt sich zwar nicht lückenlos beweisen, dennoch ist die Evolutionstheorie heute allgemein anerkannt.

Verschiedene Naturwissenschaften sind an der Erforschung der Evolution beteiligt. Die *Paläontologie,* die sich mit Resten und Spuren ausgestorbener Lebewesen beschäftigt, versucht durch exakte Präparation dieser *Fossilien* Erkenntnisse über Körperbau und Lebensweise vorzeitlicher Organismen zu gewinnen und daraus *Abstammungslinien* abzuleiten.

Unzählige Erscheinungen bei *rezenten* Lebewesen weisen ebenfalls auf den Ablauf einer Evolution hin. An ihrer Erforschung sind verschiedene Fachrichtungen der Biologie beteiligt. Geologie, Chemie und Physik beschäftigen sich darüber hinaus vor allem mit der genauen *Datierung* der Fossilienfunde.

rezent
gegenwärtig noch lebend; im Gegensatz zu fossil

Bekannte Fossilfundstätten in Deutschland: Solnhofen und Eichstätt in Bayern, Holzmaden in Baden-Württemberg, Neandertal bei Düsseldorf (Nordrhein-Westfalen), Geiseltal bei Halle (Sachsen-Anhalt), Grube Messel bei Darmstadt (Hessen), Donnersberg (Rheinland-Pfalz)

1 Ammonit (Schwarzer Jura)

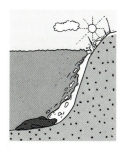

2 Krebs (Solnhofener Plattenkalk)

3 Bernsteineinschluss

Fossilien — Spuren aus der Urzeit des Lebens

Zu den beliebtesten Sammelstücken aus der Natur gehören Versteinerungen. Mit etwas Glück ist unter den Funden auch ein *Ammonit*. Ammoniten waren Weichtiere, die in einem schneckenartigen Gehäuse lebten. Sie schwebten vermutlich über dem Meeresboden und ernährten sich von verschiedenen Kleinlebewesen. Die größten Exemplare erreichten 2 m Durchmesser. Vor ca. 65 Millionen Jahren starben sie aus. Ihre versteinerten Gehäuse sind bekannte *Fossilien*. Als Fossilien werden alle Spuren und Überreste früherer Lebewesen bezeichnet, die älter als etwa 10 000 Jahre sind.

Versteinerungen

Starb ein Ammonit, so sank das Gehäuse auf den Meeresgrund. In sauerstoffarmem Wasser erfolgte die Verwesung der Weichteile sehr langsam. Schlamm, feinste Sand-, Kalkstein- oder Schiefertonteilchen (Sedimente) bedeckten das tote Tier. Die Sedimente drangen auch in die Hohlräume ein und ersetzten die verwesenden Weichteile. Das Gehäuse des Ammoniten wurde durch den lang anhaltenden hohen Druck allmählich chemisch verändert. Das Wasser wurde herausgepresst, die Mineralien kristallisierten aus. Form und Gestalt des Tieres blieben aber erhalten. Sie versteinerten.

Abdrücke

Abdrücke sind „Negativformen" der abgestorbenen Tiere und Pflanzen oder Teile von ihnen. Sie können auf Lavagestein oder in den Sedimenten am Meeresboden entstehen. Die abgestorbenen Organismen müssen langsam verwesen und sich vollständig auflösen. Ihre Abdrücke bleiben erhalten, wenn sich das Material, in dem sie eingebettet sind, gleichzeitig verfestigt.

Einschlüsse

Bernstein ist das Harz von Nadelbäumen, das vor etwa 20 Millionen Jahren an den Stämmen herunterlief. Manchmal wurden Insekten oder Pflanzenteile eingeschlossen und so konserviert. Das Harz gelangte in den Boden oder unter die Wasseroberfläche und verwandelte sich in Bernstein. Die eingeschlossenen Organismen geben Auskunft über die Tier- und Pflanzenwelt jener Zeit. Auch die im sibirischen Eis eingefrorenen Mammuts sind fossile Einschlüsse.

1 Fossilienfundstelle Geiseltal und **2** Knochenfunde in Bilzingsleben (etwa 350 000 Jahre alt)

So bestimmt man das Alter von Fossilien

Will man die Entwicklung der Lebewesen aufzeigen, ist eine zeitliche Einordnung fossiler Lebewesen unerlässlich. Das Alter von Fossilien und Gesteinen kann mit verschiedenen Methoden ermittelt werden.

Viele Gesteine, z. B. Sandstein oder Muschelkalk, entstehen aus Ablagerungen *(Sedimenten)*. Aus heute noch ablaufenden Sedimentationsvorgängen kann man schließen, wie viel Zeit für die Ablagerung einer bestimmten Schichtdicke erforderlich ist. Daraus kann man dann auf das Alter der verschiedenen Gesteinsschichten schließen.

Je dicker eine Schicht ist, desto längere Zeit war normalerweise zu ihrer Ablagerung erforderlich. Je weiter unten eine bestimmte Schicht liegt, desto älter ist sie in der Regel.

Allerdings ist man bei dieser Methode auf Schätzungen angewiesen, die zwangsläufig zu ungenauen Zeitangaben führen. Eine genauere Methode liefert uns die moderne Physik:

Seit der Entdeckung der Radioaktivität wurden Bildung und Zerfall radioaktiver Stoffe intensiv erforscht. Beispielsweise entsteht in den höheren Schichten der Erdatmosphäre unter dem Einfluss der intensiven Strahlung der *radioaktive Kohlenstoff* (^{14}C). Dieser kommt im Kohlenstoffdioxid vor und gelangt bei der Fotosynthese in die Pflanzen. Über die verschiedenen Nahrungsketten nehmen auch Tiere und Menschen ^{14}C auf. Da beim Stoffwechsel eines Lebewesens ständig Kohlenstoffverbindungen aufgenommen und abgegeben werden, ist das Verhältnis von radioaktivem Kohlenstoff (^{14}C) zu nichtradioaktivem (^{12}C) in Lebewesen und in der Atmosphäre immer gleich, nämlich 10^{-12}. Nach dem Tod wird kein ^{14}C mehr aufgenommen. Das vorhandene zerfällt zu ^{12}C sodass nach ca. 5570 Jahren nur noch die Hälfte der ursprünglichen ^{14}C-Atome vorhanden ist. Man nennt dies *Halbwertszeit*. Nach weiteren ca. 5570 Jahren ist nur noch die Hälfte der Hälfte, d.h. ein Viertel der ^{14}C-Atome vorhanden usw.

Bestimmt man nun das Verhältnis von ^{12}C zu ^{14}C in Pflanzen- und Tierresten, kann man berechnen, wie viele Jahre vergangen sind seit das Lebewesen gestorben ist. Mit der ^{14}C-Methode gewinnt man verlässliche Altersangaben, die bis 40 000 Jahre zurückgehen. Darüber hinaus benutzt man radioaktive Elemente mit höherer Halbwertszeit.

Aufgaben

① Von welchen Annahmen geht man bei der Behauptung aus, zur Ablagerung einer 10 m dicken Gesteinsschicht sei doppelt so viel Zeit erforderlich gewesen wie bei einer 5 m dicken Schicht?

② Man bezeichnet die Altersbestimmung durch Messung des radioaktiven Zerfalls als *absolute* Datierung, die Datierung mit Hilfe geologischer Schichten dagegen als *relativ*. Erkläre diese Begriffe.

③ Nach welcher Zeit sind von ursprünglich 1 g ^{14}C noch rund 0,002 g vorhanden?

^{14}C: lies „Kohlenstoff 14"

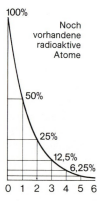

Stufen des Zerfalls nach Halbwertszeiten

Wir stellen ein Fossilienmodell her

Unter Fossilien verstehen wir alle Reste vorzeitlicher Lebewesen, die älter als etwa 10 000 Jahre sind. Auch Spuren ihrer Tätigkeit rechnet man dazu, z. B. Fußabdrücke. Als Fossilien sind uns meist nur die harten Teile ihrer Körper (Schalen, Knochen, Zähne, Holz) erhalten geblieben.
Wir wollen den Vorgang der Fossilbildung, der sich in der Natur über tausende von Jahren erstreckte, während einer Unterrichtsstunde nachvollziehen. Besonders gut geeignet als Fossil-Modell ist hier das Haus einer Weinbergschnecke. Sämtliches benötigtes Material ist in der obigen Abbildung wiedergegeben.

Benötigtes Material: Schneckenhaus, z. B. Weinbergschnecke, Gips, Gipsbecher und Rührstab zum Anrühren des Gipsbreis, Wasser, Gussform, Seidenpapier oder feines Durchschlagpapier, Hammer, Flachmeißel

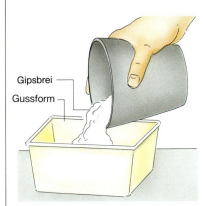

Arbeitsgänge

Rühre einen Teil des Gipses mit kaltem Wasser zu einem dicken Brei an. Achte darauf, dass du den Gips in das Wasser einrührst und nicht umgekehrt.
Gieße nun eine etwa 2 bis 3 Zentimeter dicke Schicht Gips in die Grundform. Decke sie dann mit dem vorher auf die entsprechende Größe zugeschnittenen Seidenpapier ab. Dadurch wird das Durchtrennen der Gipsschichten nach Abschluss der Arbeiten erleichtert. Um dies noch einfacher zu gestalten, kann man das Papier vorher mit Fett oder Öl einstreichen.
Das Schneckenhaus wird nun in den papierbedeckten, noch weichen Gipsbrei der Grundschicht gedrückt. Die Öffnung sollte dabei nach oben zeigen.

Nachdem die erste Gipsschicht leicht „angezogen" hat, d. h. ein wenig fester geworden ist, wird eine zweite Lage

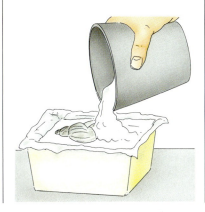

Gips aufgebracht. Achte darauf, dass alle Teile — besonders das Schneckenhaus — vollständig von den „Gips-Sedimenten" bedeckt sind. Nun dauert es einige Zeit, bis die Schichten fest geworden sind.
Wenn der Gips völlig ausgehärtet ist, wird der Gipsblock aus der Form gedrückt. Dort, wo sich das Papier befindet, trennst du die beiden Schichten vorsichtig mit Hammer und Flachmeißel. In einer Schicht befindet sich nun der Abdruck des Schneckengehäuses, in der anderen das „Fossil" selbst.

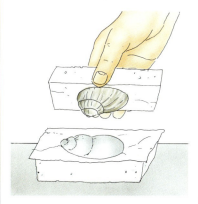

Bei vorsichtiger Arbeitsweise kann man nun das Schneckenhaus (unser „Fossil") aus der Ablagerungsschicht herauslösen und die Schale entfernen. Auf diese Weise erhält man den „Steinkern". Er stellt die Hohlraumausfüllung des Schneckenhauses dar. Bei der Bildung von Fossilien bleiben solche Hohlräume manchmal unausgefüllt. Sie sind am Steinkernmodell gut zu erkennen.

Aus dem Geschichtsbuch der Erde

Über Alter und Entstehung des Weltalls weiß man immer noch wenig Genaues. Man schätzt das Alter der Erde auf etwa 5 Milliarden Jahre. Es dauerte aber 2—3 Milliarden Jahre, bis auf dem einstmals glutflüssigen Planeten Bedingungen herrschten, die die Entstehung von Lebewesen ermöglichten.

Die ersten Lebensformen waren wahrscheinlich bakterienähnliche Organismen, die im Meer lebten. Diese *Urbakterien* nahmen aus ihrer Umgebung organische Verbindungen auf und bauten sie zu ihrer eigenen Energieversorgung ab. Als durch die stark angestiegene Zahl der Urbakterien die Nahrung knapp wurde, mussten andere Nahrungsquellen erschlossen werden.

Cyanobakterien („Blaualgen") besaßen als erste Organismen den grünen Farbstoff Chlorophyll. Sie konnten energiereiche Kohlenstoffverbindungen selbst herstellen und betrieben als erste die Fotosynthese. Diese führte zu einer grundlegenden Veränderung der Atmosphäre. Freier Sauerstoff entstand und reicherte sich allmählich in der Atmosphäre an. Außerdem ermöglichte er die Energieversorgung durch Zellatmung.

Aus dem **Präkambrium**, mehr als 600 Millionen Jahre vor unserer Zeit, sind nur wenige Fossilien erhalten, da die Gesteine durch hohen Druck und hohe Temperaturen in ihrer chemischen Struktur so verändert wurden, dass die ehemals vorhandenen Fossilien nicht mehr existieren.

Mit dem **Kambrium** (vor 600—500 Mio. Jahren) beginnt die Zeit der Ablagerungen von Fossilien in größerer Zahl. Man weiß daher, dass damals alle Tierstämme außer den Wirbeltieren bereits vorhanden waren.

Im **Ordovizium** (vor 500—440 Mio. Jahren) traten mit den kieferlosen *Panzerfischen* die ersten Wirbeltiere auf.

Ein wichtiger Schritt in der Entwicklung der Lebewesen fand im **Silur** (vor 440—400 Mio. Jahren) statt: Erste Pflanzen *(Nacktfarne)* und Tiere (urtümliche *Skorpione* und *Tausendfüßer*) besiedelten das Land.

Im **Devon** (vor 400—350 Mio. Jahren) traten neben vielen Fischen auch *Quastenflosser* auf. Erste *Insekten* eroberten den Luftraum. In Gesteinen des späten Devon wurden die Überreste von *Ichthyostega*, einem fischähnlichen Amphibium, gefunden.

In der Pflanzenwelt hatten nun *Farne, Schachtelhalme* und *Bärlappgewächse* die Nacktfarne abgelöst. Sie bildeten im **Karbon** (vor 350—280 Mio. Jahren) die riesigen Wälder, aus denen unsere heutige Steinkohle entstand. Unter den Tieren sind *Dachschädler, Riesenlibellen* mit 80 cm Flügelspannweite und erste *Reptilienformen* typisch.

Reptilien und Nacktsamer waren bei ihrer Fortpflanzung vom Wasser unabhängig geworden. Sie konnten deshalb im **Perm** (vor 280—225 Mio. Jahren) auch trockenere Lebensräume besiedeln.

Für die **Trias** (vor 225—195 Mio. Jahren) ist die starke Verbreitung und Zunahme der Artenvielfalt der Reptilien charakteristisch. *Nadelbäume* traten an die Stelle der urtümlichen Pflanzengruppen. Vorläufer der Säugetiere nahmen eine Zwischenstellung zwischen Reptilien und den erst später auftretenden Säugern ein.

Fischsaurier, Flugsaurier und *Landsaurier* beherrschten im **Jura** (vor 195—140 Mio. Jahren) alle Lebensräume. Die *Dinosaurier* entwickelten sich zu den größten Landwirbeltieren aller Zeiten. Wie unscheinbar waren dagegen die kleinen *Urvögel* und *Ursäuger*! Feder- bzw. Haarkleid deuten auf eine gleichmäßige Körpertemperatur hin. Dadurch konnten sie sogar in der Kühle der Nacht auf Nahrungssuche gehen, wenn ihre Feinde, die wechselwarmen Saurier, fast starr vor Kälte waren.

In der **Kreide** (vor 140—65 Mio. Jahren) lebten die ersten echten *Vögel*. Durch Beuteltiere, Halbaffen und Insektenfresser waren die *Säugetiere* vertreten. Vorherrschende Tiergruppe waren nach wie vor die *Saurier*, die allerdings aus nicht eindeutig geklärter Ursache am Ende der Kreidezeit von der Erdoberfläche verschwanden.

Nach dem Aussterben vieler Tiergruppen am Ende der Kreidezeit konnten sich Säugetiere und Vögel während des **Tertiärs** (vor 65 bis 2 Mio. Jahren) zu großer Formenvielfalt entwickeln. Gegen Ende dieser Zeit begann die Evolution menschenähnlicher Lebewesen.

Das **Quartär** (seit 2 Mio. Jahren) ist die Epoche der Erdgeschichte, in der wir noch heute leben. Sie ist gekennzeichnet durch Wechsel von Warm- und Eiszeiten. Erst im Quartär beginnt mit dem Auftreten der Gattung *Homo* die Entwicklung des *Menschen*.

Fossiler Farnabdruck (Karbon)

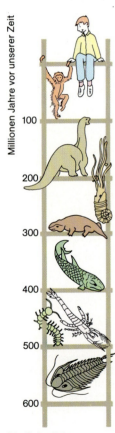

Die Zeitenleiter — Stufen in die Vergangenheit

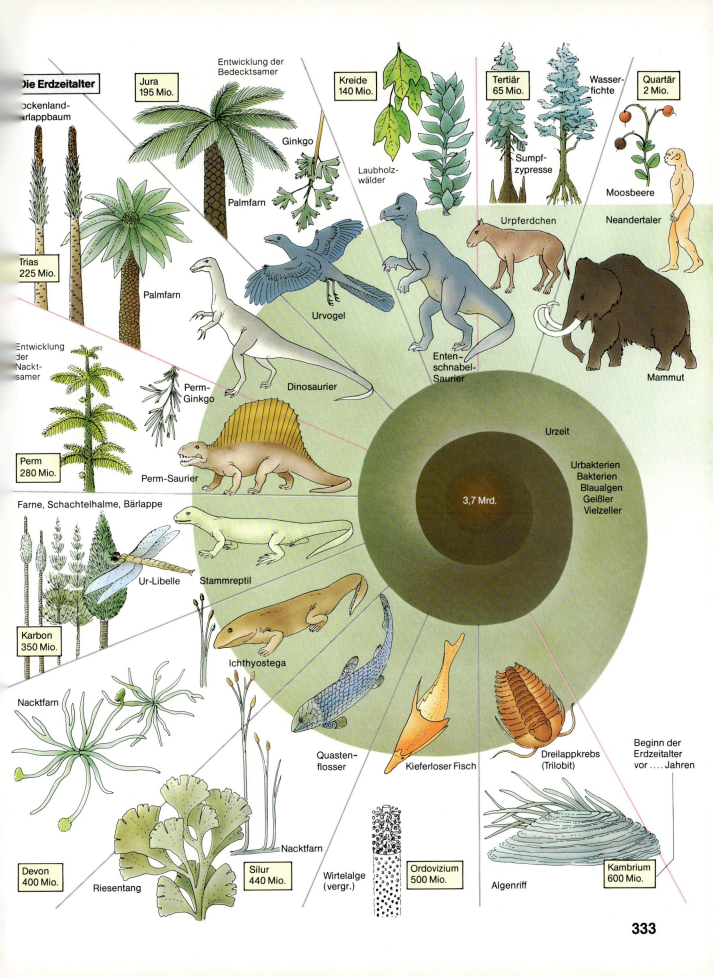

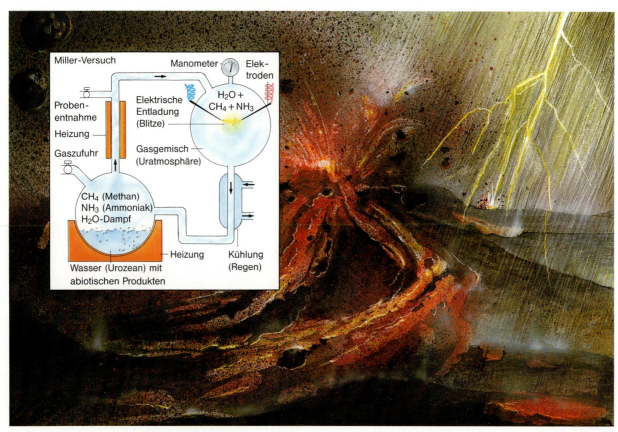

1 Millers Laborexperiment

Entstehung des Lebens auf der Erde — im Wasser

Nach Bildung der Erde war die Atmosphäre völlig anders zusammengesetzt als heute. In den ältesten Gesteinen fehlen Eisenoxide. Daraus können Forscher schließen, dass es noch keinen freien Sauerstoff in der Atmosphäre gab. Wahrscheinlich bestand sie hauptsächlich aus Stickstoff, Kohlenstoffdioxid und Wasserdampf. Auch Ammoniak, Wasserstoff, Methan und Schwefelwasserstoff waren offenbar vorhanden. Das Wasser der Urozeane enthielt ebenfalls eine ganze Reihe von Stoffen in gelöster Form, darunter Phosphate und metallische Verbindungen.

Wie es zu den ersten organischen Verbindungen kam, kann nur vermutet werden. Nach einer gängigen Theorie lieferten die Blitze gewaltiger Gewitter, die hohen Temperaturen tätiger Vulkane und die Strahlungen aus dem Weltall — eine schützende Ozonschicht gab es noch nicht — die Energie für chemische Reaktionen zwischen den Stoffen in der Atmosphäre und im Wasser. Einfache organische Verbindungen und Aminosäuren waren die ersten Ergebnisse dieser Vorgänge. Da es noch keine Organismen gab, die sich von diesen Verbindungen ernährten, sammelten sie sich in den Ozeanen über die Jahrmillionen hindurch in großer Menge an. Die Wissenschaftler bezeichnen die Vielfalt dieser Verbindungen als „Ursuppe".

Diese Theorie vom Entstehen organischer Substanzen auf der Erde ist inzwischen durch zahlreiche Experimente gestützt worden. So gelang es dem amerikanischen Forscher STANLEY MILLER 1953, im Labor organische Moleküle aus jenen chemischen Substanzen zu erzeugen, die in der Atmosphäre der jungen Erde vorkamen. Er erhitzte ein Gemisch von Methan, Ammoniak, Wasserstoff und Wasserdampf und setzte dieses starken elektrischen Ladungen aus. Innerhalb weniger Stunden konnten auf diese Weise verschiedene organische Verbindungen erzeugt werden. Aus einer solchen „Ursuppe" entwickelten sich in sehr komplizierten Prozessen vermutlich erste Lebewesen — Bakterien und Blaualgen. Blaualgen waren die ersten Organismen, die zur Fotosynthese befähigt waren (vgl. S. 332).

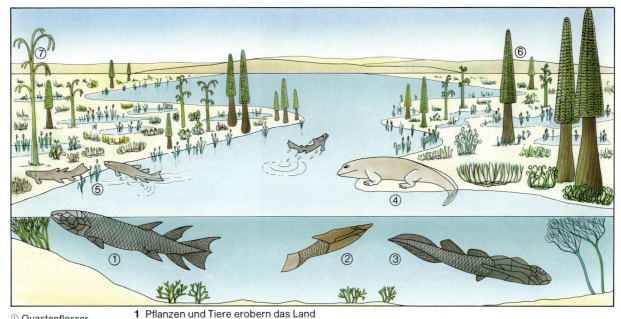

① Quastenflosser „Eusthenopteron"
② Kieferloser Fisch „Pteraspis"
③ Panzerfisch „Bothriolepis"
④ Urlurch „Ichthyostega"
⑤ Quastenflosser „gehen" an Land
⑥ Duisbergia (Bärlapp- oder Farngewächs)
⑦ Archaeosigillaria (Baumtyp)

1 Pflanzen und Tiere erobern das Land

Vom Wasser aufs Land — ein entscheidender Schritt

Vor 440 Millionen Jahren besiedelten erste Pflanzen die Uferzonen der Meere und breiteten sich weiter landwärts aus. Der Verbreiterung des Grüngürtels folgten erste Tiere, z. B. Urinsekten und Krebstiere, aufs Land. Die Nahrungskonkurrenz im Meer vergrößerte sich ständig. In dieser Situation vollzog sich die Entwicklung zum landlebenden Wirbeltier. Landpflanzen schufen die Voraussetzungen dazu.

Pflanzen erobern das Land

Welche Veränderungen Wasserpflanzen erfahren mussten, um auf dem Land existieren zu können, wird deutlich, wenn man einen Stengel Wasserpest aus seiner natürlichen Umwelt entfernt. Er fällt bald in sich zusammen und vertrocknet in kurzer Zeit. Landpflanzen besitzen Organe, mit denen sie sich in der Erde verankern. Festigungsgewebe ermöglicht aufrechtes Stehen. Vor mehr als 400 Millionen Jahren begannen Nacktfarne das Land als Lebensraum zu erobern. Sie besiedelten zunächst die Sümpfe, später auch küstennahe Gebiete auf dem Land. Wurzeln besaßen sie noch nicht, sie waren mit einem Kriechspross im Boden verankert. Ein senkrechter Spross ragte aus dem Wasser und trug die Vermehrungskörper, die Sporen. Nacktfarne besaßen schon differenzierte Gewebe. Verholzte Gefäße leiteten das Wasser bis in die Sprossspitze, andere beförderten die Stoffwechselprodukte. Eine Rindenhülle diente als Verdunstungsschutz.

Tiere erobern das Land

Um auf dem Land zu bestehen, musste der Sauerstoff aus der Luft und nicht mehr aus dem Wasser aufgenommen werden. Voraussetzung dazu waren Lungen. Die Fortbewegung erfolgte mit Gliedmaßen, die den Körper tragen und fortbewegen können. Gelenkig miteinander verbundene Knochen sind Voraussetzung für diese Form der Fortbewegung. Becken- und Schultergürtel ermöglichen die Verlagerung des Körpergewichts auf die Gliedmaßen.
Die älteste Form eines Lurches ist der *Ichthyostega* (Urlurch). Er bewegte sich auf 4 stummelförmigen Beinen mit je 5 Fingern, atmete durch Lunge und Haut. Ein walzenförmiger Körper, der fischähnliche Schwanz und die schmale Rückenflosse erinnern an die Abstammung vom Fisch.
Urlurche verschiedener Formen beherrschten über 100 Mio. Jahre die Erde. So wie die heutigen Lurche hatten sie sich noch nicht vollständig vom Wasser getrennt. Hier erfolgte noch ihre Fortpflanzung.
Erst die vor 280 Millionen Jahren auftretenden Reptilien waren durch die Herausbildung einer inneren Befruchtung und die Entwicklung der Embryonen im Ei zu echten Landtieren geworden.

Nacktfarn

1 Der Quastenflosser Latimeria in seinem Lebensraum

Die berühmt gewordene Skizze der Miss LATIMER vom Quastenflosser

Der Fisch der Miss Latimer

Am 22. Dezember 1938 ging einem Fischdampfer vor der südafrikanischen Küste ein etwa eineinhalb Meter langer Fisch ins Netz. Bei den Seeleuten erregten die beiden auffällig gestielten Flossenpaare und der eigenartig geformte Schwanz große Aufmerksamkeit. Sie übergaben das Tier in East-London der Zoologin DR. M. COURTNAY-LATIMER für ihr Museum. Auch sie hatte einen derartigen Fisch noch nie gesehen. Sie erkannte die Bedeutung des einzigartigen Fisches, fertigte ihre berühmt gewordene Skizze an (▷ Randspalte) und suchte schließlich Rat bei dem Fischkundler Professor SMITH von der Universität in Grahamstown. Er bestimmte den seltsamen Fisch als Quastenflosser und nannte ihn Miss LATIMER zu Ehren *Latimeria*. Die zoologische Sensation war perfekt, denn man hatte geglaubt, die Quastenflosser, die vor etwa 350 Millionen Jahren die Eroberung des Festlandes durch die Wirbeltiere eingeleitet hatten, seien bereits vor 70 Millionen Jahren ausgestorben.

1987 gelang es dem Verhaltensforscher HANS FRICKE, bei den Komoren (Indischer Ozean) in 200 m Tiefe einen Quastenflosser mit einem Tauchboot aufzuspüren, zu beobachten und zu filmen. Der Quastenflosser zeigte sich dabei als träger, langsamer Schwimmer, der seine paarigen Flossen nicht wie erwartet zur Fortbewegung am Boden benutzte, sondern als Steuer- und Balancierhilfen. Latimeria kommt als direkter Vorfahr der Landwirbeltiere schon deshalb nicht in Betracht, weil seine Schädelknochen von denen fossiler Amphibien sehr stark abweichen. Er gehört einer Seitenlinie an.

In 350 Millionen Jahre alten Ablagerungen fand man jedoch den Quastenflosser *Eusthenopteron* (▷ 2), der als Ahnform der landlebenden Wirbeltiere angesehen wird. Außer den gliedmaßenähnlichen Flossen besitzt er, wie die Lungenfische (▷ S. 337), neben Kiemen auch jene sackartige Darmausstülpung, die zur Aufnahme von Luftsauerstoff befähigt. Außerdem zeigt der Schädel das entscheidende Merkmal aller Landwirbeltiere — die Verbindung der Nasenhöhlen mit der Mundhöhle.

So konnten die Vorfahren von Latimeria, die in flachen, sich oftmals stark erwärmenden und daher sauerstoffarmen Süßgewässern lebten, die ab und zu austrocknenden Gewässer verlassen und in kurzen Überlandmärschen benachbarte Tümpel aufsuchen.

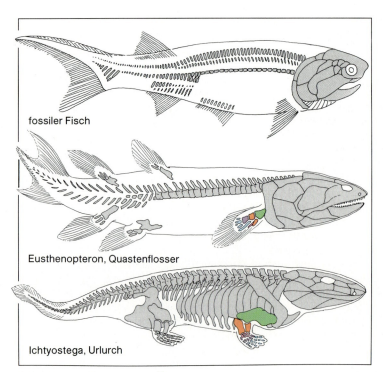

2 Der Quastenflosser — eine Übergangsform

Aufgaben

① Latimeria wird als „lebendes Fossil" bezeichnet. Dieser Ausdruck ist in sich widersprüchlich. Begründe!

② Der salamanderähnliche Ichthyostega wird als „Fisch mit Füßen" bezeichnet. Erkläre mit Hilfe von Abbildung 2!

③ Welche Lurchmerkmale hat der Quastenflosser, was zeichnet ihn als Fisch aus (s. ▷ 2)?

Lebende Zeugen für die Stammesentwicklung

Außer Latimeria leben heute noch weitere Tiere, die im Körperbau Merkmale verschiedener Tiergruppen vereinen. Man kann sie oft weder der einen noch der anderen Gruppe exakt zuordnen. Damit stellen sie Bindeglieder dar.

Das Lanzett„fischchen" — Wirbeltier oder wirbelloses Tier?

Lanzett„fischchen" sind 5—7 cm lang. Sie leben am Boden der Nordsee und des Mittelmeeres. Mit dem Tentakel- und Räderorgan um die Mundöffnung vergraben sie sich im Sand, ruhen auf dem Boden oder bewegen sich mit dem Flossensaum frei im Wasser. Das Tier hat keine Wirbelsäule. Damit ist es kein Wirbeltier. Es vereinigt Merkmale zweier Tiergruppen und gilt als Bindeglied zwischen wirbellosen Tieren und Wirbeltieren. Merkmale von wirbellosen Tieren sind die regelmäßig aufgebaute und streng gegliederte Muskulatur, Nieren mit einfachen Nierenkanälchen, Geschlechtsorgane und Lichtsinneszellen. Auf ein Wirbeltier deuten das Rückenmark mit dem Austritt peripherer Nerven, der Ansatz eines Gehirnbläschens sowie ein einfacher geschlossener Blutkreislauf hin. Anstelle einer echten Wirbelsäule besitzt es eine einfache Vorform, die man Chorda nennt.

Der Lungenfisch — ein Fisch, der das Wasser verlassen kann

Zu den „lebenden Fossilien" gehört der *Australische Lungenfisch*. Dieser besitzt eine Lunge, die an der Stelle entspringt, an der sich die Schwimmblase der später entstandenen Knochenfische befindet. Da seine Kiemen für die Atmung nicht ausreichen, muss der Australische Lungenfisch in regelmäßigen Abständen an der Wasseroberfläche seine Lunge neu mit Luft füllen.

Das Schnabeltier — ein Säugetier mit widersprüchlichen Merkmalen

1791 tauchte zum ersten Mal in Europa ein Fell mit einem Schnabel auf. Man dachte zunächst an einen Scherz. Denn Säugetiere mit dem sie kennzeichnenden Fell kannte man bisher nicht mit einem Schnabel. Erst Untersuchungen an vollständigen Tieren und Beobachtungen dieser Schnabeltiere in ihrer australischen Heimat brachten Licht ins Dunkel. Man stellte fest, dass das *Schnabeltier* noch sehr ursprüngliche Merkmale besitzt, die denen von Reptilien ähneln: Kot, Harn und beim Weibchen die Eier verlassen den Körper durch eine einzige Öffnung, die Kloake. Die Eier sind zudem dotterreich und weichschalig. Auch an verschiedenen Stellen des Skeletts konnte man Ähnlichkeiten mit Reptilien nachweisen. Andererseits besitzen Schnabeltiere jedoch eindeutig Merkmale der Säugetiere: ein Fell, Milchdrüsen (allerdings ohne Zitzen) und eine gleich bleibende Körpertemperatur. Die aus den Eiern schlüpfenden, sehr kleinen Jungtiere klammern sich im Bereich der Milchdrüsen im dichten Haar fest und wachsen schnell heran.

Der Schlammspringer — ein Grenzgänger zwischen Wasser und Land

Der *Schlammspringer* besiedelt mit verschiedenen Arten die tropischen Küsten Südamerikas, Afrikas, Asiens und Australiens. Dieser Lebensraum ist den Gezeiten ausgesetzt. Während der Ebbe sind die Schlammspringer aktiv und suchen ihre Nahrung, die aus Kleintieren und Pflanzenkost besteht, auf dem Schlickboden. Während der Flut wird der Schlickboden wieder vom Meerwasser und darin enthaltener, neuer Nahrung überspült. Während dieser Zeit halten sich viele Arten an Land auf. Manche Arten besitzen zu einem Saugnapf umgewandelte Bauchflossen, mit dem sie sich auf dem Untergrund festsetzen. Während der Aktivitätsphase robben Schlammspringer auf dem Schlickuntergrund hin und her, indem sie ihre deutlich verstärkten Brustflossen als „Gehwerkzeuge" benutzen. Ab und zu machen sie Luftsprünge, indem sie sich mit der Schwanzflosse vom Boden abdrücken. Dieser Eigenart verdanken sie ihren Namen! Oder sie wälzen ihren ganzen Körper in Gezeitenpfützen und halten ihn dadurch feucht. Der Schlammspringer ist trotz seiner amphibischen Lebensweise ein Fisch. Flossen und Kiemendeckel sind gut zu erkennen. An Land verkleben die Kiemenblättchen normalerweise, sodass die Atmung nicht mehr hinreichend möglich ist. Diese Schwierigkeit meistert der Schlammspringer, indem er eine geringe Wassermenge in seiner Kiemenhöhle mitnimmt. In der Kiemenhöhle befinden sich zusätzlich sackartige Kammern, die stark durchblutet sind und ebenfalls ständig feucht gehalten werden.

Reptilien
Eier legende, wechselwarme Wirbeltiere; an Trockenheit angepasst; Haut mit Hornschuppen; Atmung über Lungen

1 Landleguan — ein urtümliches Reptil auf Galapagos

2 Zauneidechse — auch eine Saurier-Verwandte

Flugsaurier

Landsaurier

Schwimmsaurier

Saurier — Reptilien der Kreidezeit

Im Erdmittelalter, vor allem in der *Kreidezeit* — das war der Zeitraum von vor 140 bis 65 Mio. Jahren — hatten die Reptilien mit den Sauriern den Höhepunkt ihrer Entwicklung erreicht. Die Zahl der verschiedenen Arten war größer als die der heute lebenden Säugetiere. Säugetiere und Vögel gab es damals zwar auch schon, aber sie spielten noch eine untergeordnete Rolle.

Alle noch so verschiedenen Saurier gehen auf kleine, eidechsenartige Vorfahren zurück, die im Karbon lebten. Vor 200 bis 220 Mio. Jahren, in der *Trias,* gab es schließlich die ersten Saurier. Die Saurier konnten sich über alle Erdteile verbreiten, weil diese damals noch zusammenhingen und den Urkontinent bildeten. Wir können heute die Spuren der ersten Saurier deshalb in allen Erdteilen finden. Später zerbrach der zusammenhängende Urkontinent in die heutigen Kontinente, die sich langsam auseinander bewegten. Das war die Voraussetzung für eine unterschiedliche Entwicklung der Saurier in den einzelnen Kontinenten. Außerdem gab es jeweils verschiedene Lebensräume mit andersartigen Lebensmöglichkeiten. Es entwickelten sich Pflanzenfresser und Fleischfresser, wobei sich die einzelnen Arten auf bestimmte Pflanzen- bzw. Fleischnahrung spezialisierten. In ähnlicher Weise entwickelten sich unterschiedliche Saurierarten, die an das Leben auf dem Land angepasst waren.

Die jeweiligen Anpassungen an die unterschiedlichen Fortbewegungs- und Ernährungsweisen erkennt man an bestimmten Körperbaumerkmalen. So hat sich die ursprüngliche Form des Arm- bzw. Beinskeletts mehr oder weniger deutlich abgewandelt, z. B. zu flossenförmigen Fortbewegungsorganen, wie es die Abbildung in der Randspalte zeigt.

Am Ende der Kreidezeit, vor etwa 65 Mio. Jahren, starben die Dinosaurier innerhalb relativ kurzer Zeit aus. Das ist erstaunlich, immerhin hatten die Dinosaurier zuvor über 150 Mio. Jahre lang die Erde bevölkert und beherrscht. Über die Ursache gibt es die verschiedensten Theorien. Viele glauben heute an eine furchtbare Naturkatastrophe, die einen Großteil des damaligen Lebens auslöschte. Aus geologischen Befunden schließt man auf den Einschlag eines 10 km großen Meteoriten, dessen Einschlagsexplosion den Himmel für Jahre durch Staub und Rauch verdunkelte und so den Pflanzen das Sonnelicht für die Fotosynthese nahm. Andere halten die jahrtausendelange, heftige Tätigkeit eines riesigen Vulkankomplexes in Indien für die Ursache einer ähnlichen Verdunkelung der Sonne. Gleichgültig, ob eine dieser beiden oder eine andere Theorie über das Aussterben richtig ist, fest steht, dass am Ende der Kreidezeit auch andere Organismenarten ausstarben. Außerdem war dieses nicht das einzige Massenaussterben in der Erdgeschichte, sondern es gab schon zu früheren Zeiten immer wieder ähnliche Ereignisse. Der Niedergang der bis dahin die Erde beherrschenden Dinosaurier ermöglichte nun den *Säugetieren* eine Entwicklung zu der Vielfalt, wie wir sie heute kennen.

Die Vielfalt der Saurier

Am Ende des Erdmittelalters beherrschten Saurier alle Lebensräume. Vor allem auf dem Land und in der Luft spielten andere Wirbeltiere nur eine untergeordnete Rolle.

Monoclonius (1) war ein massiger, bis 6 m langer *Pflanzenfresser*. Ob man ihn wirklich als harmlos bezeichnen darf, ist fraglich. Jedenfalls konnte sich der 4 Tonnen schwere Koloss mit seinem großen *Horn* und dem breiten *Nackenschild* gegen Raubsaurier recht gut verteidigen.

Brachiosaurus (2), mit 30 Metern Körperlänge das größte bekannte Landtier, war nicht so wehrhaft. Er war ein harmloser *Pflanzenfresser*. Im Vergleich zum riesigen Körper barg der Kopf nur ein winziges Gehirn. Ein zweites, viel größeres Gehirn steuerte von der Schwanzwurzel aus die Körperbewegungen. Schutz vor Feinden fand er in Sümpfen und Seen, wo er im Wasser treibend von seinem Gewicht entlastet wurde.

Tyrannosaurus rex (3) wurde lange als „Das größte Raubtier aller Zeiten" bezeichnet. Doch wahrscheinlich waren diese Tiere nur *Aasfresser*. Der Bau der Beingelenke erlaubte keine schnellen, großen Schritte und die scharfen, aber schwachen Zähne waren wohl keine guten Angriffswaffen.

Deinonychus (4) gehörte zu den wirklich gefährlichen *Raubsauriern*, denn er war bei 3 m Länge leichtfüßig und behende. Aus schnellem Lauf sprang er die Beutetiere an und grub die große sichelförmige Kralle des 3. Zehs in das Opfer. In Rudeln jagte er auch viel größere Tiere. Das 9 m lange **Iguanodon** (5) zählte zu seiner Beute.

Straußensaurier (6) waren so schnell wie die heutigen Strauße und ihnen in der Gestalt sehr ähnlich. Mit dem zahnlosen Hornschnabel erbeuteten die 2 m großen Saurier kleine Reptilien und Säuger. Mit den kurzen Vorderbeinen wurden vielleicht die Nester großer Saurier ausgescharrt und geplündert.

Fischsaurier (7) waren bis 6 m lange Kriechtiere, die in Form und Fortbewegung ausgezeichnet an die Jagd im Wasser angepasst waren. Aus Fossilfunden weiß man, dass sie *lebend gebärend* waren.

Paddelsaurier (8) traten in verschiedenen Arten auf. Neben Fischjägern von 3 m Länge kamen bis 12 m lange Riesen vor, die tintenfischähnliche Tiere (Ammoniten) erbeuteten.

Ozeansegler (9) segelten auf gewaltigen Schwingen (Flügelspannweite bis zu 8 m) von Klippen aus über das Meer. Im Sturzflug erbeuteten sie Fische von der Wasseroberfläche, ohne mehr als den Schnabel einzutauchen. Ihr Körper war behaart. So wurde er vor zu schneller Abkühlung im kalten Küstenwind geschützt.

1 Lebensbild aus der Mittleren Kreidezeit (vor etwa 100 Millionen Jahren)

Der Urvogel Archaeopteryx

Die *Solnhofener Plattenkalke* aus der Jurazeit gelten seit jeher als eine der berühmtesten Fossilienlagerstätten. Bestens erhaltene Ammoniten, Belemniten, Krebse, Fische, Seesterne usw. werden dort gefunden.

Im Jahre 1860, ein Jahr nach der Veröffentlichung von DARWINS Werk „Über den Ursprung der Arten", förderten Steinbrucharbeiter einen vorher noch nicht dagewesenen Fund ans Tageslicht — den Abdruck einer Feder. War mit dieser Feder die Spur eines *Urvogels* und damit ein bisher fehlender Hinweis auf die Brauchbarkeit von DARWINS umstrittener Theorie entdeckt worden oder lag gar eine Fälschung vor?

Die Zweifel waren bereits ein Jahr später beseitigt. Sammler entdeckten in der gleichen Gesteinsschicht auf den Höhen des Altmühltals die fast vollständige Versteinerung eines rabengroßen Urvogels. Man nannte diesen sensationellen Fund *Archaeopteryx* (griech. = uralte Feder, Flügel). Ein weiteres, noch besser erhaltenes Exemplar wurde 1877 gefunden. Deutlich sind an den Fundstücken neben Vogel- auch Reptilienmerkmale zu erkennen — z. B. die zahlreichen, nicht verwachsenen Schwanzwirbel. Bis 1992 bestand Einigkeit darüber, dass Archaeopteryx ein schlechter Flieger war und wahrscheinlich nur gleiten konnte. An einem sensationellen Neufund konnte man dann aber ein typisches Vogelmerkmal, nämlich das Vorhandensein eines Brustbeins mit Brustbeinkamm nachweisen, das einer kräftigen Flugmuskulatur Ansatzfläche bieten konnte. Archaeopteryx stellt also ein echtes Bindeglied zwischen den Reptilien und den Vögeln dar. Solche Übergangsformen, die verschiedene Gruppen von Lebewesen verbinden, nennt man *Brückentiere*.

1 Urvogel Archaeopteryx (Versteinerung)

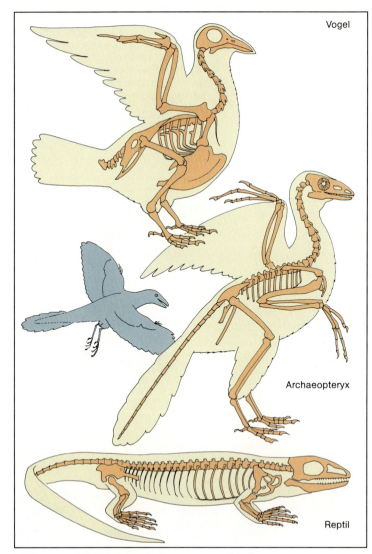

2 Skelettvergleich Vogel — Archaeopteryx — Reptil

Aufgaben

① Beschreibe die Unterschiede zwischen Vogel- und Reptilienskelett!

② Weise am Skelett des Urvogels Vogel- und Reptilienmerkmale nach. Trage sie in eine Tabelle ein!

③ Aus den Fossilfunden vom Urvogel zogen die Forscher folgende Schlüsse:
   — Er lebte als Klettervogel in Bäumen.
   — Er konnte aktiv fliegen.
   — Wahrscheinlich war er gleichwarm wie die heute lebenden Vögel und Säuger.
   Begründe diese Aussagen!

④ Nenne weitere Brückentiere! Begründe deren Bedeutung für die Evolutionstheorie.

Die Evolution des Pferdes

Die Evolution des Pferdes lässt sich heute so vollständig belegen, wie bei keinem anderen Tier. Die Geschichte der Pferde begann vor etwa 55 Millionen Jahren. Aus katzengroßen, fünfzehigen Urhuftieren entwickelte sich das Urpferdchen *(Hyracotherium)*. Seine Vorderbeine hatten vier, seine Hinterbeine drei mit Hufen endende Zehen. Damit konnte es sich in seinem Lebensraum Wald gut fortbewegen, denn die sich spreizenden Zehen verhinderten ein tieferes Einsinken im weichen Boden. Das Urpferdchen fraß Laub und Früchte. Zum Zerquetschen der weichen Nahrung waren die niedrigen, vierhöckerigen Backenzähne gut geeignet.

Fossilfunde belegen, dass sich im Laufe der Entwicklung Körpergröße und Organe schrittweise veränderten. So zeigen Fossilfunde von *Merychippus,* dass von den ursprünglich drei Zehen bei Hyracotherium nur noch die stärker gebaute Mittelzehe mit einem Huf besetzt ist. Ferner sind an den Backenzähnen erste Ansätze von Schmelzfalten zu erkennen. Diese Veränderungen deuten auf eine geänderte Lebensweise hin. Damals hat sich die Steppe infolge von Klimaänderungen auf Kosten der Wälder ausgebreitet. In derselben Zeit entwickelten sich aus den Laub fressenden Waldpferden Gras fressende Steppentiere. Wie der verzweigte Stammbaum zeigt, ist die Entwicklung des Pferdes nicht geradlinig verlaufen. Viele Linien starben aus. Nur die Pferdeformen konnten sich jeweils durchsetzen, die an ihre Umwelt gut angepasst waren.

Obwohl die Stammesentwicklung der Pferde in Nordamerika stattgefunden hat, fand man auch Pferdefossilien in Europa. Diese Tiere sind über die damals bestehende *Landbrücke* zwischen Alaska und Sibirien nach Asien und Europa eingewandert. Auch *Equus,* unser heutiges Pferd, ist ein Einwanderer, der sich in der alten Welt durchsetzen konnte, während seine nordamerikanischen Verwandten aus unbekannten Gründen ausstarben. Erst mit den spanischen Eroberern gelangten um 1500 n. Chr. wieder Pferde nach Amerika.

Aufgaben

① Zebras sind wild lebende Verwandte des heutigen Pferdes. Nenne Anpassungen der Zebras an ihren Lebensraum.
② Beschreibe die stufenweise Abwandlung der Gliedmaßen (▷2). Beachte die Anpassung an den jeweiligen Lebensraum.

1 Fossiles Urpferdchen

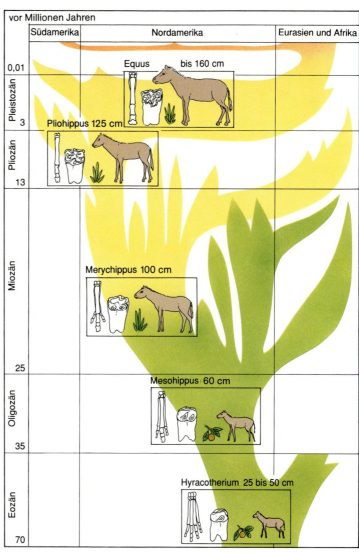

2 Stammesentwicklung des Pferdes

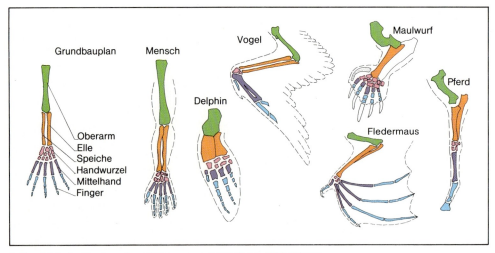

1 Vergleich der Vorderextremitäten von verschiedenen Wirbeltieren

Homologie — Analogie

Nach dem Blick in das „Geschichtsbuch der Erde" stellt sich nun die Frage, welche Hinweise auf die Entstehung der Arten sich aus der Untersuchung heute lebender Tiere und Pflanzen ergeben.

Organe mit gleichem Grundaufbau

Die Beine verschiedener Insekten ermöglichen die unterschiedlichsten Arten der Fortbewegung: Laufkäfer können sich auf ihren *Laufbeinen* rasch bewegen und so ihre Beute fangen. Heuschrecken entziehen sich mit Hilfe ihrer *Sprungbeine* durch weite Sprünge ihren Feinden. Maulwurfsgrillen durchwühlen mit ihren *Grabbeinen* den Erdboden. Gelbrandkäfer bewegen sich mit ihren *Schwimmbeinen* im Wasser gewandt fort. Beim Vergleich der Beine stellt man erstaunliche Übereinstimmungen in ihrem Aufbau fest, selbst wenn sie ganz unterschiedliche Funktion haben: Insektenbeine bestehen stets aus Hüfte, Schenkelring, Schenkel, Schiene und Fußgliedern.

Eine ähnliche Vielfalt der Fortbewegungsweisen und der Extremitäten wie bei den Insekten findet man auch bei den Wirbeltieren, z. B. *Flügel* bei Vögeln und Fledermäusen, *Flossen* bei Delphinen, *Grabbeine* beim Maulwurf. Der Bauplan jedoch ist bei allen Vorderextremitäten der Wirbeltiere gleich: Oberarmknochen, zwei Unterarmknochen (Elle und Speiche), mehrere Handwurzelknochen, eine fünfgliedrige Mittelhand und fünf Finger.

Die Beispiele zeigen, dass sich bestimmte Organe — also etwa die Beine verschiedener Insektenarten bzw. die Extremitäten verschiedener Wirbeltierarten — auf eine Grundform zurückführen lassen, obwohl sie verschiedene Funktionen aufweisen. Man nennt sie **homologe Organe**.

Organe mit gleicher Funktion

Vergleicht man nun die Grabbeine von Maulwurf und Maulwurfsgrille miteinander, so fällt zwar die Ähnlichkeit in ihrer Funktion und in ihrem äußeren Erscheinungsbild auf, in ihrem Grundbauplan gibt es jedoch keinerlei Übereinstimmungen. Auch die Schwimmbeine des Gelbrandkäfers haben einen völlig anderen inneren Aufbau als die Flossen des Delphins. Derartige Organe weisen also trotz gleicher Funktion verschiedene Grundbaupläne auf. Man nennt sie **analoge Organe**.

Treten bei verschiedenen Arten homologe Organe auf, stammen diese Arten wahrscheinlich von gemeinsamen Vorfahren ab, die diese Organe bereits aufweisen und über die Erbanlagen an ihre Nachkommen weitergaben. Das Vorhandensein analoger Organe zeigt eine besondere Angepasstheit an einen Lebensraum. Es lässt keine Aussagen über die Verwandtschaft von Organismen zu.

Aufgaben

① Alle Blütenblätter (Kelch-, Kron-, Frucht- und Staubblätter) sind homologe Organe. Zeichne den Bau einer Blüte und erkläre.

② Warum gelten homologe Organe als Belege für die Stammesentwicklung?

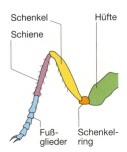

Heuschrecke

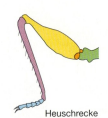

Maulwurfsgrille

Gelbbrandkäfer

Insektenbeine

Konvergenz

In den Wüstengebieten Amerikas und Afrikas leben Pflanzen, die an das trocken-heiße Klima angepasst sind. Man nennt sie *Trockenpflanzen*. Sie zeigen besondere Anpassungsmerkmale an ihre Standorte: Laubblätter fehlen bei ihnen, sodass die Fotosynthese durch chlorophyllhaltige Zellen im grünen Stamm erfolgt. Eine dicke Kutikula schützt vor starker Verdunstung. Lange Wurzeln sichern eine optimale Ausnutzung des vorhandenen Wassers. In großvolumigen Zellen werden große Mengen an Wasser gespeichert. Trotz dieser Ähnlichkeiten zeigt ihr Blütenbau, dass sie unterschiedlichen Pflanzenfamilien angehören: Die in Amerika vorkommenden Pflanzen sind *Kakteen,* die afrikanischen Formen sind *Wolfsmilchgewächse.*

Wenn verschiedene Arten durch Anpassung an gleiche Lebensbedingungen ähnliche Gestalt aufweisen, nennt man dies *Konvergenz*. Sie täuscht Verwandtschaft nur vor und ist kein Hinweis auf eine gemeinsame Abstammung. Das Ergebnis sind analoge Organe.

Auch im Tierreich gibt es zahlreiche Beispiele für Konvergenzen. Die stromlinienförmige Gestalt bei Fischen, Pinguinen und Delphinen vermindert den Strömungswiderstand der Fortbewegung im Wasser.

Maulwurf, Nacktmull und Beutelmull sind in ähnlicher Weise an das Leben im Boden angepasst. Der Maulwurf ist als *Insektenfresser* mit Spitzmäusen und Igeln eng verwandt. Der in Afrika vorkommende Nacktmull gehört zur Familie der Biber, ist also ein *Nagetier.* Der Beutelmull ist als *Beuteltier* ein Verwandter von Känguru und Koalabär.

Rudimentäre Organe

Ein Vergleich heute lebender Eidechsen zeigt folgendes: Die *Zauneidechse* weist vier voll entwickelte Beine auf. Die stark verkürzten Beine der *Erzschleiche* tragen kaum noch zu ihrer Fortbewegung bei. Der *Scheltopusik* hat verkürzte Hinterbeine, und bei der *Blindschleiche* sind äußerlich keine Beine mehr erkennbar, lediglich am Skelett sind Extremitäten zu finden.

Organe, die keine Funktion mehr besitzen, nennt man *rudimentäre Organe*. Sie sind ein weiterer Beleg für die Evolution. Rudimentäre Organe findet man auch bei anderen Tierarten, z. B. Beckenknochen bei Bartenwalen oder rückgebildete Lichtsinnesorgane bei Höhlentieren.

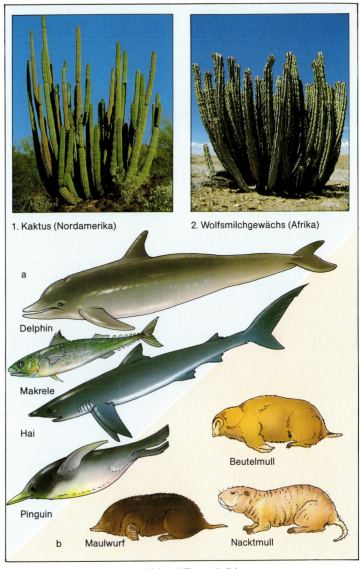

1 Konvergenz bei Pflanzen (1./2.) und Tieren (a/b)

2 Beispiele für rudimentäre Organe

Belege für die Stammesentwicklung

Rudimentäre Organe

Die heutigen **Pferde** stammen von dem Urpferdchen *Hyracotherium* ab (s. S. 341). Reste zurückgebildeter Mittelfußknochen finden sich am Fußskelett heutiger Pferde noch als *Griffelbeine*.

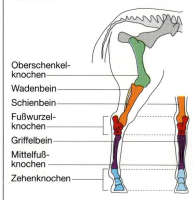

Oberschenkelknochen
Wadenbein
Schienbein
Fußwurzelknochen
Griffelbein
Mittelfußknochen
Zehenknochen

Auch der **Mensch** weist zahlreiche Rudimente auf: Seine Körperbehaarung stellt Fellreste dar, das Steißbein den Rest einer Schwanzwirbelsäule und der Blinddarm mit Wurmfortsatz die Rückbildung eines größeren Darmanhangs, der zur besseren Verdauung pflanzlicher Nahrung diente.

Atavismen

In seltenen Fällen treten sogenannte Rückschläge auf, d. h. ein Organ wird infolge einer Störung der Embryonalentwicklung so ausgebildet, wie es für die Ahnform typisch war.

Immer wieder werden 3-zehige **Pferde** geboren, oder solche, die anstelle eines Griffelbeins eine zusätzliche Zehe mit kleinem Huf haben. Unsere Pferde stammen von mehrzehigen Ahnen ab.

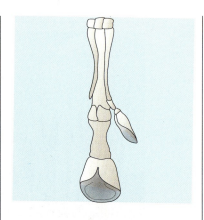

1983 wurde in Malaysia ein Kind geboren, das am Ende der Wirbelsäule einen 7,5 cm langen Schwanz hatte. Im Laufe der Embryonalentwicklung wird die Schwanzanlage zum Steißbein zurückgebildet. Offensichtlich hat sich im Entwicklungsprogramm des Kindes ein Fehler eingeschlichen. Im Erbgut ist die Information „Ausbildung eines Schwanzes" also noch gespeichert, sie kommt jedoch im Normalfall nicht zur Ausführung. Dieses Beispiel zeigt, dass ganz frühe Vorfahren des **Menschen** einen Schwanz gehabt haben dürften.

Der Aufbau biochemischer Stoffe

Die Trägersubstanz der genetischen Informationen, die **DNS** ist bei allen Lebewesen aus denselben Bausteinen (Nucleotiden) und in der gleichen Weise (Doppelhelix) aufgebaut (s. S. 303). Die Codierung der Erbinformation in Form der „Basentripletts" ist ebenfalls bei allen Organismen gleich. Daraus kann man schließen, dass alle Lebewesen einen gemeinsamen Ursprung haben.

Vergleicht man den Aufbau des **Eiweißes** Cytochrom c, das als Enzym bei der Übertragung des Sauerstoffs in den Zellen beteiligt ist, stellt man fest, dass es bei allen Wirbeltieren aus 104 Aminosäuren besteht. An bestimmten Stellen, die für die Funktion unbedeutend sind, treten Unterschiede auf. Die Tabelle zeigt die Anzahl der Unterschiede im Vergleich zum Menschen:

Rhesusaffe	1
Kaninchen	9
Haushuhn	13
Klapperschlange	14
Frosch	18
Tunfisch	21

Je weniger Unterschiede auftreten, desto später haben sich die Entwicklungslinien getrennt. So kann man aus dem Eiweißvergleich einen Stammbaum erstellen, der den aus Fossilfunden rekonstruierten Stammbaum eindrucksvoll bestätigt.

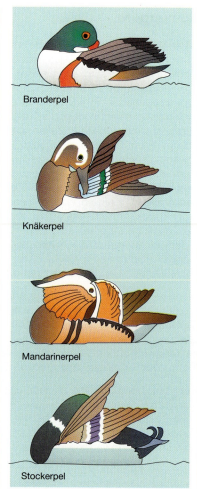

Branderpel
Knäkerpel
Mandarinerpel
Stockerpel

Verhalten

Vergleicht man das Verhalten verschiedener Entenarten, so stellt man erstaunliche Übereinstimmungen fest, selbst bei Arten, die sich in ihrem Vorkommen und in ihrer Lebensweise stark unterscheiden: Küken aller Entenarten rufen mit einem einsilbigen „Pfeifen des Verlassenseins" nach dem Elterntier. *Branderpel, Mandarinerpel, Stockerpel* und *Knäkerpel* putzen bei der Einleitung der Balz scheinbar ihr Gefieder. Stockerpel und Knäkerpel, nicht aber Branderpel und Mandarinerpel zeigen bei der Balz ein als „Hochkurzwerden" bekanntes Verhalten. Diese und zahlreiche weitere Beispiele zeigen, dass auch im Bereich des tierischen Verhaltens Homologien vorkommen. Durch Auswertung zahlreicher Verhaltensmerkmale konnten Verwandtschaftsbeziehungen zwischen verschiedenen Arten erforscht werden. Bei den besonders gut untersuchten Entenvögeln war es sogar möglich, auf der Grundlage abgestufter Ähnlichkeiten im Verhalten einen Stammbaum der Arten zu erstellen.

Das natürliche System der Lebewesen

Ordnen nach gemeinsamen Merkmalen

Im Laufe der Erdgeschichte sind viele Arten ausgestorben, andere haben sich weiterentwickelt, neue Arten sind entstanden. Insgesamt hat sich eine unübersehbare Vielfalt an Lebensformen entwickelt, heute kennt man allein 400 000 Pflanzen- und 1,5 Millionen Tierarten.

Schon früh haben Menschen versucht, diese Vielfalt zu ordnen. Die Einteilung nach Lebensraum und Bedeutung, z. B. nach Land- und Wasserpflanzen, Pflanzen mit und ohne medizinischen oder landwirtschaftlichen Nutzen, hat zunächst zu sogenannten „künstlichen Systemen" geführt.

Der schwedische Naturforscher CARL VON LINNÉ (1707—1778) verglich als erster den Bau der Fortpflanzungsorgane verschiedener Pflanzen und legte damit den Grundstein für das, was heute als „natürliches System" bezeichnet wird. Um zu diesem System zu gelangen, hat man möglichst viele Merkmale der Lebewesen verglichen und diese nach ihrer Übereinstimmung eingeteilt. Je größer die Übereinstimmung, desto näher sind die Lebewesen miteinander verwandt.

Auf diese Weise hat man die Lebewesen in fünf **Reiche** eingeteilt, in kernlose *Einzeller, Einzeller mit Zellkern, Pilze, Pflanzen* und *Tiere* (▷ 1). Innerhalb dieser Reiche gliedert man nach zunehmender Verwandtschaft in **Stamm** (bzw. **Abteilung**), **Klasse, Ordnung, Familie, Gattung** und **Art**. Lebewesen einer Art stimmen in allen wesentlichen Merkmalen überein und können miteinander fruchtbare Nachkommen zeugen.

Beispiel: Tierreich

Verfolgen wir nun die Einteilung des Tierreichs an einer Vogelart, der Stockente.
Stamm: Wirbeltiere, *Klasse:* Vögel, *Ordnung:* Gänseartige, *Familie:* Entenvögel (dazu gehören auch Gänse und Schwäne), *Gattung:* Enten (neben der Stockente gehören dazu z. B. auch Tafelenten oder Knäkente), *Art:* Stockente.
Stockenten sind also mit den Tafelenten näher verwandt als mit Gänsen oder Schwänen und mit diesen wiederum näher als z. B. mit der Amsel, die ja ebenfalls zur Klasse Vögel zählt.
Nach der Evolutionstheorie haben alle Lebewesen einen gemeinsamen Ursprung (▷ 1). Die verschiedenen Arten haben sich im Laufe der Stammesentwicklung als Anpassungen an bestimmte Lebensräume und Lebensweisen entwickelt (vgl. S. 346).

Aufgaben

① Zum Stamm der Wirbeltiere gehören neben den Vögeln noch weitere Tierklassen. Welche sind dies?
② Informiere dich über Unterschiede im Körperbau zwischen den Wirbeltierklassen und setze diese mit dem jeweiligen Lebensraum und der Lebensweise in Beziehung.
③ Moose (s. S. 66) unterscheiden sich in grundlegenden Baumerkmalen von Farnen und Samenpflanzen. Notiere!

1 Stammbaum der Lebewesen (vereinfacht)

2 Ursachen der Evolution

JEAN-BAPTISTE DE LAMARCK und CHARLES DARWIN, zwei Pioniere der Evolutionsforschung, haben die Frage nach den Ursachen der Evolution mit unterschiedlichen Theorien zu beantworten versucht.

Anpassung durch Gebrauch/Nichtgebrauch?

LAMARCK nahm an, dass Eigenschaften, die ein Lebewesen während seines Lebens erwirbt, auf die Nachkommen vererbt werden können. Wenn z. B. Giraffen durch dauerndes Strecken der Hälse im Laufe ihres Lebens längere Hälse bekämen, so könnten sie ihren Nachkommen diese erworbene Eigenschaft vererben. Im Laufe der Zeit könnten sich so aus kurzhalsigen Urgiraffen langhalsige Tiere entwickelt haben. Andererseits würde der Nichtgebrauch von Organen zu deren Verkümmerung führen. So erklärte LAMARCK z. B. die Beinlosigkeit der Schlangen.

LAMARCKs Theorie fand keine Anerkennung. Auch die moderne Vererbungslehre widerlegt seine Ansicht.

Art
Lebewesen, die in allen wichtigen Merkmalen übereinstimmen und miteinander fruchtbare Nachkommen zeugen können

Population
Gesamtheit der Lebewesen einer Art, die in einem zusammenhängenden Gebiet leben und sich miteinander fortpflanzen

2 Birkenspanner (dunkle und helle Form)

Mutation — Rekombination — Selektion

Mit einer anderen Theorie, die in ihren Grundzügen noch heute gültig ist, erklärte DARWIN die Entstehung neuer Arten. Er ging davon aus, dass die Lebewesen viel mehr Nachkommen erzeugen als zur Erhaltung der Art notwendig sind. Da aber die Zahl der Tiere einer Art annähernd gleich bleibt, müssen viele vor der Fortpflanzung sterben.

Das Beispiel des Birkenspanners zeigt, welche Tiere überleben und sich fortpflanzen. Diese Nachtschmetterlinge sind normalerweise hellgrau gefärbt. Allerdings treten immer wieder dunkel gefärbte Tiere auf, die sich auf der hellen Birkenrinde deutlich abheben. Sie werden deshalb von ihren Feinden eher entdeckt und gefressen. Durch diese natürliche Auslese blieben früher vor allem die hell gefärbten Schmetterlinge erhalten. Mit zunehmender Industrialisierung änderte sich das Bild. In der Nähe von Industriestädten wurde die Baumrinde vom Ruß dunkler gefärbt. Nun war die dunkle Form im Vorteil und konnte sich hier durchsetzen. Damit veränderte sich die Zusammensetzung der Population.

Durch das dauernde Zusammenspiel von Erbgutveränderungen (*Mutationen*) von *Rekombination* (s. S. 308) und natürlicher Auslese (*Selektion*) können so neue Arten entstehen. Die stetige Auslese geeigneter Lebewesen führt schließlich zu einer Anpassung einer Tiergruppe an die jeweiligen Umweltbedingungen. Die so erworbenen Anlagen werden weitervererbt.

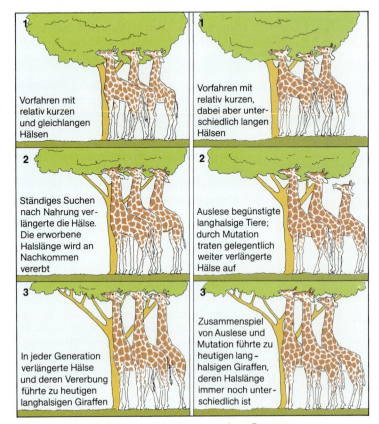

1 Die Evolutionstheorien von LAMARCK . . . und von DARWIN

Mutations- und Selektionsspiel

Im Spiel lässt sich das Zusammenwirken von Mutation und Selektion nachvollziehen. Dabei gehen wir von dem Phänomen der Tarnung aus (▷ 346.2). Beutetiere, die ihren Fressfeinden aufgrund der eigenen Tarnung entkommen, können sich fortpflanzen. Je mehr Beutetiere entkommen, umso mehr Nachkommen werden sie haben. Die getarnte Mutante wird also in einer Population zunehmen, während die weniger gut getarnte abnimmt.

Vorbereitung

— Besorge dir 2 helle Tapetenreste von 1 m Länge, schwarze Plaka-Farbe und einen Borstenpinsel. Betupfe beide Tapetenreste mit schwarzer Farbe. Der eine soll einen höheren Schwarzanteil (Baumrinde nach der Industrialisierung), der zweite einen höheren Weißanteil (Baumrinde nach Einführung von Luftreinhaltemaßnahmen) haben.
— Stanze mit dem Locher aus Fotokarton 100 schwarze und 100 weiße Plättchen aus (= dunkle und helle Birkenspanner).
Breite eine der „Umweltunterlagen" auf dem Tisch aus. Darauf werden probeweise schwarze und weiße Spielplättchen gleichmäßig verteilt. Falls diese sich zu deutlich abheben, muss die Raumbeleuchtung gedämpft werden. Zu helle und zu dunkle Lichtverhältnisse verfälschen gleichermaßen das Ergebnis.

Durchführung

Da durch die zunehmende Industrialisierung in Mittelengland die Baumrinde dunkler wurde und sich dadurch die Birkenspanner-Population nach „dunkel" verschob, beginnt das Auslesespiel mit der dunklen Umweltunterlage:

— Eine Spielgruppe besteht aus einem Spielleiter und 3—5 Spielern („Beutegreifern"). Das Spiel sollte drei Auslesedurchgänge auf der dunklen und drei auf der hellen Umweltunterlage umfassen.
— Der Spielleiter verstreut 50 weiße und 50 schwarze Plättchen möglichst gleichmäßig auf der dunklen Unterlage, wobei die „Beutegreifer" nicht zuschauen dürfen.
— Auf Anweisung des Spielleiters sammelt jeder „Beutegreifer" schnellstmöglich Plättchen einzeln auf (die Anzahl ist abhängig von der Zahl der Mitspieler — siehe Tabelle unten) und legt sie in ein Schälchen. Beim Einsammeln dürfen sich die Spieler nicht nach vorne beugen, und nicht mit der Hand über die Unterlage streichen.
— Die übrig gebliebenen Plättchen haben „überlebt" und können sich „fortpflanzen". Sie werden von der Unterlage abgeschüttelt, nach Farbe sortiert und ausgezählt. Der Spielleiter notiert die Anzahlen im Protokollbogen.
— Nun werden die „Überlebenden" wieder auf 100 Plättchen ergänzt. Die Vermehrungsrate ist abhängig von der Zahl der Mitspieler (siehe Tabelle). Das Rechenbeispiel soll die Ergänzung erleichtern. Der Spielleiter verstreut die 100 Plättchen erneut auf der Unterlage.

Bei 3 „Beutegreifern":
Jeder Spieler nimmt 25 Plättchen.
Pro „überlebendes" Plättchen 3 Nachkommen gleicher Farbe.
Bei 4 „Beutegreifern":
Jeder Spieler nimmt 20 Plättchen.
Pro „überlebendes" Plättchen 4 Nachkommen gleicher Farbe.
Bei 5 „Beutegreifern":
Jeder Spieler nimmt 15 Plättchen.
Pro „überlebendes" Plättchen 3 Nachkommen gleicher Farbe.

— Die F3-Generation, die nach 3 Auslesevorgängen erreicht ist, nimmt man als Startpopulation für die Fortsetzung des Spiels auf der hellen Umweltunterlage.
— Um die Entwicklung der beiden Populationen zu verdeutlichen, kann man ihre Individuenanzahlen in den einzelnen Generationen in ein Schaubild eintragen.

Rechenbeispiel:

Bei 3 Beutegreifern bleiben 25 Plättchen übrig. Der Vermehrungsfaktor ist 3. In unserem Fall seien es 16 schwarze und 9 weiße Plättchen, das ergibt 16 x 3 = 48 schwarze und 9 x 3 = 27 weiße Nachkommen. Insgesamt umfasst dann die F1-Generation
48 + 16 = 64 weiße und
27 + 9 = 36 schwarze Plättchen (zusammen wieder 100).

Protokollbogen:		
Mutante	dunkel	hell
Untergrund:	dunkel	
Startpopulation	50	50
nach Auslese		
Vermehrung		
F1-Generation		
nach Auslese		
Vermehrung		
F2-Generation		
nach Auslese		
Vermehrung		
F3-Generation		
Untergrund:	hell	
Startpopulation = F3-Generation		
⋮	⋮	⋮

Isolation

Die *Rabenkrähe* hat am ganzen Körper ein schwarz glänzendes Gefieder. Die *Nebelkrähe* dagegen weist einen grauen Rumpf auf. Westlich der Elbe finden wir die Rabenkrähe, östlich die Nebelkrähe. Wo sich die Verbreitungsgebiete überschneiden, kommt es zur Bildung von *Mischlingen*.

Die Trennung der ursprünglich einheitlichen Krähenpopulation in zwei getrennte Teilpopulationen wurde wahrscheinlich durch die Klimaveränderung der letzten Eiszeit verursacht. Mit dem Vorstoß der Gletscher nach Mitteleuropa verschlechterten sich die Lebensbedingungen drastisch und die Krähen wurden in südlich liegende, durch Gletscher getrennte Gebiete verdrängt. Dort entwickelten sie sich unabhängig voneinander weiter, sodass es schließlich zur Bildung der heutigen *Rassen* kam. Nach der Eiszeit besiedelten die Krähen von Süden her wieder Mitteleuropa. An der Elbe trafen die beiden Krähenrassen wieder aufeinander.

Das Beispiel zeigt, dass Individuen einer Population, die durch bestimmte Ereignisse (*Klimaänderungen, Gebirgsbildungen, Vulkanausbrüche*) in zwei räumlich getrennte Teilpopulationen zerrissen wird, neue Rassen entwickeln können (**geographische Isolation**).

Ein anderes, gut untersuchtes Beispiel gibt uns die Tierwelt der *Galapagos-Inseln,* die etwa 1000 km westlich der südamerikanischen Küste liegen. Die Inseln sind vulkanischen Ursprungs, d. h. erst nach dem Erkalten der Lava konnten sich Lebewesen ansiedeln.

Schon DARWIN hatte dort bei seiner Reise mit der Beagle 13 verschiedene Finkenarten beobachtet. Sie unterscheiden sich voneinander in Schnabelform und Lebensweise. So bevorzugt beispielsweise der *Große Grundfink* pflanzliche Nahrung. *Spechtfink* und *Mangroven-Fink* verzehren außer Früchten und Mangrovenblättern auch Insekten. Ähnlich wie Spechte suchen sie in morschem Holz nach ihrer Beute. Dazu benutzen sie allerdings nicht nur ihren Schnabel, sondern auch Kaktusdornen oder kleine Stöckchen. Der *Wenman-Fink* frisst Vogeleier und das Fleisch toter Tiere.

Das Auftreten dieser verschiedenen Finkenarten nebeneinander erklärte DARWIN durch die Abstammung von einer gemeinsamen *Ahnenform,* dem bodenlebenden, Körner fressenden Fink *Geospiza.* Dieser besiedelte vom südamerikanischen Festland aus

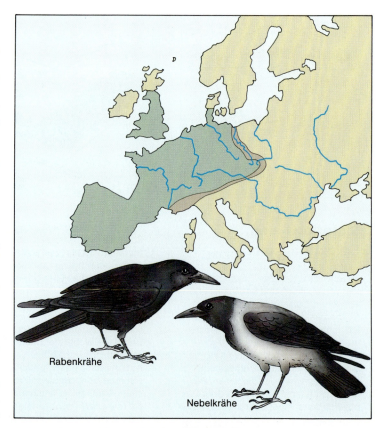

1 Verbreitungsgebiet von Nebel- und Rabenkrähe

die vulkanischen Galapagos-Inseln. Seine Nachkommen konnten sich rasch verbreiten, da es zunächst keine anderen Vogelarten auf den Inseln gab. Im Laufe von Millionen von Jahren eroberten sie alle zur Verfügung stehenden Lebensräume und nutzten die verschiedensten Nahrungsquellen. Aus einer gemeinsamen Stammform hat sich eine Vielzahl verschiedener Arten entwickelt, die sich nicht mehr vermischen. Sie werden heute als *Darwinfinken* bezeichnet.

Aufgaben

① Welche Faktoren bewirken die Evolution? Erkläre mit Hilfe der beschriebenen Faktoren die Entwicklung homologer und analoger Organe und die Bildung von Konvergenzen.

② Gehören Rabenkrähe und Nebelkrähe zu einer Art?

③ Warum ist gerade die Besiedlung vulkanischer Inseln für die Evolutionsforschung besonders interessant?

④ Erkläre am Beispiel der Darwinfinken, wie es durch das Zusammenspiel von Mutation, Selektion und Isolation zur Bildung neuer Arten kommen kann.

Spechtfink

Großer Grundfink

Die Entwicklung des Evolutionsgedankens

Der schwedische Naturforscher CARL VON LINNE (1707–1778) entstammt noch einer Zeit, in der die Lehrmeinung von der „Konstanz der Arten" als unumstößlich galt. 1735 veröffentliche er sein wichtigstes Werk (Systema Naturae), in dem er ein Benennungs- und Ordnungssystem für Pflanzen vorstellte. Dieses wird in seinen Grundzügen bis heute angewandt. Später entwickelte er ähnliches auch für das Tierreich. LINNE, der aus einer evangelischen Pfarrersfamilie stammt, wollte durch seine Arbeiten die göttliche Schöpfungsordnung aufzeigen. Dabei kamen ihm erstmals Zweifel, ob die Unveränderlichkeit der Arten richtig sei. Es gibt nämlich Tiere und Pflanzen, die „fließende Übergänge" zwischen den Arten darstellen.

Der erste Verfechter einer Entwicklung der Lebewesen war der französische Zoologe JEAN-BAPTISTE DE LAMARCK (1744–1829). Bei seinen vergleichenden Untersuchungen an lebenden Tieren und Fossilien fand er Abstufungen im Bau bestimmter Organe. Er vermutete, dass sich die Arten allmählich verändern können. Nach seiner Überzeugung sind alle Lebewesen miteinander verwandt. Höher entwickelte Arten sind aus einfacheren entstanden. Er erklärte die Evolution aus einem Zusammenspiel von inneren Antrieben der Lebewesen mit Umwelteinflüssen: Vererbung erworbener Eigenschaften.

Der französische Naturforscher GEORGES BARON DE CUVIER (1769–1832) war LAMARCKs großer Gegenspieler. Er vertrat die Vorstellung von der Unveränderbarkeit der Arten. Den Unterschied zwischen den Formen heutiger Arten und den als Versteinerungen gefundenen Arten erklärte er durch Naturkatastrophen, die mehrmals über die Erde hereingebrochen seien. Dabei seien sämtliche Lebewesen ausgetilgt und danach neue geschaffen worden. So wechselten im Laufe der Erdgeschichte die Vernichtung bestehender Arten und die Schöpfung neuer Arten ab. Diesen Erklärungsversuch nennt man *Katastrophentheorie*.

CHARLES ROBERT DARWIN (1809 bis 1882) verhalf dem Evolutionsgedanken in seiner heutigen Form zum Durchbruch. Die entscheidenden Ideen erhielt er auf einer Weltumsegelung (1831 bis 1836) und dabei vor allem beim Besuch der Galapagos-Inseln. Hier entdeckte er insgesamt 13 Vogelarten, die sich deutlich unterschieden, und entwickelte die Theorie, dass sich alle aus einer einzigen Art entwickelt haben. Sie heißen seither Darwin-Finken. Im Jahre 1859 erschien sein Werk „Über den Ursprung der Arten durch natürliche Zuchtwahl oder die Erhaltung begünstigter Rassen im Überlebenskampf". Es besagt, dass Lebewesen im gegenseitigen Konkurrenzkampf stehen. Da Tiere einer Art sich nie völlig gleichen und sich von Generation zu Generation verändern, werden diejenigen überleben, die den Umweltbedingungen am besten angepasst sind.

DARWIN übertrug die Evolutionstheorie auch auf den Menschen. Er konnte aber nicht beweisen, dass der Mensch Tiere als Vorfahren hat. Deshalb wurde diese Theorie von vielen — auch von Wissenschaftlern — entschieden abgelehnt. Eine Karikatur seiner Zeit zeigt DARWIN in Gesellschaft eines Affen.

1 Schimpansen

2 Systematische Einordnung des Menschen

3 Stammesentwicklung des Menschen

Die Verwandten des Menschen

Vergleichende Untersuchungen haben ergeben, dass sich das Erbgut des Menschen von dem des Schimpansen nur zu 1,2 % unterscheidet. Der Unterschied im Vergleich zum Bonobo (Zwergschimpanse) beträgt sogar nur 1 %. Mensch und Schimpanse sind also sehr nah miteinander verwandt. In der zoologischen Systematik werden die Menschen gemeinsam mit den Schimpansen und den übrigen Affen in die Ordnung der Herrentiere *(Primaten)* eingeordnet.

Auf den Gemeinsamkeiten von Schimpanse und Mensch beruht die Schlussfolgerung, dass beide gemeinsame Vorfahren haben. Ein Vergleich von Mensch und Schimpanse kann deswegen unser Verständnis von der Abstammung des Menschen erweitern.

Skelette im Vergleich

Das Skelett des Menschen ist an den aufrechten Gang angepasst. Der gewölbeförmige Fuß des Menschen ist in erster Linie ein Gehwerkzeug. Das Gewölbe ermöglicht einen federnden Gang und dämpft so die Erschütterungen bei der Fortbewegung. Die Kniegelenke sind so gebaut, dass sie einen ständigen aufrechten Gang ermöglichen. Die Wirbelsäule ist *doppelt-s-förmig* gekrümmt und kann Stöße sehr gut abfedern. Das Hinterhauptsloch liegt in der Mitte der Schädelunterseite, sodass sich der Schädel bei aufrechter Körperhaltung in einer günstigen Schwerpunktlage befindet. Der Brustkorb ist relativ breit, hat dafür eine geringe Tiefe. Dadurch liegt sein Schwerpunkt auf der Körperachse. Das Becken weist einen schüsselförmigen Bau auf, die Eingeweide werden von ihm getragen. Die Arme sind kürzer als die Beine und werden nicht zur Fortbewegung benutzt, sondern sind universell einsetzbare Greifwerkzeuge. Der Unterarm ist um seine Längsachse drehbar. Der Daumen kann jedem Finger der Hand gegenübergestellt werden. Auf diese Weise ist ein *Präzisionsgriff* möglich. Das Hautleistenmuster mit den darunter liegenden Sinneszellen ermöglicht eine sehr feine Dosierung der Kraft, mit der zum Beispiel ein Gegenstand gehalten werden kann.

Beim Gang auf dem Boden hängt der Kopf des Schimpansen an der bogenförmigen Wirbelsäule und wird von der kräftigen Nackenmuskulatur gehalten. Das Hinterhauptsloch liegt weit hinten am Schädel. Die

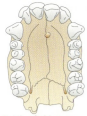
Gebiss Schimpanse

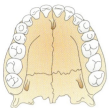
Gebiss Mensch

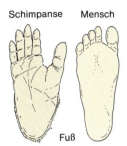
Schimpanse   Mensch
Fuß

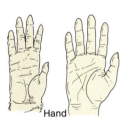
Hand

Wirbelsäule des Schimpansen geht geradlinig in das längliche Becken über. Der Brustkorb ist tief und die Schulterblätter sind weit nach hinten verlagert. Durch diese Lage können die Arme im Schultergelenk in alle Richtungen bewegt werden. Beim Laufen auf zwei Beinen ist der Schwerpunkt nach hinten verlagert. Knie- und Hüftgelenk bleiben abgeknickt.

Auffällig am Schädel sind die vorspringende Schnauze und die *Überaugenwülste.* Am Unterkiefer und den Schläfen findet man Ansatzstellen für die kräftige Kaumuskulatur. Im Gebiss ragen die großen und spitzen Eckzähne heraus, wobei jeweils im gegenüberliegenden Kiefer eine Zahnlücke vorhanden ist. Die Eckzähne sind gefährliche Waffen.

Fortbewegung

Die Heimat der Waldbewohner ist das tropische Afrika. Schimpansen schwingen oder klettern in ihrem Lebensraum geschickt von Ast zu Ast, manchmal springen sie auch. Am Boden gehen sie meist auf allen Vieren, wobei sie die längeren Arme mit den Fingerknöcheln abstützen *(Knöchelgang).* Relativ selten erheben sie sich zum aufrechten, zweibeinigen Gehen.

Beim Klettern stellen die Schimpansen nicht nur den Daumen den anderen Fingern, sondern auch die große Zehe den anderen Zehen gegenüber. So können sie mit Händen und Füßen Äste umgreifen *(Greifhand* und *Greiffuß).* Dadurch sind Schimpansen an das Leben in Bäumen, auf denen sie Nahrung (Früchte, Blätter) suchen und Schutz finden, angepasst. Kleinere Gegenstände werden von Schimpansen wie von Menschen zwischen Daumen, Zeige- und Mittelfinger gefasst. Im Unterschied zum Menschen halten Schimpansen den Gegenstand dabei nur seitlich am Daumen, nicht mit der Daumenkuppe. Die Hände eignen sich auch zum einfachen Werkzeuggebrauch. So angeln wild lebende Schimpansen mittels eines passenden Halmes Termiten, die ihren Speisezettel bereichern.

Verhalten

Das Gehirn des Schimpansen ist mit einem Volumen von etwa 350 cm^3 im Vergleich zu anderen Säugetieren gleicher Größe groß und weit entwickelt. Für das Leben in Bäumen kann es in Zusammenarbeit mit den Augen Entfernungen gut einschätzen und komplizierte Bewegungen steuern. Auch für das komplexe Sozialverhalten der Schimpansen ist ihr hoch entwickeltes Gehirn eine Voraussetzung. Schimpansen leben in Gruppen, in denen sich alle Mitglieder persönlich kennen und in denen es eine Rangordnung gibt.

Der Verständigung dienen differenzierte Laute und Gebärden, während der Mensch eine abstrakte Wortsprache mit einer Grammatik entwickelt hat. Die Verhaltensprogramme von Schimpanse und Mensch setzen sich aus angeborenen und einem sehr großen Teil erlernter Elemente zusammen (vgl. auch S. 256 u. 262). Das zeigt die lange Kinder- und Jugendzeit, in der viele Verhaltensweisen gelernt werden. Diese Phase dauert beim Menschen deutlich länger als beim Schimpansen.

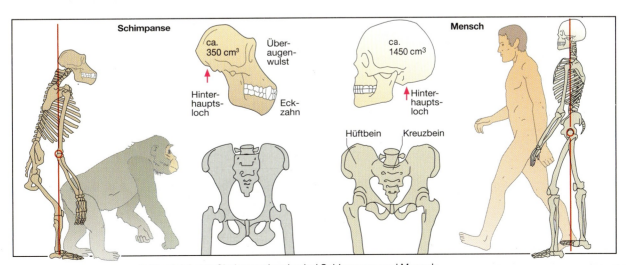

1 Vergleich von Skelettmerkmalen bei Schimpanse und Mensch

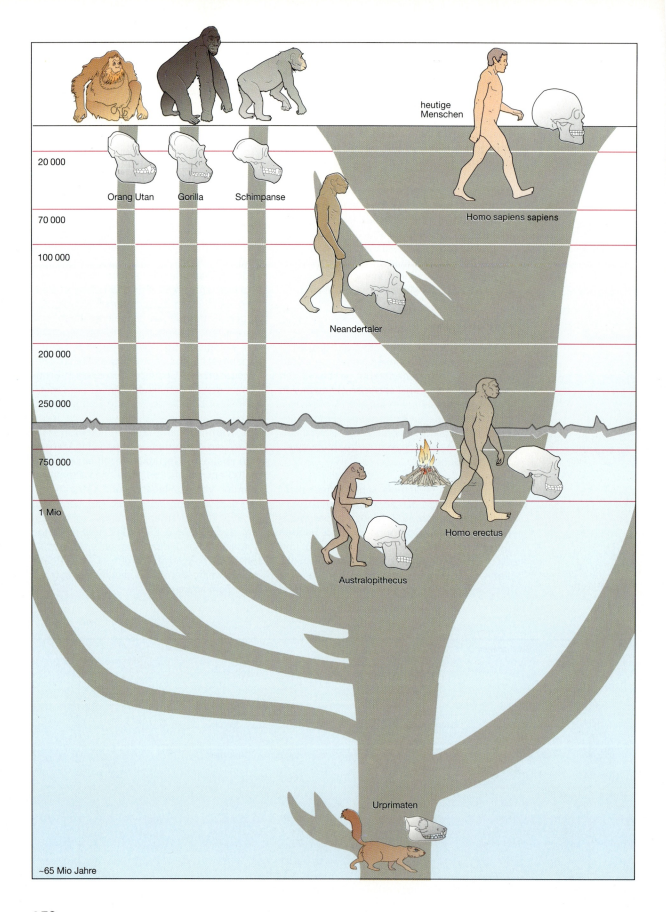

Die Vorfahren des Menschen

Lucy — ein spektakulärer Fund

Einen der bedeutendsten Funde zur Stammesgeschichte des Menschen machte der Amerikaner DONALD JOHANSON. Er entdeckte mit seinem Assistenten im Jahre 1974 im Wüstengebiet des Afar-Dreiecks im südlichen Äthiopien einen Schädel und in nächster Nähe weitere Knochen, die alle von demselben Skelett stammten. Die Forscher erkannten, dass ihnen ein bedeutender Fund gelungen war. Das Alter der Knochen und der Bau des Skeletts ließen vermuten, dass dieses Lebewesen wahrscheinlich zu unseren ältesten Vorfahren gehörte. Die Forscher tauften ihren Fund, eine zierliche junge Dame, nach einem Beatles-Song *Lucy*. Sie wird heute der Art *Australopithecus afarensis* zugeordnet. Mit einer Beschreibung der Knochenfunde gibt sich ein Wissenschaftler aber nicht zufrieden. Er stellt weitere Fragen:
— Wie sah Lucy aus?
— Ging sie aufrecht?
— Wovon ernährte sie sich?
— Zu welchen Leistungen war sie fähig?
— Benutzte sie Werkzeuge?

Bei der Rekonstruktion eines fossilen Lebewesens bringt man die gefundenen Skeletteile zunächst in die richtige Lage zueinander. Fehlende Knochen werden durch nachgebildete Teile aus plastischem Material ergänzt. Aus Lage und Größe der Muskelansatzstellen auf dem Knochen kann die Muskulatur rekonstruiert werden. Binde- und Fettgewebe werden ergänzt, die vermutliche Farbe der Haut und die Art der Behaarung hinzugefügt.

Lucy war etwa 90 cm groß und ca. 30 kg schwer. Das Skelett ist 3,18–3,20 Mio. Jahre alt. Männliche Artgenossen waren mit 1,50 m deutlich größer. Bezogen auf die Körpermaße bestand also ein ausgeprägter Geschlechtsunterschied. Relativ kurze Beine, die Form des Brustkorbes, der Finger und Zehen deuten darauf hin, dass Lucy auch gut klettern konnte.

1991 wurden etwa 4,4 Mio. Jahre alte Zähne und Knochenbruchstücke gefunden und als *Australopithecus ramidus* beschrieben. Ramidus ist dem Schimpansen am ähnlichsten und gegenwärtig der älteste menschenähnliche Vorfahre.

Neben Lucy wurden — ausschließlich in Afrika — viele weitere Fossilien geborgen. Sie gehören alle zur Gruppe Australopithecus, stellen aber verschiedene Arten dar.

Obwohl die Australopithecinen keine einheitliche Gruppe darstellten, besaßen sie gemeinsame Merkmale. Es waren aufrecht gehende Lebewesen mit affenähnlichem Gehirn, die in der Baumsteppe lebten. Die Abnutzungsmuster der Zähne deuten auf vorwiegend pflanzliche Nahrung hin. Im Vergleich zum Schimpansen zurückgesetzte Zahnreihen führten zu einem flacheren Gesicht und zu besserer Mahlfunktion der Zähne.

Aufgabe

① Stelle in einer Tabelle die Merkmale der Skelette (Schädel, Becken, Gliedmaßen) von Schimpanse, Australopithecus und Mensch zusammen.

	Australopithecus-Arten	Homo habilis	Homo erectus	Homo sapiens neandertalensis	Homo sapiens sapiens
Schädel					
Gehirnvolumen	400 - 600 cm³	600 - 800 cm³	800 - 1200 cm³	1500 - 1700 cm³	≈1450 cm³
Zeitraum des Vorkommens	3,5 Mio bis ≈1,5 Mio Jahre	ca 2,5 Mio bis ≈1,2 Mio Jahre	2 Mio bis ≈150 000 Jahre	ca 200 000 bis ca 30 000 Jahre	ca 150 000 bis heute Jahre

1 Größenzunahme des Hirnschädels

1 Grabungsstätte bei Bilzingsleben, Fundstück: Backenzahn

Die Gattung Homo

Als ältester Vertreter der Gattung Homo gilt **Homo habilis**, der „geschickte Mensch". Er trat vor 2–3 Mio. Jahren in Ostafrika auf. Über ihn ist wenig mehr bekannt, als dass er Werkzeuge benutzte.

In einem Steinbruch bei Bilzingsleben wurden 1969 eindeutige Spuren des **Homo erectus** entdeckt. Sie stammen aus der Zeit vor 350 000 Jahren. Außerdem wurden Werkzeuge, wie Fleischmesser oder Faustkeile, und Geräte zur Bearbeitung organischer Stoffe, wie Holz, Fasern, Rinden, Häute und Sehnen, geborgen, die unsere Vorfahren vor etwa 15 000 Generationen in den Händen hielten. Insgesamt kamen fünf Schädelteile und ein Backenzahn zu Tage. Sie geben Aufschlüsse über Körperbau, Gehirngröße und Leistungsfähigkeit des *Bilzingslebener Menschen*. Knochenreste vom Elefanten, Nashorn, Wisent und Steppenhirsch ließen Schlussfolgerungen über Ernährungsweise, Jagd und Landschaft zu.

Die ältesten Funde der Art Homo erectus (aufgerichteter Mensch) stammen aus Afrika und sind 1,5 Millionen Jahre alt. Die jüngsten werden auf 150 000 Jahre bestimmt. In diesem Zeitraum hat sich das Gehirnvolumen von 800 auf 1200 cm^3 vergrößert.

Männer erreichten eine Größe von durchschnittlich 1,80 m, Frauen 1,55 m. Das Verhältnis von Gesichtsschädel zum Hinterhauptsschädel hat sich verändert. Zu einem vergrößerten, aber noch lang gestreckten Hinterhauptsschädel gehört ein flacher gewordener Gesichtsschädel. Außerdem sind vorspringende Überaugenwülste zu erkennen. Zahnbeschaffenheit, eine schwach entwickelte Kaumuskulatur und Knochenreste erlegter Tiere deuten darauf hin, dass die Nahrung zu einem großen Teil aus Fleisch bestand. Homo erectus nutzte das Feuer und stellte Werkzeuge her.

Homo erectus war der erste Mensch, der Afrika verließ. Man nimmt an, dass er von hier aus nach Europa und Asien zog. Funde bei Heidelberg, bei Bilzingsleben und im Kaukasus zeigen, dass Homo erectus vor 350 000 Jahren in Europa lebte. Andere Funde belegen, dass er auch in Asien vorkam.

Aufgabe

① Vergleiche Schädelbau und Ernährungsweise von Australopithecus und Homo erectus.

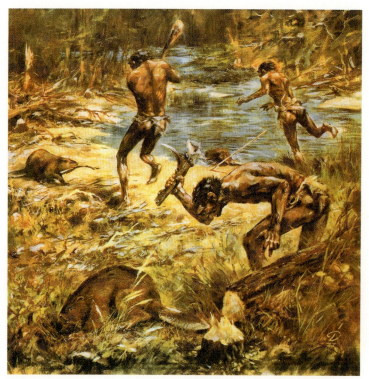

2 Rekonstruktion: Homo erectus bei der Jagd

Homo sapiens

Neandertaler — eine Sackgasse in der Menschwerdung

Die Menschengruppe, die vor ca. 150 000 bis 35 000 Jahren lebte, wurde nach dem ersten Fund im Jahre 1856 im Neandertal bei Düsseldorf benannt. Die Funde reichen von einzelnen Zähnen bis zu vollständigen Skeletten. Die Fundstätten liegen ausschließlich in Europa und Vorderasien.

Der Neandertaler *(Homo sapiens neandertalensis)* war gedrungener und kräftiger als heutige Menschen. Aus den Ansatzstellen am Knochen konnte man auf starke Muskeln schließen, die Kraft und Ausdauer verrieten. Kräftige Vorderzähne, eine weite Nasenöffnung und ein durchgehender Überaugenwulst kennzeichneten das breite Gesicht. An eine flache Stirn schloß sich eine flache, ausladende Schädelwölbung an. Aus dem Schädelvolumen hat man ein Gehirnvolumen von durchschnittlich 1500 bis 1700 cm^3 berechnet. Der Fund eines Zungenbeinknochens, der dem unseren sehr ähnlich war, veranlasst die Wissenschaftler nun zu der Annahme, der Neandertaler habe zwar sprechen, aber nicht so gut artikulieren können wie der heutige Mensch.

Zur Zeit des Neandertalers herrschte in Europa eine Kaltzeit. In der Kältesteppe mit tundraähnlicher Vegetation jagte er Steppentiere, wie Ren, Pferd, Wisent, Mammut und Nashorn. Er war sesshaft und lebte in Höhlen oder unter Felsdächern, die ihm Schutz vor der Kälte gaben. Er kannte das Feuer, an dem er sich wärmen konnte. Werkzeugfunde verraten, dass er Kleidungsstücke aus Tierfellen anfertigen konnte.

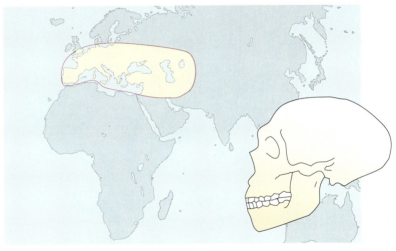

1 Verbreitungsgebiet von Homo sapiens neandertalensis

Sehr alte Funde von Neandertalern weisen noch Merkmale von *Homo erectus* auf. Man nimmt deshalb an, dass sich der Neandertaler in Europa aus dem Homo erectus entwickelt und sich dann über Europa und Vorderasien verbreitet hat. Er war ein früher Vertreter der Art Homo sapiens. Vor 45 000 bis 32 000 Jahren starb er plötzlich aus. Man vermutete, dass der Jetztmensch den Neandertaler verdrängte, als er in dessen Siedlungsgebiete einwanderte. Neuere Funde deuten jedoch darauf hin, dass beide Unterarten des Homo sapiens in Asien längere Zeit gemeinsam gelebt haben.

Aufgabe

① Warum stellt der Neandertaler eine Sackgasse in der Menschwerdung dar?

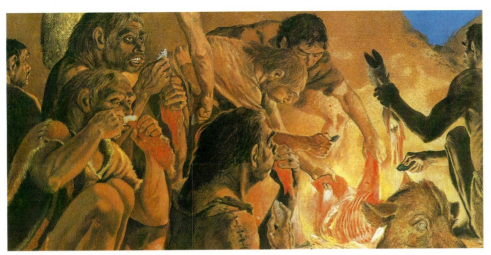

2 Lebensbild des Neandertalers

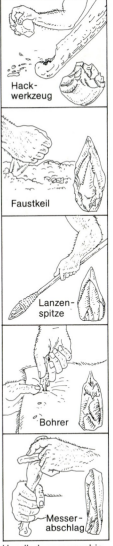

Handhabung verschiedener Steinwerkzeuge

1 Lebensbild des Cromagnon-Menschen

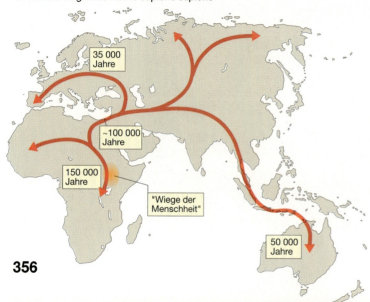

2 Die Höhle von Lascaux

3 Wanderwege des Homo sapiens sapiens

Der Jetztmensch — Homo sapiens sapiens

Körperbau

Der Jetztmensch erschien vor 35 000 Jahren in Europa. Im Körperbau glich er schon damals dem heutigen Menschen und ist damit unser direkter Vorfahre. Vom robusten Neandertaler unterschied sich Homo sapiens sapiens vor allem durch grazile, schlanke und zierliche Züge. Die Gliedmaßen waren dünner und länger, Schulterblatt, Hand und Daumen sind leichter gebaut und damit beweglicher. Männer und Frauen waren durchschnittlich 12 cm größer als Neandertaler. Eine Verengung des Beckens erleichterte die Fortbewegung. Die insgesamt schlankeren Züge früher Funde des Homo sapiens sapiens lassen auf mehr Geschicklichkeit beim Nahrungserwerb schließen.

Am Kopf haben sich die Ansatzstellen der Kaumuskulatur verlagert. Sie setzen steiler an. Ursache dafür war vermutlich eine bessere Zubereitung der Nahrung. Als Folge erscheint der Gesichtsschädel flach und steil; ehemals vorspringende Kieferknochen mit dem Gebiss sind zurückgesetzt. Eine steile Stirn und ein Kinn haben sich herausgebildet. Die Überaugenwülste sind verschwunden.

Lebensweise

Die bekanntesten Funde in Europa sind der *Cromagnon-Mensch* und der „Mensch von Combe-Capelle" in Frankreich. Sie verfügten über eine vervollkommnete Steinbearbeitungstechnik und verwendeten außerdem Knochen als Werkzeuge. Die Funde belegen eine intensive soziale Kommunikation. Sie haben ihre Toten bestattet. In den Höhlen finden wir erste Zeugnisse einer Kultur in Form von Höhlenmalereien an den Wänden. Sehr oft werden Tiere oder Jagdszenen dargestellt. Der frühe Homo sapiens sapiens lebte als Jäger und Sammler.

Wanderwege

Aus der Verteilung der Fundstellen, den Funden selbst und ihrem Alter, das man mit radioaktivem Kohlenstoff bestimmt, hat man eine Karte erstellt. Sie deutet darauf hin, dass der Jetztmensch sich in Afrika entwickelt hat. Von dort hat er sich über Israel nach Europa und in anderen Teilpopulationen nach Asien ausgebreitet. Die Ausbreitung dauerte weit über 100 000 Jahre. Diese Vorstellung ist jedoch bis heute eine Theorie und neue Funde veranlassen Wissenschaftler immer wieder, diese zu überdenken.

Wie der Mensch zum Menschen wurde

Entwicklung des aufrechten Ganges

Ursache für die Herausbildung des aufrechten Ganges waren vermutlich Veränderungen der Umweltverhältnisse. Vor 4 Mio. Jahren lockerten sich die Wälder in Afrika auf. Es entstanden freie Steppen mit isolierten Baumbeständen oder einzelne, weit voneinander entfernte Bäume. Die Vorfahren des Australopithecus mussten also längere Strecken auf dem Boden zurücklegen, um zu den gewohnten Nahrungsbäumen zu gelangen. Es waren die Lebewesen im Vorteil, die durch Mutation günstige Veränderungen im Skelett aufwiesen. Mit der Entwicklung des aufrechten Ganges veränderten sich Wirbelsäule und Becken.
Er brachte folgende Vorteile:
– Feinde wurden in der Steppe eher erkannt.
– Die freien Hände gestatten den Transport von Nahrung und sind Voraussetzung für den späteren Werkzeuggebrauch.
– Die Sonneneinstrahlung am Körper ist vermindert.
– Der geringe Energieaufwand beim Gehen über lange Strecken ermöglicht die Verfolgung der Herden auf ihren Wanderungen. Verendende Tiere sind leichte Beute. Einzelne gesunde Tiere können bis zur Erschöpfung gehetzt werden.

Bei der Nahrungssuche waren also ausdauernde Läufer im Vorteil. Durch Schwitzen können Menschen im Gegensatz zu vielen anderen Tieren Wärme abführen, sodass der Körper bei Dauerbelastung nicht überhitzt wird. Man nimmt deshalb an, dass sich schon sehr zeitig das ursprünglich vorhandene Fell zurückgebildet hatte.

Entwicklung des Gehirns

Eine starke Entwicklung des Gehirns setzte vor 1,8 Mio. Jahren bei Homo erectus ein. Man vermutet, dass Ernährungsweise und Gehirnentwicklung eng miteinander verbunden sind. Gefundene Backenzähne deuten darauf hin, dass sich die Gattung Homo im Gegensatz zum Australopithecus von harter Pflanzenkost auf weiche Nahrung umgestellt hat. Um von saftigen Früchten zu leben, musste man sich Vorkommen und Reifezeit der Früchte auch merken können. Um an verborgene Nahrung, wie Nusskerne, zu gelangen, mussten Werkzeuge benutzt werden. Das alles setzte eine höhere Intelligenz voraus. Davon hing direkt der größere Fortpflanzungserfolg ab. Mütter, die ihre Kinder besser mit hochwertiger Nahrung versorgen konnten, hatten bei der Aufzucht weniger Verluste. Erste Schnittspuren an fossilen Tierknochen fand man in 1,5 Mio. Jahre alten Lagerstätten des Homo erectus. Der Mensch hatte gelernt, noch vor den Aasfressern an tote Tiere zu gelangen oder Raubtiere von ihrer Beute zu vertreiben. Er konnte die zähe Haut der Tiere durchtrennen und das Fleisch für sich nutzen. Einige Wissenschaftler meinen, dass sich ohne die eiweißreiche Fleischkost ein so großes Gehirn nicht hätte entwickeln können.

Wann die Sprache entstand, ist noch nicht geklärt. Für eine erfolgreiche gemeinsame Jagd ist aber Kommunikation eine wesentliche Voraussetzung.

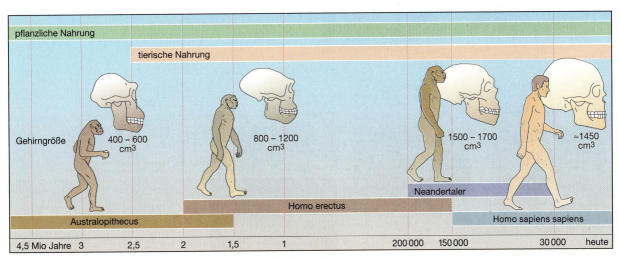

1 Entwicklung des aufrechten Gangs und des Gehirns beim Menschen

Gibt es Menschenrassen?

Alle heute lebenden Menschen gehören zur selben Art. Sie werden sogar einer Unterart (*Homo sapiens sapiens*) zugeordnet. Dennoch erscheinen uns Menschen aus verschiedenen Gegenden der Erde sehr unterschiedlich. Man hat daher versucht, sie in sogenannte *Rassen* einzuordnen. Zunächst verwendete man dazu sichtbare Merkmale wie z. B. die Hautfarbe. Später versuchte man die Einteilung nach Blutgruppenmerkmalen. Auf diese Weise gliederte man die Menschheit in drei *Großrassen (Europide, Mongolide, Negride)* und weitere Rassen mit geringerer Verbreitung (s. Abb.).

Merkmale der *Negriden* sind sehr dunkle Haut-, Augen- und Haarfarbe, dichtes, dickes, stark gekräuseltes Kopfhaar, geringe Gesichts- und Körperbehaarung, wulstige Lippen und eine breite Nase mit kräftigen, geblähten Nasenflügeln. Negride Menschen haben durch ihre melaninreiche Haut einen sehr wirksamen Schutz vor der allzu intensiven, Krebs erregenden UV-Strahlung in tropischen Gebieten. Das Kraushaar wird als Schutz vor zu starker Erwärmung gedeutet.

Angehörige der *europiden Rasse* haben helle bis dunkelbraune Haut, eine schmale Nase, dünne Lippen und stärkere Körperbehaarung. Haarfarbe und Augenfarbe variieren von hell bis dunkel, auch die Körpergröße kann sehr unterschiedlich sein. Das Kopfhaar ist dünn und glatt bis wellig. Die hellere Haut der *Europiden* ist als Anpassung an Erfordernisse des Vitaminstoffwechsels erklärbar: Vitamin D wird in der Haut unter dem Einfluss ultravioletter Strahlung gebildet. Mangel an Vitamin D führt zu Knochenerweichung, Knorpelschwellung und Rachitis. Die melaninarme Haut der Europiden lässt aber so viel UV-Strahlung durch, dass sie trotz der vergleichsweise geringen Strahlung in den gemäßigten Klimazonen genügend Vitamin D bilden können.

Mongolide sind klein und untersetzt. Ihre Augenregion weist die sogenannte *Mongolenfalte* auf. Die Nasenwurzel ist niedrig, das Gesicht wirkt flach, die Körperbehaarung ist gering. Augen und Haare sind dunkel, das Kopfhaar ist dicht und straff. Die Hautfarbe kann gelblich, gelbbräunlich oder rötlichbraun sein. Mongolide Menschen mit ihren relativ kurzen Gliedmaßen und ihrem gedrungenen Körperbau haben, verglichen mit den eher feingliedrigen Negriden, eine relativ geringe Körperoberfläche und sind damit gut an niedrige Temperaturen angepasst.

Melanin
Farbstoff, der Haut und Haare dunkel färbt

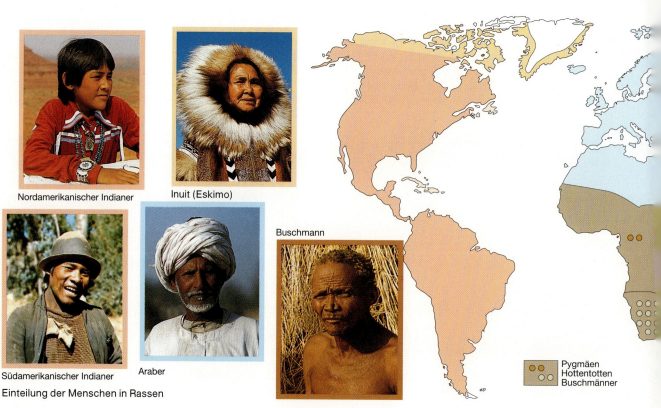

Einteilung der Menschen in Rassen

Wann sich die beschriebenen Unterschiede herausgebildet haben, ist nicht sicher. Man geht davon aus, dass das im Verlauf der Ausbreitung der Menschen über die ganze Erde geschah, die vor über 100 000 Jahren von Afrika ausging.

Vor 50 000 Jahren wurde bereits Ostasien und vor etwa 35 000 Jahren Westeuropa besiedelt. Australien wurde schon vor etwa 40 000 Jahren bevölkert, während die Besiedlung des amerikanischen Kontinents erst viel später erfolgte, wahrscheinlich erst vor 12 000 bis 15 000 Jahren. Damals lag die Beringstraße, die Asien und Nordamerika heute trennt, trocken, da zu dieser Zeit infolge der Eiszeit der Meeresspiegel 100 Meter niedriger war.

Die Entwicklung der beschriebenen Merkmale erklärte man sich so: Infolge der Besiedelung neuer Lebensräume wirkten andere Umweltbedingungen auf den Menschen ein, z. B. völlig andersartige Klimabedingungen. Das führte dazu, dass im Verlauf von vielen Generationen die Menschen, die aufgrund günstigerer Erbeigenschaften besser an die Umweltbedingungen angepasst waren, größere Chancen hatten zu überleben und sich damit erfolgreicher fortpflanzen konnten. Im Laufe der Zeit konnten sich so charakteristische Eigenschaften für bestimmte Menschengruppen herausbilden. Da normalerweise Mitglieder dieser verschiedenen Gruppen aufgrund der großen Entfernung zwischen ihren Heimatgebieten keine gemeinsamen Nachkommen zeugen, bleiben die durch Anpassung herausgebildeten Eigenschaften erhalten.

Es gibt allerdings kaum ein Merkmal, dessen Vorkommen auf eine einzige Menschengruppe beschränkt ist. Ein Beispiel: In Afrika, südlich der Sahara, haben fast alle ursprünglich dort lebenden Menschen krause Haare. Kraushaar kommt aber gelegentlich auch bei Nordeuropäern vor. Die eindeutige Zuordnung eines Menschen zu einer bestimmten Rasse erweist sich im Einzelfall oft als schwierig. Neuere Untersuchungen zeigen sogar eindeutig, dass die individuellen Unterschiede innerhalb der einzelnen Rassen größer sind als die durchschnittlichen Unterschiede zwischen diesen. Danach wäre die Zuordnung von Menschen zu verschiedenen Rassen als überholt anzusehen.

Aufgabe

① Welche der für „Negride" und „Mongolide" beschriebenen Merkmale kommen auch bei uns Mitteleuropäern vor? Fertige eine Liste an!

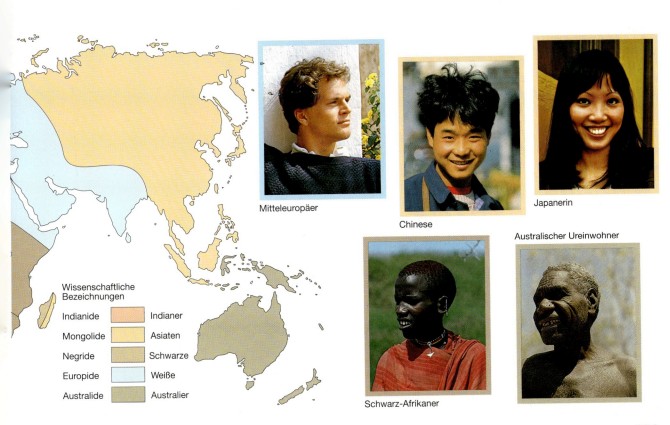

Der Mensch als Evolutionsprodukt und Evolutionsgestalter

Zu den Kulturgütern des Menschen gehören Sprache, Religion, Ethik, Kunst, Recht, Staat, Geistes- und Naturwissenschaften sowie die Umsetzung von Erkenntnissen aus der Erforschung der Natur in der Technik. Die Entwicklung und Weitergabe von Kulturgütern ist ein Artmerkmal des Menschen, das man bei allen Völkern antrifft.

Die *kulturelle Entwicklung* vollzog sich im Vergleich zur biologischen Evolution des Homo sapiens sapiens in atemberaubendem Tempo. Innerhalb von etwa 10 000 Jahren entwickelten sich aus umherziehenden Gruppen von Jägern und Sammlerinnen Industriegesellschaften. Als Ursache hierfür kommen insbesondere drei biologische Merkmale des Menschen in Betracht:
— Ein stark entwickeltes *Großhirn,* das es ermöglicht, lebenslang zu lernen und kreativ zu sein.
— Die Fähigkeit des *Kehlkopfs* differenzierte Laute zu bilden als Voraussetzung zur sprachlichen Kommunikation.
— Die *Greifhand,* die es erlaubt, Werkzeuge herzustellen und zu gebrauchen.

Der Geschwindigkeitsunterschied zwischen biologischer und kultureller Entwicklung ist gewaltig. Während die Evolution mit einem ungeheuren Aufwand an Material und Zeit vergleichsweise mühsam über Mutation und Selektion zufällig hin und wieder neue, für ihren Träger geeignetere Eigenschaften hervorbringt, können Menschen zielgerichtet für Erweiterung und Weitergabe ihres Wissens sorgen. Jede Generation schöpft aus dem Vorrat an Erfahrungen und Kenntnissen ihrer Vorfahren. Dieser Informationsfluss wird durch die vergleichsweise lange Jugendzeit und die engen Beziehungen zwischen mehreren Generationen begünstigt. Ganz entscheidend für die Verbesserung der Möglichkeiten, Information zu speichern und zu verbreiten waren die Erfindung des Buchdrucks im 15. Jahrhundert und die Entwicklung der Mikroelektronik in neuester Zeit.

Der Mensch ist lebenslang lernfähig. Auf veränderte Selektionsbedingungen kann er schon innerhalb einer Generation reagieren. Durch Technik und Medizin macht sich der Mensch sogar teilweise von den natürlichen Selektionsbedingungen unabhängig. Das enorme Bevölkerungswachstum in der Neuzeit (▷ 1) macht dies deutlich.
Oft werden dabei ursprüngliche Verhältnisse ins Gegenteil verkehrt. Nicht die Umwelt bewirkt die Anpassung des Menschen, sondern mit Hilfe der Technik wird die Umwelt in kürzester Frist den Bedürfnissen des Menschen entsprechend verändert. Intensivierung der Landwirtschaft, Industrialisierung, Siedlungs- und Straßenbau sind augenfällige Beispiele für diese Entwicklung.
Dies ist nicht immer zum Nutzen der Umwelt und hat, wenn auch oft zeitlich stark verzögert, negative Folgen für den Menschen selbst. Die vielfältigen Umweltbelastungen, die mit der Tätigkeit des Menschen einhergehen, haben teilweise, wie z. B. die Verstärkung des Treibhauseffektes (vgl. S. 147), bereits weltweite Auswirkungen.
In jedem Fall beeinflusst der Mensch mit Veränderung seiner Lebensbedingungen die weitere Evolution seiner Art und die der übrigen Lebewesen auf der Erde.

Aufgaben

① Die Amsel, ursprünglich ein Waldvogel, bezeichnet man als Kulturfolger (vgl. S. 134). Erkläre diesen Begriff und nenne weitere Beispiele für das Eingreifen des Menschen in Lebensbedingungen von Pflanzen- und Tierarten.

② Alles, was außerhalb des Menschen liegt, wird allgemein als dessen „Umwelt" bezeichnet. Welche andere Sichtweite steht hinter dem Begriff „Mitwelt"?

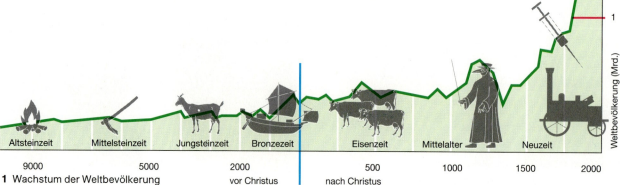

1 Wachstum der Weltbevölkerung

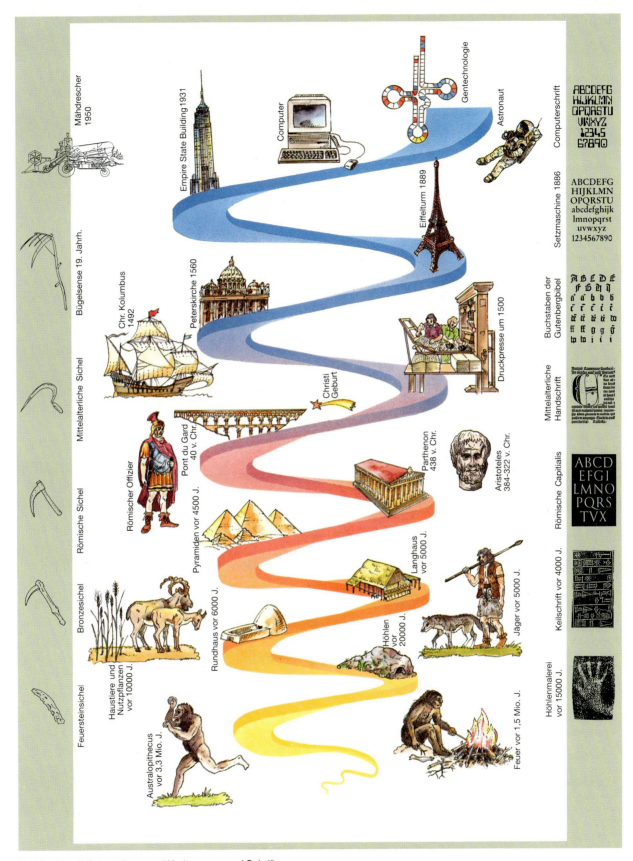

1 Zeittafel mit Entwicklung von Werkzeugen und Schrift

Register

Aal 117
Aaskäfer 51
AB0-System 185, 315
Abstammungslehre 328
Abteilung 345
Abtreibung 292
Abwasserfahne 116
Acetylcholin 239
Achsenfaden 239
Ackerlichtnelke 127
Ackerminze 127
Ackerrittersporn 127
Ackerspark 127
Ackerwildkraut 126, 129
Adaptation ???
Adenin 303
Adenosintriphosphat (ATP) 37, 179, 197
Aderhaut 222, 223
Adlerfarn 66
Adrenalin 247, 248, 250
Afrikanisches Kreuzkraut 137
After 168
Aggression 260
Agrobacterium tumefaciens 325
AIDS 216, 218, 219
Akkomodation 225
Alge 22, 102 f., 110, 113 f., 116
Alkohol 42, 272, 288
Allel 299
Allergie 251
Alterssichtigkeit 225
Alzheimer-Krankheit 245
Aminosäure 157, 159, 165, 304, 305
Ammoniak (NH_3) 114, 117
Ammonit 329
Amöbe 20
Amphibium 332
Amylase 163, 167
Anabolikum 283
Analogie 342
Anaphase 307
Androgen 249, 283
Ångström 11
Angsttrieb 90, 91
Anthocyan 310
Anti-D-Prophylaxe 315
Antibiotikum 205
Antigen 210
Antikörper 211
Antioxidantien 161
Antriebsfeld 240
Aorta 164, 181
Appetenzverhalten 252
Äquationsteilung 309
Äquatorialebene 306, 308
Archaeopteryx 340
Armindex 314
Art 75, 110, 345
Artenrückgang 132
Arterie 180
Asbest 143

Äsche 117
Ascorbinsäure 161
Atavismus 344
Atemhöhle 31
Atmosphäre 147, 334
Atropin 215
Auerochse 323
Auflösungsvermögen 10, 11
Augenfleck 21, 22
Augenschutz 223
Augentierchen 21
Australide 359
Australopithecus 352, 353

Bachforelle 117
Bacillus thuringiensis 325
Backpulver 161
Bakterieninfektion 208
Bakterium 24, 200 ff.
Ballaststoff 157, 168
Balz 252
Basaltemperaturmethode 293
Basensequenz 326
Basentriplett 305
Bastteil 61
Bauchfuß 52
Bauchmark 244
Bauchspeicheldrüse 165 ff., 247, 248
Bauernsenf 127
Baummarder 70
Baumschicht 62, 63
Baumwollpflanze 325
Becherzelle 166
Bedecktsamer 61
Befruchtung 285, 292
Begleitflora 126
BEHRING, EMIL VON 212
Belebtschlammbecken 115
Berlese-Apparat 76
Bernstein 329
β-Carotin 161
Bevölkerungswachstum 172, 360
Bildungsgewebe 28, 29
Billings-Methode 293
Bilzingslebener Mensch 354
Bindegewebe 180
Bindehaut 222
Binse 98, 100
Biogas 115
Bioindikator 92
Bioleaching 202
biologische Schädlingsbekämpfung 72
Biologischer Sauerstoffbedarf (BSB 5) 116
biologisches Gleichgewicht 111, 130
Biotop 70, 74, 111, 122, 135
Biozönose 74, 122
Birkenpilz 82
Birkenspanner 346
Bisexualität 297

Bläschenkeim 288, 289
Blatt 27
Blattader 31
Blätterpilz 82
Blattlaus 131
Blaualge 332, 334
Blauer Gauchheil 127
Blauer Umweltengel 142
Blaugrüne Mosaikjungfer 107
Blinddarm 168, 344
Blinder Fleck 222
Blindschleiche 343
Blut 182
Blutdruck 190
Bluterkrankheit 317
Blutfarbstoff 182
Blutfettwert 251
Blutgerinnung 166, 183
Blutgruppe 185, 315
Blutkreislauf 180
Bluttransfusion 185, 219
Blutwäsche 189
Blutweiderich 98, 101
Blutzelle 175, 182, 185, 210
Blutzuckerspiegel 247 f., 251
Bodenart 68
Bodenorganismus 76
Bodenprofil 68
Bodenversauerung 90
Bodybuilding 196, 283
Bogengang 232
Borke 61
Borkenkäfer 70, 75
Botenstoff 246
Botulismus 161
Bowman'sche Kapsel 188
Brache 135
Brachiosaurus 339
Braunerde 68
Breitblättriger Rohrkolben 101
Bronchialasthma 177
Bronchie 174
Bronchitis 177
Bronzezeit 360
Bruch-Kieselalge 103
Bruchwald 98, 99
Brückentier 340
Brustlymphgang 184
Buchdrucker 74
Buche 86
Bucheckern 60
Buchenwald 74
Buntspecht 70, 71, 75
BUSCH, WILHELM 231
Bypass-Operation 191

Centromer 306, 308
CFKW 149
Champignon 82, 83
Chitin 48, 49, 80
Chlamydomonas 22
Chlorophyll 9, 31, 36, 332
Chloroplast 9
Cholera 208
Cholesterin-Fett 190

Christrose 31
Chromatid 302, 306, 308
Chromatingerüst 308
Chromosom 302, 306, 308, 309, 314
Chromosomensatz 306, 308
Contergan 288
COURTNAY-LATIMER, M. 336
Cortisol 250, 251
CRICK, FRANCIS H. 303
Cromagnon-Mensch 356
Crossing over 308
CUVIER, GEORGES BARON DE 349
Cyanobakterium 332
Cytochrom c 344
Cytosin 303

Dachschädler 332
DARWIN, CHARLES 78, 328, 340, 346, 349
Darwinfink 348
DDT 142
Deckmembran 230
Deckschuppe 61
DEFOE, DANIEL 251
Deinonychus 339
Dendrit 239
Denitrifikationsbecken 115
Depotfett 159
Desoxyribonucleinsäure 302, 303
Destruent 74, 76, 82, 111
Devon 332, 333
Dezibel (dB) 231
Diabetes mellitus 247, 248
Dialyse 189
Diastole 181
Dichteanomalie 96
Dickdarm 168, 169
Diffusion 32
Digitalis 215
Dioxin 143
Diphtherie 208, 212
Disaccharid 157
Distelfalter 139
DNA 303
DNS 302 ff., 344
DOMAGK, GERHARD 205
Doping 196, 283
Doppelhelix 303, 344
Dosis 274
Dottersack 289
DOWN, LANGDON 318
Down-Syndrom 318
Drahtwurm 77
Drehsinnesorgan 232
Dreifelderwirtschaft 122, 125
Dreilappiges Leberblümchen 65
Dreimonatsspritze 293
Droge 274, 275, 288
Drogenberatung 276
Drohn 54

362

Druckkörperchen 236
Duales System (DSD) 144
Duchenne Muskeldystrophie (DMD) 326
Düngung 132
Dünndarm 165 ff., 169
Durchfall 171

Echte Kamille 214
Eichel 282
EICHENDORFF, JOSEPH VON 90
Eichhörnchen 70, 257
Eierschwamm 83
Eierstock 247, 249, 284 ff.
Eileiter 284
Eimutterzelle 285
Einfachzucker 157, 165
Eingeweidenervensystem 243
Einjähriges Knäuelkraut 127
Eintagsfliegenlarve 117
Einzeller 18, 20
Eisenzeit 360
Eisprung 285, 286
Eiszeit 332
Eiter 182, 210
Eiweiß 157, 164, 302
Eiweißmangel 173, 251
Eizelle 23, 285
Ejakulation 282
Elektrokardiogramm (EKG) 191
Embryo 288, 289
Embryonenschutzgesetz 323
Emission 87
Empfängnisverhütung 279, 292, 293
Emulgator 161
Enchyträe 77
Endhandlung 252
Endknöpfchen 239
Endoskopie 191
Energiebedarf 159, 162
Energiefluss 41
Energiewechsel 197, 264
Engerling 57, 128, 129, 141
Entziehungskur 275
Enzym 165, 304, 305
Epidemie 207
Epidermis 31
Epilepsie 245
Epiphyse 247
Epiphyt 27
Equus 341
Erbanlage 24, 299, 302
Erdnussplatterbse 127
Erdwendigkeit 47
Erdzeitalter 333
Erektion 282
Erepsin 165, 167, 169
Erinnerungsfeld 240
Ernährung 15, 36, 156, 162
erogene Zone 297
Erosion 87, 89
Erythrozyt 182
Erzeuger 74, 110, 111, 141
Erzschleiche 343
Escherichia coli 324

Ethanol 42
Eudorina 22
Eugenik 319
Euglena 21
Europide 358
Eusthenopteron 336
Eutrophierung 113
Evernia prunastri 92
Evolutionstheorie 328, 349
Exhibitionismus 297
Exosphäre 148

Fadenalge 102
Fadenwurm 77
Fallsucht 245
Familie 345
Familienplanung 292
Fangmaske 107
Farn 66, 332
Fastfood 162
Faulbaum 64
Faulschlamm 99, 113 f., 116
FCKW 149
Feld-Graswirtschaft 122
Felsentaube 135
Fernakkommodation 224
Fernsinn 221
Fersenbürste 49
Fersensporn 49
Fett 157, 164, 167
Fette Henne 27
Fettsäure 157, 167
Fettsucht 171
Fetus 288, 289
Feuchtlufttier 78, 80
Fibrin 166, 183
Fibrinogen 183
Fichte 64
Fichtenborkenkäfer 74
Fieber 210
Fischsaurier 339
Flachmoor 99
Flachwurzler 62
Flaschenstäubling 83
Flechten 92
Fledermaus 139, 231, 342
FLEMING, ALEXANDER 205
Flimmerhärchen 174
Flockungsbecken 115
Florfliege 131, 139
Flurneuordnungsverfahren 123
Follikel 249, 285, 286, 308
Follikelhormon (FH) 286
Follikel stimulierendes Hormon (FSH) 286
Formaldehyd 143
Fortpflanzung 45
Fortpflanzungszelle 23
Fossil 328 ff., 332
Fotosynthese 36, 37, 40, 332
Fototropismus 46
Frequenz 231
FRICKE, HANS 336
Froschlöffel 98
Fruchtblase 290
Fruchtfolge 125
Fruchtkörper 82

Fruchtschicht 82
Fruchtschuppe 61
Fruchtwasser 290
Fruchtwasseruntersuchung 319
Fruchtzucker 157
Frühjahrszirkulation 96
Fuchs 70, 129
Fühlersprache 72
Fungizid 131
Futtersaftdrüse 54, 55

Gallenblase 166
Gallengang 166
Gallensaft 169
Gallertplatte 232
Gänsefingerkraut 127
Gärung 42
Gasaustausch 35, 175
Gattung 345
Gebärmutter 284, 286
Geburt 290
Gedächtnis 241
Gedächtniszelle 211, 212
Gedankenfeld 240
Gefäßteil 30
Gehirn 226, 228, 240, 244
Gehirnerschütterung 245
Gehirnvolumen 353, 357
Gehörknöchelchen 230
Geißel 21, 22
Geißelsäckchen 21
Gelbe Teichrose 98, 99, 101
Gelber Fleck 222
Gelbkörper 249, 285, 286
Gelbkörperhormon 286
Gelbrandkäfer 107, 108, 342
Gelbsenf 28
Gelenk 198, 199
Geliermittel 161
Gemeiner Schneeball 65
Gemeines Hornblatt 101
Gen 299
Genetik 299
genetische Beratung 319, 326
Genotyp 299
Gentechnik 324, 325, 327
Geospiza 348
Geotropismus 47
Geschlechtschromosom 314
Geschlechtshormon 249
Geschlechtskrankheit 297
Geschlechtsmerkmal 249, 282
Geschlechtsorgan 282, 284
Geschlechtstrieb 280
Geschlechtsverkehr 279
Geschmacksknospe 234
Geschmacksverstärker 161
Geschwänzte Gürtelalge 103
Gewässergüte 116, 117
Gewebe 15
Gewebekultur 45
Giftblase 55
Giftdrüse 49
Giftstachel 55
Glaskörper 222

Glied 282
Glukagon 248
Glukose 36, 159, 179
Glutaminsäure 161
Glykogen 157, 159, 166, 248
Glyzerin 157, 167
Goldgelbe Koralle 83
Gonium 22
Gorilla 350, 352
graue Substanz 242
Graugans 254
Graureiher 104, 105, 110
Greiffuß 351
Greifreflex 258
Griffelbein 344
Grippaler Infekt 207
Grippe 206, 207
Großblütiges Springkraut 65
Großer Grundfink 348
Großkern 18
Grünalge 102, 103
Grünbrache 125
Grüner Knollenblätterpilz 83
Grundumsatz 159, 264
Gründüngung 125
Grundwasser 86
Guanin 303
Gülle 125, 132

Haarbalg 236
Haarzwiebel 236
Habichtspilz 83
Hackbau 122
Haemophilus influenzae b 208
HAHNEMANN, SAMUEL 215
Hainbuche 64
Halbaffe 350
Halbwertszeit 142, 330
Hallimasch 82, 91
Hämoglobin 175, 182
Harn 189
Harn-Spermien-Röhre 282
Harnleiter 188
HARVEY, WILLIAM 180
Haschisch 274
Haubentaucher 104, 105
Haut 236
Hautatmung 108
Hauttemperatur 268
Häutung 53
Hecht 110, 117
Hefepilz 42, 297
Heilimpfung 212
HELMHOLTZ, HERMANN VON 227
Hepatitis 171
Herbizid 131
Herbstzirkulation 96
Herrentier 350
Hertz 231
Herz 181
Herz-Kreislauferkrankung 190, 191
Heterosexualität 297
Heuaufguss 19
Heupferd 53
Heuschrecke 342
Hinterhauptsloch 350, 351

Hirnanhangdrüse 246, 250
Hirnhautentzündung 208, 245
Hirnschlag 245
Hirschzunge 66
HIV 216, 218
Hochwald 59
Hoden 247, 249, 282
Höhenkrankheit 177
Höhlenmalerei 356
Hohler Lerchensporn 65
Holzschutzmittel 142
Holzteil 61
Homo erectus 352 ff., 357
Homo habilis 353, 354
Homo sapiens 352, 353, 355, 356, 358
Homologie 342
Homöopathie 215
Homosexualität 297
Honigbiene 48, 54, 55
HOOKE, ROBERT 10
Hormon 246, 247, 250, 283
Hornalge 103
Hornblatt 98
Hornhaut 222
Hornkraut 101
Hörschnecke 232
Hüftbein 351
Hülleiweiß 302
Hüllzelle 239
Humus 68, 76
Hydratier 244
Hygiene 204, 206
Hymen 284
Hyphe 42, 82
Hypophyse 246, 249
Hypothalamus 246, 250
Hyracotherium 341, 344

Ichthyostega 332, 335, 336
Iguanodon 339
Imago 52
Immission 87
Immunisierung 212, 213
Immunreaktion 210, 211
Immunsystem 216, 217
Impfbuch 213
Impflücke 212
Imponiergehabe 259
Impuls, elektrischer 223
Indianide 359
Indikation 292
Indisches Springkraut 137
Infektion 203, 207, 208
Infektionskrankheit 160, 200, 203
Influenza 207
INGENHOUSZ, JAN 34
Inkubationszeit 203, 207
Innenohr 232
Insekt 48, 49, 227, 332, 342
Insektizid 75, 131, 142
Instinkthandlung 252
Insulin 202, 248
Integrierter Pflanzenschutz 131
Intelligenzquotient (IQ) 321

Interphase 307, 309
Interzellularraum 31
Inversionswetterlage 176
Isolation 348
Ist-Wert 283

Jahresring 61
Japanische Wunderblume 299
JENNER, EDWARD 212
Jetztmensch 356
Jochalge 103
Jodmangel 160
JOHANSON, DONALD 353
Jungfernhäutchen 284
Jura 332, 333

Kaktus 343
Kalisalz 125
Kaliumkarbonat 161
Kalkschale 80
Kältepunkt 236
Kalter Guss 194, 214
Kambium 61
Kambrium 332, 333
Kammerwasser 222
Kapillargefäß 180
Karbon 332, 333
Karposi-Sarkom 216
Kartoffelkäfer 128, 129, 130
Karyogramm 314
Kaspar-Hauser-Tier 257
Katalysator 87
Katastrophentheorie 349
Kathepsin 164
Katzenauge 223
Kehldeckel 164
Kehlkopf 164, 230
Keimdrüse 247
Keimschicht 236
Keimschild 288, 289
Keimung 66, 67
Keimzelle 308
Kellerassel 139
Kernholz 61
Kernkörperchen 306, 307, 309
Kernteilung 306
Keuchhusten 208
Kiefer 48
Kiefertaster 50
Kieselalge 102, 103
Killerzelle 211, 217
Kindchenschema 258
Kinderlähmung 209, 212
Kitzler 284
Klammerreflex 294
Kläranlage 115
Klasse 345
Kleine Brennnessel 127
Kleine Fresszelle 210
Kleine Rote Waldameise 72
Kleiner Ampfer 127
Kleiner Fuchs 52
Kleinkern 18
Kletterfuß 71
Klitoris 284
Klonierung 323
Knaus-Ogino-Methode 293

KNEIPP, SEBASTIAN 194
Kniescheibe 199
Kniesehnenreflex 242
Knöchelgang 351
Knochenmark 182, 184, 198
Knollenblätterpilz 82, 83
KOCH, ROBERT 177, 203, 208
Köcherfliege 110, 117
Kohlenhydrat 157
Kohlenstoffdioxid (CO_2) 35, 37, 90, 146, 147
Kohlenstoffmonooxid 268
Koitus 279
Koitus interruptus 293
Kollagenfaser 198
Kondensor 11, 12
Kondom 293
Konduktorin 317
Königinnenmade 54
Konkurrenzvermeidung 70
Konservierungsstoff 161
Konsument 74, 110, 111, 141
Kontrollgewebe 28, 29
Konvergenz 343
Kork 61
Körperarterie 180
Körperkreislauf 180
Körpervene 180, 181
Krankheitserreger 203
Krauses Laichkraut 98
Kraushaaralge 102
Krautschicht 62, 63
Kreide 332, 333, 338
Kreuzband 199
Kreuzbein 351
Kreuzungsschema 299
Kriechender Hahnenfuß 127
Kriechsohle 80
Kronenschicht 62
Kronenverlichtung 90
Kugelalge 23
Kuhpocken 212
kulturelle Entwicklung 360
Kulturfolger 134
Kulturpflanze 322
Kultursteppe 128
Kurzfingrigkeit 316
Kurzsichtigkeit 225
Kutikula 31

Lagesinnesorgan 232
LAMARCK, JEAN BAPTISTE DE 328, 346, 349
Lamellenkörperchen 236
Landschaftsschutzgebiet 151
LANDSTEINER, KARL 185
Landwirtschaft, ökologische 132
Langerhans'sche Insel 247
Längsteilung 21
Lanzettfischchen 337
Lärche 64
Lärchenröhrling 82
Larvengang 75
Lascaux 356
Latimeria 336

Laubblatt 27, 31
Laubheuschrecke 53, 141
Laubschnecke 77
Laubstreu 76
Lautstärke 231
Lebensgemeinschaft 70, 74
Lebensraum 70, 74
Leber 166
Lecanora conizaeoides 92
Lederhaut 222
Legestachel 53
Leguminose 124
Leitbündel 30, 31, 61
Leitgewebe 28, 29
Lernen 241, 256, 257, 262
Leukozyt 182
LEEUWENHOEK, ANTOINE VAN 10, 24, 42
Libelle 107, 108, 110, 332
Lichtblatt 62
Lichtbrechung 224
Lichtholzpflanze 61
Lichtmikroskop 11
Lichtsinneszelle 222, 223
Lichtwendigkeit 46
LIEBIG, JUSTUS VON 124
Lignin 9
LINNÉ, CARL VON 345, 349
Linse 224
Linsenband 222, 224
Lipase 167, 169
Lippentaster 50
Löffelchen 49
LORENZ, KONRAD 254
LSD 274
Lucy 353
Luftröhre 164, 174
Luftschadstoff 90, 91, 176
Luftwurzel 27
Lunge 174 f.
Lungenfisch 337
Lungenkrebs 268
Lungenkreislauf 180
luteinisierendes Hormon (LH) 286
lymphatisches Organ 182
Lymphe 167, 184, 232
Lymphsystem 184

Made 54
Madenwurm 171
Magen 164, 165, 169
Magensäure 210
Maikäfer 50, 57
Maitrieb 61
Makrophage 210
Maltase 165, 167, 169
Malzzucker 157, 164
Mandel 184
Mangroven-Fink 348
Mann-Frau-Schema 259
Marienkäfer 131
Markhöhle 198
Markstrahl 61
Maronenröhrling 82
Masern 209
Massentierhaltung 132, 147

Mastdarm 168, 169
Masturbation 279
Mauerzimbelkraut 137
Maulwurf 129, 141, 342, 343
Mäusebussard 129
Medikamente 215, 274, 288
Meeresalge 41
Mehlkäfer 57
Mehrzeller 23
Meiose 308, 309
Meißelschnabel 71
Melanin 358
Meldepflicht 208
Membran 32
MENDEL, JOHANN GREGOR 298
mendelsche Regeln 300, 301
Meningitis 245
Meniskus 199
Menopause 287
Menschenaffe 257, 350
Menschenrasse 358
Menstruation 286
Merychippus 341
Mesohippus 341
Mesosphäre 148
Metamorphose 52
Metaphase 307, 309
Methan 113, 147
mikrobielle Laugung 202
Mikrometer 11
Mikroorganismus 200
Mikroskop 10, 11, 12
Milbe 77
Milchleistung 323
Milchsäurebakterium 42, 284
Milchsäuregärung 42, 197
Milchzucker 157
MILLER, STANLEY 334
Milz 184
Mineraldünger 125
Mineralstoff 29, 30, 157, 160
Minipille 293
Mischkultur 133
Mistkäfer 77
Mitochondrium 179, 197
Mitose 306, 307
Mittelalter 360
Modifikation 311
Monatshygiene 287
Monatszyklus 308
Mondfleck 51
Mongolenfalte 358
Mongolide 358
Mongolismus 318
Monoclonius 339
Monokultur 130
Monosaccharid 157
Monosomie 318
Moor-Kieselalge 103
Moosschicht 62, 63
Mosaik-Grünalge 22
motorische Endplatte 197, 239, 242
motorisches Feld 240
Müll 144
Multiple Sklerose 245
Mumps 209

Mundflora 202
Mundhöhle 164
Mundwerkzeug 49, 50
Muskel 196, 197, 239, 242
Muskelkater 197
Mutation 310, 318, 319, 346
Mutter-Kind-Beziehung 294
Mutterkorn 130
Mutterkuchen 288
Mykorrhiza 82, 90, 91
Myzel 82

Nabelschnur 288, 290
Nachgeburt 290
Nachklärbecken 115
Nachschieber 52
Nacktfarn 332, 335
Nacktsamer 61, 332
Nacktschnecke 80
Nahakkommodation 224
Nährstoff 29, 30, 157, 159
Nährstoffentzug 125
Nahrungsbläschen 18, 20
Nahrungskette 74, 110, 129, 132, 141, 142
Nahrungsnetz 74, 110, 129, 141
Nahrungspyramide 111
Nährwert 159
Nahsinn 221
Nanometer 11
Nasenhöhle 234
Nasskern 90, 91
Nationalpark 151
Naturdenkmal 151
Naturheilmittel 214
natürliches System 345
Naturpark 151
Naturschutzgebiet 150, 151
Neandertaler 352, 355
Nebelkrähe 348
Nebenhoden 282
Nebenniere 247, 250
Nebenwirkung 215
negtive Rückkopplung 246
Negride 358
Neophyt 136
Nephron 188
Nervenendigung, freie 236
Nervensystem 238 f., 243 f., 250
Nervenzelle 223, 238 f., 274
Nestflüchter 254, 291
Nesthocker 71, 291
Netzauge 50, 222
Netzblaualge 103
Netzhaut 222, 223, 224
Neukombinationsregel 301
Neuzeit 360
Niederwald 59
Niere 188, 189
Nikotin 268, 288
Nitrat 114, 115
Nitratbakterium 115
Noradrenalin 250
Nordischer Nadelwald 88
Nucleinsäure 303

Nucleotid 303
Nutztier 323

Oberboden 68
Oberschlundganglion 244
Ohrwurm 77
ökologische Nische 70, 104
Ökosystem 74, 111, 122
Onanie 279
Opium 274
optische Täuschung 228
Orang-Utan 25, 350, 352
Ordnung 345
Ordovizium 332, 333
Organ 15
Organelle 20
Organismus 15
Organsystem 15, 264
Orgasmus 282
Orientierungsbewegung 252
Osmose 32
Östrogen 24, 249, 285 f.
Ovales Fenster 230
Ovarium 284
Ovulation 285
Oxytocin 246
Ozeansegler 339
Ozon (O_3) 90, 148, 176
Ozonloch 148, 149

Paarungsrad 107
Paddelsaurier 339
Palisadengewebe 31
Pankreas 167
Pantoffeltierchen 18
Panzerfisch 332
PARACELSUS 274
Paragraph 218 292
Paramecium 18
Parasit 82, 171
Parasympathicus 243
PASTEUR, LOUIS 42, 203
Paukengang 230
PAWLOW, IWAN PETROWITSCH 253
Penicillin 205
Penicillium notatum 205
Penis 282
Pentachlorphenol (PCP) 142
Pepsin 164, 165, 169
Pepsinogen 164
Periode 286
Perm 332, 333
Pessar 293
Pest 203, 208
Pestizideinsatz 132
Petting 279, 297
Pfeilkraut 98
Pfifferling 82, 83
Pflanzengesellschaft 98, 126
Pflanzenhormon 47
Pflanzenschutz 130
Pflanzenzüchtung 322, 324
Pfortader 166, 180
Pförtner 164
Phänotyp 299
Phenylalanin 316

Phenylketonurie 316, 319
Pheromon 51
Phosphat 114, 115
Pigmentschicht 222, 223, 236
Pille 293
Pilz 26, 42, 82, 83
Plankton 99
Plasmabrücke 23
Plasmaströmung 102
Plasmazelle 211, 217
Plasmid 324
Plazenta 288, 290
Pliohippus 341
Plötze 117
Pocken 212
Pökelsalz 161
Polkörperchen 308
Pollenanalyse 59
Pollution 282
Polysaccharid 157
Population 75, 110, 130
Posthornschnecke 109
Pottasche 161
Prägung 254
Präkambrium 332
PRIESTLEY, JOSEPH 34
Primärharn 189
Primärschaden 90
Primaten 350, 352
Produzent 74, 110, 111, 141
Progesteron 24, 249, 286
Promille 272
Prophase 307, 309
Prophylaxe 206
Prostitution 297
Protease 167
Protein 157, 304, 305
Protoplasma 9
Protoplastentechnik 325
Provitamin A 161
Pseudokrupp 177
Ptyalin 164, 165
Pubertät 249, 280
Puls 186, 192
Pulsierendes Bläschen 18
Puppe 52, 54

Quarantäne 208
Quartär 332, 333
Quastenflosser 332, 336
Querbande 306
Querschnittslähmung 245
Querteilung 18

Rabenkrähe 348
Rachitis 171
Radioaktivität 330
Radula 80
Rangordnung 351
Rattenschwanzlarve 108
Räuber-Beute-Beziehung 141
Rauchen 268
Rauchgasentschwefelung 91
Rauschgift 274
Reaktionsnorm 311
Rebhuhn 128, 129
Recycling 144

365

Reduktionsteilung 308, 309
Reflex 242, 253
Regelblutung 286
Regelkreis 238
Regeneration 78
Regenwurm 78, 141, 244
Reh 70
Reich 26, 345
Reifeteilung 308, 309
Reiherente 105
Reiz 221, 252
Reiz-Reaktionsmechanismus 238
Renaturierung 112, 150
Reptil 332, 338, 340
Reservestoff 159
Resistenzgen 324
Resorption 167
Resozialisierung 275
Revier 71
Rezeptor 239
Rhesusfaktor 185, 315
Ribosom 304
Riechfeld 234
Riechhaare 51
Riechzelle 51, 234
Riesenfresszelle 210, 217
Rinde 61
Rindengewebe 30
Rinderrasse 323
Ringmuskel 224
Rippenfell 175
RNS 305
Rohrdommel 104, 105
Röhrenknochen 198
Röhrichtgürtel 98
Rohrkolben 98
Röhrling 82
Rohrsänger 104
Rohrzucker 157
Rollegel 116
Rotbuche 60
Rote Liste 132
Rote Zuckmückenlarve 116
Röteln 209
Rötelimpfung 290
Rotfeder 110
Rotgrünschwäche 317
Rotkehlchen 70
Rottanne 64
Rückenmark 242
Rückziehmuskel 80
Ruderalpflanze 136
Rudimentäres Organ 343, 344
Rundes Fenster 230
Rundmade 54
Rundtanz 56

Saatkrähe 128
Safer Sex 219, 297
Saftkugler 77
Salmonellose 204
Salpetersäure 90
Salzsäure 164, 169
Samenpflanze 26, 27
Sammelbein 49
Sammelröhrchen 188, 189

Saprophyt 82
Satellit 314
Sauerklee 65
Sauerstoff (O_2) 34, 35, 37
Säuerungsmittel 161
Säugetier 332
Sauggewebe 28, 29
Säugling 294
Saugreflex 294
Saugrüssel 48, 49, 50
Saumzelle 166
Saurer Regen 90, 91
Saurier 338, 339
SAUSSURE, NICOLAS THEODORE DE 124
Schädelbasisbruch 245
Schädlingsbekämpfung, biologische 131
Schadstoffanreicherung 111
Schadstufe 91
Schaft 282
Schall 230, 231
Schaltzelle 223
Schamlippe 284
Scharlach 208
Schattenblatt 62
Schattenholzpflanze 60
Scheide 284
Scheidendiaphragma 293
Scheinfüßchen 20
Scheltopusik 343
Schenkelring 48, 342
Schilddrüse 247
Schilf 98
Schimmelpilz 205
Schimpanse 350, 351, 352
Schlaganfall 245
Schlammröhrenwurm 108, 114, 116
Schlammspringer 337
SCHLEIDEN, MATTHIAS JACOB 11
Schleimbeutel 199
Schleuderzunge 71
Schließzelle 31
Schluckreflex 164
Schlüsselreiz 252, 259, 280
Schmalblättriges Weidenröschen 137
Schmerzrezeptor 236
Schnabeltier 337
Schnecke 80
Schneckengang 230
Schneckentor 230
Schnupfen 177
Schnurfüßer 77
Schraubenalge 102, 103
Schraubengefäß 29
Schutzimpfung 212
Schwalbe 110
Schwalbenschwanz 140
Schwammgewebe 31
Schwangerschaft 290
Schwangerschaftsabbruch 292
Schwangerschaftshormon 287
SCHWANN, THEODOR 11
Schwänzeltanz 56

Schwärmer 67
Schwärmspore 102
Schwarze Königskerze 137
Schwarzer Jura 329
Schwarzer Nachtschatten 127
Schwarzerle 64
Schwarzes Bilsenkraut 137
Schwefelbakterium 114, 116
Schwefeldioxid (SO_2) 90, 91, 176
Schwefelsäure (H_2SO_4) 90
Schwefelwasserstoff (H_2S) 113, 114, 116
Schweflige Säure (H_2SO_3) 90
Schweiß 236
Schwellkörper 282, 284
Schwimmblattgürtel 98
Schwimmendes Laichkraut 99
Schwule 297
Sediment 330
Segelklappe 181
Segment 48
Sehnerv 223
Sehpurpur 223
Sehzentrum 274
Seitenband 199
Seitenlinienorgan 232
Sekundärinfektion 206
Sekundärschaden 90
Selbstbefriedigung 279, 282
Selektion 346
sensorisches Feld 240
Sesambein 199
Sexualverhalten 259, 280
Sexualzentrum 249
sexueller Missbrauch 297
Siebenschläfer 140
Siebteil 29, 30
Silberfischchen 139
Silur 332, 333
Sinneshärchen 230, 232
Sinneskörperchen 236
Sinnesorgan 220 f., 252 f.
Skelett 48, 199, 350, 351
SKINNER, B. F. 256
Skinner-Box 256
Skorbut 160
Smog 176
Soll-Wert 283
Solnhofener Plattenkalk 329, 340
Sommerstagnation 96
Sonnentau 27
Sozialverhalten 351
Spaltöffnung 31
Spaltungsregel 300
Spechtfink 348
Spechtschmiede 71
Speichelflüssigkeit 164
Speicherorgan 27, 29, 30
Speiseröhre 164
Spektralfarbe 227
Sperma 282, 283
Spermienerguss 282
Spermientasche 80
Spermienzelle 23, 283

Spinalganglion 242
Spindelapparat 308
Spindelfaser 306, 307, 309
Spirale 293
Spitzschlammschnecke 109
Splintholz 61
Spore 24, 66, 67
Sporenpflanze 67
Springschwanz 77
Sprossachse 30
Sprungschicht 96
Spulwurm 171
Spurenelement 160
Stäbchen 222, 223
Stabwanze 108
Stachelapparat 49, 55
Stamm 345
Stammbaum 316, 341
Stammesgeschichte 328
Stammschicht 62
Stammzelle 182
Standortfaktor 63
Stärke 37, 157, 164
Stärkeverdauung 165
Stechborste 50
Stechmücke 108, 109
Steinfliegenlarve 117
Steinkauz 140
Steinläufer 77
Steinpilz 82, 83
Steinwerkzeug 355
Steinzeit 360
Sterilisation 293
Stickstoffkreislauf 124, 125
Stickstoffoxid (NO_x) 90, 176
Stieleiche 64
Stigma 107
Stillen 294
Stimmband 230
Stockente 104, 105
Stockwerk 62, 70
Stoffkreislauf 41, 110, 111
Stoffwechsel 159, 246
Stratosphäre 148
Strauchschicht 62, 63
Straußensaurier 339
Stress 190, 250
Streuobstwiese 140
Stubenfliege 51, 139
Stützschwanz 71
Stützzelle 234
Sucht 266
Sulfonamid 205
Sumpfdeckelschnecke 108
Sumpffruhrkraut 127
Sumpfschwertlilie 101
Süßwasserpolyp 23, 244
Symbiose 82
Sympathicus 243, 250
Symptom 207
Synapse 239, 274
Syphilis 297
Systole 181

T-Helferzelle 211, 217
Talgdrüse 236
Tannensterben 90

Tapetum lucidum 223
Taschenklappe 180, 181
Tastsinn 51
Tauchblattgürtel 98, 99
Taumelkäfer 109
Tausendblatt 98
TCDD 143
Teichhuhn 104, 105
Teichmuschel 108
Teichralle 110
Teichrohrsänger 105
Telophase 307
Termite 73
Tertiär 332, 333
Testosteron 247, 283
Tetanus 208
Thermogramm 269
Thermosphäre 148
Thomasmehl 125
Thrombozyt 182
Thymin 303
Thymusdrüse 184, 247
Thyroxin 247
Tiefwurzler 62
Tierreich 345
Tierzüchtung 325
Toleranzbereich 60, 116
Tollkirsche 215
Tollwut 209
Torfmoos 67
Toxin 203
Trachee 49, 108
Tracheenkiemen 108
Tränenflüssigkeit 223
Transpirationssog 32
Traubenzucker 157, 165
Treibhauseffekt 41, 146, 147
Treibmittel 161
Trias 332, 333
Trichlorfluormethan 149
Trichomoniasis 297
Trichozyste 18
Tripper 297
Trisomie 21 318
Trockenpflanze 343
Trommelfell 230
tropischer Regenwald 41, 89
Troposphäre 148
Trypsin 165, 167, 169
Tuberkulose-Bakterium 203
Tubifex 114
Tundra 59
Tüpfelgefäß 29
Turgor 32
Turmfalke 135, 141
Typhus 208
Tyrannosaurus rex 339

Überaugenwulst 351
Überernährung 173
Übergewicht 171
Umweltgift 142, 143
Unabhängigkeitsregel 301
Uniformitätsregel 300
Unterboden 68
Unterernährung 173
Uratmosphäre 40
Urbakterium 332
Ureizelle 308
Urin 189
Urkeimzelle 285
Urkontinent 338
Urlurch 335, 336
Urochse 323
Urpferdchen 341
Ursäuger 332
Ursuppe 334
Urvogel 332, 340
Usnea spec. 92
Uterus 284
UV-Strahlung 148, 149

Vagina 284
Vakuole 9, 14
Vegetatives Nervensystem 243, 250
Vene 180
Verbraucher 74, 110 f., 141
Verdauung 164, 168
Verdickungsmittel 161
Vererbung 298
Verhalten 252, 344
Verlängertes Mark 240
Vermehrung 14, 18, 45, 306
Vernetzung 150, 151
Verrechnungsfeld 240
Versalzung 172
Versteinerung 329, 340
Versteppung 89
Verstopfung 168
Vielfachzucker 157
Virus 206, 210
Virusinfektion 206, 209
Vitamin 157, 160, 161, 358
Vitaminmangelerkrankung 160
Vogelmiere 127
Vollinsekt 52
Volvox 23
Vorderhorn 242
Vorfibrin 183
Vorfluter 115
Vorhaut 282
Vorhof 181
Vorhofgang 230
Vorhofsäckchen 232

Vorkeim 66
Vorklärbecken 115
Vorsorgeuntersuchung 290
Vorsteherdrüse 282

Wabe 54
Wachsdrüse 55
Wachstum 14
Wachstumshormon 246
Wächterbiene 55
Wahrnehmungsfeld 240
Waldbürstenmoos 67
Waldkiefer 61
Waldmeister 65
Waldrebe 65
Waldsterben 90, 91
Wanderfeldbau 122
Wandermuschel 109
Wärmekörperchen 236
Wärmepunkt 236
Wärmeregulation 184
Warmzeit 332
Wasserassel 114, 116, 117
Wasserfloh 110
Wasserfrosch 109, 110
Wasserknöterich 98
Wasserläufer 109
Wasserleitungsbahn 30
Wasserpest 98, 101
Wasserschnecke 110
Wasserschwertlilie 98, 101
Wasserspinne 108
Wassertreten 194
Wasserwanze 109
WATSON, JAMES D. 303
Wechseljahre 287
Wechseltierchen 20
Weckamin 274
Wehen 290
Weichkäfer 139
Weinbergschnecke 80
Weiselfuttersaft 54
Weiselzelle 54
Weiße Seerose 98, 99, 101
weiße Substanz 242
Weißer Gänsefuß 127
Weißmoos 67
Weitsichtigkeit 225
Wendehals 140
Wenman-Fink 348
Wiesenklee 141
Wiesenknopf 141
Wiesenschnake 77
Wildeinkorn 322
Wildgras 322
WILKINS, MAURICE 303
Wimpertierchen 18, 114, 116 f.

Windpocken 209
Winterstagnation 96
Winterstarre 80
Wipfeldürre 90
Wirbelkanal 242
Wirbeltier 332, 342
Wolfsmilchgewächs 343
Wolliger Fingerhut 215
Wuchsstoff 47
Wundstarrkrampf 208
Wundverschluss 183
Wundversorgung 183
Wurmfarn 66
Wurmfortsatz 168, 184, 344
Wurzel 27, 28, 29, 82
Wurzelknöllchen 125
Wurzelstockwerk 62, 63

X-Chromosom 314, 317
Xanthoria parietina 92

Y-Chromosom 314, 317

Zackenrädchen 103
Zapfen 222, 223, 227
Zauneidechse 338, 343
Zebraspinne 252
Zeigerorganismus 116, 117
Zeigerpflanze 68, 85, 126 f.
Zellafter 18
Zellatmung 37, 179, 197, 332
Zelle 8, 9, 13, 14, 15
Zellkern 9, 14, 305 ff., 309
Zellkolonie 22
Zellkultur 324
Zellmund 18
Zellpol 306
Zellteilung 14, 288, 306
Zentralzylinder 28, 29
Zersetzer 74, 76, 111
Ziliarmuskel 222, 224
Zirbeldrüse 247
Zirpapparat 53
Zonulafaser 222
Zuckerkrankheit 247, 248
Zuckmücke 110, 114, 117
Zweifachzucker 157
Zweigalge 102
Zweigeschlechtlichkeit 297
Zwerchfell 164
Zwerchfellatmung 174, 175
Zwillingsforschung 321
Zwischenhirn 240, 246, 249
Zwitter 80
Zwölffingerdarm 164, 165
Zwölffingerdarmgeschwür 171
Zygote 285, 288, 308

Bildnachweis

Fotos: 3.1 Bonnier Alba (Lennart Nilsson), Stockholm — 3.2 Okapia, Frankfurt/M. — 3-3 Okapia (Nuridsany & Perennou) — 3.4 Bilderberg (Ellerbrock & Schafft), Hamburg — 3.5 Helga Lade, Frankfurt/M. — 3.6, 7 Okapia (H. Reinhard) — 3.8 Okapia (A. u. H. Michler) — 3.9 Bonnier Alba (L. Nilsson) — 8.1 Hoechst AG, Frankfurt/M. — 8.2 Günter Wichert, Dinslaken — 8.3a-c Nature + Science (Aribert Jung), Vaduz — 8.3d Horst Müller, Dortmund — 9. Rd 1 Heinz Schneider, Landau — 9. Rd2 FU Berlin, K. Hausmann, Berlin — 10.1 Dt. Museum, München — 10.2a Johannes Lieder, Ludwigsburg — 10.2b, 10.3b Carl Zeiss, Optisches Museum, Oberkochen — 10.3a R. Bergfeld — 11.1 Focus (Richard Kalvar), Hamburg — 11 Rd 1, 2 Dt. Museum — 13.2a-c Nature + Science (A. Jung) — 13.2d H. Müller — 14.1a Helmut Länge, Stuttgart — 14.1b Save-Bild (G. Ramm), Augsburg — 14c Michael Ludwig, Leipzig — 16.1 K. Kunsch — 16.2 Nature + Science (A. Jung) — 16.3 Hans Reinhard, Heiligkreuzsteinach — 16.4 H. Müller — 16.5 Okapia (Jung) — 17.1a, 5 J. Lieder — 17.2 FU Berlin, K. Hausmann — 17.4 Manfred Keil, Neckargmünd — 18.1 G. Wichert — 20.1 Joachim Wygasch, Paderborn — 21.1a Nature + Science (A. Jung) — 22.2, 3, 23.1 J. Wygasch — 23. Rd Okapia/NAS (T. Branch) — 24.1 H. Frank — 25.1 Manfred Bergau, Bohmte — 26.1 Silvestris (Daniel Bühler), Kastl — 27.1 Okapia (Erich Geduldig) — 27.2 H. Müller — 27.3 M. Ludwig — 27.4 Eckart Pott, Stuttgart — 28.2 Dieter Schmidtke, Schorndorf — 29.6 J. Lieder — 30.2a FWU, Grünwald — 30.3 J. Lieder — 31.2 R. Bergfeld — 31.4 Nature + Science (A. Jung) — 35.1, 2 F. Stephan — 38.2 FWU — 40.1 H. Müller — 40.2 dpa (Scholz), Frankfurt/M. — 41.1 Save-Bild (M. Wendler) — 41.3 M. Ludwig — 41.3a H. Müller — 40/41 dpa (Scholz) — 42.1 BPK, Berlin — 42.2 Hoffmann La Roche AG (Schachemann), Basel — 43.2 Bettmann Archiv, New York — 43.3 Nature + Science (A. Jung) — 43.4 Gert Klepl, Taucha — 48.1 H. Reinhard — 48.1a Silvestris (Bruckner) — 49.1 Rolf Nagel, Wilhelmshaven — 49.2-7 J. Lieder — 50.1, 51.1 Greiner & Meyer Photo-Center (Schrempp), Braunschweig — 51.2, 3 Toni Angermayer (Hans Pfletschinger), Holzkirchen — 52.1 Greiner & Meyer Photo-Center (Kunz) — 52.2 H. Reinhard — 52.3 T. Angermayer (Harald Lange) — 53.1 Jacana (Lorne), Paris — 53.2, 3, 54.1, 55.2, 3, 57.1, 2 T. Angermayer (H. Pfletschinger) — 55.1 Paul Westrich, Tübingen — 58.1 Ministerium für Kultus und Sport (Conzelmann), Stuttgart — 59.1 Silvestris — 59.2 H. Müller — 59. Rd 1-3 Nature + Science (A. Jung) — 60.1 H. Reinhard — 61.1 E. Pott — 64.1-6 H. Reinhard — 65.1, 2, 6 E. Pott — 65.3-5, 7 H. Reinhard — 66.1 Greiner & Meyer Photo-Center (Kratz) — 66.2, 4, 67.1 H. Länge — 66.3 Greiner & Meyer Photo-Center (H. Schrempp) — 67.3 Okapia (H. Lange) — 67.4 J. Wygasch — 67. Rd E. Pott/O. Ronnefeld — 68.1 K. E. Rehfuess — 71.1 Silvestris (Wilmshurst) — 72.1 E. Pott — 73.1, 2 T. Angermayer (H. Pfletschinger) — 75.1 Okapia (Pforr) — 75.2 Anthony-Verlag (Kratz), Starnberg — 75. Rd E. Pott — 76.1 D. Schmidtke — 78.1 Silvestris (Maier) — 78.2 H. Länge — 78.3 D. Schmidtke — 80.1, 2 T. Angermayer (H. Pfletschinger) — 81.1 G. Klepl — 81.2 M. Ludwig — 81.3 Okapia — 82.1 Okapia (H. Reinhard) — 83.1, 4 H. Reinhard — 83.2 O. Ronnefeld — 83.3 Silvestris — 83.5 Silvestris (M. Gross) — 83.6 Achim Bollmann, Stuttgart — 83.7 Peter Dobbitsch, Gunningen — 87.1 Okapia (Janicek) — 87.2 Mauritius (Rawi) Mittenwald — 88.1, 2 Harald Lange , Leipzig — 88.3 H. Reinhard — 89. Rd Okapia (Martin Wendler) — 91.3 P. Schütt, München — 91.5 Heinrich Wöllmer, Stuttgart — 92.1a, d Felix Schumm, Stuttgart — 92.1b, c Werner Grüninger, Reutlingen — 94.1 Silvestris (A. Albinger) — 95.1 T. Angermayer (H. Pfletschinger) — 95.2 T. Angermayer (E. Elfner) — 96.1 Save-Bild (Weber) — 96.2 Silvestris (Heine) — 96.3 Anthony-Verlag (Freytag) — 96.4 Okapia — 99.1, 3 H. Reinhard — 99.2 T. Angermayer — 100.2 Okapia — 101.1-3, 5, 6 H. Reinhard — 101.4, 103.1, 3, 5 E. Pott — 103.1a, 2 Erich Saake, Bochum — 101.4, 6, 8 Nature + Science (A. Jung) — 106.1, 6-8 Okapia (Hans Lutz) — 106.2 Okapia (D. Hagemann) — 106.3 Okapia (Patrick Da Costa) — 106.4 Okapia (Lothar Lenz) — 106.5 Okapia (Herbert Schwind) — 106.9, 10 H. Lange — 107. K T. Angermayer (H. Pfletschinger) — 109.1, 6 T. Angermayer (H. Pfletschinger) — 109.2 Okapia (A. Crich) — 109.3-5 E. Pott — 109.7 Save (M. Pforr) — 112.1 Okapia (Manfred Uselmann) — 112.2 IFA-Bilderteam (Goedel), München — 112.3 IFA (Digul) — 112.4 H. Reinhard — 114.1 Wolfgang Wiemers, Stuttgart — 115. Rd J. Wygasch — 119.1, 2 E. Merck, Darmstadt — 120/121 Anthony-Verlag (H. J. Rech) — 121.1 Silvestris (Daniel Bühler) — 122.1 T. Mayer — 122.2 Silvestris (Albinger) — 122.3 Silvestris (Huber) — 122.4 Silvestris (Fick) — 122.5 E. Pott — 123.1 Schnepf/Brugger, Stuttgart — 123.2 IMA (Dr. W. Schiffer), Hannover, — 123.3 Save-Bild (Kunz) — 124.1a Silvestris (Frank Laue) — 124.1b Okapia (A. u. H.-F. Michler) — 124. K Dt. Museum — 125.2 Okapia/Hapo (H. P. Oetelshofen) — 126.1, 2 H. Reinhard — 128.1 T. Stephan — 130.1 Silvestris (Partsch) — 130.2 dpa — 130. Rd Okapia (H. Reinhard) — 131.1 Roland Herdtfelder, Reutlingen — 131.2 Okapia (Nuridsany & Perennou) — 132.1, 2 M. Ludwig — 133.1 H. Müller — 133.2 Hauptschule Engen — 134.1 Deutsche Luftbild, Hamburg — 134.2 M. Ludwig — 134.3 Okapia (H. Reinhard) — 134.4 Okapia (Norbert Pelka) — 135.1 Okapia (Frank Krahmer) — 135.2 H. Reinhard (H. Lange) — 135.3 M. Ludwig — 135. Rd Okapia (C. I. Bernard) — 136.1 Okapia (Büttner) — 136.2 Okapia (Norbert Pelka) — 136.3 Silvestris (Volkmar Brockhaus) — 137.1, 2, 5 H. Reinhard — 137.3, 6 H. Müller — 137.4 Okapia (Paula Kohlhaupt) — 138.2 M. Ludwig — 138.3 H. Müller — 140.1 M. Ludwig — 140.2 J. Dietrich 140.3 H. Reinhard — 140.4 Silvestris (Nill) — 140.5 Silvestris (Brodehaus) — 142.1 Okapia (Christian Grizmek) — 142.2, 143.1 Helga Lade — 144.1 Anthony-Verlag (Kroehnert) — 144.2a SMC-Agrimedia (T. Klapp), Pinneberg — 144.2b Anthony Verlag (Polta) — 145.1 SMC-Agrimedia (U. Kröner) — 145.2 Duales System Deutschland, Köln — 146.1 Okapia (H. Reinhard) — 148.1 USIS, Bonn — 149.2 dpa — 150.1 LAUBAG, Senftenberg — 150.2 Rio Doce International, Brüssel — 151.1 Rheinische Braunkohlewerke, Köln — 152.1 H. Reinhard — 152.2a-c, 153.1a-c, 2 M. Ludwig — 152.3a-c Burkhard Schäfer, Friedeburg — 154/155 Bavaria (David Ball), Gauting — 154.1 Bavaria/FPG — 155.2 Focus (Chris Steele) — 155.3 dpa — 156.1 Helga Lade — 156.2 Explorer, Y. A. Bertrand, Paris — 156.3 ZEFA, Düsseldorf — 156.4 Lothar Rother, Schwäbisch Gmünd — 157. Rd 1 Okapia — 157. Rd 2 Okapia (Ilona Backhaus) — 157. Rd 3 Mauritius (Rosenfeld) — 160. Rd 1 H. Müller — 160. Rd 2 Klett-Archiv — 160. Rd 3 Silvestris (Karl Wahl) — 161.1-3 H. Müller — 162.1 Stockfood Eising, München — 162. K Focus (C. Steele) — 163.1-4 Ralf Niederberger, Bockenheim — 166.1a H. Müller — 168.1 Bonnier Alba (L. Nilsson) — 170.1-3 H. Müller — 171.1 Mauritius (D. Weber) — 171.2 M. Keil — 171.3 Manfred Kage, Lauterstein — 171.4 H. Müller — 172.1 dpa (Koch) — 173.1 Focus (C. Steele) — 173.2 dpa — 174.2 Centre National des Recherches Iconographique, Paris — 176.1 Umweltministerium Baden-Württemberg (J. Baumüller), Stuttgart — 177.1 Okapia — 183. Rd M. Ludwig — 185. Rd Ullstein Bilderdienst, Berlin — 186.1-3 H. Müller — 186.4 M. Ludwig — 187.1, 3 H. Länge — 187.2 J. D. Murken, München — 187.5 E. M. S.-Verlag, Karl-Heinz Scharf, Finningen — 190. K Mauritius (Habel) — 192.1 Paul Rodach, Sachsenheim — 192.2 Pressefoto Baumann, Ludwigsburg — 193.2, 3 D. Schmidtke — 194.1 AKG, Berlin — 194.3 IFA-Bilderteam — 194.4 Anthony-Verlag — 195.1 Silvestris (Eva Lindenburger) — 195.2 Mauritis (Poehlmann) — 196.1 dpa (Athenstaedt) — 196.2 Sportpressefoto Bongarts, Hamburg — 198.1c M. Keil — 198.1d Norbert Cibis, Lippstadt — 200.1, 201.1 Mauritius - 202.1 M. Kage — 202.2 M. Ludwig — 202.3 dpa — 203.1, 3 AKG, Berlin — 203.2 W. H. Traub — 204. Rd J. Lieder — 205.1 Dt. Museum — 205.2 Focus (Durham/Science Photo Library) — 206.1a H. Frank — 208.1 AKG — 208.2 Focus (Science Photo Library) — 208.3 M. Keil — 209.2 Focus — 209.3 Okapia (Lowell Georgia, Science Source) — 210. Rd Bonnier Alba (L. Nilsson) — 212. Rd 1 dpa — 212. Rd 2 Ullstein — 214.1-3 WDV (AOK, Schleglmilch), Frankfurt/M. — 214.4 Mauritius (Rawi) — 214. Rd T. Angermayer (Reinhard) — 215. Rd H. Reinhard — 216.1 Silvestris (M. Weinzierl) — 216. Rd Okapia (Neufried) — 219.1 Mauritius (Pigueter) — 219.2 T. Angermayer (H. Pfletschinger) — 219.3 Friederike Naroska, Tübingen — 219.4 Silvestris (Helmut Schramm) — 220.1 Musik & Show (B. Kanin), Hamburg — 220.1a J. Lieder — 221.1-4, 6, 7 M. Ludwig — 221.5 Mauritius (Lulinski) — 222.1 Bonnier Alba (L. Nilsson) — 223. K Mauritius (Superstock) — 224.2a, 3a K. Grindler — 226.2 USIS — 231. K J. Lieder — 235.1 Okapia/NAS (Omikron) — 235.2 Focus (Pierre Boulat) — 235.3 IPA, New York, USA — 237.1 M. Kage — 237.3 J. Lieder — 237.4 Michael Steinle, Fellbach — 240.1, 2 Mauritius (Stock-Shop) — 224.1a Okapia (Pokorny) — 224.1b Mauritius (Ridder) — 245.1 Okapia/NAS (Tim Davis) — 245.2, 246. K Pressefoto Baumann — 250.1 K. Hummel — 251. K Anthony-Verlag (Dimbath) — 252.1 T. Angermayer (H. Pfletschinger) — 253.2 M. Steinle — 254. K Konrad-Lorenz-Institut (A. Schatzl), Altenberg — 255.1 Karin Skogstad, München — 256.1 Silvestris (GDT/Buchholz) — 256.2 M. Keil — 257.1 Jürgen Lethmate, Ibbenbüren — 257.2 Okapia (Meyers) — 258.1 Anthony-Verlag (Jogschies) — 258.3 Werkstattfotografie (Thomas Zörlein), Stuttgart — 259.1, 2 Silvestris (Siegfried Kerscher) — 260. K Bongarts — 260.1 AP (Schulz), Frankfurt — 261.1 M. Steinle — 263.1 Mauritius (Superstock) — 263.2 Fotoagentur Stephan, Lampertheim — 263.3 Mauritius (Kratz) — 263.4 Okapia (Bruno Meier) — 266.1 Mauritius (Hubatka) — 266.2, 3, 4, 267.1 Bilderberg (Ellerbrock & Schafft) — 269.1 B. Brill — 269.2 Michael Seifert, Hannover — 269.5 L. Einsele — 273.3 Mauritius (Manus) — 273.4 L. Einsele — 274. K Fotoarchiv (H. Christoph), Essen — 275.1 Landeskriminalamt Stuttgart — 275.2 L. Einsele — 278.1 Bavaria (Friemann) — 279.1 Focus — 279.2 Ulrich Niehoff, Bienenbüttel — 279.3 Bavaria (FPG) — 281.1, 2 Bavaria (J. Clarke) — 283. K action press (Zamboni), Hamburg — 285.2 Greiner & Meyer Photo-Center (Ahrens) — 287. K M. Steinle — 289.2-4 Bonnier Alba (L. Nilsson) — 290.1 Mauritius (Indinger) — 291.1 Bilderberg (Klaus Bossemeyer) — 292. Rd Bonnier Alba (L. Nilsson) — 294. K Mauritius (Rawi) — 295.1 M. Ludwig — 296.1a Mauritius (Kratz) — 296.1b Mauritius (Cash) — 296.1c Mauritius (Habel) — 296.1d Silvestris (Siegfried Kerscher) — 296.1e Silvestris — 296.1f, g Bavaria (FPG) — 298.1 Focus — 298. Rd Dt. Museum — 299. Rd H. Reinhard — 300. Rd F. Schwäble — 301.1 Franz Kopf, Herrenberg — 301.2 F. Kopf (Godel) — 302.1 R. Cramm — 302. Rd Focus (Science Photo Library) — 303.1 Ullstein — 307.1-5 E. Saake — 309.1-5 J. Lieder — 310.1 Erich Geduldig — 310.2 M. Ludwig — 312.1 Okapia (H. Reinhard) — 312.4 O. Baratucci — 313.1 Claus Kaiser, Stuttgart — 313.2 Silvestris (Daniel Bühler) — 314.1 FWU — 316. Rd 1 G. Thieme Verlag, Stuttgart — 316. Rd 2 Okapia (Bjomberg) — 318. K Günter Sauter, Pfedelbach — 321.1, 2 K. Loth — 323.1 F. Bay — 325. Rd Okapia (Ernst Schacke) — 326. K Studio X, Limours — 328.1 E. Pott — 329.1 Staatl. Museum f. Naturkunde, Stuttgart — 329.2 E. Pott — 329.3 Rolf Reinicke, Stralsund — 330.1 Inst. f. Geolog. Wiss. u. Geiseltalmuseum (Meinhold Hellmund), Halle — 330.2 Dietrich Mania, Jena — 332. Rd. H. D. Frey — 336.1 Max-Planck-Inst. f. Verhaltensphysiologie, J. Schauer/H. Fricke, Seewiesen — 337.1 Okapia (Grande) — 337.2 Okapia (T. McHugh) — 337.3 H. Reinhard — 337.4 T. Angermayer (Ziesler) — 338.1 H. Reinhard — 338.2 T. Angermayer (H. Pfletschinger) — 340.1 Museum f. Naturkunde, Berlin — 341.1 Natur-Museum Senckenberg — 343.1, 2 E. Pott — 346.2 Spektrum d. Wissenschaften (Bishop/Cook) — 349.1-4 AKG — 349.5 Mary Evans Picture Library (London Sketch Book) — 350.1 Okapia (Nas/G. Holton) — 354.1a, b, 354.2 D. Mania — 355.2, 356.1 Mondadori-Verlag, München — 356.2 BPK — 358.1 Mauritius (Weyer) — 358.2 Mauritius (Crader) — 358.3 Silvestris (Lindenburger) — 358.4 Focus (Iverson) — 358.5 Bavaria (Ric) — 359.1 Silvestris (Kerscher) — 359.2 Mauritius (D. Weber) — 359.3 Achim Sperber, Hamburg — 359.4 Silvestris/GDT-Tierfoto (Brandl) — 359.5 Mauritius (Fitz)

Grafiken: Klaus Joas, Remshalden; Prof. Dr. Jürgen Wirth, Fachhochschule Darmstadt (Fachbereich Gestaltung); Hartmut Klotzbücher, Fellbach; Artbox, Bremen

Stammbaum der Wirbeltiere

Stammbaum der Wirbeltiere

Ordnet man die Wirbeltierfossilien nach ihrem Alter (senkrecht) und nach ihrem Aussehen (waagerecht), so zeigt sich, dass sich die Lebewesen im Laufe der Erdgeschichte allmählich verändert haben. Die einzelnen Klassen sind nacheinander entstanden. Übergangsformen (Brückentiere) weisen auf die Entwicklung der einen Gruppe aus der anderen hin. Alle Wirbeltiere gehen auf gemeinsame Urahnen zurück. Deshalb spricht man von natürlicher Verwandtschaft.

Die zeitliche Abfolge des Auftretens der einzelnen Wirbeltierklassen zeigt, dass fischartige Lebewesen den Ausgangspunkt bildeten. Ihnen folgten die Lurche und anschließend die Reptilien. Die ausgestorbenen Saurier zeigen einerseits Übergangsformen zu den Vögeln, andererseits sind sie auch als Ahnen der Säugetiere anzusehen. So ergibt sich das natürliche System der Wirbeltiere.

Die Entwicklung der Wirbeltierklassen ist verbunden mit der Besiedlung neuer Lebensräume. Ausgehend vom Wasser haben sich über ufernahe Feuchtgebiete schließlich land- bzw. luftlebende Wirbeltiere entwickelt. Der Weg zurück ins Wasser ist allerdings nicht unmöglich, wie das Beispiel der Pinguine oder der Wale zeigt.

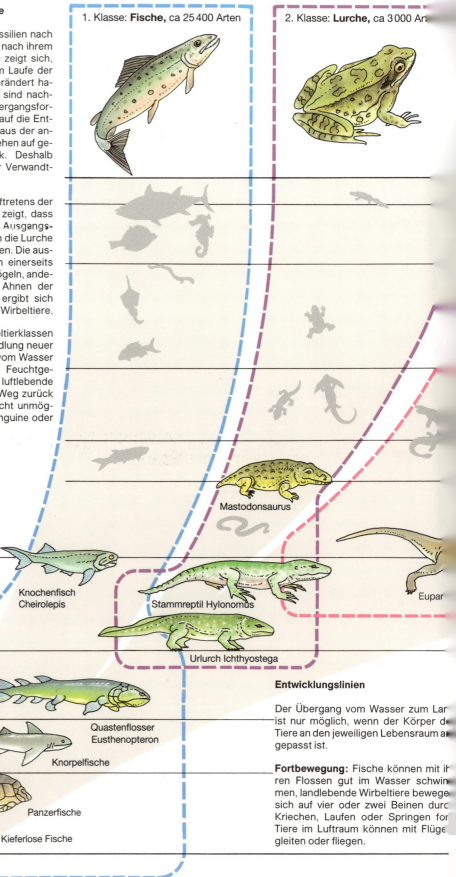

1. Klasse: **Fische,** ca 25 400 Arten
2. Klasse: **Lurche,** ca 3 000 Arten

Knochenfisch Cheirolepis
Stammreptil Hylonomus
Mastodonsaurus
Urlurch Ichthyostega
Eupar...
Quastenflosser Eusthenopteron
Knorpelfische
Panzerfische
Kieferlose Fische

Entwicklungslinien

Der Übergang vom Wasser zum Lan... ist nur möglich, wenn der Körper d... Tiere an den jeweiligen Lebensraum a... gepasst ist.

Fortbewegung: Fische können mit ih... ren Flossen gut im Wasser schwim... men, landlebende Wirbeltiere beweg... sich auf vier oder zwei Beinen durc... Kriechen, Laufen oder Springen for... Tiere im Luftraum können mit Flüge... gleiten oder fliegen.